主 办

教育部人文社会科学重点研究基地

上海师范大学都市文化研究中心

上海高校都市文化 E- 研究院

主 编

苏智良　陈　恒

编 委（以姓氏笔画为序）

王安忆　王　旭　王晓明　许纪霖　孙　逊　苏智良　杨远婴　杨剑龙　陆伟芳

陈思和　周大鸣　周振华　唐力行　葛剑雄　詹　丹　熊月之　潘建国　薛　义

本书系国家社科基金重大招标项目多卷本《西方城市史》（17ZDA229）阶段性成果

都市文化研究
Urban Cultural Studies

The Past and the Present
of Both Sides of the City Wall

第 24 辑

中文社会科学引文索引 (CSSCI) 来源集刊

城墙内外的历史与现实

上海三联书店

CONTENTS | 目 录

城市史

城市与社会

艺术中的都市文化

光启评论

城市史

巴比伦外城墙考

殷开辉

　　摘　要:位于幼发拉底河畔的巴比伦是两河流域最古老的城市之一。作为城市防御系统中抵御入侵者第一道屏障的巴比伦外城墙成为历代统治者建设的重点。固若金汤的巴比伦外城墙不单单是护卫巴比伦城的安全工程,它的修建凝结了历代巴比伦统治者的心血。修建城墙所使用的建筑技术、基础材料和浇筑方式等方面均是当时的上上之选,加之历代统治者的不断加固,巴比伦城成为古代地中海地区最为安全的城市之一。随着近代以来巴比伦城遗址的发掘,巴比伦外城墙的出土使得大量的考古资料出现,但同时一系列的问题和争议也随之而来。古代史学家著作中关于巴比伦外城墙的记载与考古发掘外城墙遗址的情况有所差异,对巴比伦外城墙建设等问题的探究成为巴比伦城研究的一个重要方面。本文通过传世文献和考古资料的比对入手,从外城墙的建筑规模、修建材料与技术以及修建时间三方面来考察巴比伦外城墙的具体状况。

　　关键字:巴比伦城　城墙修建　古代城市　两河流域

　　公元前 539 年 10 月,波斯大王居鲁士(Cyrus)兵临巴比伦城下。巴比伦末代王纳博尼德(Nabonidus,阿卡德语:Nabû-nā'id)仰仗着巴比伦外城墙的坚固,自信道:"让居鲁士对着巴比伦的城墙哭吧,兴许会把城墙哭倒。"①外城

---

① 对于纳博尼德本人是否说过此话,尚未有直接的证据证明,包括现存于大英博物馆的记录纳博尼德本人的纳博尼德圆筒(Leichty, *Catalogue of the Babylonian Tablets in the British Museum*: Volume VI: *Tablets from Sippar*, London: British Museum Press, 1986a, p.212.; Allen, (转下页)

墙的坚硬程度可见一斑。纳博尼德时代的巴比伦外城墙经过历代统治者的不断加固，成为保卫巴比伦城安全的一道铁桶阵，加之，巴比伦外城墙上坚固的青铜城门和城墙外引幼发拉底河所修建的护城河。得益于坚固的防御工程，新巴比伦王国时期从未有入侵者攻入到巴比伦城中。因而，巴比伦基本没有受到战火的侵袭，保存了城市发展的基础，促进了城市商贸和经济的繁荣。

　　巴比伦外城墙对于巴比伦的重要性不言而喻，古典文献中记载颇多。希罗多德、克特西亚斯（Ctesias）和贝洛苏斯（Berossus）均有记载。希罗多德在《历史》中详细记载了巴比伦外城墙的长度、高度、厚度，形状和分布状况以及修建城墙所使用的建筑材料、浇筑材料和建筑技术等。[1]克特西亚斯曾经担任过波斯大王的御医，其著作《波斯史》根据他本人在巴比伦的见闻和波斯帝国的官方记载来写，在书中记载了波斯帝国时期的巴比伦城墙。[2]巴比伦祭司贝洛苏斯所著的《巴比伦尼亚志》详细记载了巴比伦城的起源、历史和城市等方面。书中关于巴比伦城墙的记载是相对可信的，但不幸的是此书已经失传，仅有部分残篇散落在后世史学家的著作中。[3]

（接上页）*The Persian Empire: A History*, London: British Museum Press, 2005a, p.23;圆筒编号 BM(the British Museum)911109 ARC A67)和《巴比伦尼亚史(从居鲁士到薛西斯)》(详参见 A.Kuhrt, "Babylonia from Cyrus to Xerxes", in *The Cambridge Ancient History: Persia, Greece, and the Western Mediterranean, C. 525—479 B.C*, London: Cambridge University Press, 1988, pp.112—138。)《巴比伦尼亚史》载纳博尼德仰仗外城墙的坚固，并未将居鲁士放在眼里，而是积极筹备半月后的巴比伦宗教节庆。因而居鲁士攻打巴比伦并未强攻而是趁着巴比伦城内宗教节庆与宗教祭司合作的方式进入城内，这从侧面也反映出巴比伦外城墙的坚固。无独有偶，希罗多德书中也记载了类似的故事。大流士返回巴比伦镇压斯哥玛僧叛乱时，巴比伦人仰仗城墙的坚固挑衅大流士和他的士兵，称只有骡子生子时，波斯人才能攻下巴比伦城。(详参见 Herodotus, *The Persian Wars* II, with an English translation by A.D.Godley, The Loeb Classical Library, London: William Heinemann, 1920, 3.151。)

[1] 希罗多德有关巴比伦城墙记载的真实性值得商榷。其因有二:其一是希罗多德是否真的去过巴比伦一直是后世争论的问题;其二是希罗多德的记载原则是"有闻必录"，虽然其本人宣称他的记载是经过一定筛选，但后世学家并不信服。所以，《历史》中的史料使用需要谨慎，与其他古典作者的记载比较后使用。(详参见 Herodotus, *The Persian Wars* I, with an English translation by A.D.Godley, The Loeb Classical Library, London: William Heinemann, 1920。)

[2] 虽然《波斯史》的记载集中于波斯帝国的宫廷故事和奇闻异事，但克特西亚斯在书中纠正了希罗多德书中的一些不实记载。(详参见 Diodorus Siculus, *Library of History* I, with an English translation by C.H.Oldfather, The Loeb Classical Library, Cambridge: Harvard University Press, 1933, 2.7.2—7。)

[3] 李海峰、白杰:《贝罗苏斯与希腊化时期两河流域史学》，《中国社会科学报》，2014 年 6 月 25 日。贝洛苏斯的原书已经失传，有部分残篇散落在其他史学家的作品中，其中有关城墙修建的记载见约瑟菲斯的书。(详参见 Josephus, *The Life Against Apion*, with an English translation by H.St.J.Thackeray, London: William Heinemann, 1926, 1.15—24。)

　　希腊化时期,希腊本土和罗马的史学家书中亦有城墙的记载。古希腊地理学家斯特拉波(Strabo)《地理学》所载巴比伦外城墙的长、宽、高和厚度与希罗多德和克特西亚斯的记载均有所出入。[①]罗马历史学家库尔提乌斯·鲁弗斯(Quintus Curtius Rufus)的《亚历山大大帝史》记载了亚历山大改造之后的巴比伦城墙,数据与斯特拉波所载基本相同。[②]罗马帝国时期的希腊史学家菲洛斯特拉特斯(Flavius Philostratus)的书《阿波罗尼传》记载了阿波罗尼在巴比伦游历时所见的外城墙。[③]

　　近年来,随着巴比伦遗址的发掘,巴比伦的部分外城墙出土,一些有关巴比伦遗址的考古报告中提及了巴比伦的外城墙。德国考古学家罗伯特·科尔杜威(Robert Koldewey)于1887年开始主持巴比伦遗址发掘,1911年发表了一系列关于巴比伦遗址的考古报告等科研成果,最早在部分考古报告提及巴比伦的外城墙。[④]其次是威茨日(Wetzel)与昂格尔(Unger)在随后发表的考古报告提及外城墙的发掘。[⑤]英国考古学家莱昂纳德·金(Leonard W.King)根据

①　斯特拉波所用的史料来源尚不可知,他生活的年代略晚于贝洛苏斯,书中所载可能参考了《巴比伦尼亚志》或者是其他已经失传的资料。《地理学》中第十六章详细记载了巴比伦城的状况。(Strabo, *Geography*, 16.1.5, Cambridge: Harvard University Press, 1917.)不过可以确定的是斯特拉波曾经到过已经被遗弃的巴比伦,鉴于此,他的记载与希罗多德和克特西亚斯的有所出入。(详参见 Boiy, *Late Achaemenid And Hellenistic Babylon*, Paris, Uitgeverij Peeters and Department Oosterse Studies, 2004, p.73。)

②　书中关于城墙的记载前后略有出入,鲁弗斯载外城墙的长度为368斯塔德。但之后又写到亚历山大改造城墙的工程花了一年时间,明确说明每天都要建造一斯塔德,长度为365斯塔德。(详参见 BoNcquet, *Diodorus Siculus (II, 1—34) over Mesopotamië. Een historische kommentaar* (Verhandelingen van de Koninklijke Academie voor Wetenschappen, Letteren en Schone Kunsten van België. Klasse der Letteren nr.122), Brussel, 1987, p.73。)

③　菲洛斯特拉特斯的记载主要来源于阿波罗尼在巴比伦的见闻,但此时的巴比伦已经荒废已久。《阿波罗尼传》的城墙数据与其他古典史学家所载出入较大。(详参见 Tardieu, "La description de Babylone chez Philostrate," in: *Sites et monument disparus d'aprèsles témoignages de voyageurs* (Res Orientales 8; ed. R.Gyselen), Bures-sur-Yvettes, 1996, pp.179—189。)

④　提及巴比伦外城墙方面的考古报告有 Koldewey, *Das wieder erstehende Babylon*, Leipzig, 1912. (with an English translation by Mrs Johns, "*The Excavations at Babylon*", London, 1914.); Koldewey, *Babylon*, leipzig, 1912.; Koldewey, *Die Tempel von Babylon and Borsippa* (WVDOG 15), leipzig, 1911.; Koldewey & Wetzel, *Die KÖnigsburgen von Babylon. 2. Teil: Die Hauptburg und der Sommerpalast Nebukadnezars im Hügel Babil* (WVDOG 55), Leipzig, 1932. 现代学者著作有 Haverfield, *Ancient Town Planning*, Oxford: Oxford University Press, 1913.

⑤　这两位考古学家是负责外城墙以及城墙周边遗址的挖掘,在考古报告中重点提及巴比伦城墙的建筑方法,基础材料以及城墙上的防御工事。(详参见 Koldewey & Wetzel, *Die KÖnigsburgen von Babylon. 2. Teil: Die Hauptburg und der Sommerpalast Nebukadnezars im Hügel Babil* (WVDOG 55), Leipzig, 1932.; Unger, *Babylon. Die heilige Stadt nach der Beschreibung der Babylonier*, Berlin-Leipzig, 1931.和 Wetzel & Unger, *Die Stadmauern von Babylon* (WVDOG 48), Leipzig, 1930。)

考古报告所著的《古巴比伦史》中第二章提及了巴比伦的外城墙。①

史料逐步丰富的同时,关于巴比伦外城墙的争议也随之而来。首先是古典作者记载的矛盾,希罗多德、克特西亚斯和斯特拉波关于外城墙各项数据的记载不尽相同。考虑到斯特拉波生活的年代晚于前两位,城市与外城墙发生了一些变化,但生活在同一时代的希罗多德与克特西亚斯所载也有一定的出入,前者书中所载的巴比伦范围、城墙高度和厚度均大于后者。②罗马史学家鲁弗斯关于巴比伦城墙的记载则参考了贝洛苏斯和斯特拉波的记载,但他本人并没有亲自到过巴比伦,另一位罗马史学家菲洛斯特拉特斯同样没有去过巴比伦,加之罗马时期,巴比伦城遗弃已久。罗马两位史学家的记载与古典史学家出入较大,鲁弗斯的记载甚至前后矛盾。③其次是关于巴比伦外城墙修建的起止时间。古典史学家们的记载集中于城墙的具体数据和修建技术与材料等,但对于城墙修建的具体起始时间、完成时间、修缮记录和具体年限则记载较少。④最后是巴比伦外城墙修建所使用材料的来源和修建技术等问题。这一方面,古典史学家与罗马史学家的记载有所不同,不同时期巴比伦加固外城墙所用的材料也不尽相同。近代考古学家和学者们则根据巴比伦的出土情况给出了自己的看法,其中大部分考古报告是依据出土的外城墙恩利勒墙和纳博尼德墙等作为个例进行研究。⑤莱昂纳德·金所著的《古巴比伦史》首先将

---

① L.W.King, *A History of Babylon*, *from the Foundation of the Monarchy to the Persian Conquest*, Ams Pr Inc, 1915.

② Herodotus, I 1.178—184, 191.; Diodorus Siculus, I 2.7.2—7.

③ 详参见 BoNcquet., *Diodorus Siculus (II, 1—34) over Mesopotamië. Een historische kommentaar* (Verhandelingen van de Koninklijke Acadernie voor Wetenschappen, Letteren en Schone Kunsten van Belgiё. Klasse der Letteren nr.122), Brussel, 1987, p.73. 另见 Tardieu, "La description de Babylone chez Philostrate," in: *Sites et monument disparus d'aprèsles témoignages de voyageurs* (Res Orientales 8; ed. R.Gyselen), Bures-sur-Yvettes, 1996, pp.179—189.

④ 希罗多德与克特西亚斯在书中没有提及巴比伦外城墙的修建时间。而斯特拉波与两位罗马史学家同样也没有给出巴比伦外城墙具体的修建起止时间。近代以来随着巴比伦的发掘,大量文物的出土,关于巴比伦外城墙的修建的各种争论也随之而来。

⑤ 科尔杜威通过出土的外城墙纳博尼德墙的砖块提出了自己的观点。(详参见 Koldewey, *Das wieder erstehende Babylon*, Leipzig, 1912. [with an English translation by Mrs Johns, "The Excavations at Babylon", London, 1914.]) 威茨日(Wetzel)与昂格尔(Unger)负责外城墙以及城墙周边遗址的挖掘,在考古报告中重点提及巴比伦城墙的建筑方法,基础材料以及城墙上的防御工事。(详参见 Koldewey & Wetzel, *Die KÖnigsburgen von Babylon. 2. Teil: Die Hauptburg und der Sommerpalast Nebukadnezars im Hügel Babil* (WVDOG 55), Leipzig, 1932.; Wetzel & Unger, *Die Stadmauern von Babylon* (WVDOG 48), Leipzig, 1930. 和 Wetzel & Unger, *Die Stadmauern von Babylon* (WVDOG 52), Leipzig, 1930。)

考古资料与古典史学家的记载进行比对①,但他研究的主要方面集中于外城墙上建筑架构和防御工事,关于城墙修建的基础建筑材料和修建技术方面,忽视了巴比伦天文日志②和罗马时期史学家们的记载。因此,本文以巴比伦外城墙为研究对象,通过对古典史学家的记载、考古报告和现代学者观点的剖析,从巴比伦城墙的建筑规模、修建时间以及修筑材料和技术这三方面阐述古代巴比伦城的外城墙。

一、巴比伦外城墙的建筑规模

古典史学家们关于巴比伦外城墙的记载颇多,但关于外城墙具体数据的记载却各不相同且矛盾重重。《历史》中详述了巴比伦外城墙的规模:"巴比伦城墙周长共 480 斯塔德(stade),将巴比伦城围成一个正方形,每面长 120 斯塔德。城墙厚约 50 皇家肘尺(cubit),高 200 皇家肘尺,城墙外是宽且深的护城河。"③"巴比伦外城墙顶两边修建了小屋子,而中间足够一辆驷马战车奔跑。"④而克特西亚斯对外城墙规模的记载较希罗多德则小很多。《波斯史》载外城墙平均每边约 65 斯塔德,周长约 363 斯塔德相当于 40 英里多。⑤二者记载矛盾有二。其一外城墙所围成城市形状不同,希氏载巴比伦是一个由每面120 斯塔德长城墙围成的规则正方形城市。而在克特西亚斯的笔下,巴比伦是平均每面 65 斯塔德城墙围城的不规则城市。其二外城墙的每边与周长长度不同,希氏笔下的巴比伦外城墙每边 120 斯塔德,周长 480 斯塔德。克特西亚斯载平均每边约 65 斯塔德,周长约 363 斯塔德。⑥

通过比较上述数据和两位史学家写作背景,克特西亚斯的记载应该更接近事实,原因有三。第一,就写作背景而言。希氏的记载所采取的是"有闻必录"原则,有关巴比伦史料来源的真实性就值得商榷,且希罗多德本人是否真

---

① L.W.King, *A History of Babylon*, *from the Foundation of the Monarchy to the Persian Conquest*, Ams Pr Inc, 1915.

② George, "The quarters of Babylon in the astronomical diaries," *N.A.B.U.*, 1997, 18.

③ 希罗多德在书中强调皇家肘尺约比普通肘尺宽 3 手指。详参见 Herodotus, I 178。

④ Herodotus, I 1.179.

⑤ 希罗多德所载外城墙长度约 53 英里,克特西亚斯书中所载的巴比伦城并非是四方形,周长 40 英里多。(详参见 Diodorus Siculus, I 2.7.2—7。)

⑥ 克特西亚斯书中所载的巴比伦城外城墙所围并非规则的图形,《波斯史》中强调每边的长度平均65 斯塔德,可见每边并不是相同长度,而是有长有短。

的去过巴比伦也是后世史学家所争论的一个问题。而克特西亚斯本人担任过波斯大王阿塔薛西斯身边的御医,《波斯史》史料来源主要是波斯帝国的官方记载和他本人在波斯帝国的见闻,克氏在写作中通过与《历史》的比较纠正了希罗多德对于波斯帝国的一些不实记载。[①]

第二,通过与希腊化和罗马时期史学家记载的对比。斯特拉波《地理学》载,巴比伦的城墙有 385 斯塔德(stades)(约 71.2 千米)长,宽度有 32 英尺(约 9.92 米),足以通过一辆战车,高 50 肘尺(cubit)(约 23 米);[②]罗马史学家库尔提乌斯·鲁弗斯(Quintus Curtius Rufus)的手稿《亚历山大大帝史》记载了亚历山大对巴比伦外城墙改造之后的数据:长 365 斯塔德(67.5 千米),宽 32 英尺(约 9.92 米),高 50 肘尺(cubit)(约 23 米);[③]罗马帝国时期的希腊史学家菲洛斯特拉特斯(Flavius Philostratus)的书《阿波罗尼传》载巴比伦外城墙是 480 斯塔德(约 88.8 公里)长、1.5 古公尺(46.5 米)高和宽 1 普勒斯顿(Plethron)(约 31 米)。[④]斯特拉波与鲁弗斯关于巴比伦外城墙长度的记载和克特西亚斯给出的基本一致。[⑤]菲洛斯特拉特斯所载的城墙长度与希罗多德的记载一样,但关于城墙所围成的形状不同。[⑥]克氏的记载中并没有城墙的高度和宽度,而希氏

---

① 虽然克氏写作中偏向记录宫廷故事和奇闻异事,对于巴比伦城市方面着墨较少,但他本人去过波斯帝国时期的巴比伦是不争的事实。并在书中纠正了希罗多德对于巴比伦的一些错误记载。(详参见 Diodorus Siculus, I 2.7.2—7。)

② Strabo, 16.1.5.

③ 鲁弗斯的手稿记载是 368 斯塔德的长度。但其之后又写到改造城墙的工程花了一年时间,并明确说明每天都要建造一斯塔德的长度。[详参见 BoNcquet., *Diodorus Siculus* (*II*, 1—34) *over Mesopotamië. Een historische kommentaar* (Verhandelingen van de Koninklijke Acadernie voor Weten-schappen, Letteren en Schone Kunsten van België. Klasse der Letteren nr.122), Brussel, 1987, p.73。]

④ Tardieu, "La description de Babylone chez Philostrate" in: *Sites et monument disparus d'aprèsles témoignages de voyageurs* (Res Orientales 8; ed. R.Gyselen), Bures-sur-Yvettes, 1996, pp.179—189.

⑤ 斯特拉波游历至巴比伦时,巴比伦已经荒废已久。《地理学》书中的记载参考了作者本人的游历见闻和一些已经失传的资料(可能是贝洛苏斯的《巴比伦尼亚志》),因而关于巴比伦外城墙的记载是比较可靠的。鲁弗斯的记载与斯特拉波的出入不大,长度略短,而高度与宽度一致。考虑到克特西亚斯生活的时代早于斯特拉波和鲁弗斯,加之希腊化时期亚历山大对外城墙进行了一些修缮和继承者战争连年的战乱,因而巴比伦外城墙发生了一定的变化。

⑥ 希罗多德载巴比伦外城墙为正方形,而菲洛斯特拉特斯记载的为圆形。(Tardieu, "La description de Babylone chez Philostrate" in: *Sites et monument disparus d'aprèsles témoignages de voyageurs* (Res Orientales 8; ed. R.Gyselen), Bures-sur-Yvettes, 1996, pp.179—189.)希氏被史学家们诟病关于史料的选取和他本人是否到过巴比伦。菲洛斯特拉特斯同样被怀疑材料来源的可靠性,他生活的时代巴比伦已经荒废已久,深埋黄沙之下,且在书中是通过阿波罗尼在巴比伦的游历提及,并不严谨。加之,菲洛斯特拉特斯的记载与同时代斯特拉波和鲁弗斯的记载出入很大。因而,笔者认为菲氏关于外城墙各项数据的记载与希氏的一样,多半是道听途说的,并不严谨。

关于城墙高度和宽度的记载与斯特拉波和鲁弗斯的相去甚远,罗马帝国时期菲氏记载的数据比后两位的更为夸张。因此,在外城墙宽与高的数据各不相同的情况下,需要通过考古资料来确定。

　　第三,通过与现代考古学家的发掘成果比对。在巴比伦遗址出土的泥板文书(Tin.tir＝Bābil)上,考古学家发现了一幅巴比伦的平面图,①平面图中苏德堡宫殿(Südburg)位于巴比伦东岸,宫殿背靠城市外城墙"奥斯特哈肯"(Osthaken)。②奥斯特哈肯是双体墙,内体墙高约 7 米,外体墙高约 7.8 米,两墙之间相隔约 12 米,城墙外则是巴比伦的护城河以及一道厚度达 3.3 米的堤防,城墙内巴比伦城的面积约为 900 公顷;③巴比伦南部城堡外出土的一堵城墙也是双体墙,外体墙被称作倪米特恩利勒(Nīmit-Enlil),高约 3.7 米,内体墙被称作伊姆古尔恩利勒(Imgur-Enlil),高约 6.5 米,④两墙之间相隔 7.2 米,城墙外是堤防和护城河;第三堵出土的纳博尼德墙损坏比较严重,仅余约 7.6 米高的外体墙,墙外为 3.5 米宽的码头。⑤目前考古出土的墙体中,外体墙厚度普遍超过 7 米,内体墙厚度多超过 3 米。⑥除此以外,尚有大部分未被发掘或正在

---

① 平面图中描绘的巴比伦的皇家宫殿—苏德堡(Südburg)(详参见 Koldewey & Hrouda, *Das wieder erstehende Babylon*, München, 1990⁵, pp.79—80。)、霍普特堡(Hauptburg)(详参见 Koldewey & Wetzel, *Die KÖnigsburgen von Babylon. 2. Teil*: *Die Hauptburg und der Sommerpalast Nebukadnezars im Hügel Babil*(WVDOG 55), Leipzig, 1932, pp.1—39。)和诺德堡(Nordburg)(详参见 Koldewey & Hrouda, *Das wieder erstehende Babylon*, München 1990⁵, pp.158—171, 175—181。)苏德堡是尼布甲尼撒二世时期皇帝居住的宫殿,后两座宫殿是尼布甲尼撒二世时期修建的避暑宫殿,且在波斯帝国时期进行过修缮,但在亚历山大去世后逐步被统治者遗弃。因此平面图被认为描述新巴比伦王国和阿契美尼德波斯时期的巴比伦。(详参见 Klengel-Brandt, "Gab es ein Museum in der Hauptburg Nebukadnezars II. in Babylon?," *Fub*, 1990, 28, pp.41—46。)

② 奥斯特哈肯已经挖掘了一部分,剩余部分仍在挖掘中。详参见:Koldewey & Wetzel, *Die KÖnigsburgen von Babylon. 2. Teil*: *Die Hauptburg und der Sommerpalast Nebukadnezars im Hügel Babil*(WVDOG 55), Leipzig, 1932, pp.41—58。

③ Wetzel & Unger, *Die Stadmauern von Babylon*(WVDOG 48), Leipzig, 1930, pp.70—74.

④ 城墙命名是依据城墙上的门,巴比伦的门多是根据神来命名。所以这两堵城墙的命名依据都是巴比伦的神。参见泥板文书 Tin.tir＝Bābil(Tin.tir in BTT(Babylonian Topographical Texts) lgg) V57—58。

⑤ Wetzel & Unger, *Die Stadmauern von Babylon*(WVDOG 48), Leipzig, 1930, pp.48—49.

⑥ 考古发掘中出土城墙的位置是依据巴比伦遗址中裸露在外的土块泥砖确定,但有部分考古学家推测泥砖城墙之外应该有更坚固的经过锻造的砖面或者是墙体。但此观点并不完全被学界认同,就目前考古发掘的情况来看,所有出土的外体墙外并未有明显的墙体痕迹和地基,仅有部分从墙体上掉落的经过烧制的砖块。因而笔者蠡测墙体实际应该会厚 0.5 米左右(出土砖块宽大约为 30—40 厘米),随着更深入的挖掘,这些数据会更明确。(详参见 L.W.King, *A History of Babylon, from the Foundation of the Monarchy to the Persian Conquest* II, Ams Pr Inc, 1915, p.26。)

发掘的城墙。巴比伦遗址的荷马若土丘（Homera）外圈向外延伸约 1700 米有一段呈镰刀头状的土墙，尚未挖掘。考古学家们根据距离土丘不远处的纳博尼德墙推测城墙应为中间相隔超过 7 米的双体城墙，有部分西边墙体宽度甚至超过 6.5 米。①

　　考虑到历史上巴比伦外城墙几次被破坏②和多年来城墙风化等因素，出土墙体的各项数据与古代时期的城墙会存在一定的偏差，但事实是希罗多德等古典史学家给出外城墙的各项数据与实际考古数据之间差距殊异。希氏和克氏记载的外城墙周长分别是超过 53 英里和 40 英里左右。科尔杜威（Koldewey）认为这些数字并不夸张，中国的长城绵延超过 1500 英里，是希罗多德记载数字的 29 倍左右。③但作为城市的外围城墙来说，两位古典史学家的数字就相对不太可靠了。中国古南京城的外城墙工程规模远大于巴比伦，但它的周长没超过 24 英里，④显然希氏的数据就有些言过其实了。金（Leonard W. King）的观点与科尔杜威相似，根据巴比伦东北墙巴比勒丘西面的出土墙体位置和长度判断巴比伦东北墙体的长度不会超过 2.75 英里，东面墙角向幼发拉底河方向折回的东南墙可能延续 1.25 英里。若是按照希氏和菲氏的记载，巴比伦的外城墙围成的区域是一个由河流对角分开的大致四边形，那么外墙的周长绝不会超过 11 英里。⑤希氏记载城墙的宽、高和墙间隔等各项数据远大于斯特拉波和鲁弗斯，高几乎是后两者所载的四倍，宽是两倍还多。目前出土的墙体高度数据各不相同，最高的是 7.8 米，最矮的是 3.7 米，远低于后两者所

---

① Koldewey, *Das Wieder Erstehende Babylon*, Leipzig, 1912, p.293ff.

② 希罗多德载，大流士在攻克巴比伦后，便摧毁了他们的城墙，破坏了所有的城门。（详参见 Herodotus, Ⅱ3.159。）但从亚历山大攻克巴比伦时，巴比伦的城墙依旧坚固的情况来看，大流士显然没有将城墙全部摧毁。笔者推测大流士应该是拆掉了一小部分来泄愤。亚历山大攻取巴比伦时摄于外城墙的坚固，采取了与巴比伦祭司合作的方式智取。（详参见 Arrian, *Anabasis of Alexander*, 1.3.15, with an English translation by P. A. Brunt, Cambridge, Mass.: Harvard University Press, 1996。）亚历山大死后，巴比伦城在继承者战争中被破坏严重，城墙亦受到一定的损坏。（详参见 Errington, "From Babylon to Triparadisus: pp.323—320 B.C.," *JHS 90*, 1970, pp.49—59。另见 Will, *Histoire politique du monde hellénistique. Tome I: De la mortd'Alexandre aux avènements d'Antiochos III et de Philippe V*, Nancy, 1979², pp.19—26。）

③ Koldewey, *Das wieder erstehende Babylon*, leipzig, 1912, p.5.

④ Haverfield, *Ancient Town Planning*, Oxford: Oxford University Press, 1913, p.22.

⑤ 11 英里大约是克特西亚斯给出的数据的四分之一，科尔杜威博士推测克氏是将城墙的单边长当做了周长，但这一说法显然难以说通，而且克氏在书中明确提及了边长的长度。（详参见 L. W. King, *A History of Babylon*, *from the Foundation of the Monarchy to the Persian Conquest* Ⅱ, Ams Pr Inc, 1915, pp.23—25。）

载数据。外体墙厚度大部分超过 7 米,内体墙普遍超过 3 米,两者相加后与斯特拉波和鲁弗斯记载的宽度 9.92 米是比较接近的。①双体墙的间隔从 7 米到 12 米之间不等。②

以上比对就证实了古典史学家的著作中关于巴比伦外城墙的记载普遍是比较夸张的。例如希氏的记载数据远超希腊化和罗马时期的史学家,某些数据甚至是后者所载的数倍之多,真实的巴比伦外城墙建筑规模远低于古典史学家所载。综上所述,真实的外城墙应是一个周长为 11 英里左右的不规则四边形双体围墙,外体墙普遍高于内体墙,外体城墙大约 5 米到 9 米之间不等,内体城墙大约 5 米到 8 米之间不等。内外城墙宽度加起来 10 米左右。双体墙间隔 7 米到 12 米不等。③

二、巴比伦外城墙的建筑模式与材料

巴比伦是美索不达米亚平原的千年古都,地理位置优越,自古便是兵家必争之地。因此,巴比伦的城市防御系统便成为历代巴比伦统治者的建设重点。作为抵御外敌入侵的第一道防线,自新巴比伦王国始,居鲁士、大流士和亚历

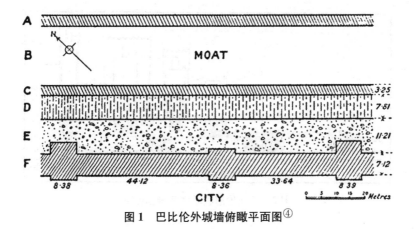

图 1　巴比伦外城墙俯瞰平面图④

① 首先,古代测量工具所得数据与现代的长度换算中会有一些误差。再者,外城墙墙体上砖块掉落、城墙风化和人为破坏等因素造成了墙体的一些损耗。内外墙体的总厚度大约 10 米。因而,斯特拉波与鲁弗斯所载外城墙宽度的数据是相对可靠的。

② 关于墙间隔,希氏所载是两墙之间足够一辆驷马战车奔跑(详参见 Herodotus, I 1.179。)。显然,考古出土墙体间隔的数据满足这个要求。

③ 从目前考古出土的情况来看,长达 11 英里的巴比伦外城墙的高、宽和间隔等数据并不是固定的。

④ 外城墙平面图由科尔杜威和安德烈所制,原图见 L. W. King, *A History of Babylon, from the Foundation of the Monarchy to the Persian Conquest* II, Ams Pr Inc, 1915, p.25, Fig.4。

山大等征服者攻取巴比伦的方式均为智取，并没有武力攻破外城墙这一坚固防线。这与修建外城墙所使用的特殊建筑模式、建筑方法和建筑材料等因素关系密切。

其一即巴比伦外城墙特殊的建筑模式，外城墙的修筑方式不同于中国单体城墙的修筑方式。希罗多德载"它的周围是宽且深的护城河，河里满是水"[1]；"外城墙内部有一道略薄的内体城墙，但和外城墙一样坚固"[2]。希氏在书中明确指出，巴比伦外城墙是双体城墙，墙外有宽阔的护城河。巴比伦遗址外城墙的大量发掘也证实了希氏所言非虚。目前出土的墙体均为双体城墙，在部分墙体外发现了明显的护城河和河堤的痕迹。[3]科尔杜威和安德烈（Andrae）根据巴比伦外城墙出土的情况还原了巴比伦外城墙的建筑方式。如图1巴比伦外城墙俯瞰平面图所示，B部分为护城河，A与C分别为护城河的外岸和内岸、D与F分别是外体城墙和内体城墙、F内为巴比伦城内、F上的凸起物为塔楼、E为两墙间隔，填充碎石以为防御之用。如图二巴比伦恩利勒墙的侧刨面图所示，恩利勒墙是建设在之前旧城墙地基之上的，图中的A是萨尔

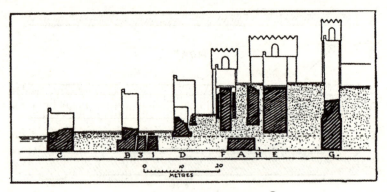

图2　巴比伦恩利勒墙侧刨面图[4]

---

① Herodotus，Ⅰ1.179.

② Herodotus，Ⅰ1.181.

③ 奥斯特哈肯城墙外发现了明显的3.3米厚的河堤以及护城河遗址。（详参见 Wetzel & Unger, *Die Stadmauern von Babylon*（WVDOG 48），Leipzig，1930，pp.70—74。）外墙恩利勒外发现了堤防和80米宽的护城河（笔者认为根据泥板文书的比例而言，护城河宽80米有点言过其实。例如，在 Wetzel & Unger, *Die Stadmauern von Babylon*（WVDOG 48），Leipzig，1930，p.70 中明确提及恩利勒墙（Imgur-Enlil）外的护城河宽约为40米。

④ 恩利勒墙侧刨面图由安德烈所制，原图见 L.W.King, *A History of Babylon, from the Foundation of the Monarchy to the Persian Conquest* Ⅱ，Ams Pr Inc，1915，p.33，Fig.8.

贡时期修建的码头城墙,B是旧的护城河堤,C是尼布甲尼撒二世时期修建的护城河河堤。从河堤的位置来看,尼布甲尼撒二世时期,加宽了城市的护城河。D是堤坝墙,F是外体城墙倪米特恩利勒,E是内体城墙伊姆古尔恩利勒,F与H之间的部分是填充碎石的地带,G是内体墙内宫殿的城墙。巴比伦外城墙外有宽阔的护城河和河堤,坚固的双体墙中间间隔区填充着碎石,这种特殊的建筑构造是巴比伦外城墙固若金汤的基本因素。

其二即巴比伦外城墙的建筑方法和建筑材料。巴比伦是两河流域著名的土砖和沥青产地,巴比伦外城墙修建中使用了大量本地生产的建材。《历史》中详细记载了巴比伦外城墙的建造过程,"他们(巴比伦人)把土从护城河中挖出之后,便将它制成砖胚,当砖胚数量足够时,便放在窑里烧。起先用于修建河堤,后用作墙体,他们把灼热的沥青当做混凝土来用,并每铺30层砖多加一层芦苇席。工程所用的沥青是从依思城沿着依思河历时八天运来的。"[1]除希罗多德外,斯特拉波《地理学》中虽未提及外城墙的修建,但记载了巴比伦空中花园的修建与沥青和芦苇等建筑原材料的生产"台基和穹顶都是用烧过的砖和沥青建成。"[2]"幼发拉底河附近有黑色液体井,干燥后成为沥青,河水泛滥时淹没井后,河里便有了大量的固态的沥青。"[3]河水泛滥带来大量的淤泥、湖泊、沼泽和苇塘。淤泥用作砖块的制作,湖泊等产生了大量芦苇用以制作芦苇席。[4]犹太史学家约瑟菲斯书中的贝洛苏斯残篇载"(尼布甲尼撒二世)有些墙是用沥青和烧制砖块修建,有些只用砖块(未烧制)修建。"[5]从三位史学家的记载可知,巴比伦外城墙修建用的多是产自于巴比伦本土的芦苇席,墙砖(烧制砖)和沥青等。巴比伦外城墙遗址考古结果与三者记载基本大同小异。巴比伦考古遗址出土了大量的由两河泛滥带来的高黏性泥土,在当地这种泥土被用来制作烧砖或者是泥砖。[6]虽然目前巴比伦外城墙尚未全部出土,但从目

---

① 关于巴比伦外城墙的建筑材料,克氏的记载与希氏的基本一致。"城墙用烧制的砖建成,用沥青黏合。"参见 Herodotus, I 1.179. and Diodorus Siculus, I 2.72—87。

② Strabo, 16.1.5.

③ 笔者认为从井中产生沥青的状况来看,斯特拉波记载的黑色液体井毫无疑问应该是石油井。(详参见 Strabo, 16.1.15.)

④ Strabo, 16.1.9.

⑤ Josephus, *The Life Against Apion*, 1.19.

⑥ L. W. King, *A History of Babylon*, *from the Foundation of the Monarchy to the Persian Conquest* II, Ams Pr Inc, 1915, pp.19—20.

前出土的城墙来看,部分外墙或者表墙以烧制砖为主,辅以沥青为浆,内墙多以未烘烧的泥砖为主,附以黏土为浆,双体墙之间填充着大量碎石。[1]恩利勒墙内外墙体的碎石带中出土了一些泥柱,那波帕拉沙尔(Nabopolassar,阿卡德语:Nabû-apal-usur)时期的泥柱铭文载"(那波帕拉沙尔)在荒芜的深渊中建立了它",科尔杜威结合周边发掘出土的情况,认为巴比伦城墙是以烧制砖为地基。[2]

由以上比对可知,古典史学家的记载与考古矛盾在于巴比伦外城墙的建筑材料——砖块、芦苇席和碎石方面。希氏载巴比伦外城墙建筑材料为烧制砖,而目前出土的墙体除却纳博尼德墙有一些烧制砖块外,其他墙体均未有烧制砖块出土;两位史学家记载的芦苇席在考古发掘中尚未发现;而考古发掘中发现的双体墙之间的碎石,古典史学家没有记载。笔者认为,依据目前墙体出土情况来看,墙体建造材料主要以泥砖为主,在表墙上填充烧制砖。墙体中发现填充的碎石多半是古典史学家漏记的疏忽,[3]但他们著作中记载的芦苇席尚未在出土的墙体中发现,笔者猜测是多年的风化和腐蚀使得芦苇席很难保存下来。因此,这些问题的证实仍然有待于考古发掘的深入和更多外城墙的出土。

三、巴比伦外城墙的修建时间

关于巴比伦外城墙修建的起止时间,学术界多有争论,主要原因在于史料的缺失。在上述提及的古典史学家著作中,大部分未提及外城墙的修建信息。提及巴比伦外城墙最早的是希氏和克氏的著作,虽然书中并没有指出明确的

---

[1]　详情参见图1和图2。(L.W.King, *A History of Babylon*, *from the Foundation of the Monarchy to the Persian Conquest* II, Ams Pr Inc, 1915, pp.25—26.)巴比伦纳博尼德墙发掘中,出土发现了烧制砖块,而墙体上的砖块则多以泥砖为主。另外出土的墙体均为泥砖墙,混有一些变硬的沥青块。笔者猜测,并非是在墙体修建中没有使用烧制砖块,而是风化过程中,大量脱落或者是被盗走。威武日与昂格尔在考古中发现了巴比伦城墙修建中有重复使用烧制砖的习惯。金也提及了巴比伦逐步衰落后,巴比伦居民将城墙上的砖块取走作为建筑材料。(详参见 Wetzel & Unger, *Die Stadmauern von Babylon*(WVDOG 48), Leipzig, 1930, p.52。)

[2]　科尔杜威认为铭文中深渊(abyss)一词有"深"的含义,在修建必然使用了打地基牢固的烧制砖而不是泥砖。笔者并不认同此看法,从目前考古的情况来看,出土的墙体的砖块以泥砖为主,地基部分尚未发现。详参见 Koldewey, *Babylon*, leipzig, 1912, p.135f.

[3]　希氏关于巴比伦墙体的部分记载是道听途说的,出现了漏记的现象。斯特拉波本人虽然去过巴比伦,但在著作中并未提及巴比伦外城墙的建筑构造等。(详见本文第一部分)

修建时间,但根据两位史学家生活的年代以及书中其他记载可以得到一些信息。克氏长期担任波斯大王的御医,其生活年代约为公元前 5 世纪,显然巴比伦外城墙在克氏生活的年代已经修建完成。希罗多德记载了居鲁士大帝对巴比伦的征服,"波斯人从河道越过城墙,出其不意地出现在他们(巴比伦人)面前,而此时城中居民们正在寻欢作乐,庆祝节日。"①而居鲁士攻破巴比伦的时间是公元前 540/539 年,这说明巴比伦外城墙修建时间远早于波斯帝国时期,应该是新巴比伦王国时期或者之前。约瑟菲斯书中的贝洛苏斯残篇载:"(尼布甲尼撒二世)他重建老城,又在外围添加一座新城,巴比伦至此落成,让后来可能围困此城的人无法靠改变其河道攻入城中,为此他在内城之外增加三道城墙。"②贝洛苏斯的记载印证了两位史学家的说法。尼布甲尼撒二世时期,巴比伦新修建了三道外城墙,但文中"增加"二字说明尼布甲尼撒二世统治前,已经有外城墙建成。因而,外城墙修建始于何时,终于何日,仍未有具体的信息。

古典史料相对缺乏的情况下,巴比伦外城墙的修建时间信息的确认更依赖考古史料的发掘。目前出土的巴比伦墙体出土了部分烧制砖,加上墙外护城河内壁的发掘,目前考古学者们有三种猜测。其一,金认为,巴比伦墙体初步完成于尼布甲尼撒时期即公元前 605 年到公元前 559 年。墙体中出土的烧制砖中发现了尼布甲尼撒(Nebuchadnezzar)时期特有的扁条方砖,砖上有他印章所印的字,除却城墙方砖外,在巴比伦遗址的其他砖块如城墙内部也发现了印章印下的字。墙外出土的尼布甲尼撒时期所特有的护城河内壁形态似乎也印证了金的猜测。③其二,威忒日与昂格尔认为,巴比伦的墙体修建初步完成时间并非是尼布甲尼撒时期。巴比伦外城墙纳博尼德墙在发掘中出土了部分烧制砖头,除了刻有尼布甲尼撒的名字外,还有尼利格利萨(Neriglissar)和纳博尼德(Nabonid)等新巴比伦王国国王的名字。这些砖头最早的是刻有尼布甲尼撒的名字,最晚的是纳博尼德,巴比伦修建建筑时有重复使用建筑材料的习惯,因此出现这种情况不足为奇。但这些砖头的出土就意味着纳博尼德墙修建时间起止的确认就显得扑朔迷离,最后两位学者将纳博尼德墙修建初步

① Herodotus, I 1.188—191.
② Josephus, *The Life Against Apion*, 1.19.
③ L. W. King, *A History of Babylon*, *from the Foundation of the Monarchy to the Persian Conquest* II, Ams Pr Inc, 1915, p.26.

完成于纳博尼德时期即公元前 555 年到公元前 540 年。①其三,巴比伦外城墙修建时间早于新巴比伦王国时期,应定于亚述帝国国王阿舒尔巴妮帕(Ashur-bani-pal)之前。考古学家在巴比伦南部外城墙恩利勒墙双墙体间碎石中发掘出土了部分泥柱,其中最早的泥柱上铭文记载亚述王阿舒尔巴妮帕统治巴比伦时期恩利勒墙体倒塌后,对墙体进行了修复,并在墙体中嵌入了该泥柱。②亚述王阿舒尔巴妮帕征服巴比伦的时间约为公元前 648 年,这就意味着恩利勒墙体的修建并非是新巴比伦王国时期。且铭文中提及阿舒尔巴妮帕对恩利勒墙进行修复而不是修建,那么墙体的修建完成时间应早于公元前 648 年,至少是阿舒尔巴妮征服之前。另一个那波帕拉沙尔时期的泥柱载"(那波帕拉沙尔)我使巴比伦四面被风环绕",可见那波帕拉沙尔时期,那波帕拉沙尔对墙体进行过修复。③

  上述三种观点以目前巴比伦遗址出土的三堵外城墙为例,虽然每个观点所确定的时间不尽相同,但大致确定的时间是亚述帝国晚期到新巴比伦王国时期。此段时期符合根据《历史》、《波斯史》和《巴比伦尼亚志》中推测出外城墙修建早于波斯帝国时期的论断。恩利勒墙位于巴比伦南部堡附近,荷马若土丘向南附近,是三堵出土城墙中最靠近内城的外城墙,而最晚的纳博尼德墙

---

① 纳博尼德墙修建时间不能确定为尼布甲尼撒或者尼利格利萨时期。一是考虑到巴比伦重复使用砖块的习惯,刻有尼布甲尼撒和尼利格利萨的砖头有可能是其他墙体的旧砖。二是即使这些方砖并非重复使用的旧砖,将墙体修建的起止时间定为尼布甲尼撒时期到纳博尼德时期。那么墙体上的方砖中,年代较早的方砖应该位于墙体下部,年代较晚的方砖位于墙体上部。按照此逻辑,墙体从下往上应为尼布甲尼撒、尼利格利萨和纳博尼德,但考古现场出土的情况并非如此,同一层砖体中,三种砖块均有发现。鉴于此,将纳博尼德墙的修建时间定为纳博尼德时期。(详参见 Wetzel & Unger, *Die Stadmauern von Babylon*(WVDOG 48), Leipzig, 1930, p.52。)
② 公元前 648 年,亚述王阿舒尔巴妮帕将巴比伦作为一个行省纳入亚述帝国中。他将巴比伦恩利勒外墙修复完成后,将泥柱嵌入到墙体中,但事实是泥柱是在两墙之间的碎石之中发现,而非是在墙体之中,笔者认为,并非铭文记载有错,原因有三。一,巴比伦人可能将碎石视作巴比伦外城墙中的一部分。二,巴比伦有重复使用墙砖的习惯,恩利勒墙作为巴比伦边角落的城墙,加之背后有宫殿墙防御,战略位置并不重要,可能会被拆一些砖块用于其他建筑的建设。三,亚历山大占领巴比伦时曾对外城墙进行过修缮。亚历山大死后,巴比伦遭受了常年的继承者战乱,在这个过程中,可能随着墙体的改变,相对位置会发生一定的变化。(详参见 BM(British Museum) Boundary-Stones 和 George, "The quarters of Babylon in the astronomical diaries," *N.A.B.U.*, 1997, 18, AD 1—293:'rev.' 14' and AD 1—284:obv.' 4'。)
③ 那波帕拉沙尔统治时期位于阿舒尔巴妮帕之后,笔者猜测应该是由于战争的原因,墙体经过一定程度的损坏。因此,那波帕拉沙尔对墙体进行了修复。详参见 Koldewey, *Babylon*, leipzig, 1912, p.135f。

则位于离内城直线最远的位置。可见巴比伦城外城墙一直在向外扩展,城市面积也一直在扩大。笔者蠡测:一、以巴比伦内城为中心,越靠近内城的城墙修建时间越早,而越靠外的城墙修建时间越晚;二、在亚述帝国晚期到新巴比伦王国时期这段时间中,随着时间的推进和巴比伦的发展,城市逐步扩大,巴比伦外城墙也在不断地修建中;三、纳博尼德墙出土了部分刻有不同国王名字的方砖,恩利勒墙间碎石带中出土了泥柱,由此可知,从阿舒尔巴妮帕、尼布甲尼撒至纳博尼德时期,外城墙一直在修建和完善。关于巴比伦外城墙各部分的修建起止时间、加固和修缮等具体信息若是仅通过目前出土的三堵城墙来确认,显然有些草率,巴比伦外城墙修建时间的具体信息和以上三个猜测的确定和证实仍然有待于考古发掘的深入和更多外城墙墙体的出土。

四、结　语

以上对于巴比伦外城墙有关史实和考古资料的梳理和比较初步回应了目前关于外城墙的三个争议。第一,有关古典史学家们之间记载的矛盾以及与考古出土的墙体数据的异同:除斯特拉波所载的外城墙体厚度接近考古出土的数据外,其他古典史学家所载外城墙的各项数据均远大于出土墙体。考虑到常年风化和战争破坏等因素,出土墙体的规模会有一定程度的缩小,但远没有古典史学家所载的那么夸张。第二,虽然古典史学家所载外城墙数据与出土城墙有一定的出入,但并不意味着书中相关所载皆错。《历史》和《地理学》中所载巴比伦外城墙的建筑模式,所用的建筑方法和材料与巴比伦遗址出土的巴比伦外城墙大同小异。墙体建造材料主要以泥砖为主,在表墙上填充烧制砖。墙体中发现填充的碎石多半是古典史学家漏记的疏忽,[1]他们著作中记载的芦苇席尚未在出土的墙体中发现。第三,依据希罗多德与克特西亚斯的记载以及巴比伦考古史料的出土,巴比伦外城墙的修建的起止时间被确定为亚述帝国晚期至新巴比伦王国时期。但此时间段的确认是依据目前出土的三处外城墙遗址的情况来定,关于各个统治者时期对于巴比伦外城墙修缮与加固的具体细节尚难以确认。考虑到目前考古工作不够深入以及外城墙墙体出土数量尚少,上述观点不免有些片面。因此,巴比伦外城墙的各项争议的解

---

① 希氏关于巴比伦墙体的部分记载是道听途说的,出现了漏记的现象。斯特拉波本人虽然去过巴比伦,但在著作中并未提及巴比伦外城墙的建筑构造等。(详见本文第一部分)

读仍需要巴比伦遗址的发掘和更多考古史料的面世。

巴比伦外城墙是巴比伦抵御外敌的第一道也是最重要的一道城市防线。自新巴比伦王国起至亚历山大时期,从未有外敌以武力攻取巴比伦,历代统治者对外城墙加固和维护使得巴比伦成为小亚细亚地区最安全的城市之一。坚固的城墙成为统治者外出征战和抵御外敌入侵的基础因素。巴比伦外城墙作为古代世界的一大杰作,它的修建凝结了历代巴比伦统治者的心血。公元前331年,亚历山大征服巴比伦,对巴比伦进行了一系列的改造和修复,这其中就包括巴比伦的外城墙。然而好景不长①,亚历山大逝世后,千年古城巴比伦被新修建的城市——塞琉西亚取代,逐步衰落。虽然希腊化时期的巴比伦只经历了短暂的中兴,但巴比伦外城墙的建筑模式、建造技术和材料被希腊化时期很多新建城市的城墙或多或少地借鉴,这也从侧面反映了巴比伦外城墙对于古代世界城市城墙建设的范式作用。

Textual research on the outer walls of Babylon

Abstract: Babylon near the Euphrates river is one of the oldest cities in the Mesopotamian region. As the first barrier against invaders in the city's defense system, the outer walls of Babylon became the focus of successive rulers' construction. The impregnable outer wall of Babylon was not merely a security project for the city of Babylon, it was built with the painstaking efforts of all babylonian rulers. The construction technology, foundation materials and pouring methods used to build the wall were all the best choices at that time. Coupled with the continuous reinforcement of successive rulers, Babylon became one of the safest cities in the ancient Mediterranean region. With the excavation of the ruins of the city of Babylon in modern times, the excavation of the outer walls of Babylon made a large number of archaeological materials appear, but at the same time, a series of problems and disputes also followed. The study of the construction of the outer wall of Babylon has also become an important aspect of the study of the City of Babylon. There are some differences between the records of the outer wall of Babylon in the works of ancient historians and the archaeological excavations of the outer wall. The exploration of the construction of the outer wall of Babylon has become an important aspect of

---

① 公元前331年,亚历山大征服巴比伦后,仅在巴比伦停留了一月有余,便离开巴比伦继续东征。公元前323年,亚历山大班师巴比伦仅一年,便逝世于此,巴比伦很多工程也随之停止。(详参见 Arrian, *Anabasis of Alexander*, 7.17—21, 24—27。)

the study of the city of Babylon. Based on the comparison of handed down documents and archaeological data, this paper investigates the specific situation of the outer wall of Babylon from three aspects: the construction scale, construction materials and techniques, and construction time.

Keywords: The city of Babylon; The walls of building; The ancient city; Mesopotamia

作者简介:殷开辉,上海师范大学人文学院 2020 级博士研究生,专业为世界古代史。

传承、批判与开拓：肯尼斯·多弗与
古希腊少男之爱研究

吕晓彤

摘　要：早期的西方学者在论及古希腊少男之爱时，或是将其与雅典公民对立，视其为城邦法律所禁止的行为，或是直接用弗洛伊德的精神分析法去构建其面貌，而多弗则在传承与批判前人的基础上，利用历史学实证研究的方法，提出少男之爱的核心是"主动"与"被动"的身份划分问题，以及如何理解少男之爱关系中"插入"的实质作用，从而开拓出古希腊少男之爱研究的全新面貌，其研究为福柯等著名学者采纳并推进，开拓出古典性史研究的新纪元。本文试图从多弗的传承、批判与开拓三个层面入手，来梳理并分析多弗在古希腊少男之爱研究领域所作出的巨大革新与贡献。

关键词：肯尼斯·多弗　古希腊少男之爱　传承与开拓　"主动"与"被动"

一、导　言

在古典学研究领域中，古希腊少男之爱（pederasty）研究①并不是一个狭

---

① 男人与少男之爱，或直接称之为少男之爱（pederasty）是古希腊同性恋的一种重要表现形式，它被视为古希腊文化的一个重要特征。"pederasty"一词源于古希腊语的"*pederastia*"，其含义是成年男子对少年男子的爱慕之情。在现代语言中，它通常被翻译为"男色关系"，具有明显的贬义意味。不过，在古希腊社会文化的背景下，"pederasty"通常用于表达成年男子与年轻男孩之间在精神和肉体上的情爱关系，本身并没有贬义的所指。本文所探讨的著名学者肯尼斯·多弗，他在论著中就详细讨论了这种情爱关系的实质与具体体现。国内学者黄洋和裔昭印分别从不同视角对古希腊少男之爱的相关问题做过讨论，参见：黄洋，《从同性恋透视古代希腊社会——一项历史学的分析》，《世界历史》1998年第5期，第74—82页；裔昭印，《论古希腊男人与少男之爱》，《上海师范大学学报（哲学社会科学版）》2007年第1期，第69—79页。

隘的研究旨趣。在古希腊历史、文化和社会等一系列重要问题上,比如柏拉图的哲学、古风诗歌、雅典民主政治、身体、雕塑等等,男人与少男之爱研究都是一个无法规避的重要研究领域。不仅如此,不论是在米歇尔·福柯(Michel Foucault)那极具影响力的西方性史研究中,还是在有关性少数群体的现代法律研究中,古希腊少男之爱都是其展开讨论的中心问题。

20世纪初,西方古典学者就开始了对古希腊少男之爱的探究。最早,对这一问题的关注源于19世纪末的一场审判。1895年4月,奥斯卡·王尔德(Oscar Wild)受审,检方指控其"与另一男性间存在着严重的猥亵行为",严厉控诉其持有一种"非自然的爱"。王尔德随即辩护:"这种爱是男人对少男的爱,柏拉图将此视作哲学基础,它是精神之爱,它是如此纯洁,又如此完美……但全世界都不理解它,都嘲笑它,并因此将他人置于无限羞耻中。"①直到20世纪30年代,有足够勇气去探究这一主题的古典学家才开始与王尔德站在一起,尽管他们不否认古希腊少男之爱中存在着肉体因素,但都认为这并非是这种爱的核心。德国学者保罗·布兰德特(Paul Brandt)的著作《古希腊的性生活》的英译本以汉斯·利奇德(Hans Licht)的笔名出版,该书在揭示性爱与古希腊社会文化生活的密切关系的同时,引发了学界对古希腊男子同性恋问题的重新关注,他指出,希腊少男之爱的唯一要素或最重要的要素是身体享受,前人秉持的这种观点是绝对错误的。②

直到20世纪六、七十年代,史学界才真正开始对古希腊少男之爱进行较为细致的探究与匡正。③英国古典学领域著名学者肯尼斯·詹姆斯·多弗(Kenneth James Dover,1920—2010)高山仰止,可谓古典学领域少男之爱研究之先锋,他于1978年作《古希腊的同性恋》(*Greek Homosexuality*)④一书,推

① H.Montgomery Hyde, *The Trial of Oscar Wild*, Dover Publications, 1948, p.190.
② Hans Licht, *Sexual Life in Ancient Greece*, trans. J.H.Freese, Abbey Library, 1932.亦可参见中译本:利奇德:《古希腊风化史》,杜之、常鸣译,辽宁出版社2000年版。
③ 1960年,法国学者罗伯特·弗拉塞列雷(Robert Flacelière)出版《古希腊的爱》一书,该书对古希腊男同性恋和女同性恋情况作了生动的介绍,并简单讨论了"pederasty"这种关系的所指,他认为这是年长的老师、师傅与学生或门徒之间的爱情关系,这种情爱关系不仅体现在身体上,更体现在精神上,参见 Robert Flacelière, *Love in Ancient Greece*, Bartell Corporation, 1964。
④ Kenneth James Dover, *Greek Homosexuality*, Harvard University Press, 1978.该书第二版修订版和第三版分别于1989年和2016年出版。在《古希腊的同性恋》问世之前,多弗曾分别于1964年和1973年发表文章《*Eros* 和 *Nomos*:柏拉图〈会饮篇〉(182A—185C)》和《古典希腊人对性行为的态度》,并于1974年出版专著《柏拉图和亚里士多德时代的希腊大众道德》,他在上述(转下页)

动了古典性史研究脱离固有偏见,走向学术化,并使之成为古典学研究领域中的重要分支。①多弗在研究中强调,理解希腊少男之爱关系的核心是要明确"主动"与"被动"的身份划分以及同性恋关系中"插入"(penetration)的实质,这在古典性史研究领域乃至整个史学界均产生了重要影响,法国思想家米歇尔·福柯和著名的古典学家大卫·霍尔朴林(David Halperin)、爱娃·坎特瑞拉(Eva Cantarella)都在一定程度上认可并吸收了多弗的结论,他们的著作《性史》、《同性恋一百年》、《古代世界的双性恋》分别在很大程度上借鉴了多弗的研究成果。②

二、多弗少男之爱研究的缘起、传承与批判

肯尼斯·詹姆斯·多弗年轻时求学于牛津大学,严格的古典学研究训练为他日后的少男之爱研究奠定了坚实的基础。多弗自二十世纪四十年代任教,著作等身,其古希腊少男之爱研究之所以产生如此大的影响,主要得益于他精深的历史学和古典文学功底。自任教起,他的研究热情主要集中在修昔底德、阿里斯托芬和柏拉图的文本研究,古希腊散文的文体学以及古希腊的性道德研究。多弗最早关注的是古典史家修昔底德的文本,其对修昔底德文本的评注堪称古典语文学研究的经典。③在学术生涯中期,多弗转而重点关注演

(接上页)研究中分别从不同角度简单叙述了他对古希腊少男之爱的基本预设和主要观点,是《古希腊的同性恋》一书创作的前期积累和铺垫,日后出版的《古希腊的同性恋》不仅为上述研究提供了全方位的论据,同时也修正了部分结论。参见:K. J. Dover, "Eros and Nomos (Plato, "Symposium" 182A—185C)", *Bulletin of the Institute of Classical Studies*, No.11(1964), pp.31—42; K.J.Dover, "Classical Greek Attitudes To Sexual Behavior", *Arethusa*, Vol.6, No.1, Women in Antiquity(spring 1973), pp.59—73; Kenneth James Dover, *Greek Popular Morality in the time of Plato and Aristotle*, University of California Press, 1974.

① 在多弗的《古希腊的同性恋》尚未问世之前,将古典作家笔下对同性恋现象的描写进行未加偏见地阐述与讨论,始终是古典学研究的当务之急,多弗的著作便在这种背景下应运而生。参见:Jeffrey Henderson, "Review of K. J. Dover, Greek Homosexuality", *The Classical World*, Vol.72, No.7(Apr.—May., 1979), p.434。

② 参见 David M.Halperin, *One Hundred Years of Homosexuality: And Other Essays on Greek Love*, Routlege, 1990;米歇尔·福柯:《性经验史》,佘碧平译,上海人民出版社 2005 年版;Eva Cantarella, *Bisexuality in the Ancient World*, Second Edition, Yale University Press, 1992.

③ 他曾对修昔底德的第四、五、六、七卷进行评注,其中第四、五卷的评注本由戈姆(A.W.Gomme)发起,并由多弗和安东尼·安德烈韦斯(Anthony Andrewes)合作完成,因其汇聚了深厚的历史评注功底而成为修昔底德评注本中的经典系列(Gomme Andrewes Dover)。A. W. Gomme, A. Andrewes, and K.J.Dover, *An Historical Commentary on Thucydides: Books V(25)—VII*, Oxford University Press, 1970.

说家、哲学家、喜剧家和古风诗人的文本,他对演说家吕西阿斯、柏拉图、阿里斯托芬以及抒情诗人忒奥克里托斯(Theocritus)的文本做了详尽的编纂与评注工作。多弗对上述文本的熟识和研究的专业度,使得他在之后的古希腊少男之爱研究中具备了深厚的史学基础和文本分析功底。①在多弗还未正式开启少男之爱的研究时,多弗就在古典学研究杂志《阿瑞托莎》(Arethusa)的特刊上发表了《古典希腊人对性行为的态度》一文,当时,他认识到,当许多其他的人类文明都在用带有贬低的术语指称与"性"有关的事物时,希腊人却恰恰相反,他们对性没有特殊的指摘与偏见,希腊文化的这种特殊性也恰是学界应该对此领域进行研究的重要考量。②可见,多弗在其学术研究早期便已意识到,古希腊的性观念、性道德和同性恋现象在很大程度上与希腊的社会结构和道德文化有着密切的联系,因此,对古典性史尤其是对古希腊少男之爱的研究,能为更好地理解与认识古希腊社会提供重要途径。

在上世纪六七十年代,多弗仍潜心进行古典语文学研究,但与此同时,英国社会正发生着重大变革,议会于五十年代通过了关于同性恋的《沃尔芬登报告》(Wolfenden report),该项法案建议 21 岁以上成年人之间自愿同性恋行为合法化。十年后,议会正式通过《性犯罪法案》(Sexual Offences Act),这一法案使得威尔士及英格兰地区 21 岁以上的男同性恋行为得以除罪化。③此时,西方社会对有关性的现实问题特别是同性恋的争论,引发了西方学者开始对西方古典性道德、性观念和男性同性恋等问题进行更多的关注。根据多弗出版于 1993 年的自传可知,在 20 世纪中叶,他发现当时的学术界逐渐出现了许多用于理解古希腊性行为的现代范式,其中,几乎所有关于古希腊同性恋的叙

---

① 正如多弗早在对阿里斯托芬的喜剧《云》(Clouds)进行评注时就指出,阿里斯托芬式的喜剧确切地说明了公元前五和四世纪的雅典人为了表现幽默而使用的性语言,以及为什么雅典人对有些双关语、笑话、典故会如此敏感,甚至公开提到性、同性恋、催情药时会由心大笑。参见多弗对阿里斯托芬的评注本 *Aristophanes*:*Clouds*,edited with introduction and commentary by Kenneth Dover,Oxford University Press,1969。

② 多弗这篇文章主要介绍了古典时代希腊人的性爱词汇和古典作家的相关论述,探讨了他们对通奸和商业性行为的态度、对公民女性的隔离与保护,以及贞洁对于男女两性而言所带来的不同价值,并探讨了古希腊少男之爱的社会地位与功能等问题,受到了古典学界的重视,参见 K.J.Dover,"Classical Greek Attitudes To Sexual Behavior",*Arethusa*,Vol.6,No.1,Women in Antiquity(spring 1973),p.61。

③ 《性犯罪法案》分别于 1980 年和 1982 年延伸至苏格兰和北爱尔兰地区,在 20 世纪 80 年代,整个英国基本实现了对同性恋行为的除罪化、非刑事化。

述都是极其混乱且具有误导性的。①因此,对于这一研究的重新开启与匡正变得刻不可待。就多弗而言,他曾表示,他本人对同性恋不但毫无排斥之情,甚至表示理解,他曾坦言:"没有任何论据能够表明,同性恋需要被判定为自然的或非自然的,健康的或病态的,合法的或非法的,与上帝的意愿是相符的或违背的,在道德上是正确的还是错误的。幸运的是,我没有对任何性行为感到道德上的震惊或厌恶。对我或任何人来说,我们无法通过性的维度来判定哪一种行为是神圣的,哪一种行为是卑贱的。"②

　　可见,他十分清楚,在当时的社会评价体系中,对古希腊同性恋的研究势必会招致道德评价等现代范式的介入,他将这种介入称之为"科学的致命敌人"。③甚至整个社会的道德评价也影响了西方学者对古希腊同性恋的态度,从而导致了错误的论断。一部分古典学家、哲学家,例如汤姆森(J. A. K. Thomson)和泰勒(A. E. Taylor),他们出于对雅典城邦的热爱和对同性恋的排斥,在论及同性恋时将雅典公民与同性恋行为完全对立起来。④汤姆森认为,同性恋是一种"多利安式的罪恶,属于雅典城邦中其他民族,绝非雅典公民的行为"。⑤另外一部分学者如弗拉塞列雷(Robert Flacelière)和马鲁(H. I. Marrou),他们对希腊文化的热爱,加之不愿意承认在该文化中存在着这一种行为差异,使得他们认为,绝大多数希腊城邦的法律都禁止少男之爱的存在。⑥上述观点显然与古希腊的社会现实与文化传统相佐。可知,多弗作此研究的目的,就是要矫正古典学界对同性恋虚妄的历史观念和历史阐释,在古典学的研究中尽力去克服已经被继承下来的对性的基督教偏见,为后人对少男之爱乃至古希

① K. J. Dover, *Marginal Comment: A Memoir*, Duckworth, 1994, p.111.
② K. J. Dover, *Greek Homosexuality: Updated and with a new Postscript*, Preface 1.
③ K. J. Dover, *Greek Homosexuality: Updated and with a new Postscript*, Preface 2.
④ 对古希腊文化的热爱以及不愿承认在其文化中存在着如此"低级"的文化特征,这些主观的情感因素结合在一起使得他们产生了过于偏激的结论,即在大多数的古希腊城邦中,法律禁止同性恋行为的存在。这种观点显然与古希腊的社会现实、文化特征极不相符,并且他们的观点或是无丰富的图像资料的支撑,或是缺乏对文本材料内涵的洞见,参见 A. E. Taylor, *Platonism and Its Influence*, Cooper Square Publishers, 1963; J. A. K. Thomson, *Greek & Barbarians*, revised edition, Hard press Publishing, 2012。多弗在其著作中通过大量的文本和图像资料的解读对上述错误的观点给予了纠正,下文在谈及多弗的学术见解时会具体讨论。
⑤ 汤姆森在论述的过程中显然无视了图像资料证据,并得出了错误的结论,参见 J. A. K. Thomson, *Greek & Barbarians*, pp.13—17。
⑥ Robert Flacelière, *Love in Ancient Greece*, Bartell Corporation, 1964; H. I. Marrou, *A History of Education in Antiquity*, Sheed and Ward, 1956.

腊社会的更真实、更详细的探索提供一定的积淀。①

多弗的研究经历了对前人的传承、批判和自我反思而成,受到了第二次女性主义运动以及史学研究方法革新的多重影响,其中社会性别(gender)的分析视阈、民族心理学(ethnopsychiatry)、性行为(sexuality)的社会文化建构视角,对多弗影响最为显著。

20世纪60、70年代,西方妇女掀起了波澜壮阔的第二次妇女运动的浪潮,女性主义学者纷纷著书立说。②其中,诞生了最重要的理论——"社会性别"理论,"社会性别"(gender)特指由社会文化建构的对男女两性差异和行为特征的理解。③在古典学研究领域,"社会性别"也成为揭示古代世界两性关系的一种文化分析视阈。④对于多弗而言,对"性"(sexuality)与"性别"(gender)的分析和考察为其少男之爱的研究提供了重要的理论视野。多弗在对少男之爱的早期研究中,最先阐发的是古希腊社会对男女两性和少男之爱双方的"双重道德标准"(double standard)。多弗认为,在古希腊这样一个仍以"异性恋"占主导的社会中,父母鼓励和夸耀男孩去追逐女孩,但却对女孩失贞感到不齿,可见,贞操对于男女两性的价值大不相同。在少男之爱的关系中也是如此,正如柏拉图在《会饮篇》中对少男赋予"阴性"称谓那样,少男通常被视为"女孩",因此,人们总是期待男人通过竞争来俘获少男,但又阻止少男主动吸引情人,

① K.J.Dover, *Greek Homosexuality*: *Updated and with a new Postscript*, Preface 1; S.C.Humphreys, "Review of K.J.Dover, Greek Homosexuality", *The Classical Review*, Vol.30, No.1(Jun., 1980), p.61.

② 在第二次女权主义运动中,许多女性主义思想家纷纷著书立说,形成了各种女性主义理论流派。

③ 1972年,英国社会学家安·奥克利(Ann Oakley)出版了《性别、社会性别和社会》一书,论证了生理上的性别(sex)与心理和文化上的社会性别(gender)之间的差异。参见:Ann Oakley, Sex, Gender and Society, Maurice Temple Smith Ltd., 1972。1975年,美国人类学者盖尔·卢宾(Gayle Rubin)发表了论文《女人交易——性的"政治经济学"初探》,提出了"性/社会性别制度"的概念,认为性别制度是妇女处于从属地位的根本原因。Gayle Rubin, "The Traffic in Women: Notes on the Political Economy of Sex," in Rayna Reiter, ed., *Toward an Anthropology of Women*, Monthly Review Press, 1975;该论文的中译本可参见王政、杜芳琴主编:《社会性别研究选译》,生活·读书·新知三联书店1998年版,第21—81页。

④ 古典妇女史研究的开拓者萨拉·波梅罗伊(Sarah B.Pomeroy)在专著《女神、妓女、妻子、奴隶》中简要描述了古希腊罗马妇女的性行为和性爱经验,还论述了性奴役、妓女、杀婴、避孕、流产等问题。即便作者仅是对这些与"性"有关的问题进行了简单的整体性描述,但是也揭示了当时希腊男女两性的性别关系和父权制社会本质,参见 *Sarah B.Pomeroy, Goddeses, Whores, Wives and Slaves: Women in Classical Antiquity*, Schocken Book, 1975。

轻易地失去贞操。①

　　不过,对多弗关于少男之爱的理论影响最大的是研究人类学和民族心理学的学者乔治·德弗罗(George Devereux)。②他运用弗洛伊德精神分析法来探讨古代性行为,并将个人真实的性取向与个人的行为模式区分开来。这种区分以及行为上的"伪同性恋"这一概念支配着多弗对整个古典世界性行为的理解。③德弗罗曾以萨福为例,他指出,萨福的诗曾以一个对男性竞争对手的描述作为开头,随后列出了一系列关于"焦虑"的临床症状,即口腔会干涩、舌头会粘在上颚上。之后,萨福试图去爱一个男人,但之后又自杀,这个故事背后也许隐藏着一个心理学上的真相,即她是一个"真正的"同性恋者,因为"性欲受到了来自异性的攻击性的污染和融合",而选择自杀。④但是,关于男性同性恋,德弗罗却给出了相反的结论,即"前柏拉图式的"男性同性恋虽然在行为上是真实的,但在心理上却是虚假的,普通的希腊男性几乎都不是性欲反常者,或称性倒错者,他们在行为模式与人格基本取向之间存在着重要区别。⑤所以,在他看来,性行为存在四种特征,即"真实的"异性恋、"真实的"同性恋、"伪异性恋"、"伪同性恋"。

　　多弗在《古希腊的同性恋》一书中,认可并采用了德弗罗通过精神分析法

① K.J.Dover, "Eros and Nomos(Plato, "Symposium" 182A—185C)", *Bulletin of the Institute of Classical Studies*, No.11(1964), p.31; K.J.Dover, "Classical Greek Attitudes To Sexual Behavior", *Arethusa*, Vol.6, No.1, Women in Antiquity(spring 1973), p.67.

② 乔治·德弗罗是巴黎高等研究(l'école des Hautes Etudes)的民族精神研究主任,自从1964年他向多弗主编的杂志提交了一篇文章以来,就对多弗产生了重要的影响。根据多弗的自传,他起初并没有完全被精神分析的方法说服,直到他准备去听德弗罗的学术报告前不久,他做了一个关于去动物园游玩的梦,他在梦中说了一句:"千万不要在长颈鹿下面走!"这个梦中的场景曾在他12岁的时候真实地发生过,他突然意识到梦中的每一个成分似乎都可以用弗洛伊德的"原始场景"来解释。在此基础上,他改信德弗罗并向布莱克威尔(Blackwell)推荐了一本德弗罗的书。K.J.Dover, *Marginal Comment: A memoirt*, pp.122—123; George Devereux, "Greek Pseudo-Homosexuality and the 'Greek Miracle'", *Symbolae Osloenses*, xlii(1967).

③ 多弗在《古希腊的同性恋》一书开篇讨论"问题、来源和方法"时便引用了德弗罗1967年的观点——"行为模式与人格基本取向之间的重要区别",并在结论中再次引用了德弗罗的观点,即"在希腊社会中,青少年会将尚未分化的性活力延长到成年生活中,这是希腊文化的一个显著特征"。K.J.Dover, *Greek Homosexuality*, pp.vii—viii, 2(n.3), 203(n.15); Dover, *Marginal Comment*, pp.123—124.

④ George Devereux, "Nature of Sappho's Seizure in fr. 31 L-P as Evidence of her Inversion", *Classical Quart.*, new ser., xx(1970), pp.21, 22 and 25; 17—31.

⑤ George Devereux, "Greek Pseudo-Homosexuality and the 'Greek Miracle'", *Symbolae Osloenses*, xlii (1967).

得出的解释,①即古希腊的少男之爱并非是现代意义上的"同性恋"(homosexuality),而是一种不排斥异性恋的、行为上的"伪同性恋"(pseudo-homosexuality),具有"显著的青春期特征",是一种自青少年开始就将未分化的性活力注入到成年世界的延伸。②但是,德弗罗认为"前柏拉图式的"同性恋和"柏拉图式的"同性恋之间存在着差异,即前者是心理上的真实的同性恋,而后者是行为上的伪同性恋。对此,多弗给予了批判和发展。早在 1964 年,多弗就在文章中论证过,相对于前柏拉图式的同性恋来说,柏拉图式同性恋并不是由性行为的缺失来定义的,不论是好的还是坏的厄洛斯(eros),它们的目标都是对少男身体的占有,二者之间的区别在于发生性行为的整个背景,而不在于是否存在性行为本身。③因此,在之后的论著中,多弗多次强调,古希腊所有的男性同性恋,不论是"前柏拉图式的"还是"柏拉图式的",其特征都是"伪性"(quasi-sexual),即行为上的"伪同性恋"。

韦斯特(D.J.West)为多弗理解古希腊少男之爱提供了另一个分析视角,即"社会和文化力量对性行为特征的决定性作用"。④韦斯特在《同性恋》一书中以萨摩亚人为例,在萨摩亚的年轻人中,同性恋行为十分普遍,这既不会遭到反对也不会受到特别的关注,同性恋行为仅被视为一种玩乐或游戏,因此,它并不持久也没有产生严重的影响。韦斯特认为,现代社会应该采取这样的对同性恋的开明态度,因为社会和文化权力的镇压并不能真正地压制住同性恋,反而会使同性恋制度化,从而愈演愈烈,在人们幼年时就产生不健康的情绪和精神氛围。相反,对性的自由态度反而会产生更为健康的心理和精神状态。⑤多弗认

① 根据多弗在自传中的描述,在一开始,因德弗罗对其影响之大,他曾想与德弗罗作为合著者共同撰写《古希腊的同性恋》这部论著,对此参见 K.J.Dover, *Marginal Comment: A memoir*, pp.122—123。

② K.J.Dover, *Greek Homosexuality: Updated and with a new Postscript*, pp.203; K.J.Dover, "Classical Greek Attitudes To Sexual Behavior," *Arethusa*, Vol.6, No.1, Women in Antiquity(spring 1973), pp.66. K.J.Dover, *Marginal Comment*, pp.123—124。

③ K.J.Dover, "Eros and Nomos(Plato, 'Symposium' 182a—185c)", *Bulletin of the Institute of Classical Studies*, No.11(1964), pp.33—34。

④ K.J.Dover, *Greek Homosexuality: Updated and with a new Postscript*, p.2(n.3); D.J.West, *Homosexuality: Its Nature and Causes*, revised ed., Penguin Books Ltd., 1960; D.J.West, *Homosexuality Re-examined*, London: Duckworth, 1977。

⑤ 在韦斯特看来,镇压非但不会阻碍它,反而会使它趋向制度化,正如他所言:"矛盾的是,在性领域中,过于压抑的态度和对自然和非自然事物过于狭隘的看法,会给幼年时期的人们灌输某种恐惧和焦虑的情绪,引发成人后的神经官能症和变态行为,从而加剧这种情绪上的紧张状况。"倘若对性采取自由的态度,那么同性恋即使不一定会被消灭,也会大大减少。参见 D.J.West, *Homosexuality*, revised ed., Penguin Books Ltd., 1960, pp.177—178, 180。

可韦斯特对同性恋"游戏性"的观点。多弗在研究中始终认为,少男之爱的关系并不会贯穿希腊人一生,少男之爱的双方也并不是真正的同性恋者。在古希腊社会文化中,男人与少男相恋,他们的关系作为青春期的一种嬉戏,之后,双方会分别在婚姻中安定下来,并且,社会本身也会维持和表达对这种关系和状态的认可。①其实,多弗对古希腊少男之爱关系中"行为"的强调,符合韦斯特的同性恋的无害"游戏性"和德弗罗的伪同性恋概念,这两个概念构成了多弗对少男之爱的基本认识,即古希腊的少男之爱是一个关于"行为模式"而不是"人格基本取向"的问题。

三、多弗对少男之爱研究的开拓

在少男之爱研究中,多弗将性(sexuality)和性角色置于古希腊少男之爱的核心,并将从后面的"插入"(kata pugon)置于希腊性焦虑的中心。他将少男之爱与政治、权利联系在一起,主要处理了古希腊人是否能接受或包容男性间的爱欲关系这一问题,倘若可以接受,那么接受的程度如何,以及在什么情况下能够达成对这种关系的接受。由此入手,多弗主要得出了以下观点:首先,古希腊男性之间的同性恋行为采取具有教育性质的男人与少男之爱的形式;其次,古典时期的希腊人认为,成年男性通过与英俊少男的接触而产生的性欲是正常且自然的;再次,雅典的法律和习俗都不会禁止和处罚这种性欲的表达,只要爱者与被爱者都遵循某些合乎礼仪的惯例;最后,至少从表面上来看,雅典社会将男人与少男之爱看作是高贵的、受人尊敬的,甚至在某些情况下是值得提倡的。

(i) 术语与概念的界定、阐释与创新

在多弗看来,个体之间的亲密关系在当今社会的意义非凡,但古希腊社会与现代社会不同,亲密的爱欲关系往往是同性恋而不是异性恋,这意味着我们在研究的过程中应该努力去克服某种基督教传统所带来的偏见。②在《古希腊的同性恋》还未问世之前,多弗曾作《柏拉图和亚里士多德时代的希腊大众道

① K.J.Dover, *Greek Homosexuality*: *Updated and with a new Postscript*, pp.91—100; K.J.Dover, "Eros and Nomos(Plato, "Symposium" 182a—185c)," in *Bulletin of the Institute of Classical Studies*, No.11(1964), p.33. 这一点也正是多弗与福柯之间的区别所在,多弗相信古希腊存在"真正的"性,那就是异性恋,而少男之爱只是一种行为模式,是青春期嬉戏的延续。
② S.C.Humphreys, "Review of K.J.Dover, Greek Homosexuality", *The Classical Review*, Vol.30, No.1(Jun., 1980), p.61.

德》，他在书中给出了预设的观点：古希腊社会对男子同性恋关系的认可为一个年长的成年男性提供了引诱少男的合法机会，但这种关系并不影响少男在未来几年获取公民权利以及与异性结婚，至少从公元前 6 世纪开始，古希腊人认为成年男性对一个年轻人或是对一个男孩产生欲望均是非常自然的事情。①不过，倘若一个男性被证实因为钱财而从事卖淫活动，那么他就会失去公民权利，这种惩罚甚至与无法偿还城邦财政债务的人的程度相当。②其中，多弗也简要表明，之前的学者对古希腊少男之爱进行阐释时所犯的错误："在过去一百年中，但凡讨论到古希腊同性恋的均会受到现代欧洲法律的影响，他们通常不会看到古希腊法律本身并没有直接去惩罚同性恋行为，法律关注的是参与者之间的关系（是否存在卖淫活动）。"③之后问世的《古希腊的同性恋》为支持上述论点提供了全方位的证据。④

在对古希腊少男之爱的研究中，多弗首先意识到，"已有的语言用法已经不自觉地迫使我们将'同性恋'和'异性恋'视为明显对立的两个词"，⑤而这种语言用法中的对立非常危险，这无疑影响我们对同性恋的看法。多弗用"性的"（sexual）来取代"异性恋的"（heterosexual），并将所谓同性恋视为"类似—性的"（quasi-sexual）或"伪—性的"（pseudo-sexual），但绝不是"反—性的"（para-sexual）。⑥在多弗看来，这种对"同性恋"的语言用法绝对不存在个人偏见，真正的偏见是现代社会中一直存在的一种固化观念，即将同性恋视作与异性恋

---

① Kenneth James Dover, *Greek Popular Morality in the time of Plato and Aristotle*, University of California Press，1974，p.213.

② Kenneth James Dover, *Greek Popular Morality in the time of Plato and Aristotle*, p.215.

③ Kenneth James Dover, *Greek Popular Morality in the time of Plato and Aristotle*, p.216，n.23.

④ 多弗在《古希腊的同性恋》中，首先详细分析了爱斯基尼斯（Aeschines）根据雅典同性恋法规起诉提马库斯（Timarchus）的法庭演说词，并辅以其他类型的文本证据，接着他从对同性恋行为规范的讨论转向对视觉艺术证据和阿提卡喜剧的研究，涉及同性恋者所爱慕的少男的身体特征以及他们希望获得满足的方式和位置，并且论及了同性恋在喜剧和哲学著作中一般表现。关于作者在书中重点的拿捏有必要说明一下，其实作者对一些著名人物（比如萨福和苏格拉底）和重要城邦（比如斯巴达城邦）作了比较简短的论述，然而却更全面地讨论了诸如视觉资料、法律术语以及身体刺激和反应等主题，原因是，作者旨在讨论的不是关于个别知名人物的问题而是关于整个古代希腊社会的问题。此外，由于关于女性同性恋的资料过少，因而在这本书中，多弗讨论的主要是男子同性恋，书中谈及的"同性恋"（homosexuality）也专指"男子同性恋"，提及女子同性恋时专用"female homosexuality"一词，多弗仅用一节篇幅在少量可靠资料的基础上论述了古希腊的女子同性恋。

⑤ K.J.Dover, *Greek Homosexuality：Updated and with a new Postscript*, Preface 1.

⑥ K.J.Dover, *Greek Homosexuality：Updated and with a new Postscript*, Preface 1—2.

完全对立的一种"非自然的""病态的""与上帝意愿相悖的"的亲密关系。①在多弗的研究中,同性恋被定义为一种通过身体接触同性优先于异性以来寻求感官快感的倾向。不过,他也认识到这种定义很可能是肤浅的、不充分的,因为古希腊的文化不同于现代西方文化,古希腊文化接受同性恋和异性恋的交互进行,并且不认同这种交替或共存会给个人和社会带来特殊的问题。②因而,在古希腊人的思想意识中并不存在类似于英文"同性恋"与"异性恋"这样的对应名词,他们在行动和言语上对同性恋欲望的表达是不受压制的,在任何希腊作家、艺术家或哲学家的文本中也很少能够看到同性恋遭受压制的观点。

对少男之爱关系中"主动"与"被动"身份的阐释和讨论,是多弗关于古希腊少男之爱研究的中心问题。关于这个问题,多弗在发表于 1964 年的文章《Eros 与 Nomos:柏拉图〈会饮篇〉(182a—185c)》中,③最早提出了这一概念的雏形,简单地讨论了在喜剧中"主动"与"被动"双方的地位,被动的一方更容易受到丑化和戏谑的描绘。④随后,多弗在 1978 年的专著对此作出引申,即主动的伴侣是胜利者,而被动的伴侣则是相应的被征服者。

在多弗看来,阐释"主动"与"被动"的关系之前,应该首先说明年长者与年幼者的身份问题,由于在古希腊同性恋中几乎不存在双方属于同一年龄阶段的情况,他们会有一定的年龄差距。因此,在众多的文本语境中,尤其是在诗歌体裁的文学作品中,被动的伴侣被称为"男孩"(pais,复数形式为 paides),这个词同时可以译为"孩子"、"女孩"、"儿子"、"女儿"和"奴隶",但是,同性恋关系中的"男孩"往往是一个生理成熟的年轻人。多弗为了避免在研究中使用"男孩"(pais)一词会造成的某种不准确性,转而采用希腊语中的"被爱者"

---

① K.J.Dover, *Greek Homosexuality: Updated and with a new Postscript*, Preface 2.

② 希腊人能够意识到每个人的性偏好是不同的,但他们的语言中没有英文名词"同性恋"和"异性恋"的对应名词,这是因为他们认为:(a)几乎每个人都会在不同人生阶段分别对同性恋和异性恋的刺激做出反应;(b)几乎没有哪个男性能够在生命的同一阶段,既是一段关系中的主动者又是另一段关系的被动者。参见 K.J.Dover, *Greek Homosexuality: Updated and with a new Postscript*, pp.60, 62 and 80。

③ 多弗在这篇文章中还未过多涉及同性恋双方性角色的问题,此文旨在证明,柏拉图所认可的爱情并非无性恋,并将哲学家对同性恋的态度与喜剧家进行对比,多弗主要以保萨尼阿斯(Pausanias)在会饮上的讲话为出发点,认为雅典人鼓励男人"追求"他们所爱的对象,并鼓励少男反抗"追求"以考验恋人的毅力和目标的坚固性。参见 K.J.Dover, "Eros and Nomos(Plato, "Symposium" 182A—185C)", *Bulletin of the Institute of Classical Studies*, No.11(1964), pp.31—42。

④ K.J.Dover, "Eros and Nomos(Plato, "Symposium" 182A—185C)", *Bulletin of the Institute of Classical Studies*, No.11(1964), p.33.

(eromenos)一词,译为"被……爱上的人",对于年长的伴侣,多弗采用希腊语名词"爱者"(erastes),译为"爱上的人"。①"爱者"与"被爱者"适用于同性恋关系中的双方,从而不受现代代术语"情人"(lover)中所固有的模糊性的影响。②多弗对"爱者"与"被爱者"两个术语的创立与运用得到了古典学界的吸收与传承,但凡论及古希腊男子同性恋时学者均会使用这两个身份术语加以分析。

多弗认为,在异性恋中,男性是插入者,在图像中始终是直立的状态,处于主动的地位,而女性是被插入者,通常采用弯腰或仰卧的姿势,处于被动的地位。③相反,在同性恋中,一位尊贵的被爱者经常采取直立的姿势,而不是弯曲的姿势,与爱者面对面进行生殖器间的性行为,并且不会过分寻求和期待性爱关系中的感官愉悦,这才是符合规则和习俗的同性恋关系。④但是,如果被爱者违反规则,屈服于爱者,使自己在性关系中成为一个"被插入者",成为另一个公民可以随意支配的对象,显示出他对另一方的遵从,那么他就会和男妓一样,丧失男性公民的合法身份,放弃了自己作为士兵和城邦捍卫者的角色,将自己自动划归为"女性"和"外邦人"的行列,被视作丧失阳刚之气、具有"女子气"的人。⑤如果傲慢自大的爱者强迫对方成为被插入者,那么阿提卡的法律会因其羞辱(atimazein)受害者而对其进行惩罚。⑥多弗对于上述论断的提出得益于一组人类学的数据,即人类社会在许多时候和许多地区都曾让陌生人、

① eromenos 即动词 eran(爱上……或对……有强烈的欲望)的单数、阳性的被动分词,爱者(erastes)与"被爱者"(eromenos)一样,同样来源于动词 eran,是其单数、阳性的主动分词形式,译为"爱上……的人"。

② 不过,希腊人通常用"paidika"来表示"eromenos",但在讨论出现"paidika"的征引中多弗还是用这个词来讨论。参见 K.J.Dover, Greek Homosexuality: Updated and with a new Postscript, pp.16—17, 100—109。

③ K.J.Dover, Greek Homosexuality: Updated and with a new Postscript, p.101.

④ 多弗修正了他在 1964 年的文章中得出的结论,即同性恋性关系发生的整个背景才是应该关注的,而不是性关系的存在与否。到了 1978 年,多弗认为,在古希腊存在着两种不同的同性恋性行为模式,只有从后面的"插入"才构成严重的问题。K.J.Dover, "Eros and Nomos(Plato, "Symposium" 182A—185C)", Bulletin of the Institute of Classical Studies, No.11(1964), p.34; K.J.Dover, Greek Homosexuality: Updated and with a new Postscript, pp.100, 102.

⑤ 从后面的"插入"不仅仅是同性恋关系当中有违规则的、不合乎惯例交往方式,并且,它还是雅典人惩治通奸者的特殊方式,被抓到的通奸者可能会被丈夫或妇女的监护人杀死,但也可能会遭受这种痛苦的侮辱。也就是说,一个占主动地位的男性为了惩治通奸者,会把被动的女性角色强加于他,参见 K.J.Dover, Greek Homosexuality: Updated and with a new Postscript, pp.103, 105; K.J.Dover, "Classical Greek Attitudes To Sexual Behavior," in Arethusa, Vol.6, No.1, Women in Antiquity(spring 1973), pp.66, 69.

⑥ K.J.Dover, Greek Homosexuality: Updated and with a new Postscript, p.104.

新来者和非法闯入者遭受同性恋插入的侵犯,以此提醒他们的从属地位。①

最后,是对商业性的同性性行为的阐释与讨论。最初,在多弗撰写《古希腊的同性恋》时,他已经开始重视对性角色的分析,通过男妓的形象将从后面"插入"(kata pugon)与权力和政治联系起来。如上文所言,多弗认为古希腊法律本身并不会惩罚合法的同性之爱,而是会关注参与者之间的关系,即双方是否均为公民或公民后代,双方之间的性行为是否是以钱财为手段的卖淫行为。②多弗对爱斯基尼斯《对提马库斯的诉文》进行了细致的分析,他认为,如果男孩在儿时由父亲或其他监护人出卖,去被迫提供性服务,法律会免除男孩长大后抚养其父亲的义务,同时剥夺父亲生前继续生育子女的权利。③如果某个雅典公民曾经沦为男妓,那么法律规定,他不能担任任何官职,也不能在公民大会和议事会等公共场合发言,也就是说,在一定程度上被剥夺了公民权。④不过,该如何定义希腊文化中的男妓? 在多弗看来,倘若有任何男性因经济依赖而做对方让自己做的任何事情,那么他就是在卖淫,也就是在打破同性恋的合法规则。⑤这是因为,在希腊人看来,男妓势必会为了获取钱财而对雇主言听计从,包括成为屈辱的被插入者。因此,这种逻辑使得希腊人对男妓抱有十足的敌意。⑥对于男妓而言,希腊城邦的法律将会永久性地剥夺他们的公民权,将他们视同为奴隶。然而,在符合习俗和规则的少男之爱的关系中,双方均会受到隐私和自由的保护,法律不会轻易剥夺他们的公民权。不过,当他们活跃在政治生活中时会极易遭受舆论的揣测与非议。⑦

---

① 甚至,在某些群体内部,男性的地位通常是由一个从属者向一个占支配地位的男性展示他的臀部来表现的。K.J.Dover, *Greek Homosexuality: Updated and with a new Postscript*, p.105.

② K.J.Dover, *Greek Homosexuality: Updated and with a new Postscript*, preface. 1.在古希腊语中,商业性的性行为主要指"卖淫",在古希腊语中, *porneia* 译为"卖淫",在古希腊作家的文本中,它也适用于表示任何为他们所敌对的性行为,不过,多弗也十分谨慎地指出,古希腊作家文本中出现的 *porneia* 不一定就是指某种不受欢迎的性行为,不一定有所确指,正如我们现代语言经常会用于口语中的粗话那样。因此,在研究中必须做好准备,不能孤立地将一些负面的词语识别为性指涉。K.J.Dover, *Greek Homosexuality: Updated and with a new Postscript*, p.20.

③ K.J.Dover, *Greek Homosexuality: Updated and with a new Postscript*, pp.28—29.

④ 根据多弗的分析,之所以受审,是由于他可能曾经沦为男妓,却又在议事会中十分活跃且担任官职。参见 K.J.Dover, *Greek Homosexuality: Updated and with a new Postscript*, p.29。

⑤ 因为,他对钱财的渴望会使得他对对方绝对遵从,答应对方的所有条件,其中肯定会包含"插入"的行为。K.J.Dover, *Greek Homosexuality: Updated and with a new Postscript*, p.103.

⑥ K.J.Dover, *Greek Homosexuality: Updated and with a new Postscript*, p.104.

⑦ 正如爱斯基尼斯在对提马库斯进行指控时,就十分重视谣言和流言蜚语的力量,参见 K.J.Dover, *Greek Homosexuality: Updated and with a new Postscript*, p.107。

(ii) 对文本证据的多重发掘——构建出少男之爱的多元化面貌

多弗在对古希腊少男之爱研究中竭尽所能地搜集多种类型的文本证据，在《古希腊的同性恋》中，多弗采用的五种古典文献分别是：古风晚期和古典早期的同性恋诗歌；爱斯基尼斯起诉提马库斯的法庭演说词；阿里斯托芬和其同时代人的阿提卡喜剧；柏拉图和苏格拉底的哲学文本；希腊化时期的同性恋诗歌。

多弗对这些材料的处理有所侧重并态度不同。在他看来，相对阿提卡的演说家而言，苏格拉底和柏拉图等哲学家对少男之爱的看法有待商榷。[1]柏拉图认为理性和爱是集中于一点的，在这个点上它们最终会融合在一起，他在《会饮篇》和《斐德罗篇》中，以同性恋的欲望和爱为出发点，发展了他的哲学理论，特别重要的一点是，他认为哲学并不是一种独自冥想的活动，而是一种由老师传达给学生的活动，这种辩证的进步很可能始于一个年长男性对年轻男性所给予的刺激反应，其中，年轻男性在这一过程中将"身体之美"与"灵魂之美"结合起来。多弗认为，在柏拉图对哲学方法的阐释中，同性恋是作为原因还是结果这一点很难辨别。[2]并且柏拉图作为一个雅典贵族，他所在的阶层认为强烈的同性恋欲望和情感是理所当然的，他本身对同性恋的哲学处理很可能就是这种阶层氛围影响的结果，因此，他可能就对同性恋产生较为夸张的描述。[3]并且，柏拉图不同于他所处时代的大多数拥有财富和闲暇的雅典人，他对哲学和数学研究充满了无限的热情，对艺术持怀疑和批判的态度，甚至表现出对民主的蔑视。现代某些学者倾向于将《会饮篇》和《斐德罗篇》中有关同性恋的论述当作希腊人对同性恋整个主题的典型态度，而柏拉图也成为同性恋主题的公认"发言人"。多弗对此进行驳斥，他提出，柏拉图文本中关于古希腊同性恋的论述并不总是能反映同时代雅典人的观点，所以在使用柏拉图的文本时，尤其应该注意区分柏拉图论述时的个人特色和公元前4世纪的雅典人的普遍思想和一般感受，更不用说整个希腊世界了。[4]

相反，多弗认为阿提卡演说家的法庭演说更为可靠。爱斯基尼斯起诉雅

---

① John Scarborough, "Review of K. J. Dover, Greek Homosexuality", *The American Historical Review*, Vol.84, No.4(Oct., 1979), p.1028.

② K.J.Dover, *Greek Homosexuality*: *Updated and with a new Postscript*, p.12.

③ K.J.Dover, *Greek Homosexuality*: *Updated and with a new Postscript*, p.13.

④ K.J.Dover, *Greek Homosexuality*: *Updated and with a new Postscript*, pp.14—15.

典政治家提玛马库斯的演说词《对提马库斯的诉文》(*Prosecution of Timar-chus*)①是多弗从雅典法律中所得出论据的核心。公元前346年,雅典政治家提马库斯遭到一条法律起诉,该法律规定,一名曾向另一名男性进行卖淫以获取报酬的雅典公民——也就是说,接受金钱或货物作为对其身体进行同性恋使用的回报——应该被阻止参与政治生活。②在多弗看来,这一控告很能说明问题,如果同性性服务是为了取得酬劳而去提供的,尤其是一个公民沦为职业的男妓(*pornos*)时,这一点才是希腊人所反感的,而非同性恋本身。这种耻辱并不来自同性恋,而是来自以非公民的方式蔑视自己作为公民的角色,即完全自由地出卖自己的身体。③并且,多弗对此诉文给出了较为信任的态度。这是因为,雅典的法庭上没有法官,也没有人为陪审团提供娴熟且客观的指导,没有人去裁决不被接受的证据,也没有人能够限制演说者提出与争议点无关的叙述、评论或指控。每个演讲者都必须设法说服陪审团相信自己是一个值得信任的人,是一个好公民,因此法庭演说者不能为其演说蒙上明显的感情色彩,也就是在叙述中不会轻易地引入评价性术语,因为这会遭致陪审团的反感和怀疑,因此他们会将评价性语言转换为描述性语言,这一点也增强了法庭演说的客观性。正如多弗所言:"如果我们想要去探究公元前四世纪雅典人公开表示尊重且宣称要遵守的社会和道德准则,那么我们找不出比法庭演说所表现出的法庭辩论术、影射的内含、自夸与谴责、由评价性术语转换而来的叙述性术语来得更好的了。"④

因此,多弗给予了爱斯基尼斯的这篇诉文最大的信任,他从中看到,在古典时期的雅典,法庭演说家公开谈论同性恋问题时的态度是非常严谨的;而相比之下,柏拉图的哲学作品则是为对哲学感兴趣的读者而作,如果这些哲学作品激怒或使读者厌烦,读者们大可直接弃读。但是法庭演说家就不一样,如果

① 《对提马库斯的诉文》(*Prosecution of Timarchus*)是爱斯基尼斯进行法庭演说的书面文本,具有极大的参考价值。它是古希腊文学中现存的唯一一部大篇幅的完全关注少男之爱关系和行为的演说词,爱斯基尼斯在法庭现场的演说是为了说服在场的陪审团去定提马库斯的罪,而这篇演说词的书面文本是为了说服之后的阅读者,让他们相信,被告方提马库斯虽然曾经是政治生活领域中的活跃分子,但如今已经不配行使正常的公民权利了。

② K.J.Dover, *Greek Homosexuality: Updated and with a new Postscript*, p.13.

③ John Scarborough, "Review of K. J. Dover, Greek Homosexuality", *The American Historical Review*, Vol.84, No.4(Oct., 1979), p.1028.

④ K.J.Dover, *Greek Homosexuality: Updated and with a new Postscript*, p.14.

他们的演说无法说服陪审团,那么陪审团很可能剥夺他的生命、公民权或财产。

除了法庭演说词,阿里斯托芬的喜剧中对同性恋较为幽默、滑稽的叙述也成为多弗了解和探究这一主题的重要文本资料。阿里斯托芬在多部喜剧中对一些经历了同性恋关系但一直无法从被爱者转为爱者的雅典公民男性进行了嘲弄,通过阿里斯托芬的描述可知,成年之后一直无法转换角色的雅典公民男性是非常屈辱的,并且也是非常不负责任的。但是,在多弗看来,阿里斯托芬的文本证据只能当做"调味料",而不能被视为同法庭演说词一样可以被信任的资料,①因为喜剧家会为了在戏剧比赛中得头奖而故意营造某种夸张的或不真实的喜剧氛围,这在一定程度上会影响作者本身对同性恋关系的准确表达。

(iii) 对视觉资料的特别对待和严肃处理——为少男之爱研究提供重要参照

丰富的瓶画资料的使用与分析同样是多弗少男之爱研究的开拓性特征之一。评论者约翰·斯卡伯勒(Jone Scarborough)曾言,在有关同性恋主题的研究中,多弗的研究首次对视觉艺术进行了彻底、详细的阐述。②在多弗的研究中,他将图像资料视为区别于文字资料的一组独立事实。而不将其视作文字资料的简单"插图",在其著作《古希腊的同性恋》中,他更是对数十幅具有代表意义的图像进行了细致的图像学分析。可知,在古希腊遗存至今的图像资料中,有数百幅描绘老年男子与青年男子交谈、赠予礼物、挑逗或拥抱的瓶画,这些瓶画的数量之多、内容之庞杂、表达含义的模糊性等特征势必为妥善地使用和处理增加了难度。

多弗曾十分诚恳地对此项工作的困难程度进行了说明,并对前人的显见误读进行了评判与纠正。③他表示,在对图像进行分析之前要报以严肃的怀疑

---

① K.J.Dover, *Greek Homosexuality: Updated and with a new Postscript*, p.14.

② Jeffrey Henderson, "Review of K.J.Dover, Greek Homosexuality", *The Classical World*, Vol.72, No.7(Apr.—May, 1979), p.434.

③ 多弗曾谦逊地指出自己并非对图像学分析有专长,但也不得不指出某些专家对很可能体现同性恋场景的瓶画存在严重误读,比如,将典型的男子之间的腿间性交(intercrural copulation)视为摔跤动作,或是将男子之间赠予兔子的场景视作打猎后的交谈。参见 K.J.Dover, *Greek Homosexuality: Updated and with a new Postscript*, pp.4—5, n.5. 下文会对多弗如何判定图像内容为同性恋场景进行具体阐释,"赠送兔子"即为同性恋关系而非狩猎讨论场景中的典型元素。

态度,特别在处理那些描绘男性之间交谈、互赠礼物的图像时更需如此,正如他所言,一个人可以不受性欲的驱使,与一个男孩交谈或赠送他礼物;一个人也可以拥抱自己的儿子或侄子,也可以将手放在一个小偷或想要逃跑的人身上,这些表达方式是模棱两可的。①在他看来,除了那些不会被误解的动作,比如触摸生殖器等,若想要对模棱两可的图像进行缜密的判断,只能依靠与异性恋图像之间的对比,正如,在某个图像中,一个男性向一个半裸的女性赠送礼物,他们的表情和动作如果出现在两个男性之间,并且礼物相同,那么这两个男性之间的关系,大概就是一种同性恋关系。并且,对于大多数的图像而言,多弗采用的是一种普遍的性象征符号来破译,根据他的分析,拥有"女子气"的人物几乎总是处于"从属"的位置,即弯腰、仰卧,而具有"男子气概"的人物处于"主导"位置,即保持直立的状态。然而,在有关少男之爱的图像中,双方几乎都是面对面站着进行性行为。②多弗认为这样的图像所显示的关系才是规范、合乎惯例的,显示了少男"屈服"的正确方式。多弗所采取的这种分析方式在古希腊性别研究中一直占据着重要地位。

最具开创性的一点是,多弗指出了能够判定图像具有同性色情特征的文化符号,为之后进行古典性史的图像学研究提供了重要的参照。他的开创性分析主要可以总结为以下三点:首先,异性恋和同性恋爱欲的化身厄洛斯(Eros)的出现,通常飞翔在参与者上方或中间。③其次,礼物的赠予是同性恋爱欲的另一重要体现,礼物通常是野兔与公鸡,由爱者赠与被爱者。④另外,古希腊画师会在两位男性(一位年纪较轻,另一位年纪较长)的对话图景中,刻意写出类似"让我来"和"住手"这样的对话,也是体现同性恋关系场景的重要因素。⑤不仅如此,多弗认为与古希腊神话的参照与对比也是解读图像的重要途径,但是这种参照并不涉及宗教信仰,正如评论者汉弗莱斯(S.C.Humphreys)所言:"多弗这本书最有趣的部分之一是他将同性恋主题导入到古风和古典早期希腊神话的讨论中,但他并没有讨论宗教(例如,在体育馆里对赫耳墨斯的崇拜),这很明显,因为在任何情况下,同性恋都不是根植于希腊关于人、自然

---

① K.J.Dover, *Greek Homosexuality: Updated and with a new Postscript*, p.4.

② K.J.Dover, *Greek Homosexuality: Updated and with a new Postscript*, pp.100, 105—106.

③ K.J.Dover, *Greek Homosexuality: Updated and with a new Postscript*, p.6.

④ K.J.Dover, *Greek Homosexuality: Updated and with a new Postscript*, pp.7—8.

⑤ 此类瓶画描述的通常是被爱者用手挡住生殖器以示对爱者的拒绝(例如图 R463),参见:K.J. Dover, *Greek Homosexuality: Updated and with a new Postscript*, pp.95, 116。

和神之间关系的信仰。"①

四、史学界对多弗少男之爱研究的接受与推进

多弗对古希腊少男之爱的研究直接影响了法国哲学历史学家米歇尔·福柯以及进行古典性史研究的学者,比如著名的古典学家大卫·霍尔朴林、伊娃·坎塔雷拉、约翰·温克勒(John J. Winkler)以及大卫·科恩(David Cohen)等。②国内学者裔昭印教授曾在《当代史学变革中的西方古典性史研究》一文中探讨了多弗对古典性史研究的启发性作用,在她看来,多弗的开创性工作为后人研究古希腊同性恋问题奠定了坚实基础,并对福柯《性史》的写作产生了重要影响。③

福柯在《性史》未出版前,曾接受杂志《面具》(Masques)采访,他称多弗的著作已然成为一部"经典之作",认可并吸收了多弗的观点。他指出,一个人在性生活中扮演主动还是被动的角色,这便激发了一套极为复杂且极易受管控的行为准则,说到底,同性恋是一种文化的建构。④随后,福柯在《性史》第二卷

① S. C. Humphreys, "Review of K. J. Dover, Greek Homosexuality", *The Classical Review*, Vol. 30, No. 1(Jun., 1980), p. 61.例如,当我们看到一个长着胡子的男人为了抓住一个挣扎中的青年或男孩而掉落权杖时,我们要清楚,我们所看到的不是一场家庭争吵或政治纠纷,而是宙斯对盖尼米德(Ganimede)不可抗拒的热情的表现,因为我们可以将这些场景与异性恋的场景做比较,其中,一个有翅膀的女人(Dawn)对提托诺斯(Tithonos)下手实施暴力,因为她对提托诺斯满怀欲望和激情。在多弗看来,盖尼米德和提托诺斯等这些神话传奇人物的俊美使我们能够想象古希腊同性恋中被爱者俊美的标准。K. J. Dover, *Greek Homosexuality: Updated and with a new Postscript*, p. 7.

② 参见:Bruce S. Thornton, *Eros: The Myth of Ancient Greek Sexuality*, Westview Press. pp. 256—258, 264; David M. Halperin, *One Hundred Years of Homosexuality: And Other Essays on Greek Love*, Routlege, 1990; John J. Winkler, *The Constraints of Desire: The Anthropology of Sex and Gender in Ancient Greece*, Routlege, 1990; Eva Cantarella, *Bisexuality in the Ancient World*, Yale University Press, 1992.伊娃·凯尔斯(Eva C. Keuls)称赞多佛对是否符合规则的少男之爱关系等话题进行了较为明确的探讨。Eva C. Keuls, *The Reign of the Phallus: Sexual Politics in Ancient Athens*, University of California Press. 1985, p. 274.历史学家彼得·盖伊(Peter Gay)称赞《古希腊的同性恋》是古典性史研究领域中的"学术典范"。Peter Gay, *The Bourgeois Experience Victoria to Freud*, Volume II: The Tender Passion, Oxford University Press, p. 446.

③ 裔昭印:《当代史学变革中的西方古典性史研究》,《历史研究》2017 年第 3 期,第 152 页。

④ 福柯也借鉴了多弗对提马库斯案件的分析,他认为,埃斯基尼斯的意图并不在于指控提马库斯在街上卖淫,而在于指控他在少男之爱的关系中曾是被动的一方,是一个为别人提供快感的对象。因为,希腊人和罗马人认为,倘若一个男孩曾被插入,成为被动的一方,那么他就不可以在城邦中承担责任。"Entretien avec M. Foucault," in Foucault, *Dits et e'crits*, iv, French & Eropean Publications Inc, pp. 286—287; "Des Caresses d'hommes considerees comme un art," in Foucault, *Dits et e'crits*, iv, pp. 316—317.

《快感的享用》中,在引用古代作家的基础上又广泛引用多弗的研究。他曾借鉴多弗《古希腊的同性恋》中十几页的内容,以来说明古希腊少男之爱中"插入"的象征意义——"在同性恋关系中不处于被动地位的重要性"。[1]他遵循多弗关于主动方和被动方之间"插入"的零和博弈(zero-sum)的观点,并对此进行引申,他认为性关系要根据"插入"这一行为来进行考量,并要假设一个将主动和被动对立起来的两极,两极的双方就是征服的一方和被征服的一方。[2]他同样讨论了提马库斯的案件,并进而说明,使得雅典人难以接受的,并不在于管理城邦的人是一个爱上少男的人,或年轻时为男人所爱的人,而是曾经认同自己成为给他人提供快感的对象。[3]

对于多弗所提出的少男之爱的"双重标准"的问题,福柯通过继承与推进,将这种"双重标准"解释为"少男的自相矛盾",这种自相矛盾体现在:"一方面,古希腊人认为少男是快感的对象,但另一方面,对少男而言,他们在青春期必须要承担这样一种步入成熟阶段的训练,但又绝对不能认同这个角色。"在福柯看来,将作为性对象的男孩变成作为性主体的男人,也就是变成"控制自己快感的主体",这一根本转变使得同性恋关系成为希腊人最为关注的事情。[4]福柯曾作出总结,主动—被动的两极性可以视为整个希腊道德和希腊自我构成的核心,对希腊人来说,主动与被动的二元对立已经渗透到性道德领域,对快感的被动在一定程度上构成了性道德上消极的一面。[5]因此,福柯认为,对于一个成年男性而言,在生理上担负被插入者的角色就是主动放弃男性的身份,而将自己贬低为女性的行为。那么,爱者应该表示对被爱者公民身份和个人自主权的尊敬,而被爱者被期待去谨慎地对待荣誉和屈辱。[6]

意大利历史学家埃娃·坎特瑞拉吸收并发展了多弗的观点。她在《古代世界的双性恋》一书中重构了古希腊的同性恋和异性恋文化,她同样认为,希腊人的同性恋模式与现代人不同,对于希腊人而言,少男之爱并不是一种排他的选择。在一个男人的一生中,对男人的爱和对女人的爱是并行或交织在一起的,在希腊社会文化中,不同类型性行为之间的基本对立不是同性恋和异性

① Michel Foucault, *The History of Sexuality*, ii, The Use of Pleasure, trans. Rob Hurley, Penguin Books, 1985, p.269.

② Michel Foucault, *The History of Sexuality*, ii, The Use of Pleasure, p.215.

③ Michel Foucault, *The History of Sexuality*, ii, The Use of Pleasure, p.219.

④ Michel Foucault, *The History of Sexuality*, ii, The Use of Pleasure, p.221.

⑤ Michel Foucault, *The History of Sexuality*, ii, The Use of Pleasure, pp.85—86.

⑥ 对此参见斯金纳(M.B.Skinner)对福柯的讨论:Marilyn B.Skinner, *Sexuality in Greek and Roman Culture*, Malden, Oxford and Carlton: Blackwel Publishing, 2005, pp.14—15。

恋的对立,而是主动和被动的对立。美国学者大卫·霍尔朴林在《同性恋一百年》一书中吸取了多弗的观点与论断,并接受了福柯的话语分析模式,他也把同性恋看作是文化建构的产物,并指出现代意义上排斥异性恋的同性恋只是近一二百年才出现的现象。①在霍尔朴林看来,多弗的著作《古希腊的同性恋》是性史研究领域中"一种实证研究的胜利",这部专著加上福柯的《性经验史》标志着包括古典世界在内的性史研究新时代的开启,同时也成为当时美国同性恋政治运动进行的最高标志。②在多弗的少男之爱研究中,他最关心的是如何运用历史学实证研究的方法来确定古希腊同性恋关系的文化背景、实质及其对希腊社会的影响。福柯立足于多弗的论述,对古代世界的性经验的形成进行了一种全面、系统、概略式的阐释。但与多弗不同,福柯不采用传统的文本分析方式,他旨在把零散的知识拼凑成一种新的模式,首先确立性经验中支配与服从、主动与被动范式,从而重新定位对材料的基本看法,不仅如此在重构古希腊少男之爱的时候,他不仅忽视社会性别的组织原则,无视两性差异,甚至还忽视了这一问题背后复杂的民族划分问题,这定会招致古典学研究者尤其是秉持女性主义观念的古典性史研究者的非议。③

然而,在古典学界,即便是福柯最严厉的批评者如约翰·博斯威尔(John Boswell)、大卫·科恩(David Cohen)和艾米·里克林(Amy Richlin)也基本上都接受了多弗所刻画的将"'插入'的零和博弈"作为中心问题的古代世界,日后所争论的焦点也主要集中在这一中心问题在古代社会的影响达到何种程度。④

---

① David M. Halperin, *One Hundred Years of Homosexuality and Other Essays on Greek Love*, Routledge, 1990.

② David M. Halperin, *One Hundred Years of Homosexuality; And Other Essays on Greek Love*, pp. x, 4, 5.

③ 秉持女性主义理念的古典学家对福柯的批评参见 Mark Golden and Peter Toohey, eds., *Sex and Difference in Ancient Greece and Rome*, Edinburgh University Press, 2003, p.11; Lin Foxhall, "Pandora Unbound: A Feminist Critique of Foucault's History of Sexuality," in Mark Golden and Peter Toohey, eds., *Sex and Difference in Ancient Greece and Rome*, pp.167—182; Amy Richlin, "Zeus and Metis: Foucault, Feminism, Classics", *Helios*, vol.18, no.2(Autumn 1991), pp.168—171.

④ David Cohen, "Gender, and Sexuality in Ancient Greece," in *Classical Philology*, lxxxvii(1992); David Cohen, "Law, Society and Homosexuality in Classical Athens," in *Past and Present*, no.117 (Nov. 1987); Amy Richlin, "Not Before Homosexuality: The Materiality of the Cinaedus and the Roman Law against Love between Men", *Journal of the History Sexuality*, iii(1993); John Boswell, "Concepts, Experience and Sexuality", *Differences: A Journal of Feminist Cultural Studies*, ii(1990), pp.72—73; John Boswell, "Revolutions, Universals, and Sexual Categories," in George Chauncey, Jr, Martin Duberman and Martha Vicinus, eds., *Hidden from History: Reclaiming the Gay and Lesbian Past*, Penguin Books, 1991.

不过,妮可尔·洛候(Nicole Loraux)对此存疑,她认为,多弗这种性别盲视的(gender-blind)"插入"理论很难对应得上希腊人对两性真实的关注,在她看来,希腊人的思想更主要地集中在性别差异上,以及如何使性别差异保持一种使男性占优势的状态,而不是无休止地去验证男性在主被动的对立中所占据的主动地位。[1]

　　或许,多弗对古希腊少男之爱研究的成功也多少取决于他本人的身份与地位,正如上文所述,多弗是一位在古典学界享有极高声誉的历史学家和古典语文学家。不仅如此,他也曾在《古希腊的同性恋》一书的前言中说到,自己并非同性恋者,也未曾受到道德的指控或打压,这一中立的身份会使读者对其抱有极大的信任。因此,他的著作既不会受到学术方面也不会受到身份方面的非议,这也使得读者对其著作的接受程度与对福柯的大不一样。或许,我们不应该过分夸大多弗的研究在古典学界的地位,因为部分学者对多弗的某些观点仍然存疑。但是,绝大多数古典学家在论及相关问题时基本都遵循并采纳多弗的基本论断与分析方式,多弗的研究也在一定程度上开启了古典性史研究的新纪元。

五、小　结

　　总的来说,多弗在传承、批判和匡正前人研究的基础上,成为古希腊少男之爱研究的重大开拓者,他不但打破了人们对同性恋话语的禁忌和对同性恋关系的固有偏见,而且进一步拓宽了古典学,尤其是古典性史的研究领域和研究方法。首先,多弗将少男之爱视为考察古希腊社会文化的一个独特视角,阐释了当时少男之爱关系的实质和社会文化功能,揭示了希腊同性恋关系背后的文化机制和权力关系。其次,多弗在运用历史学实证研究方法的基础上,打破了传统史学研究的界限,在广泛吸取社会学、人类学和心理学等跨学科的理论和方法上取得了较大的成就,成为史学革新运动之后诞生的重要研究成果。与此同时,它对于我们理解与包容当今国内外同性恋现象及其他的性问题也具有一定的借鉴意义。即便是在如今,多弗对古希腊少男之爱的研究依然影响着史学界,并持续激发着大量学者的热情,去为相关研究做出更大的贡献。

---

[1]　Nicole Loraux, *The Experiences of Tiresias*, trans. Paula Wissing, Princeton University Press, 1995, pp.16—17.

Inheritance, Criticism and Development:
Kenneth Dover and the Study of Greek Homosexuality

Abstract: When the earlier western scholars talked about Greek homosexuality, they either opposed it to Athenian citizens and regarded it as an act prohibited by the city-state law, or constructed it with Freud's psychoanalysis directly. On the basis of inheriting and criticizing the predecessors, Dover proposed that the core of pederasty was the distinction of "the dominate" and "the subordinate". And he discusses how to understand the essential role of "penetration" in the relationship of pederasty, so as to open up a new look of the study of Greek homosexuality, which was adopted and promoted by famous scholars such as Foucault, and opened up a new era in Classics. This paper attempts to analyze Dover's great innovation and contribution in the study of Greek homosexuality from three aspects: inheritance, criticism and development.

Keywords: Kenneth Dover; Greek Homosexuality; inheritance and development; "the dominate" and "the subordinate"

作者简介：吕晓彤，复旦大学世界史博士研究生。

共和晚期至帝国早期
罗马城市的社会管理
——以罗马城为中心的考察①

鲍红信

摘　要:共和晚期至帝国早期是罗马城市的快速扩展阶段,这对城市社会管理提出了更高要求。在考察该时段罗马城社会管理基础上可以得见:罗马人在城市市政、治安救灾、市场和公共事务等方面采取了一系列措施。构筑了较为完备的管理框架,建立了有效的社会管理制度和法规,体现出他们对城市的发展有着明确的规划和理性的思考。整体观之,以罗马城为代表的罗马城市社会管理取得了积极的成效,维持着城市的正常运转,但仍有不足。

关键词:罗马城　市政管理　市场管理　公共事务管理

第二次布匿战争②是罗马历史发展的转折点,此战以后罗马开始大规模向外扩张。战争不仅带来了滚滚的财源还导致人口快速增加,作为都城的罗马城更是急剧膨胀。罗马城位于台伯河下游,是罗马境内最大的城市。据估计共和晚期至帝国早期罗马城人口大约是 100 万左右。③如此众多的人口生活在同一个城市空间中,如何解决市民的安全问题、环境问题、生活问题等等,

---

① 本文为安徽社科规划项目(AHSKY2019D059)淮北师范大学马克思主义学院重点学科阶段性成果。

② 奥托·基弗:《古罗马风化史》,姜瑞璋译,辽宁教育出版社 2000 年版,第 42 页。

③ 威尔·杜兰:《奥古斯都时代》,幼狮文化公司译,东方出版社 1999 年版,第 29 页。

考量着城市的管理能力。"罗马城的管理是罗马国家的一个沉重负担。必需使罗马成为一个美丽的城市,使它配称为世界的首都;必需使罗马城不断增多的居民在生活需要方面得到保障"。①那么,共和晚期至帝国早期,罗马城有哪些具体的社会管理措施呢? 学界对罗马城市管理的问题已有所关注,②但将罗马城市管理置于转型时代背景下考察和系统归纳整理的论述,到目前为止尚未见到。因此,笔者试图从社会管理的视角,梳理罗马城市发展变化的基本背景,阐述罗马人管理城市的措施和办法,在此基础上评析他们管理城市的成效和特点,希冀促进人们对罗马城市管理的深入认识,能对当下的城市治理提供借鉴。

本文所说的城市社会管理,是指政府、市场和社会组织为了促进和维持城市社会秩序的运行,对城市社会系统进行组织和协调的综合管理过程。广义而言,主要包括市政管理、治安救灾管理、市场管理、公共事务管理等内容。

一、城市市政管理

城市的规划——城墙、街道、道路、供水等基本市政设施关乎着城市的长远发展。罗马政府在城市市政管理过程中依据实际情形制定了一些建设和管理措施,用较为严格的标准和要求规范和维持着城市正常运行。

城市市政规划是城市管理的重要组成部分和依据。罗马人对此有着清醒的认知,在市政建设上尤其注重安全感和有序性。罗马的建筑师海吉纳斯认为:理想的……城镇应为 1600×2400 英尺,因为如果城镇面积过大就会看不清沿城墙传递的信号,不利于防卫。③因此,他们常常以严格的轴线为基础来组织,并赋予轴线一种与众不同的特性,注重空间的拓展和多样化的使用。④新维特鲁威在《建筑十书》中针对城市市政的规划与管理提出:"按照天空的方

① 罗斯托夫采夫:《罗马帝国社会经济史》,马雍等译,商务印书馆 1985 年版,第 125 页。
② O.F.Robinson. *Ancient Rome:City Planning and Administration*, London:Routledge, Inc.;1992. Lionel Casson. *Everyday Life in Ancient Roman*, Baltimore:Johns Hopkins university,1998;杨俊明:《奥古斯都时期古罗马的城市管理与经济状况》,湖南师范大学社会科学学报 2004 年第 4 期。
③ 刘易斯·芒福德:《城市发展史——起源、演变和前景》,宋俊岭等译,中国建筑工业出版社 2009 年版,第 196 页。
④ 诺伯格—舒尔茨:《西方建筑的意义》,李路珂等译,中国建筑工业出版社 2005 年版,第 44 页。

向定出大街小巷。如果审慎地由小巷挡风,那就会是正确的设计。风如果冷便有害,热会感到懒惰,含有湿气则要致伤。"①"对于城市本身,首先是选择最有益于健康的土地。此外,还要避免沼泽的邻接地带。②"

城墙是古代城市不可缺少的组成部分。罗马的统治者注重城墙的建设和管理,对城墙的整体布局、建筑质量等不断进行调整和加固,维护着城市安全。罗马第一个防御建筑是传说中的城市建立者罗慕罗斯所建,这些工程包括用一些木制栅栏加固山上陡峭的墙。不过,此墙并不牢固。公元前390年高卢人袭击了罗马城,它刺激了罗马人建立新的防御工事"塞尔维亚墙"。塞尔维亚环形墙围绕着台伯河附近的城市中心地带,包括卡皮托林、帕拉丁和爱文丁山。塞尔维亚墙穿越11公里,有些地方有10米高,4米厚,设有21个通向城市的入口。他们包含切开石头的长方形方砖,有0.6米高。方砖似乎直接放在另一块干燥砖上,没有使用砂浆。在厄斯奎林高地上,巨大的地沟和土堤使城墙得到了进一步保护和支撑。当城市处于危险的情形,塞尔维亚墙就会不断被重建和加固,例如公元前217年的第二次布匿战争和公元前87年的社会战争。城墙以国王塞尔维乌斯·图利乌斯的名字命名一直使用到公元4世纪。③这个城墙由于特殊的历史和建筑质量成为罗马最古老最有名的标志之一。城市内部还有些城墙的建筑材料是用切成长方形的大块凝灰岩砌成的。人们把形状不规则的巨大石块叠砌到一起,大石的间隙则填充以小石块和粘土,因而非常牢固,直至今天还有遗存。"罗马城墙要塞的残址,其伟大气魄令人惊异"。④

罗马城的街道是在城市人口膨胀以前建立的,由于空间稀缺、建筑密集,路面起起伏伏,城市相当拥挤。在节日和竞赛日期间街道将变得更糟糕。⑤因此,随着帝国早期城市规模的急剧扩张,迫切需要对原有的街道区域进行调整。

在共和时期罗马城居民分为四个区域:苏布巴拉、伊斯奎林纳、科林纳和

① 维特鲁威:《建筑十书》,高履泰译,中国建筑工业出版社1986年版,第21页。

② 维特鲁威:《建筑十书》,高履泰译,中国建筑工业出版社1986年版,第16页。

③ E.J.Owens, *The City in the Greek and Roman World*, London: Routledge, 1991, p.40.

④ 科瓦略夫:《古代罗马史》,王以铸译,上海书店出版社2007年版,第202页。

⑤ Jerome Carcopino, *Daily Life in Ancient Rome: The People and the City at the Height of the Empire*, Yale: Yale University, 1940, pp.45—51.

帕拉丁。这四个地区以及一段城墙占地大约 285 公顷。①公元前 7 年,奥古斯都创立了新的管理秩序,将城市分为十四个区域。②其中有五个区包含在古代罗马城的环形区域之内,四个区完全在环形区域之外,③还有五个区只有部分位于以前的区域内。④在此基础上将罗马城统治机构又划分成十四个区以及比"区"小的维西(相当于街道联合体)。各区由每年抽签选举的区长管辖,里则由各邻里居民选出的里长治理。这样的划分模式在整个帝国时期一直被沿用。⑤

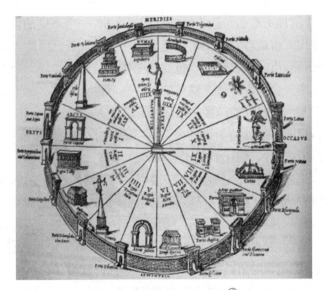

图 1　罗马城的十四个区域⑥

　　城市街道的维修以及公共设施直接影响市民出行,罗马人以法律的形式管理着它们。现存朱利安法的一些片段提供了信息。一个法律条文提到:"每

---

① 贝纳沃罗:《世界城市史》,薛钟灵等译,科学出版社 2000 年版,第 180 页。

② Martin Goodman, Jane Sherwood. *The Roman World*, 44 BC—AD 180, London: Routledge, 1997, p.166.

③ 分别是第五区(Esquiline)、第七区(Via Lata)、第九区(Circus Flaminius)和第十四区(Transtiberina)。

④ O.F.Robinson, *Ancient Rome: City Planning and Administration*, London: Routledge, Inc, 1992, p.7.

⑤ O.F.Robinson, *Ancient Rome: City Planning and Administration*, London: Routledge, Inc, 1992, p.6.

⑥ 图片来源:贝纳沃罗:《世界城市史》,薛钟灵等译,科学出版社 2000 年版,第 180 页。

个人应负责他自己房屋外公共街道的维修，清理公共水沟。不允许乱扔杂物如死了动物的尸体和皮毛等到街道。"①

街道的维护具体由城市市政官负责。当某些街道破旧了需要维修，市政官会将维修街道的合同出租给承包商，并把维修街道的合同用海报的方式提前 10 天通知出去。承包商在拿到合同以后至少在 30 天内履行，否则会承担责任，还要缴纳违约金。不过，通过正常的法律程序合同也可能重新获得。承包商依照市政官的意见开始维修，维修的结果必须让人满意：没有水在街道上阻碍行人通行，即使在维修的时候，下水道也不能阻塞和毁坏。朱利安法的部分章节是关于清理街道的。这与维修有明显区别，一个不同的词 purgage（清除之意）在使用。市政官要对街道的整洁干净承担责任。因此当垃圾和泥土阻塞了街道道路，市政官会命令承包商的全体人员搬运垃圾。令人难以置信的是，市政官本人会亲自执行。罗马的一些皇帝也会常常出面干预街道环境的整治，恺撒和阿庇安都曾经多次维修过街道。②马提尔也提到图密善强迫规划法律通过，目的在于保持街道的整洁。③卡里古拉认为街道肮脏，因此他让士兵把污泥沾在市政官的托加上，作为对玩忽职守的惩罚。④

"条条大道通罗马"，这个谚语不仅说明罗马道路的四通发达，还在于它严格规范的建造和管理。早期罗马城道路用泥土铺成，在公元前 238 年一些重要地段开始用碎石路替代。公元前 2 世纪以后的道路一般用石板或者砂石铺成，修得高于地面，两侧还挖有水沟。同时，道路按照一定比例设立里程碑。里程碑上面详细记载着道路的路况、名称、距离、以及时任统治者的时间等信息。⑤还有一支由士兵组成的巡逻队会不间断在道路上排查道路的隐患，维护道路的安全。为更有效便捷地加强对全国的管理，奥古斯都建立起以罗马城为中心的道路网络——"邮政系统"。具体内容就是在道路上设有一个驿站，每个驿站之间相距 12 公里并专门配有马匹、信使以及马车夫，他们日夜待命随时负责传递公文和政令。历史记载提比略借着这个道路网络一天一夜竟然

① Gregory S. Aldrete, *Daily Life in the Roman City Rome, Pompeii, And Ostia*, London: Greenwood Publishing Group, 2004, p.36.

② Cassius. Dio, *The Roman History* Vol VI, Boston: The Loeb Classical Library, 1917, p.301.

③ O. F. Robinson, *Ancient Rome: City Planning and Administration*, London: Routledge, Inc, 1992, p.59.

④ Cassius. Dio, *The Roman History* Vol VI, Boston: The Loeb Classical Library, 1917, p.297.

⑤ 宫秀华：《罗马从共和走向帝制》，高等教育出版社 2006 年版，第 226 页。

行驶了 200 罗马里(约 295 公里)。①当然若要在国家驿站中通行必须要获得一张有时效的通行证,通行证上标明了使用者的名字、授权者的签名(加盖图章)、可以使用的交通工具、行程的目的地与时间等。只有获得通行证,他们才可以享用驿站提供的马车、牲畜等交通工具。②

以罗马城为中心向帝国各地延伸的道路系统既严严实实地保护着都城,也将统治者的指令传输到帝国的各个角落,对于管理国家发挥着不可替代的作用。"只有罗马人才建立了真正的道路体系并得到最理想的管理,产生了无数具有特殊价值的范例。"③

城市居民生活不能没有水,供应安全、健康的水被视为罗马城市管理的职责所在。共和时期罗马城的输水道共有四个。④监察官负责水渠基础设施的维护和管理公共用水。公元前 184 年,加图就承担过此重任。⑤市政官的一个重要职责是监察公共喷泉,防止水供应的污染,确保水的纯净。该时期通过输水道输入到城内的水只能用于公共用途,任何人都不容许盗用公共用水。如果违反规定要遭受重罚,例如使用公共用水进行灌溉的土地要被没收。⑥

进入帝国时代,人口和公共澡堂的增加使得水的供应量激增。于是输水道又增加了五个。⑦新的输水道水量足够丰富,当市民抱怨酒价过高的时候,奥古斯都开玩笑说让他们喝水吧。输水道的管理也逐渐正式化。奥古斯都设立了水务委员会一职,作为专门处理水务的机构,用于保障城市供水的方便与安全。委员会有 3 个人,在一个人的主持下运行。依据公元前 11 年元老院的方案,城市外他们有两个侍从,三个公共奴隶和一个建筑师,以及一些看护人。这些人员的给养和工资由市政官从财政中拨付。水利委员会的一个重要职责

① T.Rice Holmes, *The Architect of Roman Empire*, Oxford: Oxford University Press, 1931, p.76.
② Cornelis van Tilburg, *Traffic and congestion in the Roman Empire*, London: Routledge, 2007, p.45.
③ Romolo Augusto Stacciol, *The Roads of Romans*, International Journal of the Classical Tradition, 2007, 14(1—2), pp.250—254.
④ O.F.Robinson, *Ancient Rome: City Planning and Administration*, London: Routledge, Inc, 1992, p.8.
⑤ 普鲁塔克:《希腊罗马名人传》,陆永庭等译,商务印书馆 1999 年版,第 360 页。
⑥ O.F.Robinson, *Ancient Rome: City Planning and Administration*, London: Routledge, Inc, 1992, p.89.
⑦ 公元前 33 年朱利亚输水道、公元前 19 年维戈输水道、公元前 2 年道奥西提亚输水道、公元 38 年到公元 52 年,又建造了克劳狄输水道和新阿尼奥输水道。

是使得沟渠和水库里的水正常流动,好水与坏水不能混在一起,分别储存。委员会也控制水的分配。水分为公用和私用,皇帝大约使用 1/6,私人占 1/3,其余的分配到公共建筑、浴室、喷泉。水利委员会要保证公用水为民众日夜使用,要管理贮水池和公共喷泉,以保障水流日夜畅通无阻。[①]公共喷泉是免费的,许多人都从那里取水。水务委员会还要防止一切非法取水行为。因此检查私人实际的取水量是否超越被授予的标准,拔除未经授权的导水管,定期巡查城外的输水道,成为他们的中心任务。帝国时期,对于私人用水有明确的规定:"未经皇帝的授权,任何人不得使用公共用水","经过批准私人拿到执照后能从公共喷泉取水,但也不能超过所授予的用水量。"[②]从公共水道取水是个人的权力,不能由继承人继承。输入城市的水,非常高效节俭地使用,即便是污水也会用于冲洗下水道。[③]"正是有了细致高效的管理,罗马居民的生活质量才得以提高,喷泉的壮观场面才得以实现"。[④]

二、城市治安、救灾管理

作为国家首都,罗马城的安全稳定与社会秩序至关重要。罗马统治者主要通过设置一些机构管理都城的稳定与安全。其中京师警备长官、消防及防暴长官负责城市刑事管理;粮食总督负责城市粮食供应分配,解决粮食安全问题;台伯河委员会负责疏浚、清理台伯河以及航道的运行;火灾委员负责维护城市治安、消防灭火等。这些分工明确、各司其职、特色鲜明的管理机构的设置,形成合力维持着城市的长治久安。

恺撒曾经专门部署部队驻扎在罗马城附近守护京城。在此基础上,奥古斯都又建立了几个重要的机构。主要有四个:一、京师警备长官(Praefectus Urbi),其下有三个城防军团,每团一千人。主管罗马城及周边地区的治安事务,审理罗马城及其周围一百里之内的一切重大刑事犯罪案件。凡是大规模公共活动和展览,维持安全的责任也归京师警备长官。他有权禁止任何人进入罗马城;二、消防及防暴长官(Praefectus Vigiles),其下有七个消防军团,每

---

① O.F.Robinson, *Ancient Rome: City Planning and Administration*, London: Routledge, Inc, 1992, p.89.

② Frontinus, *The Aqueducts of Rome*, New York: Harvard University, 1950, p.203.

③ Frontinus, *The stratagems and the aqueducts of Rome*, New York: Harvard University, 1980, p.417.

④ 《罗马帝国时期》(上),李雅书译,商务印书馆 1985 年版,第 36 页。

团一千人,以被释奴为主。主管城区安全保卫,夜晚巡逻、戒严宵禁、救火防火、防盗以及城区一般犯罪案件;三、近卫军长官(Praefectus Praetorio),有精锐近卫军九个团,共九千人。负责保卫皇家、罗马城的安全,后来发展成为代表皇帝的最高司法机关;四、粮食总督(Praefectus Annonae),重点负责京城的粮食供养问题。①此外,奥古斯都认为保卫都城公共安全的职责主要应该由皇帝承担。因此,他部署七个消防团在适当位置,保卫城区安全。当罗马城有赛事或者表演的时候,他会派兵把守在城市的各个角落,以防暴徒在空无一人的街区作案。此外,还专门招募一支 8000 人军团驻扎在罗马城附近。这个军队的人数在图拉真时期达到 20000 人左右。②正是在这些国家统治机构的重重"防护"下,罗马城的秩序和繁荣得以维持,罗马城变成了一个安全的地方。③

台伯河对于罗马人而言至关重要,影响着他们的生产生活。一方面是它的航运价值和生活用途,④另一面是它发洪水的时候带来的各种危险。在公元前 193 年、前 60 年、前 54 年,台伯河发生了大洪水,造成许多人员伤亡、房屋倒塌、船只沉没。⑤此外洪水也是造成城市食品供应危机的主要因素。⑥

共和时期国家已经直接参与管理台伯河。在奥古斯都时代国家负责疏浚、清理台伯河河道,并设立了台伯河委员会。委员会有 5 个元老院议员,在执政官的主持下开展工作。塔西佗提到:"阿泰乌斯·卡皮托和路奇乌斯·阿尔伦提乌斯被派遣去找到解决洪水问题的办法,但是使台伯河改变流向的建议被拒绝了"。⑦公元 15 年洪水暴发,五个元老院议员又被派去希望他们想办

---

① 北京师范大学历史系世界古代史教研室编:《世界古代及中古史资料选集》,北京师范大学出版社 1999 年版,第 264—265 页。

② 沃尔夫:《剑桥插图罗马史》,郭小凌等译,山东画报出版社 2008 年版,第 117 页。

③ Mary Taliaferro Boatwright, Daniel J.Gargola, Richard J.A.Talbert, *The Romans: from Village to Empire*, Oxford: Oxford Universtiy, 2004, p.312.

④ Gregory S.Aldrete, *Floods of the Tiber in Ancient Rome*, Baltimore: The Johns Hopkins University, 2007, p.12.

⑤ 沃尔夫:《剑桥插图罗马史》,郭小凌等译,山东画报出版社 2008 年版,第 112 页。

⑥ O.F.Robinson, *Ancient Rome: City Planning and Administration*, London: Routledge, Inc, 1992, p.74.

⑦ 塔西陀:《编年史》,王以铸等译,商务印书馆 1981 年版,第 63 页。

法使得台伯河河水冬天不会干涸，夏天不会溢出。①监察官要负责台伯河的正常航运。这个任务包括清淤，也就意味着要清除沉船，负责移开障碍物以及搬走已经落在河床里的物品，这一定不是什么令人愉悦的事。尽管我们对于治理台伯河的事宜知道的不多，但是它是一个非常重要的问题。在帝国早期商业得到快速发展，每年有一百万吨粮食要搬运，还要进口大量的商品，包括用于燃料的木头、野生动物和建筑材料、食品等。如此频繁的贸易来往必然要求城市管理的各个部门之间紧密合作作出合理的安排来保障台伯河畅通。

罗马城地处地中海地区，夏季炎热、干燥，建筑房屋的原料多是木材，容易引发火灾。②根据相关文献记载罗马城火灾频发，进入帝制以前有记载的大火灾为 22 次，公元 6 年至 476 年为 11 次③。破坏性最大的一次火灾是公元 64年，"大火蔓延了 6 天 7 夜。④"罗马的十四个区其中只有四个市区还是完整的，其余的地方除了破烂的断瓦残垣以外，什么都不剩。

共和时期防止火灾委员负责在夜间防火。这些防火队员专门在城市里观察火灾参与灭火，一旦他们失职会遭受处罚。据记载公元前 169 年三个防火队员被判刑，因为在街道发生火灾时他们来得太迟。公元前 56 年，一些人疏于观察火情被判刑。⑤公元前 22 年营造官艾格提乌斯·卢福斯设立了一个500 人的防火队。⑥这个防火队设立以后发挥了重要作用，常常能在发生火灾的时候及时救出受灾的人员和财产。奥古斯都从中受到启发，于是在公元前21 年，一些国有奴隶和款项被派给营造官，资助其消除火灾，从而确立了一种新型消防模式。⑦首都的火灾仍然频繁发生，为了维持大众的士气，皇帝们不得不长久的对此进行干预。公元 6 年，七个夜晚防火的消防小分队组建，每个分队有 500 名成员，这个数字后来变成了双倍。他们实际有七年的服役期——后来减少到 3 年。消防队员的职能是在夜晚巡逻，为了预防火灾他们

---

① Cassius.Dio, *The Roman History* Vo.l VI, Boston：The Loeb Classical Library, 1917，pp.148—149.

② Lionel Casson, *Everyday Life in Ancient Roman*, Baltimore：Johns Hopkins university, 1998, p.38.

③ Canter HV, *Conflagrations in Ancient Rome*, The Classical Journal, 1932, 27(4)，pp.270—288.

④ 苏维托尼乌斯：《罗马十二帝王传》，张竹明等译，商务印书馆 1995 年版，第 251 页。

⑤ O.F.Robinson, *Ancient Rome：City Planning and Administration*, London：Routledge, Inc, 1992, p.90.

⑥ 苏维托尼乌斯：《罗马十二帝王传》，张竹明等译，商务印书馆 1995 年版，第 318 页。

⑦ Cassius.Dio, *The Roman History* Vo.l VI, Boston：The Loeb Classical Library, 1917, p.288.

需要深入居民家探查火灾隐患。常常要细致的做以下工作:第一,提醒房屋的主人放置一些水在房屋外边,以应对突然发生的火情。[1]第二,消防军命令每户都要把消防器具摆放在易见的地方。[2]第三,检查各户厨房和卧房(因为居民的厨房和卧房是最易引发火灾的地方)、城市中的各种供暖设施等。消防兵都配备着比较齐全的专业器械,如引水器、灭火毯等。每个分队有三个投石皿,用于扑灭大火,甚至每个分队还配备有四个医护人员。尤其难能可贵的是消防士兵的职责得到细致的划分,在灭火过程中各司其职。例如,水兵要非常熟悉城区内供水线路并能及时找到距火场最近的水源;毯兵则在士兵要冲进火场救人时候提供给他们用水浸湿的毛毯;拆毁兵则在火势很大时用铁钩拆毁或拉倒建筑。分队的驻地与有潜在火灾风险的地方比较近,目的在于就近处理火情。消防队巡逻对于防范大火有重要作用。消防队员主要在夜间巡查,通过侦察和使用嗅觉预防火灾的发生。正如玩笑所说,烟的味道带来了消防兵在夜晚的聚会。总之,帝国建立的消防队模式有着不同寻常的意义。一方面变以往被动灭火为主动预防,加强巡逻,一旦遇见火苗就以最佳的机会扑灭,以人力弥补了设备的不足。另一方面消防队职能的细化也体现了城市管理者治理火灾的能力。

除了火灾水灾,瘟疫也常发生。例如公元前 23 年台伯河决堤,随后整个罗马城发生了瘟疫,导致田野荒芜人民挨饿。[3]发生了自然灾害之后如何解决城市居民的吃饭问题是对统治者的极大考验。

为了解决城市居民的吃饭问题,恺撒将国家无偿粮食分配的人数大幅削减到了 15 万人。[4]并且制定了一系列粮食分配的清单,并尝试通过大规模的殖民活动将人口从罗马城转移出去。奥古斯都提供了 12 次粮食无偿救济,公元前 18 年无偿给 10 多万城市平民分发粮食,公元 6 年,他分发给贫民的粮食和他们从国家那里领取的一样多。[5]此外,奥古斯都还对粮食分配方式进行了改革:每四个月而不是一个月下发一次粮食。公元 5 年罗马城又出现洪水和饥荒,他采取的措施是减少喂养的人数。用于出售的奴隶和角斗士被驱逐到

[1] Jerome Carcopino, *Daily Life in Ancient Rome*: *The People and the City at the Height of the Empire*. Yale: Yale University, 1940, p.39.

[2] 塔西陀:《编年史》,王以铸等译,商务印书馆 1981 年版,第 540 页。

[3] G.Rickman, *The corn supply of Ancient Roman*, Oxford: Oxford University, 1980, p.61.

[4] 苏维托尼乌斯:《罗马十二帝王传》,张竹明等译,商务印书馆 1995 年版,第 22 页。

[5] Augustus. *Res Gestae Divi*, New York: Harvard University, 1996, p.15.

100 英里以外,所有的外国人,除了医生和教师多被驱逐,法庭休庭甚至议员也获准离开城市。这些做法的用意是把人送到粮食产地比把产地的粮食送给人更容易。两个前执政官还被奥古斯都派去监督粮食供应,以保证固定的数量出售给每个人。①

三、城市市场管理

罗马市场从出现开始,就设有相应的管理机构,并在城市发展过程中渐进完善。市政官是城市的主要管理者,负责市场的运行,关注市场的繁荣,重视调控,对市场价格的设立度量衡掌管物价。同时,统治者还颁布法令法规维护粮食等商品分配经营的正常秩序,形成了一套严格的市场管理制度。

早在公元前 4 世纪,罗马就出现了城镇集市。罗马城里的牛市,每隔 8 天举行一次交易活动,交易活动日被称为"第九日集市"。共和时期罗马城有一个主要市场。它位于罗马广场北部,规模比广场要大,因而适合于作为日常用品的购买地。该市场吸引了许多行业来此经营,并在公元前 2 世纪初发展成为加工业中心。不过,为了给恺撒和奥古斯都建造新的法庭,这个市场不断遭到侵蚀直至消亡。②于是,奥古斯都新建了一个新市场。新市场利维亚位于埃斯奎林山的入口处。由于它身处街道附近为周边居民的生活提供了便利,人们在此可以买到鱼肉、蔬菜、水果、奶酪、甜点、葡萄酒以及其他食品,甚至可以在里面游戏娱乐。图拉真时期建造的市场规模又要大得多,里面的商品琳琅满目,类似于今天的大型购物中心。

一旦有了市场,就有相应的管理机构和管理人员来实施管理。公元前367 年,罗马从贵族中选举 2 名市政官,主管全城的治安、市政工程、市场等事宜。到公元前 2 世纪他们还负责罗马城居民的物资供应,受理买卖奴隶、牲畜方面的诉讼。随着罗马城居民人数的增多,城市规模的扩大,市政官在市场上的作用日益重要。他们既要维护商品交易的公平公正,又要负责市场秩序的正常运行。

市政官对市场销售行为的管辖权是众所周知的。因为那些花言巧语的马贩子和臭名昭著的奴隶贩子的欺骗行为,购买者需要得到管理者的保护。根

---

① 乔尔·科特金:《全球城市史》,王旭等译,社会科学文献出版社 2006 年版,第 50 页。
② O.F.Robinson, *Ancient Rome: City Planning and Administration*, London: Routledge, Inc, 1992, pp.113—114.

据提比乌斯的说法开始干预市场上在公元前179年元老院的交易事务。市政官在取得全面管理城市的权力以前,主要管理专门市场,规范生猪交易和其他的肉类供应。①同时,还要管理交易的价格和货物重量。市场会设置标准衡器,提供度量衡的标准,用于检查包括粮食、葡萄酒、橄榄油等交易行为。一旦出现欺骗交易,检查者会加以处理。在出售粮食、酒和其他商品时,如果卖者和买者篡改公共认可的标准,将会遭到严厉的惩罚。如果发现度量工具在作假,市政官会毁坏它。在哈德良时期市场的欺诈交易者还将面临审判。这些审判记录被悬挂在许多地方专门用来警示那些在交易中存在弄虚作假的人。

在粮食交易中囤积商品的行为也会受到处罚。公元6年,由于帝国境内普遍闹粮荒,各省上缴的粮食不足,罗马城出现了严重的粮荒。为之,奥古斯都采取了一系列重要措施:颁布"限额购买谷物法",严禁粮商囤积居奇;实行财产继承法,规定意大利半岛上所有的罗马公民凡继承财产在10万塞斯提斯以上者均要缴纳5%的财产继承税,不足10万塞斯提斯者要缴纳1%的财产继承税。通过上述举措,充实了国库,平抑了粮食价格,缓解了罗马城的粮荒危机。②

粮食的价格直接关系到市民生活和市场稳定。罗马统治者采用的主要管理方法是动用法律手段调节和限定粮食价格。第一个与之相关的粮食法是公元前123年盖乌斯·格拉古颁布。国家将大宗购买的粮食,储存在公共仓库。然后,国家将以低价每月向合法的罗马公民出售一定量的粮食。这些措施在短期内取得了一定成效。但是,到公元前1世纪,当野心勃勃的政治家们将这种做法转变为施舍,作为政治贿赂的一种手段时,它的消极作用就很明显了。于是,普罗尼亚法规定罗马城所有公民有权在每月一次的粮食分发中购买一定量的粮食,价格是每摩迪约1/2塞斯提斯。屋大维法则限制了购买国家分配廉价粮食的人数,这部法律得到西塞罗的好评。上述粮食法的颁布有着重要作用,不过其出发点在于使国家所定的价格和市场价没有太大出入,在一定程度上保证罗马最贫苦的居民免受粮食价格经常波动的影响。但是也给国家的财政造成了很大压力。

---

① O.F.Robinson, *Ancient Rome: City Planning and Administration*, London: Routledge, Inc, 1992, pp.115—116.

② 宫秀华:《罗马从共和走向帝制》,高等教育出版社2006年版,第163页。

四、城市公共事务管理

共和晚期至帝国早期,扩张造成的城市人口激增、城市面积扩大,导致了城市社会群体的分化和公共需求的增加,给城市公共事务的管理带来压力。罗马政府在行政、民政等社会分配和公共服务方面进行了干预和调节,通过设置图书馆、重视学校教育、限制宗教信仰等措施,使城市社会问题得到了初步治理。

共和晚期罗马开始出现公共图书馆。恺撒曾经准备建立一所可与亚历山大图书馆相媲美的图书馆。数年之后,恺撒的部下波利奥(公元前76年—公元5年)在罗马城建起了第一个公共图书馆。奥古斯都时期罗马城建立了两个图书馆,名作家希及努斯就曾担任过图书馆馆长。[1]古罗马最大的图书馆是公元113年图拉真建造的乌尔皮亚图书馆。这所图书馆保管着政府的文件档案,馆内还有剧场、演讲厅和浴池,一直使用到公元455年。据古代旅行指南《罗马奇迹》一书记载,帝国早期罗马城共有7个公共图书馆。[2]

进入帝国时期,教育得到重视,识字的市民逐渐增多,对书籍和图书馆的需要随之增加。因而设立管理部门显得比较重要。管理图书馆需要有广博学识、管理才能和相关的专业知识。尽管罗马城里全部公共图书馆都有行政长官管理,但馆内的专门业务尤其是馆长都是由学者担任。例如,奥古斯都在位时的馆长是希梅纳乌斯,亚历山大出身的修辞学家狄奥尼修斯从尼禄到图拉真的统治年代一直担任馆长。此外,图书馆还设置了一个总负责人(也就是"中心图书馆馆长")。图拉真统治时期,这一职务是由史学家苏埃托尼乌斯担任。公共图书馆馆内分工专业化,有各种不同类型和不同等级的工作人员。包括"馆员"、"助理馆员"和"古物收藏员"等。"馆员"的工作繁杂,既要编目、缮写,还要翻译。"助理员"要负责图书的整理以及文字的抄写。史料显示自由奴隶克劳迪乌斯·里梅纳厄斯是"图书馆医生",他大概负责所有人员的健康状况。其他还有一些附属性的工作人员如抄写员、誊写员、速记员、书架整理员。显然这些人的文化素质和知识水平都必须是出类拔萃的。

公共图书馆的图书主要从出版商和书商处购买,但是有些重要的书籍或

---

① 杨威理:《西方图书馆史》,商务印书馆1988年版,第31页。
② 杨威理:《西方图书馆史》,商务印书馆1988年版,第32页。

者市场难以购买的图书常常通过抄写来获得。①当然,什么图书能够进入图书馆有着严格的审查标准。图书审查制度并非始自罗马,但罗马统治者对文献内容的限制显然是十分严厉的,严禁危害君主统治和不合乎他们口味的书籍进入图书馆。奥古斯都曾下令将恺撒和诗人奥维德的作品从公共图书馆中移出,奥维德不仅作品被查禁,本人也在晚年时被流放到黑海地区。②卡利古拉的文学品味也让人惊讶,他让人把图书馆里荷马、维吉尔和李维的作品统统销毁,因为在他看来这些作家受到了过高评价。

　　亚里士多德说:"邦国如果忽视教育,其政治必将毁损"。③不过共和时期的罗马人却一直认为"教育是个人的事情",与国家无关,不需要国家的统一管理。这样的情形至共和晚期开始改变。公元前 168 年,罗马将希腊全境纳入了统治范围。大批的希腊教师、修辞学家和哲学家来到罗马,他们有的以开办学校作为谋生之道。罗马第一所中学性质的学校就是希腊人李维·安德罗尼库斯创办的。不过,以老加图为代表的保守派始终担心希腊教育对罗马传统形成威胁,多次颁布法令驱逐希腊教师。例如公元前 161 年,元老院要求大法官马尔库斯·庞波尼乌斯提高警惕,不许希腊的哲学家和修辞学家住在罗马。④公元前 92 年颁布的教师法令禁止希腊人公开办学。⑤帝国初期,随着学校教育的快速发展,出于统治的需要,罗马统治者意识到学校教育对社会发展的重要作用,采取促进教育发展的措施,加强对学校教育的控制和管理。⑥奥古斯都重视教育的办法是提高教师的待遇。当罗马城发生大饥荒,面临饥饿威胁的时候,他将许多人从罗马城驱逐出去,不过教师例外。⑦此外,他还为他的孩子请了家庭教师,甚至将学校搬进宫廷,这种帝国保护下的宫廷学校堪称首创。苇伯芗则采取许多具体措施支持教育的发展:一是为居住在罗马城的希腊语演说家和教师设立席位,发放薪酬,"首创给拉丁文和希腊文修辞学教

---

① 让—诺埃尔·罗伯特:《罗马人的欢娱》,王长明等译,广西师范大学出版社 2005 年版,第 47 页。

② 哈里斯:《西方图书馆史》,吴晞等译,书目文献出版社 1989 年版,第 66 页。

③ 亚里士多德:《政治学》,吴寿彭译,商务印书馆 1965 年版,第 406 页。

④ 苏维托尼乌斯:《罗马十二帝王传》,张竹明等译,商务印书馆 1995 年版,第 358 页。

⑤ Aubrey Gwynn, *Roman Education from Cicero to Quintilian*, New York: Columbia University, 1966, p.38.

⑥ S.E.Frost, *Historical and Philosophical Foundations of Western Education*, New York: Charles E. Merrill Publishing Company, 1996, p.86.

⑦ 苏维托尼乌斯:《罗马十二帝王传》,张竹明等译,商务印书馆 1995 年版,第 73 页。

师每人每年 10 万塞斯提斯的薪水,由皇帝金库支付"①,第一个得到该奖励的是教育家昆体良,从而开创了国库发放薪水的制度;二是公元 75 年,他在罗马城的和平神庙建立了一个大图书馆,这个图书馆是罗马大学的前身;三是苇帕芗"免除文法家、修辞学家、医生和哲学家某些普通的公民义务,从而使教师更好地为国家服务。"②涅尔瓦和图拉真也继续实行鼓励教育的政策。例如为了教育意大利贫困儿童,国家把钱借给地主,利用所获得的利息建立贫困儿童补助金制度。③

整体而言,帝国早期教育的一个鲜明的特点就是将教育纳入国家政策中,由国家控制管理。经济方面对教育进行资助,由国家发给教师薪水;政策方面颁布法规加强对教师的选拔和考核。这些做法产生了深远的影响。

历史学家波里比阿认为:最能使罗马人的国家与他者区别并使其凌驾于他者之上的是它对众神的态度。西塞罗也曾经指出,罗马的崛起归因于宗教。④宗教是国家的大事,因而罗马的统治者采取各种措施加强对宗教的管理。

随着罗马不断开疆拓土,异域的各类宗教也越来越多地进入罗马。公元前 217 年希腊和罗马的神共同出现在谢神节上,这意味着外来神和本土神的界线第一次被打破了。⑤公元前 204 年,弗里基亚的众神之母被引入罗马城神庙,这标志着东方神第一次被承认。此后,波斯的密特拉、小亚西亚等地的诸神及其仪式也传入罗马城。"罗马宗教的历史远没有囿于城市建立时的最初形式,而是表现出一种不断变化和的调适的历程"⑥。该时段,罗马对外来宗教秉持开放包容态度。原因在于罗马的统治者认为曾长期存在并经过时间检验的礼神方式对原有居民来说最适宜。⑦它有助于减少宗教矛盾,培养这些民族的心理认同。"对宗教的宽容态度造成了一个将国家宗教置于至高无上地位的民族。造就了一种稳定的特性,确保了整个罗马世界的稳定"。⑧但是这

① 苏维托尼乌斯:《罗马十二帝王传》,张竹明等译,商务印书馆 1995 年版,第 312 页。
② 博伊德·金:《西方教育史》,任宝祥等译,人民教育出版社 1985 年版,第 78 页。
③ 罗斯托夫采夫:《罗马帝国社会经济史》,马雍等译,商务印书馆 1985 年版,第 509 页。
④ 巴洛:《罗马人》,黄韬译,上海人民出版社 2000 年版,第 7 页。
⑤ 江华:《试论罗马宗教在过渡时期的嬗变》,世界宗教研究 1997 年第 1 期,第 123—128 页。
⑥ 沃尔夫:《剑桥插图罗马史》,郭小凌等译,山东画报出版社 2008 年版,第 195 页。
⑦ 王晓朝:《罗马帝国文化转型论》,社会科学文献出版社 2002 年版,第 104 页。
⑧ 巴洛:《罗马人》,黄韬译,上海人民出版社 2000 年版,第 20 页。

并不意味着政府对宗教信仰不闻不问,他们也常常采取措施加以管理和调控。对于罗马人而言,对外来宗教的宽容不是没有原则。这个原则就是:它们在政治上是否安全,是否合乎道德,是否会动摇罗马宗教的主宰地位。①因此尽管一系列外来教派逐渐得到官方的认可,但是其数量和地位等方面的问题常常引起官方的警惕,其庙宇也绝不容许建立在罗马城的神圣界限之内。同时,外来宗教的秘仪活动往往过于张狂,与罗马传统严肃而又保守的生活方式背道而驰。因此,一旦出现危害公共安全和国家利益的宗教祭仪或组织,罗马当局会立即限制甚至铲除它们。②罗马人对众神之母的矛盾做法就形象地说明了问题。作为崇拜众神之母的一种公共节日——梅伽莱希亚节具有普遍吸引力,但是包括被阉割的男性和奇特行头的崇拜仪式极大地冒犯了上层罗马人的情感。所以,罗马政府事实上禁止市民担任圣母的祭司,禁止市民加入游行队伍。尽管圣母被引进罗马城,并在官方日历中设立了一个庆典日,但她仍然是一个处于本国神系之外的异国神祇,对她的崇拜仅限于帕拉丁神庙。③公元前186年,元老院颁布"酒神祭祀法"禁止举行酒神祭。④并公开处理了参加酒神祭的7000人,其中3000多人被处死。这是罗马政府首次有组织地处罚一个宗教团体。不久,又有3000人因参加酒神大祭而受惩罚。⑤因为在罗马统治者看来这些秘密集会不仅有伤风化,而且还会引起社会的动荡和犯罪。同样的原因,历史上伊西斯和萨拉匹斯神庙也被元老院下令摧毁,信徒被赶出罗马。

在整个帝国早期,国家始终细心关注着哪些神祇可以引入、定居罗马城,并调整它的宗教政策略以适应城市的特殊需要。同时,它竭力审查比较随意的宗教革新,定期采取措施控制它认为过分的做法。正如西塞罗所言:"没有人可以拥有自己的神,不论是新神还是从外国引进的神,除非是公开地引入(罗马)"。⑥

① 巴洛:《罗马人》,黄韬译,上海人民出版社2000年版,第106页。
② 江华:《试论罗马宗教在过渡时期的嬗变》,世界宗教研究1997年第1期,第123—128页。
③ 沃尔夫:《剑桥插图罗马史》,郭小凌等译,山东画报出版社2008年版,第197页。
④ 酒神拉丁语作巴库斯bacchus,一位意大利的丰产和酒神受到崇拜。前2世纪初,酒神祭在罗马盛行,起初祭祀一年3次,仅限于白天举行,由已婚妇女主祭,后来由于出现了道德丑行而被禁止。
⑤ 科瓦略夫:《古代罗马史》,王以铸译,上海书店出版社2007年版,第44页。
⑥ 西塞罗:《国家篇法律篇》,沈叔平等译,商务印书馆2002年版,第197页。

　　城市粮食的分配、税收的征收等都需要依靠翔实的人口数据。为了解决上述难题,公元前 48 年恺撒颁布"朱利亚自治城市法",开始对意大利半岛的居民展开规模较大的人口普查。调查由行政长官负责,重点是财产登记。按照法律规定如果一个居民在居住地以外的城市拥有财产,就需要他亲自到罗马城登记注册。如果有造假或者没有按时登记,将会遭到没收财产的重罚。奥古斯都时代,人口普查趋于系统化和定期化,建起了完善的登记制度。①普查人员在获得相关信息后,按照调查者姓名的字母或者年代顺序分类归档。每份档案都有登记者的确切地址,以备核实使用。此外,还有专门的工作人员负责保管档案资料。

结　语

　　共和晚期至帝国早期,作为国家的都城——罗马城对城市社会的管理,具有典型意义。窥一斑而知全貌,通过上述内容可以看出罗马人在城市社会管理上的特点:

　　其一,有着明确的规划意识和理性思考,具有借鉴价值。以维特鲁威《建筑十书》为代表的罗马著作对于城市的选址、城市建筑的设计原理等有了深刻的认知,对于城市的卫生、环境、健康、安全等作出通盘的规划和建议。把理性之美和生活之美结合起来,阐释了城市建设的一些基本原理,为以后欧洲建筑科学体系的建立提供了参考范本。

　　其二,采取了一些积极有效的管理措施,事实上构筑了较为完备的管理框架。在城市市政管理上,对城市道路、卫生环境、街道等有具体的规定,设立消防队、粮食总督解决城市的火灾以及开展灾害救济等。在城市市场管理上,市政官等专职人员管理着市场交易,防止欺诈的发生,保障市场的公平正义。在城市公共事务上,政府开展人口普查建立档案、建立图书馆、管控市民的宗教信仰、扶持教育的发展等等。

　　其三,建立了较为有效的城市管理制度和法规,产生了深远影响。诚如德国法学家耶林在《罗马法的精神》一书所说:罗马帝国曾三次征服世界,一是武力,二是宗教,三是法律。其中法律的影响最持久最深远。②同样在城市管理上,罗

----

① 宫秀华:《罗马从共和走向帝制》,高等教育出版社 2006 年版,第 159 页。
② 刘爱兰:《从基督教的产生看古代文明的相互影响与交融》,《中央民族大学学报》2003 年第 2 期,第 82—86 页。

马人也建立了一系列法律法规（例如粮食法、教师法令、财产继承法等），对与城市相关联的问题作出非常详细和明确的规定。这些法规的颁布，从一个侧面反映了"依法治理"的意识在统治者管理城市过程中已占据了相当重要的位置。

当然，也不能过分美化该时期罗马人城市管理的水平。从管理的内容和目的来看，统治者更关心的是自己统治的稳定，还有相当多与市民直接相关的问题并没有解决。"帝都罗马的物质特征充满了矛盾。一方面，它建筑的宏伟、大理石城的美丽都宣告着它与西方伟大的现代城市之间的亲缘关系。另一方面，卫生服务的缺乏、交通的拥挤以及住房的紧张等又遭到人们的谴责"。①所以，当乔尔·科特金感叹罗马人把罗马城市建设推进到一个新的高度，它天才的行政管理能力将城市保障发展到了空前的水平，②刘易斯·芒福德却说罗马城最大限度地把整齐与混乱、合理与无理、高贵与败坏，都囊括在一起。③

The Roman city's social administration in the period from the late Republic to the early Empire
—Roman city as the center of investigation

Abstract: The period from the late Republic to the early Empire is the rapid developing stage of Roman city, which brought higher demand of city administration, and we can see it based on the investigation of Roman city administration that time: the Roman adopted a series of measures on municipality, security and relief, market and public affairs, built a more comprehensive regulatory framework, established a effective urban management systems and regulations, which reflected a clear plan and rational thinking on the development of the city. Overall, city administration achieved a positive result and maintained the normal operation of the city, but there are still some problems need to be solved soon.

① Jerome Carcopino, *Daily Life in Ancient Rome: The People and the City at the Height of the Empire*, Yale: Yale University, 1940, p.32.
② 乔尔·科特金：《全球城市史》，王旭等译，社会科学文献出版社 2006 年版，第 51 页。
③ 刘易斯·芒福德：《城市发展史——起源、演变和前景》，宋俊岭等译，中国建筑工业出版社 2009 年版，第 254 页。

Keywords：Roman city； Municipality administration； Market administration； Public affairs administration

作者简介：鲍红信，副教授，博士，淮北师大兼职教授，主要研究方向西方城市史。

近代英格兰中产阶级生活水平初探①

崔洪健

摘　要:近代英格兰经济社会变革促进了中产阶级的形成和壮大,而财富的积累为他们的消费提供了坚实的物质基础。近代英格兰中产阶级的生活水平有了大幅提升,他们不仅十分重视饮食、穿着、住房和出行等基本的生活消费,而且也更关注教育、文化和休闲等方面的消费。也就是说,当中产阶级的基本生活需求得以满足后,他们开始追求更高的生活消费。中产阶级消费水平的改善离不开近代英格兰经济社会的繁荣,而消费创造的需求进一步推动经济社会的发展。

关键词:近代英格兰　中产阶级　生活水平

生活水平(standard of living)一词是从19世纪中期的standard of life演变而来,其含义为"收入、生活状况达到必要的标准以维持满意的生活",之后转向现在的一般意涵:指的是我们实际拥有的收入与生活状况。②尽管不同历史时期的生活水平存在较大差异,但生活水平的总体发展趋势是不断提高的。在近代英格兰,赚钱和财富积累是中产阶级给人留下的主要印象,而他们的消费行为也是其重要特征,这些行为构成有效需求的组成部分,并促进了经济社会的发展。同时,随着近代英格兰中产阶级的发展和壮大,他们认为社会地位是

---

① 本文为国家社科基金重大项目"欧洲文明进程研究"(12&ZD185)子课题"生活水平卷"的阶段性成果。

② 雷蒙·威廉斯:《关键词:文化与社会的词汇》,刘建基译,生活·读书·新知三联书店2016年版,第504—505页。

由其消费状况决定的,因此在赚钱和花钱方面花费了同样的时间、精力和聪明才智。大量金钱花在购买能够带来个人愉悦的兴奋和刺激上,人们对自身成就感的满足成为了一种生活哲学。到目前为止,国内学者对近代英格兰中产阶级的研究主要集中在形成时间和社会流动、社会生活、择偶标准、居住的郊区化等几个方面,[①]仅有李新宽和曹瑞臣两位学者在探讨 18 世纪英格兰消费社会形成的问题时涉及了中产阶级的消费,[②]但并未做详细探讨。故笔者依据搜集到的资料,试从基本生活消费和改善型消费两个方面对近代英格兰中产阶级的生活水平进行考察,以期推进国内学界对英格兰中产阶级史的研究。

一、基本生活消费

近代英格兰中产阶级生活水平的改善首先体现在衣、食、住、行等基本的生活消费方面。饮食上,中产阶级主要食用白面包,且能够吃上更多的肉、水果、蔬菜以及黄油,甚至还养成了喝茶和咖啡的习惯;穿着上,服装的材质由呢绒转向了亚麻布和棉布,衣服的制作也用了越来越多的色彩和饰品,穿起来更为舒服和美观;住房上,建筑材料以砖木为主,房间的空间和布局更为合理,且装修精美,居住在里面非常舒适;交通上,骑马和步行仍然是重要的出行方式,但越来越多的中产阶级乘坐马车。

(一) 饮食

中产阶级的主食是小麦面包,同时搭配肉类、蛋、鱼以及蔬菜。当时制作面包的原材料出现了较大变化,从含有混合谷物的粗面包向精致的小麦面包过渡。有学者估算,1688 年小麦仅占面包消费的 20%,但是到了 1800 年达到了 66%。[③]当然,对于收入较高的中产阶级而言,他们食用的多为小麦制作而成的白面包。在当时甚至能够吃到新鲜的刚刚烤出来的小麦面包,这主要是

---

① 笔者所见主要有:胡玲、陈祖洲:《近代英国中产阶级形成中的问题》,《历史研究》2010 年第 1 期;陆伟芳:《中产阶级与近代英国城市郊区扩展》,《史学理论研究》2007 年第 4 期;傅新球:《16—18 世纪英国中上阶层的择偶标准》,《安徽师范大学学报(人文社会科学版)》2005 年第 3 期;亢春燕:《18—19 世纪英国中产阶级的社会生活》,内蒙古大学硕士学位论文 2008 年。

② 李新宽:《18 世纪英国奢侈消费大讨论》,《世界历史》2016 年第 6 期;曹瑞臣:《近年来西方学界对英国消费社会兴起问题的研究》,《世界历史》2014 年第 6 期;李新宽:《17 世纪末至 18 世纪中叶英国消费社会的出现》,《世界历史》2011 年第 5 期。

③ Jan De Vries, *The Industrious Revolution: Consumer Behavior and the Household Economy, 1650 to the Present*, Cambridge University Press, 2008, pp.167—169.

因为大量职业面包师的出现和发达的零售网的形成,小麦面包日益发展成为"便利食品(convenience food)"。

吃肉被认为是中产阶级身份的象征。对于中产阶级而言,大概每周有4—5天都在吃肉。有学者对中产阶级吃肉的状况进行了描写,"他们大口嚼着肉……在他们面前的餐桌上摆放着10—12种肉(包括烤牛肉),他们用两个餐盘不断地夹取……"。①威廉·伯德在日记中记录了1718年的饮食情况,在一年中的绝大多数时间里的午餐他都吃肉,其中有54天吃的是鸡、鹅、鸭子等家禽的肉,而有182天吃的是牛、羊、猪等动物的肉。②同时,鱼成为中产阶级饮食的重要组成部分。在一年当中,威廉·伯德有44天吃鱼,如鲑鱼、鲱鱼、马鲛鱼等。③此外,当他们不吃肉的时候,大多时间吃的是鸡蛋。鸡蛋营养价值较高,而且吃饭时也能节省一些时间。威廉·伯德就曾在1718年中的82天吃鸡蛋。④

在食用肉类食物的同时,蔬菜、水果与黄油的食用也在不断增加。根据当时烹饪书籍的记载可知,随着餐盘的分区设计,越来越多的蔬菜和水果成为了中产阶级的食物。英格兰还开始进口一些水果。如西梅、无花果、葡萄干和红醋栗等。其中,橘子和柠檬被视为昂贵的奢侈品,主要被中产阶级和贵族食用。当时一个中产阶级家庭的女主人每周至少花费2先令用来购买水果。⑤同时,黄油在中产阶级的饮食中被大量食用,甚至有人认为当时是"黄油食用的黄金时期",因为各种蔬菜和各种肉类的食用几乎都要拌着黄油。当然,也有一部人食用奶酪或是奶油。此外,布丁也是当时饮食的核心组成部分,布丁主要用肉、蔬菜和各种干果等食材制作而成。⑥

---

① L.Weatherill, *Consumer Behaviour and Material Culture in Britain 1660—1760*, Routledge, 1988, p.147.

② Peter Earle, *The Making of the English Middle Class: Business, Society and Family Life in London, 1660—1730*, Methuen and the University of California Press, 1989, pp.276—278.

③ Peter Earle, *The Making of the English Middle Class: Business, Society and Family Life in London, 1660—1730*, p.278.

④ Peter Earle, *The Making of the English Middle Class: Business, Society and Family Life in London, 1660—1730*, pp.276—279.

⑤ Peter Earle, *The Making of the English Middle Class: Business, Society and Family Life in London, 1660—1730*, pp.274—275.

⑥ Peter Earle, *The Making of the English Middle Class: Business, Society and Family Life in London, 1660—1730*, p.275.

　　除了以上食物外，中产阶级的饮食还应包括"饮"的部分，即酒、茶、咖啡等。啤酒和葡萄酒是近代英格兰主要的饮酒，到了17世纪末其饮用量开始下降，而白酒、咖啡和茶的饮用在增加。茶和咖啡均是进口商品，二者均有提神的功能，中产阶级对它们的了解和饮用多是从17世纪初开始的。到了17世纪末和18世纪，饮茶和喝咖啡已经发展成为中产阶级饮食中不可或缺的组成部分。①同时，酒的制作方法从传统的葡萄酒蒸馏向白酒蒸馏转变。中产阶级对白兰地、杜松子酒、朗姆酒和威士忌等的饮用也在增加。②

　　中产阶级一日三餐中的早餐主要由啤酒、煮沸的牛奶、面包、麦片粥等组成，但从17世纪开始随着热饮的引入，早餐的组成有了一定的变化。其中，巧克力热饮是最受欢迎的饮品之一。到了18世纪60年代，中产阶级家庭的早餐中经常能见到烤面包和面包卷以及茶水。晚餐主要吃少量的肉和大量的面包、奶酪、蛋糕、苹果派或果冻。当时晚餐派对较为流行，其食物的数量虽然没有晚宴丰富，但也几乎涵盖了所有食材。③同时，中产阶级的进餐时间开始发生变化。以午餐为例，中产阶级家庭的午餐时间要比正常的午餐时间晚一个小时，之后甚至晚3—4个小时，而且饮食习惯也开始发生变化，晚餐仅吃少量的食物，早餐吃的越来越多。④

　　中产阶级家庭每年在饮食方面的花费约占总开支的三分之一。有学者对中产阶级的年均饮食花费进行了估算，认为人均花费大约在5—20英镑。⑤近代伦敦城的中产阶级约有20000—25000个家庭，按照每个家庭7—8人估算，每人年均饮食消费为10英镑，那么伦敦城的中产阶级家庭一年的饮食总花费就达到了1.4—2百万英镑。对于大城市的中产阶级而言，要想吃得较好，每周人均消费约为4—6先令。⑥

---

①　L.Weatherill, *Consumer Behaviour and Material Culture in Britain 1660—1760*, p.158.

②　Jan De Vries, *The Industrious Revolution: Consumer Behavior and the Household Economy*, *1650 to the Present*, pp.165—166.

③④　Peter Earle, *The Making of the English Middle Class: Business, Society and Family Life in London*, *1660—1730*, pp.272—273.

⑤　Peter Earle, *The Making of the English Middle Class: Business, Society and Family Life in London*, *1660—1730*, p.272.

⑥　Peter Earle, *The Making of the English Middle Class: Business, Society and Family Life in London*, *1660—1730*, pp.272—283.

(二) 衣着

在生活必需品里,衣服的地位仅次于饮食。从帽子到鞋子的全身上下所需要的各种衣物是人们生存必需的,因此近代衣着的改善亦能折射出中产阶级基本生活水平的提高。

近代英格兰中产阶级衣着的材质发生了较大改变,从呢绒转向了亚麻布和棉布,穿起来更为舒服。其中,白色的亚麻布被认为是财富和身份的象征,因而受到中产阶级家庭的欢迎。①由白色亚麻布制成的衬衫、帽子、头巾和围巾成为受人尊敬的象征,中产阶级女主人多是这种打扮,甚至在一些较为富裕的家庭中,橱柜都用白色的亚麻布覆盖。②事实上,正是亚麻布和棉布用于服装制造才大大改变了中产阶级家庭成员的衣服穿着。

随着衣着质地的改善,中产阶级男士和女士的服装样式发生了较大变化;同时,为了增加美观度,越来越多的色彩和发光的饰品被用于衣服的制作。就男士的服装而言,主要包括外套、马甲和长到膝盖的短裤组成的三件套,还有衬衫、衬裤、到膝盖的长袜、靴子以及带纽扣的鞋等。外套和马甲通常较长,足以遮盖住短裤,在这两种衣服的右侧从上至下且有间隔的分布着一排纽扣。此外,在衣服上出现了刺绣和花边等修饰的部分,如在衣服的手腕处出现了蕾丝荷叶边,在脖子处出现了围巾或领结,头上带有假发,在假发之上带有獭皮帽或是礼帽。以18世纪初伦敦的中产阶级为例,男性的衣柜里至少有三套服装以及相配的服饰。1711年商人威廉·科斯特曼去世时拥有17件衬衫、19件领带以及五套完整的服装。③

在男性穿着发生变化的同时,中产阶级女性的穿着也出现了较大改善。在17世纪60、70年代之前,中产阶级妇女的衣服较为紧身,主要为长衫和衬裤,其形状以每个人的体型不同而有所变化。这些衣服从腋下直到腰部是紧身的,因此较容易磨损。此后,中产阶级女士的衣服变得较为宽松,尤其是外套和长袍。一般而言,女士的衣服为两件套,即里面为一件腰部由饰带或腰带

---

① Dominique Margairaz, "City and Country: home, possessions, and diet, Western Europe 1600—1800", in Frank Trentmann, ed., *The Oxford Handbook of the History of Consumption*, Oxford University Press, 2012, p.203.
② Jan De Vries, *The Industrious Revolution: Consumer Behavior and the Household Economy, 1650 to the Present*, p.135.
③ Peter Earle, *The Making of the English Middle Class: Business, Society and Family Life in London, 1660—1730*, pp.182—284.

固定、背后为直接到底部的拖尾、腰以下为开放的衬裙;另外一件为长袖马甲,前面扣住以便保暖。女性全套的服装还应包括鞋、袜子、手套、头巾、帽子等等,有时她们也用围裙以保护其衣服。同时,这一时期的中产阶级女性还使用大量的装饰品,如缎带、发辫以及各种蕾丝,使得她们的衣服变得明亮起来。①事实上,与男士的服装相比,当时中产阶级女性的服装数量更多,而且这些衣服的质地多为丝绸、亚麻或是棉布。

妇女在时尚经济(the economy of fashion)的发展中起着决定性作用。对巴黎服装的模仿促进了伦敦中产阶级家庭中的妇女穿着的改变,巴黎新样式的服装一出现很快就被伦敦的中产阶级所接受。②中产阶级女士购买服装的花费远远超过中产阶级男士。在 17 世纪末和 18 世纪的中产阶级家庭中,女士衣柜里的衣服的价值是男士的两倍。③因为女士的服装要使用更多的丝绸、花边以及在制作长袍和裙子时需要更多的原材料。

有学者对 18 世纪伦敦的中产阶级家庭的服装消费进行了估算,如 1734 年普通的中产阶级之家一年服装总消费额为 60 英镑,约占当年家庭支出的 26%。④对于那些较为富裕的中产阶级而言,他们在服装方面的花费可能更多。如在 1679—1680 年,律师威廉·摩西在服装消费方面花费 60 英镑,年轻的戈林小姐在 1697—1698 年的服装花费为 31 英镑,而到了 1703—1704 年增加到了 52 英镑。⑤

总之,中产阶级穿着的改善不仅表现在衣服质地的变化,即从以呢绒为主转向以亚麻布和棉布为主,而且服装的样式也在不断更新。尽管个别中产阶级的服装消费可能超过了其财力支撑,甚至借助信贷的手段进行消费,但是绝大部分中产阶级的消费较为适度。事实上,不容忽视的一个事实是,在中产阶级年度消费支出中服装的购置被视为仅次于饮食消费的第二大必需品的消

① Peter Earle, *The Making of the English Middle Class*: *Business*, *Society and Family Life in London*, *1660—1730*, p.282.

② Peter Earle, *The Making of the English Middle Class*: *Business*, *Society and Family Life in London*, *1660—1730*, p.283.

③ Jan De Vries, *The Industrious Revolution*: *Consumer Behavior and the Household Economy*, *1650 to the Present*, p.142.

④ Peter Earle, *The Making of the English Middle Class*: *Business*, *Society and Family Life in London*, *1660—1730*, pp.271—289.

⑤ Peter Earle, *The Making of the English Middle Class*: *Business*, *Society and Family Life in London*, *1660—1730*, pp.271—290.

费,至少占据了中产阶级家庭年度消费支出的 25% 以上。① 这也在客观上促进了服装制造和销售行业的蓬勃发展。

(三) 住房

中世纪英格兰的房子以木质和石质为主,但到了近代尤其是 17 世纪以来房子的建材开始以砖木为主。当时的房子开始由实用向美观转变,当然这离不开精美的装修;同时,房子更为宽敞,而且房间布局更为合理,所以居住在里面更为舒服和便利。如房间数量的增加、屋内设施的改善、永久性楼梯和直立烟囱的建造以及窗帘和窗玻璃的使用使得人们的居住舒服度和私密性大大提高。② 以上特征在中产阶级家庭的住房中得到了很好的体现。

中产阶级家庭的房子结构与布局更为合理。一般而言,中产阶级家庭的房子有 7—8 个房间,其中 4—5 个房间为卧室,1—2 个房间为餐厅和客厅,还有 1 个房间为厨房。③ 当时不同楼层的房子布局如下,一楼为商店或是生产的作坊,二楼为厨房和客厅,三楼为两个卧室,其中包括一个装修和布置最好的卧室,四楼也是卧室,顶楼为仆人的卧室。可以看出,商店或是生产的作坊与中产阶级的居住是在一座房子里。④ 就房间的数量而言,拥有不同财富的中产阶级的住房的平均房间数量变化不大,但比较富有的家庭的房子空间更大。⑤

中产阶级家庭的住房在建材和空间布局上有了较大改善的同时,房子内部的家具和装修也出现了变化。首先一个特征是对光线的强调。这得益于可见度的增强和一些装饰品的使用,如门帘和窗帘以及其他室内装饰品的使用。上下可拉动的窗户代替了固定的格子窗户,大量的壁灯、直立的蜡烛台上的蜡烛以及镜子的使用驱散了屋内的阴暗。其次,家具变得更为舒适。以更适合人体体型的弯曲的家具代替了原来直立笨拙的家具,而且一些装有羽绒或是

---

① C.Nora Dack, *Urbanization and the Middling Sorts in Derbyshire Market Towns: Ashbourne and Wirksworth 1660—1830*, Unpublished Ph.D Thesis of University of Leicester, 2010, p.97.

② Peter Borsay, *The English Urban Renaissance: culture and society in the provincial town, 1660—1770*, Clarendon Press, 2002, pp.47—55.

③ Peter Earle, *The Making of the English Middle Class: Business, Society and Family Life in London, 1660—1730*, pp.212, 291.

④ Maxine Berg, *Luxury and Pleasure in Eighteenth-Century Britain*, Oxford University Press, 2005, p.225.

⑤ Peter Earle, *The Making of the English Middle Class: Business, Society and Family Life in London, 1660—1730*, pp.211—212.

羽毛的垫子被广泛运用。如睡椅、沙发和长靠椅、扶手椅以及藤椅的出现,标志着舒适程度的大幅提高。再次,瓷器的大量出现。这一时期瓷器的出现主要有两个原因,其一是中产阶级对瓷器的喜爱和收藏。其二,随着饮茶和喝咖啡风气的盛行,瓷器成为了饮茶和喝咖啡的工具。最后,绘画和装饰品的增加。绘画有从东方输入的,也有本土绘制的。绘画代替了之前的壁毯和墙帷,绘画的内容多为山水景色,有时也包括家庭成员的肖像和全家福。同时,时钟、小键琴等装饰品的出现。时钟悬挂在房间的墙上或是在楼梯的上方。在一部分中产阶级的家庭还出现了小键琴,这与他们的娱乐和即兴音乐表演有着一定的关系。同时,一些小摆设与书籍也出现在了中产阶级的房子里。①

中产阶级的住房变化体现出舒适的特征。卧室是人们休息的最好场所,卧室内部的家具和床上用品都是为更好的休息来服务的,一般而言这些物品较为贵重和精致。由丝绸和棉花制成的轻质纺织品代替了重呢绒制作的宽幅绒面呢和哔叽呢。其中,大码的帷幔保证了温暖,羽毛褥垫使人感到更加舒服。同时,厨房的布局和结构也体现了中产阶级家庭舒适的特征。在 17 世纪中期以前,厨房并没有完全从房子的其他部分分离出现,之后才独立出来。②厨房不仅仅是准备、烹煮食物的,甚至是制作、修补衣服和洗衣服、熨衣服的地方。随着时间的推移,厨房里的陈设发生了较大变化,如出现了高质量的椅子和窗帘、养有金丝雀或是鹦鹉的鸟笼、时钟、几幅山水画等等。③

房子的造价是中产阶级家庭住房消费的重要体现。有学者对近代英格兰 318 份财产清册的调查后发现,中产阶级一所房子的平均价值超过了 66 英镑。④房子是中产阶级家庭中的大项开支,只有较为富裕的中产阶级家庭才能买得起房子。对于那些收入较低的中产阶级家庭而言,他们多是租赁别人家

---

① Peter Earle, *The Making of the English Middle Class: Business, Society and Family Life in London, 1660—1730*, pp.292—296.

② L.Weatherill, *Consumer Behaviour and Material Culture in Britain 1660—1760*, pp.150—160.

③ Peter Earle, *The Making of the English Middle Class: Business, Society and Family Life in London, 1660—1730*, pp.297—298.

④ Peter Earle, *The Making of the English Middle Class: Business, Society and Family Life in London, 1660—1730*, pp.291—292.

的房子,年租金约为 20—30 英镑。①

近代英格兰中产阶级住房的建筑材料和结构布局发生了较大变化,这些变化体现了中产阶级对住房的更高要求,尤其是室内的装饰和日常家用品的质地以及家具的发展满足了他们对舒适生活品质的较高要求。正如劳伦斯·詹姆斯所认为的那样,近代英格兰的中产阶级拥有"典雅大气、舒适安逸的房子"。②

(四) 交通

近代英格兰重视道路和桥梁的修建和维护。因此,较之中世纪时代的交通体系而言有了很大改善。对于中产阶级家庭来说,有相当一部分拥有自己的交通工具,其中四轮大马车被认为是身份地位的重要象征。佩皮斯为了提高自己的社会地位,他特别希望购买一辆四轮马车,1668 年 11 月其购买的马和马车被送到,他曾在日记中写道"马车可以极大的提高我的社会地位,我是极其渴望坐进去的"。③

一辆马车的价格在 50—100 英镑之间,甚至有时候还要高于这一价格。同时,马车的维护需要较高的成本,首先要建造一个马车房或是租赁一个马车房,马车夫需要支付工资,饲料的购买也需要一定的成本,如每周马饲料的成本在 5 先令。为了降低花费,多个中产阶级家庭共同购买一辆马车。如平均拥有财富在 1500 英镑的 16 位商人共同拥有一个马车。④在 1727—1728 年,对于一般中产阶级家庭而言,每 42 户家庭拥有一辆马车,而对于那些较为富有的中产阶级家庭而言,大概每 4.3 户家庭拥有一辆马车。⑤

事实上,骑马或是步行仍然是中产阶级重要的出行方式。大约有五分之一的中产阶级拥有自己的马匹,这实际上与他们的职业有着密切关系,如医生需要争取时间为其病人看病。同时,部分中产阶级更喜欢租用马车或是马匹。蕾切尔为了去伦敦看望朋友而租用了一辆马车,花费为 3 先令 6 便士。她还

① Peter Earle, *The Making of the English Middle Class：Business，Society and Family Life in London，1660—1730*, pp.208—209；Maxine Berg, *Luxury and Pleasure in Eighteenth-Century Britain*, p.224.

② 劳伦斯·詹姆斯:《中产阶级史》,李春玲、杨典译,中国社会科学出版社 2015 年版,第 152 页。

③④ Peter Earle, *The Making of the English Middle Class：Business，Society and Family Life in London，1660—1730*, p.301.

⑤ Peter Earle, *The Making of the English Middle Class：Business，Society and Family Life in London，1660—1730*, p.388.

经常用同样的出行方式去探望亲戚、参加聚会以及购物。①此外,由于城市里相对拥挤,加之马的饲养成本较高(一匹马一年的饲养成本高于其自身的价格),所以绝大多数中产阶级出行的方式是步行。流传下来的日记资料也证明了近代英格兰的中产阶级比今天的人们更喜欢步行。他们徒步行走可能是为了呼吸新鲜的空气,也可能为了锻炼身体。②

到了 18 世纪末,随着财富积累的增加,马车和马匹在中产阶级家庭中变得较为普遍。这也导致拥有多少辆马车成为衡量城市或是村镇繁荣程度的标准之一。如在爱丁堡马车的数量达到了近 1900 辆,比之前翻了一番。这些新车的主人多是商人、内外科医生、大学教授等中产阶级。③

二、改善型消费

近代英格兰中产阶级生活水平的提高不仅仅体现在衣食住行等基本的消费方面,而且更多的体现在教育、文化和休闲娱乐等改善型消费方面。首先在教育上,中产阶级重视对教育的投资,鼓励子女接受良好的教育,尤其是接受与商业有关的职业教育,为他们成年后寻找高薪工作奠定基础;其次在文化消费上,注重对各种书籍、报纸、杂志的阅读,借此获得各种有用的信息和提高自己的文化修养;再次在休闲上,除了赛马和斗鸡等传统娱乐方式外,中产阶级还参加了许多新的休闲活动,如喝茶和咖啡、参加舞会与交际晚宴、观看戏剧和音乐会以及到海滨城市旅游。

(一) 教育

与饮食、服装和住房一样,近代英格兰的教育水平也出现了提高,尤其是在宗教改革后涌现出众多的教育机构,如在 1500—1620 年间就新建了 300 余所学校。④其中,既有传授古典教育的文法学校,也有符合现实需要的各种职业学校。对于中产阶级家庭而言,教育一方面能提高他们自身的文化修养,另一方面希望子女寻找到一份收入高和受人尊敬的工作,甚至希望接受良好教

---

① L. Weatherill, *Consumer Behaviour and Material Culture in Britain 1660—1760*, p.127.

② Peter Earle, *The Making of the English Middle Class: Business, Society and Family Life in London, 1660—1730*, p.301.

③ 劳伦斯·詹姆斯:《中产阶级史》,第 137 页。

④ 阿萨·布里格斯:《英国社会史》,陈叔平,刘成等译,中国人民大学出版社 1991 年版,第 135 页。

育的子女能够提高身份地位。①因此,对子女的教育与子女的未来的重视是近代中产阶级家庭的重要特征之一。

中产阶级家庭的孩子一般是在六、七岁时开始接受初等教育。中产阶级捐助建立了大量的小学,尤其是 1699 年发起了"慈善学校运动",基本上能满足所有适龄儿童的学习,到 1729 年伦敦的小学生超过了 5000 人,每人每年的花费是 3 英镑。②初等教育并不意味着教育的结束,还有更长阶段的中等教育,几乎所有中产阶级家庭的孩子都要接受中等教育。中等教育的主要形式是文法学校,主要向学生教授拉丁语和希腊语的文法,为他们进入大学学习做准备,但对于相当一部分学生而言中等教育结束后他们将进入社会;同时,对于年轻人为教会、国家和他们的家庭服务而言,古典教育被认为是最好的准备。这样,学生要在文法学校待到 14—16 岁,直到他们去做学徒、神职人员或是进入大学进一步深造。③

随着 17 世纪写作学校(writing school)和数学学校的出现,初中等教育讲授的内容也发生了变化。越来越多的中产阶级对古典教育的价值失去了信心,因为他们认为文法学校讲授的内容是强加于人的而且也是无用的,尤其是对普通的贸易而言用处较小,他们认为孩子应该把时间花费在学习有用的知识上,比如学习算数。一些学校意识到了这些要求并对课程进行了调整,开始在教学中把写作、算术和记账等内容的讲授放在同拉丁语的学习同等重要的地位。半个世纪之后,伦敦最大的教育机构(在校生近 1000 人)在其写作学校中增加了相似的教学内容,这给在该校任教的学者们提供了指导学生学习写作和算术的机会,而且也使学生们拥有了进一步晋升或寻找到一份好工作的能力。同样,在皇家数学学校的 40 位学者为学生们讲授数学和航海知识,毕业的学生可能去皇家海军和商行做学徒。④在写作学校不断发展的同时,数学学校得到较大发展。一般而言,男孩子要在十几岁时被送往数学学校学习一

---

① Jonathan Barry and Christopher Brooks, *The Middling Sort of People*: *Culture*, *Society*, *and Politics in England*, *1550—1800*, St. Martin's Press, 1994, p.118.

② Peter Earle, *The Making of the English Middle Class*: *Business*, *Society and Family Life in London*, *1660—1730*, p.65.

③ Peter Earle, *The Making of the English Middle Class*: *Business*, *Society and Family Life in London*, *1660—1730*, p.66.

④ Peter Earle, *The Making of the English Middle Class*: *Business*, *Society and Family Life in London*, *1660—1730*, pp.66—67.

至两年。①

　　随着写作和数学等专门学校的出现,学生学习的内容也出现了变化,除了要学习意大利语、法语、舞蹈、歌唱和剑术等课程外,还要学习算术、记账和数学等知识。②专业科目的增加适应了中产阶级家庭的需求,也说明近代英格兰的教育中出现了更加职业化的内容。这些变化与对商业、贸易、航海、法律等知识的需求有关。当时还出现了为中产阶级家庭的子女服务的寄宿学校,这类学校除了讲授部分的文法课程外,主要讲授的是能满足他们实际需要的内容。③实际上,多数情况下文法教育与能满足实际需要的职业教育是结合在一起的。约翰·弗雷特韦尔是木材商的儿子,他在唐卡斯特文法学校用了五六年的时间阅读了大量的古典文献作品,当他 14 岁时(1713 年)被他的父亲送去一家商行学习数学。在他父亲看来,阅读、写作以及基本的运算能力是约翰·弗雷特韦尔应该掌握的,甚至可能成为他未来的专业方向之一。④

　　一般而言,中产阶级家庭的孩子要在学校学习 8—10 年,一般是从 6 岁开始到 15 岁左右结束。教师和女主人在孩子的成长中起着同样重要的作用,甚至有学者认为他们塑造了中产阶级年轻的一代。他们强调宗教、勤奋、关注、服从和责任。⑤从 17 世纪开始,中产阶级家庭的女孩的教育有了较大改善,她们基本都能掌握读写能力;同时,她们还接受了社交礼仪、家务技能的教育。但是,中产阶级家庭的女孩结婚后可能居住在家里,缺乏独立工作的经验,即使掌握的一些商业知识也是她们的父母所指导的。⑥

　　在初中等教育的内容发生根本变革的同时,近代英格兰大学教育所讲授的内容也顺应时代要求进行了调整,主要表现为增加了职业教育的内容,目的是培养商业和职业人员,如律师、医生、教师等职业的教育。其中医学教育较

---

① ②　Peter Earle, *The Making of the English Middle Class*:*Business*, *Society and Family Life in London*, *1660—1730*, p.67.

③　Peter Earle, *The Making of the English Middle Class*:*Business*, *Society and Family Life in London*, *1660—1730*, p.68.

④　劳伦斯·詹姆斯:《中产阶级史》,第 87 页。

⑤　Peter Earle, *The Making of the English Middle Class*:*Business*, *Society and Family Life in London*, *1660—1730*, p.238.

⑥　Peter Earle, *The Making of the English Middle Class*:*Business*, *Society and Family Life in London*, *1660—1730*, p.162.

受重视,学医的学生在大学中大幅增加,而且医学专业的学生要经过医院的严格训练和实习。①

总之,教育同婚姻、资本的提供一起被认为是中产阶级家庭子女能够向社会上层流动的重要动力。②对于中产阶级而言,教育既有装饰性质,也有实用价值。他们认为教育是一项能让其子女飞黄腾达的投资,甚至希望提升家族在社会上的地位。如约克郡的一位名叫马默杜克·康斯特布尔的律师,嘱咐他的妻子要让他们的大儿子詹姆斯先完成中学学业,然后送他到律师学校学习法律,并由他的伯父监督学习。同时,他还为自己的小儿子准备了 100 英镑作为其成长基金,其中就包括用于教育方面的费用。③

(二) 文化消费

随着经济的繁荣和教育的发展,中产阶级家庭收入在不断增加,而他们的阅读能力也得到了大幅提升,这就使得中产阶级十分注重文化消费。

书籍和印刷品市场的发展为中产阶级阅读提供了前提。随着 16 世纪六七十年代具备阅读能力的人数的增多,书籍市场得到发展。仅在 1600 年一年里英格兰就出版了 259 部书。④到了光荣革命后,英格兰实现了出版自由,书籍、小册子、布道书、杂志和报纸出现了爆炸性增长。1660—1688 年间每年出版书籍 1100 种,到了 1728—1760 年间每年大约有 2300 种。如在什鲁斯伯里学院的图书馆里 1634 年仅有藏书 704 册,到了 1767 年就增加到了 5000 册左右。⑤这些书籍包括神学、历史、法律、医学、诗歌、数学等等。随着商业出版的兴盛,到 18 世纪末英格兰有近 1000 名书商遍布 300 个城市和乡镇,其中伦敦最为密集。⑥

历史学和文学方面的书籍是中产阶级家庭阅读的重点。中产阶级对历史知识的专注,部分出于好奇,部分出于爱国主义,还有就是人们相信过去伟大人物所行之事能够给时人以启示。同时,纯文学的书籍也深受中产阶

---

① Paul Langford, *A Polite and Commercial People*:*England*,*1727—1783*, Clarendon Press, 1998, pp.84—90.

② Jonathan Barry and Christopher Brooks, *The Middling Sort of People*:*Culture*,*Society*,*and Politics in England*,*1550—1800*, p.14.

③ 劳伦斯·詹姆斯:《中产阶级史》,第 88 页。

④ 阿萨·布里格斯:《英国社会史》,第 135 页。

⑤ 李新宽:《国家与市场——英国重商主义时代的历史解读》,中央编译出版社 2013 年版,第 112 页。

⑥ 劳伦斯·詹姆斯:《中产阶级史》,第 165 页。

级的欢迎,当时主要以散文和诗歌选集的形式为主,出版社还向读者们保证选集里的作品都是由非常具有鉴赏力的编辑选出的,以保证选编出来的文字片段是因其典雅的文风和较强的道德提升力才得以入选的,绝对没有任何粗俗的成分。布里斯托某个图书馆的流通部在 1773—1784 年间的借书数据显示出中产阶级的阅读喜好。历史性图书的借阅数为 6000 册,纯文学的则为 3000 册,而哲学、自然史、神学、法律和数学类书籍的借阅量合计只有几百册。①

　　杂志的兴起为中产阶级的阅读提供了新领域。为了满足中产阶级阅读的需求,出版商把出版的重心向杂志和报纸等大众媒介转移。17 世纪的最后二十年是报纸和杂志发展的关键时期。②《雅典墨丘利》《观众》《艺术家》《绅士杂志》《女士杂志》《邮递天使》等杂志相继出现。③这些杂志所刊文章涉及了各种各样的内容,如时事、科学、诗歌、讣告、异教徒如何产生以及两性关系等。④到了 18 世纪,杂志在中产阶级中的影响进一步加强。这与中产阶级对时尚与品味的追求密切相连。1773 年,全国的中产阶级男女都曾受邀订阅新版的《品味神殿》,该出版商承诺杂志"非常得体",所刊文章中有诗文集、"纯文学"以及对那个时代整体风貌"最写实"的记录。对于任何一个想要同潮流并进、对所处时代更为了解的人来说,该杂志是一份诱人的菜单。类似的期刊迅速增多,其中多刊登有关哲学、政治、文学、艺术、宗教、地理和科学新发现以及时尚新风潮的文章。⑤通过这些杂志,住在偏远地区或是乡村中的中产阶级可以了解大都会沙龙中讨论的问题,甚至他们还演唱杂志上刊登的伦敦时下风靡的最新歌曲,以便给朋友留下深刻的印象。

　　中产阶级还是热心的报纸阅读者。他们渴望对国内政治、商业情报、外交、战事等有所了解。报纸是最好的商业市场,大量的商业和服务广告刊登其中。报纸会定期向海外贸易商提供发生在欧洲大陆的外交和军事事件等有价值的报道,同时更多的是发布一些商业信息,如当前的股票形式和商业价格、

---

① 劳伦斯·詹姆斯:《中产阶级史》,第 166 页。
② Margaret R.Hunt, *The Middling Sort: commerce, gender, and the family in England, 1680—1780*, University of California Press, 1996, p.180.
③ 李新宽:《国家与市场——英国重商主义时代的历史解读》,第 112—113 页;劳伦斯·詹姆斯:《中产阶级史》,第 93、163 页。
④ 劳伦斯·詹姆斯:《中产阶级史》,第 93—94 页。
⑤ 劳伦斯·詹姆斯:《中产阶级史》,第 164 页。

商船进出港信息以及货物销售的广告。尽管当时很多报纸是在伦敦印制发行,但由于新的邮政服务的开通,全国各地都会拥有读者。当时英格兰报纸的发行量急剧增长,截至 1714 年,每年销售报纸 250 万份,到了 1776 年发行量达到了 1200 万份。①当时报社的经营者极其迎合中产阶级的喜好,刊登一些带有商业性的信息,如弗吉尼亚烟叶的价格以及破产公司的名单,或者挑选那些符合中产阶级口味的稿件,如拿那些谋杀案件、涉及婚外情的离婚诉讼、决斗事件以及社会名流丑闻的报道来满足读者的色欲以及道德义愤的表现欲。当他们读到某人身负罪恶而最终得到彻底惩罚的故事时,将会暗自长舒一口气。可见,对于中产阶级而言,阅读报纸是以获取信息和愉悦身心为目的的。

广泛的爱好也能体现出中产阶级文化消费的提升。中产阶级认为每一个人都有权力去追求自己的爱好,尤其是关注哲学、古物学和科学。他们认为对个人爱好的坚持和所付出的心血是由自身的经济条件和热爱程度来决定的,而且他们深信爱好不仅能增长知识,而且也能为社会的发展做出贡献。②托马斯·费希尔是一位书商的儿子,他做了近 50 年的文职工作,但他爱好收集古董。同时,托马斯·费希尔还有着绘画方面的天赋,他曾花大量的时间周游全国、寻访教堂,并做笔记和绘制草图。③简单来说,费希尔是一位安静且有教养的中产阶级人士,也足够幸运到能够悠闲地享受着个人的爱好。

由上可知,近代英格兰中产阶级对书籍、报纸、杂志的阅读,不仅是一种文化消费行为,而且也与他们身份地位的塑造以及与自己本身所关注的事物密切相关,如时尚的穿着、经商的知识、国内外的局势、自身的爱好等等。实际上,有关阅读的文化消费的出现,也能反映出中产阶级所处的时代日渐复杂,他们要不断提高自身的精神世界来满足自身不断变化的身份需求。④

(三) 休闲娱乐

中产阶级有三大主要的追求,即"婚姻、健康和休闲"。⑤其中,休闲不仅与中产阶级家庭的物质文化条件有关,而且也与他们的家庭构成、职业、受教育

---

① 劳伦斯·詹姆斯:《中产阶级史》,第 95、163 页。
② 劳伦斯·詹姆斯:《中产阶级史》,第 162 页。
③ 劳伦斯·詹姆斯:《中产阶级史》,第 163 页。
④ Margaret R.Hunt, *The Middling Sort: commerce, gender, and the family in England, 1680—1780*, p.182.
⑤ Paul Langford, *A Polite and Commercial People: England, 1727—1783*, p.102.

水平、所交往的朋友类型以及自身的兴趣爱好等密切相连。简单而言,休闲就是人们在非工作时间互相拜访,并在一起聊天、吃饭和饮酒等等。①实际上,近代英格兰中产阶级的休闲娱乐方式十分丰富。

喝茶和咖啡是中产阶级休闲的表现之一。茶和咖啡被认为是中产阶级的两种兴奋剂。1650 年英格兰第一家咖啡馆在牛津开业,两年后伦敦出现第一家咖啡馆,之后的近十年喝咖啡在英格兰流行起来,全国出现了几百家咖啡馆,甚至有人认为到了 18 世纪时咖啡馆多达几千家。②咖啡馆不仅仅提供咖啡,还提供巧克力和其他热饮,另外还提供杂志和报纸,这就使得喝咖啡成为中产阶级会见朋友、洽谈生意、阅读每天报纸的时候的经常性消费。同时,茶和咖啡的消费情况还可以通过中产阶级的遗产清单反映出来。如约克郡的律师乔治·梅森的遗产清单中就包括一张茶几和一个价值 12 英镑 2 先令的银质茶壶,而纳撒尼尔·查德威克的遗产清单中也包括了一张茶桌及配套的茶杯和器皿。③到了 1800 年,英格兰中产阶级人均消费茶叶 2 英镑,而咖啡的人均消费约为茶叶的一半。④

集会、舞会、交际晚宴和晚餐派对等正式社交场合,为中产阶级出身的参与者提供了交谈的机会。从那些以此为主题的文字中我们可以看出,完美的交谈需要说话者拥有令人愉悦的敏锐智慧、知晓很多有趣的轶事、了解时下最新的信息以及会使用优雅的措辞。《女士杂志》在 1798 年的三月刊探讨了读者们关心的话题,它警告他们要远离"虚荣、虚伪和轻浮",提醒他们交谈显示了他们的聪慧程度。⑤为了使自己的语言多少带点分量,女士们应该淡定地把自己的话说完,但切忌说得太多。实际上,几乎每一个较大的城市都有用以举办会议、音乐会、棋牌游戏和舞会的集会场所。在这些集会场所没有演员、赛马以及其他能够吸引参与者注意力的更多事物,这样大家就互相聊天甚至是调情。参加各种集会是休闲的表现,参观集会场所同样也被认为是高雅的消遣。当参观者进入到集会场所时,往往被时尚的建筑和家具所包围。如在什鲁斯伯里的一家舞厅中,高高的拱窗用尚好的木质边框装饰,两个装饰性的壁

① L.Weatherill, *Consumer Behaviour and Material Culture in Britain 1660—1760*, p.164.
② 李新宽:《国家与市场——英国重商主义时代的历史解读》,第 111 页。
③ 约翰·斯梅尔:《中产阶级文化的起源》,陈勇译,上海人民出版社 2006 年版,第 113—114 页。
④ 劳伦斯·詹姆斯:《中产阶级史》,第 48 页。
⑤ 劳伦斯·詹姆斯:《中产阶级史》,第 138 页。

炉和椭圆形的镜子,天花板的中央是一个拱形屋顶,墙壁和天花板均用精美的灰墁粉刷,描绘舞者的令人愉悦的画作就张贴在大门入口处,舞厅内还有游吟诗人的画廊。①

戏剧和音乐会受到近代英格兰中产阶级的青睐。戏剧在延续中世纪风格的同时,也开始出现新的发展。同时,原有的剧院得以修缮,并建立了许多新的剧院。大概是从 17 世纪中后期开始,在伦敦和其他地方的各主要城市中均兴建了剧院等娱乐场所。②以伦敦为例,随着观众席的不断扩建,到 18 世纪末伦敦的大剧院已经能容纳 2000 多名观众。③当时到剧院观看戏剧被认为是一种身份的象征,中产阶级是剧院的常客。同时,戏剧内容反映了中产阶级的喜好。1789 年的第一个星期,在布里斯托尔皇家剧院就相继上演了一部由舞蹈大师米切尔小姐主演的《意大利花瓶》的歌舞剧和由一个被称作"奇幻现象"的四岁小男孩带来的"优雅的钢琴独奏曲"。在享受了卓越的表演者带来的阳春白雪后,布里斯托尔人还观看了几部通俗的戏剧,如《考文垂的偷窥青年》、《德文郡公爵夫人的小步舞曲》。中产阶级的戏剧口味基本一致。如在 1817 年阿伯丁皇家剧院一天的节目上映情况是:《麦克白》、闹剧《恋人们的争吵》以及几首歌曲,次日晚上的节目是一部喜剧《蜜月》、一部新闹剧《雨夜十点之后》、歌剧《森林弃婴》等。这些剧目都有着类似的感伤、诙谐或者与家庭生活相关,而这些要素正是观众掏腰包来剧院的主要原因。④

为了度过炎热的夏天或是躲过弥漫在空气中的尘土,伦敦等大城市的中产阶级开始来到海滨度假或是旅游。正是在这个时候,英格兰出现了沿海城市的旅游热。在 17 世纪时度假或旅游绝对是新兴的事物,但是到了 18 世纪中期已经变得较为普遍。同时,在沿海城市兴建了众多的海滨度假胜地,这也促进了当地经济的发展。以巴斯为例,1700 年的人口不到 3000 人,到了 18 世纪末增加到了 35000 人,这主要是靠旅游业吸引到的人口,1750 年中的一个季度来当地旅游的人达到了 12000 人。更重要的是旅游也给当地带来了财富,

① Peter Borsay, *The English Urban Renaissance*:*culture and society in the provincial town*,1660—1770,p.150.
② Peter Borsay, *The English Urban Renaissance*:*culture and society in the provincial town*,1660—1770,pp.117—127.
③ 李新宽:《国家与市场——英国重商主义时代的历史解读》,第 111 页;劳伦斯·詹姆斯:《中产阶级史》,第 149 页。
④ 劳伦斯·詹姆斯:《中产阶级史》,第 149—150 页。

在 1765—1766 年间巴斯一周的财政收入超过了 10000 英镑。来到这里消费的多是中产阶级。[①]

赛马和斗鸡是中产阶级较为喜欢的两种运动。其中,赛马是炫耀财富和树立威信的休闲活动,深受中产阶级的喜爱。在 1500—1770 年间,英格兰建立了大量的赛马场,赛马逐渐发展成为了全国性的商业娱乐活动。[②]在赛马的过程中,为参与者提供食物和酒水等饮料,甚至还有丰盛的宴席。在约克郡的哈利法克斯,赛马在 18 世纪 30 年代达到高峰,后来由于立法限制了赛马的次数,其活动有所下降。但赛马在哈利法克斯仍然作为一种高雅的娱乐活动保留了下来。如在 1759 年 9 月 25 日,当地的中产阶级认为有必要在《哈利法克斯联合日报》上宣布,凡参加或组织奖金低于 50 英镑的赛马活动的人,均应受到起诉并处以 200 英镑的罚金。[③]

综上所述,中产阶级是近代英格兰政治经济演进过程中的重要助推力量,他们随着经济社会的变革得到了快速成长,并发展成为初具规模的社会群体。中产阶级较高的收入是其积极参与各种消费活动的根本前提,绝大多数中产阶级的财富维持在 500—5000 英镑,这足以使他们过上极其舒适的生活。[④]为了和底层的民众有所区分,他们积极模仿上层社会的各种行为,包括衣食住行以及教育和文化娱乐等消费行为。实际上,近代英格兰的中产阶级不仅十分注重穿衣、饮食、住房和出行等基本生活的提高,而且更重视教育、文化和休闲等方面的改善。可见,当近代英格兰中产阶级的基本的生活需求得以满足后,他们开始追求更高的生活消费。整体而言,近代英格兰中产阶级的生活水平出现了大幅提升。当然,消费水平的提高离不开近代英格兰经济社会的繁荣,而消费创造的需求进一步推动经济社会的发展。就像一位西方学者所认为的那样,只有拥有大量富有且受过良好教育的中产阶级,才能推动近代英格兰经济的增长和多样化的实现。[⑤]

---

① Paul Langford, *A Polite and Commercial People*: *England*, *1727—1783*, pp.102—108.

② Peter Borsay, *The English Urban Renaissance*: *culture and society in the provincial town*, *1660—1770*, pp.180—196.

③ 约翰·斯梅尔:《中产阶级文化的起源》,第 217—218 页。

④ Peter Earle, *The Making of the English Middle Class*: *Business*, *Society and Family Life in London*, *1660—1730*, pp.14—15.

⑤ 劳伦斯·詹姆斯:《中产阶级史》,第 85 页。

A Probe into the Living Standards of
the Middle Class in Early Modern England

Abstract: The economic and social changes in early modern England promoted the formation and growth of the middle class, and the accumulation of wealth provided a solid material basis for their consumption. The living standards of the middle class in early modern England had been greatly improved. They not only attached great importance to the basic living expenses such as diet, wearing, housing and traffic, but also paid more attention to the consumption in education, culture and leisure. That was to say, after the basic living needs of the middle class were met, they began to pursue higher living consumption. The improvement of the living standards of the middle class was inseparable from the prosperity of the economic and social society in early modern England, and the demand created by consumption further promoted the development of the economy and society.

Keywords: early modern England; the middle class; standards of living

作者简介:崔洪健,河南师范大学历史文化学院副教授。

圣彼得堡市市徽的文化内涵、
历史变化及影响初探①

那传林

概　要:圣彼得堡市市徽最早出现在 1712 年。1724 年意大利设计师桑蒂伯爵设计了新的圣彼得堡市市徽并在 1730 年通过立法确认。作为俄罗斯新首都的圣彼得堡市的城市徽章是红色的盾牌上面描绘了相互交叉的银色海锚和河锚,以及在其背景下的金色权杖。锚的设计强调了圣彼得堡市是港口及其大都市的地位——帝国的首都(权杖),也表明俄罗斯作为一个海洋国家的地位。权杖意味着这个城市是首都,两个交叉的锚意味着它是海港和河港。伴随着历史进程,圣彼得堡市市徽的内容在 1780、1856、1917 年以及 1991 年先后几次发生了重大变化。1991 年、2003 年又通过立法恢复使用了历史上的市徽。圣彼得堡市市徽内容也是历史上的沙俄圣彼得堡省的省徽。今天列宁格勒州的州徽上的海锚仍然来自圣彼得堡市市徽,在涅瓦河铸造大桥的围栏上和 1757 年发行的五戈比的背面也可以看到圣彼得堡市市徽的形象。

关键词:圣彼得堡市市徽　桑蒂伯爵　海锚　河锚　权杖

圣彼得堡市是俄罗斯联邦的联邦直辖市之一,世界著名的历史文化名城。在和瑞典的战争中俄罗斯获得了波罗的海出海口后,俄历 1703 年 5 月 16 日(公历的 1703 年 5 月 27 日,这一天是圣彼得堡市的建城日)应沙皇彼得一世

---

① 本文为江苏师范大学引进人才 A 类博士科研启动基金项目《南亚政党制度研究》(18XWRX015)的阶段性成果。

的要求,俄罗斯建筑师开始修建兔子岛上的彼得保罗要塞。此后围绕着要塞,来自俄罗斯、瑞士、意大利、法国和其他国家的许多才华横溢的建筑师和工程师在涅瓦河入海处继续进行了城市建造。俄历 1703 年 6 月 29 日,这座新建城市以使徒彼得而得名圣彼得堡。在公历 1712—1728 年和 1732—1918 年期间,圣彼得堡是俄罗斯的首都。第一次世界大战爆发后,俄罗斯当局于 1914 年 8 月 18 日(公历的 1914 年 8 月 31 日。以下没有专门标注的时间,都是公历纪年)决定将 Санкт-петербург 这座城市的来自德语的城市词尾"бург"(德语 burg)废除,用俄语城市词尾"град"重命名为 Петроград(彼得格勒)。1924 年 1 月 26 日为纪念刚刚去世的苏联的创始人列宁,彼得格勒被赋予了一个新的名字——列宁格勒,以纪念世界无产阶级领袖列宁。[1]1991 年 6 月 12 日根据全民公决的结果,列宁格勒回归了他的最初名称圣彼得堡。1991 年 9 月 6 日,根据当时的苏联加盟共和国——俄罗斯苏维埃联邦社会主义共和国最高苏维埃主席团的法令,列宁格勒恢复了其历史名称圣彼得堡。[2]

当代圣彼得堡市市徽的内容和文化内涵

圣彼得堡市的市徽是俄罗斯联邦直辖市圣彼得堡市的官方标志。圣彼得堡市市徽的内容在 2003 年 4 月 23 日被圣彼得堡市立法会议通过立法确定。按照《关于圣彼得堡的官方符号及其使用程序的详细说明的法律》,当代圣彼得堡市市徽的内容如下。

圣彼得堡市市徽是一面有着以红色为底色、两个银色倒十字交叉的海锚和河锚以及穿过两锚交叉点的金色权杖为基本内容,并以蓝色的圣安德烈绶带装饰、戴着皇冠的盾牌。具体来说,在红色象征的田野中,金色的俄罗斯权杖穿过两个倒置的银色海锚和河锚的交点。海锚向观察者左侧倾斜,在锚杆上有两爪,在锚杆上有横向部件。河锚倾斜于观察者的右侧,在锚杆上有四个爪,并且在锚杆上没有横向部件。海锚、河锚交叉放置,一个金色的权杖穿过两个锚的交叉点,权杖上面有一个俄罗斯国徽的双头鹰形象[3]。

① Санкт-Петербург-история названия города http://www.bolshoyvopros.ru/questions/791542-sankt-peterburg-istorija-nazvanija-goroda.html.

② 俄罗斯报纸新闻官方网站 https://www.gazeta.ru/social/2016/09/05/10177931.shtml。

③ О детальном описании официальных символов Санкт-Петербурга и порядке их использования.(с изменениями на 11 июля 2019 года) http://docs.cntd.ru/document/8376805.

在盾牌后面还出现了两个带有相同的双头鹰的交叉权杖。围绕盾牌和权杖,有天蓝色安德烈绶带装饰的框架,盾牌的上部镶嵌着饰有贵金属和宝石的王冠。

与任何徽章一样,每个城市的市徽都不是随机选择的,各自有着深刻的文化内涵。红色的盾牌表示俄罗斯在与瑞典的战争中流血。河锚和海锚表明这个城市是港口并且可以连接河流和海洋。权杖是皇帝权力的标志,是俄罗斯专制制度最古老的特征之一。从古代开始权杖就是统治者权力的标志。权杖上面镶有象征着俄罗斯帝国力量的双头鹰,表明圣彼得堡是俄罗斯帝国的首都。两个银锚,其中一个是两爪的海锚,另一个是四爪河锚,这也表达了彼得一世对于这座城市通河入海的想法。锚除了直接指示城市的港口特征外,还用作城市的钥匙以及基督教的救赎象征。

市徽的颜色也有特定的文化内涵。红色让人想起北方战争期间(1700—1721年)俄国人与瑞典人的血腥较量。在斯拉夫三原色中红色意味着勇气以及爱。在俄罗斯,红色还意味着祖国的保卫者流血牺牲,以及战胜敌人。银色意味着高贵、纯正和希望。蓝色与壮美、宏伟、优越相关,也是海洋的颜色。金色象征着力量、财富和慷慨。

图1　自2003年以来的圣彼得堡市市徽

在以金色的俄罗斯权杖穿过两个倒置交叉的两爪银色海锚和四爪河锚的交叉点为内容的盾牌上镶嵌着俄罗斯皇冠,皇冠上有十字架,由有着斯拉夫三原色之一的蓝色圣安德烈绶带连接起来。在它们的后面描绘了两个交叉的有着双头鹰形象的权杖,象征着俄罗斯历史上的两个首都圣彼得堡和莫斯科的地位相等。

圣彼得堡市市徽的历史变化

圣彼得堡市是一座世界历史文化名城。在过去的三百多年中,伴随着城市的变化和发展,作为圣彼得堡市官方象征的市徽的内容也多次发生了历史变化。

一、1712 年的圣彼得堡市市徽

圣彼得堡市的第一枚城市徽章最早于 1712 年出现在俄罗斯军队圣彼得堡军团的红色横幅上。1712 年,在圣彼得堡军团的旗帜上,描绘着一颗炽热的金子般的心,上面镶嵌着金顶和银幔。在心脏下方,是一对棕榈树枝。这一形象可能选自彼得大帝时期出版的《符号与标志》一书。

当时的俄军统帅缅希科夫(А. Д. Меншиков)将军创作的圣彼得堡军团徽章的上面也有着同样的内容:一颗为国燃烧的心。

在当时圣彼得堡市刚刚建立的历史条件下,这一徽章设计并没有通过国家立法程序确认,所以并没有获得法律意义上的承认。

图 2　1712 年圣彼得堡市的第一枚市徽(来自互联网)

二、1724 年的圣彼得堡市市徽

1722 年,执政的彼得一世建立了一个特殊的徽章办公室——宣令局,其任务是设计包括圣彼得堡市市徽在内的俄罗斯各个城市市徽。彼得大帝

指示宣令局修改圣彼得堡市标志。他想强调这座城市的大都市地位,并指出其作为滨海城市的优越性。因此,根据彼得一世的指示,受邀担任宣令局创意总监的意大利徽章设计师弗朗西斯·桑蒂伯爵(Франциско Санти)重新起草了最初由缅希科夫将军设计的圣彼得堡军团横幅和圣彼得堡城市的徽章。

　　1724年桑蒂伯爵按照彼得大帝的授意为圣彼得堡市成功设计了徽章,这也成为俄军圣彼得堡军团的标志。桑蒂在盾牌的红色背景上放置了一个权杖,上面是交叉的一对锚:海锚和河锚。具体来说,作为俄罗斯新首都的圣彼得堡市的城市徽章是红色的盾牌上面描绘了银色的海锚和河锚,彼此之间相互交叉,以及在其背景下的金色权杖。这一标志成了圣彼得堡市的官方标志。新的徽章强调了圣彼得堡是一个港口(海锚和河锚)及其大都市的地位——帝国的首都(权杖)。也表明俄罗斯是一个海洋国家和作为海上帝国的地位。

图3　桑蒂设计的1724年的圣彼得堡市市徽(来自互联网)

三、1730年的圣彼得堡市市徽

　　圣彼得堡市市徽最令人好奇的细节就是锚爪的数量。桑蒂设计的1724年的圣彼得堡市市徽以横梁区分海锚。海锚和河锚都是两爪。但是六年后圣彼得堡市市徽上锚爪的数量发生了变化。变成了河锚是四爪的、末端有一个环,海锚是两爪的,在环上有一个横梁。它们在这里有其象征性:河锚代表着涅瓦河,涅瓦河流经圣彼得堡市,海锚则象征着在北方战争结束后俄罗斯拥有了波罗的海的出海口。

图 4　1730 年圣彼得堡市市徽（来自互联网）

设计者将锚爪朝上，海锚和河锚颠倒放置。根据西欧的徽章学章法，海战获胜的舰队的船长正是将海锚的爪朝上放置锚的。在城市徽章上描绘海锚具有积极意义，它象征着美好的希望，海上的统治和海战的胜利。锚是圣彼得堡徽章上的主要标志，也表明该城市与其他俄罗斯城市的不同之处，即：圣彼得堡是彼得大帝时代以来俄罗斯帝国舰队的摇篮。

1730 年 3 月 3 日，圣彼得堡市和其他城市的城市徽章被安娜女皇一起批准后，俄罗斯帝国参议院 1730 年 3 月 14 日通过立法颁布了圣彼得堡市城市徽章的内容：在金色的盾牌上，在红色的田野上，有一个金色的权杖，上面有双头鹰和两个交叉放置的铁锚（最初法律文本上写的就是铁锚）。①

四、1780 年的圣彼得堡市市徽

1780 年 5 月 7 日，俄罗斯女皇叶卡捷琳娜二世再次批准了圣彼得堡城市徽章的内容。她首先更改了城市徽章的盾牌的形状，原来为圆形，更改为长方形。还有就是原来的铁锚更改为银锚。

这一天叶卡捷琳娜二世也批准了当时的圣彼得堡省的省徽以及圣彼得堡省的其他城市的徽章：纳尔瓦（Нарва）、什里瑟尔堡（Шлиссельбург）、克朗施塔特（Кронштадт）、索非亚（София）、亚姆堡（Ямбург）、奥拉宁鲍姆（Ораниенбаум）、圣诞节村（село Рожествено）。

---

① 　Герб Санкт-Петербурга 1730 год https://piters.in/gerb.

图5 1780年圣彼得堡市市徽(来自互联网)

五、1856年的圣彼得堡市市徽

1856年,沙皇亚历山大二世批准了由男爵科涅(Б. В. Кене)重新设计的圣彼得堡市徽章的内容。它与以前的徽章的不同之处在于,徽章上装饰着俄罗斯帝国的皇冠和天蓝色的圣安德烈绶带。市徽背景第一次出现了两个权杖交叉的图案,这象征着两个首都——圣彼得堡和莫斯科对于俄罗斯帝国的同等重要。也有减少的内容:原来的河锚的四爪变成了三爪,但是没有说明变化的具体原因。

1857年,男爵科涅制定了《俄罗斯帝国省、地区、城市、城镇徽章的装饰规则》。根据规则,莫斯科和圣彼得堡两个作为首都的城市的徽章将被用皇冠加冕,盾牌装饰有两个与圣安德烈绶带相连的权杖。[①]

1878年1月,圣彼得堡市的徽章也成为俄罗斯帝国的圣彼得堡省的徽章。该徽章是矩形盾牌的形式,底部有一个尖头,四爪河锚被三爪锚代替。盾牌的顶部是皇冠,周围是金色的橡树叶并由蓝色的圣安德烈绶带装饰、连接在一起。盾牌的红色背景上是交叉的银锚,左边的是两爪海锚,右边的是三爪河锚。两个锚的交叉点处有一个垂直于水平面、上面镶有双头鹰的金色权杖。

圣彼得堡市市徽的象征意义非常明显:王冠意味着整个俄罗斯帝国,权杖是首都的标志。

---

① 1857_07_04 «О ГЕРБАХ ГУБЕРНИЙ, ОБЛАСТЕЙ, ГРАДОНАЧАЛЬСТВ, ГОРОДОВ И ПОСАДОВ»(32037, ИМЕННОЙ УКАЗ) https://sovet.geraldika.ru/article/6097.

图 6　1856 年圣彼得堡市市徽（来自互联网）

六、1917—1991 年的圣彼得堡市市徽

在十月革命之后，直到苏联解体前的 1991 年 6 月 12 日，俄罗斯帝国圣彼得堡市城市徽章没有被使用。首先，因为这个徽章是俄罗斯皇权的象征，这与苏联是水火不相容的。其次，在苏联时期，城市标志的广泛使用根本不存在。

图 7　1917—1991 年的圣彼得堡市市徽（来自互联网）

苏联时期最受欢迎的列宁格勒城市标志是使用红色为底色、以圣彼得堡市内著名建筑物金钟大厦尖顶的三桅帆船风向标的尖顶代替原来的权杖和交汇点装饰五角星的海锚和河锚的形象的列宁格勒市市徽。市徽上面书写有列宁格勒的俄文字母大写 ЛЕНИНГРАД。

据说苏联时期列宁格勒城市市徽还有另一个方案：徽章的主要元素是十

月革命一声炮响的阿芙乐尔号巡洋舰,下面是涅瓦河,其背景可能是"革命的火焰"。因为图画是单色的。所以我们猜测火焰是红色的、涅瓦河是蓝色的、巡洋舰是白色的。这是由祖国青年爱国俱乐部的创意团体开发的列宁格勒城市市徽徽章项目,多米尼克夫(А. Домников)和谢列米耶夫(С. Шеремеев)在1966年第一期《科技青年》杂志上的文章《劳动铸就城市的光荣》中第一次发表了这个图案。[1]

在苏联解体前的1989年春天,列宁格勒市当局提出了确立城市徽章的问题:宣布进行最佳市徽设计竞赛,并向获胜者颁发现金奖励。随后的1989年5月在兔子岛的彼得保罗要塞举办了一个最佳市徽设计项目展览。然而,市民舆论倾向于恢复自彼得大帝时期以来有着传统内容和历史积淀的城市名称和徽章,并最后经过1991年6月12日全民公决通过。[2]因为这样的原因,1989年的最佳市徽设计图案没有能够变成现实,笔者也没查找到这个图像。

图8　苏联时期列宁格勒市市徽的另一个方案(来自互联网)

七、1991年至今的圣彼得堡市市徽

圣彼得堡市城市名称和徽章通过全民公决恢复后,1991年9月6日当时的列宁格勒市人民代表苏维埃通过第270号决定《关于圣彼得堡的官方标志的引入和历史名称的归还》恢复了历史原状,并在1991年12月2日通过市

---

① Техника-молодежи 1966 №01 https://www.twirpx.com/file/291729/.

② ВОЗВРАЩЕНИЕ ГОРОДУ ЕГО ИСТОРИЧЕСКОГО НАЗВАНИЯ http://opeterburge. ru/history/vozvrashchenie-gorodu-ego-istoricheskogo-nazvaniya.html.

图 9 自 1991 年 6 月 12 日的圣彼得堡市市徽(来自互联网)

苏维埃的第 11 号法令决定确认。①

进入新世纪后,2003 年 5 月 13 日圣彼得堡市重新批准第 165-23 号《关于圣彼得堡的官方符号及其使用程序的详细说明的法律》。②

圣彼得堡市市徽的文化影响

自十八世纪以来,圣彼得堡市市徽在相当长的时间里一直是圣彼得堡市的城市象征,并且产生了深远的文化影响。

一、圣彼得堡市市徽对圣彼得堡省省徽的影响。1708 年,彼得大帝建立了英格曼兰省(Ингерманландская губерния),并于 1710 年更名为圣彼得堡省。在 1878 年通过法律程序批准该省的省徽之前,经叶卡捷琳娜二世女皇同意,圣彼得堡市的市徽长期被用作圣彼得堡省的省徽。

沙皇亚历山大二世统治时期的 1878 年 7 月 5 日,俄罗斯帝国参议院正式通过立法程序批准了圣彼得堡省的徽章内容:"在红色的盾牌中,金色的帝国权杖穿过银质交叉放置的海锚、河猫(三爪锚)。盾牌以帝国冠冕为冠,周围环绕着由圣安德烈绶带连接的金色橡树叶。"③

---

① РЕШЕНИЕ ПРЕЗИДИУМА САНКТ-ПЕТЕРБУРГСКОГО ГОРСОВЕТА ОТ 6 СЕНТЯБРЯ 1991 Г. N270 О ВВЕДЕНИИ ОФИЦИАЛЬНЫХ СИМВОЛОВ ЛЕНИНГРАДА И ВОЗВРАЩЕНИИ ИСТОРИЧЕСКИХ НАЗВАНИЙ http://lawrussia.ru/texts/legal_105/doc105a500x473.htm.

② О детальном описании официальных символов Санкт-Петербурга и порядке их использования (с изменениями на 11 июля 2019 года) http://docs.cntd.ru/document/8376805.

③ Полное собрание законов Российской Империи, т. LIII, закон №58684 http://nlr.ru/e-res/law_r/search.php? regim=4&page=6&part=1085.

二、圣彼得堡市市徽对列宁格勒州州徽的影响。当前的圣彼得堡市市徽的内容与俄罗斯联邦的另一个联邦主体——列宁格勒州的州徽有一定的相同之处。

图 10　1997 年 12 月 9 日以来的列宁格勒州州徽（来自互联网）

今日俄罗斯联邦的列宁格勒州环绕着圣彼得堡市，并且该州的州政府就在圣彼得堡市。该州州徽上的海锚就是来自圣彼得堡市市徽，只是方向发生了变化。还有就是曾经的河锚变成了城市的钥匙，象征着该地是通向欧洲的大门。海锚表明列宁格勒州有俄罗斯的最强大舰队，也被认为是两个港口的象征：圣彼得堡和维堡。

三、圣彼得堡市市徽的其他文化影响。圣彼得堡市市徽也有其他的文化影响。例如在圣彼得堡市的涅瓦河上的多座吊桥中有一座独特的铸造大桥（Литейный Мост），这是世界上目前最重的吊桥——重达 3200 吨，可以在两分钟内以 67 度角升起。这座大桥的围栏由 546 个铸铁铸件制成，每个铸铁铸件的中央都有一个被两个美人鱼握住的圣彼得堡市市徽。①在铸造大桥上可以看到 546 枚圣彼得堡市市徽和 1092 个美人鱼。

铸造大桥始建于沙皇亚历山大二世时期的 1875 年 8 月 30 日，建成于 1879 年 9 月 30 日。一个多世纪以来这座大桥经历了几次必要的翻新和维修，

---

① Литейный мост Санкт-Петербурга https://spbinteres.ru/litejnyj-spb.html.

图 11　铸造大桥上的圣彼得堡市市徽(来自互联网)

图 12　涅瓦河上升起的铸造大桥(来自互联网)

最近的一次是在苏联时期的 1966—1967 年。①

　　圣彼得堡市市徽的形象也曾经出现在沙俄时期发行的货币上。在伊丽莎白女皇时期的 1757 年发行的五戈比(100 戈比等于 1 卢布)硬币的三个版本的其中之一的背面就是圣彼得堡市市徽(另外两个硬币版本的背面形象是莫斯科市的市徽和西伯利亚省的省徽)。

①　МИСТИЧЕСКИЙ ЛИТЕЙНЫЙ МОСТ В САНКТ-ПЕТЕРБУРГЕ-ПЕРВООТКРЫВАТЕЛЬ ТЕХНИЧЕСКИХ НОВШЕСТВ https://architectureguru.ru/litejnyj-most-v-sankt-peterburge/.

图 13　1757 年发行的五戈比背面的圣彼得堡市市徽(来自互联网)

结　语

　　经过上百年的历史变化和风云,圣彼得堡市市徽的内容今天又恢复到了以前的历史上的内容。

　　作为城市的象征符号,圣彼得堡市市徽上面所有标志的象征意义非常简洁:权杖和王冠是俄罗斯国家力量和权威的体现;在盾牌上加冕的皇冠表明圣彼得堡市是俄罗斯帝国的重要组成部分,权杖则表明其作为首都的地位;徽章两侧的两个双头鹰权杖分别代表俄罗斯帝国的两个首都莫斯科和圣彼得堡,从而强调了这两座城市对俄罗斯的重要意义;两个不同的海锚和河锚则强调圣彼得堡是一个港口城市,也表明了这座城市通过河流走向海洋,正如彼得大帝一直所希望的那样。

A Preliminary Study of the Cultural Connotation, Historical Change and Influence of the City Emblem of Saint Petersburg

Abstract：The city emblem of Saint Petersburg first appeared in 1712. In 1724 the Italian designer Earl Santi designed the new city emblem of Saint Petersburg and passed it by law in

1730. The city badge of St. Petersburg, the new capital of Russia, is a red shield depicting silver sea anchors and river anchors crossing each other and the scepter in the background. This design emphasizes the status of Saint Petersburg as a port and its metropolis-the capital of the empire. It also shows that Russia is a maritime empire. The scepter means that the city is the capital; the two crossed anchors mean that it is a harbour and a river port. Along with the historical process, the content of the city emblem of Saint Petersburg has undergone major changes several times in 1780, 1856, 1917 and 1991. In 1991 and 2003, legislation was adopted to restore the historical city emblem. The content of the city emblem of Saint Petersburg is also the provincial emblem of the history of Saint Petersburg. Now the sea anchor on the emblem of the Leningrad Oblast is still derived from the city emblem of St. Petersburg. The image of the city emblem of St. Petersburg can also be seen on the fence of the casting bridge and on the back of the five kopecks issued in 1757.

Keywords: City Emblem of Saint Petersburg; Earl Santiharbor; Riverport; Scepter

作者简介：那传林,江苏师范大学巴基斯坦研究中心副教授,俄罗斯国立布里亚特大学政治学博士。

城市史视域下英国利物浦
职业足球运动的兴起及其影响①

刘　松

摘　要：19世纪90年代,利物浦兴起的职业足球运动,是维多利亚时期以来英国城市休闲变革的继续与发展。19世纪中叶以来,利物浦城市化进程的加速为职业足球运动的发展奠定了群众基础,教会组织推进了职业足球运动的发展,社会资本涌入奠定了职业足球运动的经济基础,从整体上形成了有利于职业足球运动兴起的社会环境。在发展职业足球运动过程中,利物浦城的足球俱乐部采用股份制有限责任公司形式、高薪聘请专业的管理团队和技术精湛的球员来提升球队水准。利物浦城的足球俱乐部夺取了联赛和杯赛的冠军,并且受到广大球迷的青睐。职业足球运动引领、丰富了利物浦市民的休闲娱乐生活,扩大了市民对利物浦的归属感和认同感,塑造了利物浦新的城市文化,有效提升了城市的影响力。

关键词：英国　利物浦　职业足球　城市文化

职业足球运动是近代英国社会转型发展的一个缩影。它兴起于19世纪末,逐渐成为英国城市文化符号和主要的市民休闲娱乐方式。作为早期英国职业足球发展典型的城市代表、19世纪末期英国职业足球运动发展的一个绝佳城市样本利物浦,在19世纪90年代至一战前的大约20年间,充分利用各种有利的契机推动职业足球运动发展——足球俱乐部改制成为股份制公司,

① 本文为国家社科基金重大项目"多卷本《西方城市史》"(17ZDA229)的研究成果。

聘请专业的管理团队,邀请高水平球员,改进比赛中的技战术打法,取得优异的战绩并赢得了广大球迷的青睐。本文以英国利物浦城的职业足球运动为例,结合利物浦城市发展的相关背景,探析利物浦足球俱乐部早期发展路径、特征及其对城市发展的重要影响,从此促进对英国早期职业足球运动发展的了解。[①]

一、利物浦开展职业足球运动的有利条件

19 世纪晚期,利物浦的城市化发展程度、教会牧师以及足球资本的注入等对足球运动的热情投入,直接促进了利物浦成为一个英国职业足球发展的典型城市。

首先,利物浦城市化进程为职业足球运动的发展奠定了群众基础。19 世纪以来,利物浦城贸易业、商业、金融业和服务业蒸蒸日上,资本主义经济的发展有力地带动了城市化的进程。这一时期大量移民涌入利物浦,城市人口数

---

① 国外关于英国早期职业足球的研究,均会涉及职业足球运动的演进历程,以及职业足球运动在英国兴起的社会背景,还有商业社会对足球运动的影响等。(Wray Vamplew, *Pay up and Play the Game*: *Professional Sport in Britain 1875—1914*, Cambridge University Press, 1988; Adrian Harvey, *Football*: *The First Hundred Years The Untold Story*, Routledge, 2005; Tony Mason, *Association Football and English Society*, *1863—1915*, The Harvester Press, 1980.)具体论述利物浦城职业足球运动发展的著作,代表性的如《红军》和《埃弗顿足球俱乐部自传》,主要叙论了利物浦城内两支足球俱乐部的发展历程,对球队取得过的成就进行历史梳理。(John Williams, *Red Men*: *Liverpool Football Club*, The Biography, Mainstream Publishing; Darren Griffiths, *Everton*: *The Official Autobiograghy*, Sport Media, 2012.)另一些著作,则聚焦于其中的某个专门领域(如对利物浦足球俱乐部技战术打法的分析)《传球节奏:利物浦足球队与足球的转型》或球队的管理经营之道(如介绍了利物浦足球俱乐部聘请职业经理人和球员的标准)《安菲尔德的崛起:利物浦的第一个十年》。(John Williams, *Passing Rhythms*, *Liverpool FC and the Transformation of Football*, Pennant Publishing Ltd, 2001; Brian Belton, *From the Lancashire League to League Champions Anfield Rising*: *Liverpool The First Decade*; Pennant Publishing Ltd, 2008; David Kennedy, *The Division of Everton Football Club into Hostile Factions*: *The Development of Professional Football Organisation on Merseyside*, *1878—1914*, Unpublished phD Dissertation, the University of Leeds, 2003; Thomas John Preston, *The Origins and Development of Association Football in the Liverpool District*, *1879—1915*, Unpublished phD Dissertation, the University of Central Lancashire, 2007.)国外相关研究,详细论述了利物浦职业足球运动兴起的背景、条件及其流程,但在职业足球运动对城市发展影响方面,研究仍较为薄弱。国内学界对这一问题的研究鲜少涉及。国内关于英国早期职业足球运动的研究,大多停留在宏观层面上,以阶级的视角来考察职业足球运动对英国社会的影响,很少细致到微观上研究具体城市与职业足球运动的发展关系。(车旭升等:《从阶级与社会控制视角解读英国足球演进历程》,《体育科学》2013年第5期)。周效的《英国足球德比文化研究》(硕士学位论文,重庆师范大学,2014年)和陈静姝的《英国足球运动对城市文化影响的研究》(硕士学位论文,成都体育学院,2011年),这两篇硕士论文亦是从宏观方面论及英国足球运动与城市发展的关系,更多的关注是英超时代,对英国早期职业足球发展特别是利物浦城内的足球事业鲜少关注。

量急剧增多。利物浦人口从 1801 年的 77653 人增加到 1911 年的 746421 人，增长了将近 10 倍。[1]城市人口基数的增长为职业足球运动的开展打下了坚实的基础。特别是利物浦足球运动蓬勃发展的新郊区，如埃弗顿（Everton）、布雷菲尔德（Breckfield）和安菲尔德（Anfield）等地区，这里的人口增长更加显著。[2]此外，新增人口的集聚使原有市中心和码头区的居住密度过高，城市环境和卫生状况急剧恶化。利物浦市政当局修建了几座大型公园，其中花费154000 镑购买了安菲尔德北部 93 英亩的土地，并把这块土地规划建造成为斯坦利公园。斯坦利公园成为了集体运动的圣地，最初利物浦足球运动就是在这里传播推广的。[3]与此同时，利物浦在 19 世纪后半叶争取到周六的半日休息权，1871 年《银行假日法》又成为公认的法定假期，大部分市民拥有了更多的休闲时间。此外，近代交通工具的普及对职业足球运动发展也起到了推波助澜的作用。1897 年，随着利物浦有轨电车在全市内开通，其价格比旧式马车更是便宜了将近 40%。火车票价对工人阶级还是略显昂贵，但是随后铁路公司推出了返程车票套餐，大大减轻了工人阶级的购票压力。[4]廉价的公共交通扩大了可到场观看足球比赛球迷的居住半径，使职业足球运动成为了一项大多数市民都有条件参与的职业体育赛事。[5]

　　其次，英国的强身健体宗教运动以及热心牧师的组织，推动了利物浦足球运动的兴起。英国在维多利亚时代初期兴起了一场以强身健体为主的宗教运动。宗教改革以来英国宗教受到了前所未有的挑战，加强对教民的引导和对教义的宣传成为宗教组织的主要任务，促使英国教会破除传统宣教的壁垒，改革对新一代年轻人宣教的模式。强身派基督教运动（Muscular Christianity）正是在这样的背景下，通过将强身健体和基督教精神相结合，鼓励教民大力发展体育运动，其在天主教和新教中都产生了重大的影响。[6]这一运动主要的推广

---

① John Belchem, *Liverpool 800：Culture，Character & History*, Liverpool University Press, 2008, p.171.

② Adam Menuge, *Ordinary Landscapes，Special Places：Anfield，Breckfield and the Growth of Liverpool's suburbs*, English Heritage, 2008, p.15.

③ John K.Rowlands, *Everton Football Club 1878—1946：Images of Sport*, Tempus Publishing Limited, 2001, p.11.

④ James Walvin, *The People's Game：The History of Football Revisited*, Mainstream Publishing, 1994, p.68.

⑤ Martin Greaney, *Liverpool：A Landscape History*, The History Press, 2013, pp.149—150.

⑥ https://en.wikipedia.org/wiki/Muscular_Christianity.

途径是在英国的公学和大学中鼓励和培养学生进行体育锻炼,以期学生拥有健康的体魄和坚韧的毅力。这场宗教运动特别鼓励团队运动,相信团队活动是培养每位参与者团结协作能力最有效的途径。在强身派基督教运动的影响下,英国很多公学和大学中都定期开展足球比赛,现代足球运动正是在这场宗教运动的号召下发展起来的。英国作家托马斯·休斯(Thomas Hughes)指出:"广大青年参与体育活动对培养男子气概大有益处,不仅有助于合作思想的培养,更重要的是,它会锻炼个体独立和自力更生的品质。体育运动提供了一种经验分享的伙伴关系,并帮助培养男人的自制力。"①

在强身派基督教运动感召下,利物浦教会成为推动职业足球运动发展最直接的社会力量。19世纪以来,利物浦教会数量远远不及城市发展的速度,尤其是在年轻技术工人聚居的新郊区。埃弗顿的每个教区居民都不少于8000人,柯克代尔(Kirkdale)更是只有2个教区,且每个教区至少都有20000人。与此同时,利物浦教会的出席率也比全国平均水平要低很多。布特尔(Bootle)教堂的出席率只有全国平均水平的一半不到。②在这种情况下,刚从剑桥大学毕业的阿尔弗雷德·基利(Alfred Keely),在1877年来到利物浦布特尔教区担任圣约翰教堂的牧师。基利所在教区位于利物浦北部码头区,是新市镇中最贫困的地区之一。基利担任牧师后不久就创办了一家附属于教会的足球俱乐部。随后两年间,又有一批传教士来到利物浦,在他们的努力下创建了一批足球俱乐部。足球史学者托尼·梅森(Tony Mason)在《蓝队和红队》中指出:"利物浦早期的足球运动发展得益于教会牧师的直接参与。"③足球史家里斯(Rees)进一步指出,英国国教教会和非国教教会从19世纪70年代末开始在利物浦率先开展现代足球运动。事实上,利物浦最主要的五家从事职业足球运动的俱乐部中有四家直接起源于宗教组织。埃弗顿和利物浦足球俱乐部可以追溯到1878年新成立的圣多明各卫理公会教堂(St.Domingo's)创办的球队;特拉米尔流浪者足球俱乐部(Tranmere Rovers FC)是1884年威特菲尔德街(Whitfield Street)上卫理会教堂创办的球队;布特尔足球俱乐部(Bootle

① William E. Winn, "Tom Brown's Schooldays and the Development of Muscular Christianity", *Church History*, Vol.21, No.1(Mar., 1945), p.66.

② David Kennedy, "In the Beginning God Created Everton", *Soccer and Society*, Vol.12, No.4,(Jul., 2011), pp.481—490.

③ Tony Mason, *The Blues and the Reds*, Historical Society of Lancashire and Cheshire, 1985, p.2.

FC)是 19 世纪 90 年代早期就加入英国足球职业联赛的俱乐部,由 1879 年成立的英国布特尔圣约翰教堂(St John's)业余足球队演变而来。另外一家俱乐部,利物浦喀里多尼亚足球俱乐部(Liverpool Caledonians FC),是由利物浦苏格兰商人出资组建的球队,但是追溯其根源俱乐部许多董事会成员出自长老会,和宗教组织亦有着千丝万缕的联系。①

　　最后,大量社会资本涌入职业足球领域,奠定了利物浦职业足球的经济基础。在教会引入现代足球运动后,利物浦有越来越多的年轻人喜爱上这项简单易学的体育运动。19 世纪 80 年代,现代足球运动已经成为当时利物浦社会上比较流行的体育运动,周末在斯坦利公园里踢足球的市民人数与日俱增。②当地一批具有商业眼光的商人开始谋划对足球产业进行投资布局。根据目前文献资料所示,约翰·霍尔丁(John Houlding)居住在斯坦利公园附近的豪宅里,他觉察到大众参与足球运动的热情,并认为足球行业具有丰厚的利润回报率。③他早年经营过体育产业,对投资足球俱乐部有足够的兴趣,同时还拥有一家酿酒公司,足球观众正是酒精饮料消费的主要群体。霍尔丁最初与埃弗顿足球俱乐部谈判时,作为投资协议的一部分,俱乐部同意其在安菲尔德球场拥有酒精类饮料独家的销售特权。④1879 年,霍尔丁对埃弗顿足球俱乐部进行了大量投资,并开始参与埃弗顿球队的管理工作,随后成为足球俱乐部董事会主席。据英国足球史学者大卫·肯尼迪(David Kennedy)调查显示,利物浦 4 家主要的足球俱乐部中有 34 位董事,其中至少有 7 位董事直接经营酒类业务。⑤埃弗顿足球俱乐部的会计西蒙·朱德(Simon Jude)分别是利物浦地区酿酒商和葡萄酒商协会的主席和秘书。俱乐部副主席埃德温·贝里(Edwin Berry),霍尔丁在俱乐部的主要盟友,也是利物浦许多大型酿酒厂的顾问。⑥

① David Kennedy, "Ambiguity, Complexity and Convergence: The Evolution of Liverpool's Irish Football Clubs", *The International Journal of the History of Sport*, Vol.24, No.7,(Nov., 2014), p.897.
② *The Liverpool Review*, 7 May 1898.
③ John K.Rowlands, *Everton Football Club 1878—1946: Images of Sport*, Tempus Publishing Limited, 2001, pp.13—14.
④ David Kennedy, "1892 the coup de grace against Houlding", *Soccer & Society*, Vol.12, No.4,(Jul., 2011), p.498.
⑤ David Kennedy, "Class Ethnicity and Civic Governance: A Social Profile of Football Club Directors on Merseyside in the Late-Nineteenth Century", *The International Journal of the History of the Sport*, Vol.22, No.5,(Sep., 2005), p.843.
⑥ David Kennedy, "Moonbeams and Baying Dogs Football and Liverpool Politic", *Soccer and Society*, Vol.12, No.4,(Jul., 2011), p.513.

1884年,英国议会改革后,政客需要获得足够多成年男子选票才能当选议员。投资当地的职业足球俱乐部是建立声望的有效途径,球队背后是大量拥有投票权的成年男子。①第一任埃弗顿足球俱乐部董事会的六位成员全部都是利物浦保守党的议员。②商业上潜在的利润考量和政治利益使大量社会资本注入到职业足球领域。

总之,利物浦的足球运动,从70年代的教会内部活动,逐渐转向为职业化的活动。19世纪70年代,利物浦出现的足球俱乐部基本上还仅限于教会组织内部,主要通过招募教区内的年轻人与教士开展非定期、非商业性质的足球比赛。这些教会内部的足球俱乐部主要目的是通过足球比赛来吸引大量年轻人加入到教会活动中来,以此摆脱社会不良风气对其的影响。足球俱乐部会在本地区组织足球比赛,利用足球比赛宣传教会内的相关信息,并由教士与参加比赛的年轻人进行交流,通过相同的足球兴趣拉近彼此的距离,以便对其进行传教活动;不同足球俱乐部之间还会进行联谊与比赛,以此增进球队内部的友谊与理解,加强对年轻人的引导和教育。③到19世纪80年代,伴随着利物浦城市化的快速推进与社会资本的大量投入,利物浦城足球运动进入了职业化时代。

二、利物浦职业足球运动发展的主要路径与特征

19世纪晚期,英国利物浦足球运动经历了从属于教会到职业化发展的重要转变。职业足球运动兴起的原因有很多,大到社会政治经济的发展,推动城市化的进程,小到教会牧师的积极引进,以及社会资本的涌入,都可能成为职业足球运动发展的诱因。职业足球运动的发展有其自身的规律,利物浦的足球俱乐部采取了股份责任制公司形式,任命专业的管理团队,聘请优秀的主教练,围绕球队的建队理念引进合适的球员,形成了利物浦和埃弗顿两家足球俱乐部并立在兰开斯特足球联赛的局面。

从19世纪80年代初期以来,利物浦的职业足球运动真正兴起,改变了过

---

① James Walvin, *The People's Game: The History of Football Revisited*, Mainstream Publishing, 1994, p.88.

② *Liverpool Constitutional Association, minutes and annual reports, 1860—1947*, Liverpool Record Office.

③ Stephen F.Kelly, *Liverpool 1892—1998*, Hamlyn Illustrated History, 1996, p.5.

去以非盈利为主的足球比赛性质,积极采取以市场为基础的模式,足球运动从整体上接受了商业社会的营销模式。在1878年,利物浦成立了第一家足球俱乐部圣多明戈队(St Domingo FC)。一年之后,足球俱乐部如雨后春笋般遍布在整个城市中,从1878年的2支足球俱乐部增加到1886年的151支足球俱乐部。①1885年,兰开斯特足球联赛的成立,利物浦城的职业足球比赛作为一项以服务观众的运动形式基本上达到了其现代形态。②在这一新兴产业中,利物浦的埃弗顿队是第一批加入到地区性职业顶级联赛的球队。

以利物浦和埃弗顿队为代表的大部分俱乐部,认为职业足球运动能够长远发展必须采取以股份制公司制形式来管理球队,其主要的管理模式是通过董事会投票决定足球俱乐部的重大事宜。利物浦主要足球俱乐部都将股份制作为公司运营的基本准则,积极运用董事会来制定足球俱乐部各项发展议程。俱乐部充分发挥董事会的决策作用,广泛动员球员和管理层,编撰俱乐部议事日程,规定球队训练等日常活动。③利物浦和埃弗顿队的董事会形式虽有所不同,但是其核心作用是类似的。利物浦足球俱乐部主席霍尔丁拥有大量股份,而埃弗顿队股份则分散在众多投资者手中,埃弗顿队总共有股东490位,这些股东共同持有1730股份。利物浦足球俱乐部董事会成员通过俱乐部以外的社交网络获得组织凝聚力和持续性。在这方面,利物浦足球俱乐部高层与某些当地社会组织如利物浦保守党和利物浦共济会联系紧密,是利物浦足球俱乐部这一阶段发展显著而重要的特点。④埃弗顿足球队由于俱乐部的所有权和控制权分散在众多会员中,足球俱乐部董事会则更大程度的向社会开放。埃弗顿俱乐部的凝聚力更多地是通过许多董事与埃弗顿和安菲尔德地区的居民和教区协同形成的,俱乐部从这些市民中吸引了大量的购票会员。⑤

利物浦和埃弗顿等足球俱乐部还高度重视聘请专业的管理团队。埃弗顿

---

① John Williams、Stephen Hopkins, *Passing Rhythms*: *Liverpool FC and the Transformation of Football*, Berg, 2001, p.16.

② Robert W.Lewis, "The Genesis of Professional Football: Bolton-Blackburn-Darwen, The Centre of Innovation 1878—85", *The International Journal of the History of Sport*, Vol.14, No.1,(Apr., 1997), pp.24—26.

③ *Everton FC Minute Book 1889—91*, Liverpool Central Library, 1891, pp.6—10.

④ David Kennedy, "Ambiguity, Complexity and Convergence: The Evolution of Liverpool's Irish Football Clubs", *The International Journal of the History of Sport*, Vol.24, No.7,(Nov., 2015), p.906.

⑤ Brian Belton, From the Lancashire League to League Champions Anfield Rising: Liverpool The First Decade: Pennant Publishing Ltd, 2008, p.2.

足球俱乐部聘请克拉克(J.W.Clarke)先生担任球队的秘书长,负责组织与利物浦城市内其他的球队进行比赛。①1880年,球队管理团队申请加入兰开斯特足球职业协会(Lancashire Association),保证与更加优秀的球队进行比赛。但是在1881至1882赛季第一场比赛就以13比1的悬殊比分落败,这也让球队管理层意识到了实力上的差距。克拉克把目光投入到了延揽年轻有潜力的足球运动员上,向周围教会足球俱乐部发出了橄榄枝,邀请众多球员前来埃弗顿队试训。②他还果断采用了一套全新的体能和技巧训练方法,由球队中锋队长杰克·麦克吉尔(Jack Mcgill)监督执行,训练时间多集中于傍晚。克拉克对球队的管理细致入微,其实联赛最初并没有规定球员必须统一着装,是埃弗顿队最先发现球员穿着同样颜色球衣可以提升球队合作的效率,所以球队选择穿着黑色远动服,直到1901至1902赛季,埃弗顿队决定将皇家蓝色作为主场队服颜色,一直延续至今。1892年,埃弗顿足球俱乐部因为安菲尔德球场租金问题发生分裂,新成立的利物浦足球俱乐部力邀约翰·麦克肯纳(John McKenna)加入球队管理团队,他是一位爱尔兰人,早期从苏格兰引进6名优秀的足球运动员,解决了球队缺少运动员的燃眉之急。麦克肯纳对利物浦队另一重大贡献是,他倡导球员要培养精湛的个人技术,在有技术保障的前提下采用合作式跨场传球的战术打法。这是足球技战术策略上的重大进步,它将在接下来一个世纪的大部分时间里,使利物浦足球俱乐部在联赛中保持名列前茅。麦克肯纳主管利物浦足球俱乐部长达30年并两次担任俱乐部主席,是利物浦足球俱乐部走向成功的关键性人物之一。利物浦足球俱乐部邀请威廉·巴克利(William Barcley)担任足球经理兼秘书长,协助麦克肯纳的工作。巴克利大多数时间和球员们在一起训练,照顾球员的日常起居等杂务。他是一位优秀的球队组织者,负责与对方球队签订合同、球队去客场的旅途安全,同时也参与球员的引进工作。③汤姆·沃特森(Tom Walton)是继麦克肯纳之后利物浦足球俱乐部聘任的足球经理,也是英国职业足球俱乐部第一位真正意义上的职业经理人。利物浦足球俱乐部以当时英国足坛最高的300镑年薪,聘请这位

---

① Brian Belton, *From the Lancashire League to League Champions Anfield Rising：Liverpool The First Decade*：Pennant Publishing Ltd, 2008, p.2.

② Eric Midwinter, *Old Liverpool*, Latimer Trend and Company Limited, 1971, p.134.

③ Brian Belton, *From the Lancashire League to League Champions Anfield Rising：Liverpool The First Decade*：Pennant Publishing Ltd, 2008, pp.70—71.

前桑德兰队功勋经理人加盟。①沃特森特别擅长与当地媒体打交道,为球队指明了发展的方向,理顺了俱乐部的财务状况,建立了一套相对成熟的引援标准。沃特森在球队训练和比赛中特别强调防守的重要性,虽然在最初有牺牲比赛观赏性的风险。但在沃特森的带领下,球队引援的不断加强,攻守也更加平衡,在 1896 至 97 赛季打入到默西赛德郡足总杯决赛,虽然没有夺得冠军,不过球队实力明显得到提升。②

在聘请专业的管理团队的同时,俱乐部还积极引进高水平的足球运动员。早在 1880 年,布特尔足球队就采用"租借"形式引入了一位名叫威廉姆斯的威尔士国际球员。1885 年,埃弗顿队雇用了一位来自博尔顿地区羊毛工人乔治·道博森(George Dobson)和一位威尔士国际球员乔治·法尔莫(George Farmer)。③转会之前道博森就在博尔顿地区小有名气,是一名出色的后卫。法尔莫擅长传球和攻守平衡,总能够出现在对方最危险的位置取得进球。④随着利物浦城内各支足球队加入各种职业联赛,足球俱乐部都放弃了使用本地业余球员的传统,开启高薪聘请职业球员之路。随后几个赛季,埃弗顿足球俱乐部花费巨额资金进行球员引援,队长汉纳(Hannah)、中前场组织者亚历山大·拉塔(Alexander Latta)、锋线队员鲍勃·斯玛力(Bob Smalley)、攻守俱佳中场多面手丹尼·多伊尔(Danny Doyle)以及年轻小将查尔斯·派瑞(Charles Parry),这些球员的引进构筑了早期埃弗顿足球队的一线阵容,也为球队争取好成绩打下了坚实的基础。⑤由于利物浦足球俱乐部建队之初只有 3 名球员可以出场比赛,俱乐部更是加紧了引援的步伐。球队创始人霍尔丁利用其在体育圈的关系,早期从苏格兰引进大量优秀的足球运动员,一度被当地媒体称作"麦克联队"(其中一名球员是英国人)。⑥利物浦足球俱乐部在 1891 至 1892

---

① John Williams, *Red Men：Liverpool Football Club*, *The Biography*, Mainstream Publishing, 2010, p.66.

② John Williams, *Red Men：Liverpool Football Club*, *The Biography*, Mainstream Publishing, 2010, pp.67—68.

③ Keates Thomas, *History of the Everton Football Club 1878—1928*, Thomas Brakell, 1928, p.20.

④ Tony Onslow, *Everton FC：The Men From the Hill Country*, Birkenhead Press Limited, 2002, p.17.

⑤ *The Liverpool Football Echo*, 16 November 1889.

⑥ 苏格兰人的姓氏很多以"Mc"开头。当地媒体最初把利物浦足球俱乐部称为麦克联队,实际上是在讽刺其是一支外国足球俱乐部。因为当时英国主流观念还是坚持尽可能地使用英国本土球员。

赛季,首发球员中有 6 名球员来自苏格兰。沃特森出任球队主教练后,他的第一笔引援就敲定了未来的后防核心亚历克斯·雷兹贝克(Alex Raisbeck)。接着又引入了稳健的门将比尔·博金斯(Bill Perkins),苏格兰中后卫比利·邓鲁普(Billy Dunlop),以及边锋杰克·考克斯(Jack Cox)和优秀的得分手汤姆·罗宾逊(Tom Robertson),这几位优秀球员的加盟奠定了利物浦队两次夺冠的核心班底。球员的引进保证了主教练战术的执行,沃特森更加重视攻守平衡,在稳固后方的前提下,伺机发动反击,这种战术使每场比赛进球转化率有效提升。

经过足球俱乐部的以上运作后,利物浦职业足球俱乐部取得了优异的成绩,多次获得联赛和杯赛冠军。1884 年,埃弗顿队报名参加了利物浦杯足球赛(Liverpool Cup)。前三轮都轻松晋级,决赛在厄尔里斯城足球队(Earlestown FC)和埃弗顿足球队之间进行,当时有 2500 名球迷现场观看比赛。上半时双方均无建树,下半时还剩 25 分钟时,埃弗顿队左翼进攻球员埃德温·柏瑞(Edwin Perry)突破成功,制造了对方防守的混乱,本方中锋查尔斯·派瑞(Charles Parry)抢点破门,最后正是凭借这粒关键进球赢得了冠军。这是埃弗顿队首次夺得正式比赛的冠军。随后几个赛季,埃弗顿足球队都专注于兰开斯特郡第一级别职业联赛,经过球队不断的磨合,在 1890 至 1891 赛季以 14 胜 1 平 7 负的战绩获得了联赛冠军。1906 年,埃弗顿足球俱乐部又在决赛中以一比零战胜纽卡斯托联队(Newcastle United)取得第一座英国足球总杯冠军。[①]利物浦足球俱乐部成绩更加斐然,刚成立第一年便获得兰开斯特郡第二级别联赛第一名,通过晋级赛升入第一级别联赛。经过短暂的蛰伏后,利物浦足球俱乐部就在 1900 至 1901 赛季获得了联赛冠军,经过几年的磨炼又在 1905 至 1906 赛季再次赢得联赛冠军,堪称英国早期职业足球联赛的奇迹。[②]

利物浦职业足球运动球市火爆,足球俱乐部收益颇丰。1881 至 1882 赛季以来,埃弗顿队迎来了第一场正式的职业比赛,到场观看的球迷只有 200 人。从第二场埃弗顿队比赛开始球迷人数就维持在 2000 人左右,直到第一个赛季结束,埃弗顿的比赛现场观战的球迷人数能够稳定在 2100 人左右。第二赛季至 1891 年,埃弗顿队的球迷人数都在稳步提升,每个赛季观看人数都能

① Dave Ball, *Everton: The Ultimate Book of Stats and Facts*, The Bluecoat Press, 2001, pp.16—17.
② Arnie Baldursson, *Liverpool: The Complete Record*, deCoubertin Books, 2011, pp.40—60.

在 5000 人左右。1890 至 1891 赛季,埃弗顿队夺得了兰开斯特联赛冠军,这次胜利对球市的影响是决定性的。球队虽然在随后的赛季经历了分裂,但是自1892 至 1893 赛季以来,埃弗顿队的球迷人数猛增,达到每场球都有 10000 至12000 名观众左右。1892 年,利物浦足球俱乐部成立,球迷人数也经历了类似于埃弗顿队的快速成长。1905 至 1906 赛季,利物浦与埃弗顿队交锋时有高达55000 名球迷涌入到球场观赛。截止到一战前,这两家主要的利物浦足球俱乐部每场主场比赛平均观赛人数都能达到 20000 人以上。①不到二十年间,职业足球运动在利物浦已经成为一门相当赚钱的生意,大量职业和半职业足球运动员出现,以踢足球作为主要的收入来源,并且产生了以足球为中心的成熟产业链。②相比英国其他城市的足球俱乐部利物浦最主要的两家足球俱乐部都实现了相对丰厚的利润回报。

表1　英国与苏格兰职业足球队平均净收益和有形资产的对比:第一级别联赛

足球俱乐部	赛季	平均净收益(镑)	球队有形资产(镑)
利物浦足球队	1907/08—1913/14	2872	21790
曼联足球队	1907/08—1913/14	1248	8643
托特纳姆热刺队	1907/08—1913/14	3282	17203
凯尔特人队	1908/09—1913/14	1241	15182

数据来源:Wray Vamplew, *Pay up and Play the Game*: *Professional Sport in Britain 1875—1914*, Cambridge University Press, 1988, p.88.

19 世纪末期,职业足球运动作为利物浦城中一种全新的娱乐休闲方式,各支足球俱乐部采用股份制公司形式,聘请高水平的管理团队,引进适合球队技战术的球员,不仅获得了联赛和杯赛的冠军,球迷人数持续增加,而且埃弗顿和利物浦足球俱乐部获得了丰厚的利润回报,从一定程度上说明了职业足球运动在利物浦的火爆程度,同时移民群体对足球俱乐部全方位的投入,进一步拓展了利物浦足球运动的发展空间。

三、职业足球运动对利物浦的历史影响

19 世纪末期,利物浦已逐渐发展成为一座现代都市,其居民的生活方式

① Darren Griffiths, *Everton*: *The Official Autobiograghy*, Sport Media, 2012, pp.16—23.

② Adrian Harvey, *Football*: *The First Hundred Years The Untold Story*, Routledge, 2005, p.213.

也由过去的单一转向多元。观看职业体育比赛成为利物浦人最主要的休闲方式之一，而足球比赛又是人们最喜爱的运动方式。职业足球运动在利物浦应运而生，城市内职业球队和球迷人数都急剧增长，足球热在各个社区内都迅速升温。职业足球运动的兴起对利物浦社会经济文化都产生了深远影响：

第一，职业足球运动引领和丰富了利物浦市民的休闲娱乐生活。职业足球运动在 19 世纪 80 年代初兴起，每场比赛只有区区几百人来到球场观看。截止到一战前，埃弗顿或者利物浦足球俱乐部的主场比赛，平均都有 20000 至 30000 名球迷前来观赛。利物浦在这一时期大约有 700000 常住人口，也就是相当于每到比赛日大约有二十分之一的市民来利物浦足球俱乐部的球场观看足球比赛。

表 2   1892 至 1914 年赛季利物浦和埃弗顿球场平均观看人数表

赛季	古迪逊公园球场	安菲尔德球场	赛季	古迪逊公园球场	安菲尔德球场
1892/93	14000	2500	1903/04	18000	15000
1893/94	14000	5000	1904/05	14000	13000
1894/95	17000	12000	1905/06	18000	19000
1895/96	15000	5000	1906/07	22000	18000
1896/97	14000	10000	1907/08	20000	16000
1897/98	16000	13000	1908/09	17000	16000
1898/99	16000	15000	1909/10	16000	23000
1899/00	15000	13000	1910/11	20000	17000
1900/01	16000	16000	1911/12	20000	21000
1901/02	17000	17000	1912/13	25000	23000
1902/03	18000	16000	1913/14	24000	23000

数据来源：Arnie Baldursson, *Liverpool：The Complete Record*, deCoubertin Books, 2011；Dave Ball, *The Ultimate Book of Stats and Facts*, The Bluecoat Press, 2001。

随着经济的发展和收入水平的提升，利物浦中产阶级人数明显增加，他们中不仅有商人、金融专才和码头专业技术人员，以及包括大量商场里工作的销售人员，这部分市民是最早支持职业足球运动的群体。20 世纪初期，有一部分半熟练工人也有经济实力去现场观看职业足球比赛。一战前，利物浦大多数阶层市民的实际收入都有所增加。非熟练工人和中下层阶级基本上不再受制于经济条件,都可以有条件观看职业足球比赛。①同时,利物浦报纸和广播对职业足球运动的宣传,利物浦人更加关注各支利物浦足球俱乐部的动态,观看职业足球比赛逐渐成为利物浦人休闲娱乐、聚会消遣和联络感情的主要途径。从性别视角来看,直到 20 世纪三四十年代,利物浦喜爱观看职业足球比赛的球迷还集中在 20 至 50 岁的成年男性。最初,利物浦足球俱乐部并没有注意到女性球迷的观赛需求,之后为了扩大球迷人数,才为女性球迷提供了优惠,并推出了半价球票,利物浦足球俱乐部首先设置专门看球的女性区域,使观看职业足球比赛彻底成为一项利物浦全市居民都喜爱的运动。

第二,职业足球运动有助于提升市民对利物浦城的归属感和认同感。环境心理学家威廉姆斯和洛根布克在 1989 年提出了"地方依恋"这一概念,是指地方因环境品质、设施和特殊资源等满足人们活动的功能性需求。②19 世纪利物浦城有大量非技术工人在码头区从事重体力劳动,以及成千上万名移民来到利物浦谋生,这些弱势群体在城市里举目无亲并无根基,迫切需要在新的城市中找到属于自己的群体与生活。③职业足球运动成为这一时期利物浦的特殊资源,移民和广大工人阶级通过观看足球比赛结交好友,消解在陌生环境中的孤独感,这项体育赛事赋予了这些人新的生活意义。利物浦市民以职业足球俱乐部作为与这座城市的连接纽带,大量移民借此满足在匿名都市社会中的情感需求,进一步增进了对利物浦这座海港城市的归属感。

社会学家马克斯·韦伯在《新教伦理与资本主义精神》一书中指出:"任何一项事业的背后,必然存在着一种无形的精神力量;尤其重要的是,这种精神力量一定与该事业的社会文化背景有密切的渊源。"④19 世纪的利物浦长期以"默西河边上的黑点"著称,城市社会风气极为堕落,嫖娼、酗酒和抢劫等社会问题严重。⑤但职业足球比赛却是利物浦社会中少有的全民性活动之一,不同阶级、职业、性别、民族、种族和宗教的人,都可以因为喜爱足球这项运动来球

---

① Dave Russell, *Football and The English: A Social History of Association Football in England*, *1863—1995*, Carnegie Publishing, 1997, p.55.

② 王洋、于立:《历史环境的情感意义与历史城市的保护》,《国际城市规划》2019 年第 1 期。

③ 陈静姝:《英国足球运动对城市文化影响的研究》,成都体育学院硕士学位论文 2011 年,第 11 页。

④ 马克斯·韦伯:《新教伦理与资本主义精神》,彭强等译,陕西师范大学出版社 2002 年版,第 3 页。

⑤ John Williams, *Red Men: Liverpool Football Club, The Biography*, Mainstream Publishing, 2010, p.21.

场观看比赛,利物浦人因足球凝结成为一个城市共同体。1905 年,利物浦足球俱乐部在安菲尔德球场中设立了科普(Kop)看台,纪念在布尔战争中牺牲的利物浦战士,随后这片看台成为了利物浦忠实球迷的专有站立式看台。埃弗顿足球俱乐部在 1892 年建造了古迪逊公园球场,它是英国第一个四面都拥有双层看台的球场,也是联赛中第一个使用地下加热系统的球场。它有一个与众不同的地方,古迪逊公园球场的草坪摆放在一个巨大的石板上,而突出来的石板横切面上密密麻麻刻着无数球迷的名字,只有资深球迷的名字才有资格刻在草坪上。利物浦最主要的两家足球俱乐部积极营造与球迷的良好关系,也得到了球迷深刻的理解和认同。[1]

第三,职业足球运动参与塑造了利物浦新的城市文化。刘易斯·芒福德(Lewis Mumford)在《城市文化》所言:"城市环境会促使人类经验不断孕育出生命含义的符号和象征,孕育出人类的各种行为模式,孕育出有序化的体制、制度。城市这个环境可以集中展现人类文明的全部重要含义;同样,城市这个环境,也让各个民族各个时期的时令庆典和仪节活动,绽放成为一幕幕栩栩如生的历史事件和戏剧性场面,映现出一个全新的而又有自主意识的人类社会。"[2]职业足球运动作为利物浦市的城市文明的一部分,是该城市民所孕育出来的文化符号,它附能在利物浦职业足球队上,成为了城市文化的一个烙印。职业足球运动最早兴起于英国南部城市,但是没有发展到像利物浦和曼彻斯特等北方城市的规模,球迷人数和痴迷程度都无法比拟。利物浦城大多数劳动者是非熟练工和临时的码头工人,这些人的工作受到季节、天气和潮汐的影响,这座城市还有持续不断涌入海员和大量移民,其赋予了这座海港城市独特文化多样性。职业足球运动特有的趣味符合了利物浦社会和文化的偏好,利物浦接纳并发展出具有利物浦特色的足球文化。[3]职业足球运动成为利物浦城市的新宗教,安菲尔德球场和古迪逊公园球场就是这座城市神圣的教堂,每到比赛日,朝圣者就会来到自己的主场为主队加油助威。

与此同时,职业足球运动还提升了利物浦城市的影响力。职业足球赛事

---

① Jeff Hill, *Sport and Identity in the North of England*, Keele University Press, 1996, p.67.

② 刘易斯·芒福德:《城市文化》,宋俊岭等译,中国建筑工业出版社 2009 年版,第 1 页。

③ John Williams, *Passing Rhythms: Liverpool FC and the Transformation of Football*, Berg, 2001, p.22.

同时也是一种优质的城市传播媒介,利物浦城的职业足球比赛具有很强的观赏性,通过各种传播渠道提升了城市的影响力。鉴于利物浦球市火爆和球迷的热情,世界上第一次举办英格兰对苏格兰的国际比赛,英足协就将比赛地点选择在利物浦的安菲尔德球场进行。①1913 年 7 月,乔治五世和皇后玛丽来到利物浦,参观了埃弗顿队的古迪逊公园球场,大约 2000 名初中生在球场里高唱国歌欢迎王室成员。②埃弗顿队的蓝色与利物浦队的红色成为了利物浦城市的名片。19 世纪 90 年代至一战前的大约 20 年间,利物浦职业足球经历了兴起、发展到初步在城市中站稳脚跟,并最终形成了两大职业足球俱乐部同时在顶级联赛中并立的局面。利物浦职业足球运动不仅丰富了利物浦人的业余生活方式,使市民在周末找到了充分释放压力的途径,提升了对利物浦这座新崛起中的港口城市的认同感和归属感,而且还改变了利物浦城市的文化性格,提升了利物浦的城市影响力。

足球运动作为具有悠久历史,也是颇受民众喜爱的一项体育运动。在维多利亚时期伴随着社会政治、经济和文化的变迁,足球运动经历了自身重大的变革与转型。工业革命的发轫改变了英国的经济地理格局,利物浦在英国西北部迅速崛起为贸易枢纽中心,人口数量的增长和港口贸易的持续发展,为职业足球运动的兴起奠定了坚实的社会经济基础。利物浦城市化进程的加速也有益于保障足球空间的开辟,新郊区中修建的公园便于足球运动的开展。职业足球运动在利物浦这座城市兴起有其必然性,折射出 19 世纪末期利物浦城市社会发展的特点,与市民休闲生活有着紧密的联系。职业足球运动可以提升城市的知名度和影响力,参与塑造了利物浦的城市文化。资本主义经济为城市中的居民带来了全新的生活方式,每个人都面临着生活的重压。观看足球比赛是在城市里文明生活束缚下人们摆脱日常生活压抑的一种方式。职业足球运动是现代城市中的一场奇观,周末观看足球比赛就是现代人的狂欢节,辛苦工作一周的城市人在球场里释放了自己的压力。③

---

① Simon Inglis, *Engineering Archie*: *Archibald Leitch-Football Ground Designer*, English Heritage, 2007, p.100.

② John K.Rowlands, *Everton Football Club 1878—1946*: *Images of Sport*, Tempus Publishing Limited, 2001, p.51.

③ Tim Edensor, "This is Our City: Branding Football and Local Embeddedness", *Global Networks*, Vol.8, No.2,(Feb., 2008), pp.172—193.

The rise and influence of professional football in Liverpool from the perspective of urban history

Abstract: In the 1890s, the rise of professional football in Liverpool was the continuation and development of leisure reform in British cities since the Victorian period. Since the middle of the 19th century, the urbanization process of Liverpool has laid a mass foundation for the development of professional football, religious organizations play an important role in promoting the development of professional football, the influx of social capital has laid the economic foundation of Liverpool professional football, and formed a social environment to the rise of professional football as a whole. In the development of professional football, Liverpool Football Club adopts the form of joint-stock company limited, high salary to hire professional management team and skilled players to improve the team level. Liverpool Football Club has achieved excellent results and is favored by a large number of fans. Professional football has led and enriched the leisure and entertainment life of Liverpool citizens, expanded their sense of belonging and identity to Liverpool, shaped the new urban culture of Liverpool, and effectively expanded the influence of the city.

Keywords: England; Liverpool; Professional Football; Urban Culture

作者简介：刘松，上海师范大学人文与传播学院博士生。

昂纳克时期民主德国
住房建设规划探究①

徐继承　宋嘉宁

摘　要:民主德国建立以来,依然被住房问题困扰。至昂纳克时期,住房问题日益恶化,政府为了解决住房问题,实行了规模庞大的住房建设规划。该规划可大致分为繁荣的住房及住宅区建设阶段与整体政策上的收缩以及内城建设转向阶段。虽然住房建设规划因两德统一而告之终结,但作为社会主义国家对解决住房问题的探索,其经验和教训仍旧不容忽视。

关键词:民主德国　住房问题　昂纳克

住房问题作为德国进入工业化时代以来就面临的社会问题,一直未能得到妥善的应对。至 20 世纪 70 年代,昂纳克时期的民主德国为了解决住房这一社会问题,而采取了规模庞大的住房建设规划。这场规划历经近 20 年的时间,尽管最终未能达成目标,但依旧取得了可观的成绩。本文以昂纳克时期的住房建设规划为研究对象,就其政策的出台缘由、政策内容、实行过程进行考察和梳理,并分析其成效与问题所在。

一、昂纳克时期民主德国进行住房建设规划的缘由

1. 住房问题在民主德国的遗留因素

住房问题是大工业时代以来各工业国家长期且普遍存在的社会问题,而

---

① 本文为国家社会科学基金项目"19 世纪德国的市政改革与城市现代化研究"(19BSS055)的阶段性研究成果。

对于民主德国这个 1949 年方才成立的国家来说,也不是什么新鲜事物了。住房问题早在 19 世纪中后期的德意志帝国时期就已作为社会问题日益突显,并随着历史进程的推进持续存在,成为了自近代德国延续下来的社会问题,具有明显的历史遗留性。

总体来说,住房问题在东德的历史遗留因素主要在以下三个具体方面得到体现。

其一,是在近代德国社会历史发展中由于未能妥善处置而延留的住房问题。19 世纪中后期的德意志,随着工业化和城市化进程的推动,农村劳动力开始大量向城市转移。在这一进程中,德意志社会形成了一系列以城市住房的紧张短缺,房租高涨不下,住房质量恶劣等为表现的住房问题。至德意志帝国末期这种状况已经得到了一定的改善,政府开始介入到住房的建设与修缮当中,普鲁士王国开始给每个城市提供专门的经费进行城市改造。①至 20 世纪初,大量的贫民窟已经消失,城市的住房供应也得到了提升。据统计,1905 年的德国大城市(以柏林为例)人口拥挤(人数多于 11 人)的供暖公寓已下降到城市公寓总数的 0.1%。②但住房质量状况的恶劣、过高的房价和租金以及住房的拥挤仍然是那时德国住房问题的常态。之后从一战废墟中建立的魏玛共和国则面对着更加尖锐的住房危机,战争带来的破坏造成了住房前所未有的紧张,仅在柏林一城就约有 13 万人要在他人家里打地铺。③为了应对危机,魏玛政府采取了积极的干预措施,通过政府财政对住房建设合作社和私人建房者进行大力补贴,以期促进住房建设。不过好景不长,这种政策在 1929 年经济危机后,就难以为继了。而到了纳粹时期,在希特勒上台之初,为解决住房问题,纳粹党不仅提出"让每一位民族同志都拥有住房",进行了大力的政府投资,还采用了将部分城市人口安置到农村与郊区的"逆城市化"方法。④但在计划实行四年后,纳粹政府的大部分精力和资金都被转移到了备战经济之上,住房的建设和改善遭到搁置。随着战争的爆发,住房问题进一步恶化。可见,住房问题在此前的德意志诸政权下作为一个尖锐且顽劣的社会问题,一直植

---

① 徐继承、姚倩倩:"19 世纪德国的城市现代化初探",《都市文化研究》2018 年第 2 辑,第 186 页。

② Hans J. Teuteberg-Clemens Wischermann, *Wohnalltag in Deutschland 1850—1914. Bilder-Daten-Dokumente*, Münster: F. Coppenrath Verlag, 1985, S.131.

③ 邓宁华:《德国城市住房问题和政策干预的演进》,《北京航空航天大学学报(社会科学版)》2015 年第 28 期,第 27 页。

④ 邢来顺、吴友法主编:《德国通史》(第五卷),江苏人民出版社 2019 年版,第 388 页。

根于民主德国前的德国社会之中。

其二,则是由先前战争带来的不可抗的破坏性所导致的住房问题。作为两次世界大战的策源地和直接的战场,德国各地的各种建筑就因战火波及遭到了极大的破坏。以第二次世界大战所造成的破坏为例,德国大城市有 2/3 的住宅在战争中被炸毁,[1]数以百万计的人在轰炸中失去了他们的房屋和财产,只能拥簇于防空洞、难民营、地堡以及地下室中苟活。统计表明,在德意志民主共和国地区的住房从 1939 年的 510 万套减少到 1946 年的 480 万套;1939 年,平均每千人可住住房有 303 套,而 1946 年只有 259 套。[2]这种对于包括住房在内的建筑无可避免地破坏,使得住房问题在德国雪上加霜。

其三,是在二战结束后,由战胜国的对德政策与举措所产生的住房问题。这首先来自于以苏联为代表的战胜国所采取的强制性迁徙政策,在重新划定德波以奥得—尼斯河为界之后,大量的居住于原先德国东部地区的德国人遭到强制驱逐,约有 430 万德国人从国外的占领区被赶至苏占区(之后的民主德国),这无疑极大增加了对住房的需求。[3]此外,苏联还从苏占区拆走了大量的工业设备作为战争赔偿,这导致了苏占区到后来乌布利希当政的民主德国,都不得不先将政府的重心放到最基本的恢复与建设上来,住房问题的处理只能被推迟。

上述的内容表明住房问题在民主德国带有深刻且悠久的历史遗留色彩,因此,作为继承者之一的民主德国也就必然要针对旧制度与旧时代所造成的住房问题残余采取措施。

2. 昂纳克时期民主德国住房建设规划出台的背景

住房建设规划(Wohnungsbauprogramm)作为昂纳克时期(1971 年—1989 年)一项重要的社会政策,其目的是通过广泛且庞大的社会公共住房建设来改善德意志民主共和国公民的生活条件。住房建设规划的出台,与当时民主德国的政治、经济以及社会状况无不有着密切且深刻的联系。

首先,从经济领域来看,住房建设规划的出台是不断发展的国民经济的必然要求,有着客观的经济动机和条件。在宏观经济状况方面,德意志民主共和国在 1969 年特别是 1970 年期间,再次出现了严重的经济问题。为了应对危机,昂纳克政府采用了恢复传统的集中计划和改善物质生活条件的政策,在这

---

[1] 邢来顺、吴友法主编:《德国通史》(第六卷),江苏人民出版社 2019 年版,第 5 页。

[2] 昂纳克:《我的经历》,龚荷花、范秀英、蒋建清、苏惠民译,世界知识出版社 1987 年版,第 265 页。

[3] Public housing in the DDR:http://www.lookleftonline.org/2018/11/public-housing-in-the-ddr/.

一过程中住房的建设成为了国民经济发展的重要组成部分。因为住房建设涉及多方产业,会带动建筑业及其相关产业链的发展。所以昂纳克认为,从长远来看,"如果民主德国四分之一居民的住房条件得到改善,那么对消费品的需求也会相应地增长。"[1]因此,大规模的住房建设势必会带动社会消费能力增长,这会有助于结束 20 世纪 60 年代所出现的消费率(以国民收入为基础的个人消费)下降的趋势,[2]并在整体经济增长的同时改善人民的生活水平。除此之外,民主德国的整体工业实力和建筑业较之前时期的提升与发展,也让实行大规模的住房建设具备了产业和技术能力基础。早在 20 世纪 50 年代,民主德国的建筑业就开始了迅速的恢复,新的企业开始了建立,旧的企业进行了改建。50年代末,于霍伊尔斯韦达附近的格罗斯蔡齐第一家大型板件厂建成,标志着民主德国建筑业全盘工业化的开始。[3]作为建筑业发展的体现,至 1955 年到 1975年止,政府对于建筑业的投资整体上保持了可观的增长,从最初的0.1%(占所有部门经济投资总数)左右增至 1975 年的 3.5%左右。[4]与此同时,现代化的建筑预制构件工艺也随着建筑业工业化发展而成熟,大量的住房可以借助这种高度工业化的方式进行建造了。于 70 年代初发明的 70 型可变性标准住宅(WBS 70),这种使用混凝土预制板建筑的工业化住房,[5]就是代表之一。

其次,从政治局势来看,昂纳克时期的政治决策趋向和环境也有利于住房建设规划的实施。民主德国的领导人历来重视住房问题,乌布利希时期就关于住房问题采取了一系列政策。1958 年,在德国统一社会党第五次代表大会上,瓦尔特·乌布利希宣布,将要"在历史上最短的时间内消除困扰工人群众长达数百年的住房短缺"。[6]然而,在整个 60 年代,建设速度并没有提升,所达成的成果亦远远低于乌布利希之前所宣布的预期目标。1971 年埃里希·昂纳克当选德国统一社会党第一书记后(后在 1976 年当选为德国统一社会党总

---

① 昂纳克:《我的经历》,龚荷花,范秀英/蒋建清,苏惠民译,世界知识出版社 1987 年版,第 266 页。

② Gert-Joachim Glaeßrner(Hrsg.), *Die DDR in der Ära Honecker: Politik—Kultur—Gesellschaft.* Vol.56. Springer-Verlag, 2013, S.369.

③ H.科利亚等编:《德意志民主共和国经济地理》,华东师范大学外语系、地理系译,上海译文出版社 1981 年版,第 118 页。

④ Christine Hannemann, *Die Platte: industrialisierter Wohnungsbau in der DDR*, Verlag Hans Schiler, S.60.

⑤ Christine Hannemann, *Die Platte: industrialisierter Wohnungsbau in der DDR*, Verlag Hans Schiler, S.86.

⑥ Public housing in the DDR: http://www.lookleftonline.org/2018/11/public-housing-in-the-ddr/.

书记),国家关于公共住房建设的规模和策略发生了巨大的变化。同年,在统一社会党的第八次代表大会上,当前的"主要任务(Hauptaufgabe)"被认定为是提高人民的物质文化生活水平,这一任务实现的基本方针是统一经济和社会政策(Einheit von Wirtschafts-und Sozialpolitik),即国民经济建设要与人民生活的改善相结合。在这一方针的指导下,住房建设规划成为了政治和社会政策的重点。[1]为贯彻落实住房的兴建,民主德国政府将绝大多数的资源都聚集于住房的建设,从 1971 年起每年投入 10％的国民收入用于改善居住条件。[2]

最后,就社会现实角度来看,正如前文所述,住房问题作为一项社会问题在东德仍然存在,并随着建筑老化日趋严重。20 世纪 70 年代,民主德国的住房问题首先表现为住房的短缺和住房条件恶劣。早在 1959 年,沃尔特·乌布利希就承认过德意志民主共和国的住房缺口超过 50 万套。[3]在随后的十年中,这种情况仍然没有得到改善。东德社会学家爱丽丝·卡尔(Alice Kahl)在两德统一后回顾历史时解释说:"人们逃避工作、结婚、离婚、生孩子——所有这些皆只是为了得到一套公寓。"住房的居住条件和设备也很难让人满意,据统计,超过 60％的人所居住的房屋既没有淋浴,也没有独立卫生间,只有不到 25％的人能有热水供应。[4]同时,住房老化也是住房问题的一个重要方面。根据 1958 年的数据,民主德国的住房平均房龄为 63 年,而联邦德国则为 45 年,[5]相较之下,民主德国的住宅建筑显得非常陈旧易损。即使是在战前,德国中部住房的年龄结构也不及德国西部,并且中东部的住房一般面积更小,设备也更差。[6]至 70 年代初,一项住房普查结果再次将尖锐的住房老化问题展现给了民主德国的政府和社会。据该报告表明,在民主德国只有 20％的住宅

---

[1]　Joachim Tesch, "Wurde das DDR-Wohnungsbauprogramm 1971/1976 bis 1990 erfüllt?" *Utopie kreativ Sonderheft* (2000):50—58. S.51.

[2]　邢来顺/吴友法主编:《德国通史》(第六卷),江苏人民出版社 2019 年版,第 251 页。

[3][4]　Annemarie Sammartino, "The new socialist man in the Plattenbau: the East German housing program and the development of the socialist way of life." *Journal of Urban History* 44.1(2018):78—94. p.82.

[5]　Manfred G. Schmidt l Gerhard A. Ritter, *The Rise and Fall of a Socialist Welfare State: The German Democratic Republic (1949—1990) and German Unification (1989—1994)*. Vol. 4. Springer Science & Business Media, 2012. p.105.

[6]　Gert-Joachim Glaeßrner(Hrsg.), *Die DDR in der Ära Honecker: Politik—Kultur—Gesellschaft.* Vol.56. Springer-Verlag, 2013. S.439.

没有损耗,近六分之一的住宅被完全荒废。据保守估计,当时约有三分之一的住房(资产等同于 500 亿马克)面临彻底恶化的危险,这相当于当时民主德国国民经济固定资产的 11%。[1]面临着迫在眉睫的住房问题,民主德国的政府和社会都不得不尽快作出应对。

二、住房建设规划的政策设计与发展过程

1. 住房建设规划的提出与政策设计

关于制定大规模的住房建设的政治意图,最早出现在 1971 年 10 月 5 日的中央政治局国家经济委员会所作出的一项有关决议中。这时的统一社会党领导层已经认识到,在乌布利希的领导下,生活条件和住房状况已成为达到与西方相当的生活水平的最大障碍。[2]由此,该决议明确规定了将在 1971 年至 1975 年期间建造 50 万套公寓以及“拟订德意志民主共和国住房政策的基本问题(Ausarbeitung der Grundfragen der Wohnungspolitik der DDR)”。[3]之后,作为更加具体和完备的住房兴建政策,住房建设规划于 1973 年 10 月召开的统一社会党第 10 次中央委员会会议(Die 10. Tagung des ZK der SED)中被一致通过。该规划旨在 1976 年至 1990 年期间投资共计为 2000 亿左右的东德马克,[4]建造或现代化约 280 万至 300 万套公寓,从而“解决住房问题这一社会问题”。[5]按照预想,到 1990 年,每个家庭都应当拥有一处可以接受的住所——一个空间有限但设备充足的家。[6]在被正式提出后,住房建设规划在政府社会政策中的重要性不断凸显,并最终演变为所谓的社会政策之核心(Kernstück der Sozialpolitik)。

---

[1] Manfred Melzer, "The GDR housing construction program: problems and successes." *East Central Europe* 11.1—2(1984):78—96. p.78.

[2] Alexander Burdumy, "Reconsidering the Role of the Welfare State Within the German Democratic Republic's Political System." Journal of Contemporary History 48.4(2013):872—889. p.883.

[3] Joachim Tesch, "Wurde das DDR-Wohnungsbauprogramm 1971/1976 bis 1990 erfüllt?" Utopie kreativ Sonderheft(2000):50—58. S.51.

[4] Christine Hannemann, "Neubaugebiete in DDR-Städten und ihr Wandel." Städtische Strukturen im Wandel. VS Verlag für Sozialwissenschaften, Wiesbaden, 1997. 217—249. S.230.

[5] Gert-Joachim Glaeßrner(Hrsg.), *Die DDR in der Ära Honecker: Politik—Kultur—Gesellschaft.* Vol.56. Springer-Verlag, 2013. S.368.

[6] Manfred Melzer, "The GDR housing construction program: problems and successes." *East Central Europe* 11.1—2(1984):78—96. p.79.

住房建设规划并非简单的住房兴建,其本质是一系列涉及住房的建设政策,它的主要政策设计可大致总结为二大部分。一是通过工业化的建筑技术(例如预制建筑)进行大规模住房建设,其中"建设"概念包括住房的新建(住房现代化也算在其内)和改建、修缮以及扩建,[1]并特别侧重于改善工业发展中心的工人阶级住房生活条件。二是伴随着大量住房建设进行相应的住宅区规划和公共设施建造,其中综合体住宅建设(Komplexen Wohnungsbau)作为一种居住区规划范式是这类建设的重点。综合住宅建设本质上是社会主义综合住宅体(Sozialistischen Wohnkomplex)全新的质量和数量上的延续,这个术语概念源自苏联建筑理论,指一类具备相关基础设施的住宅区,其范围按从到各种基础设施的最合理步行距离计算,人口一般以一所学校的容量为基础(一般大约 4000—5000 人)。[2]20 世纪 70 年代之后,随着住宅建设规模的扩大和建筑业工业化水平的提高,住宅区综合体的建设和规划指导原则日益转变为"只有在符合经济效益的项目中,应用大规模工业施工技术,才能有效地实现。"[3]结果就是在住宅区中,住宅建筑日益密集化(增加住宅建筑的楼层数)和社会设施也愈发集中在相对紧凑的区域(例如建设"服务区"),其所容纳居民的人数也扩大到上万人。这种综合体考虑到了住户对于各种社区功能性建筑的需求(诸如学校、幼儿园、体育设施、区诊所、购物设施、餐馆、电影院等),将这类功能性建筑同住房区建设相结合,具备高度结构化与社会化的特点,在民主德国有着大量的实践。

具体的住房建设则统筹于计划经济之下,通过三种途径实施,即国家建房、合作社建房和个人建房。[4]首先,国家建设的住房由国家投资,地方政府和建筑部门负责设计、施工、分配和管理。这部分住房的建设资金完全由国家财政支出,属于公共住房,是最主要的建房方式。其次,是合作社建房。劳动者建房合作社是由一些企业、单位和个人合资组成的。需要得到住房的人员可

---

① Joachim Tesch, "Wurde das DDR-Wohnungsbauprogramm 1971/1976 bis 1990 erfüllt?" *Utopie kreativ Sonderheft* (2000): 50—58. S.52.

② Peter Richter, *Der Plattenbau als Krisengebiet: Die architektonische und politische Transformation industriell errichteter Wohngebäude aus der DDR am Beispiel der Stadt Leinefelde*. Hamburg (Deutschland) Selbstverlag. S.34.

③ Christine Hannemann, "Neubaugebiete in DDR-Städten und ihr Wandel." *Städtische Strukturen im Wandel*. VS Verlag für Sozialwissenschaften, Wiesbaden, 1997. 217—249. S.226.

④ 周家高:"民主德国的住宅建设",《国际论坛》1989 年第 2 期,第 50 页。

以到合作社去登记,建房费用由公共资金提供85%,其余由合作社成员提供。①不过其成员还要利用业余时间到指定的工地上参加一些辅助性劳动,这样可以有助于缓解建筑业劳动力不足的问题。最后,为个体业主建房,这种类型的建房方式也获得了国家的助力,建房者不仅可以得到有关建筑部门的技术援助,而且还可以获取由公共银行提供的十分优惠的长期低息贷款(利率为4%,年赎回率为1%)。②

2. 住房建设规划前中期蓬勃发展的工业化住房建设和住宅综合体 (1971—1980)

事实上,随着1971年政治局有关住房建设的决议提出后,住房的大规模建设就已经开始了,至80年代初两次五年计划结束之时,民主德国的住房建设已经取得了阶段性的成果。这一时期新的工业化建房方式得到了大范围的实施,大量新兴的住宅区综合体也如雨后春笋般出现,住房建设呈现了前所未有的繁荣。

在具体的住房建设过程中,东德政府为满足大量住房建设的需要,而采用了高度工业化的预制板结构住宅(类似于苏联赫鲁晓夫楼的Plattenbau),使之成为了住房新建类型的主流。由于分配新住房建设资金的决定性因素是该城市对民主德国经济发展的重要性及其在行政等级中的地位,因此,这些新建住房建设主要集中在首都柏林、个别城镇和决定东德经济结构的少数工业城市(主要是新兴的工业城市)。③1972年第一套70型可变性标准住宅(WBS 70)在新勃兰登堡(Neubrandenburg)落成,之后以WBS 70系列为主的板式结构住宅在民主德国的应用范围不断扩大。至1980年五年计划结束之际,WBS 70系列住宅在民主德国平均1000套住房中的占比已从1971—1975的15套左右,上升到了1976—1980年的130.9套。④新落成的住房很快受到了许多市民的热烈欢迎,因为它们通常比以往的住房更加宜居。WBS 70型住宅可以通过可变性的建筑部件盖成不同数量和配置的户型,按照德意志民主共和国新建筑住房的标准,一户家庭的居所应当是这样的:通常一个户型总共有1至4个

①② Gerhard Krenz, "Big plans for housing in the GDR." *Batiment International*, *Building Research and Practice*(1976):106—106. p.106.
③ Darja Reuschke(Hrsg.), *Wohnen und Gender*. VS Verlag für Sozialwissenschaften, 2010. S.120.
④ Christine Hannemann, *Die Platte*:*industrialisierter Wohnungsbau in der DDR*. Verlag Hans Schiler. S.92.

房间,此外还配备有凉廊、内部厨房(部分在厨房外)和浴室单元,以及根据特定功能具体分配的房间。一套户型中最大的房间通常被设计为客厅,中间的卧室作为父母的卧室,主要面对着交通安静的街道,最小的房间是孩子们的房间。走廊可通往公寓内的其他房间,也可作为接待室、衣帽间和存放小家具以及家用电器的储藏室。①大小一致的标准化的住房、同质化的家居布局,使得新的住房完全符合社会主义的愿景。东德当局相信,"社会主义风格"的住房和建筑将有助于塑造社会主义的生活方式,消除住房不平等造成的紧张社会情绪。

伴随着工业化住房的大规模建设,1970 年之后,内城的住房新建项目在很大程度上被减少,住房建设转而主要集中在远离城市中心的郊区"绿地(grünen Wiese)"。②这既是由于预制板配件需要足够的空间来进行组装工作,也是出于方便为城市郊区工厂提供工人的考虑。在这种情况下,民主德国政府在包括柏林、莱比锡、新勃兰登堡和德累斯顿在内的许多城市郊区展开了大型的综合住宅体建设项目。一时间,许多郊区住宅区兴起。以哈勒新城(Halle-Neustadt)为例,这处住宅区原是位于制造业城市哈勒(Halle)的郊区的新区,后于 1964 年作为一个独立自治的居住区被立为新城,是很典型的郊区新兴城。哈勒新城因其"可持续"的城市综合体规划而备受赞誉,该规划包括高密度的生活区以及服务于郊区的铁路系统(S-Bahn)和有轨电车线路。大部分住房位于以公共交通枢纽为中心的 400 米(1/4 英里)范围之内,几乎所有的房屋都是高层建筑,有些塔楼高达 11 层。政府还规划了学校、商店、餐馆、综合诊所、托儿所和体育设施等必要的基础设施,使之成为了一个标准的住宅综合体。随着住房建设规划的实施,哈勒新城的建设吸引来了大量的移民,1970 年末该地区的人口达到了 39196 人,并且还在持续不断的增加。③

同样具有代表性的例子还有于 1973 年在柏林(东)东北郊区计划建设的柏林-马尔扎恩(Berlin-Marzahn)区。由于位在首都,马尔扎恩区的建设被寄予了极大的重视,1980 年该大型建设项目还被选为"德意志民主共和国新房

---

① Christine Hannemann, "Neubaugebiete in DDR-Städten und ihr Wandel." *Städtische Strukturen im Wandel*. VS Verlag für Sozialwissenschaften, Wiesbaden, 1997. 217—249. S.229.

② Martina Schretzenmayr, "Wohnungsbau in der ehemaligen DDR." *disP-The Planning Review* 34.133 (1998):40—48. S.44.

③ "Geschichtliches zu Halle-Neustadt"(in German). Archived from the original on 19 March 2014: https://web. archive. org/web/20140319221547/http://www. vhs. halle. de/vhs. asp? MenuID = 1491&SubPage=2.

综合建设中最重要的项目"。①马尔扎恩位于城市工业区和市中心附近,通过有轨电车与之相连。在工业化建筑技术的指导下,大量不同形式的建筑设计被建造,从容纳 3000 到 5000 居民的综合住宅体到 200 米长的单一大型建筑不一。②这些新规划的住宅区往往人口密集,同时又体现着十分高的土地利用效率。据相关数据显示,在马尔扎恩区人均公共绿地面积为 25.1 平方米,人口密度较高,每公顷 290 人。此外,平均每个住宅面积为 63.9 平方米,每个居民平均面积为 25.7 平方米,这意味着住房占费面积比西方国家的郊区住房要小得多。至 80 年代初,马尔扎恩占地大约 600 公顷,并拥有大约 2 万套公寓。③

宏观方面,严格按照计划经济制度进行的住房建设规划,取得了令人满意的成果。1971—1975 年的五年计划对住房建设工作提出了 50 万套的明确目标,其中,计划新建住房 385000 套,翻修、扩建和现代化住房 115000 套。至五年计划结束,从新建住房量来看,住房新建总数量不仅达到了目标,而且还超额完成了,在计划间共新修住房 397851 套,完成率达 102.2%,翻新和扩建的住房数目则有 70103 套。1976—1980 年的五年计划则进一步扩大了指标,将总目标数量设定为了 750000 套。完成状况比之上个五年计划,表现出了一定程度的下滑,实际新建的住房有 510874 套,完成率降至 92.9%,翻新扩建的住房数也进一步的下降,只有 50682 套。④到 70 年代末 80 年代初,民主德国的居民住房条件已有了很大的改善。1978 年 10 月 6 日,昂纳克本人在柏林亲自参加了 1971 年德国统一社会党八大以来建成的第 100 万套住房的移交仪式。他乐观的认为,在不久的将来柏林五分之一的家庭都将能够享受到一套配备完善的住房。⑤事实也证明了昂纳克的推断,据统计,至 1981 年初,东德 26% 的家庭有中央供暖系统,43% 的家庭有热水供应系统,90% 的家庭有自来水供应系统,一半以上的住房都设有浴室或淋浴间以及室内厕所。⑥

---

① Sigit Atmadi, "Die komplexe sozialistische Rekonstruktion von Altbaugebieten in dem ehemaligen Ost-Berlin." Universitätsbibliothek der Technischen Universität Berlin, 2012. S.10.

②③ Christoph Bernhardt, "Planning Urbanization and Urban Growth in the Socialist Period: The Case of East German New Towns, 1945—1989." *Journal of Urban History* 32.1(2005):104—119. p.115.

④ Hannsjörg F.Buck, *Mit hohem Anspruch gescheitert: die Wohnungspolitik der DDR*. Vol.122. Lit, 2004. S.387.

⑤ 昂纳克:《我的经历》,龚荷花,范秀英/蒋建清,苏惠民译,世界知识出版社 1987 年版,第 262 页。

⑥ Manfred Melzer, "The GDR housing construction program: problems and successes." *East Central Europe* 11.1—2(1984):78—96. p.87.

3. 住房建设规划中后期的政策转向和规划的终止(1981—1990)

20 世纪 80 年代初,民主德国日益陷入经济危机,货币短缺成为核心问题,原材料和能源价格的上涨对建筑业影响很大,住房建设规划在民主德国呈现了更加复杂的态势。1981 年统一社会党第十次代表大会的决议中,有关住房建设规划的指示主要是为了减少开支。1982 年,中央政治局决定"实施住房计划……应用更合理的比例来达到更好的结果"。[1]

整个 80 年代的局势变化,表明整个住房数量目标和现有经济资源日益发生冲突。为了解决这一问题,旧建筑结构的现代化和维护或重建成为了住房建设规划实现的一个组成部分,并越来越突出。具体到住宅建设领域,重点便是"减少建设时间,降低材料成本和有效利用所有现有的资源和智力潜力"。在 1981 年 4 月 11 日至 16 日召开的第十次社会统一党代表大会上,昂纳克发言表示,扩建建筑在未来也是必要的,现在最重要的是更充分地利用现有的建筑设施,更好地维护它们,对它们进行改造和现代化。"在这种情况下,让我们也考虑一下保护老城区的重要性。这些区域大多靠近市中心,对城市的整体面貌和功能有很大的影响。我们需要到处都有的高质量城市建筑,而建设和管理的开支却很低。因此,客观上,建筑任务的结构发生了深刻的变化,重建、现代化和维护应继续得到重视。"[2]这种政策的转向使得对旧建筑维护和城市内城的建设得到了注重,至 80 年代末 90 年代初,城市密集地段改造和新建的内城建筑占建成住房的比例已从 70 年代末的 32% 增至 50%。[3]

整体上,作为政治经济变化的反映,这一时期的建设规划目标虽仍在不断上升,但实际成效则表现出了一定程度的颓势,并且政府住房计划的目标开始更多向改善与翻新旧建筑进行转变。1981 年至 1985 年的五年计划将建造或现代化约 94 万套住房,其中包括新建 60 万套住房(特别是为工人、大家庭和年轻夫妇而建),改造和装修 3 万到 4 万套住房,并对 30 万套左右的住房进行现代化。[4]至五年计划结束,共新建住房 531781 套,完成率为 88.6%,包括重建

① Sigit Atmadi,"Die komplexe sozialistische Rekonstruktion von Altbaugebieten in dem ehemaligen Ost-Berlin." Universitätsbibliothek der Technischen Universität Berlin, 2012. S.21.

② Sigit Atmadi,"Die komplexe sozialistische Rekonstruktion von Altbaugebieten in dem ehemaligen Ost-Berlin." Universitätsbibliothek der Technischen Universität Berlin, 2012. S.42.

③ Martina Schretzenmayr,"Wohnungsbau in der ehemaligen DDR." *disP-The Planning Review* 34.133 (1998):40—48, S.48.

④ Manfred Melzer,"The GDR housing construction program: problems and successes." *East Central Europe* 11.1—2(1984):78—96, p.79.

和扩建以及修缮在内获得的住房为 57973 套。1986 至 1990 年的五年计划将规划目标提升至了 1000 万套左右住房,其中包括新建 591000 套,修缮和扩建或现代化 473000 套。至 1990 年两德统一前,实际新建了 42 万套左右的住房,完成率仅为 72.6%,通过修缮和改建获得的住房为 56929 套住房。[1]

至 20 世纪 80 年代末,住房建设规划的实际成效仍距离最初所宣布的目标有着比较大的差距,为此东德当局不得不作出了修改和妥协。在 1986 年 4 月召开的民主德国历史上的最后一次党代会上,会议对住房计划的口号进行了修改:"到 1990 年每个人都有一套住房"并不是指每个人都有一套住房——而是所有希望获得一套住房的人能有一套住房。[2]可超出他们预料的是,国家局势的风云变幻彻底终止了住房建设规划的进程。1989 年末,昂纳克辞去统一社会党的总书记职务,民主德国的政治局势发生了翻天覆地的变化,1990 年 10 月 3 日,两德正式统一。随着民主德国的终结和社会制度的根本转变,曾经作为社会政策核心的住房建设规划也被迫终止。

三、住房建设规划的成效与问题

通过近 20 年不间断的广泛且庞大的工程建设,昂纳克时期的住房建设规划最终取得了巨大的成效,不仅缓解了长期以来住房供应不足的问题,并进一步改善了人民的住房条件,而伴随住房建设规划的综合住宅体也营造了积极的社会效益。

客观的说,住房建设规划最明显的成效是住房短缺问题在民主德国的改善。据汉斯约尔格·巴克(Hannsjörg Buck)博士统计,从 1976 年住房建设规划正式出台到 1990 年规划终止,尽管东德官方统计数字为 1989 年公布的 280 万套,但实际上新建或现代化住房的数量大约在 170 万套左右。[3]虽然与规划目标和宣传承诺有很大的偏差,但总体上住房供给量有了极大的增长。从住房的供应情况看,至 20 世纪 80 年代,民主德国平均每处住房的人数为 2.5 人,同时期联邦德国则为 2.45 人。[4]90 年代初,平均每一千居民拥有 426 套住房

① Hannsjörg F.Buck, *Mit hohem Anspruch gescheitert : die Wohnungspolitik der DDR*, Vol.122. Lit, 2004, S.388.

② Sigit Atmadi, "Die komplexe sozialistische Rekonstruktion von Altbaugebieten in dem ehemaligen Ost-Berlin." Universitätsbibliothek der Technischen Universität Berlin, 2012. S.45.

③ Kuhrt, Eberhard, et al. *Am Ende des realen Sozialismus : Die Endzeit der DDR-Wirtschaft-Analysen zur Wirtschafts Sozial-und Umweltpolitik*. Vol.4. Leske+ Budrich, 1996. S.290.

④ Gert-Joachim Glaeßrner(Hrsg.), *Die DDR in der Ära Honecker : Politik—Kultur—Gesellschaft*, Vol.56. Springer-Verlag, 2013. S.439.

（1970 年为 355 套），基本可以实现每个家庭拥有一套住房。[①]可以见到，通过
住房建设规划的努力，民主德国的住房短缺问题已经得到了根本性的缓解。
而这不单单是纯粹住房数量增长的原因，一直以来所保持的低廉房租也是影
响因素。早在 1976 年，房屋租金占家庭收入的比例就已从战后的 25% 下降到
不足 5%。[②]此后，民主德国的租金长期保持在了这个水准，在 1988 年 12 月的
社会统一党中央委员会会议上，昂纳克甚至进一步强调房租要"平均不到工人
和雇员家庭收入的 3%"。[③]因而从原则上讲，任何有工作的人都能负担得起一
套住房，东德人民基本不会遭遇由于缴不起房租而无家可归的情况。

　　住房建设规划带来的另一个直观的成效，就是民主德国居民住房条件的
大幅度改善。住房的条件改善主要通过两种方式来实现，一是兴建大批的现
代化住房，二是对落后的住房进行现代化。新建的住房，一般都是高度工业化
的预制板住宅，这些住房设备水平齐全，集中供暖且可调节，拥有自来水系统，
热水供应样样具备，厨房和浴室也都分布在不同的房间里，厨房配备有嵌壁式
橱柜和现代化的炊具，条件优异。[④]住房的现代化则旨在显著提高生活质量，
特别是住房设备的质量。[⑤]例如为住房更新现代化的淋浴设备或供暖系统，此
外现代化还包括对住房必要的维护措施。通过建设与现代化，由此而带来的
设备改善以及住房条件的升级是显而易见的，截至 1990 年，民主德国全国
76% 的住房已配有内部厕所，47% 的住房已经具备现代供暖系统，[⑥]76% 的公
寓设有浴室或淋浴间。[⑦]

　　不同于住房数量的增长和住房条件的改善所带来的直观成效，新兴综合
住宅区的规划与建设则体现出了积极的社会效益。这类住宅区以"社会主义

---

①⑦　Donges J. B., Engels W., Hamm W., et al. *Soziale Marktwirtschaft in der DDR: Reform der Wohnungswirtschaft*. No.21. Kronberger Kreis-Studien, 1990. S.2.

②　Alfred Hoffmann, "Das Wohnungsbauprogramm der DDR im Lichte historischer Erfahrung." Oktober 1976 in Weimar an der Hochschule für Architektur und Bauwesen zum Thema: "50 Jahre Bauhaus Dessau"(1976). S.461.

③　Joachim Tesch, "Wurde das DDR-Wohnungsbauprogramm 1971/1976 bis 1990 erfüllt?" *Utopie kreativ Sonderheft*(2000): 50—58. S.55.

④　Nico Grunze, *Ostdeutsche Großwohnsiedlungen*. Springer Fachmedien Wiesbaden, 2017. S.41.

⑤　Sigit Atmadi, "Die komplexe sozialistische Rekonstruktion von Altbaugebieten in dem ehemaligen Ost-Berlin." Universitätsbibliothek der Technischen Universität Berlin(2012). S.22.

⑥　Chris Flockton, "Housing situation and housing policy in East Germany." *German Politics* 7.3 (1998): 69—82. p.72.

综合住宅体"作为居民基础的生活空间，形成了一个联系紧密，且相互之间互帮互助，关系融洽的居住群体。新开发住宅区的居民们一般生活在一个相对联系密切的社区，住宅社区与各社区网络相结合。这种社区联系，在早期通常由在开发期间进行集体活动来实现，比如有居民共同参与劳动的操场建造或社区间道路修建。而一般日常的公共活动则将居民们更加持久性的联系在了一起，比较常见的活动有在地下室(储藏室或干燥室)所举办的聚会，这些地下室还在居民们的倡议下进行了改造。此外，一些偶尔举办的社区比赛也增进了邻里之间的关系，比如参与设计和维护自家门前绿地的比赛，"金牌房号(Goldene Hausnummer)"将会被授予给胜出者，而所有人也将共同为其庆祝。[1]

但作为一个涉及范围广泛且规模庞大的计划工程，住房建设规划在进行的过程中也暴露出了许多的问题与不足。

首先，住房建设规划过程中对旧建筑维护不足而导致的大量建筑老化损坏是最为人们所诟病的问题，尽管在规划的中后期，这种问题被发现并得到处理和重视，但最终的结果依旧是不理想的。据统计，1990 年，约 60 万套住房被认为处于严重损坏的状态，另一项研究显示，20%的住房被评为不适合居住。[2]1979 年，仅在西海勒(Halle-West)地区就有 600 套公寓被当局封锁，其中 47 套公寓的居住者面临生命危险。然而，到了 1989 年，也就是在建筑监督部门封锁了一些公寓十年之后，仍有人缩居在其中一些公寓里。可以说，自 1971 年以来向工业建筑的过渡和整个建筑业的国有化导致了维护传统建筑能力的普遍丧失，这使得政府对于旧建筑和老街区的修缮和改造显得力不从心，最终酿成恶果。

其次，住房建设规划带来的大量财政支出也不可避免成为了国家的一大负担。除开新建住房所必需的费用，对于已建成住房的维护在政府支出中也占有很大的比例。由于民主德国极低的租金水平，仅凭住房租金远不够支付行政、管理和维修费用，因此政府必须支付很高的住房补贴。例如，住房部门用于垃圾处理、绿化、供热、热水和能源供应等公共事物的相应补贴就从 1971 年的 2.22 亿马克上升到了 1988 年的 42.47 亿马克，这相当于增长了近 20 倍。[3]此外，大

---

[1] Nico Grunze, *Ostdeutsche Großwohnsiedlungen*. Springer Fachmedien Wiesbaden，2017. S.42.

[2] Silbermann A, *Das Wohnerlebnis in Ostdeutschland: eine soziologische Studie*. Verlag Wissenschaft und Politik，1993. S.19.

[3] Joachim Tesch，"Wurde das DDR-Wohnungsbauprogramm 1971/1976 bis 1990 erfüllt?" *Utopie kreativ Sonderheft*(2000):50—58. S.55.

量补贴有时还很难起到真正的用处,因为在处理和维护一些老旧房屋时,真正缺乏的并不是资金,而是建筑维修能力和材料,所以大量的住宅建筑在有补贴的情况下还是老化了。

最后,高度统一的住房建设规划虽然保证了高效率,但亦导致了在住房设计中的体制僵化,这类问题主要反映在住房类型设计过于模式化上。由于民主德国住房规划的主要承建者是国家和国营企业,因此绝大多数的住房都是由国家部门设计与建造的。而国家投资建设的住宅楼,在成本、户型布局、户型大小等方面都有严格的规划要求,所以往往建造和设计住房一般难以实现及时的适应与变化,很多不合理的设计也就难以被处理。比如,住房设计中关于不足 10 平方米的儿童房间和不满 14 平方米的卧室的硬性规定,就遭到了许多民众的抗议。①

综上所述,不难看出昂纳克时期的住房建设规划实际上并没有达成其所提出的口号,即解决住房问题这一社会问题,而且在建设过程中还出现了种种弊病和问题。但昂纳克时期的住房建设规划的成就是不容磨灭的,它依旧以最大的限度缓解了在过去时期困扰民主德国的住房问题,改善了人民的生活条件,确立了一套行之有效的住房建设与设计模式。从深层次来看,住房建设规划的问题和成效,皆来自民主德国住房政策本身绝对集中的国家统制。高度集中于国家的住房建设与管理制度,既使得住房建设在短时间内取得了不菲的成绩,也导致了许多脱离实际和不合理的决策。能够说,住房建设规划其本质上是民主德国高强度但又僵化的计划经济体制中的一环,它的成败事实上同民主德国的计划经济体制不可分离。所以,如果住房建设规划并没有因民主德国的政治变动而终结,那么其最终结果也必然将与民主德国计划经济体制的变革与更新息息相关。总而言之,虽没能迎来一个官方性的结局,但昂纳克时期民主德国的住房建设规划仍不失为一场社会主义国家之于解决住房问题所进行的伟大探索,不论经验或教训,都值得后世参考和研究。

---

① Donges J. B., Engels W., Hamm W., et al. *Soziale Marktwirtschaft in der DDR：Reform der Wohnungswirtschaft*. No.21. Kronberger Kreis-Studien，1990. S.3.

Research on Wohnungsbau programm of GDR during Honecker period

Abstract: The housing problem, a long-standing social problem in Germany, has not yet been properly addressed. After the end of the Second World War, the GDR was established, but the new regime was still plagued by the same housing problems as before. By the time of the Honecker, the housing problem was worsening, and the government implemented a massive housing construction program to solve it. After nearly 20 years of construction, although the housing programme came to an end with the reunification of Germany, the lessons learned from the socialist quest for a solution to the housing problem should not be overlooked.

Keywords: GDR; Housing Issues; Honecker

作者简介:徐继承,山西师范大学历史与旅游文化学院教授;宋嘉宁,山西师范大学历史与旅游文化学院研究生。

殖民时期赞比亚铜带城镇中的
"临时婚姻"问题探析①

代竹君

摘　要:19世纪末,欧洲殖民者对赞比亚传统社会中婚姻关系的干预,揭开了鼓励当地女性"解放"的序幕。随着铜带地区城镇化迅猛发展,大量女性涌入城镇。20世纪30年代,铜带城镇中的"临时婚姻"问题引起欧洲殖民者和非洲男性年长者的普遍忧虑。为了确保殖民统治的秩序与稳定,殖民当局先是采取立法措施,规范婚姻登记;二战后又推广女童教育等福利计划,联合新兴非洲精英阶层打造全新的文化规范,塑造理想化的婚姻和城镇女性。当局将"不受控制"的城镇女性当作一切城镇社会问题的根源,其稳定婚姻的措施即为重新"控制"女性;铜带的城镇女性也为追求和捍卫自身利益而采取了多种形式的反抗。

关键词:赞比亚殖民地　铜带城镇　女性　临时婚姻

19世纪末,欧洲殖民者鼓励赞比亚②地区农村女性的"解放"(emancipation)。早期的殖民统治赋予了女性法律上的个体权利,尤其是婚姻的缔结,必须基于女性的自愿。两次世界大战之间,赞比亚铜带地区(Copperbelt)的城镇化③

---

① 本文为上海市高原学和世界史建设项目、国家社科基金重大项目"多卷本《非洲经济史》"(14ZDB063)子课题阶段性成果。

② 赞比亚所在的地区在殖民时代(1898—1964),被称为英属北罗得西亚(Northern Rhodesia)。

③ 20世纪20年代末,北罗得西亚的铜带开始了大规模的铜矿开采和随之而来的城镇化进程。30年代,新兴城镇围绕铜矿和铁路沿线发展起来。基特韦(Kitwe)、恩卡纳(Nkana)、恩昌戈(Nchanga)、罗恩(Roan)和穆富利拉(Mufulira)等为最大的城镇,每个城镇都拥有市政场所。附近的商业中心是恩多拉(Ndola)。铜带的城镇化是由工业化驱动的新兴城镇类型。铜矿开采掌握在两大欧洲资本手中:英国南非公司控制的英美公司和美国股东支持的罗得西亚选矿托拉斯。

迅速发展。20 世纪 30 年代，大量农村女性涌入新兴城镇，城镇中出现了新型的婚姻关系。铜带城镇早期逐渐流行一种临时婚姻关系（temporary marriage），即没有举行传统仪式，没有征询农村宗族中父权（rural patriarchs）①的意见，没有支付彩礼，且参与的男女双方都承认，同居关系可以随时终止。由于临时婚姻关系避开了宗族、血统、家庭以及殖民当局的权威，因而受到社会普遍的谴责。城镇中"不受控制的"（uncontrollable）女性被认为是造成婚姻不稳定的根源，殖民当局对此加以立法规范。随着非洲人的城镇化属性逐渐提高，新兴的精英阶层利用各种方法，从物质和文化上将自己与大多数低收入的工人群体区分开来。自 50 年代起，他们引领了稳定化的城镇婚姻模式，即支付现金彩礼，举行传统仪式，或在基督教堂举办婚礼，在殖民官方进行登记以获得结婚证。这种合法的婚姻称为"适当的婚姻"（proper marriage）。在殖民时期赞比亚铜带城镇中，拥有"适当的婚姻"是女性获得社会体面地位的必要条件。

　　在殖民时期的赞比亚，女性的生产和再生产能力对维持殖民地国家的政治和经济结构至关重要。移民劳动制度②既需要农村女性从事农业生产的补贴，又将移民劳工再生产的成本和失业时的负担转嫁给农村的家庭。然而，留在农村的女性并非沉默地、温顺地肩负起补贴低薪男性劳工的重任。相反，她们通过摆脱不想要的婚姻或逃离农村来反抗。30 年代，大量女性逃离农村，这一现象引起了欧洲殖民者和非洲男性年长者的重视。由于农村女性的劳动对维持以男性为主导的殖民地经济制度至关重要，因此，农村的男性年长者要求殖民当局采取措施，阻止女性迁入城镇。殖民当局打着稳定婚姻的旗号，其

---

① 根据海蒂·哈特曼的说法，父权制被定义为"男性之间的一套社会关系，它有物质基础，虽然有等级，但在男性之间建立或创造了相互依赖和团结，从而使他们能够统治女性。""尽管不同等级、阶级、年龄、种族和族群的男人在这个结构中占据着不同的地位，但所有的男人都团结在'对妇女的共同支配关系中，他们彼此依赖以维持这一统治地位'"。本文的父权制尤其指赞比亚农村族群社会中的男性年长者、首领或酋长对当地女性施加的权威。文中的男性/女性指赞比亚的当地男性/女性。Heidi Hartmann, "The Unhappy Marriage of Marxism and Feminism: Towards a More Progressive Union," in *Women and Revolution: A Discussion of the Unhappy Marriage of Marxism and Feminism*, ed. Lydia Sargent, South End Press, 1981, pp.14—15.
② 自 19 世纪末，英国殖民者在英属非洲殖民地城镇中维持移民劳动制度。这一制度基于非洲人为部落人，无法适应城镇生活这一假设，实行以低工资、短期合同、单身男性、城乡往返为特征的劳动力政策。详见：李鹏涛：《英属中部和东部非洲殖民地的城镇劳动力政策》，《世界历史》2017 年第 2 期。本文沿用其对"移民劳动制度"以及"非洲城镇化"等术语的翻译。

实质是控制女性的流动性和性行为,必然引起城镇女性的持续性反抗。殖民当局把对女性的控制当作应对城镇化和社会变迁的措施,反而暴露了殖民霸权在赞比亚的脆弱性。

在过去的几十年中,妇女史从非洲史学的边缘逐渐成为一股主流。70 年代到 90 年代,妇女史研究逐渐兴起,学者们大多在唯物主义、功能主义和女性主义者的框架内进行研究。① 90 年代后期,学者们开始超越结构主义和功能主义的性别分析,构建以性为中心(sexuality-centered)的历史。②当前的妇女史开始更多地借鉴跨学科研究方法,开始对超越性别的性进行理论分析。③本文关注"妇女与移徙"这一研究主题,④侧重考察殖民时期赞比亚女性迁徙到铜带城镇后的遭遇和应对。⑤

---

① 例如:L. White, *The Comforts of Home: Prostitution in Colonial Nairobi*, The University of Chicago Press, 1990; Diana Jeater, *Marriage, Perversion, and Power: The Construction of Moral Discourse in Southern Rhodesia, 1894—1930*, Oxford University Press, 1993; E. Schmidt, *Peasants, Traders, and Wives: Shona Women in the History of Zimbabwe, 1870—1939*, N. H.: Heinemann, 1992。

② 例如:Dorothy Hodgson and Sheryl McCurdy, eds., *"Wicked" Women and the Reconfiguration of Gender in Africa*, NH: Heinemann, 2001。

③ Musisi, Nakanyike, "Gender and sexuality in African history: A personal reflection", *The Journal of African History*, Vol. 55, No. 3(2014), pp. 303—315.

④ Braun, Lesley Nicole, "Women and Migration," *Oxford Research Encyclopedia of African History*, May 2020;参见:https://oxfordre.com/africanhistory/。

⑤ 国外非洲史学界关于殖民时期赞比亚地区"妇女与移徙"这一主题研究成果颇多。例如,Martin Chanock, *Law, Custom and Social Order: The Colonial Experience in Malawi and Zambia*, Cambridge University Press, 1985; Parpart, J. L., "Sexuality and power on the Zambian copperbelt, 1926—1964," in Bennett, N. R.(ed.), *Discovering the African Past: Essays in honor of Daniel F. McCall*, Boston: Boston University Press, 1987, pp. 53—72; Parpart, J. L., "Gender and Class Struggles on the Copperbelt", in Claire Robertson and Iris Berger, eds., *Women and Class in Africa*, Holmes and Meier, 1986, pp. 141—160; Karen Tranberg Hansen, ed., *African Encounters with Domesticity*, Rutgers University Press, 1992;此外,本文还涉及非洲劳工史与城市史交叉的领域研究。参见:Cooper, Barbara, "women and gender" and Osborn, Emily Lynn, "work and migration" in Parker, John, and Richard Reid, eds, *The Oxford handbook of modern African history*, Oxford University Press, 2013, pp. 339—353; pp. 189—207。国内学界对于殖民时期赞比亚城镇中的妇女活动尚无个案研究,相关背景研究可参见:郑晓霞:《书写"她"的历史——非洲妇女史的兴起与发展》,《史学理论研究》2017 年第 2 期;李鹏涛:《殖民主义与非洲社会变迁——以英属非洲殖民地为中心(1890—1960 年)》,社会科学文献出版社 2019 年版;杭聪:《西方矿业公司与英属中非联邦解体》,《史林》2012 年第 4 期;刘伟才,严磊:《罗得斯-利文斯顿研究所述论》,《西亚非洲》2011 年第 4 期。张忠祥:《20 世纪 70 年代以来非洲史学的新进展:以医疗史研究为个案》,《史学集刊》2015 年第 4 期。

一、殖民统治前后赞比亚婚姻关系的变化

在前殖民时期的赞比亚族群社会中,婚姻习惯法被视为维系社会秩序的一种内在纽带。婚姻关系代表了两个血缘家族结成了联盟,它规定了男女个体在其中的位置与义务。婚姻关系的缔结与解体均需要通过男女双方亲属之间漫长的谈判和诸多仪式方能实现。[1]男性通过缔结婚姻关系,可以获得新的土地;而一旦离婚,就会失去了对土地的使用权。[2]因此,掌控婚姻缔结的传统习俗是男性年长者维持其社会主导地位的重要手段。

不同的族群社会在婚姻习惯法上存在着差别。[3]在本巴人社会中,父母欢迎女孩的出生,因为她们可能将男性劳动力带入村庄并延续繁衍。彩礼(Bridewealth)的价值很低,丈夫只有通过数年的服务、赠送礼物以及遵守礼节才能获得作为丈夫的权利。[4]丈夫对妻子或孩子的财产没有控制权,财产和权力由舅舅传给侄子。本巴人接受一夫多妻制,但对重要仪式的垄断保护了第一任妻子免受年轻对手的伤害。[5]他们也会通过举行仪式来防止通奸的发生。由于彩礼价值低,本巴人的女方亲属可以随时退还礼物以解除婚姻契约。而在恩戈尼人社会中,婚费(Brideprice,又称 Lobola)通常是价值较高的牛,以此巩固丈夫对妻子的劳动和对孩子的所有权。财产和权力由父亲传给儿子。对通奸者的惩罚通常是死刑,除非获得酋长的赦免或支付数头牛作为赔偿。总之,在前殖民时期,妇女没有个人提出离婚的权利。此外,试婚(Trial marriages)在中非地区也很普遍,传统婚姻并不稳定。根据探险家的记录,当时诱奸、通奸和诱拐妻子等情况普遍存在。[6]

---

① Mitchell, J.Clyde, "African marriage in a changing world", in Report of the Annual Conference of the Northern Rhodesia Council of Social Service(1961), pp.1—6.

② Martin Chanock, *Law, custom, and social order*, p.146.

③ 前殖民时期,赞比亚最大的族群是东北部地区的班图语系本巴人(Bemba),此外还有恩戈尼人(Ngoni)、汤加人(Tonga)、恩登布人(Edembu)、兰巴人(Lamba)、洛兹人(Lozi)等族群社会;某些社会由于外来入侵或贸易改变婚姻的习惯法。参见:Parpart, Jane L., "Gender, ideology and power: marriage in the colonial Copperbelt towns of Zambia", African Studies Seminar series(March 1991), p.4。

④ Audrey Richards, *Bemba marriage and present economic conditions*, No.4(1940), Published for the Institute for Social Research, University of Zambia by Manchester University Press, 1969, p.43.

⑤ Ibid, p.34.

⑥ Parpart, Jane L., "Gender, ideology and power", p.3.

在早期欧洲殖民者和传教士的眼中,赞比亚地区的童婚(child pledging)、一夫多妻和强迫婚姻等情况,无疑是"野蛮的婚姻习俗"。欧洲殖民者通过夸大描述非洲社会的野蛮性,将所谓的"文明化使命"合理化,以标榜"人道"和"善意"来掩饰帝国的征服,企图创造出有序再生产和经济扩张的社会新结构,并使之与当地传统社会彻底割裂开来。[1]传教士在形容南部非洲妇女的困境时,称她们在暴虐丈夫的命令和使唤下受压迫。[2]此外,在殖民官员看来,当地人不讲性道德:男人们会偶尔交换妻子,甚至出借妻子以牟取财物,而妻子们也缺乏对婚姻的忠诚,婚姻纽带十分脆弱。白人对赞比亚人的道德评判,使他们产生干预当地婚姻关系的意愿。殖民者不是从血缘身份和义务的角度看待赞比亚人的性行为,而是从道德与非道德、可接受与堕落的角度。[3]

为了实现上述"文明化使命",殖民当局有意削弱赞比亚族群社会中男性年长者的权威。他们在婚姻习惯法中引入英国法律体系。政府法庭(或称博马法庭,Boma Court)绕过传统的亲属结构,为妇女提供有效的法律援助,意在消除"野蛮"的习俗,实现"道德"教化。殖民当局规定传统婚姻必须基于女性的自愿,否则女性有权向法庭提出离婚申请。赞比亚的妇女欣然接受了这个机会,她们利用殖民法庭,争取独立。1918年,本巴地区一位地区专员在报告说道:"非洲妇女现在是最独立的。她们毫不犹豫地拒绝进入自己不在乎的婚姻,而且常常在未经父母同意的情况下结婚。"[4]根据人类学家奥黛丽·理查兹的观察:20世纪30年代,博马法庭里经常有本巴人妇女为了解除自己不满意的婚姻而挺身辩护。[5]

二、20 世纪 30 年代赞比亚女性大量逃离农村

殖民统治与资本主义的渗透冲击了赞比亚的传统社会,直接影响了妇女对于生存策略的选择,多重因素促使农村女性不断迁往新兴的城镇。英国殖民者

---

① Frederick Cooper, "From free labor to family allowances: Labor and African society in colonial discourse", *American Ethnologist*, Vol.16, No.4(1989), p.747.

② Schmidt, Elizabeth, "Patriarchy, capitalism, and the colonial state in Zimbabwe", *Signs: Journal of Women in Culture and Society*, Vol.16. No.4(1991), p.736.

③ Diana Jeater, *Marriage, Perversion and Power*, pp.1—2.

④ Parpart, Jane L., "Gender, ideology and power", p.5.

⑤ Audrey Richards, *Chisungu: A Girl's Initiation Ceremony Among the Bemba of Northern Rhodesia*, Faber and Faber Ltd, 1956, p.49.

在赞比亚推行的移民劳动制度将男性转变为流动的工资劳动力。为了获取足够廉价的劳动力,殖民政府不愿意承认非洲人的"城镇属性",他们认为移民劳工本质上仍然是部落人。因此,铜带城镇只维持给非洲人最低限度的生活设施,将养老和照顾劳工的成本转移给农村。①留在农村的非洲妇女从事繁重的农业生产,以养活自己和补贴男人的低工资,并吸引劳工在合同结束后回归农村。

移民劳动制度深入农村,使婚姻变得越来越商品化。在前殖民社会,彩礼相当于亲属之间进行的礼物转让,包括毛毯、篮子、锄头、山羊或牛,构成了一种象征性的社会行为。②年轻男性成为移民劳工后,农村的男性年长者开始要求现金彩礼。现金彩礼是维护移民劳工的婚姻关系的必需支出。现金彩礼在一定程度上充抵了男方所要为女方家庭提供的劳动服务;已婚男子要定期送给妻子和她的亲属们现金。③可以说,彩礼的现金支付从根本上变为一种商业交易,现金彩礼在男性代际之间转移,而女性成为被交易的对象。现金彩礼成为社会资源再分配的重要手段,也是农村的男性年长者获得年轻人现金工资的途径之一。男性年长者为获得更多的现金收入,加强对妇女的婚姻和劳动力的控制。一些农村女性选择与外来的非洲劳工私奔到新兴城镇,以摆脱农村男性年长者的控制。

移民劳动制度还对农村家庭生活产生破坏性影响。天主教神父布拉德利(Bradley)在20世纪20年代穿越赞比亚东北部村庄时,发现那里的可怜妇女即没有钱财,也缺乏援助,甚至缺少配偶——大多数成年男性都是移民劳工。在靠近马拉维的边境地区,为了应对妇女要求离婚的压力,当地酋长决定:如果丈夫没有汇款且长达两年缺席,妇女就可以离婚。天主教传教团坚持信徒婚姻的不可解散性,因此坚决拒绝承认离婚,结果"被遗弃的家庭遭遇了难以忍受的苦难"。④男人离开农村前往城镇时,他们把妻子留在了身后,也激起了农村的妻子对城镇生活的好奇心和渴望。

20世纪20年代末,采矿技术的革新带来铜带开采的工业化起步,铜带城镇化兴起,并彻底改变了这个国家。19世纪90年代,塞西尔·罗得斯(Cecil

---

① Margot Lovett, "Gender Relations, Class Formation, and the Colonial State in Africa", in *Women and the State in Africa*, ed. Parpart, Jane L. and Staudt, K.A, Lynne Rienner Publishers, 1989, p.28.

② Schmidt, Elizabeth, "Negotiated Spaces and Contested Terrain: Men, Women, and the Law in Colonial Zimbabwe, 1890—1939", *Journal of Southern African Studies*, Vol.16, No.4(1990), p.635.

③ Audrey Richards, *Bemba Marriage and present economic conditions*, p.78.

④ Martin Chanock, *Law, Custom and Social Order*, p.152.

Rhodes)的英国南非公司接管赞比亚时,当地还是一个纯粹的农业社会。到了1969 年,现代民族国家的赞比亚城镇人口约占总人口的 30％。①工业化驱动的城镇化,是殖民时代兴起的非洲"新"城镇的特点。与殖民时期其他的非洲城镇相比,铜带地区不是孤立于农村包围中的采矿前哨,而是由公路和铁路连接起来的重工业城镇带,这些城镇不是殖民地国家的首都,却是殖民地经济重心所在。②在矿区和城镇工作的庞大的移民劳工群体,尽管工资微薄,但他们仍需要熟食、干净的衣服和性服务。路易斯·怀特指出,他们也想要"家的舒适"。③因此,铜带城镇化必然为妇女提供更多经济空间。尤其对于寡妇、离婚妇女及寻找财富的单身女性而言,城镇生活似乎是一种更具吸引力的选择。她们可以住在城里当妓女、小商贩或啤酒工,赚取现金收入。赞比亚附近的一些新兴城镇,如布罗希尔、伊丽莎白维尔④等出现了"计件婚姻"(Pick-up mar-riage)。女性可以在没有正式婚姻束缚的情况下,从一个男人身边换到另一个男人身边,通过提供"家政"服务,换取现金或获得更好的生活条件。

　　30 年代,农村经济条件的恶化引发大量赞比亚女性逃离农村。奥黛丽·理查兹在其关于赞比亚北部省份农业和饮食的著作⑤中指出:该地区在 1930 年代的粮食短缺是男性劳动力(劳动力流向采矿业)缺席的直接结果。繁重的农业生产期间,家务劳动也会增加,使留在农村的妇女们筋疲力尽。⑥现金经济的深入也摧毁了亲属分享网络在困难时期提供的保险机制。此外,殖民当局强迫经济作物的种植使妇女的劳动强度不断增加,粮食生产的比重缩小,更加重了农村经济的恶化和饥荒。⑦

---

① James Ferguson, *Expectations of Modernity: Myths and Meanings of Urban Life on the Zambian Copperbelt*, Univ of California Press, 1999, pp.1—2.

② Deborah Potts, "Counter-urbanisation on the Zambian copperbelt? Interpretations and implications", *Urban Studies*, Vol.42, No.4(2005), p.584.

③ Luise White, *The Comforts of Home: Prostitution in Colonial Nairobi*, University of Chicago Press, 1990.

④ 布罗希尔(Broken Hill),现在的卡布韦(Kabwe),依托铅锌矿开采和铁路发展起来的城镇。早在 20 世纪 20 年代,该城镇就鼓励已婚劳工进入;比属刚果铜矿区的伊丽莎白维尔(Elisabethville)也是如此。

⑤ Audrey Richards, *Land, Labour and Diet*, Oxford University Press, 1939.

⑥ Henrietta Moore and Megan Vaughan, "Cutting Down Trees: Women, Nutrition and Agricultural Change in the Northern Province of Zambia, 1920—1986", *African Affairs*, Vol. 86, No. 345 (1987), pp.523—524.

⑦ Henrietta Moore and Megan Vaughan, "Cutting Down Trees", p.540.

20 年代末的大萧条过后,赞比亚铜带地区矿业开采进入了惊人的扩张阶段,对劳动力产生了极大的需求。为支持矿业生产,当局采取延长移民劳工的合同期限的手段,从临近的地区招募更多劳工,但仍然坚持移民劳动制度。[1]到 1939 年,超过一半的身体健全的男人都在外地工作。[2]事实上,政府低估了移民劳工的城镇化水平,很多矿工在合同结束后并未返乡,而是换到一个又一个矿区继续工作。即使大萧条时期,失业工人们也流荡在城镇底层,不愿回乡。因此,当男人们长久地留在矿区和城镇,他们渴望在城镇组建家庭。

三、铜带城镇中的临时婚姻关系

为了能在激烈的劳工竞争中占据优势,铜带的矿业公司几乎从一开始就招募已婚劳工,并为其家庭提供住房。1940 年,一位矿业公司经理曾明确表示:"相比(南非的)兰德矿区,允许已婚土著雇员将妻儿带到矿区是我们的竞争优势之一。"[3]公司在矿区新建住房分配给"已婚"矿工家庭。公司很快发现,得到照顾的"已婚"工人可靠、更具有生产力。因此,公司鼓励更多妇女进入矿区,甚至明确地将妇女提供的性、家务和其他服务当作对低工资的矿工的非金钱诱惑。矿区中已婚劳工的比例逐渐提高。1931 年,铜矿带的 15876 名非洲矿工中"已婚"者约为 30%(5292 人),到 1961 年,这一数字在 71%至 81%之间波动。来到铜带的妇女数量不断攀升。到了 1956 年,约有 15500 名妇女生活在矿区,更多的妇女住在邻近的城镇。以上数据并不包括许多非法居住在附近,以及逃避统计的妇女。[4]

矿业公司为"已婚"矿工家庭提供更好的住房条件和食品补贴。当婚姻关系能够获得制度和物质上的好处,更多的男人会想方设法为自己获得"已婚"的标签。对于城镇中的男人来说,拥有妻子能确保在城镇环境中获得一些舒适。[5]殖

① Kalusa, W.T., "Death, Christianity, and African Miners: Contesting Indirect Rule in the Zambian Copperbelt, 1935—1962", *The International journal of African historical studies*, Vol.44, No.1 (2011), p.93.
② Andrew Roberts, *A History of Zambia*, Africana Publishing Company, 1976, p.191.
③ Chauncey Jr. George, "The locus of reproduction: women's labour in the Zambian Copperbelt, 1927—1953", *Journal of Southern African Studies*, Vol.7, No.2(1981), p.137.
④ Parpart, Jane L., "The Household and the Mineshaft: Gender and Class Struggles on the Zambian Copperbelt, 1924—66", *Journal of Southern African Studies*, Vol.13, No.1(1986), p.38; Dorothy Hodgson, eds "Wicked" Women and the Reconfiguration of Gender in Africa, p.276.
⑤ Peter Harries-jones, *Freedom and Labour: Mobilization and Political Control on the Zambian Copperbelt*, Blackwell, 1975, p.45.

民当局也怀疑矿工中"已婚"和"单身"的真实比例。1938年的一份官方报告指出,公司对有妻子陪伴的男性的统计数字多少有误导性,这个数字"绝对不可能"代表"真正的婚姻"。该报告指出,"铜带居住区的估计数据显示,'临时婚姻'的比例相当高,在卢安夏铜矿约占50%,在穆富利拉约占60%"。[1]在性关系不固定的早期城镇环境中,妓女与妻子之间的界限也很模糊。各种短暂的结合都被矿业公司视为婚姻关系。

对于女性而言,她们虽获得自由进出婚姻权力,却很难在城镇立足。首先,成为矿工妻子的仅是少数人。矿业公司力图培养依赖劳工工资的妻子,对她们在矿区从事现金交易予以打击,矿工妻子终日像在农村地区那样,操持家务,种植蔬菜,贴补丈夫微薄的工资。其次,城镇中的住房仅提供给移民劳工临时居住。法律上的性别禁令(Sex Bar)使女性无法获得正式工作,即无法获得住房分配的资格。在50年代中期以前,只有少数妇女能够获得护士或教师的工作。[2]再次,城镇中欧洲移民家庭的家政服务工作主要也是由男性占据,白人家庭主妇不信任当地女性,认为她们作风淫乱。[3]此外,无论是殖民当局还是矿业公司都会打击卖淫活动,遣送"引起麻烦"的女性。而"临时婚姻"则是一种相对稳定的方式,登记成为某个男人的"妻子",比继续试图逃避官员检查和寻找新的性伴侣要容易得多。赞比亚女性虽然发展出一些非正式工作赚取现金收入,如售卖食物、私酿啤酒,但这意味着要拥有固定的住所。年轻女性在描述自己在铜带上的"临时婚姻"时,往往是为了"得到房子",而非"伴侣"。[4]

早期的铜带城镇以男性人群为主,女性占据性别比例的优势地位,大大增加了她们与男性讨价还价的能力。1939年,男女比例是2∶1;[5]到1954年,男女比例仍然高达1.69∶1。[6]临时婚姻关系成为铜带地区以及铁路沿线新兴城

① Colonial Office, UK. Report of the commission Appointed to Enquire into the Financial and Economic Position of Northern Rhodesia, London, 1938, pp.44—45.

② Chauncey Jr. George, "The locus of reproduction", p.144.

③ Karen Tranberg Hansen, *Distant Companions: Servants and Employers in Zambia, 1900—1985*, Cornell University Press, 1989, p.145.

④ Parpart, Jane L., "'Where Is Your Mother?': Gender, Urban Marriage, and Colonial Discourse on the Zambian Copperbelt, 1924—1945", *The International journal of African historical studies*, Vol.27, No.2(1994), p.253.

⑤ Zambia National Archives(ZA), SEC/NAT/66G: Labour Department Annual Report, Chingola Station, 1939.

⑥ Mitchell, Clyde, "*African Marriage in a Changing World*", p.8.

镇中的常态。这一时期,婚姻纷争较少,男人通常热衷于为他们的妻子提供更高的生活水平,否则就会有失去她们的风险。许多来到铜带城镇的妇女都结过好几次婚,一些妇女甚至在几年中换了四到五次伴侣。①

进城的年轻女性很快就接受了时髦的欧式服装和新的生活环境。梅布尔·肖在 1931 年访问了恩卡纳矿区,就注意到了这里的妇女的变化。

> 工作结束后,她们四处闲逛——许多人都正确地穿上了欧式服装——帽子以一种可笑的角度戴着,手里拿着香烟和棍子——昂首挺胸夸张地走着。我看到了女孩和女人……她们中的一些人穿上最时髦的松宽腿睡衣,鲜艳夺目的衣服。她们携带遮阳伞,仰着头走着嘴里夹着一根香烟,巨大的帽檐搭在肩上。一群年轻人羡慕地跟着她们。到处都是这样的场景——穿着高跟鞋的女孩和女人在抽烟。②

一年前,这个时髦的年轻女性还是在姆伯雷什跟着肖的自行车后面奔跑的众多女孩中的一个,如今她成了大多数来到铜带的女性想要效仿的对象。城镇生活还滋生了"城里女人"的自信心,她们敢于挑战权威,无论对方是白人或黑人。

> 1931 年,英国人类学家奥黛丽·理查兹发现,一些住在罗恩矿区的年轻"已婚"女性承认,她们喜欢喝酒,经常喝醉,宁愿住在小镇也不愿住在家里。当被问及是否想念母亲时,她们笑着反问:"你的母亲在哪里?她被你抛弃了吗?"③

总之,来到铜带的女性迅速被城镇中新的消费文化所吸引,新的消费欲望最终归咎于女性的"道德堕落"。北罗得西亚的欧洲传教士最早注意到新兴城镇对非洲妇女的吸引力。传教士认为城镇是罪恶的中心,相应地,他们要求复

---

① Davis Merle, *Modern industry and the African: An enquiry into the effect of the copper mines of central Africa upon native society and the work of Christian Missions*, Routledge, 1933, pp.76—77.
② 梅布尔·肖,伦敦传教会的传教士,1915 年至 1940 年她担任北罗得西亚卢阿普拉省的姆伯雷什(Mbereshi)女孩寄宿学校的校长。该校致力于解救在铜带上卖淫或农村家庭中受压迫的女孩。Parpart, Jane L., "Where Is Your Mother?", p.250.
③ Parpart, Jane L., "Where Is Your Mother?", p.241.

兴农村和谐和秩序的愿望建立在对城镇女性的道德谴责上。

> "我们的青年们,我们的姑娘们,成百上千地远离了他们的部落土地,
> 去往矿区,或者刚果的伊丽莎白维尔,脱离了部落精神的一切传统和制
> 约。这些男人和女人的部落之火已经熄灭;他们没有方向感,就像漂流在
> 一条异域的河流上。"①

殖民当局也将女性大量逃离农村和传教士对城镇生活的谴责联系在一
起,认为根源在于女性容易受到城镇罪恶空间的诱惑,从而道德堕落。殖民官
员对女性"解放"态度产生了转变。这一转变的原因在于如下几点。

首先,赞比亚地区的离婚率显著上升,大大增加了殖民官员行政和司法上的
工作量。1911年,在殖民官员的记录中,"通奸,离婚,绑架等有关的纠纷占地区
专员每日工作量的十分之九"。②殖民官员承认:"我们对妇女权利的承认和坚
持,对离婚率的增加有很大关系。""引入英国法律的殖民干预,却削弱了当地社
会的婚姻关系,引起非洲男性,尤其是年长男性相当多的不满。"③一些地区专员
开始指责赞比亚妇女缺乏道德束缚,声称她们利用法庭赋予的择偶自由,在婚姻
关系中却表现出反复无常和不负责任。农村男性年长者要求当局阻止妇女进
城;不满的丈夫在政府法庭上对逃跑的妻子提出指控;啤酒厅里经常有劳工为了
争夺妇女而打架斗殴;矿工们抱怨拥挤的住房和不完善的卫生设施损害了他们
的婚姻;许多已婚的劳工宣称自己的妻子被其他年轻工人"诱拐"。④在财政和人
员严重不足的情况下,殖民官员对如何维持统治秩序产生了深切忧虑。

其次,非洲人的城镇化程度不断提高,他们对移民劳动制度和简陋的城镇
设施日渐不满。营养不良的情况在单身劳工中尤为明显,他们在一天的工作
后,往往缺乏必要的时间和精力烹制熟食。城镇中卫生条件差、住房不足和营
养不良导致疾病蔓延。但殖民当局最关心城镇非洲人中的性病问题,因为这
被认为是对白人公共卫生的最大威胁。几乎非洲各殖民地国家的官员在道德

---

① Shaw, Mabel, *God's Candlelights*, *an Educational Venture in Northern Rhodesia*, Edinburgh House Press, 1932, p.25.

② Martin Chanock, *Law*, *Custom and Social Order*, p.37.

③ Ibid, p.148.

④ Ibid, p.207.

上都强烈反对非洲女性的流动性,他们把性病在劳工中传播的原因归咎于移民女性,他们认为这是导致低生育率的原因。20 世纪早期,整个南部和中部非洲出现了妇女逃离农村,迁往城镇、矿区和基督教传教站的现象,从而引发了各种试图控制她们流动性的计划。① 在邻近的南罗得西亚,对女性性行为施加的道德话语在种族隔离政策的加持下传播地更为广泛,殖民官员认为当地妇女"目中无人、固执……常常是粗鄙激情的奴隶,对一切理性充耳不闻。"② 女性被认为是导致男人受诱惑的原因,是通奸行为中的主要罪犯。③

1935 年,铜带矿区大罢工,已婚的矿工强烈抱怨食物不足、住房条件差、争夺妇女等问题。大罢工事件将对女性"不道德行为"的谴责推至风口浪尖。土著事务部长在 1936 年时曾如此表述:

> "'矿区婚姻'已经变得臭名昭著,当地人告诉我,在铁路沿线,根据当地法律和习俗的婚姻是不存在的。当地居民的道德标准不断恶化,而且这种恶化还在继续。
>
> ……
>
> 土著妇女可以来矿区通过结婚过上舒适的生活。[一]赚钱的方法是缔结一个矿区婚姻,在大约两个月时间内,从丈夫那里得到尽可能多的钱。然后,女人会走出小屋,另嫁他人。如果原配丈夫提出抗议,他很难证明双方实际上存在一段适当的婚姻……"④

最重要的是,殖民统治秩序的维持取决于农村家庭的稳定。一战以后英国在北罗得西亚采取间接统治政策,依靠传统权威来维持社会秩序稳定。⑤ 间

① Barnes, Teresa A., "The fight for control of African women's mobility in colonial Zimbabwe, 1900—1939", *Signs: Journal of Women in Culture and Society*, Vol.17, No.3(1992), p.587.

② Elizabeth Schmidt, "Negotiated Spaces and Contested Terrain", p.623.

③ Elizabeth Schmidt, "Patriarchy, capitalism, and the colonial state in Zimbabwe", *Signs: Journal of Women in Culture and Society*, Vol.16. No.4,(1991), p.737.

④ A.L.Epstein, The Administration of Justice and the Urban African: A study of urban native courts in Northern Rhodesia, Colonial Research Studies, No.7, H.M.S.O., 1953, p.59.

⑤ 殖民时期,英国是非洲最大的殖民宗主国,法国次之。英帝国在其占领的东部、中部和南部非洲主要进行间接统治,即利用当地现有的地方治理体制以及土著领袖的威信巩固英帝国的殖民体系;法国在其占领的西非殖民地进行直接统治,实施同化政策。具体参见:张弛、沐涛:《殖民时期法国对塞内加尔同化政策评析》,《上海师范大学学报(哲学社会科学版)》2019 年第 3 期。

接统治原则鼓励殖民地官员加强农村社会结构、忽视或反对非洲人的城镇化。赞比亚女性逃离农村,藐视农村权威,极大动摇了殖民统治的政治基础;她们在城镇中的活动不断培育和增强非洲人的"城镇属性",必然增加当局城镇管理和城镇设施的开支。女性对消费文化(如欧式服饰)和城镇生活的追求,是她们鼓动和支援矿工罢工的重要因素之一。例如,1935年的铜带大罢工中已婚矿工抗议最低限度的城镇设施;1940年大罢工中他们要求公司支付"家庭工资",以实现体面的家庭生活。[1]殖民当局认为,女性日益增长的自主权已成为整个间接统治体系的潜在威胁。

由此,让城镇中女性获得"容身之所"的"临时婚姻关系"成为殖民当局亟待解决的城镇"婚姻问题"。殖民官员们认为,维系农村地区婚姻的稳定,是确保不造成社会动摇和道德崩溃的关键。当局决定,只有符合习惯法的原则是合法婚姻成立的必要条件,否则就是"不道德的结合"。[2]

总之,铜带的临时婚姻关系是男女双方基于个人的、自愿的选择,移民劳动制度的扩展和矿业公司对廉价劳动力的需求,乃是其产生的重要动因。殖民官员通过认定赞比亚女性"不道德"是婚姻不稳定和其他城镇社会问题的根源,以此否认移民劳动制度对农村社会家庭生活的破坏,以及否认非洲人日益增长的城镇化水平。

四、殖民地政府规范"临时婚姻"问题的措施

1929年,殖民当局设立土著权威(Native Authorities)和土著法庭(Native Authority Courts)。此举重申了农村酋长的司法权力,并赋予他们在农村地区建立法制和秩序的责任。殖民当局根据农村酋长的表述,将传统习惯法重新编纂(又称习惯法成文化)。土著权威法庭实施婚姻登记、确保现金彩礼、通奸定罪、遣返单身女性等措施。通过习惯法的成文化,增强了农村酋长对城镇中青年男女的权威。

首先,婚姻登记必须获得父母或监护人以及农村酋长的同意,这是女性自愿的前提。其次,支付现金彩礼是缔结合法或适当婚姻的必要条件。通奸被视为犯罪(而非民事纠纷),通奸者将被处以严厉的经济惩罚(3英镑至7英镑)。[3]丈

---

① Frederick Cooper, "From free labor to family allowances", p.756.

② Martin Chanock, *Law, Custom and Social Order*, p.149.

③ Parpart, Jane L., "Sexuality and Power on the Zambian Copperbelt: 1926—1964," in *Patriarchy And Class African WomenIn The Home And The Workforce*, ed., Stichter, Sharon B and Parpart, Jane L., Westview Press, 1988, p.119.

夫也有责任进行婚姻登记,否则也会被处罚。为了控制女性的流动,殖民当局允许农村酋长限制她们离开农村。他们可以在道路上设置路障,甚至进入城镇进行搜索,将"属于"他们的未婚女性带回家乡。①依据习惯法的婚姻由地区专员主持庄严的仪式;根据基督教礼仪结婚的,依法必须遵循一夫一妻制,如果丈夫另外根据习惯法与其他妻子结婚,无论是否登记,都可能因重婚而受到起诉。②

　　1935年铜带大罢工后,殖民当局进一步加强对城镇中适当婚姻的立法规范。1936年,设立的城市非洲人法庭(Urban Native Courts),陪审员全部是由土著权威来任命的,城镇法庭也按照习惯法条文,处理城镇中的婚姻登记、婚姻纠纷,以及通奸等案件。在城市法庭办理婚姻的正式登记之后,法庭会向订婚女子所属村庄发送结婚证书,以获得当地酋长和女方亲属的许可。③城镇夫妇的离婚案件也要送回农村办理。在土著权威的主导下,城市法庭的判决一般对丈夫有利,迫使妻子回到分居的丈夫身边。到了1938年,铜带地区的每一个城镇都设有一个城市法庭。

　　殖民当局稳定婚姻的立法措施使原本灵活的婚姻习惯法成为硬性规定。此举在一定程度上重申了农村酋长的权威,城镇婚姻问题必须被带回农村,因而造成城镇婚姻问题的单身女性必须回归农村父权的控制。新的习惯法并不总是反映过去的习俗,而是表达出年长男性想要对逃往城镇的年轻男女再次控制的愿望。这无疑是对"传统的发明"。④其中,现金彩礼支付是对当地习俗的严重歪曲,因为现金彩礼的出现和膨胀是殖民干预和资本主义经济渗透的产物。⑤殖民当局将妻子视为支付过现金彩礼的丈夫的私有财产,与已婚妇女通奸的罪行即侵犯了丈夫的财产权。但已婚男性可以继续与当地未婚女性发生性行为,而不必担心受到刑事处罚,其原因在于,移民劳动制度依赖于男性的劳动力,以及确保女性服务于且不超越男性的权威。铜带地区的男性通常

①　Chauncey Jr. George, "The locus of reproduction", pp.158—160.
②　Diana Jeater, *Marriage, Perversion and Power*, pp.315—318.
③　James M.Ault, "Making 'modern' marriage 'traditional': State power and the regulation of marriage in colonial Zambia", *Theory and Society*, Vol.12, No.2(1983), p.188.
④　Terence Ranger, "The Invention of Tradition in Central Africa", in *The Invention of Tradition*, ed. Terence Ranger and Eric Hobsbawm, Cambridge University Press, 1984.
⑤　Elizabeth Schmidt, *Peasants, Traders, and Wives*, p.114.

愿意支付高额的彩礼以防止自己的妻子变得"骄傲和厚颜无耻"。①高额的彩礼降低了妇女离开婚姻的自由,因为女方亲属可能不愿意退还彩礼。

虽然城市法庭加大了对城镇中单身妇女的遣返力度,临时婚姻现象也有所消减。不过,矿业公司认为临时婚姻仍有价值,方便维持低成本劳动力供应。公司鼓励单身妇女"嫁"给男性员工,"妻子"带上一个手镯(chingolongolo)表示她是已婚状态。尽管殖民官员百般敦促,但是矿业公司直到1944年才同意要求在申请已婚住房时提供结婚证。将近三分之一的夫妇使用伪造的结婚证或雇佣假的亲戚来保证他们"临时婚姻"的合法性。②矿业公司自然接受这样的"证据"。昌西在1940年代对恩卡纳的公司警察的一段采访,描述了公司的典型态度:我们对女友并不严格,因为每个人都有女友,如果我们逮捕了男人的女友,这会导致劳工闹麻烦。其中大多数是兰巴族女孩。③由于大多数临时妻子来自于兰巴族女性,她们也成为"坏女人"(Wicked Women)的代名词。

这一时期当局的立法规范鲜有成效。究其原因,移民劳动制度下,长久的低工资使许多工人几乎无法养活自己和家人,这就增加了女性寻找新的、更慷慨的伴侣的动力。由于立法规范大大降低了女性利用婚姻议价的自由,非洲男女之间对财富的争夺更加显著。无论是男性还是女性,在着装上都倾向于模仿欧洲人。女人抱怨她们没有衣服穿,男人则抱怨女人花光他们所有的钱。④

二战后,铜带城镇化的发展促使英帝国殖民政策产生转变。在被称为"第二次殖民占领"的时代,英国殖民当局致力于打造更稳定的城市工人和中产阶级,以促进殖民地的发展。⑤1940年颁布的《殖民地福利与发展法案》,标志着间接统治制度的终结,英国殖民政策从剥削与压迫转向了"发展"与"福利"帝国主义。至此,英帝国终于放弃了殖民地的移民劳动政策,转向稳定化政策,承认非洲人的城镇属性。⑥1947年北罗得西亚殖民当局颁布的《十年发展计划》,明确了兴建基础设施,以建立一个稳定城市社会的规划目标。在接下来

---

① Martin Chanock, *Law, custom, and social order*, p.175—178.

② Parpart, Jane L., "Where Is Your Mother?", p.258.

③ Davis Merle, *Modern industry and the African*, pp.286—288.

④ Parpart, Jane L., "The household and the mine shaft", p.44.

⑤ Frederick Cooper, "From free labor to family allowances", p.757.

⑥ 李鹏涛:《英属中部和东部非洲殖民地的城镇劳动力政策》,《世界历史》2017年第2期,第38页。

的 15 年里，人口增加了 5 倍。铁路沿线的劳工营被改造成没有蚊虫乱舞的城镇，配套了饮水卫生设施、柏油路面、路灯、拥挤但建造良好的房屋、干净的开放空间、为非洲人提供公共交通以及以英国和南非为模板的市政管理。① 大批来自南非的欧洲移民涌入铜带，铜带城镇出现了各种各样的商店，包括货物堆场、汽车修理厂、旅馆、餐馆、百货商店和办公室。② 这一时期，当局将稳定的婚姻和家庭视为社会经济发展和公共秩序问题的核心。

当局寄希望于扩大女童教育和推广福利计划，从整体上提升女性素质，培养理想的城镇家庭，从而消除"不良"婚姻关系。1930 年代中期，基督教传教团承担起兰巴族基督教男孩的"文明化使命"，教授他们制砖，家具制造，养牛，蔬菜种植等技能培训。③ 而对女童的教育目标是，为基督教男性培养合适的家庭主妇。在那里，对农村家庭中一切家务服务的培训最为重要。④ 之后，传教士逐渐意识到铜带的女孩是日益城镇化的人口。于是她们呼吁当局应该在铜带鼓励建立稳定的家庭生活，并投入更多的公共服务设施。1938 年，殖民当局就曾在铜带城镇建立了一所女子寄宿学校，指定经验丰富的伦敦传教会传教士梅布尔·肖为校长。学校教育的目标是让那些未来留在城镇的女孩能够成为称职的妻子和母亲，以建立稳定的家庭生活。此外，殖民当局对婴儿死亡率的关注，决定推广孕产妇健康教育，学校成为专业技能培训场所。梅布尔·肖还在姆伯雷什的女童寄宿学校成立医疗部门，培训助产士和婴儿福利进行培训，她称之为"生命之屋"。⑤ 随着稳定化政策逐步落实，女童教育不断扩大，受教育的女性选择成为教师、护士和助产士。矿业公司尝试扩大妇女福利，一边强调妇女在婚姻和家庭中的首要地位，一边向他们灌输"公民责任"和"公民文化"，意图塑造"体面的"非洲城镇阶层。⑥ 在当局和矿业公司的支持下，教会

① Helmuth Heisler, "The creation of a stabilized urban society: A turning point in the development of Northern Rhodesia/Zambia", *African Affairs*, Vol.70, No.279(1971), p.125.
② Deborah Kallmann, "Projected moralities, engaged anxieties: Northern Rhodesia's reading publics, 1953—1964", *The International journal of African historical studies*, Vol.32, No.1(1999), p.76.
③ Brian Siegel, "The 'Wild' and 'Lazy' Lamba: Ethnic Stereotypes on the Central African Copperbelt", in Leroy Vail, ed., *The Creation of Tribalism in Southern Africa*, University of California Press, 1989. pp.358—362.
④ Karen Tranberg Hansen, "Negotiating sex and gender in urban Zambia", *Journal of Southern African Studies*, Vol.10, No.2(1984), pp.226—227.
⑤ Elizabeth E.Prevost, "Troubled Traditions: Female Adaptive Education in British Colonial Africa", *The Journal of Imperial and Commonwealth History*, Vol.45, No.3(2017), p.485.
⑥ Deborah Kallmann, "Projected moralities, engaged anxieties", p.97.

也为城镇妇女提供领导能力培训、基督家庭生活和婚姻准备等课程。课程受到很多丈夫们的欢迎,以致供不应求,他们希望妻子学习欧洲人的优雅之处。①

随着城镇化的不断发展,铜带的男女比例呈现缩小趋势。1948 年,铜带城镇的男、女人数分别为 70228 人和 35651 人。②战后铜带城镇中人口的繁荣和空前的通货膨胀对低收入的城镇大众带来了双重压力。城镇家庭的收入远不够覆盖其生活成本,家庭内部两性斗争更加突出。50 年代,通奸、卖淫、非婚生育等问题愈演愈烈,临时婚姻现象依然十分普遍。再加之由于城镇生活日渐稳定化,一些合法结合的婚姻也会产生问题。因此,精英阶层呼吁解决城镇婚姻问题的城镇方案。

为了遏制临时婚姻与假婚的势头,抬升合法婚姻的地位,殖民当局采纳非洲精英阶层的呼吁,实施城镇婚姻登记的新政策。从 1953 年起,订婚者可以在城市法庭中登记结婚,只需要双方两名监护人的同意。城市法庭依据适当婚姻的行为规范进行案件判决,一个好妻子要生孩子、善良和准备食物、打扫房间,对丈夫保持性忠诚。但作为回报,丈夫应该是慷慨的、善良的和负责任的。任何一方有违背这些规范的行为,都会受到惩罚。城市法庭保证了合法婚姻中的女性获取住房、分配丈夫工资、投诉丈夫不履行责任的权利。这驱使更多临时婚姻关系中的妇女选择正式的婚姻登记。③

伴随铜业扩张,赞比亚铜带地区精英阶层兴起为一股重要的力量,他们将稳定的婚姻关系视为体面生活的象征。1951 年中非联邦成立后,新政府培养忠于联邦的精英阶层,鼓励他们模仿欧式家庭模式。④铜带精英阶层的家庭观念与基督教传教团的倡导紧密相关。1935 年铜带大罢工后,矿业公司支持铜带联合传教团(the United Missions on the Copperbelt)开展面向女性的福利课程,基督教价值观,如一夫一妻制和维多利亚时代家庭关系、主妇家庭技能等是主要的培训内容。根据 1943 年萨弗瑞的调查:城镇中发展出了稳定的婚姻生活,拥有长期工作的熟练矿工很少卷入婚姻纠纷。⑤遵循适当婚姻标准的矿

---

① MEC, Report on women's treaning, 1963, quote from Parpart, Jane L, "Gender, ideology and power", p.28.

② Mr. Tregear, Memorandum on Copperbelt African Education, 1949; quote from Parpart, Jane L., "Where Is Your Mother?" p.257.

③ Karen Tranberg Hansen, "Negotiating sex and gender in urban Zambia", p.225.

④ 杭聪:《西方矿业公司与英属中非联邦解体》,《史林》2012 年第 4 期,第 165 页。

⑤ Saffery, Ambrose Lynn, A report on some aspects of African living conditions on the copper belt of Northern Rhodesia, Government printer, 1943, p.47.

工家庭,他们力图证明非洲人可以在城市地区过着体面的、有秩序的生活,并通过建立稳定的婚姻和适当的家庭生活观念来寻求他们在殖民城镇社区中的合法性。

> 在1943年,纳穆西亚(Namusiya)是矿上的一个工头,在伊拉(Ila)同意成为一名基督徒后,与她结婚。他们在一个铜带教堂结婚,没有遵循任何乡村习俗。所有的教会成员都接到了他结婚的通知,人们来和他一起庆祝。他的朋友们捐钱为客人们买食物。他没有支付任何彩礼。①

新兴精英阶层利用铜带地区的各种组织,如福利协会、教会团体和城市咨询委员来加强婚姻的稳定化。他们要求更严格地城市婚姻登记、遣返单身妇女,更严厉地处罚通奸的妻子,更重要的是,希望通过掌握城市法院为解决临时婚姻提供城镇方案。50年代,他们在城镇中发动起一场婚姻稳定化运动。

在殖民当局的支持下,精英阶层进一步打造新的城镇文化规范,掌握了对"体面"定义的话语权(尽管这种"体面"是对白人家庭生活的模仿)。精英们组织俱乐部、舞蹈、辩论等休闲娱乐活动,仅与身份相近者交流,以此标明自身的阶级界限。新兴精英阶层成员会恪守严格的标准。诸如,出入电影院是危险且不合时宜的,在公共场所饮酒也是不被允许的。在城市生活不再等同于罪恶,而是应与不体面的行为保持界限。人们轻视滥交的男人,女性频繁更换伴侣或再婚行为会受到强烈的谴责,甚至被贴上"妓女"的标签。例如,在穆富利拉城市法庭的记录中,有如此的描述:"如果一个女人曾和三个不同的男人结婚……她将被视为一名妓女,如果她离开第三人,她什么都不能索取,即使是她自己的衣服。"②

在城市法庭和精英阶层的联合推动下,"体面"的概念在城镇大众的意识中与婚姻和性生活的稳定与否联系在一起。对于一般平民而言,"体面"的婚姻生活意味着合法的登记结婚。一位"体面"的妻子——只要不过度饮酒,不追逐男人,不忽视妻子的职责,在啤酒厅和酒吧喝酒是完全可以接受的。③更

---

① Parpart, Jane L., "Where Is Your Mother?", p.241.

② Zambia National Archives(ZA), SEC2/381, Vol.I, Report of the Urban Native Courts(UNC), Mufulira, 12 May, 1939.

③ Hortense Powdermaker, A Survey of Reading, Cinema and Radio-Audience Patterns, Preference and Attitudes in Luanshya, (mimeo.), 1953, p.27.

贫穷的矿工负担不起挑剔,他们接纳临时婚姻关系。到了 50 年代末期,罗得斯-利文斯顿研究所①的克莱德·米切尔和比尔·爱泼斯坦等人的研究发现,铜带的城镇得到了相当程度的稳定。②

　　然而,这种婚姻稳定化的实质是城镇中非洲人的贫富分化和群体分化。生活条件改善的群体为追求城镇中体面的社会地位,倾向于维持更稳定的婚姻。身处社会底层的贫民,他们没有挑剔的经济基础,临时婚姻关系依然普遍存在。殖民当局和城镇精英对婚姻关系的规范措施,实质上使铜带城镇建立起高度父权制。在"有形"的立法规范下,底层女性越来越难以利用殖民法律制度来谋取自己的利益。此外,城镇中"无形"的文化规范正在形成,追求合法性乃至阶层差异的"好女人"与追求生存和独立的"坏女人",甚至成为斗争的双方。

五、赞比亚妇女对规范措施的反抗

　　在殖民早期,赞比亚女性一定程度上实现了自我解放以及摆脱农村家庭中亲属关系的束缚,发展出独立的性别身份。她们来到铜带城镇寻求谋生和向上流动的空间,由于可参与的经济活动着实有限,选择成为情妇或女友也为移民女性提供了保护,以及一些经济上的保障。介于成为矿工的妻子和直接卖淫之间的临时婚姻关系,其实质是女性与男子建立了长期协议,她们以提供"家的舒适"换取一定程度的经济安全和居所。但这却加剧已婚妇女对丈夫的焦虑感,即她们的丈夫将家庭经济分配给多名女性。在殖民主义经济结构中,不同群体的女性彼此敌视。在 20 世纪 30 年代以前,"好女人"(Respectable

---

① 人类学家对赞比亚城镇中心发展的兴趣,源于 1937 年由英国政府在此建立的罗得斯—利文斯顿研究所(The Rhodes-Livingstone Institute)。50 年代,铜带的城镇化发展被信奉"现代主义"的人类学家认为是走上了一条与欧洲工业化和现代化相呼应的发展道路。与同一时期邻近的南非和南罗得西亚的白人种族隔离政权下白人城镇的发展不同,美国人类学家詹姆斯·弗格森将铜带城镇化水平描述为"真正的非洲人的城镇化"。20 世纪 50、60 年代,在"现代主义"理论指导之下,人类学家将非洲人的城镇新生活等同于追求"现代化",理论赋予了赞比亚矿工们一套"都市风格",包括建立核心家庭、永久的城镇化、欧式的家庭生活等等。参见:James Ferguson, *Expectations of Modernity*, chapter 3、chapter 5。

② Clyde Mitchell, "Aspects of African Marriage on the Copperbelt of Northern Rhodesia", *The Rhodes-Livingstone Journal* 22 (1957); A. L. Epstein, "The Administration of Justice and the Urban African"; A.L. Epstein, *Urbanization and Kinship: The Domestic Domain on the Copperbelt of Zambia, 1950—1956*, Academic Press, 1981.

Ladies)是留在农村承担农业生产,除非进城照顾劳工丈夫。在南罗得西亚,演化出"移民妻子"这一类别,以阻止城镇中的临时婚姻。她们通过定期返回农村,来"清洗"在城镇居住受到的污染。①

殖民当局早期对婚姻立法规范,主要目标是通过令城镇婚姻"传统化",重新将城镇女性回归农村父权的控制之下。但强制婚姻登记的措施并不能真正约束社会底层的女性。赞比亚女性往往利用立法和实际执行之间的落差,争取自己的利益。根据 1943 年殖民地官员的报告,"居住在就业中心附近的大部分土著人,普遍存在着对登记的抵制……担心婚姻会比他们料想的更有约束力,妇女尤其倾向于持有这一观点。"②很多底层女性喜欢临时婚姻的状态,她们想方设法躲避官方的搜查和取证。1954 年后,虽然婚姻登记人数有所增加,但非正式的婚姻关系继续蓬勃发展。

此外,阻止妇女进入城镇的措施也被证明是无效的。妇女们有着各种策略,她们悄悄绕过路障关卡,伪造通行证件。据一名东部省份的地方官员称"每辆卡车上都载着前往城镇中心的妇女",附近兰巴兰的一所教会寄宿学校关闭了,因为所有 25 名寄宿生都逃到铜矿带。③被遣返的妇女很快会回到镇上。④最终,城市法庭在 1953 年放弃了遣返政策。无论如何,立法措施不足以阻止女性迁往铜带城镇。渐渐地,殖民当局开始更关注如何从文化规范层面控制女性的性行为。女性在男性亲属控制之外的性活动被定义为不道德的行为,被归此类的女性成为社会谴责的对象。

二战后,随着精英阶层的兴起,精英阶层打造的新的文化规范对女性选择的影响日益重要。新兴的精英阶层追求体面的社会地位即意味着他们有意塑造社会等级。殖民当局联合非洲精英阶层推动的性别文化规范,结合传教士的家庭生活观念,构建了维多利亚时代家庭理想的模型,"好女人"的性别规范即家庭中"适当的"妻子和母亲的角色。⑤尽管早期的城镇移民女性将临时婚姻关系作为城镇谋生的有效方式,但许多妇女也渴望找到更稳定的浪漫伴侣,

① Terri Barnes, *"We Women Worked so Hard"*: *Gender*, *Urbanization and Social Reproduction in Colonial Harare*, *Zimbabwe*, *1930—1956*, Heinemann, 1999, p.111.

② Martin Chanock, *Law*, *custom*, *and social order*, p.208.

③ Davis Merle, *Modern industry and the African*, pp.286—287.

④ Chauncey Jr. George, "The locus of reproduction", pp.158—159.

⑤ Coppens, Betty, "Social Work in Urban Areas with Special Reference to Family Life", *International Review of Missions*, Vol.41, No.4(1952), p.464.

与她们建立家庭,建立在城镇当中的体面生活。帕帕特引用 1943 年的一项研究,声称 33% 的铜带妻子在城镇居住三年以上,而且许多人自从她们来到后就没有回过家,这个趋势持续了整个殖民时期。[1]定居在铜带且拥有适当婚姻的城镇女性积极参与构建了体面生活的物质和意识形态的差异化标准。她们将自己与临时婚姻中的"坏女人"区别开来。

首先,好女人拥有一定的物质资产,拥有房子、依赖丈夫的工资或接受过职业教育。精英阶层模仿白人家庭,将家庭主妇效仿西式家政服务,维持家庭卫生和清洁作为更高等级的性别规范。非洲人的报纸上倡导理想性别分工,男性定位为受过教育的职员、教师、专业人士、非国大白领,而将女性定位为家庭主妇,她们关心现代工具、烹饪和保持一夫一妻制的方法。[2]其次,在意识形态上,获得"好女人"的名声前提是拥有"适当的婚姻"。此外,还有参与俱乐部活动以及家务技能的训练和展示,如插花、保持清洁,缝制衣服等。

面对性别文化规范,妇女群体在捍卫自身利益的活动上出现了分化。对于精英妇女来说,她们照料家庭的同时,也引导婚姻关系的平等。男人和女人受过教育,有工作,上教堂,节制饮酒,共同抚养家庭。[3]对于上世纪 50 年代的大多数普通铜带妇女来说,她们的生活主要围绕着照顾丈夫和家庭。妇女通过谨慎地选择她们的朋友,避免与声名狼藉的妇女为伍,监护她们孩子的活动,接受她们丈夫的许多命令来寻获"好女人"的名声。[4]她们在经济上几乎完全依赖丈夫的工资,处于家庭中的从属地位。尽管如此,她们会不断地寻找方法来扩大丈夫工资中属于自己付出无偿家务的份额。妇女学会了在法庭上避免对丈夫的通奸或一夫多妻行为纠缠不休,而是向当局抱怨丈夫不履行责任的行为,如殴打、遗弃和酗酒,以赢得法庭上的辩护。对于下层社会的妇女而言,她们在合法的婚姻中获得的利益少得多,而成为"坏女人"却能获得实在的好处。

随着民族主义兴起,民族主义政党中的妇女团体对殖民时代塑造的"文

---

① Parpart, Jane L., "The household and the mine shaft", p.38.

② Deborah Kallmann, "Projected moralities, engaged anxieties", p.93.

③ Dorothy L. Hodgson and Sheryl McCurdy, "Wayward wives, misfit mothers, and disobedient daughters: 'Wicked' women and the reconfiguration of gender in Africa", *Canadian Journal of African Studies*, Vol.30, No.1(1996), p.3.

④ Peter Harries-Jones, "Marital Disputes and the Process of Conciliation in a Copperbelt Town", *Rhodes Livingstone Journal*, No.35(1964), pp.29—72.

明"婚姻模式提出了尖锐批评,"体面"的婚姻模式被视为对女性的束缚。一些"体面"女性与"坏女人"们聚集在一起,参加抗议和暴动。例如,1954 年,铜带地方的妇女将废除婚姻登记作为反对殖民政权的诉求。[①]一些已婚女子甚至焚烧自己的结婚证书,以示不满。"体面"婚姻作为殖民统治的象征,无疑激发了下层女性参与民族主义运动的热情。这些批评与反抗行为,削弱了新兴精英阶层对"体面"定义上的道德权威。

精英阶层主导的社会规范受到来自"习俗"和"传统"呼吁的支持,再加上社会监督和控制机制的强化,体面的性别规范往往成为地方乃至国家道德和社会秩序的基础。任何胆敢逾越体面妇女定义标准的行为,都被会贴上"不道德"和"邪恶的"等标签。[②]值得注意的是,"好女人"和"坏女人"之间的阶层分化,不光是殖民当局和精英男性的倡导,精英女性的努力帮助定义了"体面"的因素。因此,城镇女性与男性一样,在物质层面和意识形态层面对城镇新的性别关系和阶层塑造起到了重要作用。直到后殖民时代,赞比亚社会中男人养家糊口,主妇照料家庭这一文化刻板印象,依然很难打破。[③]

结　语

从殖民时期赞比亚铜带城镇中婚姻关系的演变可知,非洲的婚姻模式并非一成不变。不断发展的婚姻制度界定了家庭关系中男女的地位、权利和义务,以使新兴的城镇家庭与新的资本主义经济接轨。因此,殖民时期非洲的婚姻制度被认为是一种历史上构建的、不断协商的社会控制机制。[④]由于婚姻关系是男女在生产、生育、消费和分配斗争的中心场所。因此,婚姻制度的变革是更广泛的经济和社会变革的缩影。

20 世纪 30 年代末,殖民当局打着规范"婚姻问题"的旗号,实质是将控制女性的流动性和性行为作为应对社会变革的措施。在殖民政府的主导下,稳定婚姻的措施先后受到农村传统权威和城镇新兴的非洲男性精英的支持。至

---

① Ault, "Making 'Modern' Marriage 'Traditional'", p.201.
② Teresa Barnes, "The fight for control of African women's mobility in colonial Zimbabwe, 1900—1939", p.590.
③ Alice Evans, "History lessons for gender equality from the Zambian Copperbelt, 1900—1990", *Gender, Place & Culture*, Vol.22, No.3(2015), p.344.
④ Dorothy L. Hodgson, and Sheryl McCurdy, "Wayward wives, misfit mothers, and disobedient daughters", p.6.

50 年代,赞比亚铜带城镇婚姻从"临时婚姻"状态转向为相对稳定,实质分化的状态。殖民当局稳定婚姻的措施并不理想的根源在于,殖民统治在赞比亚的建立,冲击了当地传统社会秩序,带来不可逆转的影响。首先是迅速的城镇化侵蚀了农村社会结构,动摇了殖民统治基础。其次,女性在城镇中的活动与城镇社会中的婚姻纠纷、住房不足、罢工活动、教育短缺、疾病蔓延、民族主义运动等诸多社会问题,共同构成了对城镇管理,乃整个间接统治体系的挑战。殖民当局既不了解又没有办法从根本上改造当地传统社会。殖民者带着种族偏见,试图干预、限制或控制当地人的活动,反而暴露出殖民霸权在赞比亚的脆弱性。在不断变化的城镇环境中,赞比亚女性展现出能动性和反抗意识。她们把握机会,敢于挑战权威,无论是来自殖民者还是非洲社会内部。

Temporary Marriage in Colonial Zambia's Copperbelt Towns

Abstract: The intervention of Europeans in Zambian marital practices in the late 19th century ignited the "emancipation" of women. Rapid urbanization of the Copperbelt region led to a massive influx of women into the new towns in the 1930s. For the sake of stable housing, and decent life, a substantial share of migrant women lived in the towns temporarily with male partners in an undocumented marital relation. The problem of undocumented marriage caused widespread concerns among Colonial officials and African patriarchs. In order to maintain order and stability under colonial rule, the colonial authorities first took legislative actions to regulate the registration of marriages; after World War II, they promoted welfare programs, such as education of girls, uniting the emerging urban elite, to forge new cultural norms, and shape the new customs of idealized marriage among urban women, with the ultimate goal of controlling women's mobility and sexuality. Facing with this series of "normative" measures, women in the Copperbelt towns responded by pursuing and defending their own interests in a variety of ways.

Keywords: Colonial Zambia; Copperbelt Towns; Women; Temporary Marriage

作者简介:代竹君,上海师范大学非洲研究中心 2018 级博士研究生。

城墙内外：
呼和浩特城市史中的双重性格

陈兴华

　　摘　要：呼和浩特是一座中国北方沿边地区的重要城市，它诞生于归化城和绥远城的结合。以较长时段下城市功能分区的分布和变迁状态为观察对象，就可以看到呼和浩特城市性格中的"固执"与"活泼"。以归化城、绥远城两座城的城墙为空间分割线，可将呼和浩特的城市性格大致分为城墙之内的"固执"和城墙以外的"活泼"。"固执"体现在城墙内城市功能分区的单一和稳定，"活泼"体现在城墙外城市功能分区上的多样与变化。这种城市性格自呼和浩特诞生伊始就存在，并随着城市自身的成长又存在波折，一直延续到中华人民共和国成立前。这种城市性格是先天和后天因素综合影响下的结果。先天因素主要归结于归化城与绥远城城市性质的特殊性。后天因素主要体现在城墙拆除之后，商贸线路中断、境外势力的商业竞争以及社会局面混乱等，使得呼和浩特在城墙拆除后，没能较快地从双重性格的状态下走出。

　　关键词：呼和浩特　历史城市地理　城市史

　　呼和浩特这个名字是蒙古语音译，意为"青城"。当今呼和浩特又因乳产业发达，被称作"中国乳都"。从自然环境和文化来讲，呼和浩特是北方农牧交错带上的城市，处在游牧文化与农耕文化交汇的前沿；从经济史角度看，清代的呼和浩特是晋商前往蒙古、俄国等地经商的重要节点；从人口史角度了解，呼和浩特是走西口这一大规模移民活动的主要迁入地之一。凡此种种，使呼和浩特备受学界关注。

城墙是中国古代城市中最为重要的构成要素之一,是中国古代城市重要的防御手段,也是中国古代城市一种重要的表征。本文所述的呼和浩特城墙,分割了古代呼和浩特的城市功能分区。墙里墙外,一墙之隔让呼和浩特呈现了两种不同的城市风貌,彰显了一座城市内部在某种要素的分割下表现出空间上的差异。在三百余年的时间中,呼和浩特这个名字所指代的空间范围扩大了许多倍,这种空间差异却没有太大的变动,在流动的时间里,呼和浩特展现了一种空间上的静止。①

"城市性格"是个颇具人文色彩的词语,很难为其下一个定义。周俊旗是国内较早专门研究城市性格的学者,他对城市性格给出了这样的界定:城市性格主要体现在三个方面,一是特定城市在城市系统中的主要功能和功用,如首都,港口,商业中心;二是物化了的城市人文符号个性,如各种政治性建筑体现出的政治功能,各种商业建筑体现出的经济功能;三是特定城市居民带有的具有鲜明城市个性的生活方式和行为方式,如商业城市市民的经商意识,水运城市居民的船舶生活等。②本文使用周俊旗这一观点,但不会涉及全部三个方面,本文所讲的呼和浩特的双重性格同样符合对城市性格的基本认识,即城市性格的形成是多种因素综合作用的结果,体现于政治、经济、社会生活以及城市文化的角角落落。

对于城市来说,首善之区北京,东方莫斯科哈尔滨,鹏城深圳,包括乳都呼和浩特,这都是人们对于一座城市性格的认知。城市的性格特征,或者说"市格特征"是一座城市通过某些城市元素所表现出来的状态,本文关注的这项元素是城市功能分区的空间差异性。呼和浩特则因中国古代城市中最常见的物质实体——砖石城墙,而使其显示在"中国乳都""青城"等城市性格以外的,固执与活泼并存的双重性格。墙里墙外,站在不同的位置与呼和浩特进行交流时也就有了关于呼和浩特不同的性格体验。这些性格,也并不是完全绝对的性格和功能分区,各种主要功能分区中会有其他的功能分区,正如一个内向不喜欢与人交谈的孩子依旧可以在交际场和表现得自如大方,这并不冲突;内蒙

① 本文所研究的呼和浩特的空间范围指的是城市建成区范围下的呼和浩特,略小于今天四个市辖区的行政范围。此外归化城和绥远城作为独立个体存在,两地城市建成区并未连成片之前,古籍文献中的呼和浩特通常指的是归化城,为了保持原文,引用处不作修改。
② 周俊旗:《城市性格研究初探——以近代华北城市为例》,《城市史研究》2005年第1期。

古自治区虽然名字中有"蒙古"二字,但辖区内人口最多的民族是汉族,而是这一地名体现了蒙古族为主体民族这一特征。这一点是本文叙述的基础。下文首先梳理了呼和浩特墙里墙外城市性格差异的情况表现在哪些方面,然后讨论原因所在。

一、城墙以内的"固执"

城墙以内的"固执",是指在城市功能分区、产业结构上的固执,主要体现在两个方面,一个是城市功能分区类型的单一;另一个是城市功能分区、产业结构的稳定不变。

(一)归化城墙之内

呼和浩特源于归化城。归化城建成于明万历三年(1575年)。[①]城墙修筑的范围大约是周二里或周三里。[②]

这座小城归化曾历经战火。崇祯元年(1628年),林丹汗率部占领呼和浩特地区,但随着后金政权的兴起,林丹汗的位置并没有坐稳。崇祯五年(1632年),后金军队进攻到归化城,战乱之中,归化城被彻底焚毁:

> 四月,建州四王子勒西路降人五六万,西来逐插,插战不胜,益渡河西徙。东人烧绝板升,插汉偕套虏走大漠。[③]

学界普遍认为归化城在这次战乱中已经被烧毁。[④]所以现有文献中记载的归化城墙范围是清代重修之后的城墙范围,而被破坏了的归化城,没有按照原来规模修复起来。清初,满族统治者因陋就简地重建了一座小城。学者们会得出这样的结论也是情有可原。《阿勒坦汗传》载:

---

① 薄音湖:《呼和浩特城(归化)建城年代重考》,《内蒙古大学学报(哲学社会科学版)》1985年第2期。

② 有关归化城的范围大小尚存分歧。城周二里的文献记载有《归绥县志》《土默特志》等,城周三里的文献记载有《古丰识略》《归绥识略》《绥远通志稿》《归化城厅志》等。

③ (清)彭孙贻:《明史纪事本末》第四册《明史纪事本末补编》,中华书局1977年版,第1570页。

④ 包括胡钟达、牛淑贞等人,可参考牛淑贞《清初蒙古城镇归化城重建问题探析》,《兰台世界》2014年第21期。

名圣阿勒坦汗于公水猴年,[①]

又倡导仿照失陷之大都修建呼和浩特,

商定统领十二土默特大众,

以无比精工修筑(此城)。

于哈鲁兀那山阳哈敦木伦河边,

地瑞全备的吉祥之地,

巧修拥有八座奇美楼阁的城市

及玉宇宫殿之情如此这般。[②]

　　无论是周二里还是周三里,都是一座很小的城,与这"八座精美楼阁的城市"实在是不搭配。除此之外,有关新修的归化城不是原来的归化城的主要论据还有一幅万历八年(1580 年)阿勒坦汗向明朝的贡马表图卷。根据相关论文中的描述:"该图卷绘有一座城。城北是一座高山,城南是连绵起伏的高山,东西蜿蜒绘一道长城……城东依稀可辨有一白色塔形建筑……画中的城是座近似方形的四门砖城,城上皆绘有堞墙、垛口,为一砖裹城。城内建筑多为汉式,城中央是一组约三四座高大建筑,其余建筑物皆围绕着一组建筑顺城势排列。南城有一道东西横贯全城的排列整齐的建筑,似是一道土垣,土垣以南至南门约占全城四分之一的地方,仅有二三座高大建筑,似是寺宇。"[③]

　　不过古代的地图写实性很差,仅凭这样的画面还不能证明图中的城是归化城。根据图中白色塔形建筑和城南的寺宇建筑等特点,[④]暂且猜测图中的城就是归化城。这幅图中所描绘的城也与我们知道的归化城差距颇大。四门、角楼这都是清代归化城所不具备的。照此看来,归化城应当是曾经被推倒重建过,而且重建的归化城要比原本的归化城无论从规模还是建筑样式和形制上都要小且简陋很多。

　　根据上文《阿勒坦汗传》对于修城的记载,能看到阿勒坦汗在修城时的指导思想是要仿照元大都去修建,元大都不仅仅是一座城市,还是一个都城,也

① 藏历,即壬申年,隆庆六年,公元 1572 年。

② 珠荣嘎译注:《阿勒坦汗传》,内蒙古人民出版社 1990 年版,第 86 页。

③ 卢明辉等编写:《内蒙古文物古迹散记》,内蒙古人民出版社 1988 年版,第 29 页。

④ 位于呼和浩特东侧有一座白色的"万部华严经塔",建造年代不详,相传建于辽圣宗年间,今仍存。呼和浩特白塔国际机场即以此命名。

就是说归化城在其诞生的初期,其目的是修建一座都城或王府城性质的城池。回顾归化城范围的"周二里"和"周三里",这座城并不大,相比较内地城市的城墙范围要小许多。甚至不能称其为城市,而只是阿勒坦汗的王府而已。这一点亦可从阿勒坦汗在修筑归化城之前修筑的"大板升城"来推测。《万历武功录》中记载:

> 其四十四年①,全与李自馨、张彦文、刘天麒僭称俺答为皇帝,驱我汉人修大板升城,创起长朝殿九重,期五日既望日上梁,焚楮赞呼万岁,如汉天子礼。会天怒,大风从西南起,栋折,击主谋宋艮儿等八人。答畏,弗敢居。②

阿勒坦汗不仅仅是修城,还要做"万岁",行"天子礼"。大板升城现多认为是位于包头市土默特右旗的美岱召。美岱召是一座著名的城寺,四面城墙长度在 160—190 米之间。③大批美岱召旧存地契的发现,已经证实了美岱召是阿勒坦汗家族的家庙。④对于家庙尚且修筑城墙,更不要提王府了。若大板升城就是美岱召,与归化城相比,这座城同样规模不大,甚至更小,这一点上,两者就有一定相似性。

归化城建好不久,阿勒坦汗就去世了。之后长期居住在归化城的是他的妻子三娘子,依照蒙古族的收继婚传统,三娘子接连嫁给三任土默特首领,自己成为实际上的掌权人,故作为其统治中心的归化城又被称三娘子城。由于三娘子的努力,明蒙边界有了稳定的互市活动,她统治期间明蒙之间没有发生大的争端。三娘子于万历四十年(1612 年)去世,这几十年里,归化城是一直作为土默特首领的王府城而存在,一直作为一个当地的政治中心,甚至是政治机关而已。⑤

后来,林丹汗于天启七年(1627 年)将归化城占领。再到崇祯五年(1632

---

① 为嘉靖四十四年(1561 年)。
② 瞿九思著、薄音湖点校:《明代蒙古汉籍史料汇编(第四辑)·万历武功录》,内蒙古大学出版社 2007 年版,第 71 页。
③ 苗润华、杜华:《草原佛声——蒙古地区黄教第一寺美岱召记》,内蒙古大学出版社 2008 年版,第 135 页。
④ 银光平:《内蒙古"城寺"美岱召考述》,内蒙古大学硕士论文 2009 年。
⑤ 韩永林:《三娘子文献考》,内蒙古师范大学硕士论文 2009 年。

年)归化城又被皇太极率领的军队占领。简言之，除了统治权的易主，归化城的城内功能没有什么变化，从阿勒坦汗到三娘子辅佐的几位土默特首领，再到后来的林丹汗以及后金政权，归化城一直以土默特地区政治中心的身份存在着。

后金占领归化城后，限于实力不足，仍由当地土默特首领继续管理归化城，后随着时间的推移以及满族统治者自身实力的增长，天聪九年(1635年)，满族统治者废除了其统领土默特的权威，以贝勒驻守归化城。崇德元年(1636年)，清廷诏归化城编为二旗，设左右翼都统各一人，从此土默特部成为内属蒙古。

对于归化城的发展来说，清准战争是十分重要的事件。归化城作为由京师前往新疆必经之路上的重要节点，借由此战争之影响，使得归化城与内地的官方合法联系达到了之前没有过的高度。

康熙二十九年(1690年)，乌兰布通之战后，清政府开始积极在包括归化城的西北沿线派兵驻守。清廷不断向归化城增兵，狭小的归化城不论是从军事防卫还是其他方面都已经不能满足需要。康熙三十三年(1694年)，在归化城原城的东、南、西三面增筑了一道外城，扩建后的归化城东西宽一里，南北长半里，最终形成今天的呼和浩特旧城的面貌。当时，原本的归化城内城里，坐落着土默特都统衙门等职官机构，新修外城则主要是官吏的住宅和一些商店。一般居民的住宅和市肆则分布在城的四周，以南门外最为繁盛。①据《古丰识略》载：

> 归化城……旧南北二门，年久坍塌，经土默特左、右翼，与六召喇嘛、台吉等，三佐领下人于旧城南增设外城，包东西南三面。筑墙置门……俱筑楼其上。以旧南门为鼓楼，颜曰威固。②

康熙三十二年(1693年)，费扬古接替朗坦作为安北将军驻归化城。清廷

---

① 牛淑贞根据《皇清开国方略》中的清太宗敕谕土默特章京古禄格修城的记载，认为归化城扩建外城是在崇德六年(1641年)，不过这是唯一的一条记载，且修城是否付诸实施也不详，崇德六年(1641年)修建可信度不高。除此之外，还有康熙三十年(1691年)、康熙三十一年(1692年)等说法。
② (清)钟秀、张增撰：《清代蒙古汉籍史料汇编·古丰识略》，内蒙古人民出版社2017年版，第25页。

借由派将军直接管辖归化城土默特地区,到了康、乾年间又陆续裁汰世袭都统并设置基层官职,不断瓦解当地蒙古族的政治权势,把归化城土默特地区变为清廷直辖的地方政区。①归化城在北部边疆民族地区行政区划的内地化、规范化和国家化过程中一直扮演着一个政治活动中心的角色。

雍正初年,内地大量汉族移民涌入蒙古地区务农、行商。随着移民增多,各项行政事务愈发庞杂。从雍正初年开始,归化城土默特地区逐渐形成了两个不同的行政体系,分别是管理蒙民的旗佐衙门和管理汉民的道厅衙门。雍正七年(1736年),归化厅改属朔平府;乾隆六年(1741年)升为直隶厅。可以看到无论归化城范围大小与否,其所包含的城市功能分区都是十分单一的。

康熙二十七年(1688年),途经归化城的张鹏翮写道"此蒙古语库库河屯也。城周围可二里,惟仓库及付都统署瓦屋,余寥寥土屋数间而已。"②同行的钱良择也记有"城中有瓦房一座,砖壁坚致,官设粮仓也;余者土室而已,空地居半。"③从两人的日记可以看出,军政类建筑在归化城内占有突出且重要的位置。康熙二十七年(1688年),即使这座面积不大的归化城也还远远没有被建筑物填满,城中的职能建筑也仅有仓库、副都统署等。

表1 部分清代呼和浩特军政衙署

衙署	设置时间	具体位置	城内/城外
绥远将军署		绥远城西街	城内
归化城厅同知衙门	雍正元年(1723年)		城外
土默特旗总管衙署	雍正十三年(1735年)		城内
归绥道衙门	乾隆六年(1741年)		城外
管狱巡检署			城外
副都统署	乾隆二十七年(1762年)后		城内
归化关	乾隆二十九年(1764年)		城内

表1整理了部分清代呼和浩特军政衙署的所在位置,从表1中可以看出,管理游牧蒙民的旗佐衙署布局在城内,管理农商汉民的道厅衙署布局在城外。

---

① 乌仁其其格:《18—20世纪初归化城土默特财政研究》,民族出版社2008年版,第39页。

② 张鹏翮撰、毕奥南整理:《清代蒙古游记选辑三十四种·奉使倭罗斯日记》,东方出版社2015年版,第11页。

③ 忒莫勒,乌云格日勒主编:《中国边疆研究文库·北部边疆卷一》,黑龙江教育出版社2014年版,第73页。

回顾归化城城墙存在时期的城市生命历程。城墙以内的城市空间表现出了自己的固执。从城市功能分区来看,归化城墙以内的城市空间主要是军政职能机构的衙署以及住宅。在康熙三十三年(1694年)的城墙扩建中,城墙以内的范围扩大了,原有的城墙以外的住宅和部分商铺变为城内地面。这并未影响城墙以内的"固执"性格。归化城墙的扩建也不是由于原有城墙容纳不下,经济发展需要拓展商业空间。因为康熙二十七年(1688年)的时候城内还"空地居半"。阿勒坦汗修建的这座府城所带来的城墙内的先天性格贯穿了整个归化城城墙的生命历程。

(二) 绥远城墙以内

位于归化城东北方向的绥远城,其诞生就被设计成一座驻防城。作为长城驻防线的重要环节,绥远城墙以内的军政职能因其出生身份便已经决定了。

康熙朝,清廷虽在乌兰布通之战中胜利,但噶尔丹对清廷的威胁并未消除,因此清廷需要在接近对准军事斗争前沿的地方,选址设立新驻防城,以加强西北的边防力量。

> 清雍正十三年十二月,命大臣赴归化城,视形胜地,筑城驻兵屯田。乾隆二年兴工,四年告成。①赐名曰绥远城,城周九里十三步,高二丈九尺五寸,顶阔二丈五尺,底阔四丈。②

从城墙所圈定的范围来讲,绥远城可比归化城大了几倍。但由于绥远城是八旗驻防城,因此将军、协领、佐领、骁骑校等军事官员的衙署及其众多兵丁的兵房,不但构成绥远城的主体和文化风貌,而且反映了军政职能在绥远城中的影响和地位。

从图1中,可以直观地看到各类衙署庙院占据了绥远城内绝大部分的空间。这些衙署排列整齐,分布以绥远城内东部以及东西大街两侧最为密集,其次为绥远城的北半部,在绥远城的西南部分布的最少,因为该区域的小教场和菩萨庙占去了大面积的土地。八旗兵房散处于这些衙署中间。尽管绥远城也有市场,但只是这些衙署的陪衬。鼓楼位于十字街心,最高权力

---

① 对于绥远城的建成时间也意见不一,除了乾隆四年外,还有乾隆二年的记载,如《绥远城驻防志》中载"至乾隆二年工竣"。

② 绥远通志馆:《绥远通志稿》第二册,内蒙古人民出版社2007年版,第393页。

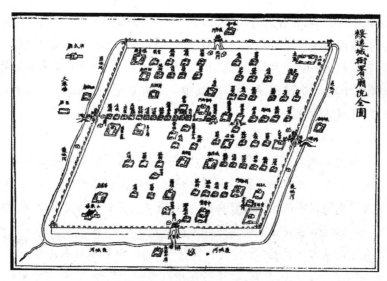

图 1　绥远城衙署庙院全图①

机构将军衙署位于鼓楼西北部,通往四个城门的十字大街则是绥远城交通的主干。②

八旗驻防城的城内布局特征往往是占地大的衙署、教场与整齐成列的小巷子和街道。③因此绥远城在城市面貌上与归化城相比更加的整齐、规矩。光绪末年来到绥远城的法国人古伯察在其行记《鞑靼西藏旅行记》中也是留下了这样的印象:

> 城市的市容整洁美观,非常庞大,甚至在欧洲也会令人赞不绝口。我们仅仅是指用砖砌的带雉堞的城墙。因为城内那低矮的汉式房屋与环绕全城的高大而宽厚的城墙,无论如何也不协调。城内唯一引人注目处是其规则性,有一条由东向西的宽大而漂亮的街道。一员将军率一万大军驻守那里,他们每天都必须操练。所以,该城可以被视为一座大兵营。④

---

① (清)高赓恩等纂修:《绥远全志》,成文出版社 1968 年版,第 65 页。
② 李艳洁、周红格:《绥远城城市功能的变迁(清—1937 年)》,《内蒙古大学学报(哲学社会科学版)》2011 年第 2 期。
③ 李孝聪:《历史城市地理》,山东教育出版社 2007 年版,第 377 页。
④ [法]古伯察著,耿昇译:《鞑靼西藏旅行记》,中国藏学出版社 2012 年版,第 102 页。

　　清代归、绥二城并存的时候,绥远城是归绥地区行政中心。民国年间,归绥地区的政区制度发生了变化。先是设绥远特别行政区,后又改特别行政区为绥远省。归绥一跃成为省治,政府驻地设在绥远城。[①]归绥成为省治后,绥远省建设厅出台了省城建设计划案,其中一个方案是把旧城的民政、财政、教育、建设四厅移驻新城。

　　绥远新城系区政府所在地点,各委员所兼各厅均应将官署建设于此,以便工作也。查归绥两城在前清时代所设各官系属军民分治,故将军坐镇绥远统制旗蒙即绿营各官兵,而归绥道住在归化监司民事,现在政体变更,事殊时异,各委员所兼各厅若仍沿旧分城而居,来往会议既多奔驰,而教育厅尚系赁住民房,况省政府既住于新城,而新城既系办理政事之地点,所有民政、财政、教育、建设四厅均应移住于新城,就原有之协领衙署及书院旗库之地址酌予改建,庶期各厅均住一处,呼应灵通,工作便利。[②]

　　把这些职能机构由归化城移驻绥远城,其选址大都是利用清代绥远城的军政官员留下来的现成衙署。清代的各级衙署由于空间较大、房屋较多、保存也较完整,适合民国时期新建的职能机构继续使用。清代为绥远将军驻扎的绥远城,至民国时期成了绥远省政府和许多公共机关的驻地。

　　下表为归绥市各级机关在城内城外的分布情况。(见表2)

表2　绥远省、归绥县各机关及所在地[③]

机关名称	所在地	城内\城外
绥远省政府	新城西街清绥远城将军衙署	城内
民政厅	旧城西河沿清归绥道旧署	城外
建设厅	新城建设厅巷清八旗协领旧署	城内
财政厅	旧城北门内清归化城副都统旧署	城内
教育厅	新城大东街清万寿宫旧址	城内
绥远省党部	城外大马路	城外
归绥市党部	旧城东顺城街	城内

---

①　郑裕孚纂,郑植昌修:《归绥县志》,成文出版社1935年版,第76页。
②　《绥远省政府公报》1929年第11、12期合刊,第62页。
③　机关及所在地参考郑裕孚纂,郑植昌修:《归绥县志》,成文出版社1935年版,第144页。

机关名称	所在地	城内\城外
归绥县党部	旧城三贤庙巷清义仓旧址	城外
绥远高等法院	新城法院街清绥远城理事同知旧署	城内
绥远地方法院	新城法院街清八旗佐领旧署	城内
塞北关监督公署	火车站	城外
土默特总管公署	旧城议事厅巷土默特议事厅旧址	城内
第一监狱公署	旧城城隍庙街清常平仓旧址	城外
省会平民医院	旧城十王庙巷	城外
省会妇女救济院	旧城十王庙巷	城外
省会恤老院	旧城县府后街	城外
省会公安局	旧城道署后街	城外
绥远垦务总局	新城大东街	城内
归化电报局	旧城恒昌店巷	城内
归化邮政局	旧城小东街	城内
杀虎口台站管理局	旧城议事厅巷	城内
军用电信局	新城省府内	城内
归绥征收局	旧城北门内	城内
建设厅路工局	新城西南菩萨庙内	城内
平市官钱局	旧城三贤庙巷	城外
山西省银行	旧城二道巷	城外
统税查验所	旧城棋盘街	城外
度量衡检定所	新城建设厅内	城内
乡村工作人员训练所	新城大西街	城内
蒙族党务委员会	省党部内	城外
省教育会	城外大马路	城外
省农会	旧城大桥北	城外
绥远总商会	旧城二道巷	城外
归绥市商会	旧城圪料街清商贾公所旧址	城外
县政研究委员会	省政府内	城内
税捐监理委员会	省党部内	城外
省会妇女协进会	旧城东顺城街	城内
中国红卍字会绥远分会	旧城太官巷	城外
绥远通志馆	旧城西得胜街	城内
绥远图书馆	城外大马路	城外
省立国术馆	旧城太平街	城外
国货陈列馆	新城大西街	城内
民众教育馆	城外大马路	城外

续　表

机关名称	所在地	城内\城外
禁烟稽查处	旧城二道巷	城外
营业税稽征处	旧城北门内	城内
绥远旗务处	新城西落凤街	城内
班禅驻绥办公处	新城大西街	城内
蒙古地方自治政务委员会驻绥办公处	旧城东顺城街	城内
乌伊两盟联合办事处	新城大西街	城内
归绥市屠宰检查厂	旧城小召头道巷	城外
省立育婴堂	旧城民政厅西牛痘局旧址	城外
省立第一中学校	旧城草市街古丰书院旧址	城外
省立第一师范学校	旧城北公主府旧址	城外
省立第一女子师范学校	旧城剪子巷	城外
土默特中学	旧城文庙街	城外
中山学院	新城南街清启秀书院旧址	城内
农科职业学校	新城南街清八旗佐领署旧址	城内
正风中学	旧城西顺城街	城内
省立第一小学校	旧城官店巷济生院旧址	城外
省立第二小学校	新城东落凤街	城内
省立第三小学校	火车站	城外
省立第四小学校	旧城上栅子街	城外
省立第五小学校	旧城南柴火市街	城外
绥远日报社	新城大西街	城内
民国日报社	旧城文庙街	城外
社会日报社	大马路民众教育馆内	城外
朝报社	大马路省教育会	城外
农村周刊社	新城建设厅巷	城内
陆军三十五军司令部	城外小教场	城外
陆军七十三师司令部	城外小教场	城外
陆军二百十八旅司令部	旧城西得胜街	城外
陆军二百一十旅司令部	旧城牛桥太平街	城外
陆军二百二十旅司令部	新城西街财神庙	城内
陆军四百廿二团团本部	与所属第一第二第三营各部俱住小教场	城外
陆军四百卅五团团本部	与所属第一第二第三营各部俱住小教场	城外
陆军炮兵廿一团团本部	与所属第一第二第三营各部俱住旧城西茶坊通顺召一带	城外
陆军骑兵第四旅司令部	东沙樑	城外
宪兵司令部	旧城恒昌店巷	城内

表 2 中,民国时期大部分的行政机关位于城墙以内,军事单位、医院、学校等位于城外。虽然在晚清民国时期,有商业区等其他城市职能进入绥远城内,但绥远城的主要职能从其诞生以来就一直是军政职能为主,这一点从未变过,唯一的变化,可能就是由军到政而已,这是与绥远城乃至整个呼和浩特的发展脱不开关系的,随着呼和浩特地区被纳入内地行政体系,绥远城的军转政也成必然。

前文提到绥远城的初设是作为八旗军事驻防城,同时修建了大量的衙署房屋。这些官署建筑的数量也不是一成不变的。乾隆年间对绥远城的衙署进行了部分裁撤。如八旗兵房原有一万二千间,乾隆十六年(1751 年)裁汰四千六百三十二间,变价,出赁取租房一百五十六间。乾隆三十四年(1769 年)裁汰一千六百六十二间,变价。①这些被裁撤的房屋为军政以外人员的进入提供了现成的活动空间,为丰富城市内部空间提供了基本的物质保障,构成当时绥远城的次要职能。

绥远城次要功能分区首要是商业空间。绥远城内虽然有商业空间,但是规模不大。绥远新城兴建设之初是作为屯兵驻守的城郭,城内主要居民是官员、八旗官兵及随从家属,仅在城内南街开设供应必需品的店铺,城内四隅保留了空地,作为八旗官兵的练兵场。②绥远城商业的发展除了居民自身的需求外还有诸如逃税这一类的原因。③但绥远城的商业并没有很好地发展起来,到了民国时期也只有城南唯一的市场。

由钟鼓楼而南之大街,商贩骈列,百物杂陈,为城内唯一之市场。④

《蒙古及蒙古人》则向我们介绍了绥远城在光绪朝的情况:

新城的中心部分全是十分简陋的小房子,住着旗军的士兵……他们从官家领取军饷,步兵每人每月三两,骑兵每人每月九两。他们住的大多

---

① 佟靖仁校注:《绥远城驻防志》,内蒙古大学出版社 1991 年版,第 4—5 页。
② 李逸友:《内蒙古历史名城》,内蒙古人民出版社 1993 年版,第 198 页。
③ 参考自牛淑贞:《1972—1954 年归绥城市地理研究》,中国人民大学博士论文 2011 年。录副奏折,乾隆四十年十一月二十九日署理山西巡抚巴延三奏报查明归化城税务情形事,档号:03-0630-040,缩微号:043-1984。
④ 绥远通志馆:《绥远通志稿》第二册,内蒙古人民出版社 2007 年版,第 399 页。

是官房,这些官房由于无人关照,已经快要倒塌了。在这些小破房子之中有十来家小铺子和三家专供外来管理住宿的客房,几乎全是中国的回民开设的。①

这时的绥远城中心商业仅有几家回民营业的小铺子,军队的官房因为缺少修缮已经快要倒塌了,完全看不出商业繁荣的任何迹象。民国四年(1915年),农商等部联合对归化城商埠进行的调查依旧是,绥远城城内街道宽广整齐,但无大店铺。②即使绥远省省治设在了绥远城之后,也是虽有市尘却无大商。③民国十八年(1929年),绥远省主席李培基为了改变省会绥远城商业萧条的情况,将归化城的许多机关单位和学校迁至绥远城,以提升绥远城的人气,从而使鼓楼市场渐趋繁荣,但"较诸旧城,犹不逮远甚。"④到了20世纪30年代仍然如此,"城内无甚商业,仅居民千余户,空地颇多。"⑤1937年,归绥被日军占领,归绥市改为厚和特别市,战乱时期,绥远城之商业更难发展。

绥远城内的其余次要功能分区还有宗教区域等,光绪朝绥远城中心地区的部分商铺是由回民开设的,回民进入绥远城也就意味着伊斯兰宗教进入绥远城。根据地方志中关于清真寺的加载,归绥共有十多座清真寺,其中有一座位于绥远城。此外,土地庙、山神庙、城隍庙、东岳庙等这些神庙在绥远城也有零星分布。

(三) 无形的归化城墙

民国十一年(1922年),绥远都统马福祥下令拆除了归化城的南城墙。到民国十四年(1925年),除北城门及两小段北城墙外,其余的城墙和城门已经全部拆除。城墙内外的物理界限就此消失。可当归化城墙被拆除后,一段时间内,原有的归化城墙范围内仍然是以城市的行政职能区为主,其他城市职能在原归化城墙范围内没有很好地发展开来,就好似由无形的归化城墙围成了一个结界。

根据表2记录的绥远省、归绥县各机关及所在地,可以看到很多归绥县的

① [俄]阿·马·波兹德涅耶夫著、刘汉明等译:《蒙古及蒙古人》第二卷,内蒙古人民出版社1983年版,第141页。
② 魏渤等:《调查张家口、归化城开辟商埠报告》,《农商工报》1915年第1卷第7册,第10—11页。
③ 绥远通志馆:《绥远通志稿》第三册,内蒙古人民出版社2007年版,第619页。
④ 绥远通志馆:《绥远通志稿》第三册,内蒙古人民出版社2007年版,第636页。
⑤ 范椿年:《绥远经济调查》,《中央银行月报》1935年第4卷,第1—6期。

行政机关仍然设在城内,很多民国的行政机关所在地直接沿用了清代的军政衙署,这也使得民国时期原归化城墙之内仍是行政机关的集中地。如财政厅就设置在旧城北门内清归化城副都统旧署,土默特总管公署则是沿用了旧城议事厅巷土默特议事厅旧址。1937 年,日军占领归绥,德穆楚克栋鲁普亲王在归绥宣布出任伪蒙疆联合自治政府主席,归绥亦被改名厚和,呼和浩特进入了日伪政权的统治时期,日伪政权亦成立了自己的一套行政班子。但这一套行政系统仍然没有逃脱出原来的地域范围。

表3　厚和市新旧城政治各机关[①]

新旧城政治各机关	现驻地	城内/城外
蒙古联盟自治政府政务院	新城(西街)	城内
政务院总务部	新城(自治政府内)	城内
政务院财政部	同上	城内
政务院保安部	同上	城内
金融委员会	同上	城内
逆产处理委员会	同上	城内
参议会	同上	城内
秘书处	同上	城内
巴彦塔拉盟公署	旧城(旧民政厅)	城外
厚和特别市公署	旧城(旧财政厅)	城内
巴彦县公署	旧城(县署前)	城外
税务管理局	旧城(小南街)	城外
土默特旗公署	旧城(北门里)	城内
蒙疆家畜防疫署	新城(东街)	城内

厚和特别市时期,行政机关大多设在绥远城内,归化城片区较少,但重要的厚和特别市公署仍设在城内的民国政府的财政厅上,即大北街路西的副都统衙门内旧址。1945 年日本战败投降后,厚和特别市又称归绥市,市公署仍设在大北街路西的副都统衙门内旧址。1949 年九一九绥远和平起义后,市人民政府也设在大北街旧政府院内。[②]

民国几十年间,归化城墙的拆除对于呼和浩特城市行政职能的空间格局几乎没有产生影响,也可能是这种影响还没有足够发挥出其作用。民国

① 参考厚和市总务科编印,1939 年 5 月《厚和市公署市政月报》特载《厚和市概况》,第 31—32 页。
② 曹建成、刑野著:《归化城老街巷》,内蒙古大学出版社 2017 年版,第 4 页。

时,归化城墙内部那条主干道——连接城南城北的大北街其实已经表现出了商业功能区繁荣的趋势,而在民国之前的文献资料中少见描述大北街商业情况的记载,但在 30、40 年代的归化城照片中,能看到大北街已经成为一条店铺林立、较为繁华的商业街道。①除了城墙拆除与北头起、南头起在空间上的连通外,大北街的崛起在政策推动上或与民国三年(1914 年)归化城开辟商埠这一事件有关。在规划中的城市商埠道路中,有三条经纬路与大北街重合或相交。②只不过由于时局动荡,在归化城开辟商埠的策略没有取得预想的成功。

二、城墙以外的"活泼"

呼和浩特城墙外的城市空间包含宗教性质的城市区域、商业性质的城市区域、带有行政职能的城市功能区域等,而非像呼和浩特城墙以内以军政职能功能区为主,且城墙外的功能区形成之后并非一成不变。城外的功能分区是处在时常的变化中,有时甚至"身兼数职"。

(一) 喇嘛地产商

在呼和浩特,多元宗教共存。有的宗教在发展壮大的过程中形成了各自较为集中的聚集区,其中对呼和浩特城市格局骨架、城市文化内涵影响最深的宗教当属藏传佛教。

藏传佛教并非蒙古人的原生宗教,藏传佛教传入蒙古地区前,当地民众主要信奉萨满教。元代,蒙古族就已经和藏传佛教有过很密切的接触了。元世祖忽必烈曾召喇嘛八思巴到蒙古,尊为国师。③万历六年(1578 年),阿勒坦汗在青海仰华寺与索南嘉措会面。这次会见中,阿勒坦汗赠予索南嘉措"达赖喇嘛"的尊号。此后,藏传佛教格鲁派与蒙古土默特部相互提携,土默特蒙古军队帮助格鲁派在西藏确立主导地位,而格鲁派则在蒙古族地区广为传播。康雍乾嘉百余年间,内蒙古地区的藏传佛教发展达到最高峰。④

总之,传入蒙古地区的藏传佛教规模日益壮大。也使得呼和浩特有了"召

---

① 参考呼和浩特市政协文史和学习委员会编:《青城老照片》,远方出版社 2002 年版。
② 张威:《民国三年:呼和浩特城市形态演变的历史转折点》,《内蒙古社会科学(汉文版)》2013 年第 5 期。
③ 八思巴属于藏传佛教的萨伽派,并非之后传入呼和浩特地区的黄教格鲁派。
④ 德勒格:《内蒙古喇嘛教史》,内蒙古人民出版社 1998 年版,第 452 页。

城"这一称呼。①"天下佛寺之众多。天竺、西藏、五台山而外。其为喇嘛住持者，当以归化城为最盛。"②通常形容呼和浩特召庙之多，有"七大召，八小召，七十二绵绵召"③。以影响最广泛的"七大召"和"八小召"为例，空间分布上，这十五座寺庙全部位于城墙之外。归化城附近的绝大部分召庙都修建在归化城城堡以南，扎达盖河以东，以及今石羊桥路以西这一通常意义上的归化城的范围。只有朋苏克召与太平召例外，太平召位于归化城以北的扎达盖河北岸，而朋苏克召位于归化城西南方向的扎达盖河以西。

商业活动是城市发展进程中的重要部分。呼和浩特的商业是以康熙时期随军商人进驻归化城为标志开始的。上文提到清准战争对呼和浩特的职官设置带来变化，对城墙外来说，清准战争给呼和浩特带来的商业因子同样将呼和浩特带入了新阶段。为了保证军队供给，清政府组织了一批晋商跟随出征的军队贩运军需，以解决军队费用浩大的采购和运输问题。同时这些商人也被允许沿途用茶叶等蒙古人需要的生活用品与蒙古人换取羊马牲畜等产品。战争就这样把不少商人带到了呼和浩特。

康熙二十二年(1683 年)，在与厄鲁特蒙古的贸易中规定：

> 尔处所遣贡使，有印验者，限二百名以内，准入边关。其余俱令在张家口、归化城等处贸易。④

在一步步的政策支持中，康熙三十五年(1696 年)，归化城已经是一个"马驼甚多，其价亦贱"的牲口交易市场了。⑤商人有了，何来的商业空间呢？这又要回到呼和浩特的召庙。呼和浩特的召庙大多数在康熙朝之前就已经修筑完成。这些召庙铺设了呼和浩特商业之路，使归化城南的宗教功能区又加入了新的商业功能，成为"买卖城"。这首要归因于当时归化城的召庙在其附近都拥有大量的房产，据康熙二十七年(1688 年)钱良择写成的《出塞纪略》载：⑥

---

① 内蒙古的诸多寺庙，只有西部的鄂尔多斯地区与土默特地区称之为"召"。

② 绥远通志馆：《绥远通志稿》第十二册附册《归绥识略》，内蒙古人民出版社 2007 年版，第 99 页。

③ 还有一种说法是"七十二免名召"，表示有很多没有名字的召庙，但无论哪种说法，都可以从数量上感知呼和浩特召庙之多。

④ 齐木德道尔吉等编：《清朝圣祖朝实录蒙古史史料抄》，内蒙古大学出版社 2003 年版，第 338 页。

⑤ 齐木德道尔吉等编：《清朝圣祖朝实录蒙古史史料抄》，内蒙古大学出版社 2003 年版，第 745 页。

⑥ 康熙二十七年(1688 年)，钱良择与张鹏翮同随索额图赴色楞格河与俄罗斯和谈，《出塞纪略》内容与张鹏翮《奉使俄罗斯日记》可相互佐证。

> 城南民房稠密，数倍于城内；驼马如林，间有驴骡。其屋皆以土覆顶，贴对皆汉字，窗户精好。[1]

房产出租给商户们，为商业功能区的形成提供了场地支撑，使城南的繁华程度迅速超越城内。康熙二十四年（1685年）成立喇嘛印务处，管理土默特地区召庙。召庙附近的土地，被赐予召庙喇嘛。晚清民国期间一些归化城房屋租赁契约保存了下来，使我们能够了解这一情况。如席力图召就拥有北茶坊天源号巷、席力图召前、海窟南龙王庙路西等处的地产。[2]

李艳洁整理了1948年小召土地所有权登记申请书，通过了解小召在呼和浩特的土地所有权情况，可以窥见归化城地区召庙土地的一些情况。[3]民国期间，小召地产主要集中在小召周围，如小召附近的夹道，萎缩后的地产依然保持了庞大的规模，可以想象清代呼和浩特整个召庙的地产曾达到何许规模。不难猜测，归化城南的小召及其周边的其余召庙近乎瓜分了其周围的所有土地，然后将这些土地租赁作为寺庙的收入来源之一。这与《蒙古及蒙古人》中的描写相符：

> 呼和浩特城的地皮分成许多地段，有的属于各个召庙，有的属于当地都统和土默特管理当局的办事机构，这些地段的占有者有权出租这些土地……几乎所有的寺召都在自己的地皮上盖了房屋，并用围墙围起来，成为栈房，用来租给当地的商人……在盖有房屋的地方，根据地段的不同，每方丈土地的月租在三百文到二千文之间。空地的地租就便宜得多，约为七十五文到五百文，而且租者还有权在他租赁的地皮上随时建造房子。[4]

能看到除了召庙将空地建成房屋出租，租户还会租一个便宜的地段，自己在空地上盖上房屋，在巨大的商业收益前，是不会心疼这些小的投资的，结合

---

① 忒莫勒，乌云格日勒主编：《中国边疆研究文库·北部边疆卷一》，黑龙江教育出版社2014年版，第73页。
② 忒莫勒：《清末民国呼和浩特部分召庙房地契约管窥》，《内蒙古文物考古》1995年Z1期。
③ 参考李艳洁：《呼和浩特市房地研究（1632—1937）》，南开大学博士学位论文2012年。
④ ［俄］阿·马·波兹德涅耶夫著、刘汉明等译：《蒙古及蒙古人》第二卷，内蒙古人民出版社1983年版，第89页。

之前谈到的归化城商业规模,无疑对于整个呼和浩特城市建成区的扩张,以及城市化进程起到了极大的推动作用。如此,归化城南的召庙区成了呼和浩特地区最繁华的商业区。归化城商业兴盛之时,归化城南的商业区扩张到哪里,呼和浩特最南端的建成区也就扩展到哪里。也是由于这样自然无规划的城市生长。

法国探险家古伯察在光绪年间到达了归化城,在他的游记中也见到了对城南混乱无序商业区的描述:

> 我们从满族城到青城旧城最多有半个小时的行程。我们通过环绕城市的辽阔菜田中开辟的一条宽阔的路而到达那里。除了高出其他建筑的喇嘛寺之外,大家只能看到一大片乱无秩序地挤在一起的房舍和店铺。旧的城墙尚完整的存在着,但城中多余的居民被迫迁出城外。大批房舍在不大为人察觉的情况下,于城外建成,形成了大片居住区。现在,城郊的规模正发展得与城内一样大了。[1]

从城市发展的角度来看,召庙区域对于呼和浩特的城市化进程有重要意义。召庙空间为非农业活动提供了相对最优的活动空间,而非农业活动空间的形成才是使附近片区成为归化城建成区一部分的直接动力。从地理位置上看,藏传佛教区与归化城空间距离近,方便与城内行政机关的交往。不过后来,这一片区域也被称作归化城的一部分,虽然其没有城墙。不难看出,在晚清民国民众的视野中,对一座城市的判读,绝不是以城墙范围作为标准,而是以其集中了非农产业空间的城市建成区为判别标准。

(二) 回民商人

离开召庙聚集地,顺着大南街、大北街一路穿过归化城,就到了归化城的另一片性格"活泼"的区域——呼和浩特的回民聚居区。由于聚居回民,其宗教环境也转入伊斯兰教。

呼和浩特回民人口的增加,回民片区宗教和商业的繁荣是从清代开始的。要了解这些迁居呼和浩特的回民,也离不开清准战争。

康熙年间,回民商人掌握着自新疆起,经河西走廊到呼和浩特、张家口一

---

[1] [法]古伯察著、耿昇译:《鞑靼西藏旅行记》,中国藏学出版社 2012 年版,第 114 页。

线的商路和贸易。当时呼和浩特和张家口两地是清廷规定的与厄鲁特蒙古的互市地点,于是,不仅噶尔丹控制下的回民来上述两地贸易,沿途陕、甘、宁、青等地回民也纷纷前来从事贸易活动,并逐渐定居。乌兰布通之战后,噶尔丹为了取得军事上的胜利,试图动员回民进行配合。康熙三十二年(1693 年),"噶尔丹言青海诸台吉并俄罗斯国人与彼同攻中国,又潜通中国回子从中助彼,计得中国后,立回子为中国主,彼则取赋税。"①面对此种情况,清政府将张家口、归化两地的回民集中于归化城以遣送回乡。但部分回民称在此居住已有时日,又缺乏归途的粮食和车马,不愿意离开归化城。最后留下了一百余人。定居于此的回民们也在归化城修建了清真寺。这是呼和浩特旧城北门外通道街及其周围形成回民聚居点的开始。

由于康熙中期以后边关少战事,部分随军回民也渐转业为小商贩和手工业者。到康熙末年,在归化城外马莲滩又形成了一个回民聚居区。②之后的乾隆年间是回民大批迁入呼和浩特的高潮时期。这一时期迁入的回民大致来源于两个方面:一是助清平叛有功的香妃家族;另一部分主要是来自京津、山西等地。③呼和浩特最有名的伊斯兰教建筑是清真大寺。据《绥远通志稿》记载,清真大寺是由八拜村迁入归化城北门外的回民所建:

> 迫乾隆五十四年,以回民既不便返西域,且解兵籍后,有妻孥而无恒产,又不可令其久占土默特蒙古户口游牧地。于是由驻防将军、都统等奉命,饬其散居,俾得自由谋生,自此始迁入归化城为民。同时于城北门外半里许之和合桥南,创建清真寺一区。盖因当日迁居归化之回众,率聚族于北门外营房道十间房附近一带,故建寺于此,所以免悬隔而便礼祷也。④

自绥远新城于乾隆四年(1739 年)建成后,在绥远内也渐渐开始有回民居住并经商,以满足绥远城驻防八旗官兵的部分需要。但其相较于归化城的回

---

① 《亲征朔漠方略》,清文渊阁四库全书本,卷二十六。
② 即今天的回民区新民街附近。
③ 政协呼和浩特回民区委员会、《呼和浩特回族史》编辑委员会编:《呼和浩特回族史》,内蒙古人民出版社 1994 年版,第 54~56 页。
④ 绥远通志馆:《绥远通志稿》第七册,内蒙古人民出版社 2007 年版,第 493 页。

民聚居点,范围还是小了不少。至此,在呼和浩特定居的回民已经形成了分片居住的格局。除在绥远城定居的回民外,归化城附近的回民聚居区形成了以归化城北门外的清真大寺为起点的环带状分布,奠定了今日呼和浩特回民区范围的基础。就这样,回民在战争、商业等众多因素下一步步地成为了呼和浩特人口的一部分。民国时期,根据编修《绥远通志稿》时的调查,回民人口数量相较于之前又已经大大增加:

> 除散处各县之伊教徒不计外,仅归绥一市,即有专奉伊斯兰教之回众三千六百余户,男女丁口二万四千三百五十余名。视其初来,盖已增二十四五倍。即清真寺之建置,亦已由一寺而扩为七寺。[1]

回民人数以及规模的增加为商业发展打下了良好基础,且"回民旧俗,又偏重商贩。"[2]乾隆朝以后直到辛亥革命,呼和浩特地区的回民经营行业不断扩大,包括牲畜贩卖和牙纪行,牛羊养殖和屠宰,饮食业的清真饭馆,清真糕点等,甚至各种不同的产业已经出现了一定的地理集聚。当地回民俗谚说道:"通道街桥上桥下,新城道能挤能下,马莲滩能宰能杀,营坊道成串成连,后沙滩手背朝下。"[3]

其中有几类行业在呼和浩特地区回民所从事的经济活动中非常具有代表性,下面简要介绍几种。

首先是驼运行业,处在几大商业路线中转枢纽的呼和浩特,大批货物的转运离不开驼队。在呼和浩特是回民撑起了这份行业。正如当地俗语所言:"山西佬城里开字号,回回们牵驼走大城。"[4]自康熙西征噶尔丹后,清帝国东部地区通往新疆、外蒙古以及俄国的交通体系逐渐完善,形成了从杀虎口经归化城到科布多、乌里雅苏台以及经归化城直达库伦进而北入恰克图的驿道。活动在这几条商路上的商队中,有许多回民驼工。早在雍正年间,呼和浩特就已经

---

① 绥远通志馆:《绥远通志稿》第七册,内蒙古人民出版社 2007 年版,第 493 页。
② 绥远通志馆:《绥远通志稿》第七册,内蒙古人民出版社 2007 年版,第 494 页。
③ 桥上桥下指的是牙纪和牲畜贩卖行业,能挤能下指的是牛奶业和养殖业,能宰能杀指的是屠宰肉食业,成串成连指的是驼运业,手背朝下指的是行乞人员。参考政协呼和浩特回民区委员会、《呼和浩特回族史》编辑委员会编:《呼和浩特回族史》,内蒙古人民出版社 1994 年版,第 64 页。
④ 邓九刚:《回望驼城——茶叶之路的东方起点呼和浩特》,远方出版社 2015 年版,第 50 页。

有三十多养驼户,其中大部分是回民。①养驼户们主要集中于归化城北门,民国早期,回民的驼运行业依然存在,为那个货物运输不便的时代提供最基础的运力。"绥远养驼之家,多在归绥城北门,人称曰驼户……出归绥城北门,皆回族人,十之八九皆为养驼之家。驼之多者,至有数千余,如有三二十驼之驼户,则北门皆是。"②

在交易的过程中,回民也有积极的参与,牙纪业是有代表性的例子。牙纪类似于当代的中介行业。在交易活动中,双方为避免失误,往往需要牙纪来估价和担当中介人,牙纪则抽取成交金额一定比例的佣金。牙纪业的繁荣是归化城交易繁荣的自然结果。雍正十三年(1735年),归化城还设立了官立牙行以规范整顿牙纪行业。③清末,随着牙纪的壮大,牙纪也分成了三种形式:一种是羊马店,他们专门代客买卖牲畜,抽取佣金;一种是牲畜贩子,他们在从事买卖牲畜的牙纪的同时,也做一些转手倒卖的交易;还有最后一种牙纪是专门介绍买卖。他们人数最多,但缺乏资金。④

根据回俗,回民必须按照穆斯林特定的饮食要求和规范,方能食用,这决定了回民社区经济中早期形成的行业必定有屠宰业和与之相关的养殖行业、清真食品业等。至今已经传至第五代的"万胜永酱牛肉"。据说创始于道光年间,这里的酱牛肉选肉讲究,配料严格,肉色紫中透红,肉质疏松,醇香扑鼻,味道鲜美,可谓是归化城一绝。⑤其纯正口味让每一位尝过的呼市人念念不忘。再如今日大部分呼市人的早点都离不开的"焙子",这是一种流传于呼和浩特及周边地区的回族面点。呼和浩特的回民经济形式很多样,不一一赘述,从这些多种多样且活跃的商业类型上可以看出这些迁居呼和浩特的回民在短时间内就融入呼和浩特的生活、经济体系中,并反过来为呼和浩特的发展提供动力。

(三)两城中间的空地

归化城与绥远城之间本有大片空地,只有当这些空地被填补,归化城与绥

---

① 参考丹昌国:《呼和浩特回族驼运概况》,《呼和浩特回族史料(第一集)》,第148—155页。

② 达乌德:《驼家生活》,《西北论衡》,1936年第4期。作者未见此资料,转引自马维斯:《近代呼和浩特回族驼运的历史考察》,《回族研究》2019年第2期。

③④ 政协呼和浩特回民区委员会、《呼和浩特回族史料》编辑委员会编:《呼和浩特回族史料(第四集)》,2001年,第257—264页。

⑤ 参考马珍:《呼和浩特回民经济考》《归化城的骆驼交易》,《呼和浩特回族史料(第5集)》。

远城连为一体,呼和浩特才是现代意义上呼和浩特的空间范围。要连接两城,首先便是需要城市交通网络。从光绪二十四年(1898年)起,清政府自主开放了一些商埠,对拉动口岸城市的发展起到了作用。①呼和浩特也借鉴经验,于民国三年(1914年)开商埠。归化城商埠位于归、绥两城之间,占地面积为二万二千七百二十亩。这可以看做是有规划的发展归绥之间空地的开端。为此还绘制了归化城开辟商埠图,图中勾画了"横七纵四"的经纬路网。惜因为社会动荡,开辟商埠这一措施并没有给呼和浩特经济带来多大的促进作用。②归化、绥远两城的马路多为绥远省建制后修筑的。其中修筑最早的是东大马路,是民国二年(1913年)在旧有大道的路基上修筑而成,将原经姑子板村的道路,移南取直,成为沟通两城交通之衢,③这就是今天呼和浩特最繁华商圈中山路的前身。

铁路对城市发展所起到的作用不言而喻,火车站常成为带动周边地块的发展的一个空间核心。民国十年(1921年),京绥铁路通车,归绥站的位置即今天呼和浩特站的位置,铁路通车后,围绕着火车站附近建设了货栈、职工住宅等建筑,并修建城市道路,④在归化城、绥远城之间形成了放射形与环形相混合的道路网。这样,呼和浩特市城市形态由双组团布局演化为由绥远城、归化城、火车站构成的三组团布局。除了对城市形态上的影响,铁路的通车方便了外省的商人来绥远经商,通车后,平、津、冀的商人接踵而至,给呼和浩特地区注入了新鲜血液,促进了呼和浩特地区商业的发展,丰富了商品的种类,促进了商业繁荣。使得归化城商贸活动在遭受挫折的同时也伴随着发展,一些茶庄、钱庄纷纷借机进入归化城。

对于空地来说,除了通过修路等措施连接归化、绥远两城,城市绿化也是重要的手段。民国以前,呼和浩特地区没有任何园林。民国时期,绥远地区兴起了修建园林的风气,由于地处北部荒凉之地,景色很少,官员便建议修建公园,点缀景色,其中最有名的当属龙泉公园,即现在的青城公园:

---

① 通常称这些城市为"自开商埠",共12个城市,并无呼和浩特。
② 张威:《民国三年:呼和浩特城市形态演变的历史转折点》,《内蒙古社会科学(汉文版)》2013年第5期。
③ 呼和浩特市公路交通史志编写委员会:《呼和浩特交通志》,人民交通出版社1997年版,第98页。
④ 包括今通道街、锡林北路、新华大街等道路均在此时便已成型。

昔为古寺、农田、荒坟、苇泽所分据。虽饶天然清旷之趣，终欠人工点缀之雅……民国二十年，省当轴鉴于归绥两城之职官市民，当工作也与之暇，尚少一合理游娱调和身心之所。于是定议建一公园，以应两城官民休暇临观之需。嗣于近郊相度地形。以斯地位于两城适中之点，且密迩马路，允称最宜。乃即斥资收买，分期建置。自是年四月肇始兴工，计历四五稔。①

三、双重性格的原因

上文介绍了这座城市是怎样具体表现出双重性格特征。这种性格特征并非单一原因所导致的。各种原因也不一定是同时出现的，而是多种原因综合造成的城市性格。大致可分为先天原因和后天原因。先天原因是伴随其出生就已经存在的。然后外部因素使其先天因素造成的结果得到巩固。呼和浩特的城市功能分区情况蕴含着呼和浩特墙里墙外的双重性格，而影响城市功能分区的因素又有自然条件、文化因素、经济发展水平、交通状况等。多方面因素往往是相互交错、相互制约的，不能截然分开。

（一）先天因素

呼和浩特性格的成因首先是先天性的，即城市诞生便已印刻在城市的生命历程中了。城市作为人类文明的产物，亦是人类文明形成的重要标志。通常认为，生产力的逐步提高以及社会分工的形成是城市形成的先决条件，工商业的产生刺激城市的进一步成形。城市的本质和最基本的表现在于集中，人口集中、建筑物集中、生产资料集中等等。那些发展成为城市的原始居民点通常具有三个特征，即成片的房屋建筑组合；存在范围较大，分布相对集中的居民点；有一定的功能分区。②当把这三点来对应初生的呼和浩特时会发现，幼年时代的呼和浩特，相对于人们想象中的"经典"中国古代城市，他是不同的。

呼和浩特从它的诞生到它的名字，从它的过去到它的现在，始终是没有脱离"蒙古"这个词。呼和浩特城最初是由蒙古贵族所修建，城址位于蒙古民族生活的地区，现在又作为内蒙古自治区的首府。呼和浩特这座城市与蒙古文

---

① 绥远通志馆：《绥远通志稿》第二册，内蒙古人民出版社 2007 年版，第 363 页。

② 何一民：《中国城市史》，武汉大学出版社 2012 年版，第 45—48 页。

化息息相关,蒙古族是一个与内地定居农业居民的生活方式有很大差别的游牧民族。比如用来居住和生活的蒙古包,其特点是易于拆装,便于搬迁,适合需要移场放牧的游牧民使用。虽然居所可以经常移动,但城市终究是不可以的。这样的生产背景下,范围较大、相对集中的居民定居点在中国古代是很难出现在中国北方草原上的。传统内陆城市存在的基础在草原上也就不存在了。

　　然后初生城市的第三条,有一定的功能分区。这一点通过前文的论述已经了解,如果我们不将城墙作为城市边界,那归化城在建城初期确已出现了具有雏形的功能分区。与归化城同一时期段修筑的弘慈寺等宗教场所便可以看作是城市功能分区的体现,但仅凭这一点不能把归化城和传统中原地区城市扯上太大关系。建城初期,归化城仅仅作为归化城土默特地区的政治中心而存在。而与内地城市相比其狭小的城内空间,即使到了清代还有大片的空地没有被填充。除了一般的蒙古族民众的生产方式季节性很强,部落统治阶级也会因为各种原因经常移动,这与农耕社会那种不移动的官府是不同的。譬如阿勒坦汗及其牧民们只在秋冬才会选择到呼和浩特附近驻扎,而在夏季则会选择前往大青山北草原上避暑,这期间城中就只剩有少数居民守城,导致城内大片空地闲置。《阿勒坦汗传》中说阿勒坦汗是仿照失陷的元大都修建呼和浩特,这个仿建的元大都就更多地体现在政治意义上。而就城市功能分区来看,归化城初期最显著的功能分区并不是城市史学者最关注的城市商业空间,而是宗教区域。而与城同时建造的宗教区域也并非自发形成,可能仅仅是为土默特平原统治者的宗教信仰所服务,就像美岱召作为阿勒坦汗的家庙一样,只不过后来的发展远超阿勒坦汗和三娘子的设想。

　　今日的呼和浩特又并非由单单一座归化城发展而来,正当归化城这个草原城市儿童因为旅蒙商、回商等等因素而朝向一个我们理想中的城市发展时,呼和浩特的另一个组成部分——绥远城登场了,这是一座清代八旗驻防城。无论农业、商业定居人口,还是城市职能分区都与绥远城关系不大,同样是一座天生自带固执属性的城。

　　以上提到的游牧民族的经济文化背景以及现实的游牧经济环境是造成呼和浩特双重性格的最重要先天因素,再加上这一宫城、家庙性质的初期城市规划,联合主导了呼和浩特城市性格。这两者使得在呼和浩特诞生之初没有预留类似内地城市的商业空间，即使有预留，在当时明蒙关系的情况下，这一空间也很难被填充。归化城城墙内固执之城市职能单一的原因也由此而来。想要打破这个格局，就需要调整城墙内各建筑的职能属性，可是，城市建筑的职能是存在继承性的，这一点，在呼和浩特依旧表现突出。

比如曾作为地方最高统治中心的绥远将军衙署，民国元年（1912年）将其改为将军府，民国三年（1914年）改为绥远都统公署，民国十年（1921年）又成为绥远省政府。中华人民共和国成立后，分别有绥远省政府，内蒙古自治区法院在这里办公，直到1985年方交由文物部门管理，将绥远将军衙署以博物院形式赋予了新的使用功能。①回顾表2的内容，也一定会对这一情况表示认同。绥远省政府位于原绥远城将军衙署，两者都是所设时期绥远地区或归化城土默特地区最高军政权力单位，绥远省民政厅位于原清归绥道衙署，绥远省建设厅位于原清八旗协领衙署，绥远省财政厅位于原归化城副都统衙署等等。这些在清代作为军政衙署机构的建筑、房间，到了民国，依旧是军政机关所在地，换了一拨"公务员"，办公的地点并没有变。原本所说的城墙之内的固执就是指墙内有着单一的军政机关建筑形成的功能区，而这种延续性是增强"固执"的隐形力量。

还有归化城的商业属性，并不和我们通常理解的古代商业城市的模式相同。在归化城商业最繁荣的清末，它的商业主体是贸易中转。在归化城出现的绝大多数物品不是消费于呼和浩特当地。像电视剧《大盛魁》和相关小说中所描绘的，这个归化城最大的商号极少采购当地物品并且在当地售出，其草原的"赊账买卖"是整个蒙古地区牧民的游牧产品与茶叶、铁器这些全国各地的产品进行的交换。而大多数中国古代城市的商业是集市商业，物品要么产生于本地，要么消费于本地。中转贸易对居民区人口的需求不像集市贸易那般强烈，这也促成呼和浩特的双重性格。

（二）后天发展环境的不足

以归化城为中心的呼和浩特商业的繁荣，随着经济发展，城市建设进行，城墙拆除，很多城市空地被填补，本来分割开来的归化、绥远两城也渐渐连为

---

① 参考内蒙古历史文化遗迹多媒体数据库内容《将军衙署历史沿革》。网址：http://www.nmgcnt.com/nmglswh/lsyjfd/jyys/。

一个整体。按此趋势,呼和浩特墙里墙外的双重性格或将终结,但是呼和浩特却没有适时的赶上一个稳定的时代。中华人民共和国成立以前的混乱状态是全国性的,是普遍性的,但对于呼和浩特来说,混乱之情形在全国范围内绝对数得上是"高阶"选手之一。商路不通、外商争夺等等使呼和浩特没有走出双重性格。

归化城是旅蒙商的重要节点,若商路不通,也就阻碍归化城商业的发展。鸦片战争后,一步步沦为半殖民地半封建社会的中国危机重重,一系列不平等条约将中国社会拉向深渊。皮之不存,毛将焉附。光绪十九年(1893 年),俄国探险家阿·马·波兹德涅耶夫看到归化城破败的景象发出感慨:

> 近年来归化城总的说来是变穷了。它的贸易额,尤其是近十年来,至少减少了百分之二十五,甚至是百分之三十……而归化城之所以具有特别重要的意义,从来就并非由于本地的贸易,而是由于这个城市对中国与其塞外的各个领地进行贸易的所有商品来说,是个极为重要的转运站和存放货物的地方。①

正如波兹德涅耶夫所说,归化城的商业规模在十九世纪末已经大幅度缩减。同治年间,因新疆接连不断的军事活动等原因阻断了归化城与新疆间的贸易往来,对归化城的商业造成很大的打击。光绪初年,新疆变乱平定,本应恢复的归化城与新疆之间的贸易往来,又因"左宗棠大道"等原因受到阻碍。②致使前往新疆的商业路线中断。本来途径归化城运输出去的商品品类丰富,其中尤其以茶叶和皮革织物为大宗。以茶叶来看,归化城所转运的茶叶之中以砖茶为主。光绪以前,这种砖茶在归化城的销量能达到四万箱,可到了光绪十八年(1892 年),这种茶运来的数量已不到三万箱。白毫茶的运输路线则已经完全不经过归化城了,以前归化城运出的数量达三万到三万五千箱,以满足东土耳其斯坦和伊犁地区,以及俄国境内的维尔年斯克、塔什干等各地区的需要。由于运输路线的变化,归化城所运输和经理的只剩下一种三十九块一箱,

---

① 〔俄〕阿·马·波兹德涅耶夫著、刘汉明等译:《蒙古及蒙古人》第二卷,内蒙古人民出版社 1983 年版,第 92 页。
② 〔俄〕阿·马·波兹德涅耶夫著、刘汉明等译:《蒙古及蒙古人》第二卷,内蒙古人民出版社 1983 年版,第 93—94 页。

主要运往乌里雅苏台地区的砖茶。[①]

　　清政府限定茶叶和棉布只能由兰州运往新疆,使得在同治年间已经遭受重创的归化城受到二次打击。在波兹德涅耶夫看来,呼和浩特甚至已经无力回天了:

　　　　从十九世纪七十年代末期开始,它就已经失去这一意义(作为商贸的转运点)。并开始逐渐趋于衰落……现在要想抬高它的地位,除非等到有朝一日发生什么新的、完全意外的事件。[②]

　　在西向路线夭折后的几十年,北方贸易线也濒临崩塌,进一步给呼和浩特带来打击。二十世纪初,由于近代铁路及海运交通的兴起,铁路运输等新型运输途径以其更为低廉的价格和更高的效率,对商品流向产生了很大影响。原来经归化城等地北运俄国的茶叶,现在可以从汉口水路运往天津后,再从天津用海轮运到大连,经中东铁路运抵俄国,[③]人拉驼驮的归化城也就被抛弃了。

　　此外,外蒙古在之后宣布独立以及新疆的局势进一步混乱都对呼和浩特的商业交通线路造成了破坏性的影响。清代至民国时期,归绥至蒙古的道路有归乌路、归科路、归库路,这三条路统称为绥蒙大道。归绥前往新疆也有北、中、南三条线路。这些通往新疆和外蒙古的交通线畅通与否,直接关系着呼和浩特与蒙古、新疆之间贸易的兴衰,是呼和浩特繁荣发展的交通命脉。民国元年(1912 年)外蒙古第一次宣布独立后,尽管归化城与外蒙古之间的交通没有完全断绝,但不时的阻隔已使其对蒙古方向的商品运输活动大为减少。[④]民国十年(1921 年)七月,外蒙古第二次宣布建立独立的蒙古国,推出一系列限制政策,[⑤]外蒙古局势动荡也导致商路不通,归化城的牲畜、皮毛等大宗商货的贸易地域缩小。《绥远通志稿》载:

────────────

① 〔俄〕阿·马·波兹德涅耶夫著、刘汉明等译:《蒙古及蒙古人》第二卷,内蒙古人民出版社 1983 年版,第 94 页。

② 〔俄〕阿·马·波兹德涅耶夫著、刘汉明等译:《蒙古及蒙古人》第二卷,内蒙古人民出版社 1983 年版,第 135—136 页。

③ 宓汝成:《帝国主义与中国铁路》,上海人民出版社 1980 年版,第 88 页。

④ 绥远通志馆:《绥远通志稿》第三册,内蒙古人民出版社 2007 年版,第 566—567 页。

⑤ 限制政策包括征收高额税费、加强金融管控、实行护照制度使出入受限等,参考郭虹:《挑战与应对——外蒙古独立与旅蒙商研究》,山西大学硕士学位论文,2019 年。

自各外路商运不通······归、包两市向恃为主要商业之牲畜、绒毛、皮张,仅有宁、甘、青及内蒙各地为输出之源。数量较前几减十分之八。而绒毛一业,于市面影响尤巨······故近五、六年来,归、包毛商多因销路滞塞,赔累不支,相率停业,其衰落可谓至矣。①

由于归化城是一个贸易中转城市,在整条对俄、对蒙、对新疆以及中亚地区的商业线路中,归化城的地位更像是现代意义上的外贸货物仓储物流中心,货物的存储、货物的转运,以及针对货物存储转运人员和本地居民的小规模商业是民国以前归化城商品经济的主要构成。当转运物流的优势失去时,仓储的意义也没有了,当这两样都没有时,归化城的商业也就无从说起了。呼和浩特的双重性格也就继续维持。

政权的不断更迭也让呼和浩特缺少发展的本土环境,除了清王朝向中华民国的更替,还有日本侵略者进入后,扶持起来的伪蒙政府。卢沟桥事变后,日本全面侵华,内蒙古中西部地区大部分沦陷,在日本帝国主义的控制下出现了各种伪政权。民国二十六年(1937 年)成立的"蒙古联盟自治政府",将归绥市改名为厚和市。民国二十八年(1939 年),"蒙古联盟自治政府"与"察南自治政府"、"晋北自治政府"联合成立"蒙疆联合自治政府"。②

对于伪蒙疆政权统治其间,呼和浩特的状况如何,本文挑选了呼和浩特比较有代表性的屠宰行业来加以说明。首先看一份《1939 年 5 月厚和市屠户一览表》。

表 4　1939 年 5 月厚和市屠户一览表③

商号或姓名	住　　址	商号或姓名	住　　址
泰和成	北门里	钰泰长	大什字四号
福兴隆	北门里四十二号	得本厚	大南街九十号
玉泰魁	北门里十五号	四合义	圪料街六号
同利成	北门里十二号	全合义	平康里三十四号
三合成	北门里三号	义和兴	西五十家街四十六号

---

① 绥远通志馆:《绥远通志稿》第三册,内蒙古人民出版社 2007 年版,第 570 页。

② 任其怿:《日本帝国主义对内蒙古的文化侵略活动(1931 年—1945 年)》,内蒙古大学博士学位论文 2006 年。

③ 《厚和市屠户一览表(5 月份)》,《厚和特别行政公署市政月报》,1939 年 5 月,第 309—313 页。

商号或姓名	住　址	商号或姓名	住　址
德兴公	大召前九十九号	张　福	马路四号
四和永	西夹道四十二号	杨红小	马路八号
万德泉	北民市街二十三号	完二高	东寺巷八号
义顺祥	民市街五十号	刘　华	马莲滩四十号
福聚长	民市街四十五号	麻　吉	马莲滩一号
永顺成	小北街二号	丁　顺	马莲滩四十五号
三义诚	大西街三十号	丁　亮	马莲滩七十三号
义聚成	西同顺街七号	杨　瑞	马莲滩七十号
蔚和生	西苟家滩九号	郭　铨	马莲滩十四号
钰盛长	太平街十九号	王九子	马莲滩十二号
德顺长	太平街二十号	杨登云	马莲滩十二号
新发祥	大召西夹道	白　玉	吕祖庙街二十九号
万顺和	车站塞北关街	尹万珍	晋阳楼巷一号
玉兴厚	车站北马路街	尹万禄	晋阳楼巷八号
复兴源	车站中山里街	尹　富	晋阳楼巷八号
福兴和	新城南街	丁寿汉	丁茶馆巷一号
李　记	新城南街	白万富	东寺巷七号
任锁子	新城北街	万胜永	吕祖庙街三十号
高长命	新城南街	白怀信	晋阳楼巷二号
赵　满	新城南街	杨向春	桥头街二十一号
王老四	新城北街	张　全	民市街三十五号
马文和	新城南街	马永祥	牛桥街
张兴隆	新城南街	马　吉	西河沿十三号
刘　俊	新城南街	张常柱	大召前
刘金旺	新城南街	谢　发	大召前
马占奎	新城南街	王进宝	东河沿
任来拴	新城西街	谢　万	小召后夹道
哈　永	马路三十八号		

对于草原城市呼和浩特来说，牛羊肉是常见的食物，屠宰行业也就自然而然成为常见的谋生方式。根据厚和市 1939 年 5 月全市的屠宰业门店情况，从空间位置上看，与清代相比，北门里、马莲滩这些以往的归化城屠宰业集中地，到了伪蒙政权时依旧有相当部分的从业者。而且这些地点是呼和浩特的回民聚居地，在前文就提到过回民有大量从事屠宰业的人员且聚集在上述地点。而绥远城也就是所谓的新城，进入民国后，绥远城军事驻防城

的身份已经不存在,绥远城内也出现了平常的居民,绥远城的居民不可能每次买肉都要跑到不算远的归化城去。在蒙疆政权时期也已经出现了一些屠宰商户。那上文说的绥远城内的"固执"是不是不成立了? 不是这样的。关注表4的第一列,商号或姓名,就很明显发现绥远城的很多屠宰商户是没有自己的商号姓名的"小个体户",而归化城的大部分屠宰商户则是拥有较大店面,拥有自己的商号名称,且历史较长的"大屠宰户"。故简单以数量来认定此时的绥远城就已经不再固执是不成立的。相比较归化城的大商户来说,在不忽略其作用的前提下,绥远城的小商户相对于绥远城整体的固执性格来说不占主流。

金融方面,呼和浩特金融局面的混乱在清代就已经显现。进入民国后,在全国性的金融混乱局面下更是难逃困境,下面简要介绍一些情况。

首先在清代币制方面,归化城厅所用货币就与其他地方不同,已经为金融紊乱埋下隐患。

> 清代货币,一曰钱,一曰银。惟钱之行使。归化城厅与外厅向不一致。相传乾嘉时以八十抵百,历年递减。至光绪季年。低至一八抵百。而外厅则较稳定。凡短陌钱,俗谓之城钱。足百谓之满钱。①

归化城因处在连通内外东西的商贸转运节点,独特的币制先不说是出于何种目的,但这种缺少宏观调控的币制很难稳定。百余年间,在其余地方币值较为稳定的情况下,归化城的币值却浮动四五倍。混乱的货币状况为呼和浩特的衰败起到了推波助澜的作用。

《归绥识略》中亦记载:

> 和、萨、清、托各厅交易,俱用足钱。归化城惯用短陌钱,银价较他处必昂,钱数多不一,居民多病之。商贾谓便于贸易。
>
> 钞票、大钱、铁钱,数年来各处或用或否,惟口外五厅,以毗连外藩,俱未使用。地方情形使然。守土者不能强也。

---

① 绥远通志馆:《绥远通志稿》第四册,内蒙古人民出版社2007年版,第660页。

再后,在蒙疆政权统治下,归绥地区经济遭到严重的通货膨胀和物价飞涨。厚和市几种主要商品的批发物价在 1939—1943 年这四年间,粮食上涨近五倍,纺织品上涨六倍多,燃料上涨近两倍,建筑材料上涨两倍以上,上涨幅度最小的兽毛兽皮类也上涨了 87.9%。

抗日战争胜利后,战争带来的混乱本应向好,但国民党又发动了全面内战。当时国民党政府发布了《国民义务劳动法》,使工农商业劳动力迅速减少。且物资军需化,导致人民不堪重负。国民政府滥发钞票。致使通货膨胀比日统时期更加严重,造成严重的金融危机。绥远省自 1945 年 12 月到 1948 年 8 月,法币发行量增加了 2280 倍,仅在归绥地区,1945 年发行法币 12830 万元,1948 年达 82 亿元以上,后两年相当于前三年发行量的 64 倍。法币破产后出现的金圆券很快也形同废纸。就全国范围来看,仅 1949 年 4 月 15 日一天,金圆券就贬值 40%。物价方面,以 1948 年 8 月物价总指数为准,11 月上涨 25 倍,12 月上涨 35 倍,1949 年 1 月上涨 128 倍。①在这种混乱情况下,人们开始流通银元,或以面粉、白布作为货币流通。据统计,归绥市零售物价指数上升了 535 万倍,其中主要消费品物价上升了 700 多万倍。②

　　"据当地人说:归绥在胜利时(十一月中)的物价——面粉每斤十五元,煤每斤四元,白布每疋售价二千元至三千元;但在今日(三月十一日)面粉每斤二百五十元,煤每斤七十元,布每疋十五万元。短短的一百数十天内竟涨起如此之多,这种涨风使归绥的老百姓都说:日本鬼子在的时候物价也没有涨得这么快呀! 这日子我们过不了!"③

造成这样的局面,国民政府要负很大的责任。"故论民国以来,金融之不能稳定者,其病在官。"④

还有那条承载着呼和浩特城市发展的铁路,仅仅服务了十余年后也变得处境困难,二十世纪三十年代的中国北方兵荒马乱,京绥铁路平地泉至归绥间的土贵乌拉、卓资山、旗下营等小车站,除下车旅客屡遭拦路者敲诈抢

①　白寿彝主编:《中国通史纲要》,中国友谊出版公司 2016 年版,第 430 页。
②　高延青主编:《呼和浩特经济史》,华夏出版社 1995 年版,第 196—197 页。
③　徐大风:《今日的归绥》,《海星(上海)》1946 年第 7 期,第 4 页。
④　绥远通志馆:《绥远通志稿》第四册,内蒙古人民出版社 2007 年版,第 659 页。

劫,还常有蟊贼、刁民拆卸风闸等零件,导致货车因失去制动作用无法再开行。①

(三) 规划与非规划的共生

在中国古代城市中,规划与自然生长一直都是并存的,绝少能看到某一座城市的发展状况是单纯人为规划所致或某一座城市的发展完全没有人的意志参与。这不是呼和浩特所独有,但要谈呼和浩特双重性格的原因又不能不提。既然也是人为规划和自然生长都有,总要有个两者之间的势力消长,城市格局的形成是两股对抗势力综合作用的结果,对于中华人民共和国成立前的呼和浩特市,显然是自然生长胜过了人为规划。

谈及中国古代的城市规划,常离不开一些词汇,"中轴线"、"《考工记》"、"《管子》"、"堪舆"等等。但这些可以用到长安、洛阳、北京等等城市史上的词语,对于呼和浩特来说意义是不同的。通常认为,中国古代城市规划和宫殿建筑,到了周代已具有相当的规模,规划设计也已有一定准则。《考工记》就是对其的总结。②这就是中国城市史书写中常见的有关城市规划的内容。城市规划包括选址、城市功能分区等多项内容。然现代城市规划思想实则肇始于西方,以本文所讲的城市功能分区问题为例,西方功能分区理论产生于工业革命后。工业革命使城市中出现了工厂、火车站等新要素,由于建设的无计划性,各种要素混杂相处,生产生活无序而混乱,导致了瘟疫流行和污染事件。十九世纪末起,人们开始关注城市功能分区。③二战后,重建被战争破坏的城市和新建城市都比较重视合理的功能分区,④巴西首都巴西利亚就是一个典型代表。

呼和浩特所在的土默特平原位于长城以北,即传统意义上的口外地区,是农耕文明与游牧文明的交融缓冲区。中国历史上这一地区在从属于两个文明的关系上是摇摆不定的。归化城建城时,这里无疑是蒙古贵族统治下的游牧文明区域。中原文化中对于城池修建的典章、规制在多大程度上影

---

① 王芳:《草原高铁和平绥铁路的往事》,内蒙古大学微信公众平台 2019 年 12 月 30 日推文《礼赞!开往春天的草原高铁》。

② 杜石然等编著:《中国科学技术史稿》,北京大学出版社 2012 年版,第 69 页。

③ 如法国工程师加尼埃于 1898 年提出了"工业城市方案",图书馆、展览馆等设施位于城市中心,工业区位于居住区东南,各区域之间有绿化带隔离,火车站设于工业区附近等等。

④ 如波兰首都华沙,荷兰的重要城市鹿特丹等。

响了归化城的修建，我们不得而知。但清初归化城内的空空荡荡显然和中原的城市可以与《考工记》相契合的朝市、经纬所不同。归化城是缺少人为规划的，其仅有的规划也就是将军政以外的城市功能分区阻隔在归化城墙之外。而城墙以外的城市功能分区并不是通常概念中城市规划的结果，那前文中对于归化城的介绍，城南是召庙聚集区，城北回民聚居区，这又该作何解释，这种看似不自然的分布格局是否与无规划相冲突？

归化城的这种格局并非人为规划的结果，而是其时其地归化城自然条件与文化环境作用下形成的"轻规划"。相对于我们常见的中国古代城市生长情况，归化城的自然生长稍有不同，它比大多数中国城市的自然生长多了更多的非自然因素，如民族和宗教因素。各民族之间并非自始至终的和谐共处，或多或少存在些许矛盾，如占有权和耕种权的利益争夺是蒙汉冲突的一大主题。蒙汉分治没能挡住他们之间的冲突，冲突主要和双方的社会势力消长有关。在汉人有蒙地耕种权的时期，蒙旗仍有控制能力，他们可以将地价上涨。但汉人势力强大时，蒙古人又会被虚置。①归化城土默特地区相比其他蒙古地区汉民进入较早。也就较早的加入了这场民族、文化等诸多内容的博弈。而蒙、汉、回之间又存在着天然的宗教信仰隔阂。强如藏传佛教占领归化之南，弱如道教难成规模。诸多原因下，中华人民共和国成立前，民族间的关系长期处于严重不团结的状态，互不信任、互相戒备、互相仇视和猜疑。这种文化、民族的天然阻隔也促成了呼和浩特的天然规划。

绥远城和归化城不同，作为军事驻防城的绥远城是有其规制的，也存在人为的规划。所以就人为规划程度看，绥远城大于归化城。但如今二者已经合而为一，这也就是呼和浩特规划与非规划共生的一方面。

自然生长与人为规划在大多数城市都是并存的，不可将其看作是呼和浩特的独有特点。在呼和浩特的初生阶段，即归化城时期，呼和浩特几无城市规划，狭小的城墙以内却空间充足；而看似城市规划过的城墙外部的城市功能分区实则是自然因素占主导。呼和浩特的最大人为规划因素来自绥远城。进入晚清民国后，规划的力量更多的介入到呼和浩特的城市发展中，开辟商埠、迁移商业区、打造交通、城市绿化等等，但却因时局混乱，经济衰退，大部分都没能成型。但关注这种自然力量与规划力量的博弈能使我们更好

① 王建革：《清代蒙地的占有权、耕种权与蒙汉关系》，《中国社会经济史研究》2003 年第 3 期。

的认识呼和浩特的墙里墙外。现代意义上的呼和浩特城市规划还要等到中华人民共和国成立之后,在一个稳定的社会环境下,人为的规划方才有彻底击败城市自然生长力量的基础。

结　语

本文介绍了一个被城墙分割性格的呼和浩特,以及为什么呼和浩特有这样的双重性格。归化城南的召庙区,在召庙区基础上发展起来的归化城商业区,归化城周边的回民聚居区以及由其形成的归化城另一片商业区,由归绥火车站带动的城市新片区,归化城和绥远城内的军政机关等等,以城市功能分区种类的多寡、内容的变化作为城市性格的指示物,并认为呼和浩特墙里墙外存在固执与活泼的差别是成立的。尽管政权在更替,城墙内部的固执却是依旧的。归化城墙与绥远城墙建成时间不同,建成目的不同,造成军政职能为主的原因也不同。但作为呼和浩特构成的两个主体,其城墙内的固执确是相同,始终以军政功能作为主体。城墙外,有繁荣的商业空间,有个性十足的文化区域,或者两者结合。相比较城墙以内,城墙外面显得是那么活泼。论其原因,民族性格、时局动荡等等都是原因,但又说不准哪个是主因,少了哪一个,呼和浩特也都不会是现在所见的呼和浩特,增之一分则太长,减之一分则太短。

呼和浩特的这种城市功能分区被城墙分割显著的城市性格在中国古代城市中可能并不占主流。帝都北京,明清城墙内不仅有全国的政治中心紫禁城,也有着绝对的商业中心"大栅栏",亦有法源寺这样重要的宗教庙宇。处在呼和浩特东南方向的煤都大同,其明清城墙内不仅有藩王府邸,还有重要的辽金寺庙华严寺、善化寺等重要的宗教建筑。对于城墙之外,相较于大多数中国古代城市城墙之外的活泼是因为人口涌入导致城市建成区被迫在城墙外扩张。呼和浩特又在城墙内没有填满的情况下已经在城墙外大肆建设。虽然大致清楚了呼和浩特墙里墙外不同城市性格这一情况,但其原因还有待进一步了解,抑或相当多的古代城市都或多或少表现出城墙内外的性格差异,只是差异的程度不同。对于这一点,仍有继续深究的必要。

Inside and Outside the City Wall:
Dual Characters in the Urban History of Hohhot

Abstract: Hohhot is an important city in northern China. It was born from the combination of Guihua City and Suiyuan City. Taking the distribution and changes of urban functional divisions over a long period of time as the observation object, we can see the "stubbornness" and "lively" in the urban character of Hohhot. Taking the city walls of Guihua City and Suiyuan City as the space dividing line, the urban character of Hohhot can be roughly divided into "stubbornness" inside the city wall and "lively" outside the city wall. "Stubbornness" is embodied in the unity and stability of the urban functional zoning within the city wall, and "lively" is embodied in the diversity and changes in the urban functional zoning outside the city wall. This kind of urban character has existed since the birth of Hohhot, and with the growth of the city itself, there have been twists and turns, which continued until the founding of the People's Republic of China. This urban character is the result of the comprehensive influence of innate and acquired factors. The innate factors are mainly attributed to the particularity of the urban nature of Guihua City and Suiyuan City. Acquired factors are mainly reflected in the dismantlement of the city wall, the interruption of trade routes, the commercial competition of foreign forces, and the social chaos, etc., which made Hohhot fail to emerge from the dual character state quickly after the city wall was demolished.

Keywords: Hohhot; Historical urban geography; Urban history

作者简介:陈兴华,南京农业大学中华农业文明研究院博士研究生。

城市与社会

虎关师炼《济北诗话》与唐诗接受①

艾春霞

　　摘　要：日本五山文学前期，虎关师炼创作的《济北诗话》，对唐宋诗人、诗歌、诗论多有评论。虎关师炼以"适理""雅正"作为诗歌的本质与创作原则，提倡"尽美尽善"的批评方式，以诗才高下评判诗人成就。在元白"下才"、李杜"上才"的对照批评模式中，虎关师炼标举李杜为诗歌典范，更以"尽美尽善"品格称许杜诗，深刻影响了其后五山诗僧论诗的观念。他关于唐诗艺术特色、杜诗注解舛误、诗歌和韵发展的研究，向五山禅林展示了研究和学习唐诗的新思路、新方法，推动五山汉诗进入新的历史阶段。

　　关键词：《济北诗话》　唐诗　典范　李杜

　　日本中世，临济宗禅僧虎关师炼创作的《诗话》是五山时期唯一的诗话，也是日本诗话史上第一部狭义诗话，因收录于作者诗文集《济北集》中，故又称《济北诗话》。虎关师炼（1278—1346），名师炼，号虎关，于禅学造诣之外，在汉文学方面成就卓著，被称为五山文学之祖，是五山文学隆盛期的前期代表、五山文学的硕学之雄。②《济北诗话》使用汉语写成，共八千余字，由三十一条③长短不一、各自独立的论诗条目组成。与以往搜集、摘录中国诗学著作不同的是，《济北诗话》由虎关师炼个人撰写，以批评中国唐宋诗人、诗歌和诗论为主

---

①　本文为国家社会科学基金项目"日本唐诗学研究"（18BZW045）的阶段性成果。
②　俞慰慈：《五山文學の研究》，汲古书院 2004 年，第 137 页。
③　目前，研究者对《济北诗话》的论诗条目数并不统一，一般在 27—31 条之间，本文根据上村观光编《五山文学全集》第一卷《济北集·诗话》中的内容，根据上下文意，分为三十一条。

要内容。

由于虎关师炼生活的时期,影响日本的中国文化主要是宋元文化,目前有关《济北诗话》的研究主要集中在与宋元文化关系的横向考察上。如以祁晓明、黄威、程小平为代表的研究,①分别围绕《济北诗话》与宋元诗话、诗学、儒学之间关系而展开。其他如日本学者船津富彦、海村惟一,②中国学者张伯伟、孙立、王晓平等先生的研究亦涉及《济北诗话》,③但同样侧重在中国诗话对《济北诗话》的影响上。横向关系研究固然揭示了《济北诗话》与中国诗学之间的内在联系,但对纵向诗歌接受来说,五山诗僧如何选择接受中国诗歌观念及其影响,还有不少可以拓展的研究空间。

一、虎关师炼的诗学观

五山时期,诗僧对中国诗歌的接受对象和内容,都与前代有明显不同,尤其是对唐诗的接受上,反映出此期诗歌观念的变化。《济北诗话》虽以短评为主,但从中亦可以看出,以虎关师炼为代表的五山诗僧,对诗歌已萌生了一些观念上的思考和建构,从而影响了他们对唐诗的审美判断。

(一)诗歌观

如何理解"诗"这一概念? 日本学者久松潜一认为"重理"是虎关师炼论诗观的根本思想,④关于"诗"与"理"的关系,虎关师炼在《济北诗话》中认为:

> 赵宋人评诗,贵朴古平淡,贱奇工豪丽者,为不尽耳矣。夫诗之为言也,不必古淡,不必奇工,适理而已。大率上世淳质,言近朴古;中世以降,情伪见焉,言近奇工。达人君子,随时讽喻,使复性情,岂朴淡奇工之所拘

---

① 参见祁晓明:《〈济北诗话〉产生的文学背景》(《日语学习与研究》2017 年第 2 期)、黄威:《论宋代诗学思想对日本〈济北诗话〉之影响》(《船山学刊》2009 第 2 期)、程小平:《〈济北诗话〉对宋学之受容新论》(《北京科技大学学报》2015 年第 5 期)。

② 参见船津富彦:《关于日本的诗话》(《中国文学研究》1990 年第 4 期)、海村惟一:《五山文论发微——以日本临济宗圣一派本觉国师虎关师炼禅师〈济北集〉为例》(黄霖、邬国平主编:《追求科学与创新——复旦大学第二届中国文论国际学术会议论文集》,中国文联出版社 2006 年版,第455—465 页)。

③ 参见张伯伟:《论日本诗话的特色——兼谈中日韩诗话的关系》(《外国文学评论》2002 年第 1 期)、孙立:《中国诗话之输入与日本早期自纂诗话》(《安徽师范大学学报》2016 年第 1 期)、王晓平:《跨文化视角下的日本诗话》(《南开学报》2016 年第 3 期)。

④ 久松潜一:《日本文学评论史》(形态论篇),至文堂 1968 年,第 480 页。

乎？唯理之适而已。①

"理"常见于宋儒，在朱熹等人看来，"合天地万物而言，只是一个理。及在人，则又各自有一个理。"②虎关师炼在《清言》中亦说："天下只一个理而已，理若纯正，虽词语百端，何害之有？理若迂曲，虽一句又恐之丑矣。……剽小说，掠稗官，窃诞辞，摘怪语，修饰冗理，补讼滥义，是知道之所不为也。若能诣理，句意浑成，何咎之有乎？"③这是否表示"适理"就是合于宋儒所言之"理"呢？如果是这样，虎关师炼对朱熹修正韩愈等人"文者，贯道之器"的"载道"之说，就应该也是认同的，"适理"就是宋儒"载道"观的另一种表述。

事实上，虎关师炼对韩愈的诗文和文论都非常服膺，认为：

"贯"亦"载"也，唯其因物而异也尔矣。索之于钱也，"贯"犹"载"也。李氏（韩愈门生李汉）之言奥乎哉，朱氏之思不至于此乎。④

虽然对"贯道"与"载道"两种观点有所融合，但虎关师炼显然认为韩愈"贯道"之说更有融贯性，对文的思索更深邃，这是思浅的朱熹所不能达到的。因而，所谓"适理"还应回到诗、文本身去思考。

虎关师炼在《济北集·通衡之五》中另有"天下惟理而已。理若戾乖，虽真说卑矣。理若适宜，奇巧不妨，其中诞妄而无警策者不足言矣。……文又当然，不因真说奇巧，惟理而已矣"⑤一说，与上面《清言》中的引文，何其相似，只不过更加清楚点出"文者惟理"的观点。从"适理""诣理""惟理"这些论述中，我们不难发现，虎关师炼论述的重点均落于理之"纯正"。说明"理"作为诗文内容承载的内核，不管是表达客观事物之"理"，还是人情之"理"，只要意思纯粹，不掺杂别的东西，就是"适理"的表现。于诗歌而言，虎关师炼指出"达人君子，随时讽喻，使复性情"就是"适理"，肯定诗歌"吟咏情性"的独特价值。对

① 虎关师炼：《济北集》（卷十一），载上村观光编：《五山文学全集》（第一卷），思文阁 1973 年，第 228 页。
② 朱熹：《朱子语类》（第一册），黎靖德编，中华书局 1986 年版，第 2 页。
③ 虎关师炼：《济北集》（卷十二），载上村观光编：《五山文学全集》（第一卷），第 253—254 页。
④ 虎关师炼：《济北集》（卷二十），载上村观光编：《五山文学全集》（第一卷），第 359 页。
⑤ 虎关师炼：《济北集》（卷二十），载上村观光编：《五山文学全集》（第一卷），第 356 页。

"句意浑成"的强调,也表明"理"虽居于诗文内核之中,但又与形式融为一体,与理学家偏于"载道"有别。

以"适理"作为诗歌的本质,体现了虎关师炼对诗歌表现内容的重视。为实现这一目的,虎关师炼还针对诗人创作提出"雅正"的要求。《济北诗话》在批评南宋杨万里论诗观点时,指出"夫诗者,志之所之也,性情也,雅正也。若其形于言也,或性情也,或雅正也者,虽赋和,上也;或不性情也,不雅正也,虽兴,次也。"①认为诗歌表现性情,更是表现符合雅正观念的感情。后人若无权衡雅正观念,便不可谈论诗,将"雅正"置于诗歌的基本面,可见其重要性。

对"适理""雅正"的强调,也影响了虎关师炼对诗歌功用的理解。《济北诗话》开篇即言孔子为诗人,删定三百篇为诗歌立法,从那时起,诗人"学道忧世、匡君救民"的职责使命就确立了。这种对诗歌表现内容的重视,以及对诗歌现实功用的提倡,极大地影响了虎关师炼对中国诗歌典范的选取与批评标准,是考察《济北诗话》诗论的基础。

(二) 批评观

诗歌批评涉及评论者的审美标准,关于诗歌审美,虎关师炼提到的不少观点,诸如妙丽、雄奇、警而精、浑然天成、醇乎醇等观点,都可视为他眼中优秀诗歌的相关特点看。作为一种总体考量的审美标准,虎关师炼实际上标举的是一种"尽美尽善"的诗歌,诗话中有两处呈现这一观点。第一处:

> 或问:"陶渊明为诗人之宗,实诸?"曰:"尔"。"尽善尽美乎?"曰:"未也"。"其事若何?"曰:"诗格万端,陶氏只长冲澹而已,岂尽美哉!"②

虎关师炼指出陶诗并未尽善尽美。"美善兼具"本是孔子评论音乐时的赞语,美善一体,陶诗既未尽美,自然不可能尽善。

第二处是针对欧阳修和黄庭坚各自标举一联林和靖梅花诗为绝唱的做法,虎关师炼认为:

> 二公采林诗为绝唱,我只以其尽美矣、未尽善矣言之耳。《古今诗话》

---

① 虎关师炼:《济北集》(卷十一),载上村观光编:《五山文学全集》(第一卷),第 239 页。
② 虎关师炼:《济北集》(卷十一),载上村观光编:《五山文学全集》(第一卷),第 229 页。

曰:"梅圣俞爱严维诗有云:'柳塘春水慢,花坞夕阳迟。'善矣! 夕阳迟则系花,而春水慢不系柳也。如杜甫诗云:'深山催短景,乔木易高风。'此了无瑕颣。"如是诗评,为尽美尽善也。①

明确指出诗歌批评应符合"尽美尽善"标准,而欧阳修和黄庭坚在标举诗歌时都没能做到。不管是欧阳修标举的"疏影横斜水清浅,暗香浮动月黄昏",还是黄庭坚提出的"雪后园林才半树,水边篱落忽横枝",二联都算不上尽善,原因就在于它们都有瑕疵。只有《古今诗话》评诗时,纠正了前人评论的不足,准确举出理想的诗歌范本,也即杜甫"深山催短景,乔木易高风"这样的诗句。因而,《古今诗话》标举杜诗典范的做法,在诗评上是尽美尽善的,杜诗体现的尽美尽善品格也是前面各诗不具备的。

值得注意的是,虎关师炼对二联诗句的指责并不准确,由于理解过于黏滞,使得他对诗歌的理解似乎回到了追求"理趣"的道路上。实际上,回顾虎关师炼在"适理"中提到的"理"之"纯正"观点,不难看出,这里批评二联"不纯"的内在理路是与"适理"相统一的,并不是主张诗歌要有理趣。因为不管是"疏影横斜水清浅,暗香浮动月黄昏"所写的事物之间,缺少内在关联;还是"雪后园林才半树,水边篱落忽横枝"在形似与实事描写上存在缺憾,它们都会造成诗歌表达纯正性的流失,影响"适理"的实现。因而,尽美尽善,是虎关师炼基于自己的诗学观念提出的批评主张,是对理想诗歌的最高评价。纵观《济北诗话》,得虎关师炼以"尽美尽善"品格称许者,唯有杜诗,表明杜诗具有近乎完美的品格,远在宋人推崇的陶诗与林诗之上。这也反映出,同样是推崇杜诗,虎关师炼是以自己的理解视角和标准进行的,并非全受宋人影响。

(三) 诗人观

《济北诗话》在评价诗人时,多次涉及"才",如认为陶渊明非"全才",对其评价不应过高;而欧阳修为"高才",托名其下的谬论并不能信;又孟浩然进见唐玄宗的诗中,"不才"是浩然以"中才望上才"的谦辞,玄宗不解诗思,反而疏远了孟浩然,是暗于知人等。这些散见的诗人评论中,已经透露出虎关师炼评判诗人时对"才"的考量。在论述元白与李杜诗人地位的一段诗评中,更是集

---

① 虎关师炼:《济北集》(卷十一),载上村观光编:《五山文学全集》(第一卷),第236—237页。

中体现了以"才"论人的思路：

> 夫人有上才焉,有下才焉。李杜者,上才也。李杜若有和韵,其诗又
> 必善矣。李杜世无和韵,故赓和之美恶不见矣；元白下才也,始作和韵,不
> 必和韵而坏矣,只其下才之所为也。故其集中,虽兴感之作,皆不及李杜,
> 何特至赓和责之乎?①

在虎关师炼看来,诗人有上才、下才之分,诗人"才"之高下对诗歌优劣有
决定性的影响。作用于诗歌,上才诗人有自己的认知与感悟,能灵活驾驭诗歌
语言和体裁,使其自合于诗。而下才诗人因缺少独特的心得体悟,只能通过抄
袭、剽掠、牵强附和作诗,没有新意和创见。诗"才"之于诗人,就像制作器皿的
材料,只有材料质地纯正且充足,做出来的器皿才各个皆美,反之则徒有其形
而无其质。

理解了虎关师炼对诗人之才的重视之后,可以看到,作为"上才"诗人和
"下才"诗人代表的两组诗人,竟是元白与李杜。这样的比较源于日本汉诗在
过去的三百余年里,白诗大行天下,此时作为汉诗接受主体和创作主体的五山
诗僧,虽然并不排斥白诗,但与平安时代人们的态度已然有了区别。受宋人推
崇李杜的影响,以及对汉诗理解的深入,五山诗僧逐渐意识到李杜诗歌的典范
意义。作为一种对过去诗风的批判,虎关师炼意识到,对白居易的质疑,其批
评必须矫枉过正,如此才能引起人们的注意,将学习和接受的重点转向李杜
等人。

二、标举"李杜"诗歌典范

从以上诗歌观念的阐释中,不难看出,虎关师炼论诗的一个重要议题,便
是找出诗歌典范,确立诗歌接受的中心对象。在"尽美尽善"的分析中,元白
"下才"、李杜"上才"的评价中,虎关师炼标举"李杜"为诗人、诗歌典范的主张,
已然表露无遗。那么,标举"李杜"诗歌典范的主张是如何来的? 虎关师炼的
主张对五山汉诗主流观念的形成有哪些影响?

---

① 虎关师炼:《济北集》(卷十一),载上村观光编:《五山文学全集》(第一卷),第239—240页。

(一) 标举"李杜"诗歌典范的先行基础

李白和杜甫,不管是作为单个诗人,还是作为并称的诗人组合,其诗歌典范的确立,在日本都经历了一个逐步经典化的过程。在五山文学之前,日本人就已经接触到李白和杜甫的诗。据编于日本宽平三年(891)至九年(897)间的《日本国见在书目录》所载,当时已有《李白歌行集》三卷。关于杜诗进入日本的时间,黑川洋一推断是在平安朝末期,即 11 世纪。张伯伟先生认为,至晚在 9 世纪中叶,日本人已能够阅读到杜甫诗集,①陈尚君先生亦认可这一论断。②

从王朝时期大将维时(888—963)编选的《千载佳句》来看,李白和杜甫均已进入其编选视野。但在入选诗联数目上,李白和杜甫不仅远不能与白居易的 507 联、元稹的 65 联相比,而且落在许浑(34 联)、章孝标(30 联)、杜荀鹤(20 联)、刘禹锡(19 联)、杨巨源(18 联)、方干及温庭筠(各 16 联)、赵嘏(13 联)、何玄及贺兰遂(各 12 联)等许多诗人之后。③反映出在独尊白诗一家的诗风笼罩下,日本人对李白、杜甫的诗歌理解有限。李白和杜甫作为唐代诗人的一员进入日本人的接受视野,自身并无突出意义。但此期距唐人第一次高规格推崇杜甫的元和年间并不远,日本人就接触到了杜诗,并在编选的佳句集中收录,相较之下,日本人对杜诗接受时间并不算晚,这也为杜诗之后以更高的关注度进入诗坛奠定基础。

五山时期,是李白、杜甫诗歌接受的转折期。早期赴日传法的中国僧侣,如大修正念(1215—1289)、无学祖元(1226—1286)、明极楚俊(1264—1336)等人,在诗中均有提及杜甫。考虑到中国高僧在五山僧侣中的声望与影响,他们对杜甫的态度很有可能促使五山禅僧进一步关注杜甫。加之越来越多的日本僧侣进入中国游历、求学,诗僧们对李杜的评价也越来越高。秋涧道泉(1261—1323)曾说:"李杜文章,光焰万丈。"④曾出访元朝,与虎关师炼同受教于赴日元僧一山一宁门下的雪村友梅(1290—1347),在《赠李以正李元夫归乡》中提到李白时说:"谪仙才调欠一官,诗酒风流转豪气",已涉及对李白人生

① 参见张伯伟:《典范之形成——东亚文学中的杜诗》(《中国社会科学》2012 年第 9 期)。
② 陈尚君:《唐诗求是》(上),上海古籍出版社 2018 年版,第 454 页。
③ 马歌东:《试论日本汉诗对于李白诗歌之受容》,《淮阴师范学院学报》1998 年第 1 期。
④ 秋涧道泉:《秋涧道泉集》,载玉村竹二编:《五山文学新集》(第六卷),东京大学出版会 1972 年版,第 31 页。

遭遇与诗歌关系的评述。从《癸亥春晚朴庵游青城回诵子美石刻丘字韵诗予因追和姑宽不同游之恨云尔》一诗的题目中,也能看出雪村友梅对刻有杜诗石刻的向往,他还在诗中谈到理解杜诗的心得,说:"麻姑道应环中妙,杜老诗新意外求。"

从时间上来说,这些诗僧均距虎关师炼不远,或前或同时,比较能反映当时人们对李、杜的态度。从评语来看,早期诗僧对李白、杜甫的评价多祖述唐宋人观点,虽偶有心得,但尚无创见,且无明确主张。由于缺少更多材料的支撑,也很难判定这种认可的程度。但可以确定的是,早期五山诗僧已对李、杜投去欣赏的眼光,"李杜"并称也是人们谈论诗歌时的习惯和共识。

(二) 标举"李杜"诗歌典范的阐释基础

"李杜"作为被突出标举的诗歌典范,虎关师炼的贡献,不仅在于明确使用了"元白——李杜"对照评论的模式,[①]还在于他从阅读、鉴赏、考证等角度为"李杜"诗歌典范作了阐释。就前一个方面而言,对"元白"诗才的否定,相当于将二人剔除出了一流大诗人行列。与此相对,将"李杜"并列"上才"诗人行列,显示出五山诗僧评价诗人标准的变化,对唐诗的理解正进入到新的历史阶段。同时,从《济北诗话》所提到的众多诗人来看,"李杜"上才诗人的定位,并不仅是就唐代诗人而言,即使置于唐宋诗人中,乃至中国诗歌史,二人也堪称大诗人的代表。对李、杜二人的评价之高,前所未有。

另一方面,关于虎关师炼推举"李杜"诗歌典范背后的阅读、鉴赏、考证基础,上文对杜甫已有涉及,为避免重复,体现全面,兹以李白为例,谈一谈《济北诗话》标举李白的研究基础。这在诗话中有三处值得注意,其一,对《诗人玉屑》将石敏若"冰柱悬檐一千丈"与李白"白发三千丈"并作"句豪畔于理者"看,虎关师炼以为不然。他认为李白的"白发三千丈"并不是孤立的,由下句即可知,这是因为诗人心中有无限的愁绪。白发因愁而生,三千丈亦因愁绪而长。比起内心难言的愁绪,三千丈恐怕还是短的。李白的诗立意高明,用语巧妙,哪里是石敏若"燕南雪花大于掌,冰柱悬檐一千丈"这类炫弄诗技、刻意求奇的诗歌所能比的呢!论二人诗之高下,一语中的,诗歌赏析精确,用词恰当。虎关师炼对以豪语争奇、刻意夸张、违背情理的诗作,不加掩饰表示鄙夷,也回应了论诗以"适理"为要的思想。

———————————

① 参见曹逸梅:《日本五山禅林的典范选择与诗歌创作》,南京大学博士学位论文 2015 年。

其二,关于李白《送贺宾客归越》末句应写《道德经》换鹅而非《黄庭经》的失考指正。《送贺宾客归越》末句应作何经一事,北宋蔡绦《西清诗话》、黄伯思《东观馀论》、南宋吴曾《能改斋漫录》等均发表过意见,虎关师炼应是注意到了相关讨论,考证于文献记载,指出疏忽所在。从诗话叙述上看,虎关师炼对李白的诗应多有阅读和研究,并佩服李白的诗歌用典能力,进而才对发现诗人用典有误小有得意。另外,从虎关师炼注解杜诗多与佛教相关联的特点来看,此处的关注视角也有类似意味。可见,诗僧考证诗歌的优势及独特视角。

其三,为李白的悲剧命运鸣不平。《济北诗话》曰:"李白进《清平调》三诗,眷遇尤渥,而高力士以靴怨潜妃子,依之见黜。嗟乎! 玄宗之不养贤者多矣。"①虎关师炼对唐玄宗作了无情批判,指出唐玄宗是豪奢之君,只知骄奢淫逸,暗于知人,才使得像李白、孟浩然、薛令之这样的人无处施展才能。

从以上材料可以看出,虎关师炼对李白的关注视角由诗及人,不仅对李白的诗才、诗歌表示赞叹,还对他的不幸命运深表同情。正如他在《秋夜》一诗中表露的那样:"诗才古寡谪仙新,百世之门相忆频。月下独开茗瓯宴,今宵对影又三人。"②不仅从诗歌上理解李白卓绝的诗才,更以李白月下独酌的寂寞去体味诗人的诗歌世界。诗话中涉及的五首李白诗歌,虽未尽探得太白诗之骊珠,但较之《千载佳句》所收的二联写景诗句,已经在认知上有了重大进步。

(三) 标举"李杜"诗歌典范的后续影响

从以上分析可以看出,虎关师炼对"李杜"诗歌典范的标举,比前人或同时代的人更加明确,对李白、杜甫的评价之高,所作的专门研究之多,也让其他人难与之媲美。通过虎关师炼的标举,"李杜"诗歌典范观念更加深入人心。龙泉令淬(? —1365)就有"杜陵出语便惊人,莺鹊玉光千载珍"③的认同之语,乾峰士昙(1285—1361)亦将"李杜"并提,说:"李杜为双翼,飞入东洋鲲鲸口里,以拔其牙也。绝代文章,郁乎光焰,何啻千万丈而已矣!"④曾向虎关师炼问学

---

① 虎关师炼:《济北集》(卷十一),载上村观光编:《五山文学全集》(第一卷),第234页。
② 虎关师炼:《济北集》(卷二),载上村观光编:《五山文学全集》(第一卷),第96页。
③ 龙泉令淬:《松山集》,载上村观光编:《五山文学全集》(第一卷),第624页。
④ 乾峰士昙:《乾峰士昙集》,载玉村竹二编:《五山文学新集》(别卷一),东京大学出版会1977年版,第434页。

的中岩圆月(1300—1375)更是对"李杜"表现出极高的赞许：

> 乐天元九诗，甘蔗味何滋。烂嚼唯残滓，方知李杜奇。(《五言二绝》其一)
> 梦中得句参李杜，郊岛瘦寒何足云。(《赠张学士拜序》)
> 进退随宜，前后守规，譬如李杜文章，高吐万丈火焰。(《巨福山建长禅寺语录》)
> 吾爱李太白，骑鲸捉明月。世人不知仙，以为水中没。茫茫宇宙间，谁复比风骨？万里秋天高。独有梢空鹘。(《拟古三首》其三)
> 诗压乐天追杜甫，史宗师古駮如淳。(《复和前韵寄院司二首》其一)①

　　前面三条中，或通过比照突出"李杜"诗歌地位，或借用前人之论确认"李杜"典范地位，后面两条则分别表现对李白、杜甫的追慕之情。中岩圆月还在创作中向"李杜"学习，在《偶看杜诗有感而作》、《效老杜戏作俳谐体》、《三月旦听童吟杜句有感续之三绝》、《大风雨》等诗作中，对杜诗多有借用，用创作践行了杜诗典范。以《三月旦暮听童吟杜句有感续之三绝》其三为例，该诗首句的"二月已破三月来，少陵人去没全才"，既套用了杜诗《绝句漫兴九首》其四中"二月已破三月来，渐老逢春能几回"之语，又称赞了杜甫"全才"。

　　这一时期，还有梦严祖应(?—1374)对"李杜"的推举值得注意。与虎关师炼一样，梦严祖应论诗亦主"贯道"、"诣理"之说：

> 文者，盖贯道之器，试人之具也，不可阙矣。②
> 惟人生而静者，关系其土地、风气之殊，而方言相异。然其寓性情之理矣，则一也。夫人之禀气有清浊，故其言之工拙随焉。盖钟河岳英灵之

---

① 以上五则分别见于：中岩圆月：《东海一沤集》(一)，卷之四《五言二绝》(其一)，载玉村竹二编：《五山文学新集》(第四卷)，东京大学出版会1970年，第342页；《东海一沤集》(一)，卷之二《赠张学士并序》，载《五山文学新集》(第四卷)，第324页；《中岩圆月作品拾遗·中岩和尚语录》，载《五山文学新集》(第四卷)，第727页；《东海一沤集》(一)，卷之三《拟古三首》(其三)，载《五山文学新集》(第四卷)，第331页；《东海一沤集》(一)，卷之四《复和前韵寄院司二首》(其一)，载《五山文学新集》(第四卷)，第340页。
② 梦严祖应：《旱霖集·朋孤月颂轴序》，载王焱编：《日本汉文学百家集》(4)，北京燕山出版社2019年版，第235页。

气者,能为纯正粹温,则无他,只在诣理而已矣。①

可见,五山禅僧对韩愈诗学的吸收。对"诣理"的阐释,虽不像虎关师炼那样不傍他人,但对诗歌表达性情"纯正粹温"便是"诣理"的强调是一致的。梦严祖应同样对李白、杜甫表现出高度赞许,不同的是其表达方式不像中严圆月等人那样外露,而情意更加真挚。如在《月》②一诗中,梦严祖应写道"山河表里镜中收,何用高登百尺楼。一片杜陵诗世界,孤吟蟾亦恋貂裘。"后一句分别用到了王禹偁"子美集开诗世界"和杜甫"兔应疑鹤发,蟾亦恋貂裘"之语,将本是赞美杜甫诗歌成就的"诗世界"与作者眼前的月光笼罩世界,巧妙做了勾连,对杜甫的敬仰之情,悄然流露,不显刻意。其写李白的《和韵代沙弥》③一诗同样如此:"梅因驿寄江南信,月满梁传李白神",诗人巧借杜甫《梦李白》其一"落月满屋梁,犹疑照颜色"的语句和思念氛围,表达出对李白的敬爱之情。在《祈穀二首》中,梦严祖应传达的杜甫形象更比他人向前一步:"只恨鸥夷腹,更无忠义肝。杜陵布衣老,帝魂拜杜鹃。一杯高槐叶,停箸望寒露。"④对"拜鹃"和"槐叶冷淘"意象的使用,已显示出对杜甫"忠君"形象的深化。

借助虎关师炼对"李杜"的标举,中岩圆月、梦严祖应等诗僧进一步确认了李白、杜甫诗歌典范的意义,通过他们在前期的提倡与实践,五山汉诗逐步推进,终于使得五山汉诗在后期学杜创作上取得了丰硕成果。

三、拓展唐诗接受空间

五山前期,诗僧们虽对唐诗有关注,但像虎关师炼这样既有汉诗文创作经验,又有诗学研究成果的诗僧极为少见。《济北诗话》作为虎关师炼多年诗歌经验的心得之作,在唐诗艺术鉴赏、注解考证、和韵问题等方面的研究成果,为五山诗僧进一步研究唐诗、借鉴唐诗,提供了有益的视角和方法。

(一)鉴定唐诗艺术特色

韦苏州集有《雪中闻李儋过门不访》,诗云:"度门能不访,冒雪屡西

---

① 梦严祖应:《旱霖集·送通知侍者归乡诗轴序》,载王焱编:《日本汉文学百家集》(4),第236页。

② 梦严祖应:《旱霖集》,载王焱编:《日本汉文学百家集》(4),第188页。

③ 梦严祖应:《旱霖集》,载王焱编:《日本汉文学百家集》(4),第204页。

④ 梦严祖应:《旱霖集》,载王焱编:《日本汉文学百家集》(4),第166页。

东。已想人如玉,遥怜马似骢。乍迷金谷路,稍变上阳宫。还比相思意,
纷纷正满空。"夫常人赋诗也,著意于颔、颈二联,而缓初、后,以故读至终
篇,少味矣。今此落句,借雪态度而寄心焉。句法妙丽,意思高大,可为百
世之范模也。①

《诗人玉屑》卷十五"韦苏州·清深妙丽"条有"其诗清深妙丽,虽唐诗人之
盛,亦少其比"的评论,②虎关师炼承续了此评论,但以《雪中闻李儋过门不访》
为例,对韦诗"妙丽"艺术特色做了进一步阐释。虎关师炼认为韦应物创作该
诗时,有意打破常规,在诗尾以纷纷大雪寄寓相思,使得诗至终尾,言已尽而意
不尽,令人回味无穷。对此,虎关师炼以"句法妙丽、意思高大,可为百世之范
模"的评语作结,反映出虎关师炼对韦诗艺术特色的精准把握,以及用诗论引
导时人的用心。这里,虎关师炼对韦诗艺术特色的总结,也与虎关师炼评价
"汉唐诗赋以格律高大为上"③的观点相呼应。"百世范模"的评价,也向人们
表明,唐诗不仅有"李杜"这样的诗歌"上才"为人们提供示范,也有一批像韦应
物这样可在具体师法层面提供示范的诗人,他们共同组成了唐代诗人的世界,
创造了唐诗风格多样的诗歌王国。

再者,论韩愈联句:

予爱退之联句,句意雄奇,而至"遥岑出寸碧,远目增双明",以为后句
不及前句。后见谢逸诗"忽逢隔水一山碧,不觉举头双眼明"始知韩联圆
美浑醇。凡诗人取前辈两句并用者,皆无韵,然此谢联不觉丑,岂其夺
胎乎?④

虎关师炼为什么要注意韩愈联句呢? 有学者认为五山禅林诗歌是一种酬
唱型诗歌,⑤由于酬唱语境的存在,诗僧格外关注联句,类似的还有对诗歌和
韵的关注。那么,虎关师炼谈论韩愈联句的用意是在联句本身吗? 从诗话叙
述中,可以看到,虎关师炼重在揭示韩愈联句不仅具有句意雄奇的特点,还达

---

①④ 虎关师炼:《济北集》(卷十一),载上村观光编:《五山文学全集》(第一卷),第234页。

② 魏庆之:《诗人玉屑》(上),王仲闻点校,中华书局2007年版,第457页。

③ 虎关师炼:《济北集》(卷十一),载上村观光编:《五山文学全集》(第一卷),第229页。

⑤ 参见曹逸梅:《日本五山禅林的典范选择与诗歌创作》,南京大学博士学位论文2015年。

到了圆美浑醇的境界,并以自己获得这种审美认知的过程,向读者解释了韩愈联句的绝美。一般评论韩愈诗歌者,多注意韩诗雄奇、险怪、"以文为诗"等方面,虎关师炼则注意到韩诗圆美流转、浑厚纯正的一面,并表达对韩愈诗风的喜爱。反映出虎关师炼论诗更重审美效果,对诗人、诗歌不拘一格。其对韩愈联句"圆美浑融"的评价,可与诗歌审美"尽美尽善"评语相参看,表明韩愈联句达到了极高的境界。同时,虎关师炼称赞谢逸借鉴韩诗是真正的"夺胎"之法,也透露出虎关师炼对江西诗派的作诗之法有自己的认知标准,并不唯师法为要,更提倡诗人要有自己的创造。

(二) 补正杜诗注解舛误

宋人非常重视杜诗注解,产生了"千家注杜"的盛况,这深刻影响了日本诗僧对杜诗的接受重点。据考证,五山时期刊刻的杜诗注本有《集千家注分类杜工部诗》(二十五卷)、《集千家分类杜工部诗》(二十五卷)和《集千家注批点杜工部诗》(二十卷)三种,①可见,禅林阅读杜诗已蔚然成风。《济北诗话》连用四条诗话对杜诗注解进行补正,显示出虎关师炼参与杜诗注解的热情。同时,虎关师炼也指出,杜诗注解存在诸多问题,如注解者诗思不精、谬托名人、见解不全等,使得"千家之人,上杜坛者鲜乎!"这样的注解,不但会惑乱后人,也亵渎了先贤杜甫。

虎关师炼对杜诗的注解是从"吴楚东南坼,乾坤日夜浮"一联开始的。虎关师炼认为原注作洞庭在天地之间,其水日夜沉浮解,并不符合杜甫原意。杜诗本意是为表达洞庭湖之宏阔可浮动天地,原来的注解,将这层意思埋没了。对于这样的解释,可能会有人说这并不符合现实中湖和天地的关系,虎关师炼则指出,这是诗人的"造语"之法,并举王维《汉江临眺》加以说明。

需要注意的是,这里选取该联注解,提到的洞庭湖正是五山文学常见诗题"潇湘八景"中"洞庭秋月"一景的主体。五山禅僧普遍对中国"潇湘八景"兴趣浓厚,创作了大量咏叹该主题的诗,"汉江临眺"虽不是八景之一,但也偶被写入诗中。对于日本禅僧来说,"潇湘八景"不仅是寄托审美的载体,还是他们想象中国山川世界的媒介。虎关师炼因未能亲自到访中国,通过注诗想象洞庭湖的宏阔,既表现了他对洞庭湖的赞叹,也为人们理解杜诗笔下的洞庭湖提供

---

① 参见黑川洋一:《日本における中國の杜詩註釋書受容——〈集千家註分類杜工部時〉から〈集千家註批點杜工部詩集〉へ》,《日本中國學會報》第55集,第240—256頁。

了新的审美思路。

余下三条对杜诗的注解，虎关师炼均用到了禅学典故。关于杜诗《巳上人茅斋》，虎关师炼用禅书中齐己与唐末诗人郑谷同游的记载，说明晚于杜甫有百年的齐己不可能出现在杜诗中，故原诗题中只应是"巳上人"，并没有"齐"字。在杜诗《别赞上人》"杨枝晨在手，豆子雨已熟"中，虎关师炼指出各注对该句的理解都不准确。关于"杨枝""豆子"的解释，希白虽引到了《梵网经》注解"杨枝"，但并没有指出"豆子"的含义。实际上，杜甫使用了《梵网经》中的内容赞颂上人精通佛陀，而大多数注者对此并不经意，稍有注意者又诗思不精，不能上下照顾也。对《夔府咏怀》中"身许双峰寺，门求七祖禅"的注解，虎关师炼指出注者不识佛书，将"七祖"作"七佛"解，实在可笑，如果注解此诗的人了解佛门"七祖"的故事，就不至于如此谬解杜诗了。

虎关师炼用自己注解杜诗的经验和成果，向人们展示了禅僧注解杜诗的资源和优势，他求证于史书、考证于事实、不盲信前人的注诗方法和态度，为禅僧理解杜诗树立了榜样。此后禅林阅读杜诗、讲解杜诗、模仿杜诗之风日盛，出现了讲解杜诗的抄物——江西龙派（1375—1446）的《杜诗续翠抄》，以及义堂周信、绝海中津这样在研究、学习杜诗均有成果的大家。可见，虎关师炼"日本杜诗研究鼻祖"[①]的称号，并非虚名。

（三）厘正"和韵"发展方向

诗歌和韵，由来已久，到了宋朝，论诗者愈来愈对和韵不满，批评和韵害诗。五山诗僧的创作，也存在大量唱和之作。虎关师炼也注意到了诗歌和韵问题，他在诗话中对和韵的论述，有三个要点值得注意。一是梳理和韵发展脉络，考证于诗人诗歌，破除了中国诗论中"和韵始于元白"的错误观点。虎关师炼在"大历十才子"李端、卢纶的诗集中发现，早在元白之前，二人已有和韵之作，故元白并非和韵的开端。二是指出盛唐人和诗只和意，不和韵，围绕贾至《早朝大明宫》而做的和诗，杜甫、王维、岑参三人皆以意和，而不以韵和便是例子。贾、杜、王岑四人的唱和，历来被传为佳话，对他们唱和诗作的评价也很高。明代周珽在《唐诗选脉会通评林》卷四二中，认为从"冠冕壮丽"一格论，岑参的《奉和中书舍人贾至早朝大明宫》可为唐人七律压卷之作，可见此次和诗的成功。从虎关师炼对四人落句合意的分析看，他对四人和诗并无批评贬斥

---

① 黑川洋一：《杜甫の研究》，创文社 2013 年，第 47 页。

之意。及至李端、卢纶的和韵之作，虎关师炼也无不满之意。这就过渡到虎关师炼关于诗歌和韵的第三个观点，即无论是和意，还是和韵，其自身不会对诗歌发展产生破坏影响，是诗才低下的诗人大量创作和韵，才破坏了诗歌的发展。元白的和韵诗，便是这样的破坏之作。这就警示人们，不要盲目跟风使用和韵，要量力而行。而且，盛唐诗人的诗歌和意，也是一种不错的作诗思路。和意注重唱和者抒发情感时的内在联系，不拘泥于用韵，更能引导诗人作诗关注内容，体现新意，不至于出现像宋人那样"天下雷同，凡有赠寄，无不和韵"①的局面。

　　从以上分析中，可以看到，虎关师炼对诗歌和韵的研究，有破有立，有扬有抑，对诗歌和韵的过去和今后发展方向都做了描绘。其肯定盛唐和意，称赞李杜上才，即便作和韵也会很好的观点，再次显示了诗人诗才对驾驭不同诗歌体裁的影响。对元白下才，所作和韵毁诗的批判，也对世人做了警醒。

　　从纵向日本汉诗接受来说，在五山文学之前，日本诗坛以白居易作为诗歌典范的风尚，已有三百余年。《济北诗话》选取唐宋诗人作为主要论述对象，通过比较、鉴赏、注解等方法，有意突出李白、杜甫、韩愈、韦应物、王维、孟浩然等人的诗歌地位。在诗人中，更是明确提出元白为"下才"，李杜为"上才"。表明在虎关师炼论诗的时期，诗僧们对唐诗的学习范围和典范选择都有了调整，一种诗歌接受上的审美转移已然发生。明白这一趋势，对理解整个五山时期的唐诗接受，都有提纲挈领之意。正如诗歌接受史告诉我们的那样，不同时期的人们在选择接受对象和内容时，有时存在偏差，而后来被视为典范的诗人诗歌，往往经过历史的不断选择与再阐释，才在人们中间逐步形成审美认同。虎关师炼《济北诗话》标举"李杜"诗歌典范、拓展唐诗研究空间的努力，就是这样的一次打破过去接受范式和内容，重新引领新风尚，建构新经典的首义之举。"李杜"作为东亚世界广泛认同的诗歌典范，也从虎关师炼开始，真正进入到日本人的论诗视野和学习范围。

Saihoku Shiwa and the Acceptance of Tang Poetry

Abstract：In the early period of the Gosan literature in Japan, Kokan Shiren wrote

---

① 虎关师炼：《济北集》（卷十一），载上村观光编：《五山文学全集》（第一卷），第232页。

Saihoku Shiwa which had many comments on poets, poetry and poetics in the Tang and Song dynasties. Kokan Shiren regarded "proper rationality" and "elegance" as the essence and creation principles of poetry, advocated the "perfect beauty and perfection" criticism method and judged the achievement of poets based on their talents. In the comparative criticism mode, Kokan Shiren refined and labeled "Li Du" as a poetic model, devalued "Yuan Bai" as inferior poets and praised Du's poems with "perfect beauty and perfection". The propose that Li Du were models of poetry had deeply influenced later generations. Kokan Shiren's research on the artistic characteristics of Tang poetry, annotations in Du fu's poems and poetry rhymes set an example for the monks, which promoted the development of the communication and acceptance of Tang poetry in Japan.

Keywords: Saihoku Shiwa; Tang poetry; poetic model; LiDu

作者简介:艾春霞,上海师范大学人文学院 2018 级古典文献学专业博士研究生,研究方向为东亚唐诗学。

《鉏月馆日记》：清末民初
何荫柟的历史书写

孙光耀

摘　要：晚清以降，随着社会的变迁，记日记逐渐成为很多普通人日常生活的一部分。何荫柟的《鉏月馆日记》就是其中的典型代表。何荫柟出身官宦世家，虽未做过高官，但于政商两届都有涉足，人际交往广泛，社会阅历丰富，在清末民初留下了属于自己的历史书写。《鉏月馆日记》存稿共五十三册，起于清光绪三年（1877），迄至民国元年（1912），篇幅宏巨、涉面綦广。以往学界对这部日记未有足够重视，对辛亥年前后何荫柟在广州任职期间的经历及见闻更是鲜有提及。然而，《鉏月馆日记》写于清末民初这个激变时代，又载有大量的地方史料，内容非常丰富，可以作为常见史料之补充。因此，有必要对《鉏月馆日记》展开进一步地深入研究。

关键词：《鉏月馆日记》　何荫柟　清末民初　辛亥革命　广东

何荫柟（1852—?），字颂梅，一作颂眉、仲梅，江苏江宁（今南京）人。清军机大臣何汝霖（1781—1852）之曾孙，浙江、广东盐运使何兆瀛（1809—1890）之孙，内阁中书何承禧（1833—1891）之子，湖北汉川知县何蔚绅胞兄。在清末民初，何荫柟虽不至是引车卖浆者流，但也终究不过是个不起眼的角色。然而，他却留下了一部篇幅宏巨、涉面綦广，被誉为"较之晚清四大日记毫不逊色"的《鉏月馆日记》。《鉏月馆日记》现藏于上海图书馆，小部分内容曾刊载于《清代日记汇抄》一书，全部稿本则收入《上海图书馆藏稿钞本日记

丛刊》,于 2017 年影印出版。该日记除少数学者曾简要介绍并使用外,罕有
论及,知者甚少。[①]但是《鉏月馆日记》记载时间长、篇幅规模大、涉及内容广,
将其作为史料翻检和阅读,能为研究清末民初这段历史提供宝贵的第一手材
料,值得学界进一步关注和研究。

一、何荫柟及其日记

何荫柟虽然出身于江南官宦世家,但就仕途而言其家族可谓一代不如一
代。曾祖父何汝霖曾任军机大臣、礼部尚书,祖父何兆瀛历任浙江、广东盐运
使,父亲何承禧也曾任内阁中书、浙江杭嘉湖道等职。及至何荫柟,他的仕途
就坎坷许多。他早年游幕,光绪二十一年(1895),曾任上海华盛纺织总厂西公
事房文案。[②]华盛纺织总厂,简称“华盛纱厂”,是清末官督商办的机器棉纺织
厂,由李鸿章在光绪十九年(1893)利用职权,拨借官款,派盛宣怀在上海机器
织布局原址设立。这段经历虽然不值一提,但为日后何、盛二人的交往奠定了
基础,也为其人际网络的展开提供了条件。光绪三十三年(1907),何荫柟为浙
江候补同知,次年,出任浙江诸暨县令。[③]宣统元年(1909),他因“亏短银钱”被
浙江巡抚增韫参奏,受到“革职”处分。[④]何荫柟任浙江诸暨知县,仅一年就被
革职,他的仕途由此戛然而止。不过,这也让何荫柟能有更多的时间遍历京、
沪、杭、粤、港诸地,他的人生也得以更加丰富多彩。

　　当然,不只是何荫柟,何氏家族的多名成员都在不同程度上存在着一定

[①] 当前仅陈左高和李军对何荫柟其人和《鉏月馆日记》有过简单介绍。陈左高认为:“现存稿本日
　　记,长达二十余年以上,兼富史料价值者,其一允推何荫柟《锄月馆日记稿》……综览全稿,涉面綦
　　广。所记以在上海见闻为多。约略归类,可分成五方面:一为当时上海某些园林、街道、码头之记
　　录;二为当时沪上梨园演出有关记载;三为涉及当时上海之政治斗争;四为经济史料;五为和闻
　　兰亭、马相伯、盛宣怀、曹沧洲、李伯元等相往还,记所见闻。”参见陈左高:《历代日记丛谈》,上
　　海画报出版社 2004 年,第 168—169 页;李军认为:“全稿共五十三册,大抵每半年一册,故存二
　　十六年有余,篇幅较之晚清四大日记毫不逊色。检阅全书,起于光绪三年(一八七七)七月初一
　　日,终于民国元年(一九一二)五月端午,惜间有缺失……据其自述,何氏一生足迹遍及江浙、京
　　沪等地,而寓沪期间,于海上景物、见闻记录颇详,为研究清末上海风貌之学者所取资……此稿
　　一小部分,曾于一九八二年选载入《清代日记汇钞》,至此全文始获影印,方得窥全貌。”参见周
　　德明、黄显功主编:《上海图书馆藏稿钞本日记丛刊提要》,国家图书馆出版社 2018 年,第 175—
　　177 页。
[②] 周德明、黄显功主编:《上海图书馆藏稿钞本日记丛刊提要》,第 175 页。
[③] 《邑宰晋省商议教案》,《申报》1908 年 7 月 10 日,第 11 版。
[④] 增韫:《奏报将亏短银钱之前署诸暨知县何荫柟革职事》,宣统元年十月十四日,文献编号 182465,
　　《清代宫中档奏折及军机处档折件》,台北“国立故宫博物院”藏。

的经济问题。除他本人外,其祖父何兆瀛、胞弟何蔚绅,都曾因经济问题被奏参、弹劾。光绪九年(1883),给事中邓承修奏请"责令贪吏罚捐巨款以济要需"。邓为清流人物,有"铁汉"之称。他弹劾已故总督瑞麟、学政何廷谦、盐运使何兆瀛等人,认为他们"皆自官广东后,得有巨资,若非民膏,即是国帑"。①清廷派彭玉麟查办,最后以"朝廷政尚宽大,既往不咎,均着免其置议"。②何兆瀛虽然逃过一劫,但何荫柟本人及其胞弟就没有这样的运气了。其胞弟湖北汉川知县何蔚绅因为"贪鄙性成,被控有案","着革职永不叙用"。③

何氏家族的另一个显著特点是日记传统代代延续。何氏家族祖孙四代都有日记传世,时间范围从清代道光年间直至民国初年,几乎涵盖了整个晚清时期。《何汝霖日记》,记道光二十七年(1847)至二十九年(1849);《何兆瀛日记》,记同治三年(1864)至光绪十六年(1890);何承禧《介夫日记》,记咸丰九年(1859)至光绪十七年(1891);何荫柟《鉏月馆日记》,记光绪三年(1877)至民国元年(1912)。以上日记均收入《上海图书馆藏稿钞本日记丛刊》之中,得以嘉惠学林。④"日记为重要的史料形式,尤其是晚清以降,书写材料日益简便,新旧教育较为普及,日记成为不少普通人日常生活的组成部分,至今留存的数量相当庞大,且多数未刊,若能善加利用,可为正史的重要补充甚至关键凭据。"⑤可以说,这些日记,既是何氏家族每个人物的生命史,也是其家族的家族史,更是晚清民初一个时代的历史。

就何荫柟个人而言,他出身于官宦世家,一生经历了幕僚、地方官员、企业职员等多个阶段,游走于官、商之间,可谓阅历丰富。那么,他的日记主要记载了什么内容呢?当前学界的研究主要侧重于介绍日记中记载的上海史料。然而,通观全书,《鉏月馆日记》还有两大内容也不容忽视。

---

① 《清实录·德宗实录》卷174,光绪九年十一月十九日,中华书局1987年版,第426页
② 《清实录·德宗实录》卷178,光绪十年二月十五日,第483页。
③ 《清实录·宣统政纪》卷38,宣统二年七月十一日,中华书局1987年版,第676页。
④ 何汝霖:《何汝霖日记》,稿本收入《上海图书馆藏稿钞本日记丛刊》,第六至七册,整理本收入《晚清军机大臣日记五种》。何兆瀛:《何兆瀛日记》,稿本收入《上海图书馆藏稿钞本日记丛刊》,第十三至十九册。何承禧:《介夫日记》,稿本收入《上海图书馆藏稿钞本日记丛刊》,第六十一至六十九册。何荫柟:《鉏月馆日记》,稿本收入《上海图书馆藏稿钞本日记丛刊》,第七十三至八十五册。
⑤ 桑兵:《治学的门径与取法——晚清民国研究的史料与史学》,社会科学文献出版社2014年版,第79页。

其一,对于各地地方史料的记载。何荫枬一生曾遍历京、沪、杭、粤、港等国内各大城市,特别是除上海外,他曾多次客居广东,因而《鉏月馆日记》里对广东一地的政治、经济、文化、军事、交通及社会生活的情况多有反映,对于考察近代粤地的政情民生和社会变迁具有很高的参考价值。

其二,对于清末民初时事掌故的记载。这一内容也占据了日记的很大篇幅。《历代日记丛谈》曾举光绪三十三年(1907)杭州农民捣毁米店以及宣统三年(1911)绍兴地方对徐锡麟刺杀恩铭一事的反映等事例,但全书所记远远不止这些。就以辛亥革命清民易代为例,鼎革之际,何荫枬正在广州工作,他亲眼见证了革命主要策源地和发生地之一的广州城在一年内天翻地覆的变化,这一点不容忽视。也正如《历代日记丛谈》所言,"日记作者囿于立场,对革命多污蔑之词",但"揆其所叙简单传闻,要亦不失为当时史事之佐证"。①

二、《鉏月馆日记》所载广东史料

何荫枬辛亥年长期在广州生活,自称"有生以来客中度岁,此为第三次,境味亦迥不相同。今则旧地重游,抚今思昔,感慨深焉矣"。②但对于《鉏月馆日记》里所载的广东史料,仅有陈左高简要提及,称何荫枬"宣统三年在粤港,阅读《羊城日报》《广东公言报》《总商会报》《七十二行商报》《粤东公报》《平民报》《国事报》《时敏报》《安雅报》等,类似引述,事关中国报业史料"。③其实,《鉏月馆日记》载有大量的广东地方史料,内容非常丰富,但往往不为人所关注,兹分别举例介绍如下:

(一)粤剧

粤剧,又称"广东大戏",发源于佛山,是以粤方言演唱,汉族传统戏曲剧种之一,流行于两广地区。由于广府人的先祖来自不同地域,所以粤剧的形成和发展既受到多个传统剧种的影响,又具有浓郁的岭南文化特色。戏曲是何荫枬日常的一大娱乐方式,他在居京、杭等地时,日记里都记载有听京剧、越剧等戏剧的经历,在广州时当然也不例外,多次记录下了听粤剧的情况以及感受,试举两例:

---

①③　陈左高:《历代日记丛谈》,第169页。
②　周德明、黄显功主编:《上海图书馆藏稿钞本日记丛刊》第85册,国家图书馆出版社2017年版,第3页。

燧兄约同袖海楼小坐,便饭一餐,晤盛季莹、苏楚生、冯仲庄、金芝轩,先后到添花楼。随后来者,罗岳生、萨桐孙、王展卿、盛俊仲主人乃弟,犹有彭、麦、岩三叟,亦不复记忆,更有未及闻讯者,彼手谈人也。粤调聒耳,杂以喧哗,只觉纷扰,有花氏三姊妹唱京腔尚不恶,皆玉山产,惜非特色耳。①

宣统二年(1910)十二月十六日这一天,何荫枏与赵庆华等广九铁路公所的同僚、朋友先在袖海楼小坐便饭,接着共赴添花楼听戏。可能他常年生活在沪杭宁等江南一带,对于"粤调"并不习惯,认为其"聒耳",反而觉得同时演奏的非地方特色的"京腔"尚算不错:

清寂无聊,把卷而心不属,举笔更复意倦,乃到近地东关戏园一聆粤音,出头亦类正本,声色皆不足以系人。②

宣统三年(1911)正月初一日,何荫枏因孤身在粤任职,又正值新春佳节,"每逢佳节倍思亲",因而倍觉"清寂无聊",乃选择赴东关戏园听粤剧。类似的记录在《鉏月馆日记》中还有很多,大体来说,何荫枏虽然客居他乡,但对颇具地方特色的"粤音"倒并未流连,评价不高。

(二) 广州花市

广州花市是广东地方传统的民俗文化盛会。一年一度的迎春花市繁花似锦、人潮如织,极为热闹。迎春花市融合了广州人"讲意头"的传统,从而形成了独特的花卉语言,不但呈现了古老的岭南地区民众的春节习俗,更与广州人的日常生活密切相关。何荫枏在日记里就记下了自己亲身经历的广州迎春花市:

今日在双门底见花草繁茂,洋种多不识名。菊花犹精神,老圃秋容,良为可爱。水仙正茂盛,月季则非常艳冶。牡丹未大放,由于中旬久冷,勒住几分矣。吊钟花开得极为绚烂,而且甚多,此为粤产,家家必以此点

---

①　周德明、黄显功主编:《上海图书馆藏稿钞本日记丛刊》第84册,第555—556页。

②　周德明、黄显功主编:《上海图书馆藏稿钞本日记丛刊》第85册,第4页。

染年,瓷瓮瓦瓶,无不以一束为清供。花花世界,足以怡情。而我之今昔之感不胜戚戚于怀矣。夜将寅正,大众散去,始得就睡。默想家人此时亦自安恬无哗。明日新年,当从此日如佳境,同心盼祝。①

宣统二年(1910)十二月廿九日,何荫柟在双门底大街游览迎春花市,他在日记里生动地记录下了菊花、水仙、月季、牡丹以及广东特产吊钟花甚至还有"洋种"盛放时的情景。同时,花花世界又勾起了他对家人和家乡的思念之情,日记里笔下颇有"千里共婵娟"之意。

(三) 民间信仰

城隍庙,又称郡庙。城隍作为古代中国民间信仰中普遍崇祀的重要神祇之一,大多由有功于地方民众的名臣英雄充当,是中国民间和道教信奉守护城池之神。广州城隍庙始建于明洪武三年(1370),位于中山四路忠佑大街内,是明清时期岭南地区最大、最雄伟壮观的城隍庙。何荫柟在日记里记下了宣统三年(1911)正月十四日这一天闲逛广州城隍庙时的所见所闻:

> 巳初起,星期放假。乃步进小东门,在东乐园一面访郁文、幼谙二公。正在盥漱,少与闲话,敏卿亦来谈,余音绕梁,津津乐道,匆匆及午,乃留饭蔬食充肠。正堪醒味,幼谙同步到郡庙。士女纷纷,先后膜拜,求财求子,粤人之迷信固尤甚焉。②

洪圣庙,又有洪神庙之称。洪圣大王本名洪熙,因有功于渔民,死后受到敬仰和供奉,成为人们心中的海神。在广东,洪圣庙宇有数百座。其规模大小不一,最大的要数广州东郊的南海神庙,其神诞是农历二月十三,每年都会有很隆重的诞会。何荫柟在日记里记下了洪圣大王生日前一天(二月十二日)的盛况:

> 左近乡区有名洪神庙者,今日诞辰,有助会物品由马路陆续而过,袤

---

① 周德明、黄显功主编:《上海图书馆藏稿钞本日记丛刊》第84册,第568页。
② 周德明、黄显功主编:《上海图书馆藏稿钞本日记丛刊》第85册,第14—15页。

动一时。凭楼俯瞰，游人如蚁，梭织纷纷，半日不已，粤人佞神迷信不可破
也。近日乌涌乡波罗蜜神诞，为此加开粤车一趟。往者甚众，必买鸡而
归，或大或小，纸骨糊成彩画，状如雄飞，相传万千之数可以售尽。此中必
有一能鸣者，足以占利市，究不知谁是得意人也。蛊惑人心，亦善于营利
者为之矣。①

(四) 匪患

《钮月馆日记》里对清末民初广东特别是铁路沿线的匪患有着详细的记
载。石龙是广东省东莞市辖下镇，北靠广州，南临深圳，毗邻香港，历来都是东
江水运的重要港口，在清末民初与广州、佛山、顺德陈村并称广东四大名镇。
因为位置重要，所以常有匪乱发生。在宣统三年正月末二月初的短短数日，石
龙等地就曾多次发生匪乱：

> 石龙电告，匪人图劫，得护勇抵御，未成。
> 经石龙函告廿七复经匪扰，西人惊恐，急急致函。水军得其信，已派
> 兵轮保护。
> 乌涌分站又报昨夜匪劫无可抵御，任其一掳而空，呼啸以去。
> 南岗、石牌、乌涌各站遭匪强掠，防不胜防，又难抵御。②

此外，何荫柟在日记里还记载了广九铁路的通车状况、石龙路桥的修建情
况，足可为研究交通史者所取资。当然，《钮月馆日记》里记载的广东地方史料
非常丰富，囿于篇幅，本文仅作部分介绍。

三、何荫柟笔下的辛亥年

辛亥年何荫柟身在广州，他在日记里详细地记录下了这一年广州城发生
的起义、暗杀等重大事件。那么，他当时在广州究竟所为何事？以往学界并未
提及。细加翻检《钮月馆日记》可以发现，他当时任职于广九铁路办事公所，担
任总文案工作。广九铁路办事公所于光绪三十三年（1907 年）成立，"总理造

---

① 周德明、黄显功主编：《上海图书馆藏稿钞本日记丛刊》第 85 册，第 38 页。
② 周德明、黄显功主编：《上海图书馆藏稿钞本日记丛刊》第 85 册，第 21、27、30、31 页。

路行车各事"。① 在当年的日记中,他与赵燧山的关系、交往极为密切。赵燧山,即赵庆华,浙江兰溪人。1909 年,为邮传部铁路总局翻译。次年,邮传部派其代理广九铁路总办。② 宣统二年(1910)的《钮月馆日记》,记录下了何荫枬经过赵庆华劝说最终选择南下任职的经过,具体可参见下表:

日　　　期	事　　　项	出　　　处	备　　注
九月十五日	赵燧山自都下过访,邮部派办广九路事,相约助理,此行未为不宜,姑俟归后商定	《钮月馆日记》第 84 册第 465 页	与赵庆华商谈赴广州事宜
十月初三日	燧山近又来电,相盼到粤	《钮月馆日记》第 84 册第 486 页	
十一月二十六日	行将远游,非得意自奋之境,郁遏此怀,抚今伤昔,热泪内咽,强自为欢	《钮月馆日记》第 84 册第 536 页	离开杭州
十二月初九日	已泊船广东省河沙面地方,正当盥洗之际,燧山兄已遣人相接……燧兄所居,近在道旁。登堂相握,共叙别怀,旧雨情深,令人铭感	《钮月馆日记》第 84 册第 547—548 页	抵达广州
十二月初十日	四钟后到办公处,回奉公牍,使充总文案,月薪双柏,且与答谢	《钮月馆日记》第 84 册第 549 页	担任广九铁路办事公所总文案一职

然而,何荫枬在广九铁路办事公所尚未席暖,辛亥年的广州城就接连发生了几起大事。这些事件在《钮月馆日记》中都有详细记载,可以作为常见史料的补充。

其一为三月初十日,温生才刺杀广州将军孚琦事件。温生才(1870—1911),广东嘉应州(今梅县)人,字练生。曾赴南洋为华工,在霹雳(今属马来西亚)加入同盟会。1911 年春归国,拟刺杀清水师提督李准,后误认清广州将军孚琦为李准,将其击毙。被捕后英勇就义。事发当天,何荫枬正在天香楼与

---

① 阎志祯主编:《深圳市交通运输志》,方志出版社 2001 年版,第 92 页。

② 《部咨派员代理广九路总办》,《申报》1910 年 10 月 10 日,第 12 版。

同僚闲聚，忽然孚琦被暗杀的消息传来，大家惊疑不定。事后，他在日记中写道：

> 傍晚到天香楼假座约普民、敏卿、柳村、俊卿、道谦、叔英、耀之、幼谐、仲范闲聚，客未到齐。忽传闻将军孚琦被暗杀致命，时行经谘议局前。一时传来，惊疑纷起，城内居家皆亟亟图归，只得听之。乃寥寥三五人，亦可为乐。不一时，敏、柳、俊三公又来，以城门已闭，不得入，姑且消遣，再自设法。散后分道各行。①

此后数日，何荫柟都非常关注此事，对当时的报刊记载颇为留意，同时对报上文章多有幸灾乐祸之意深感不满，在日记里大发感慨，认为这些报纸"无悸意之文，皆幸灾乐祸之笔，亦世道人心变相日亟，可慨可虑"。②

其二为三月二十九日，黄花岗一役。在黄花岗起义前，发生了两起意外事件：一是革命党人吴镜从香港运炸弹往广州被清兵查获被捕，二是前文所述同盟会会员温生才刺杀了广州将军孚琦。这自然使清方加强戒备。同时，海外华侨的捐款与从日本等地购买的枪械又尚未到齐。于是，统筹部决定将起义日期推迟。③然而，在起义的前一天广州城内就已经风声鹤唳，连何荫柟都已经得知革命党不日将要举事。不过，此时他还觉得此事可大可小，只需严加防控即可。三月二十八日，他在日记里写道：

> 日来风传将军事后，人心多不靖，说者谓党人分布，将于政界一逞其能。消息一播，已暗自防维。粤人性本刚狠，近尤渺视诸要津，而当道已暗自设备。果而是一可大可小之风潮矣。④

"将军事"即广州将军孚琦被刺杀一事。起义当天下午，何荫柟收到广东候补知府盛季莹的函件，得知巡警道通知铁路上下要严加防范形迹可疑者。果然没过多久，起义正式爆发。何荫柟和往常一样在日记里记下了自己的所

---

① 周德明、黄显功主编：《上海图书馆藏稿钞本日记丛刊》第85册，第61页。
② 周德明、黄显功主编：《上海图书馆藏稿钞本日记丛刊》第85册，第64—65页。
③ 参见张海鹏主编：《中国近代通史》第五卷，江苏人民出版社2013年版，第353页。
④ 周德明、黄显功主编：《上海图书馆藏稿钞本日记丛刊》第85册，第75页。

见所闻以及广州城内的激战情况：

> 又闻传说谣啄纷多，且政界安排防范，暗自调遣，是必有风潮惊人。闲云野鹤亦遂听之。下午忽得盛季老函，知奉巡警道属致：行车上下皆须慎加查察，以防形迹可疑而挟带可虑者。是此风传愈炽，恐不能寂然无事……各城门已闭，传说匪党直扑督辕，已属骇闻。不片时，只见城内火光烛天，度其方向正当督署，且闻铙炮之声不已，不知如何糜烂。电话多不得通，只有局署少可问答，亦皆不得其详。一夜不得安静且时有电话。督谕明日三路皆停车，又电备车，明日往石龙添调兵队。同人有家室者，皆进城，且有来不及者，纷扰疑虑相与徒劳。就睡已迟，夜不得安。①

黄花岗起义虽然失利，但造成了极大的社会震动。孙中山评价道："是役也，碧血横飞，浩气四塞，草木为之含悲，风云因而变色。全国久蛰之人心，乃大兴奋。怨愤所积，如怒涛排壑，不可遏抑，不半载而武昌之大革命已成。则斯役之价值，直可惊天地、泣鬼神，与武昌革命之役并寿。"②而何荫梅显然也余悸未消，在后续的日记里频发感慨。三月三十日，他记载了广州城内"疑议大起"，"彼腰囊充足者已多移家"等传言。③四月初二日，他写道"城内搜捕不已，且城门盘查行人亦极严切"。④四月初三日，又是"种种扰人，不得宁静"。⑤及至四月初十日，他认为虽然当前形势稍有缓和，但革命党专门针对政界要员下手，绝与乌合之众不同，应该严加防范：

> 近来人心虽不皇皇，究亦未得宁谧，犹时有骇闻传布，亦属可信不可信之词，然总不能坦然无虑。省中已增重布置，防维已属周密，然非久远之计，不知何策以善其后。自此间乱事后，报载考下颇为惊恐，亦防匪扰，而沿江沿海尤深杞忧。此等党患，绝与乌合不同，专与政界为难，利器一

---

① 周德明、黄显功主编：《上海图书馆藏稿钞本日记丛刊》第85册，第76—77页。
② 孙中山：《〈黄花岗烈士事略〉序》，见《孙中山全集》第六卷，中华书局1981年版，第50页。
③ 周德明、黄显功主编：《上海图书馆藏稿钞本日记丛刊》第85册，第77页。
④ 周德明、黄显功主编：《上海图书馆藏稿钞本日记丛刊》第85册，第78—79页。
⑤ 周德明、黄显功主编：《上海图书馆藏稿钞本日记丛刊》第85册，第80页。

声,危在俄顷,是宜有大防也。①

其三为黄花岗起义的余波佛山起义。四月初二日,何荫枬接到多起电话,其中之一即是"报佛山乱起"。②次日,又接到电话,云"佛山小乱,一击而散"。③参考其他史料文献,可知这次起义是广州附近的会党为配合黄花岗起义而采取的行动:

> □从革党欲在□清桥攻入佛山,马管带力拒阵亡,该党亦伤九人。雇轿抬回,轿夫不敢,该党自行抬去,轿租仍给。与其执旗人为官兵枪毙,该党出多金购一棉被盖之而去。时大雨淋漓,在近处雨帽店购帽,每件给银一毫,居然秋毫无犯。④

当时顺德县乐从一地的革命军驰援广州,与清军在佛山遭遇,击毙清军管带马惠忠以下二十余人。佛山官吏闻风逃散。革命军准备乘胜追击时,得知广州城内起义失败,于是决定退回乐从,俟机再起。这次奔袭广州之举虽然未获成功,但乐从革命军作战英勇,纪律严明,对群众秋毫无犯,推动了当地人民积极支持孙中山领导的革命运动。⑤以往对黄花岗之役往往只关注广州城内的战况,对周边地区则语焉不详,何荫枬的日记及相关报刊记载能为了解这一事件提供有力的补充材料。

其四为闰六月十九日,林冠慈、陈敬岳刺广东水师提督李准事件。林冠慈(1883—1911),广东归善(今惠阳)人。1910年在香港加入支那暗杀团,谋刺清大吏以壮革命声势。次年到广州,炸伤清水师提督李准,自己亦当场牺牲。陈敬岳(1870—1911),广东嘉应(今梅县)人,黄花岗之役失败后,回到香港,加入支那暗杀团。在林冠慈炸伤李准当场牺牲后,他也被捕入狱,后被害。何荫枬在日记里详细记载了李准遇刺的经过,同时也庆幸自己因未进城而逃

① 周德明、黄显功主编:《上海图书馆藏稿钞本日记丛刊》第85册,第85页。
② 周德明、黄显功主编:《上海图书馆藏稿钞本日记丛刊》第85册,第79页。
③ 周德明、黄显功主编:《上海图书馆藏稿钞本日记丛刊》第85册,第80页。
④ 《佛山乱后之纷□》,《申报》1911年05月09日,第6版。
⑤ 参见广州市政协学习和文史资料委员会编:《浩气长存:广州纪念辛亥革命一百周年史料》,广州出版社2011年,第48—49页。

过一劫：

> 闻城内又有暗杀李军门直绳准之事。一时人心纷乱,探语不实,电话复不得通。城外则安谧,姑且定静理事。事缓,少自安憩,闻报李军门行经双门底街,忽有炸弹抛掷,与人伤扑,军门久经防此,乃一惊,急奋腰股,臂上受伤不重,而卫队则有数人大伤。当时击毙一匪,追获一匪,犹有余弹,无所讳矣。其人多寡无从辨识,此端一开,防不胜防。扰乱治安,伊于胡底。世道之可虑,不堪思议。所最含冤者,为行路及摊市几人,或伤或毙,亦数定欤? 今日幸未进城,不然散步喧市,为所必由,即虚惊亦不浅也。①

此次暗杀在广州城内双门底街进行。双门底处于老广州城的中轴线,市井繁华,商贾云集,有"岭南第一街"之誉。因而,这一暗杀虽未成功,但影响很大。次日,何荫柟阅报,感叹当下"扰乱不已",不知如何是好:

> 《申报》《国事报》写李军门受创甚详,所获凶手自供蓄意暗杀,今始得手,而未能遂愿,不得做温生才第二,恨而无悔。其名姓陈敬岳,嘉应州人。似此扰乱不已,于市厘关系匪浅,政界之恐惧固矣。虽极防维,苦无治法,何以为拨乱反正之道耶?②

其五为九月初四日,李沛基刺杀继任广州将军凤山事件。李沛基(1893—1932),番禺人(一说恩平人)。早年投身民主革命,曾参加支那暗杀团。黄花岗之役爆发时,与其兄在广州城里甘家巷组织放火机关,配合起义,后在广州南门将新上任的广州将军凤山炸毙,从容而退。其实,早在八月十九日,武昌起义已经爆发,何荫柟时在北京公办,但不知何种原因,一连数日未记日记,也可能是日记未能保留下来。但从九月初起,他恢复了写日记,从中可以稍窥其此时的心境:

① 周德明、黄显功主编:《上海图书馆藏稿钞本日记丛刊》第 85 册,第 151—152 页。
② 周德明、黄显功主编:《上海图书馆藏稿钞本日记丛刊》第 85 册,第 152—153 页。

闻近以乱耗移家出京者亦甚多,亦庸人自扰而已。阅报写鄂事,无甚真实消息,袁项城已允出山而未鼓务前进,荫萨如何操胜,亦未有闻也。凡事无非气运,此举成败利钝讵可以人事测耶? 饭后,约理之同到升平园刮垢涤污,坐地颇佳,标明南式三层楼,大昂则不敢请教,久坐甚暖。适又过青云阁,其中亦如市场,兼有茶酒肴点,无非消耗之品,且男女无禁,亦行乐地耳。①

可以看出,此时何荫枏的心态尚属从容,认为胜败乃"气运",非"人事"可测。同时,他还颇有闲情逸致,约朋友同赴升平园沐浴,"刮垢涤污"。到了初三日,他翻阅报纸,得知"湘中告警,粤东岌岌",心中不安,"望南天为之骇悚"。②初四日,当得知清军多有倒戈之举后,他的日记中已有"人心不固,向背遽分,防危不胜浩叹"之语了。③在得知继任广州将军凤山被炸死后,何荫枏又于九月初五日和初六日连发感慨,终觉清王朝大势已去,"大局如此,国不可为矣"。④九月初十日,他"买得报纸读",当得知清廷下"罪己之诏",感叹此举"不知果能感动而挽回此嚣张之势否"?⑤

以上诸事件均与革命相关,且环环相扣。温生才刺杀广州将军孚琦一事,使清廷加强戒备,间接导致黄花岗之役的失利。黄花岗起义的失利又使革命党人悲愤不已,进而多有暗杀泄愤之行为。诸多刺杀事件又促使广东水师提督李准审时度势,转变态度,主动与革命党人接触,并在广州和平光复中发挥了至关重要的作用。九月十九日,广东各界代表齐集谘议局会议,宣告广东独立。李准令各军舰升国民军旗帜,并电约胡汉民来省。革命之事乃暂时告一段落。

综上所述,何荫枏在辛亥鼎革之际观风觇国,随时记下自己的所见所闻所想。从《鉬月馆日记》中可以看出,一方面他颇为敌视革命党,将其视为"妄为妄动"的"异形异服之流",认为他们的死伤是"自取不足惜",同时对清王朝和在革命中"无辜误伤"的民众则抱有同情之心。⑥另一方面,他也没有以"大清

---

① 周德明、黄显功主编:《上海图书馆藏稿钞本日记丛刊》第 85 册,第 191 页。
② 周德明、黄显功主编:《上海图书馆藏稿钞本日记丛刊》第 85 册,第 192—193 页。
③ 周德明、黄显功主编:《上海图书馆藏稿钞本日记丛刊》第 85 册,第 193 页。
④ 周德明、黄显功主编:《上海图书馆藏稿钞本日记丛刊》第 85 册,第 196 页。
⑤ 周德明、黄显功主编:《上海图书馆藏稿钞本日记丛刊》第 85 册,第 80 页。
⑥ 周德明、黄显功主编:《上海图书馆藏稿钞本日记丛刊》第 85 册,第 201 页。

遗民"自居。虽然清王朝灭亡了,但他选择顺其自然,生活还在继续。1912年开始,他的日记就不再继续使用大清纪年,转而使用民国纪年。这一点也可以从他在民国元年对孙中山的观感和评价中看出。当年六月,何荫柟游于香港,于初一日偶遇正在街头散步的孙中山。于是他在日记里记下:"适孙中山挈两女,并所谓宋女士者,跬步相随,一同前去。自由率性,无所范围,亦极开通之致矣。"① 显然,何荫柟对孙中山印象颇佳,认为他乃"极开通"之人。实际上,这就为研究辛亥清民鼎革一事,提供了一个当时普通人的观照和心态。

四、结　语

传统的文献更多反映的是人类社会中掌握着更多政治、社会、经济、文化资源的那部分人的观念和活动。各个方面隶于从属地位的"沉默的大多数",在历史研究中往往处于不利的地位。随着时代的变迁以及史学的进展,史料的范围得以不断扩大,为历史研究提供了更为丰富多元的材料。近年来,"自下而上的历史(history from below)"的发展,以及民众史、日常生活史、新文化史、口述史等作为新兴的学术领域和其他史学门类所日益仰赖的史学方法的兴起,都使得普通人物的历史记忆和历史书写不可避免地既成为历史研究的对象,又成为历史研究的史料来源。②

晚清以降,写日记的人越来越多。在这个激变时代中,从封疆大吏到下层官员,从大儒巨匠到一般文人,甚至普通的学生、商人、市民都开始提笔记下自己日常生活中的所见所闻。他们的历史书写可以帮助我们"眼光向下",关注到更多的细节之处。何荫柟及他所写的《鉏月馆日记》就是一个典型的例子。学界素将翁同龢《翁同龢日记》、王闿运《湘绮楼日记》、李慈铭《越缦堂日记》、叶昌炽《缘督庐日记》并称为"晚清四大日记"。和上述日记的作者相比,何荫柟的名声不够显赫,官运也不够亨通,然而正因为如此,他的日记却更加贴近一个普通人的视角,能帮助研究者摆脱习惯于从官方文献与精英话语中阅读历史的思维窠臼。同时,何荫柟毕竟出身于官宦家室,生活经历又较为丰富,人际网络也非同一般,所以较之一般人,他能够接触到当时的重要人物,了解重要历史事件的相关情况,所以其日记明显更为关注政局时事,对历史变局有

---

① 周德明、黄显功主编:《上海图书馆藏稿钞本日记丛刊》第85册,第343页。
② 参见彭刚:《历史记忆与历史书写——史学理论视野下的"记忆的转向"》,《史学史研究》2014年第2期,第2—3页。

着直接地反映。因而,《鉬月馆日记》具有较高的史料价值,应该善加使用。正如一位学者所言,"从平淡无奇的记述中,善读者可以捕捉到重要信息"。①

Chuyueguan Diary: the Historical Writing of He Yinnan During the Late Qing Dynasty and the Early Republic of China

Abstract: Since the late Qing Dynasty, with the changes of society, keeping diaries has gradually become a part of the daily life of many ordinary people. He Yinnan's Chuyueguan Diary is a typical representative. He Yinnan was born in a family of officials. Although he had not been a high-ranking official, he was involved in both politics and business, with extensive interpersonal communication and rich social experience. He left his own historical writing in the late Qing Dynasty and the early Republic of China. Chuyueguan Diary has a total of 53 volumes, starting from the third year of Guangxu in the Qing Dynasty (1877) and ending in the first year of the Republic of China (1912). It is of great length and covers a wide range of areas. In the past, the academic circles did not pay enough attention to this diary, and the experience of He Yinnan during his tenure in Guangzhou around 1911 was rarely mentioned. However, the Diary was written during the late Qing Dynasty and the early Republic of China, and contains a large number of local historical materials, which are very rich in content and can be used as a supplement to common historical materials. Therefore, it is necessary to carry out further in-depth research on Chuyueguan Diary.

Keywords: Chuyueguan Diary; He Yinnan; the Late Qing Dynasty and the Early Republic of China; the Xinhai Revolution; Guangdong Province

作者简介:孙光耀,华东师范大学历史学系博士研究生。

---

① 桑兵:《治学的门径与取法》,第 93 页。

土山湾印书馆与《汉学丛书》的编纂①

赵少峰

摘　要:土山湾印书馆是天主教在华设立从事出版印刷延续时间最长的文化机构。该机构印刷发行了大量书籍,其中尤以编纂出版的法文《汉学丛书》最有代表性。《汉学丛书》由法国传教士和中国教士编纂而成,以探讨中国历史、制度、文学、信仰为主。在民族危机日益严重的近代中国社会,土山湾印书馆既不同于以满足社会需要为主的政府官办出版机构,也不同于迎合社会精英阅读世界的基督教新教在华设立的出版机构,同样有别于以获取利益为主的民营出版机构。在欧风美雨裹挟之下,《汉学丛书》显然不是读书人应对社会危机的首选读物,但是它却成为此时期东史西渐的重要内容。

关键词:土山湾印书馆　《汉学丛书》　东史西渐　夏鸣雷

在近代中国,天主教在华设立的印刷出版机构数量不及基督教新教所设立机构的三分之一。上海土山湾印书馆和北京遣使会印书馆是天主教在华设立印刷机构的重要代表。土山湾印书馆作为中国近代新式印刷出版机构,从1864年设立至1958年并入上海中华印刷厂,存在了90余年。它是上海地区天主教系统中持续时间最长的印刷出版机构,在中国近代印刷出版业中占有重要的地位。该馆曾用中国传统雕版印刷技术,翻印了大量明清时期天主教的汉文西方书籍。之后,土山湾印书馆采用西方现代印刷技术,印刷了历史教科书、《汉学丛书》、法文书籍、自然科学书籍等。它不仅推动了中西方文化交

---

①　本文为作者主持的教育部人文社会科学研究规划基金项目:《近代出版机构与西方史学传播研究(1840—1919)》(19YJA770026)阶段性成果。

流,传播了西方近代知识、思想和学术,而且将法文版《汉学丛书》传播到西方。本文意在前人研究的基础上,①论述土山湾印书馆的存废历程以及《汉学丛书》的编纂内容,探讨近代新兴出版视域下不同出版主体的宗旨差异以及它们与近代社会精英之间的互动关系。

一、土山湾印书馆的历史变迁

中国的天主教传播深受西方的影响。1583 年,利玛窦来华传教,在其影响之下,西方来华天主教教士不断增多。1773 年,罗马教皇格来孟十四世取消耶稣会。1775 年 11 月 15 日,中国的耶稣会奉罗马教廷命令解散。1814 年,教皇庇护七世颁布谕旨,恢复耶稣会。中国国籍司铎及教士上书罗马教皇额我略十六世,及耶稣会总长劳达司铎,请求遣派会士重来中国。1841 年 4 月 20 日,法国三会士南格禄(Gotteland)、艾方济(Esteve)、李秀芳(Brueyre)来华。1842 年 7 月 11 日,他们抵达上海,"三会士既抵上海,乃复兴传教事业;1847 年在徐家汇购地筑圣堂及住院,而徐家汇自后遂成为耶稣会传教之中心点"。②1846 年以前的徐家汇,"本乡间蕞尔地,道光二十六年以前固荒村耳。虽有教堂,而殊甚朴陋"。③土山湾印书馆即是在此背景之下建立起来。④

作为天主教传教之所的土山湾,起初并不是作为印刷出版机构而设立的。1849 年,天主教巴黎耶稣会在上海青浦县横塘天主教堂创建了一所孤儿院。1855 年,这所孤儿院搬迁到蔡家湾。⑤其后,该孤儿院几经周折迁址。1860 年,太平天国运动时期,院长马理师(Father Mass S.J.)被杀,孤儿院曾一度关闭。⑥

---

① 关于土山湾印书馆代表性的研究成果有:邹振环:《土山湾印书馆与上海出版文化的发展》,《安徽大学学报》2010 年第 3 期;任东雨:《土山湾印书馆出版书籍研究——以科技类书籍为例》,上海师范大学硕士学位论文 2012 年。

② 徐宗泽:《一百年来耶稣会译著概论》,《申报》1942 年 4 月 3 日。徐宗泽:《中国天主教传教史概论》,《民国丛书》第 2 编,上海书店 1989 年版,第 290—298 页。

③ 《暮春游徐家汇记》,《申报》1883 年 4 月 18 日,第 3595 号第 1 张。

④ 关于土山湾的由来,《申报》中这样写道:"徐家汇南端,原有一座土山,大概以地势与人事关系,积土成丘,上海人少见真山,夸大称之为山,而在这土丘的东南,蒲肇河细流迂回其间,乡人即合土丘与曲水而名之为土山湾,自从孤儿院开办以后,土山已夷为平地,建起院落来了",参见《上海第一个孤儿院·土山湾孤儿院巡礼(一)》,《申报》1943 年 7 月 25 日,第 1 张。

⑤ 《中华印刷通史》认为,1864 年蔡家湾孤儿院已经设立了印刷所,因此该书认为土山湾印书馆成立于 1864 年。参见张树栋等著《中华印刷通史》,印刷工业出版社 1999 年版,第 470—471 页。

⑥ 《上海徐家汇土山湾印书馆概况》,《道南半月刊》1935 年第 1 卷第 16 期,第 9 页。据文中记载,当时工艺局尚有学徒 640 人。

1864 年才开始恢复,法国教会将这所孤儿院迁到上海徐家汇土山湾,定名为土山湾孤儿院。[①]孤儿院附设有工艺厂(局),内分木工、雕刻、图画、金工、油漆、照相制版、印刷装订、玻璃工艺等,随后还有制作皮鞋等部门。1867 年,土山湾孤儿院设立了制作宗教用品和印刷宗教经书的工场和印刷所。邹振环教授认为,"土山湾印书馆在 1867 年应该在土山湾孤儿院工艺工场中,已经构成了一个独立的机构"。[②]在土山湾印书馆早期的出版物中,所使用的印刷出版机构的名称不统一,有"土山湾慈母堂存版"、"徐汇书坊"、"土山湾天主教孤儿院印刷所""土山湾育婴堂印书馆""土山湾孤儿院印书馆""土山湾印书房"等名称,人们习惯称为土山湾孤儿院印书馆或土山湾孤儿院印刷所。[③]1869 年,在原有印刷所的基础上,正式扩建为印制宗教经书为主的土山湾印书馆。发展之初,土山湾印书馆主要采用传统的雕版印刷术,印刷出版了大量著作。翻印出版的著作主要提供给传教士和修士等人使用,不对外发行。根据 1889 年印刷所出版的一本《土山湾孤儿院印刷所出版图书目录》显示,截至 1889 年,已出版各类图书 221 种。在 20 世纪初期,出版物中基本上使用"上海土山湾印书馆"的名称。[④]为了扩大图书的影响,土山湾印书馆成立了图书馆,供信徒和培养学徒之用。[⑤]民国初年的土山湾印刷科,"有铸字间、排字房、机器间、石印处、照相房,凡关于印刷上之用具设备甚完全,发动机则用电器马达",[⑥]进一步促进了印刷事业的发展。

　　20 世纪初期,土山湾印书馆已经形成了相当大的规模,整个印刷部分为

---

① 关于孤儿院的详情,参见《上海第一个孤儿院·土山湾孤儿院巡礼(五)》,《申报》1943 年 7 月 29 日,第 2 张。关于上海天主教的慈善事业可以参考姚寒璧:《为天主教慈善事业呼吁》,《申报》1943 年 3 月 19 日,第 2 张。土山湾工艺局不同于其附设的育婴堂,工艺局重在"教而兼养",让贫困子弟能够自赡其身家。

② 邹振环:《土山湾印书馆与上海出版文化的发展》,《安徽大学学报》2010 年第 3 期。依据徐宗泽所撰《一百年来耶稣会译著概论》所言:耶稣会 1847 年设立徐家汇藏书楼,1850 年创立圣依纳爵公学(徐汇中学前身),1864 年创办土山湾孤儿院,1873 年设立天文台,1879 年出版《益闻报》,1887 年出版《圣心报》,耶稣会文化事业逐渐兴盛起来。

③ 笔者所见土山湾图书价目表中,所用汉字拼音名称和法语名称,多称其为土山湾慈母堂印书馆或徐家汇土山湾印书馆。

④ 1906 年出版的《圣体月》一书,封面署名为"上海土山湾印书馆发行",内页署为"上海慈母堂重版"。1915 年出版的《通史辑览》署名为"土山湾慈母堂印行"。1945 年出版的沈久曼译的《修女》,署名为"土山湾印书会"。

⑤ 《上海第一个孤儿院·土山湾孤儿院巡礼(四)》,《申报》1943 年 7 月 28 日,第 1 张。

⑥ 《参观上海土山湾工艺局纪要》,《教育与职业》1917 年 12 月,第 2 期。

石印部、铅印部、五彩印部等。土山湾印书馆积极引进西方先进工艺,包括活体铅字印刷技术,首先使用珂罗版印刷工艺、石印技术,引进照相铜锌版技术,以及机械排版技术。至20世纪20、30年代,每年出版的中西文书刊达百余种,是当时中国天主教系统最大的印刷出版机构。据1935年的天主教媒体报道,"上海徐家汇土山湾印书馆每年所用纸量达五十吨。每年所印书籍平均中文约60种,30万册左右;西文约50种,5万册左右。该印书馆系孤儿院事业之一"。①20世纪30年代,受到日本侵华战争的影响,土山湾印书馆的出版印刷事业出现了衰退,加上大量外国人纷纷逃离中国,严重影响了土山湾印书馆的正常运作。1958年,土山湾印书馆并入中华印刷厂。

在土山湾印书馆存在的近百年的历史中,总计出现有20名负责人,其中10名法国人,7名中国人,2名西班牙人,1名意大利人。他们具有娴熟的印刷技能和过硬的业务能力,如苏念证、严思愠、翁寿祺、潘国磐、邱子昂、顾掌全、徐康德等,为土山湾印书馆的发展做出了重大贡献。土山湾印书馆建立的最初目的是为传教服务,而且出版物围绕传播天主教教义而展开,刊印了利玛窦、艾儒略、高一志等传教士的著作,主要有《天主实义》《畸人十篇》《天主降生引义》《涤罪正规》《教要解略》《方言教要序论》《耶稣受难纪略方言》《耶稣受难纪略方言》等。其他宗教传记著作有《圣女斐乐默纳传》《圣女日多达小传》《圣伯辣弥诺小传》《圣女玛加利大传》《奇年奇行》《修院奇花秦秋芳修士小传》《一个模范的工人》《福女玛利亚纳传》《一位奉教太太许母徐太夫人传略》等。在土山湾印书馆印刷出版的书籍中,也有许多与教学、观测等活动有关的科技书籍,这些科技书籍大部分是由震旦大学及观象台等机构编写之后交予土山湾印书馆印刷的。比如,出版的科学传记图书有《伟大的法国精神病学先驱》《牛痘接种的发明人》《现代化学的创立者》《伟大的军队外科医生》《晶体学的创立者》《伟大的法国化学家》等。按照徐宗泽所述,1941年所出版的《土山湾印书馆书目单》载有土山湾印书馆出版的971种书籍。②

随着土山湾印书馆的发展和业务的扩展,该出版机构亦印刷中西书籍、杂志、月刊、文凭、公司商店发票、收据、信纸、信封、名片、广告、医学说明书等不同类别的出版物。土山湾印刷馆印刷的大量出版物不仅为其带来了丰厚的社

① 《上海徐家汇土山湾印书馆概况》,《道南半月刊》1935年第1卷第16期,第9页。该文另见《台州教区半月刊》1935年第4卷第5期,第3页。
② 徐宗泽:《一百年来耶稣会译著概论》,《申报》1942年4月3日,第5张。

会效益,而且也扩大了它的影响。

二、《汉学丛书》的编纂与出版

土山湾印书馆出版的书籍包括中文书籍和西文书籍两部分,内容涉及自然科学及教科书①(天文历法学、地理气象学、物理学、几何学、透视学等)、社会科学及宗教艺术(教礼教义、人物传记、图像书、宗教心理学、迷信研究、政治学、历史学②)。受主题所限,本部分重点探讨天主教传教士及中国信徒撰写的《汉学丛书》。

土山湾印书馆《汉学丛书》开始于1892年。《汉学丛书》的最后一辑出版于1938年,前后延续了四十六年。《汉学丛书》涉及先秦史、中国古代哲学、中国传统信仰、地方志等多个主题。该丛书的编辑与法国传教士夏鸣雷密切相关。1879年之后,耶稣会在上海创立汉学研究社③(Varietes Sinologiques),主事者为夏鸣雷(Havret),而协助者有中国籍教士李杕(问渔)、④沈则宽、龚柴、蒋升、徐允希、张渔珊、黄伯禄等。夏鸣雷(1848—1901),法国人,1874年来华传教,主要活动区域为芜湖、海门、松江、上海徐家汇。他主要从事唐代景教文碑、中西历法年代学等方面的汉学研究。

1939年印刷的土山湾图书目录列出了该丛书的完整书目,现将土山湾印书馆的《汉学丛书》书目列于下表。⑤

---

① 土山湾印书馆还出版有法文教科书。《申报》1943年1月18日第2张有一则"中西书室"广告,文中写道:法文教科书九折出售,其他法文图书五折出售。

② 如,汇学课本《通史辑览》,(意大利)瞿彬甫原著,李问渔译,土山湾慈母堂1915年印行,391页。全书分为"上古史、中古史、近世史、今世史"四部分,每部分之下分为若干"课",是标准的章节体教科书。

③ 1927年8月,耶稣会在上海成立专门的翻译所,即光启社。光启社的宗旨在于"编译宗教及学问之书籍,沟通中西文化",研究范围比汉学研究社更为广泛。

④ 李杕(1840—1911),江苏川沙人(今上海浦东新区),字问渔,原名浩然,字问舆,信仰天主教,1872晋升司铎。他资助了震旦学院的创办,1906年任震旦学院院长。参与了土山湾印书馆数十部图书的翻译,如《西学关键》《天演论驳义》《性法学要》《形性学要》《名理学》等,在为其编译的图书撰写的序中署名"耶稣会后学李杕识"。

⑤ 参考任东雨:《土山湾印书馆出版书籍研究——以科技类书籍为例》,上海师范大学硕士学位论文2012年,第24—28页。1942年,徐宗泽撰写《一百年来耶稣会译著概论》时写道:"汉学丛书出版至今已有66种",说明《汉学丛书》从1939年至1942年没有再出版新书。

土山湾印书馆《汉学丛书》书目

序号	书　名	作　者	出版年份
1	崇明岛志	夏鸣雷	1892 年第一版 1901 年第二版
2	安徽省志	夏鸣雷	1893 年
3	中国的十字架与卍形字符	方殿华	1893 年
4	帝国的运河:其历史及描述	康治泰	1894 年
5	中国的文科举制度	徐　励	1894 年
6	朱熹哲学:学说及影响	贾斯达	1894 年
7	景教碑考·第一册	夏鸣雷	1895 年
8	文学中的暗喻(第一分册)	贝迪荣	1895 年 1909 年重印
9	中国的武科举制度	徐　励	1896 年
10	吴国史(前 1122—前 473 年)	彭亚伯	1896 年
11	中国产权研究	黄伯禄	1897 年
12	景教碑考·第二册	夏鸣雷	1897 年
13	文学中的暗喻(第二分册)	贝迪荣	1898 年
14	从法律观点看中国婚姻	黄伯禄	1898 年
15	盐之公卖研究	黄伯禄	1898 年
16	江宁府城图	方殿华	1899 年
17	开封犹太人碑铭	管宜穆	1900 年
18	古今金陵谈——开放的南京口岸	方殿华	1901 年
19	天主考	夏鸣雷	1901 年
20	景教碑考·第三册	夏鸣雷	1902 年
21	行政杂记	黄伯禄	1902 年
22	楚国史(前 1122—223 年)	彭亚伯	1903 年
23	古今会陵谈——历史及地理概况	方殿华	1903 年
24	中西历史年表比照	张　璜	1905 年
25	中国礼仪中的一些关键词	龚古愚	1906 年

序号	书　名	作　者	出版年份
26	劝学篇	张之洞 管宜穆译为法文	1909 年
27	秦史(前 777—前 207 年)	彭亚伯	1909 年
28	中国大地震目录	黄伯禄	1909 年第一卷 1914 年第二卷
29	中西纪年表合编	黄伯禄	1910 年
30	晋国史(前 1106—前 452 年)	彭亚伯	1910 年
31	韩、魏、赵三国史	彭亚伯	1910 年
32	中国迷信研究[1—2]:日常生活中的迷信	禄是遒	1911 年
33	梁代陵墓考	张璜	1912 年
34	中国迷信研究[3—4]:日常生活中的迷信	禄是遒	1911 年
35	中国各府天主教图	马德赉	1913 年
36	中国迷信研究[5]中国咒符读本	禄是遒	1913 年
37	吴历渔山:其人及艺术作品	张璜	1914 年
38	天主教在中国、朝鲜和日本的教阶组织	马德赉	1914 年
39	中国迷信研究[6]:中国众神(1)	禄是遒	1914 年
40	徐州府的湖团(特别是五段地区)的历史笔记	徐励	1914 年
41—42	中国迷信研究[7—8]:中国众神(2—3)	禄是遒	1914 年
43	四川西境及北境图	蒋方济	1915 年
44—46	中国迷信研究[9—11]:中国众神(4—6)	禄是遒	1914 年
47	教务纪略	管宜穆	1917 年
48	中国迷信研究[12]:中国众神(7)	禄是遒	1914 年
49	中国迷信研究[13]:中国儒教、佛教及道教的普及	禄是遒	1918 年
50	中国的用字与谚语	彭嵩寿	1918 年
51	中国迷信研究[14]:儒教学说	禄是遒	1919 年

续　表

序号	书　　名	作　者	出版年份
52	中国编年史杂集	夏鸣雷、尚波、黄伯禄	1920 年
53	土默特笔记	彭嵩寿	1922 年
54	江苏省地图①	屠恩烈	1922 年
55	大清律例遍览	鲍来思	1923 年第一卷 1924 年第二卷
56	日食及月食记录	黄伯禄	1925 年
57	中国迷信研究[15]:佛教简史②	禄是遒	1929 年
58	甘肃土人的婚姻	许让	1932 年
59—60	明清间在华耶稣会士列传 1552—1773	费赖之	1932 年
61	中国迷信研究[16]:佛教简史(唐代之前的印度和中国)	禄是遒	1934 年
62	中国迷信研究[17]:佛教简史(从唐代到现今)	禄是遒	1936 年
63	王阳明的道德哲学	王昌祉	1936 年
64	中国文字与人体姿态	张正明	1937 年
65	诗经中的对偶律	张正明	1937 年
66	中国迷信研究[18]:老子与道教	禄是遒	1938 年

　　从上表可以看出,《汉学丛书》所包含的内容十分广泛,尤以中国古代历史、制度、信仰、日历以及早期基督教在华传播研究为主。该丛书用法语出版以后,获得法国儒莲奖③等出版奖项。1899 年,法兰西文学院将儒莲奖授予黄伯禄④和徐勋,获奖著作分别是《中国产权研究》和《中国的武科举制度》。此

---

① 比例尺 1：200000。

② 主要内容是插图版佛陀释迦牟尼生平。

③ 儒莲是法国汉学家。1870 年,王韬应理雅各邀请到欧洲游学,曾拜访儒莲,在其著《弢园文录外编》中写有《法国儒莲传》,称"儒莲先生通中西之学,今之硕儒名彦也"。儒莲奖是由法兰西科学院的金石与美文学院颁发。该奖以法国汉学家儒莲的名字命名,于 1872 年创立,1875 年起每年颁发一次,首届获奖者是理雅各。该奖项至今仍在延续。

④ 黄伯禄(1830—1909 年),江苏海门人,天主教信徒,名成亿,字志山,号斐默,洗名伯多禄,撰述有多部著作,是中国天主教历史人物中的"佼佼者"。参见李强:《"儒莲奖"得主黄伯禄的"汉学"研究》,《文汇报·文汇学人》2018 年 5 月 11 日。

后,陆续有著作获儒莲奖。1904 年,获奖者为方殿华,获奖著作是《古今金陵谈——开放的南京口岸》和《古今金陵谈——历史及地理概况》。1912年,获奖者为禄是遒,获奖著作是《中国迷信研究:日常生活中的迷信》。1914 年,获奖者为黄伯禄,获奖著作是《中国大地震目录》。1918 年,获奖者为管宜穆,获奖著作是《教务纪略》。1925 年,获奖者为鲍来思,获奖著作是《大清律例遍览》。①

《汉学丛书》共计 66 种,该丛书的汉学研究内容主要概括为以下几个方面:

第一,关于中西历法的研究,有利于形成中西时空的统一认识。西方来华传教士曾极力推广西方的公元纪年,并做了大量工作,②天主教教士也不例外。《中西历史年表比照》《中西纪年表合编》是这方面的代表。张璜的《中西历史年表比照》参考了 166 种中外文献,其中《欧亚纪元合表》以东亚世界为中心,编制了中西年历对照表,该书还附有《中国年月日时异称表》《天干地支异称表》。虽然在此书出版之前,已经有多部中西历史比照年表,但是本书在逐渐改变西方中心观,力图让西方人重新认识东方世界。

第二,关于中国重要问题研究,有助于西方人客观真实地认识中国的历史文化。如,中国的科举制度为遴选人才、维护王朝政治稳定发挥了重要作用,《中国的文科举制度》与《中国的武科举制度》是全面介绍中国科举制度和科举活动的著作,这两部书籍附有大量的插图,对中国清代科举制度的县试到朝考的各个环节都有具体细致的描述,有学者认为此两书是"现代科举研究的真正发端"。③《中国大地震目录》是中国历史上第一本较完整的地震专著,《日食及月食记录》是对中国历史上关于日食、月食记录的汇编。这种专题式的研究,完全突破了典制体史书的编纂模式,突出了这一问题在历史进程中的演变规律。

第三,《中国迷信研究丛书》是关于中国民俗生活的全面考察。该《丛书》共13 部,计有18 册,从1912 年开始出版,至1932 年完成。《丛书》探讨了中国

---

① 参考任东雨:《土山湾印书馆出版书籍研究——以科技类书籍为例》,上海师范大学硕士学位论文2012 年,第 32—33 页。

② 赵少峰:《公元纪年在近代中国的传播与历史书写的变革》,《学术探索》2018 年第 2 期。

③ 科举制度在中国延续千余年,20 世纪 20 年代后才有人逐渐对这项制度进行深入分析和研究。1992 年,刘海峰教授提出了"科举学"这一术语,相关的学术研究和探讨日渐增多。参见刘海峰主编:《科举学的形成与发展》,华中师范大学出版社 2009 年版。

社会中的生活习俗、宗教信仰、占卜、风水、崇拜仪式、佛教道教发展等问题。作者是一名法国传教士，书中运用了大量的田野考察、文献资料，是现代早期全面研究中国民间宗教问题的重要著作。[1]

第四，关于中国断代史和地方志研究。关于中国历史的研究主要是《吴国史》《晋国史》《韩、魏、赵三国史》等。地方志研究主要有《崇明岛志》和《安徽省志》，这两部志书由夏鸣雷编纂。《安徽省志》的编写可能与夏鸣雷曾经在芜湖居住过有关。《帝国的运河：其历史及描述》是康治泰的著作。康治泰在十九世纪后期开始搜集大运河的历史资料并开始记录大运河在内陆航运中的作用，该书对江北地形的描述展现了作者对这一地区的熟悉程度。《徐州府的湖团的历史笔记》的作者是徐励，该书以徐州发生的湖团案为题材。

另外，张之洞的《劝学篇》亦由西班牙传教士管宜穆翻译成法文出版。[2]

三、土山湾印书馆与其他出版机构之比较

近代新兴传播媒介不断涌现，在新式印刷技术的推动下，图书的出版速度和流播范围超过以往，对新兴知识分子产生了重要影响。此时期，中国涌现了大量规格不一的印刷出版机构。近代出版机构主要可以区分为官办出版机构、基督教来华传教士创办的出版机构、民营出版机构、地方官办出版机构以及新式学堂附设译书院（翻译馆）。对于当时江南制造局翻译馆的译书，梁启超记述道："其人皆学有根柢，对于所译之书，责任心与兴味皆极浓重，其成绩略可比明之徐、李。"[3]在"学问饥荒"年代，"新学家"们将新教传教士参与翻译的图书视为"枕中鸿秘"。

清王朝官办出版机构以京师同文馆、江南制造局翻译馆为代表。在以学习西方的船坚炮利和西方科学技术为核心内容的历史背景下，官办出版机构以译纂出版满足教学之需的教材，以及服务于洋务运动之需要的工程类图书

---

① 上海科学技术文献出版社 2009 年再版了该丛书，选择的底本是英文版，而不是法文版，命名为《中国民间崇拜》。法文版原书中附有大量插图，并标注了中文名称。每章的法文标题下都有对应的中文名称。

② 据黄兴涛研究，《劝学篇》的英译本早于法译本。1898 年冬，管宜穆在《中法新汇报》季刊上连载了《劝学篇》的法文译本，1898 年底，上海东方出版社将其作为"东方系列"的一种出版。黄兴涛提及了 1908 年该书再版，但是没有提及是否与土山湾印书馆出版的《劝学篇》为同一种。参见黄兴涛：《张之洞〈劝学篇〉的西文译本》，《近代史研究》2000 年第 1 期。

③ 梁启超：《清代学术概论》，天津古籍出版社 2004 年版，第 85—86 页。

为主。当然,他们也出版了大量史志类图书。①自 1807 年基督教新教传教士来华以后,在通商口岸陆续成立了有影响的出版机构,例如在华实用知识传播会、墨海书馆、华花圣经书房、格致书院、美华书馆、广学会、益智书会等。当然,西方基督教新教传教士来华并从事图书出版活动是有明确目的的,那就是为改变中国人的观念,为西方在华势力的扩张做好准备,这在广学会的出版转向上表现得非常突出,②每届在华基督教大会制定的任务成为他们遴选及编纂出版物的重要指引。新教传教士们选择清王朝统治阶级上层和社会精英作为他们出版物的主要读者。为了进一步吸引中国精英阶层,他们除了编纂出版宗教书,也出版了大量西方科学书籍。广学会的传教士认为:"科学没有宗教会导致人的自私和道德败坏;而宗教没有科学也常常会导致人的心胸狭窄和迷信。真正的科学和真正的宗教是互不排斥的,他们像一对孪生子——从天堂来的两个天使,充满光明、生命和欢乐来祝福人类。我会就是宗教和科学这两者的代表,用我们的出版物来向中国人宣扬,两者互不排斥,而是相辅相成的。"③当然,"不同的教派,不同的差会,不同的时期,传教士对传播科学的态度、热情并不相同"。④因此,像丁韪良、李提摩太、林乐知、艾约瑟等传教士从事西方图书译介的活动就比较多,尤其是赫德聘任艾约瑟翻译的"西学启蒙丛书",影响了一大批社会精英。基督教新教传教士创办的出版机构大多以上海为中心,具有出版目标明确和转向快的特点。这也不难理解,为什么新式大学堂兴办以后,像京师大学堂、山西大学堂等,选择在上海设置翻译书院,派员专门从事书籍的翻译工作。其他新式学堂为了满足教学需要,集中前往上海进行图书采购。

在戊戌变法之后,民营出版机构如雨后春笋般涌现。从国外特别是日本留学归国的学生,相率从事于图书出版,"新思想之输入,如火如荼矣",⑤以多出版图书为主要追求。民营出版机构,如商务印书馆、文明书局、广智书局、作新社等等,约三百家,尤以出版教科书和翻译日本图书为主业,很多出版机构

①　赵少峰:《江南制造局翻译馆与晚清西史译介》,《学术探索》2010 年第 5 期。

②　赵少峰:《广学会与晚清西学东渐》,《史学史研究》2014 年第 2 期。

③　《广学会年报》第十次(1897 年),《出版史料》1991 年第 2 期。

④　熊月之:《西学东渐与晚清社会》,中国人民大学出版社 2011 年版,第 19—20 页。

⑤　梁启超:《清代学术概论》,天津古籍出版社 2004 年版,第 85—86 页。

快速获利,导致"不以学问为目的而以为手段"。①而在地方官书局中,多因袭传统做法,编纂地方志。在一些开明学者主持下的地方官书局,也从事新学图书的编纂出版,如,江楚编译局趋新,②编纂了新式教科书和史书,成为地方官书局革新的代表。

在民族危机日益严重的情势下,一些从事图书出版者,将出版图书或作为迎合统治阶层的工具,或作为社会阶梯晋升的手段,或者为求学问之"敲门砖"。像土山湾印书馆一班从事中国传统学问研究的中外学人,"正其谊不谋其利,明其道不计其攻",具有一股"书呆子"气从事学问研究,并出版系列图书的机构并不多见。抗日战争时期,时人写道:"至今这蒲水两岸,立起巍峨的建筑物:天主堂、天文台、修道院、圣母院和孤儿院,成为上海西南一大名胜区,绿荫深处,时而传来礼拜堂的钟声,圣诗声和诵读课本的声音,恬静、和平、庄严,和烦嚣的上海构成强烈的对照,变成小小的世外桃源",③这也是对土山湾印书馆从事《汉学丛书》编纂的写照。

同为基督教,天主教与新教在出版方面有这么大的差异,可能与两方面的因素有关。其一,天主教与基督教新教的传播宗旨不同。基督教新教传教士1807年来华,很快通过创办医院、编纂图书、设立学校,吸引了一批社会人的关注。尽管天主教也从事了一些世俗的活动,但是它并没有放低入教的门槛。④自1842年至1942年正好是天主教耶稣会重返上海一百年,徐宗泽在总结耶稣会的译著活动时也认为:"一百年来耶稣会中握笔著书者,大抵为国籍会士,西洋会士无华文著作,国籍会士之著作家以江苏为多。"⑤其二,土山湾印书馆编纂的图书并不以国内读者为阅读对象。⑥尽管土山湾印书馆也印刷了一些中文的出版物,但是它并没有像新教传教士出版的读物一样,出现"洛

---

① 赵少峰:《略论广智书局的日本史书译介活动》,《史学史研究》2016年第3期。

② 柳诒徵:《江楚编译官书局编译教科书状况》,收于陈学恂主编:《中国近代教育史教学参考资料》(上册),人民教育出版社1993年版,第655页。

③ 《上海第一个孤儿院·土山湾孤儿院巡礼(一)》,《申报》1943年7月25日,第1张。

④ 在图书出版方面,19世纪70年代以后,基督教新教尽量在世俗读物中减少宗教因素,而天主教没有采取类似的办法。比如,1890年,沈则宽在为《新史略》所写的序中写道:"古史耶稣先声也,新史耶稣实录也。既闻先声,又观实录,乃恍然知天主示之于前,耶稣践之于后。"在1913年出版的《新史合编直讲》一书中,卷一至卷八的标题上都具有浓厚的宗教色彩。

⑤ 徐宗泽:《一百年来耶稣会译著概论》,《申报》1942年4月3日,第5张。

⑥ 在梵蒂冈图书馆藏有部分土山湾所出图书,参见(法)伯希和编、(日)高田时雄校订:《梵蒂冈图书馆所藏汉籍目录》,郭可译,中华书局2006年版。

阳纸贵"的景象。《汉学丛书》以法文进行印刷出版,以西方国家的读者作为阅读对象,"不公开发售,制成后寄往国外有关机构"。①也可能因此缘故,笔者在全国主要的图书馆中,都检索不到相关图书信息。②

四、土山湾印书馆出版图书的影响

土山湾印书馆作为天主教出版事业中具有深远影响的出版机构,在上海历经了从兴起到消亡的全过程。从单纯印刷天主教传教士著作的"印刷部",发展成为以印刷、发行并重的"印书馆",在中西方文化交流中发挥了作用。土山湾印书馆设立的初衷是为西方人传教服务,但却意外地传播了西方科学知识,为中国培养了专门的印刷人才,涌现出了像王召海等一批业务上的佼佼者,即使在土山湾印书馆消亡之后,他们仍然继续为中国出版印刷事业做出贡献。

土山湾印书馆有法国强大的天主教势力支持,参与出版事业的传教士一般都来自法语系统。正是得到西方的支持,土山湾印书馆也促进了新式印刷技术在中国的传播。发明于1796年的石印术和发明于1855年的照相锌版技术是推动印刷业发展的重要驱动力,在中国最先使用这些技术的都是土山湾印书馆。以印刷画报闻名的点石斋印书馆的石印技师邱子昂也是从土山湾印书馆请去的。可见,近代西方新式印刷技术输入中国的过程中,土山湾印书馆扮演了重要的角色。土山湾印书馆还非常重视出版中国本土方言的调查与研究著作,1883年至1950年先后出版有36种高质量的研究上海方言的著述。无论是天主教传教士还是新教传教士,他们都注重中文的学习,以促进宗教传播的本土化。为了方便学习,天主教教士用法语读音字母标注了上海方言,编纂了《松江方言练习课本》《法华上海方言松江方言词典》以及《官话指南》《土话指南》,同时编写了反映上海社会生活新面貌的《上海方言课本》,这些著作都成为研究上海方言变迁的宝贵资料。

土山湾印书馆除了翻印大量明末清初的汉文西书外,新出《汉学丛书》等书籍,该出版机构还编印了一些中学、高校教材,教科书包含医学、药学、动物学、植物学、化学、天文学、音乐、哲学、历史等学科内容。由于土山湾印书馆出版的图书主要面向天主教教徒、天主教中小学、天主教高等教育学院以及使用

① 宋原放、孙颙主编:《上海出版志》,上海社会科学院出版社2000年版,第224页。
② 在中国人民大学图书馆、北京师范大学图书馆等高校图书馆存有部分土山湾印书馆所出图书。

法文语言的国家,所以我们很难以掌握这些图书发挥的具体作用。①从当时学者的回忆录和日记中,也很少看到他们阅读土山湾印书馆著作的记载。仅在胡适的日记中看到他阅读了土山湾印书馆的书,但也不是历史和哲学书籍。这与基督教新教出版机构在华著作产生的反响形成了鲜明对比。不可否认的是,在中国近代印刷业博兴时期,土山湾印书馆采用的印刷技术、经营管理模式为近代中国印刷业发展提供了有益的经验借鉴。

土山湾印书馆出版的法文《汉学丛书》传播到西方,有些耶稣会士又将其翻译为英文,如爱尔兰籍耶稣会士甘沛澍和芬戴礼将 16 卷本《中国民间崇拜》翻译为英文十卷本,扩大了《汉学丛书》在西方的影响。尽管编纂和出版这套丛书是为了"要帮助在乡间的同事们,即那些新近从西方到达,还不了解中国人宗教状况的传教士们",但它"无疑会在远东和欧洲达成一个实用和科学的目的",②促进中外宗教比较研究,以及为西方读者了解中国民众的生活提供读本。黄伯禄、李杕、徐励等人参与来华耶稣会的汉学研究,发挥了自身熟悉中国文化、历史和制度的优势,他们的研究成果为近代西人认识和理解中国社会的各项制度提供了知识来源。③法文原版图书中配有一定的素描彩色图片,增加了文本的可读性和接受度。

近代以来,在新教传教士倡导的"西译中述"的翻译模式下,大量西方著作译介到中国,潜移默化地改变了中国读书人的思维方式和世界观。土山湾印书馆的中国教士因具有扎实的法语功底,参与编纂的《汉学丛书》更具有中国特色,展现了真实的中国历史面貌,构成了东史西渐的内容。

Tushanwan Publishing institution and the Compilation of Sinology Series

Abstract：Tushanwan publishing institution was a Catholic cultural institution that had been engaged in publishing for the longest time in China. The agency has printed and distribu-

---

① 因该印书馆隶属于天主教耶稣会士,在其出版的著作中蕴含了大量的神秘主义和"上帝"旨意,比如,在归入经史略类第 24 号的《古史略》一书中,开篇就是"主造天地神人万物"。

② 《英译版序》,〔法〕禄是道:《中国民间崇拜》(第 1 卷),高洪兴译,李天纲校,上海科学技术文献出版社 2009 年版,第 2—3 页。

③ 李强:《"儒莲奖"得主黄伯禄的"汉学"研究》,《文汇报·文汇学人》2018 年 5 月 11 日。

ted a large number of books, among which the French Sinology Series is the most representative. The Sinology Series, compiled by French missionaries and Chinese Catholic missionaries, focuses on Chinese history, system, literature and belief. In the increasingly serious national crisis of modern Chinese, the Tushanwan publishing institution is not only different from the government-run publishing institutions, but also different from publishing institutions set up in China by the Protestant missionaries and the private publishing institutions. Under the threat of European and American style, the Sinology Series is obviously not the first choice for readers to deal with the social crisis, but it has become an important part of the introduction of Chinese history to the west in this period.

Keywords: Tushanwan Publishing Institution; "Sinology Series"; Introduction of Chinese History to the West; Xia Minglei

作者简介:赵少峰,聊城大学历史文化与旅游学院历史系教授。

多元崇拜与趋时应变：
近代上海传统行业的神缘文化①

张二刚　高红霞

摘　要：祠祀神祇是近代上海传统行业及行业组织的重要活动之一。无论是晚清的会馆公所，还是民国的同业公会，其崇祀的神偶呈多样性，成为上海乡土崇拜多元化的重要组成部分。传统行业的神缘文化既能增强同乡、同业的凝聚力，也可借助神偶崇拜约束同业行止。20世纪后，沪地传统行业的神偶崇拜除财神崇祀贯穿整个近代几乎没有变化，其他祀神活动因时代变迁也有顺时的应变，因此传统行业的神缘文化既有趋时应变的趋向，又凸显近代上海营商本位的特点。考察上海传统行业的神缘文化不仅使我们对传统行业步入近代后的状况有了更具体和多视角的了解，也使我们对海派文化有了深入的认识。

关键词：近代上海　传统行业　神缘文化　海派文化

　　祠祀神祇是近代上海传统行业及行业组织的重要活动之一。学界对近代上海的行业祀神活动有一定的关注，但前人的研究多以民俗、风俗视角介绍晚清上海的行业神或考察探究个别行业的神偶崇祀以及探究近代上海会馆、公所的祀神活动。②近代上海传统行业的神缘文化，尤其是民国时期沪地传统行业同

---

① 本文为国家社会科学基金项目"近代上海传统行业与行业群体研究"（17BZS139）阶段性成果。

② 相关研究成果参见：蔡丰明：《上海都市民俗》，学林出版社2001年版；郭绪印主编：《老上海的同乡团体》，文汇出版社2003年版；范荧：《上海民间信仰研究》，上海人民出版社2006年版；徐华龙：《上海风俗》，上海文艺出版社2009年版；陈云霞：《近代上海城市鲁班庙分布及功能研究》，《历史地理》2013年第1期；高红霞：《近代上海的天后信仰》，《安徽史学》2013年第5期；陈云霞：《上海城市民间信仰历史地理研究（1843—1948）》，复旦大学博士学位论文2014年等。

业公会神偶的崇祀状况及出现的新特点等方面仍有探讨空间。笔者不揣浅陋，依据近代档案、方志和报刊等资料进一步探讨近代上海传统行业的神缘文化，并以此为视角窥探海派文化的特点，以求教于方家。因会馆、公所是早期上海各客籍商帮的同业、同乡组织，下面首先就近代上海会馆、公所的祀神状况进行论述。

一、近代上海会馆、公所祀神

开埠之前，上海因发达的工商业已吸引了大批移民，上海的传统行业同乡聚集现象较为突出。从晚清到民国，会馆公所往往既为移民会馆，又是行业组织，即商业会馆，这种现象虽逐渐减弱，但即便在整个民国时期，传统行业中同乡与同业之间仍有千丝万缕的联系。同乡与同业除了乡缘羁绊，神偶崇拜也成为重要纽带。从而形成近代上海公馆公所和同业公会都有祭祀神偶的行为和活动。不同的移民、不同的行业都有各自祭祀神偶，形成近代上海乡土崇拜的多元性样貌。

（一）会馆、公所的祭祀神偶及特点

近代上海的会馆、公所中，有的只供奉单一的神偶，如闽商中经营青果福橘业者所创办的三山会馆"宣统元年始建，阅五载工竣，殿宇宏丽，供湄洲天后像"，①可见三山会馆供奉的神偶为湄洲天后。也有一些会馆、公所崇祀多个神偶，如《上海碑刻资料选辑》中的《重修商船会馆碑》载"吾邑商船会馆，崇奉天后圣母，其大殿戏台创建于康熙五十四年，洎乾隆二十九年，重加修葺，添造南北两厅，祀福山太尉诸大神于北厅，祀成山骠骑将军滕大神于南厅"，②可见商船会馆供奉的神偶既有天后，也有福山太尉诸大神和成山骠骑将军滕大神。除三山会馆和商船会馆外，近代上海其他会馆、公所的祀神对象可参见表一：

表一　近代上海部分会馆、公所神偶崇祀对象

会馆、公所名称	奉祀神偶	资料来源
徽宁会馆	关帝、朱文公、观音	（民国）《上海县续志》卷三，第61页。
潮州会馆	天后、关帝	（民国）《上海县续志》卷三，第62页。

① （民国）《上海县志》卷六，第130页。
② 上海博物馆图书资料室编：《上海碑刻资料选辑》，上海人民出版社1980年版，第196页。

续　表

会馆、公所名称	奉祀神偶	资料来源
四明公所	关帝	（民国）《上海县续志》卷三，第 63 页。
浙宁会馆	天后	（民国）《上海县续志》卷三，第 63 页。
建江会馆	天后	（民国）《上海县续志》卷三，第 64 页。
潮惠会馆	天后、关帝	（民国）《上海县续志》卷三，第 65 页。
揭普丰会馆	天后	（民国）《上海县续志》卷三，第 68 页。
平江公所	关帝、地藏	（民国）《上海县续志》卷三，第 68 页。
山东会馆	孔子、天后、关帝	《山东同乡会概况》，《申报》，1944 年 9 月 28 日，第 4 版。
浙绍公所	关帝	上海博物馆图书资料室编：《上海碑刻资料选辑》，上海人民出版社 1980 年，第 229 页。
泉漳会馆	天后、关帝、观音	上海博物馆图书资料室编：《上海碑刻资料选辑》，上海人民出版社 1980 年，第 233—236 页。
祝其公所	关帝、天后	上海博物馆图书资料室编：《上海碑刻资料选辑》，上海人民出版社 1980 年，第 306 页。
江西会馆	许真君	上海博物馆图书资料室编：《上海碑刻资料选辑》，上海人民出版社 1980 年，第 333 页。
洞庭东山会馆	关帝	郭绪印主编：《老上海的同乡团体》，文汇出版社 2003 年，第 349 页。
湖南会馆	瞿真人	（民国）《上海县志》卷八，第 148 页。
浙严公所	天曹府君	（民国）《上海县志》卷六，第 130 页。
星江公所	朱文公	（民国）《上海县志》卷六，第 131 页。
嘉兴会馆	关帝	《旅沪嘉郡会馆五月十三日恭逢关神圣诞》，《申报》，1919 年 6 月 8 日，第 1 版。
海昌公所	关帝	《海昌公所告白》，《申报》，1906 年 7 月 3 日，第 1 版。
成衣公所	轩辕黄帝	上海博物馆图书资料室编：《上海碑刻资料选辑》，上海人民出版社 1980 年，第 285 页。

会馆、公所名称	奉祀神偶	资料来源
水木业公所	鲁班	上海博物馆图书资料室编:《上海碑刻资料选辑》,上海人民出版社1980年,第309页。
洋货公所	关帝	上海博物馆图书资料室编:《上海碑刻资料选辑》,上海人民出版社1980年,第356页。
汇号公所	关帝、火德星君、天后	上海博物馆图书资料室编:《上海碑刻资料选辑》,上海人民出版社1980年,第375页。
敦和公所	关壮缪	上海博物馆图书资料室编:《上海碑刻资料选辑》,上海人民出版社1980年,第417页。
药业公所	炎帝	(民国)《上海县续志》卷三,第62页。
布业公所	城隍神	(民国)《上海县续志》卷三,第66页。
木商会馆	天后	(民国)《上海县续志》卷三,第66页。
纸业公所	关帝、蔡伦	(民国)《上海县续志》卷三,第67页。
靛业公所	天后、关帝	(民国)《上海县续志》卷三,第67页。
参业公所	神农、关帝	(民国)《上海县续志》卷三,第69页。
蛋业公所	关帝	(民国)《上海县续志》卷三,第70页。
山东河南绸业公所	关壮穆候	(民国)《上海县志》卷六,第129页。
履业公所	履祖、孙膑、赵武灵王	(民国)《上海县志》卷六,第129页。
面粉公所	关壮穆候	(民国)《上海县志》卷六,第129页。
苏州集义公所	关帝	(民国)《上海县志》卷六,第130页。
桂圆公所	天后	(民国)《上海县志》卷六,第130页。
砖灰业公所	关壮穆候	(民国)《上海县志》卷六,第130页。
铜锡公所	关壮穆候、老君	(民国)《上海县志》卷六,第130页。
漆商公所	关壮穆候、朱文公、罗大真人	(民国)《上海县志》卷六,第130页。
磁业公所	关壮穆候	(民国)《上海县志》卷六,第130页。

续 表

会馆、公所名称	奉祀神偶	资料来源
鲜猪业敦仁公所	关壮穆候	（民国）《上海县志》卷六，第 130 页。
渔业公所	关壮穆候	（民国）《上海县志》卷六，第 130 页。
西叶公所	关壮穆候、天后	（民国）《上海县志》卷六，第 131 页。
油麻公所	关壮穆候	（民国）《上海县志》卷六，第 131 页。
茶食公所	关壮穆候	（民国）《上海县志》卷六，第 131 页。
徽宁梓业公所	鲁班	（民国）《上海县志》卷六，第 132 页。
纸器公所	羊角哀、左伯桃	（民国）《上海县志》卷六，第 132 页。
钱业公所	正乙玄坛神	上海博物馆图书资料室编：《上海碑刻资料选辑》，上海人民出版社 1980 年，第 399 页。
丝业会馆	武帝、元坛、蚕神	彭泽益主编：《中国工商行会史料集》，中华书局 1995 年，第 767 页。
煤业公所	玄坛尊神	彭泽益主编：《中国工商行会史料集》，中华书局 1995 年，第 817 页。
烛业公所	关帝	《宝辉堂烛业公所昨日大会之议决案》，《申报》，1927 年 10 月 1 日，第 15 版。
烟业公所	关帝	《职业团体消息并志》，《申报》，1927 年 2 月 15 日，第 14 版。

由上表可知，近代上海的会馆、公所神偶崇拜众多，但所供奉的神偶大致可分为两类：乡土神和行业神。乡土神一般仅为本籍同乡、同业所组成的会馆公所崇祀，如徽宁会馆供奉的朱文公、山东会馆供奉的孔子、江西会馆供奉的许真君等。由于近代上海的会馆（公所）全部为商人类型会馆且具有明显的同业与同乡交织的特点，因此乡土神亦是近代上海一些传统行业所崇祀的神偶，如皖籍茶商的行业组织星江公所崇祀的朱文公（即朱熹）即为其乡土神。行业神是从业者供奉用来保佑自己和本行业利益、并与行业特征有一定关联的神灵，其一般又分为祖师神和单纯的保护神两大类。①祖师神又被称为手艺祖师、艺祖、祖神、职祖神、创始神、创业神等，从业者对祖师神的称谓则有祖师、

① 李乔：《中国行业神崇拜》，中国华侨出版社 1990 年版，第 1—2 页。

祖师爷、师祖、本师、先师、师傅等。近代上海的会馆、公所中,水木业公所、徽宁梓业公所等行业供奉的鲁班,药业公所供奉的炎帝,纸业公所供奉的蔡伦,履业公所供奉的履祖等,都是以本业祖师神作为崇祀的对象。单纯的保护神是未被作为祖师崇拜的行业神,烛业、烟业、渔业、瓷业等会馆、公所供奉的关帝,三山、桂圆、靛业、木商、商船等会馆、公所供奉的天后等,均属于这类行业神。单纯的保护神是崇祀者出于某种诉求而将其视为本业的行业神,如天妃圣母之所以成为木业的庇护女神,"主要是由于近代上海木材主要是通过海上运输过来,而运输的木材主要来源于浙江、福建,从福建来的木材,路途遥远,为了保佑一路平安而设立。"①而"百行业各有关帝会,祀神聚宴之……大凡谓生意一道以义为利,而关帝当日与先帝、三将军在桃园结义以异姓为昆弟,故后世异姓相交者必举以为缘起,而生意行中尤为交道最广之处,因而群焉崇奉"。②

近代上海会馆公所神偶崇拜体现了商人们多元诉求的特点。由于商人们认为不同的神座有不同的功能,不同的行业也需要不同的神座。③因此,商人们不同的诉求从整体上致使了近代上海会馆公所崇祀的神偶不尽相同。从个例上来看,部分会馆公所崇祀的多个神偶更是体现了商人们多元诉求的特点,如泉漳会馆之所以供奉天后、关帝,是因为"吾邑人旅寄异地,而居市贸易,帆海生涯,皆仰赖天后尊神显庇,俾使时时往来利益,舟顺而人安也,且吾邑人聚首一堂,而情本枌榆,爱如手足,更仰赖关圣尊神灵佑,俾使家家通达义理,心一而力同也。"④而泉漳会馆又供奉观音,目的是希望观音"以护幽魂,而资普济"。⑤

(二) 会馆公所祀神的功能

近代上海会馆、公所内的神缘文化具有多方面作用。

首先,以往的研究在会馆、公所的神缘文化增强同业、同乡之间的凝聚力方面已有不少阐述。如:会馆、公所内崇祀的行业神既能增强行业的凝聚力,也有利于维持商业道德,⑥而会馆、公所中崇祀的乡土神不仅可以增强同乡间

---

① 高萍萍:《近代上海木材业及其从业群体研究》,上海师范大学硕士学位论文 2013 年,第 59 页。
② 《论移资助赈之难》,《申报》,1878 年 6 月 15 日,第 1 版。
③ 郭绪印主编:《老上海的同乡团体》,文汇出版社 2003 年版,第 26 页。
④ 上海博物馆图书资料室编:《上海碑刻资料选辑》,上海人民出版社 1980 年版,第 235—236 页。
⑤ 上海博物馆图书资料室编:《上海碑刻资料选辑》,上海人民出版社 1980 年版,第 233 页。
⑥ 郭绪印:《评近代上海的会馆、公所、同乡会》,《上海师范大学学报(哲学社会科学版)》2015 年第 1 期。

的凝聚力,而且还使"一些会馆在进入民国后仍具超越同乡会的活动能力"①等等。

其次,笔者认为,会馆公所内的祀神活动还可以借助神威约束同业,有助于帮规在业内的执行。这一点主要表现为以下两方面。其一,将议事与祀神相结合,在神灵前商讨议决行业事宜。光绪十八年(1892 年),乌木公所议定"柱首司年轮届,八月初二日在邑庙敬神,将清账榜贴,然后交卸,轮流承值,不得推诿。"②1919 年钱业会馆议定的《钱业财神集庆会规则》中有"每逢九月财神诞之期,先期于重阳佳节邀集同志就南市钱业公所供神开会,晚间饮福藉以讨论商情"③的内容。1926 年的药皇诞期,沪地南北市各药业公所除举办酬神活动外,还对"药业伙友要求加薪及组织药业友谊会"等事宜进行了商讨。④其二,借助神的权威惩戒业内违反规约或做有损同业之事者。光绪六年(1880 年),棉花业刘老占因违规经营,滋生事端,"随经花业各董议得,刘老占纠众滋生事端,应在点春堂神像前,遵照定规,罚清音一堂。"⑤1918 年水木业工人因劳资纠纷而引发罢工,"昨晨十时许,各工人又聚集公所前……勒令各作场一体停工,并拘住不允停工之工人三名,经众押至公所中,逼向祖师长跪,更用绳索捆缚"。⑥1926 年漆业"有闸北华界天保里庄仁记漆作,并不照章……显有违背行规,破坏公益情事,经众议决,罚令该作主于本月二十五日,至本公所祖师神座前,清音供待一天,以昭惩戒"。⑦

除上述两点作用外,在一些行业的劳资纠纷中,劳方还通过向祖师进香,于心理上祈祷祖师早日解决纠纷,甚至在劳资纠纷中劳方还以共同祖师为名,希望资方怜悯劳方,进行加薪。1919 年漆业工人要求资方增加工资的诉求为资方所拒,工人们除进行罢工外,"每日九时准到祖师前进香,祈祷和平解决,以维生计"。⑧1925 年,漆业因加薪事宜再发工潮,劳方除进行罢工

① 高红霞:《近代上海的天后信仰》,《安徽史学》2013 年第 5 期。
② 上海博物馆图书资料室编:《上海碑刻资料选辑》,上海人民出版社 1980 年版,第 405 页。
③ 《上海法租界银行同业聚餐会会员录、上海银行业规、银行法、上海市银钱业消费合作社创立大会特刊、钱业财神集庆会全体会员同人录和重订章程》,上海市档案馆,档案号:S173-1-470。
④ 《药业公所昨日纪念药皇诞辰》,《申报》,1926 年 6 月 9 日,第 13 版。
⑤ 彭泽益主编:《中国工商行会史料集》,中华书局 1995 年,第 735 页。
⑥ 《水木业工人暗潮之爆发》,《申报》,1918 年 5 月 11 日,第 10 版。
⑦ 《漆业总公所开会纪》,《申报》,1926 年 10 月 3 日,第 10 版。
⑧ 《漆匠议加工资九志》,《申报》,1919 年 10 月 18 日,第 9 版。

抗议外,还以"同人均以各大老班皆祖师傅下,目下鸿运亨通,得有今日,谅可体恤吾一千数百人最低之请求"为由,"请求各大老班顾念困苦劳工恩准酌加工资"。①

(三) 20 世纪后上海行业神崇祀的淡化

20 世纪后,由于新文化、新思想的兴起并传播,不将祀神作为主要事业的同业公会逐步建立,科技的发达以及机械化、电气化在各行业逐步的普及,不祀奉神偶的新兴行业大量涌现,致使沪地的行业神崇祀有淡化的趋势。②此外,民国初期,上海官方还发布了一系列禁止民间举办酬神活动的命令,如 1914 年初,"上海第二警署钱署长发出六言韵示云:照得旧历岁暮,人民迷信酬神,燃放大小鞭炮,声音达旦通宵,不但有耗金钱,而且易肇火灾,况值戒严期内,条文取缔极严,劝□商民人等,切勿仍狃故常,一概力除恶习,公私两得其宜,如敢故违禁令,定当拘罚勿轻。"③同年 2 月"上海郑镇守使查得淞沪各乡及本邑附近之浦东各乡镇,风俗每于春间由各乡民筹资演戏,借口酬神,实则痞棍从中敛钱,当此乱党匪徒勾结思逞之际……应有各该县知事先为禁止,特于昨日分令上、南、华、奉各县知事,迅速出示谕禁,如敢抗违,着将为首之人拿案究办,一面公函淞沪警察处督办,分饬各分区一体严禁。"④同年 4 月,官方又发通告"嗣后若再有酬神赛会情事,定将为首之人拘案究惩,绝不宽待云云"。⑤这些禁令也在一定程度致使了近代上海行业神崇祀的淡化。

通过分析上述因素可以看出,时代的变迁是致使 20 世纪后沪地行业神崇祀趋于淡化的主要原因。传统行业的行业神崇祀亦趋时应变,相当部分行业的行业神崇祀在此后亦有淡化之势,如近代上海的制衣业所崇祀神偶轩辕黄帝,"19 世纪中叶以后,由于上海都市服装业大规模发展,具有同业行会性质的团体无法再维持下去,于是制衣行会中的轩辕帝崇拜活动也开始逐渐走向衰落。"⑥由于 1929 年的《工商同业公会法》明确同业公会是以维持、增进同业之公共利益及矫正正当营业之弊害为宗旨,行业祀神并不是其主要事业,

---

① 《漆业工潮昨讯》,《申报》,1925 年 12 月 15 日,第 13 版。
② 徐华龙:《上海风俗》,上海文艺出版社 2009 年版,第 403 页。
③ 《禁止演戏酬神》,《新闻报》,1914 年 1 月 21 日,第 10 版。
④ 《禁止演戏酬神》,《时报》,1914 年 2 月 21 日,第 14 版。
⑤ 《酬神赛会之禁令》,《时报》,1914 年 4 月 13 日,第 15 版。
⑥ 蔡丰明:《上海都市民俗》,学林出版社 2001 年版,第 265 页。

因此同业公会在沪地普遍设立后,传统行业崇祀行业神的现象亦不复往日的盛况。

虽是如此,但沪地传统行业的行业神崇祀在此后并未退出历史的舞台,即使同业公会在沪地普遍设立后,一些传统行业的同业公会依旧有崇祀行业神等神偶的现象。此外,在为数不多的同业公会继续崇祀行业神的同时,个别传统行业同业公会的行业神崇祀还有发展的新动向,即行业神崇祀之中附带有一定的商业性活动。与此同时,沪地大多数行业所崇祀的财神,却在近代时期始终为上海传统行业所崇祀。个别传统行业的行业神崇祀中所附带的商业性活动以及近代上海传统行业对财神崇祀的始终不变表明近代上海传统行业的神缘文化中凸显了近代上海营商本位的时代特点。下文就民国上海同业公会的行业神崇祀和近代上海传统行业的财神崇祀分别展开论述。

二、民国上海同业公会的行业神崇祀

(一) 民国上海传统行业同业公会的神偶崇拜

南京国民政府成立后,为在全国范围内推广同业公会这一新型的行业组织,相继出台了一系列法令。尤其是南京国民政府于 1929 年 8 月公布的《工商同业公会法》中不仅规定"凡在同一区域内经营各种正当之工业或商业者,均得依本法设立同业公会",而且还强调"本法施行前,原有之工商各业同业团体,不问其用公所、行会、会馆或其他名称,其宗旨合于本法第二条所规定者,均视为依本法而设立之同业公会,并应于本法施行后一年内依照本法改组"。①在政府的强令之下,沪地经核准登记的同业公会数量有了大幅增长,1930 年上海首批核准登记的同业公会数量为 25 个,1931 年为 136 个,1934 年上海市域内经社会局重新核准登记的同业公会已有 217 个。②虽然《工商同业公会法》未将行业祀神作为同业公会的主要事业,但在上海一些传统行业的同业公会中仍有崇祀行业神的现象。表二为民国上海部分同业公会崇祀行业神的状况:

① 《法规:工商同业公会法(十八年八月十七日公布)》,《国民政府公报(南京 1927)》第 246 期(1929 年)。
② 张忠民:《从同业公会"业规"看近代上海同业公会的功能、作用与地位——以 20 世纪 30 年代为中心》,《江汉论坛》2007 年第 3 期。

表二　民国上海部分同业公会行业神崇祀状况

同业公会名称	奉祀对象	资料来源
纸商业同业公会	蔡伦	《纸业简讯：庆祝蔡伦祖师诞辰》，《中国纸业》第 1 卷第 5 期(1941 年)。
鞋商业同业公会	关帝	《上海市鞋商业同业公会(履业公会)会员组织履业协天圣会及恢复关帝圣会的章程和会员名册以及捐款名册》，上海市档案馆，档案号：S250-1-94。
营造业同业公会	鲁班	《会务：全国营造业联合会举行理监事会议公祭公输子及同业先贤》，《营造旬刊》第 36 期(1936 年)。
理发业同业公会	罗祖	《理发公会组织健全》，《申报》，1934 年 8 月 17 日，第 12 版。
国药业同业公会	炎帝	《同业公会消息》，《申报》，1931 年 6 月 11 日，第 14 版。
花树商业同业公会	永南王	《上海市花树商业同业公会在百花诞日庆祝永南王祖师诞辰招认建筑基金股份统计数额名册》，上海市档案馆，档案号：S322-2-15-1。
豆腐业同业公会	淮南王	《庆祝淮南王诞辰》，《申报》，1936 年 5 月 11 日，第 11 版。
棉布商业同业公会	关帝	《上海市棉布商业同业公会重修关帝殿庆祝大会的有关文书》，上海市档案馆，档案号：S231-1-132。
中式木器商业同业公会	鲁班、关帝	《上海市中式木器商业同业公会供奉协天上帝祖师圣诞收支总登簿》，上海市档案馆，档案号：S264-2-11。

由上表可以看出，上述同业公会所供奉的行业神不尽一致，这也反映了彼时商人们多元诉求的特点。民国上海传统行业同业公会中不仅依旧崇祀行业神，而且这些同业公会仍将崇祀行业神视为一项重要的事业。豆腐业"以每年九月十五日为淮南王之诞辰，例有醵资庆祝纪念之举，兹该业以已有同业公会之组织，故本年庆祝，由该业公会发起筹备，届时雇用鼓乐，开筵庆宴，以示尊敬"。[①]1942 年的药王圣诞日，《东方日报》报道了沪地国药业同业公会邀集同

---

① 《庆祝淮南王诞辰》，《申报》，1936 年 5 月 11 日，第 11 版。

人祭拜药王的盛况,"该业中人每届药王圣诞之期,先一日(即四月二十七日)必齐戒沐浴,各店推一代表,齐集药王庙,焚香礼拜,作为暖寿,然后回至公会宴会,神前供桌上尽数奇珍异物,如合介、海龙、海马、石英等,以红绒系之,状颇美观,翌日清晨,各店同仁整其衣冠,分班赴药王庙跪拜,并进寿面,及晚,各店主再品丰富之筵席,以飨同仁,此日,为该业最重视之一日"。①理发业不仅在民国时期崇祀其祖师罗祖,而且在其祖师诞辰日休业一天,以示庆祝,如1947报载"本市理发业以今日为纪念该业祖师诞辰,特休业一天,并于上午在斜桥理发公所拈香庆祝,且有素斋聚餐等节"。②

  "八一三"事变爆发后,战乱等因素一时影响到了上海部分传统行业同业公会的崇祀行业神活动,如国药业信奉的药皇"自抗战军兴,因药皇庙房屋泰半毁于炮火,零落不堪,纪念仪式于焉从简",③履业关帝圣会"自八一三事变以来,原有会友星散疏于联络而致无法召集庆祝圣诞"。④虽是如此,但这些行业的同业公会后来又恢复了崇祀行业神的仪式活动。抗战期间,虽然国药业公会祭祀药皇"纪念仪式于焉从简",但仍有一定的纪念活动,1942年的药皇圣诞期"本市国药业是否赴药王庙进香,殊其实情已难探悉,惟大开筵席之举,则尚依照旧例举行云。"⑤抗战胜利后,国药业公会重修药皇庙,并向业内发通告"本年农历四月二十八日药皇诞辰经本理监事第九次联席会议议决上午在药皇庙举行隆重祭礼……相应通告凡我同业务希于是日上午十一时前一体前往参加致祭"。⑥"八一三"事变后,履业公会的关帝圣会虽一时"无法召集庆祝",但1944年履业同人"发起重兴是会,以资联络"。⑦

  (二) 同业公会崇祀行业神的作用

  民国上海同业公会的崇祀行业神活动具有一定的作用。

---

① 《药王圣诞》,《东方日报》,1942年6月12日,第1版。
② 《理发祖师诞辰今日无处剃头》,《申报》,1947年8月28日,第4版。
③ 《上海市国药商业同业公会药皇和重修经过及本会关于纪念药皇圣诞的通告等文书》,上海市档案馆,档案号:S279-1-44。
④ 《上海市鞋商业同业公会(履业公会)会员组织履业协天圣会及恢复关帝圣会的章程和会员名册以及捐款名册》,上海市档案馆,档案号:S250-1-94。
⑤ 《药王圣诞》,《东方日报》,1942年6月12日,第1版。
⑥ 《上海市国药商业同业公会药皇和重修经过及本会关于纪念药皇圣诞的通告等文书》,上海市档案馆,档案号:S279-1-44。
⑦ 《上海市鞋商业同业公会(履业公会)会员组织履业协天圣会及恢复关帝圣会的章程和会员名册以及捐款名册》,上海市档案馆,档案号:S250-1-94。

首先,同业公会的崇祀行业神活动大多会循例邀集同业参与,这些集会有利于加强同业联络和研讨业内行情。1934 年报载"本市理发业同业公会,成立已久,组织完备……八月二十二日为该业罗祖师诞辰,全市同人,共伸庆祝,是日中午均在该公所聚餐联欢"。①1941 年的《中国纸业》杂志刊载"本月(五月)三日,相传为造纸师祖蔡伦诞辰,上海纸业同业为纪念先祖伟大发明起见,假座公馆马路鸿运楼菜馆,循例举行聚餐,共伸庆祝,并资联络。"②这些同业公会定期集会举行的酬神活动有利于加强同业联络。此外,还有同业公会在邀集同业祭祀行业神的同时,还借机商讨业内行情。1941 年报载"本月二十三日,为药皇圣诞日,本埠中医药业同业会员为纪念先人,定是日上午举行祭典,以表庆祝,并以战后药材来源困难,售价高昂,其影响于病人甚巨,亦将于是日举行会议,演说疏通来源及协定市价事宜"。③

其次,个别传统行业同业公会为崇祀行业神,创设了行业神崇祀的协会组织,该协会组织除举办崇祀行业神的活动外,还附带有一定的慈善互助事业,这些慈善互助事业有助于增强业内的凝聚力。1927 年履业公会成立了"崇拜关圣,阐扬帝德,虔诚以格上苍博爱而济万物,俾邀神庥同登觉岸为宗旨"的履业协天圣会,其章程中除有"每逢正、五、九月,规定十三日为集会之期……届时须佩戴徽章,莅会拈香,并举行聚餐以叙联杯"的内容外,还有部分内容涉及慈善互助事业,如《履业协天圣会章程》第八条内容为:本会发起善后费一项,每逢圣诞之日,各会员须另缴出善后费大洋一元,但此项善后费凡属会员本身逝世者,可向本会领取大洋一百元,以备衣棺之需,如有会员自备衣棺,改送军乐执事等项,如其用余之款,当交家属领回,以昭大信;第九条内容为:本会会员遇有病故者,随即报告本会,得由本会出信咨照会中会员一律前往执拂送殡,以尽热忱,至诞圣期,将故名移登先辈图轴,永远祭祀禄位;第十条内容为:凡在会会员家中遇有婚丧喜庆等事,由会中致送轴幛一事,以表敬意,亲戚朋友私人来往不在此内。④1944 年履业重组关帝圣会后,其"纯为同业私人组织,

---

① 《理发公会组织健全》,《申报》,1934 年 8 月 17 日,第 12 版。
② 《纸业简讯:庆祝蔡伦祖师诞辰》,《中国纸业》第 1 卷第 5 期(1941 年)。
③ 《中药业定期庆祝药皇圣诞》,《中国商报》,1941 年 5 月 14 日,第 3 版。
④ 《上海市鞋商业同业公会(履业公会)会员组织履业协天圣会及恢复关帝圣会的章程和会员名册以及捐款名册》,上海市档案馆,档案号:S250-1-94。

崇敬神圣并谋创办慈善事业为宗旨",明确将举办慈善事业作为该会的宗旨之一,并在章程中囊括了比 1927 年履业协天圣会更为广泛的慈善互助义举,如第五条:"凡加入本会之会员在联络感情互相扶助,例如营业失败,无力更新或老弱残疾,生活无依,本会须斟酌情况资助之,但上述受助人以会员为限。"第六条:"本会拟办慈善事务,以施医、施药、施材为主旨,倘或遇有特殊情况灾祸时,视经济能力酌行之。"第七条:"本会如经济充裕,得创设义校,以供同业清寒子弟教读之处。"①

(三) 同业公会行业神崇祀中的商业性活动

随着时代发展,近代上海个别传统行业的行业神崇祀,从起初会馆公所的单纯性祀神活动,到后来同业公会时期掺和有一定的商业性活动。这一过程在国药业同业公会中最能体现。

长期以来,沪地国药业将炎帝神农氏视为药王或药皇,奉为本业行业神,在药王诞辰这一天,同业往往仅举办隆重的酬神活动,如 1926 年报载:"昨为药皇神农氏诞日,本埠南北市各药业公所……均开会纪念……并请小世界大京班演戏酬神,甚为热闹。"②随着时代的发展,国药业同业公会在药王诞期,除举办祀神活动外,还附带有减价促销之类的商业性活动,1936 年报载:"昨日为药王诞辰,本市国药业同业公会……除献花献寿行礼外,并无任何仪式,同时各国药店均一律廉价,按照朔望特别折扣,以志纪念。"③1942 年报载:"昨日(十一日)为古历四月二十八日药王圣诞之期,本市国药业除循例庆祝外,并乘机举行大减价三天。"④抗战胜利后,国药业公会重修药皇庙,在恢复隆重祭祀药皇祭礼的同时,继续于药皇诞日这天进行减价促销,如 1947 年上海市国药业公会的第六一号通告中有"农历四月二十八日为庆祝药皇圣诞纪念,门售价格一律加放九折,附廉价单一份,希张贴于显明处,俾资注意为何"⑤的内容。后来 1948 年上海市国药业公会通告二总(37)字第六号及 1949 年上海市国药业公会通告二总(38)字第二九号中亦有同业公会在药皇诞日通告同业进

① 《上海市鞋商业同业公会(履业公会)会员组织履业协天圣会及恢复关帝圣会的章程和会员名册以及捐款名册》,上海市档案馆,档案号:S250-1-94。
② 《药业公所昨日纪念药皇诞辰》,《申报》,1926 年 6 月 9 日,第 13 版。
③ 《国药业公祭药王诞》,《新闻报》,1936 年 6 月 18 日,第 13 版。
④ 《药王圣诞》,《东方日报》,1942 年 6 月 12 日,第 1 版。
⑤ 《上海市国药商业同业公会药皇和重修经过及本会关于纪念药皇圣诞的通告等文书》,上海市档案馆,档案号:S279-1-44。

行减价促销的内容。

在国药业同业公会"一律廉价"和"大减价"的通告下,各国药铺在药王圣诞之期举办了不同形式的促销活动。宏仁堂药家老铺在药王诞辰日向各界赠送本店的优待券,"凭此券,当日购买药品除照规定折扣外,满一元外,赠避瘟散一盒或八珍糕一盒(任选一种),凭此券购以上二十四种药品,随时可打八折,但无赠品,限六月份通用,过期无效。每年只有今天一次,机会难得,切莫错过。注意下面赠券,每年只有今天一次。"①以买卖风湿膏药为主要业务的陈蕴堂"每逢旧历四月二十八日药王圣诞之期,为庆祝纪念,特将各种膏药半价施售一天,以兹普济并给慈善家购被施舍之良好机会,各种膏药……今日去买,均能买一送一,如路远不便,电话购买……均能专人送上,不取送力。"②

国药业于行业神诞日举办的减价促销活动吸引了相当多的顾客前往国药店铺购药,如位于河南路抛球场的北平药局在药皇诞日期间本欲举行三天的减价促销活动,但由于其减价促销活动"致三日来购者,异常拥挤",因此北平药局"迭接各界纷纷要求,为免顾客向隅,同时北平药品又有大批续到,爰临时决定于今日起展期大特价七天,至本月二十四日截止。"③

民国上海国药业同业公会以及业内国药号在药王诞日举行的不同形式的减价促销活动,表明近代上海个别传统行业的行业神崇祀活动从起初仅举办酬神仪式到后来掺和有一定商业性活动。而这一现象不仅凸显了近代上海营商本位的时代特点,也在一定程度上反映了"信仰文化和商业文化在近代上海社会生活中的博弈与重构"。④

三、近代上海传统行业财神崇祀的经久不衰

近代上海传统行业内除崇祀乡土神、行业神外,还崇祀五路财神、天官赐福财神等财神。与沪地传统行业其他神偶的崇祀状况在 20 世纪以后有所淡化不同,财神不仅在晚清时期为沪地传统行业所崇祀,而且民国时期这一现象

① 《纪念药皇圣诞同春堂文记国药号》,《申报》,1939 年 6 月 15 日,第 17 版。
② 《今日庆祝药王圣诞陈家风湿膏半价》,《新闻报》,1942 年 6 月 11 日,第 2 版。
③ 《北平药局特价展期》,《申报》,1939 年 6 月 18 日,第 16 版。
④ 苏智良、姚霏:《庙、信仰与社区——从城隍信仰看近代上海城隍庙社区》,《社会科学》2007 年第 1 期。

也未见衰退。

（一）晚清上海传统行业的财神崇祀

中国的财神信仰带有浓厚的地方色彩,各地祀奉的财神对象不尽一致。就上海而言,"早在晚明,上海境内的一些地方已奉五路为财神,建有祀祠",①嘉、道以后,沪地祀奉的财神一般是五路财神。开埠前,上海在崇祀财神的同时,已有农历正月初五接财神的习俗,如道光十九年(1839年)的《沪城岁时衢歌》中有"忽闻吉语听来切,元宝一双金鲤鱼"的描述,即"俗于初五子分,备宝马牲醴极丰盛,为接财神。必用鲜鲤极活泼者为'元宝鱼',先一日,担鱼呼街巷,有以红丝扣臂踵门而来者,谓'送元宝'。"②开埠后,崇祀财神及接财神活动是上海一项重要的习俗仪式,同治《上海县志》载"(正月)五日接财神,用鲜鲤,担鱼呼卖,曰送元宝鱼,至暮至暮轰饮,曰财神酒。"③

作为财富的象征,财神也是晚清上海各行从业者崇祀的重要对象,一些行业的会馆公所中塑造有财神像,如建造于光绪元年(1875年)的岭云公墅毡帽公所"中奉财神象",④光绪六年(1880年)新建的汇号公所中供奉有包括增福财神在内的神偶。⑤同时,接财神的仪式和意义亦为晚清沪地各业商人所重视,如晚清报载"月正五日世传为财神诞辰,例于先一夜而祝之,以邀灵贶,沪江为商旅总汇,廛市殷关,故是夜之肃衣正冠,具牲醴竭诚拜献于神前者栉比鳞次,不下数千家。"⑥而钱庄业在甲午战争前为保持或发展常年的放款业务关系、吸收某些商行营运资金作为存款存入,"遵循着传统的'忽闻吉语听来切,元宝一双金鲤鱼'的社会风俗,于正月初五'接财神'的这一天将存折送到这些商行。"⑦此外,晚清沪地奉祀财神还有决定生意是否继续、伙友的去与留以及重振市场等特殊寓意。1905年报载,正月初五财神诞日前一日的夜里,大小商铺除馨香叩祭外,"凡生意之行止,伙友之去留,皆以得祭财神与否为断,故商务中人以是日为一年之发端"。⑧1908年,因上海市场行情

① 范荧:《上海民间信仰研究》,上海人民出版社 2006 年版,第 252 页。
② 顾炳权编著:《上海历代竹枝词》,上海书店出版社 2001 年版,第 111 页。
③ (同治)《上海县志》卷一,第 14 页。
④ (民国)《上海县志》卷六,第 129 页。
⑤ 上海博物馆图书资料室编:《上海碑刻资料选辑》,上海人民出版社 1980 年版,第 375 页。
⑥ 《祀财神记》,《字林沪报》,1889 年 2 月 5 日,第 2 版。
⑦ 熊月之主编:《上海通史·第四卷》,上海人民出版社 1999 年版,第 450 页。
⑧ 《论财神诞日》,《新闻报》,1905 年 2 月 8 日,第 1 版。

不如往年，"吴淞各绅商……集议将财神偶像抬出举行赛会，以求神佑而振市面。"①

（二）民国上海传统行业的财神崇祀

虽然 1912 年至 1949 年期间，接财神习俗遭到了文化批判和政治干预，②但上海商人崇祀财神及接财神仪式却未受较大影响，如 1922 年沪地各大商号拟于旧历闰五月初二举办迎赛财神会，虽然"图书馆馆长雷君彦及县立第一二两高小校长等，以为迷信神权，具函请禁"，但各商号认为"此种举动，虽不得谓非迷信，然与商市颇有利益，况商人对于学界素来表示好感，如五四运动等，吾商人均予以充分之援助，谅若辈不致故意为难"，③并一致赞同如期举办迎赛财神会。同时，民国时期上海的各商店大都循例于每年旧历正月初五接过财神后开市营业，如 1936 年报载："本市各商店，除少数饮食物店，如茶馆酒肆及其他点心店等，于废历元旦仍照常营业外，其他各店，均一律休业，今日则俗呼财神日，各店铺仍循旧例，皆于昨晚备具酒菜，燃点香烛，并放鞭炮高升等，名为接财神，于今日起，一律开市，照常营业。"④甚至 1949 年沪上报纸仍有"今天是旧历正月初五，人间举行接财神大典，十分认真……旧式商店更加注意，有些店铺要在接财神后才开市营业，接财神的仪式，除了齐供祭品，拈香烛拜□以外，又得焚化锭帛"⑤的报道。

就具体的行业而言，沪地钱庄业"为二百年来历史之产物，故其习惯，类皆上下相承，传为故例，其固陋者甚多，属于迷信者，则为岁末之送年与岁首之接财神，其发源当为各庄执事者迷信神权，故敬神如神在。"⑥民国时期钱庄业大都于每年的旧历新年期间休春假，并于正月初五接过财神后复市营业，如报载："钱业公会会员汇划钱庄及钱兑公会会员福禄泰喜钱兑庄，决俟接过财神后明日上市。"⑦一些传统行业对财神崇祀的重视还表现为成立了财神会，晚清民初的煤炭业因经费无着，致使其祀奉玄坛尊神无法达到联谊同业的作用，因此"民国八年己未春，适恒大成黄毓文君司年，不忍旧典沦亡，虽邀集同志发

① 《绅商求财神振兴市面》，《新闻报》，1908 年 5 月 22 日，第 11 版。
② 黄景春：《上海接财神习俗的历史与现状研究》，《民俗研究》2010 年第 3 期。
③ 《议决迎赛财神会》，《新闻报》，1922 年 6 月 19 日，第 7 版。
④ 《各商店今日一律开市》，《申报》，1936 年 1 月 28 日，第 14 版。
⑤ 《财神日》，《飞报》，1949 年 2 月 2 日，第 2 版。
⑥ 《读者艺林：论接财神》，《钱业月报》第 14 卷第 3 期（1934 年）。
⑦ 《市场稳定如恒》，《申报》，1941 年 1 月 30 日，第 9 版。

起财神会,众议金同",并"于民国十一年由公所置买上海县二十五保六图能字圩七十八号地,计六分五厘五毫,即将该地上建筑楼房九幢、门楼一闻取名新韫山里,出赁于人,每年租金预计有一千六百余元,除供给财神会一切费用外,故有盈而无绌"。[1]

在接财神仪式上,民国沪地各行业尤其是传统行业与晚清相比有过之而无不及。一般情况下"沪埠商家俗例新正初四晚大都整备三牲,焚香点烛迎接财神,以祈一年之利市"。[2]除焚香点烛外,商家们在接财神时大都燃放爆竹,如1925年的报载"昨夜沪城各商家竞接财神,于十一时后,爆竹之声连续不绝,与灾地之枪炮砰訇声无异"。[3]商家们接财神的具体流程和仪式庄严而肃穆,1937年沪地报纸曾详细刊载了传统行业从业者接财神的具体仪式"废历正月初五日,也就是一般旧式商店认为一年开始最应郑重注意的'五路日',在'五路日',例有'接财神'之举,……'接财神',普通在隔晚,早就预备好了。初四一过,初五第一个点钟起头,就陆续有店家开始'接财神'了,这时候,堂中肃穆整洁,二只或四只的方桌子上高高供着'五路'、'太乙'、'玄坛'、'招财'、'进宝'等神马,前面是茶、酒、京果、糕饼、水果、海味等贡品,以及原双鸡、大刀肉和元宝鱼之类,神像对面,桌子的前端,红烛高烧,香烟缭绕,中间的檀香灯,一阵阵放出浓郁的香味来,神像的二旁,还放着账簿、算盘以及重要的营业用具,如度量衡器等物,有的店家,还搬出乐器,铁鼓□镗,铙钹铿锵,大敲其'新年锣鼓'以助'神'兴,在宁静肃穆或鼓乐喧闹的空气下,商店主持人,屏息敛气,端端正正的向着'财神爷'行跪拜礼,这个当儿,商店主持人,怀着一个热烈的希望的心,把'今年大发财'的宏愿,诚惶诚恐地,全盘寄托在高高在上的'财神爷'的身上了"。[4]

近代上海传统行业崇祀财神具有以下两方面的作用。首先,为表达对于财富的渴求,传统行业从业者对财神赋予了决定生意是否继续、伙友的去留以及重振市场等多重的意义,并举行了隆重而又肃穆的接财神仪式,虽然崇祀者对于财神的崇祀并不能为其带来直接的财富,但却表达了他们对于财富的向往和追求。这也是民国上海传统行业财神崇祀未见明显淡化之象的重要原

① 彭泽益主编:《中国工商行会史料集》,中华书局1995年版,第817页。
② 《迎接财神之怪剧》,《新闻报》,1917年1月29日,第9版。
③ 《本埠》,《小时报》,1925年1月29日,第1版。
④ 《商业实践杂谈之四接财神》,《新闻报本埠附刊》,1937年2月15日,第1版。

因。其次,一些传统行业在崇祀财神的同时,还成立崇祀财神、定期集会的财神会,如成立于 1919 年的钱业财神集庆会"每逢九月财神诞之期,先期于重阳佳节邀集同志就南市钱业公所供神开会";①成立于 1906 年的绣品业聚宝堂财神会,民国时期绣品商业同业公会依旧"每年于九月十五日乃赐福财神寿诞"邀集同业祀神集会。②这些行业借助财神诞日而定期的集会,有利于加强行业内的联络。

四、结　语

在中国近代经济史的研究中,传统行业如何转型及新兴行业的出现是学界所关注的热点,然而在我国近代化的历程中,传统的手工业、商业往往与新兴的机器工业和商业模式并存,并于某些时段在经济结构中发挥着重要的作用。如彭泽益通过数据分析认为"近代中国工场手工业在工业资本主义经济中占有十分重要的地位";③汪敬虞认为我国近代的手工业不仅和大机器工业"长期共存",而且从 19 世纪 40 年代到 20 世纪 30 年代,"手工业相对于机器大工业,仍然处于优势的地位"。④即使在近代化程度较高的上海,传统行业坚守其传统的发展模式不仅续存于近代化之中,而且传统行业的业内文化亦是海派文化的重要组成部分并产生一定的影响。如抗战胜利后沪地传统行业的地缘文化对各籍商帮实力的构成产生了重要影响,⑤除地缘文化外,近代上海传统行业内的神缘文化亦存在、发展,并产生一定的影响。传统行业的神缘文化使我们对于这些行业步入近代以后的状况有了更具体和多视角的了解。

海派文化是近代上海城市文化的概称。⑥作为与我国古代迥然不同的一

① 《上海法租界银行同业聚餐会会员录、上海银行业规、银行法、上海市银钱业消费合作社创立大会特刊、钱业财神集庆会全体会员同人录和重订章程》,上海市档案馆,档案号:S173-1-470。
② 《上海市绣品商业同业公会聚宝堂财神会缘起、条规、捐助清单及历年收支簿》,上海市档案馆,档案号:S273-1-16。
③ 彭泽益:《近代中国工业资本主义经济中的工场手工业》,《近代史研究》1984 年第 1 期。
④ 汪敬虞:《中国近代手工业及其在中国资本主义产生中的地位》,《中国经济史研究》1988 年第 1 期。
⑤ 曹春婷:《抗战后上海传统行业中的地缘文化因素——以国药业资方群体为考察中心》,《都市文化研究》2015 年第 1 期。
⑥ 熊月之:《海派文化以江南文化为底蕴孕育出新文明》,《文汇报》,2019 年 1 月 28 日,第 W01 版。

种文化,海派文化具有趋时求新、多元包容、商业意识、市民趣味四个主要特点。①作为海派文化的一部分,上海传统行业神缘文化在近代的发展和特点反映了海派文化的一个侧面,近代上海传统行业神缘文化所具有的多元诉求、趋时应变和反映近代上海社会营商本位的时代特点,说明海派文化亦具有多元诉求、趋时应变和反映近代上海社会营商本位的时代特点。近代上海传统行业的神缘文化使我们对于海派文化有了更为深入的认识。

Multiple demands and time-dependent response: Shenyuan culture of traditional industries in modern Shanghai

Abstract: Offering sacrifices to gods is one of the important activities of traditional industries and trade organizations in modern Shanghai. Whether in the guildhalls of the late Qing Dynasty or the trade associations of the Republic of China, the gods worshipped by them were diverse, which became an important part of the diversity of local worship in Shanghai. The traditional culture of god fate can not only enhance the cohesion of fellow townsmen and peers, but also restrain the same trade with the help of idol worship. After the 20th century, the god puppet worship in traditional industries in Shanghai has hardly changed except for the worship of the god of wealth throughout the entire modern period. Other god worship activities have also changed in time due to changes in the times. Therefore, the god-related culture in traditional industries has a tendency to adapt to the times, It also highlights the characteristics of modern Shanghai's social business standard. Investigating the shenyuan culture of Shanghai's traditional industries not only gave us a more specific and multi-pespective understanding of the conditions of traditional industries after entering the modern era, but also have a better understanding of the traditional culture of Shanghai.

Keywords: Modern Shanghai; Traditional industry; Shenyuan Culture; Shanghai culture

作者简介:张二刚,上海师范大学人文学院博士研究生;高红霞,上海师范大学人文学院教授、博士生导师。

---

① 孙逊:《"海派文化":近代中国都市文化的先行者》,《江西社会科学》2010 年第 10 期。

杭集扬帮雕版印刷技艺的
价值与现代传承

——以广陵书社为中心的考查

赵文文　陈丽菲

摘　要:雕版印刷技艺作为世界人类非物质文化遗产,既有历史上的文化传播作用,又有重要的现代文化传承意义。本文从社会文化史和传播学的角度,研究其历史渊源、传播影响、技术演变、审美价值,以杭集扬帮雕版代表性人物、广陵书社的雕版印刷出版和新媒体传播为分析样本,探究雕版印刷作为非物质文化遗产的价值与在扬州的现代传承状况,以及雕版印刷文化的未来传播与发展之路。

关键词:雕版印刷　非物质文化遗产　杭集扬帮　广陵书社

扬州自古以来是物华天宝、人杰地灵之地,清代诗人黄慎曾在诗中赞到:"人生只爱扬州住,夹岸垂杨春气薰。自摘园花闲打扮,池边绿映水红裙。"①朱自清在《扬州的夏日》中写道:"特别是没去过扬州而念过些唐诗的人,在他心里,扬州真像海市蜃楼一般美丽;他如念过《扬州画舫录》一类书,那更了不得了。"绿柳成荫的扬州瘦西湖畔,自古以来人才辈出,佳作如云。在这独特的文人氛围中,盛开着一朵古老的文化奇葩,那就是中国古代文化传播史上最重要的发明之一——雕版印刷术。而传承这项技艺的文化团队就在此处,它有一个特殊的名字"杭集扬帮",同时,国内唯一保留了全套雕版印刷技艺的文化

---

① 清.黄慎《维扬竹枝词》,见黄氏《蛟湖诗草》卷四。

重镇也在此处,那就是非物质文化遗产雕版印刷技艺项目传承、展示与生产单位:扬州古籍刻印社、扬州雕版博物馆与扬州广陵书社。

2014年暮春,绿杨低垂,笔者曾专程从上海出发,循着雕版文化发展的脉络,来到扬州古城探寻"杭集扬帮"雕版印刷的足迹,以及广陵书社对雕版印刷技艺的现代传承之路。①6年过去了,扬州的雕版艺术之花越发明媚鲜妍,最近传颂人口的雕版手工印刷书籍《驼庵迦陵师生酬唱集》在扬州广陵书社面世,此书收录了中华诗词学会名誉会长叶嘉莹先生(迦陵)与她的老师顾随先生(驼庵)历时十七年的全部酬唱诗词,广陵书社完全采用杭集扬帮的传统技艺,以手工雕版、手工刷印的流程,用上等贡纸印制成书。红版蓝版双型纪念,书心莹洁如玉,册页轻软如云,字字珠玑,墨色鲜明;点画的匀挺秀润与独特的纸墨藉蕴之香相得益彰,可谓出版神品。以一流的传统技艺传达一流的传统文化,引发文化界的众首翘望,成就中国诗词领域的独到佳话,杭集扬帮文化滋润着现代扬州的城市风貌,成为扬州的城市文化品牌,老树新枝,焕发出别样的丰彩。

一、古老的雕版印刷术与世代传承者"杭集扬帮"

众所周知,印刷术是我国古代"四大发明"之一,一直以来被国人引以为傲。研究学者一般认为印刷术起源于唐代(公元618年—公元907年),五代后唐冯道在洛阳刊印经书后,到北宋时期开始在全国普及。正如宋朝人沈括在《梦溪笔谈》中写道:"版印书籍,唐人尚未盛为之,自冯瀛王史印五经,已后典籍皆为版本。"②根据邓广铭先生的研究,中国的雕版印刷术至晚应为第八世纪前半世。③1944年,在成都四川大学附近的唐墓里出土了唐代雕版印刷的

---

① 2014年的扬州雕版文化考察得到了广陵书社社长曾学文先生的大力支持,为我们概述和引见了广陵书社雕版印刷的详细情况与代表性人物。我们考察了国内唯一保留了全套雕版印刷技艺的传承单位扬州广陵古籍刻印社的雕版车间与手工装订生产线;到杭集村访谈杭集扬帮的传承人、非物质文化遗产雕版印刷技艺项目国家级雕版技艺传承人雕版大师陈义时先生,和他开设的私人雕版技艺传承工作坊;参观扬州雕版印刷博物馆的技艺展示厅,访谈在那里工作的江苏省级代表性传承人、写样大师芮名扬先生;以及市级雕版印刷传承人、广陵书社的刘坤先生、陈义时的女儿兼徒弟,广陵古籍刻印社雕版技艺传承研习所所长陈美琦女士等,留存了大量珍贵的一手资料。2014年的考察还得到了上海师大科研处对《扬州雕版印刷文化研究》立项资助的大力支持,本文也是在这次资助考察后的学术成果。在此一并致以衷心的感谢。
② (宋)沈括:《梦溪笔谈》,文物出版社1975年版,卷一八,15。
③ 邓广铭:《邓广铭全集》(第六卷),河北教育出版社2005年版,第179页。

《陀罗尼经》，①据辛德勇先生考证该雕版印本在中晚唐时期蔚然成风。②宋代毕昇发明了活字印刷术，使用胶泥刻制活字，但是当时并未受到统治者的重视，宋朝普遍使用的仍然是雕版印刷术。③直到清朝于 1636 年建立之后，木活字技术由于得到政府的支持，才得到空前的发展，也就是说，雕版印刷术在我国的出版历史上主导书籍刊刻了 1000 余年之久，贡献不可谓不大，印记不可谓不深。19 世纪初叶，欧洲的近代机械印刷术开始传入我国。古腾堡机器印刷术的出现，标志着机器开始代替手工进行创造。由此可见，我国的雕版印刷术是名副其实的书籍印刷始祖，而扬州从唐代开始保留至今的雕版印刷技艺可谓"活化石"。它开创了人类复印技术的先河，承载着难以计量的历史文化信息，在世界文化传播史上起着无与伦比的重要作用。

（一）历史悠久，独领风骚

扬州的雕版印刷历史源远流长，但是兴衰不一，有起有伏。大致说来扬州雕版以隋唐时期勃兴，至宋代之后生气稍歇，转至清代又曾大盛。

文化的发展，历来依托于经济的繁盛。说起扬州的发迹，要从汉代吴王刘濞"即山铸钱，煮海为盐"讲起，扬州依靠盐业的发展聚集了大量财富。隋代炀帝开大运河连接黄河、淮河和长江，扬州因此成为水运枢纽，促进了经济发展和文化交流。富庶的扬州，修建府、县学和书院，广泛藏书，恢复名胜古迹，兴建园林。富裕的扬州盐商十分重视文化修养，他们建起私家的藏书楼，将江南一带的珍贵古籍汇聚于此。繁荣起来的扬州因此招揽了全国各地的人才，扬州的盐商成为文士逆旅的主人。他们有的藏书数万卷，建设藏书楼供文人阅览；有的在财力上支持文人著作的刊印；有的经常举行诗酒会，活跃文化氛围，推动艺术创作。这些活动凝聚了文人雅士，促进了文化交流切磋，推动了藏书刻书文化的提高和繁荣，扬州因此成了雕版印刷术生长的肥沃土壤。

如前所述，扬州的雕版印刷最早开始于唐代，唐穆宗长庆四年（824），诗人元稹为好友白居易的诗集《白氏长庆集》作序："扬越间多作书模勒（刻印）乐天（即白居易）及余杂诗卖于市肆之中也。"④这里的"模勒"即被史家认为是雕刻

---

① 冯汉骥："记唐印本陀罗尼经咒的发现"，《冯汉骥考古学论文集》，文物出版社 1985 年版，第 73—77 页。

② 辛德勇：《中国印刷史研究》，生活·读书·新知三联书店 2016 年版，第 216 页。

③ 邓广铭：《邓广铭全集（第六卷）》，河北教育出版社 2005 年版，第 510 页。

④ （唐）元稹：《元稹集》，中华书局 1982 年版，第 554—555 页。

书籍出版。及至唐末五代,私家和政府开始重视利用雕版印刷,家刻与官刻兴起,与坊刻形成三足鼎立之势。宋朝是一个重文轻武的时代。随着政治统一、经济恢复和文化生活的繁荣,社会上形成了印书风气。扬州是江左大镇,又是淮右都。唐朝时,扬州繁华甲天下,宋朝时,扬州先后设淮南道、淮南路、淮南东路治所,刻书业本应该兴旺发达。然而,根据现存版刻表明,宋代扬州刻书却不及江南、四川、福建等地发达。究其原因,唐末至宋初尤其是宋室南渡以后,扬州屡遭兵祸,生活不得安宁,因此刻书匠很长时间内不能安然刻书。近人感慨,现在扬州著录宋、元刻本,尝尝慨叹"年代久远,记载散佚,存书稀见"。尽管如此,宋代扬州地区刻印书籍也有十余种,近数百卷。①书籍数量虽少,但可见扬州地区雕版印刷历史之悠久。到了清代,扬州雕版印刷发展极盛。因为这一时期,扬州依靠盐商的雄厚财力,将雕版印刷以空前辉煌的业绩跃居中国刻书名区之列。康熙皇帝命两淮巡盐御史曹寅在扬州设局,刊刻《全唐诗》等内府古籍。嘉庆皇帝也用其曾祖的办法,命两淮巡盐御史阿克当阿、两淮盐运使曾燠在扬州设馆、设局,编校刊刻《全唐文》等内府古籍。同治、光绪年间也在扬州设淮南书局。扬州诗局、扬州书局、淮南书局是当时三个最大的官方书局。这打下了扬州至今仍是全国雕版刊刻印刷传承之中心的文化与人力资源基础。

(二) 地域传承,生生不息

清末民初,扬州杭集镇曾聚集着一大批雕版印刷艺人,写工、刻工、印工、装订工,色色人等齐全。据老艺人回忆,他们大多世代以刻书为业,通过父传子、子传孙、师带徒、徒再带徒的方式传承技术,生生不息。江浙各处若需刻书者,多请他们结队前往作业,刻书界称他们为"扬帮"。因扬帮中杭集艺人领头居多,技艺精湛,故又被称为"杭集扬帮"。

这支队伍中,有一位杭集文化人陈恒和,擅常写样,后于1923年创办"陈恒和书林",由经销图书发展到印刷图书,又由租版印书发展到刻版印书。陈恒和离世后,其子陈履恒继承了父业。"陈恒和书林"悉心搜集乡邦间的文献稿本,辑刊成大型丛书《扬州丛刻》,此书广为世人称道。中华人民共和国建立后,陈恒和书林加入公私合营扬州古旧书店,继续从事雕版古籍的收集、整理

①　王澄:《扬州刻书考》,广陵书社2003年8月第1版,第215页。

工作。1960 年,经由陈履恒提议,扬州成立了"古旧书修补装订小组"(扬州广陵古籍刻印社前身),所招聘的雕版印刷技师,几乎"清一色"都是杭集杨帮传人,及至后来成为该社传承与保护雕版印刷技艺的主要骨干力量。①这次考查,我们也专程驱车来到杭集,访谈了陈家后人——雕版大师陈义时先生,以及他自己创办的雕版技艺传承基地。

图 1　在陈义时家门前合影(由左到右:陈丽菲、陈义时、赵文文)

2006 年 5 月 20 日,雕版印刷技艺经国务院批准列入第一批国家级名录。2007 年 6 月 5 日,经国家文化部确定,陈义时为该文化遗产申遗项目代表性传承人,并被列入第一批国家级非物质文化遗产项目 226 名代表性传承人名单。2009 年 9 月 30 日,联合国教科文组织保护非物质文化遗产政府间委员会第四次会议在阿联酋首都阿布扎比作出决议,由扬州广陵古籍刻印社代表中国申报的雕版印刷技艺正式入选《世界人类非物质文化遗产代表作名录》。这标志了扬州雕版印刷在世界雕版印刷界的权威地位。

---

① 扬州中国雕版印刷博物馆:《雕版印刷》,山东友谊出版社 2013 年版,第 11 页。

图 2　国家级非物质文化遗产项目(雕版印刷技艺)代表性传承人陈义时的奖牌和奖杯

(三) 全套技艺,审美享受

笔者第一次来到广陵古籍刻印社的雕版车间,就被工匠们精湛的雕版技艺深深地吸引了。这里没有豪华的办公条件,没有花哨的设施装备,一块版、一把拳刀,就是雕版技师的全套工具。一个个字型和图画在版面上浮现,雕刻得精致细腻、栩栩如生,靠的就是多年磨炼的技艺和持之以恒的耐心。

雕版印刷这种古老的印刷术,灵感来源于印章。与活字拼版不同,工匠们用拳刀将一个页面的文字、图像反向雕刻在一整块木板上,再在板上刷墨、铺纸、施压,将文字和图像转印到纸上。雕版印刷的整套程序十分复杂,而扬州广陵古籍刻印社是国内唯一保留了全套雕版印刷技艺的传承单位。

首先,雕版的选材十分考究,一般选用黄河故道上的野梨木作为版材,这种木材质地细腻,硬度适中,非常适合镌刻。收集到的野梨木要经过刨板、浸泡、风干处理。接着要写样,写样师根据古籍的年代,用毛笔在宣纸上缮写与古籍原版字体一致的字样。然后,再制版上样,将写好的字样反拓在刮平的木板上,抹上一层油,使得纸张通透,字迹清晰。再小心磨去纸的表层,这样就可以正式雕版了。雕版的精髓在于刀法,用刀极为讲究。首先要"发刀",即先把整个版面的文字刻去半边;再"挑刀",将每个字的空隙处剔除。古代雕版书籍的字体各不相同,宋代多为楷体,元代多用赵体,明清则多用仿宋体。不同的字体,刀法也不同。比如"宋字六笔":横竖勾点撇捺,其中的"点"就有"腰子点""瓜子点""兔眼点"等。刻一个"心"字,就要用到上述三种点。①刻字是精细和漫长的工作,需要全神贯注地雕刻,一位熟练的技师每天最多刻80个字,刻成一部书需要极大的耐心和毅力。此外,古籍中的插图刻画也是非常精细的技艺,比如刻画一个人物的眼睛,木纹是横丝,要把这块挑出来,变成竖丝重新填入木板,这样印刷出来的眼睛就会炯炯有神。②

书版刻好后,印刷的工序也容不得半点马虎。首先要"刷页",用刷子把具有数十年年轮松木炼制的松烟墨,均匀的刷在板上,再选择上好的宣纸或白棉纸覆在木板上,在纸背用干净的刷子来回轻扫,严格执行用料和程序标准,印成的书页才能清晰醒目,长久如新。最后是"装帧",经过拣页、齐栏、包扣、穿线、贴签、撞书、打书根等20多道工序,完成单本的线装书。大型图书还配有宋锦、绫绢做成的精美函套。在广陵古籍刻印社的雕版车间,每个流程都是静悄悄的空间,工人们手指在纸页间翻飞,空气中淡淡地弥漫着棉纸木质的味道。

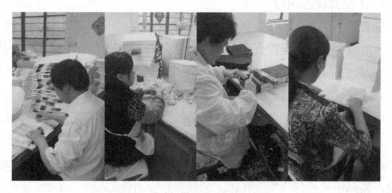

图 3　齐栏、做纸钉、包角、穿线

这样一本雕版印刷的线装书籍,捧在手上轻如羽毛,柔软亲肤,字大如钱,不损目力,还散发出淡淡松烟墨香。雕版传承人陈义时老先生云:"现在的书籍是用油印的方式,时间一长,它就走油,纸就发黄,发脆,保存不了多少年;而雕版印刷的书籍,保护得好,可以留存一千多年,尤其对捧书读经的人来说就

---

① 姚震:雕刻古今沧桑版存千秋印痕——寻访扬州雕版印刷博物馆,《档案与建设》2002 年。
② 焦兴田:雕版印刷为"天下第一庄"添彩,枣庄晚报 2012 年 11 月 16 日。

比较重要。松烟的油墨味,时间越长越香。里面有好几十种味道的,有麝香等等,可以防虫蛀。"①对于习惯坐卧随意的书茶阅读、习惯对比翻阅的查核阅读以及目力体力不足的各类特殊读者,线装书籍的使用价值,以及线装书籍所具有工艺美术的审美价值,不会因时势而转移,在现代社会仍然受到文化人群的高度追捧,焕发着独特的光彩。

二、雕版印刷的匠心独具与传世流芳

雕版印刷技艺的传承和发展,离不开雕版印刷代表性传承人和传承单位的共同努力。为此,笔者专门走访了扬州雕版印刷博物馆、广陵书社、广陵古籍刻印社、扬州杭集镇等地,访谈了多位雕版印刷技艺传承人、传承单位负责人等。从他们的人生经历和点滴回忆中,获得更加生动的雕版印刷传承往事,以及雕版文化在扬州独此一家的曲折发展历程。

(一)写家芮名扬——笔精墨妙的书法大师

在雕版印刷 20 多道工序中,写样作为雕刻前技术要求特别高的前提性准备工作,承担着十分重要的角色。很多古版片,由于年代较为久远,虫蛀、腐烂、缺损严重,无法印书。雕版写样大师芮名扬,作为非物质文化遗产雕版印刷技艺项目江苏省级代表性传承人,他凭借高超的技艺,可以按原字体写出字样,再按样雕刻,修复了大量古代版片,甚至可以根据残片,描摹复原古人某一刻写版本的独到风韵。可惜的是,由于现在的雕版印刷基本采用影刻方式,写样的需求越来越少,下死功夫练习传承者,凤毛麟角。笔者在扬州雕版印刷博物馆访谈了儒雅的芮名扬先生,听他讲述了从事写样的个人往事。

芮名扬出身书香门第,父母都是老师,写得一手好字。芮名扬受家庭熏陶,自幼就爱好书法。在芮名扬的童年记忆里,家中有古色古香的书柜,书桌上的毛笔、端砚、笔洗都是祖传的宝贝。就是在这样良好的家庭环境下,芮名扬认真习字,在小学时就曾获得扬州市青少年书法比赛一等奖,他的书法作品在江苏省美术馆展出。芮名扬高中毕业后,正巧是"上山下乡",他被分配到六合农场。因为自幼习字,芮名扬有扎实的毛笔字基础,所以在田间劳动半年时间之后,就被调到文化站做文字工作。芮名扬主要负责农场里的宣传标语和大幅字的任务。这份工作让芮名扬自得其乐,没有任务的时候,他也不休息,

---

① 陈丽菲、赵文文对陈义时的访谈,时间:2014 年 5 月 15 日,地点:陈义时的家。

利用闲暇时光勤奋练字。

　　我下放七八年,73年到78年。然后知青回城,好多跟我一批的被分到饮食行业,比如说宾馆、饭店,还有建筑单位,我是被人推荐分到刻印社的。

　　推荐我的是扬州市政府的一个老干部,他跟扬州文化馆的馆长认识,我父亲也经常搞宣传,跟文化馆有接触,谈到我的工作的时候,人家主动推荐的。当时我父亲把我的字给文化馆的人看,他正好在旁边,说:这个字写的不错,在哪里啊?有没有工作?没有工作我来帮你们看看。然后一个电话就敲定了。一开始还不知道什么刻印社,以为是刻图章的,居然跑到刻字店去问广陵古籍刻印社在什么地方,后来才知道是搞古籍出版的。这个单位文革前就有,文革中期中断过,算"四旧"单位,后来78年恢复。过去是有一整套的艺人传承的,几乎都是来自扬州东郊杭集镇。

　　我一开始在收购部,收古书收了不到半年,把我调到古籍书店,收古书,接触到各种版本的书,让我有过这方面的经历,收了不到半年就在古籍书店编务室工作了,写样。主要是各种各样的版片,那时候新雕的书少。当时的刻印社从浙江、安徽、福建,还有江苏收集了不少版片,这些版片,年久失修,有的缺页,霉烂,都需要补版。补版的要求就是要根据原有的字体补刻,当时我们就做这个事情,各种修补版片。也有一些扬州文史方面稿本的书进行刻印,比如说《里堂道听录》,《白兔记》。《白兔记》就是根据没有出版的版本,重新写刻,再刻印出来。

　　顺便说一句,我在农村的时候写美术字,写得多,写得很熟练,这对写仿宋字帮助很大。所以说,我那时候虽然刚分配了工作,名义上还不是师傅,但是就直接写样了,因为有美术字和书法方面的基础。

　　我在床前放一个木箱当桌子,用报纸,甚至卫生纸暂代宣纸,尽情挥毫泼墨。到了夏天,乡下蚊虫很多,我就穿上长袖,套上雨靴,练习写字。一写往往是一两个小时,浑身被汗水浸透,如同在水里捞出来一般。①

芮名扬凭借自己书法上的特长,被分配到了扬州的广陵古籍刻印社工作。

---

① 陈丽菲、赵文文对芮名扬的访谈记录,时间:2014年5月16日,地点:扬州雕版博物馆。

当时的刻印社,刚刚经历了"文革"时期的动荡,正在恢复重建。在广陵古籍刻印社的师傅的指导下,芮名扬开始了其正式的写样生涯。虽然都是毛笔字,但是写样和书法的区别很大。书法尤其讲究个性,通篇但凡重复的字都要有所变化,但是写样却要求写的一模一样。可以说,书法是艺术,而写样是工艺。为了尽快进入写样的角色,芮名扬把之前收购得来的古籍,按照字体分类整理,形成了自己的字典。

> 我经常强迫自己记忆字形,一般都是晚上看字体,第二天早晨回忆。写样虽然听上去简单,但真正写起来是极有难度的。以宋体字为例,正方形的是"老宋","仿宋"略长、"长宋"则更长;一个点也分很多种,有站点、睡点、瓜子点。差别之多,可谓失之毫厘,谬以千里。①

图 4   陈丽菲在雕版印刷博物馆访谈芮名扬

芮名扬在刻印社工作时,曾遇到过一件趣事。当时,日本禅文化研究所想要写刻一部《欠伸稿》,听说扬州的雕版技术是中国一绝,便派人到扬州寻找合适的写样师。但是,日方又无法提供全部的字样,只有寥寥几张样稿,其他内容让扬州写样师们根据字样的神韵自创。于是,刻印社找到了很多书法家,请他们写出字样寄给日方,但是都不能让对方满意。芮名扬听闻此事后,仔细研究对方提供的样稿,细心揣摩日本人的字体风格和结构。他发现,中国和日本

———————
① 陈丽菲、赵文文对芮名扬的访谈记录,时间:2014 年 5 月 16 日,地点:扬州雕版博物馆。

因为民族个性的不同,字体上也有很大差别。中国人讲究中庸平和,写出来的字大多平稳舒适;但是,日本人个性张扬倔强,所以字体多富于变化、夸张凌乱,但是凌乱中又有章可循。芮名扬根据这一特点,写了一些样字寄给日本禅文化研究所。很快就得到日方的回应:"OK,神似。"后来,芮名扬所写刻的这套《欠伸稿》,被日本三百多家寺庙永久收藏。因此,写样大师芮名扬的名声在日本传开了,很多日本业务源源不断找上门来,为当时的刻印社创下不少外汇。

现在,很多人慕名而来请芮名扬先生写字。但是芮先生有着文人天生的谦虚内敛,认为自己还需要继续提高水平。

> 有人想用我的名字开办学校,比如"芮名扬书法学校",也有人来找我写字做电脑字体设计,但我认为自己还不合格,还需继续努力。希望有一天,我能制作出一本与众不同的、让中小学生、让书法爱好者真正受益的书法教科书。①

芮名扬主要在雕版博物馆做写样演示工作,2014 年时,他还收了一个女学生跟着他学习写样。他希望能把自己总结出来的写样技巧毫无保留地传授给学生。由芮名扬写样修复的名篇众多,如《金华丛书》、《四明丛书》、《聚学轩丛书》、《疆村丛书》、《暖红室汇刻传奇》等。其中《唐诗三百首》和《里堂道听录》曾获得华东地区古籍优秀图书一等奖。

(二) 刻家陈义时——坚守初心的雕版大师

在雕版印刷技艺传承人中,最著名的是国家级雕版技艺传承人陈义时。陈义时出生在古籍雕版印刷世家,祖父陈开良刻字、刻图、修版技艺精湛,曾是"扬帮"的领头人。笔者闻名寻到杭集,找到了现在的扬帮根据地——雕版大师陈义时的家。

出身雕版世家的陈义时,从小便开始练习雕版技艺。1961 年,扬州古旧书店在高旻寺组织了近百人刻补古籍版本,13 岁的陈义时从这时起正式跟父亲陈正春学习雕版刻字。当时虽是贪玩的年龄,但陈义时和很多雕版工人一样,每天白天要刻满 8 个小时,晚上也要加班到 10 点钟。父亲对他要求非常

---

① 陈丽菲、赵文文对芮名扬的访谈记录,时间:2014 年 5 月 16 日,地点:扬州雕版博物馆。

严格,他每天刻得时间很长,眼睛都发红发肿。就这样不断磨炼技艺,陈义时逐渐成长为杭集杨帮的新一代领头人。

文化大革命的时候,陈义时也曾经历了颠沛流离的岁月,但始终没有放弃雕版印刷的手艺。

> 那时候被迫回到农村,为了生计,我学了雕花的手艺。跟着人家学徒,在骨灰盒子上做立体雕花。四处奔波,居无定所。①

1982年,陈义时来到了广陵古籍刻印社,专门进行雕版刻字。在他的主持下,扬州许多古籍重现生机,扬州历史上又一批典藏版片也从此诞生。

让陈义时去介绍扬州雕版的精妙,恐怕要花上几天的时间。对于扬州雕版,他真是了如指掌,可在外人看来,就宛如"天书"一般了。

> 最为简单的"钩、点、撇、捺",其中的学问就很多。"钩"就分为鹅头钩、弯环钩、直钩等;"点"则有瓜子点、滴水点、睡点、站点等;"撇"如刀"捺"如锹,各种发刀、挑刀的技法,都有所不同。每个字刻出来,细节处都和其他字有所区分。②

从事雕版工作近50年,陈义时的专业功力深厚,技艺精湛,真、草、隶、篆等各种字体雕刻自如,特别擅长宋体和楷体字的雕刻,在陈义时手下刻出的版子已有几千张。他说,扬州雕版是目前全国恢复得最为全面的技艺,可以称为"活化石"。陈义时最有名的代表作品是《绿扬笺谱》,由他耗时十余年刻就,是继《北平笺谱》后的又一饾版精品。这是一套彩色饾版画谱,共200余张。整套画谱都由陈义时自己选材,内容极其丰富,不但有花鸟树石、山水亭宇,还包括大量的人物图谱。整套图谱逸秀淡雅,清新和谐,各种题材中又分别有国画、工笔画、水印、拱花等。其中的拱花工艺本来已经失传,经过陈义时仔细琢磨、另辟蹊径,又传承发展了这一古老的传统工艺。《绿扬笺谱》每幅图谱都是采用饾版(套版印刷)工艺,分别刻出图样轮廓线条和各种色块(颜色在两种以上,多可达十余种),在印刷时先印出轮廓线条,再分别依次印出各种色块,最

---

① ② 陈丽菲、赵文文对陈义时的访谈,时间:2014年5月15日,地点:陈义时的家。

后拼印出一幅完整的画,整套工艺流程非常复杂。每幅图谱的整套版块要保证所雕刻的轮廓线条与色块之间没有误差,在印刷过程中也要保证线条与各色坊间的衔接。另外,图版的选材、保存和颜色的选配也非常繁复,图版要经过剖、泡、浸、晾、刮等工艺,刻好的图版要保证不变形、不开裂,每次每种颜色的调配要保证一致。《绿扬笺谱》将饾版工艺发挥到了极致,使版画色彩逼真,气韵生动,彰显了中国画谱的神韵,在版画界获得了很高的声誉。

陈义时的代表作品有:《白隐禅师自笔刻本集成》、《里堂道听录》,活字本《唐诗三百首》、《孙子兵法》、《毛泽东诗词七十六首》、《老子》、《论语》、《周易》、图谱《弥勒佛》、《一面观音》、《释迦如来》、《北平笺谱》。其中《礼记正义校勘记》获全国古籍优秀图书特等奖,《里堂道听录》、《唐诗三百首》获华东地区古籍优秀图书一等奖,《孙子兵法》获华东地区古籍优秀图书三等奖,《十一面观音》、《释迦如来》等作品被各级博物馆收藏。

陈义时在磨炼个人雕版技艺的同时,把教授徒弟也看作己任。为了不让雕版技艺失传,他把自家的楼房改建成雕版技艺传习所。十几位徒弟在陈义时家里吃住,为此夫妻两人付出了很多辛劳。这些徒弟们来自全国各地,都是大学生,有的还是研究生。他们学习的专业各不相同,但是对雕版印刷都有着同样浓厚的爱好。有的徒弟甚至是自己打听了地址,直接跑到陈义时家里拜师学艺的。陈义时收徒弟,打破了"传男不传女"的古训。他认为最重要的是爱好雕版印刷,有耐心,细心和悟性。多年来,他摸索出一条传承之路。

> 一两年内刻宋字,三四年内刻楷书,五六年内刻版图,所有的步骤都要慢慢来,这是一个永无止境的技艺。[1]

(三) 印家广陵书社——历经磨难的雕版印刷广陵之花

扬州起源于春秋时期的邗国,公元前 319 年楚怀王在邗城基础上建筑广陵城。自此扬州一地也被称作"广陵",本文的考查对象"广陵书社"也因此得名。

古代的扬州繁荣富饶、文化兴旺,肥沃了这块风水宝地,为广陵书社的成

---

[1]　陈丽菲、赵文文对陈义时的访谈,时间:2014 年 5 月 15 日,地点:陈义时的家。

立提供了人力、财力、物力基础。广陵书社的前身，江苏广陵古籍刻印社，于1960年成立。刻印社里珍藏的大量古籍版片，成了精美绝伦的自印图书，并保留着全套传统的雕版印刷技艺。

1960年—1963年，是江苏广陵古籍刻印社的初创时期。刻印社从扬州东南郊的杭集镇，邀请一批写工、刻工、印工和装订工共五六人，到扬州从事雕版印刷工作。这些工人都有精湛娴熟、世代相成的雕版印刷技艺。广陵古籍刻印社内集中了约二十万片版片，其中丛书有57种，单行本125种，共计8900多卷。①保持着有规模的传统手工雕版印刷流程：编校、写样、刻板、刷印、装订、管理。此时的古籍刻印社还处在"小打小敲小作坊"的状态，刻印的都是一部四本、八本不等的"小部头"古籍，年产一两千册。为了增大规模，扬州市政府将广陵古籍刻印社迁到高旻寺内，将原苏北干部疗养院房屋有六十余间房屋作为版片仓库和雕版印刷车间。

> 原来高旻寺后面有一座小山，上面还有二十间房子，十间藏版片，十间做宿舍。山下房子很多，寺庙里的房子都让出来给我们了，还有学校让出来的几排房子。②

1964年—1977年，江苏广陵古籍刻印社经历了艰难的文革停办时期。1964年上级突然下达停工待命的通知，遣散了大部分的工作人员，只留下少数人员看管设备。1966年文化大革命爆发，广陵古籍刻印社被批判为"传播封资修的黑工厂"，强行撤销单位③，遣散工作人员，变卖资产设备，封存所有版片。大量珍贵版片遭到损坏，被当做废弃物乱扔乱塞，有些版片甚至被人取出当柴火烧，板架更是全部被毁。

> 那时候从浙江南浔拖了几轮船版片到我们这里，《四明丛书》、《西厢记》都是从南浔过来的，那时候的版片比现在多一倍还不止。文革时候，红卫兵把版子烧掉了。原来三十万片，大概还有十万片左右。刻印社只

---

① 王澄：《扬州刻书考》，广陵书社2003年版，第342页。
② 陈丽菲、赵文文对陈义时的访谈，时间：2014年5月15日，地点：陈义时的家。
③ 王澄：《扬州刻书考》，广陵书社2003年版，第363页。

有几千片。①

1972年扬州版片的受损情况被《人民日报》一位丁姓记者写入内参,引起了中央的重视。周恩来总理亲自指示国务院文博组调查,务必抢救书版。随后,江苏省革委会通知扬州市革委会立即抢救保护书版,并拨一万元经费作为保护书版的专项资金,为日后广陵古籍刻印社的重建奠定了基础。

1978年—1998年,是广陵古籍刻印社的恢复建社时期。1978年广陵古籍刻印社恢复生产,大量新刻古籍和旧版重刻古籍发行到全国各地,甚至远销海外,广陵古籍刻印社的知名度日益提高。然而上个世纪80年代中期,雕版印刷事业的发展遭遇了瓶颈期。旧版资源消耗殆尽,尚未重印的版片,破损严重,修补的成本太高。加之雕版印刷的资金投入多,生产周期长,成本高,发行量小,按照当时的定价和订数,已经属于亏本经营。

> 那个时候刚建广陵古籍刻印社,劳动局招工的。我们是80年进来的,整个刻印社是用篱笆围起来的,像工地一样,里面还有坟墓。当时没有建筑材料,我们居然在两个坟墓头上搭一个人字头的房子,在那里看工地。什么是人字头的房子? 坟头是高的,就在上面搭个竹竿,然后塑料布一套,那不就是一个人字嘛。
>
> 我们当时一批来了30个人,我们奋发图强,一砖一瓦把这个刻印社垒起来的。我们去的时候的那栋楼房现在还在。②

1986年,记者在"内参"上刊登文章《广陵古籍刻印社呼吁抢救"江苏一宝"》,引起了中央相关领导的重视。之后,江苏广陵古籍刻印社在得到一系列的政策支持和资金帮助下,改善经营管理,逐渐走出了困境,坚持继续发展和传承雕版印刷事业。业务遍布全国,甚至远销海外。

1999年,江苏广陵古籍刻印社更名为"广陵书社",东山再起。此时仍然是全民所有制文化事业单位,其下所属集体所有制事业单位的扬州广陵古籍印刷厂改名为"广陵古籍刻印社",仍然是集体所有制事业单位。在更名之前,

---

① 陈丽菲、赵文文对陈义时的访谈,时间:2014年5月15日,地点:陈义时的家。
② 陈丽菲、赵文文对雕版印刷技师刘坤的访谈,时间:2014年5月15日,地点:在去调研的车上。

广陵书社一直算作一个准出版社,以自编号形式出版图书。曾被认作非法出版物被云南省新闻出版局查禁。经过广陵书社的多方努力,上报江苏省新闻出版局,局里写材料解释情况后,云南省新闻出版局才同意在云南销售。

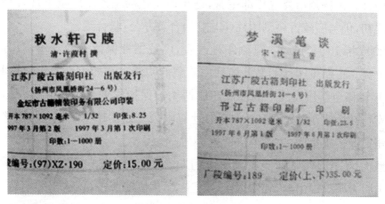

图5 广陵书社自编书号

> 从我到这里,我们一直算作一个准出版社,因为80年代初90年末,国家对出版的管理是很严格的。98年之前,以印刷为主,我们自己也做一些出版。因为没有事业号就没有书号,我们当时还用了一段时间自编号。广陵GLH自编号,哪一年多少号。①

2000年10月,时任中共中央总书记、国家主席江泽民来扬州视察,并亲笔题写"广陵书社"牌匾,勉励大家认真做好雕版文化传承和古籍整理出版工作。

> 江总书记来的那天好像是周末,不是正常上班的,但是我们都在单位。我们县领导和中层都在单位,还有生产前线的部分工人在这里。一直到晚上十点多了江总书记才来。还是他自己提出来的,他说:你们本来不是说到广陵刻印社去吗?怎么不去了?门口的"广陵书社"就是他当时来,现场题的。②

---

①② 陈丽菲、赵文文对广陵书社社长曾学文的访谈,时间:2014年5月14日,地点:扬州广陵书社。

2002 年 5 月,时任中共中央政治局常委、国务院副总理李岚清来书社视察,对书社申请成立出版社表示关心。当年年底,国家新闻出版总署发出"关于同意成立广陵书社的批复"文件(新出图[2002]1340 号),正式批准广陵书社为出版社。由扬州市委宣传部主管,扬州市文化局主办。广陵书社(出版社)成立之初,仍与广陵古籍刻印社(印刷厂)合署办公,联合经营。

2005 年 10 月,广陵古籍刻印社改企,广陵书社保留事业身份,双方实行编印分离。古籍刻印社和书社两社内珍藏的明清以来的十余万古籍版片,于 2005 年转移至新建成的中国雕版印刷博物馆保护收藏。2009 年 12 月,广陵书社实行转企改制,成立江苏广陵书社有限公司。2012 年,广陵书社整体加入扬州报业传媒集团,主办单位变更。

然而,不管环境如何变迁,广陵书社自 2002 年底正式成立以来,秉承当时新闻出版署明确提出的"利用古代雕版工艺,出版雕版古籍"的出版定位,始终不变。作为一家传承中华优秀出版文化的出版社,以影刻国学经典与地方文献、学术著作为主,精选典籍,约请市内雕版大师镌刻,使用优质宣纸精印,先后有二十余种图书被列为国家及国家古籍整理重点图书出版规划项目,获得《中国墓葬史》2009 年度"中国最美的书",《扬州评话——王少堂》第五届中国曲艺牡丹奖文学奖和第七届江苏省"五个一工程奖",《清宫万国博览会档案》全国优秀古籍图书奖一等奖等众多奖项。目前,该社出版雕版、影印、排印等各类线装图书上百种,形成品种、品质、规模与价格优势,成为国内著名的线装图书出版基地,也是全国唯一一家至今坚持出版雕版书籍的特色出版社。

如果要总结近二十年来广陵书社雕版出版事业为何得到稳定传承原因的话,大概有以下几项。

1. 版片利用专属权

广陵书社作为曾经的古籍版片保管单位,独家享有扬州雕版印刷博物馆藏版的整理出版权,这是广陵书社的内容资源独家基础。雕版博物馆中最具代表性的典籍,有晚清民国间著名藏书、刻书家刘世珩玉海堂刻书,往往选用宋元旧本,精心校勘,复请名手镌刻,精雕细琢,精美绝妙,为人称赏。由于版片不可再生的保护需要,博物馆只与具有高度专业美誉的广陵书社合作,挑选少量版片供应市场需求。以雕版刷印出扬州藏版古籍装帧精美地方文献内容独到,是广陵书社极为重要的传承资源,也给书社带来广泛的学术声誉。

2. 社设雕版技艺传习所，对扬州雕版资源和传承人才的直接利用

当地聚集了一批训练有素的优秀刻工，雕版、刷印代有传人，未曾间断，且经过刻苦地训练，技艺保存最为完整，形成了较为完整的民间产业链，全国各地慕名而来委托刊刻者亦多。而广陵书社设立雕版技艺传习所，与广陵古籍刻印社不同在于，刻印社重在技艺传承，做雕刻和印装，而广陵书社育人在于出书，有非常优秀的内容开发人才和资源，以项目开发、生产经营的方式活态传承雕版技艺，由此直接与扬州具有深厚历史积淀和雄厚人才力量的民间产业链相勾连，从藏书家的雕版知识产权，到雕版镌刻上板，到古籍内容审读精编，到定制具有防伪效果的安徽泾县所产优质手工宣纸，以及印装函套多选用古色古香的绫、绢、绸、布材料，印装出以红版、蓝版再至墨版发行，广陵书社雕版图书已具有一定的辨识度、影响力与再生产力。可以说，广陵书社成立以来，对扬州雕版印刷文化的传承和发扬，功不可没。

3. 广陵书社具有一支懂行、热爱雕版文化的高素质领导和编辑队伍

广陵书社的前身，是广陵古籍刻印社，刻印社的前身之主力，就是做雕版大名鼎鼎的陈恒和书林。老人老书滋润下的老出版基地，具有肥沃的雕版文化基因，就像扬州"堂前无字画，不是旧人家"的风气一样，不爱和不懂雕版文化的人，进不了广陵书社来镇场。自上个世纪 50 年代以来，扬州的广陵刻印社就与古籍书店、古籍出版社同属一体，历任社领导均从业界中来。老社长孙寿康与周光培先生，原来都是古籍书店和新华书店古籍部的负责人。扬州雕版文化的重要学术参考专著《扬州刻书考》的作者王澄先生，曾是扬州文化局的干部，他直接负责保护扬州的古雕版片，参与雕版出版事业的筹建。现任出版社社长的曾学文先生，毕业于华东师大中国史学研究所，师从著名文史学者苏渊雷、刘寅生教授，1989 年进入广陵古籍刻印社，经历了广陵书社建社和发展至今的全过程，是一位具有强烈使命感的出版人。他自云："图书质量是出版社的生命线，必须作为头等大事，常抓不懈。古籍刻本，以校勘精审、刻印精美，为人称赏，流传久远。出版是千秋事业，需有对文化的敬畏、对事业的忠诚、对读者的负责，努力推出精品传世之作，方能不负韶华、不辱使命。"① 自 2005 年起，曾学文担任社长已经 15 年，他首定广陵书社"线装出版基地，雕版印刷家园"的出版定位，出台了一系列符合小、特、专、精出版特色的编辑与出

---

① 曾学文：《广陵书社与现代扬州雕版刻书》，《中国出版史研究》2020 年第 3 期。

版管理条例,直接策划出版在中国雕版印刷史上有巅峰之作地位的康熙扬州书局版《全唐诗》,全套线装共 12 函 120 册,获得很好的社会和经济效益;无论管理工作多么繁忙,每年几百万字的雕版线装与文献学术著作,他必定要过眼审读把关;同时校点古籍,发表雕版文化与出版管理的学术研究论文,在中国出版业界领军人才中的文化素养出类拔萃,可以说是广陵书社的灵魂人物。

四、广陵雕版印刷向哪里去

雕版印刷不仅仅具有器与用的属性,还有着浓厚的艺术属性,这种艺术属性不仅仅表现在书籍这种雕版印刷的产品上,也表现在雕版本身。形式与内容构成高度和谐的整体,展现出中华民族文化积累的深厚和高雅,其典雅而别具一格的审美魅力是长存的,不可替代的。

坚持雕版印刷,传承文化特色,既要满足特殊人群的传统兴味,也要符合新时代的传媒方式发展方向。在信息高速发展的今天,大量的机器印刷品和电子文化产品充斥着我们的生活,随处可见手持手机、平板电脑和 kindle 阅读器的人们,创新的平台、产品和技术更能吸引年轻一代的关注。在扬州,作为非物质文化遗产保护项目的雕版印刷文化,其传承传播的重要途径,除了传统的出版物,还有新兴的新媒体形态。

(一)存活在新媒体领域中的雕版印刷艺术

目前,利用新媒体途径传播雕版文化,基本有以下几种方式。

第一,互联网融媒体

互联网媒体作为新兴的传播方式,将各种媒体呈现出多功能一体化的趋势,手机视频直播、短视频、Vlog 视频日志等视频形式吸取和延续了互联网的优势,利用视讯方式进行网上的现场直播,具有直观、快速、内容丰富、交互性强、地域不受限制、受众可划分等特点,现场推广效果卓越。现场直播完成后,还可以随时为观众继续提供重播、点播,有效延长了直播的时间和空间,发挥直播内容的最大价值。从 2019 年 5 月开始,光明网的直播团队就走进了 14 个省市自治区,探访国家级非遗项目,推出了"非遗"直播 30 多场。其中就包括扬州雕版印刷技艺,当天观看总人次超过了 50 万。目前抖音上介绍扬州雕版印刷的专门账号有"扬州运河雕版大师"、"扬州雕版印刷技艺传习所"、"扬州市古椿阁文化传播有限公司"等,单个视频的最高点赞量达 1.2 万。

第二,微信以及它的延伸体微信公众号

微信是一种自我传播、人际传播、组织传播和大众传播的全媒体传播方式[1],以文字、视频、图片、音乐等形式传播信息,满足受众多样、直接的需求。个人可以根据兴趣爱好选择订阅微信公众号,并将推送内容转发到朋友圈、群聊或特定个人,具有传播范围广,针对性强的特点,很容易形成裂变式传播。目前,扬州雕版相关的微信公众号有"运河雕版",账号主体是扬州运河雕版技艺传承保护中心。该账号不定期发布雕版印刷相关知识、活动、产品等信息。另外,"扬州文旅"、"扬州486非遗文化旅游区"、"好手艺"、"国家地理中文网"等公众号也都曾经推送过多篇雕版印刷相关文章。《扬州雕版印刷术:满足你对古书的想象》一文曾被多个公众号转发,最高的阅读量达4300多,其他相关推送的阅读量大多在几十到一两百。

第三,微博

微博作为新兴发展的媒体平台之一,近年来在舆论制造和传播方面起到了不可忽视的作用。微博的受众层面以年轻人为主,新浪微博的用户年龄大体集中在19—35岁,占微博总户数的70%。[2]对于雕版印刷来说,年轻群体是主要的传播对象,微博具有极大的潜力成为雕版印刷传播的舆论阵地。目前,广陵书社拥有自己的官方微博账号"广陵书社";扬州的"扬州双博馆"微博账号包括了扬州雕版印刷博物馆和扬州博物馆两馆内容的宣传,但自2011年4月后未再更新微博内容;扬州运河雕版印刷技艺传承保护中心有一个未认证的账号"运河雕版"。这三个微博账号更新不够及时,推送的转发量、评论数都仅为个位数,影响甚微。反观,新浪微博上关于"雕版印刷"话题推送有416条讨论,总阅读量为109.7万;介绍杭州雕版印刷匠人黄小建重现饾版拱花的纸上传奇的话题"40年坚守雕版印刷非遗阵地"有27条讨论,阅读量为32.4万;话题"扬州中国雕版印刷博物馆"有96条讨论、14.8万阅读量。可见,微博受众对雕版印刷还是有一定关注度的。

雕版印刷想要在互联网融媒体中获得一定的关注度,需要迎合年轻受众的心理,利用互联网媒体的文字、图画、视频相结合的全媒体功能,充分发挥微信、微博、视频网站等的影响力,探索互联网融媒体对雕版印刷的宣传路径,将

---

① 李天乐、李小红:微信传播特征探析,《现代教育技术》2015年第3期,第95—100页。

② 陈宏平、杜清越:非遗文化在融媒体时代的"再生"——基于对扬州雕版印刷传承现状的考察,《传媒观察》2019年。

为雕版印刷的创新传承之路提供更多的可能。

(二) 开拓雕版印刷的思路与定位

对于现代社会来说,雕版印刷品不再是一种单纯的文化传播工具,而更多的带有文化传承和艺术审美的价值。这种纯手工的雕版技术被越来越少的雕版技师所掌握,这种独特性和唯一性以及其本身具有的艺术审美价值,让雕版印刷的商业价值和收藏价值也水涨船高。定位雕版印刷品为艺术品和收藏品是广陵书社应有的发展方向。

与满足人们吃穿住行的商品相比较,艺术品和收藏品是非常特殊的商品,它们没有通常可利用的实用价值,而且有其特殊的投资和交易规律。雕版印刷品之所以能够被称为具有独特性的收藏品和艺术品,是因为其具有以下四种艺术品和收藏品的属性。一、非同一性。雕版印刷品不是工业化、标准化、大规模大批量的产品。它受到不同写样大师、雕版技师、装帧技师的不同创作阶段、不同制作时期、不同的制作工具等各种因素的影响。二、非实用性。雕版印刷品像艺术品一样是为了满足审美表达和情感表达。在古代,雕版印刷品被人们阅读使用,在现在大部分的雕版印刷品被用于投资、馈赠或者家具布置,作为艺术装饰来欣赏和珍藏。三、非再生性。每一件雕版印刷品都是某位雕版大师在某个阶段独创的产物,具有很强的时间性。过了这段时间再雕刻出来的产品就是另外一件产品了。四、非确定性。雕版印刷品像艺术品的价值一样具有不确定性,其价值主要看是否"有价有市"。①

精本细雕的雕版印刷品的价格是很高的,16 开雕版线装《里堂道听录》全四函四十册,京东上售价 10800 元。现代雕版印刷的书籍在一定程度上还原了古书的古香古韵,尤其是书法大师写样,并由雕刻大师精心雕刻的雕版书,其价值有上升空间的不确定性。雕版印刷拥有这些艺术收藏品的特性,为广大收藏爱好者所喜爱。

和雕版印刷一样同作为非物质文化遗产的木版水印,被上海朵云轩成功定位为艺术收藏品,应该是广陵书社学习的良好范例。广陵书社的雕版印刷与朵云轩的木版水印有着惊人的相似性:同样是传统手工艺,同样经历了文革时期的被迫停产,同样经历了市场经济的竞争,同被评为非物质文化遗产。尽管在最困难的时候,朵云轩始终认为,虽然木版水印的实用功能已被现代工业

---

① 祝君波:《艺术品投资指南》,上海三联书店 2014 年版,第 6 页。

取代,但它的文化艺术价值始终存在,所以朵云轩一直坚持着木版水印的传承和生产。得益于文化艺术品在社会生活中地位的提升,朵云轩的木版水印作品终于迎来热销。曾有一幅"白石老人"的《荷花蜻蜓》,被列为某大型拍卖会的图录封面,鉴定师将此"画"估价 18 万至 22 万元。而最终让这些拍卖行鉴定师们跌落眼镜的是,这竟然是朵云轩上世纪 50 年代的木版水印复制品。①

朵云轩的木版水印守得云开见月明,获益于数辈人的积累和坚持不懈的努力,制作工艺不计工本,走精品、珍品的路线,最重要的是正确定位为艺术收藏品,适应了市场的发展。广陵书社的雕版印刷具有同样的潜力,在借鉴木版水印的经验基础上,相信雕版印刷也会迎来暖春。

(三)多种方式培育雕版印刷传承人

扬州的雕版艺术大师们大多年事已高,后继之人的培育工作尤为重要。首先,应尊重传统的师徒制传承模式。老艺人们传统的口传心授的传授方式,具有独特的文化传承特色,一代一代传承下去,大多数杰出的雕版艺术家都是通过拜师学艺习得的。要注重培育非遗传承人的文化传承自觉性。从政策方面完善非遗传承人申报认定的后续服务,对非遗传承人予以肯定,鼓励创新,制定奖励机制,扶持传承人发展文化传承事业。在社会认同作用下,传承人展现自身的对非遗文化的认识,有助于文化的内生性发展。

其次,由政府设立非遗传承人的专门机构负责相关培训工作,既要注重雕版印刷理论素养的培训,又要注重传统工艺制作的培训。扬州的雕版印刷技艺传承单纯依靠国家每年的资助是难以为继的,同时必须加强自身的企业化运作方式。文化产业与文化事业要实现有效的市场互补,提高扬州雕版印刷产品在国内市场开拓的效率。扬州雕版印刷行业中文化事业单位发展较快,而文化产业发展相对滞后,应加强企业化运作,满足文化多元化的需求。政府鼓励企业参与,由政府制定奖励机制,对开设非遗传承人培训的民间组织和企业予以奖励。

再次,应将非遗文化雕版印刷技艺引入课堂教学当中,尤其是在扬州当地的高职院校中设立相关专业,或者开设选修课,普及雕版知识,提高学生对传统文化的保护意识。比如,上海师范大学在入选为第一批中华优秀传统文化顾绣的传承基地后,利用师范教育的有利条件,培养中小学校顾绣传承的师

① 《人民日报》2012 年 2 月 3 日。

资,以使顾绣薪火相传。未来要推动雕版印刷传统文化的传承与发展,同样可以通过课程建设、科学研究、作品鉴赏等方式传播和传承,让雕版印刷走进大学,走进年轻人。

最后,鼓励成立雕版文化传承协会,加强设施建设,也是保护非物质文化的当务之急。创立可以创造交流的场地和机会,增强专业人士与热心群众的交流沟通。对有市场潜力的代表性项目,结合文化旅游发展、民俗节庆活动等开展保护,促进其良性循环,对生产性保护效益较好的代表性项目,应充分利用扬州国际会展中心等现有会展资源、场馆优势,举办各类专业性的展示交易博览会,特别是国际知名会展企业兴办符合文化产业发展方向的文化会展活动。

雕版印刷已经成为扬州城市文化的代表性名片,名扬海内外。雕版印刷依托于传承人本身而存在,是民族个性、民族审美习惯的"活"的体现。但是"活"的文化和传统是脆弱的,需要精心的呵护。

作者简介:赵文文,上海师范大学中国史博士生;陈丽菲,上海师范大学新闻学教授。

上海文化生活出版社场域下
现代话剧民族化研究

任贵菊

摘　要:1930 年代前后,中国话剧完成了从舶来艺术到本土文种的艰难变身,其重要表现之一即是民族化形态的建构。以"补证据论"为代表的话剧艺术理论争鸣增进了话剧界对建构民族化的体认,推动话剧创作在主题、题材、艺术形式等方面沿循着回归本土和面向现实这两种路径开展积极的探索。1935 年在上海创建的文化生活出版社对于中国话剧的成长和发展具有特别的意义,它对青年话剧家的培育和扶植,对话剧艺术本体观念的倡导和引领,对人道主义和写实主义话剧文学创作的深化和升举,形成了重要的出版文化力量,由其出版的一系列话剧作品集中成为民族化实验的典范。因而,文化生活出版既为现代话剧的民族化转轨进路搭建了直接的平台,反过来也生成了考察中国话剧发展变化不可忽视的空间场域。

关键词:文化生活出版社　话剧　民族化　文化场域

20 世纪 30、40 年代的话剧创作有长足进步,其在技法形式、思想内容等方面体现的民族特征是话剧民族化的重要表现。民族形式和民族内容是话剧民族化的两翼,对于二者的辩证认识是实现话剧民族化的重要途径。大量优秀作品的涌现在实践上呼应了话剧民族化的理论倡导,成立于 1935 年的文化生活出版社是新兴出版社中的翘楚,在它 19 年的出版事业中累计出版《雷雨》《北京人》《家》《十三年》《这不过是春天》《妙峰山》《为人师表》《边城故事》《大马戏团》《大团圆》等一系列名剧,另结集出版《曹禺戏剧集》《李健吾戏剧集》

《袁俊戏剧集》《林柯戏剧集》《丁西林戏剧集》。①文化生活出版社的话剧出版活动是 20 世纪 30、40 年代话剧出版场域的缩影,体现了培养新人、鼓励创作的出版理念,为剧作家话剧创作民族化转型提供了平台,在中国现代话剧发展较为成熟的时期为话剧民族化话语建构树立了典范。

立足于 20 世纪 30、40 年代中国话剧民族化理论与实践对前期探索的继承与突围,本文在上海文化生活出版社场域下,从补证剧论、回归本土和面向现实三个维度具体探析中国话剧的民族化话语建构,以期展现中国现代话剧艺术高峰时期的民族化面貌并对当下话剧的“中国味道”有所启发。

一、“补证剧论”与话剧民族化问题争鸣

中国现代话剧关于民族化的认识经历了一个漫长曲折的过程。不同历史时期对于话剧民族化理论的探索和构建与当时社会时局密切相关,其中涉及新旧剧关系、旧剧形式与传统文化关系、西洋戏剧与中国文化土壤关系等论争时主要存在以下三个问题。

问题一:在对新旧剧关系处理上盲目以观众接受为导向而在相当程度上忽视话剧民族化本质需求,这主要体现在话剧进入中国的初始阶段。19 世纪末 20 世纪初话剧作为新生事物其发展焦点是与文化现代化转型相一致的戏剧现代化转型,新旧剧之争论愈演愈烈。“甲寅中兴”时期瘦月在《戏剧进化论》(1914)一文中提出:“吴滋之所谓戏剧进化,非普通一般废止旧剧、专谈新剧之说也。盖谓宜参合新旧剧之长,改良而扩充之,参伍而错综之,俾曰有进化也”。②以瘦月观点为代表的对新旧剧关系的认识体现了文明新戏从滥觞到式微的过程中存在的传统戏曲元素,如类型化人物、唱白、演出程式等显性民族特色是不自觉地对旧戏的承袭和吸引旧审美观众的手段,并不是主观的话剧民族化追求。话剧民族化本质上要反映的是中国人的现实生活和思想情感,因此在早期新剧与旧戏的博弈中,没有明确的民族化主张,空洞的形式和粗糙的新旧融合不是话剧民族化的本质需要,难以推动新剧走上民族化道路。

问题二:将话剧民族化形式同传统文化一道否定,忽视了国人的历史情结和审美习惯。“五四”新文化运动时期囿于反封建传统与全盘西化两股大潮的

---

① 本文中二十世纪三四十年代话剧文本均系文化生活出版社出版。
② 上海图书馆编:《中国近现代话剧图志》,上海科学技术文献出版社 2008 年版,第 201 页。

作用,对于话剧民族化的认识是非主要矛盾的,实践是无意识的,话剧民族化并不是文化启蒙视野中的核心内容。胡适谈及中国戏剧改良时提出在中国戏曲舞台可以废除却一直保留下来的就成了"遗形物":"此外如脸谱,嗓子,台步,武把子,……,都是这一类的'遗形物',……这些东西淘汰干净,方才有纯粹戏剧出世。"①傅斯年对于旧戏中的守旧思想大为不满:"我在旧戏里想找出个和新思想即合的,竟找不出。"②"新青年们"对旧戏曲封建的思想、匮乏的内容、刻板的程式、不合时代的吟唱等方面进行集中批判有其正确性和必然性,但是对旧戏元素承载的国人历史和情感,国人经久形成的审美习惯的关注存在盲点。因此,"一刀两断式"的改良模糊了话剧民族化需求,难以真正深入国人的审美内核,一定程度上阻碍了话剧朝民族化方向发展。

问题三:试图通过西方名剧振兴中国剧坛的方法没有认清外来戏剧和中国土壤相斥的一面,话剧反映现代社会和人生的要求实质上要与中国民族特色土壤融合。上世纪二十年代掀起上演外国名剧热潮,其中最有影响力的事件是《华伦夫人之职业》的失败。1921年汪仲贤在演出失败后总结:"借用西洋著名剧本不过是我们过渡时代的一种方法,并不是我们创造戏剧的真精神"。③"真精神"在一定程度上体现的是民族化要求,能够得到中国观众喜爱的戏剧势必是中国民族特色土壤中生成的民族化戏剧。随后的剧作吸取了这一教训,特别是洪深改编剧《少奶奶的扇子》将西方戏剧与中国民族特色符码结合而大获成功,实践了汪仲贤提出的"真精神"。原创方面以田汉《名优之死》为代表的借鉴旧戏曲内容和形式的话剧,也在表现黑暗社会对人的戕害中带有浓郁民族化色彩。"爱美剧"的"为人生"反映现实社会的精神是值得提倡的,但是国剧运动的失败仍然表明这一时期对于传统民族形式与现实民族生活不能有效接轨的困境。

1930年代的话剧民族化理论对前期话剧民族化探索中存在的问题进行了补充和纠正。当时中国社会局势风云变幻,特别是抗日战争全面爆发以后,基于时代要求和话剧艺术自身发展规律,话剧成为团结民心、激发民族情感的重要方式。剧联的领导以及中国话剧一直以来的战斗传统在此时要求话剧体现阶级性,动员最广大的民众,话剧大众化目标日益清晰。张庚在辨析话剧大

① 胡适:《文学进化观念与戏剧改良》,《新青年》1918年第5卷第4号。
② 傅斯年:《戏剧改良各面观》,《新青年》1918年第5卷第4号。
③ 汪仲贤:《与创造新剧诸君商榷》,《戏剧》1921年第1卷第1期。

众化和民族化的关系时讲道："话剧的问题主要的是不能深入民众，那么它目前最主要的工作方向就是大众化。大众化这口号，在现阶段具体化起来，就是民族化"。①张庚的认识有一定道理，并且凸显了话剧民族化在此阶段的重要意义。1938 年毛泽东在延安提出："洋八股必须废除，空洞抽象的调头必须少唱，教条主义必须休息，而代之以新鲜活泼的、为中国老百姓所喜闻乐见的中国作风与中国气派"。②毛泽东所说的"中国作风"与"中国气派"正式向中国现代话剧提出民族化要求，由此引发的话剧民族形式与民族内容的大讨论是具有深远意义的话剧民族化理论争鸣。

张庚在话剧民族形式"中心源泉"问题上提出："话剧大众化在今天必须是民族化，主要的是要它把过去的方向转变到接受中国旧剧和民间遗产这点上面来"。③张庚关于旧剧的意见一定程度上纠正了文明新戏时期盲目套取旧剧形式和五四时期对旧戏代表的旧文化形式全盘否定的戏剧观念，将现代话剧与传统戏曲连接在一起，体现话剧的民族化特征。但是张庚忽略了对于话剧民族化更深层次的要求——话剧内容的民族化。胡风进一步阐释："'民族形式'本质上是'五四'的现实主义的传统在新的形势下面主动地争取发展的道路……一切脱离内容去追求形式的理论，在这里都要受到批判"。④胡风对于话剧民族内容重要性的论述明晰了中国话剧走向民族化必然要以民族内容为首位，契合国民生存和时代精神，也是对纯粹追求民族形式论调的拨正。1940年陈白尘谈戏剧创作时讲道："要求那故事情节完全是中国人生活里所有的，再要求那些人物的思想、感情、动作、习惯，也完全是中国人的，对这故事的解决处理也都是根据于中国的习惯、人情、道德和环境的"。⑤这里着重强调的表现民族生活内容和思想情感，是对话剧民族化较为全面的认识，扭转了一直以来话剧创作和舞台呈现挪用西方故事与审美情调的不合时宜的倾向性，话剧叙事视角转向动荡社会中的国人生活。

二、回归本土："中国化"元素与话剧艺术的突围

1930 年代中国社会阶级意识和革命意识觉醒并占据主导地位，空前激烈

---

①③　张庚：《话剧民族化与旧剧现代化》，《理论与现实》1939 年第 1 卷第 3 期。

②　毛泽东：《毛泽东选集》，人民文学出版社 1969 年版，第 500 页。

④　陈白尘、董健：《中国现代戏剧史稿》，中国戏剧出版社 1989 年版，第 440 页。

⑤　陈白尘：《陈白尘论剧》，中国戏剧出版社 1987 年版，第 73 页。

的社会矛盾客观要求文化领域思想意识更加集中,更加具有斗争性,更加关注中国人的民族传统、文化身份和政治立场。文化转型语境下的文学转型在对向西方学习的"欧化"倾向反思下,本土化意识日趋强烈,民族化追求凸显,话剧经过几十年的发展,思想艺术上也要求内在突破和自身建设突围。能够实现这一突围的有效途径就是回归本土,向中国的传统艺术学习,吸收中国地方文化特色。

中国话剧可以借鉴中国传统戏曲的形式,并与话剧内容相契合。张庚提到上海左翼戏剧运动方向存在的问题是:"只是注目在内容所描写的应是大众现实的生活,而完全没有留心到形式的问题。他们一直没有把旧剧当作一个问题提出,因为他们还不能了解在艺术上的民族形式是切不可忽略的问题"。①张庚对于话剧民族形式的重新思考和讨论不是腐朽思想的复辟,而是对于话剧民族形式存在意义认识的升华。同时,此阶段剧作家的创作也验证了传统戏曲形式可以与现代话剧较好的融合。黄宗江的《大团圆》讲述的是北平一个大家庭的几个孩子先后走上抗战道路的故事。其中二儿子是典型的北平青年,出场具有戏曲程式特色,对白多采用戏曲的唱词,提着鸟笼,一副北平票友作派。老二的戏白贯穿始终,如序幕中老二与邮差的对话"(戏白)将军不下马";②老二在投身抗战即将离家时说道:"(点点头)俺去也!(起倒板)'汉苏武,在北海……'(走出中门去了)"③;老二归家后对家人说:"(戏白)八年抗战东流水,全班合唱大团圆(用嘴吹散戏的唢呐)"。④老二从对抗战置身事外,到去重庆参加抗战,行为态度转变多由戏白体现,在浓郁的戏腔中塑造了一个幽默、负责又热爱家国的青年形象。《大团圆》在当时取得的巨大成功一方面说明了话剧民族形式与话剧表现内容高度融合统一是可以实现的话剧创作手法,另一方面也表明国人对传统戏曲的喜爱是深入观赏内核的习惯。虽然借鉴传统戏曲形式不是话剧民族化实现的唯一手段,但是通过戏曲形式与现代话剧的结合实现了戏曲与话剧的对话,既烘托了情景的中国味道,拉近了与观众的距离,又成为话剧民族化发展的推动力。

中国话剧可以学习传统戏曲的内容和表现手法,从而在特殊历史条件下

---

① 张庚:《话剧民族化与旧剧现代化》,《理论与现实》1939年第1卷第3期。
② 黄宗江:《大团圆》,文化生活出版社1949年版,第14页。
③ 黄宗江:《大团圆》,文化生活出版社1949年版,第113页。
④ 黄宗江:《大团圆》,文化生活出版社1949年版,第192页。

发挥话剧的社会功用。对此张庚指出："中国旧剧中结构故事的方法,处理人物的方法,对话和性格典型表里相映的方法,和西洋完全不同,而有它自己独到之处,我们要学习,一定要经过一番拣选清洗整理的功夫,也需要一点才干"。①尽管传统戏曲中存在封建糟粕,但是其中传奇的故事和人物形象在特殊历史时期的话剧创作中发挥了重要作用。中国戏曲常以塑造理想化人物为宗旨,有东海黄公、关二爷、包拯等经典形象。这些戏曲形象是民族精神和理想的化身,得到了中国人民的喜爱。同时,传统戏曲以超凡的创造力描绘了许多引人入胜的故事,如智取威虎山、定军山等在一代又一代国人中间传颂。丁西林的《妙峰山》是他支援抗战的一部多幕剧,故事讲述的是本为大学教授的王老虎因战乱和黑暗社会的逼迫而在妙峰山上建筑"理想国",实现其抗日与安居理想的故事。王老虎身上集中了儒雅和侠义两种精神,是理想人物的化身。王老虎的儒雅是因为他原本是大学教授,有良好的知识背景,因此他即使被捕也自得其乐,风度翩翩。王老虎的侠义是因为他帮助在战乱中受苦难的人,并在妙峰山上建立了一个相对稳定和打击日本侵略者的乐园。这样离奇的情节和非凡的人物形象具有浓重的传奇色彩,是中国戏曲中常见的表现内容。丁西林的《妙峰山》成功地运用了中国戏曲塑造人物和组织情节的手法,使《妙峰山》在一众话剧中脱颖而出,机趣丛生,既能够得到国人的喜爱,又能实现为抗战服务的目标。

中国话剧可以吸收中国地方文化特色,特别是地方语言的融入。中国幅员辽阔,不同地域有不同的特色,话剧民族化在地方化上一大发展方向就是方言化演剧。张庚形容方言演剧的作用:"地方语言的运用,可以在言语和情感的表现上更加深刻地成为中国的。"②地方特色语言能够给读者(观众)带来熟悉感、亲切感,能够反映中国不同地域人的独特性,是话剧民族化话语建构的重要方式。袁俊(张骏祥)的《边城故事》发生地是在西南某省边界,崇山峻岭围绕的一个小地方。这里到处是森林与旷野,草地与高山,人们贫苦且生活习俗老旧。剧中穿插了大段西南歌谣,二牛娃吟唱的西南歌谣《望郎歌》将故事置于浓浓的地方色彩之中:"送郎送到大路上,手拉手儿哭一场,郎呀你要多保重,一人挨冻二人凉。"③凤娃为杨专员唱了一曲《牧羊歌》:"我哥哥牧羊在山

---

① ②　张庚:《话剧民族化与旧剧现代化》,《理论与现实》1939 年第 1 卷第 3 期。
③　袁俊:《边城故事》,文化生活出版社 1941 年版,第 9 页。

头,山头的白云轻悠悠,白云悠悠远又远,看见了羊儿想起我哥哥"。①凤娃借婉转的歌声表达自己对杨专员的情意,以及看到别的女性照片时抑制不住的猜测和醋意。地方歌谣的吟唱为故事营造了独特的地域风情,推动了话剧情节的发展,呼应了曲中人的心理活动。

此外,李健吾的话剧创作中也娴熟地将方言与话剧情节完美融合,他的《以身作则》和《青春》等作品故事发生地都是他的家乡山西,人物对白极具山西地方特色。《以身作则》中一众角色使用的山西方言在滑稽的丑态中展示了社会变革中山西县城各色人等的面貌,徐守清、刘德、金娃等人的对话中多次出现"顶大的请求""犄角""扯淡""赛狗儿"等类似的山西地方话,表现了徐守清的迂腐和金娃等人的粗鲁愚昧。《青春》中田喜儿、田寡妇和杨村长的语言表达中也基本以"甭想""瞅见""大发""瞎白"等山西乡野俚语为主,表现了田喜儿意欲突破藩篱的决心和田寡妇、杨村长等人的封建守旧思想。

语言是人们沟通和表达的工具,方言作为地方文化的重要标志,是民族文化的载体。地域特色与现代话剧表现形式的高度融合能够消减弱势民族的文化焦虑,逐步完善文化心理本土化建构,这既是特殊历史时期对话剧的要求,又是话剧艺术经过几十年的发展而必然迎来的自身建设。

三、面向现实:创出"中国人的戏剧"

上世纪三四十年代以前的话剧创作主体多为资产阶级和小资产阶级知识分子,内容多是对西方贵族和资产阶级话剧的模仿、吸收和挪用,艺术吸引力、审美情趣仍旧是西化的。《华伦夫人之职业》等西方名剧在中国的演出失败正是因为这些话剧演出的内容对于中国人来说仍然陌生,西方的审美取向并不适合中国的读者(观众)。20世纪30年代以来话剧艺术精神取向走向民间,描写小市民、工人阶层、城市底层贫民等符合特殊时代下大多数人的现实生活和精神心理的话剧日益增多。此时的中国话剧面向现实,通过题材选择实现艺术精神的下移,反映时代的多面性,讲述中国人的现实生活故事,为话剧民族化话语建构提供有效路径。

阎哲吾在《建设"中国人的戏剧"》一文中指出:"中国人的思想、情感与生

---

① 袁俊:《边城故事》,文化生活出版社1941年版,第134页。

活,纵有最大的特性,然而他也不能特殊到'人'以外的思想,情感与生活⋯⋯所以中国人的戏剧必定属于'人的戏剧'"。①中国话剧民族化最终不能离开中国人的思想、情感和生活等民族内容,而这些恰好也是人类普遍存在的共性。因此,话剧民族化要能够反映中国人的现实生活和精神世界的内容。走近现代以来,中国底层民众一直面临动荡的社会、生活的不确定性以及战时情绪的蔓延,话剧作为现实生活的镜子,再现了底层国人的生活境遇。师陀的《大马戏团》中的达子早年是一位英雄好汉,后来因腿受伤被收留在马戏团里。达子是一个没有尊严的人,没有人在乎他的感受,地位更是零。马戏团解散以后,达子只能沦为叫花子。达子的遭遇是当时许许多多卑微求生的人的缩影,作为人的尊严、情感都得不到尊重,他是罪恶社会的牺牲品。李健吾的《母亲的梦》中苦命的母亲,丈夫死在牢里,大儿子病死,二儿子战死,三儿子进监狱,只剩女儿英子又要继续悲惨的生活。母亲在贫穷和苦楚中煎熬了一辈子,没有一个好梦。社会的动荡和战争的频发给一个个普通的家庭带来了毁灭性的伤害,底层国人的生活笼罩在困苦和绝望的阴影下。曹禺《日出》中的黄省三勤勤恳恳、任劳任怨地做大丰银行的书记,拿着微薄的薪水,工作到肺都烂掉了还被银行辞退。黄省三的老婆跑掉了,剩下三个饥寒交迫的孩子,如此他还经受别人的挖苦咒骂,甚至挨打。他被迫无奈只能毒死了三个孩子,自己却寻死不成。在中国动荡困难的岁月里,多少底层的小人物如蝼蚁一般苟活,承受着身心的巨大痛楚。话剧创作者将真实的国人生活写进剧本,反映民族现实的力度增强,能够获得读者(观众)的集体性接受。

在时代转型语境下对国人内心活动的刻画、个人精神冲突的深度挖掘是话剧民族化话语建构的重要内容。李健吾的《十三年》中特务面对愿意慷慨就义的革命者时陷入矛盾,他一方面认同革命者的使命,另一方面想到自身的生存又不得不抓捕革命者。最终特务还是放走了革命者,站到了良知这一边。特务内心的矛盾代表了黑暗时期人的价值选择的进退维谷,是近现代以来部分国人在生活中面对的公众大义和个人生存的艰难抉择。李健吾另一剧作《这不过是春天》中厅长夫人面对昔日爱人冯允平的再次出现,她心里充满矛盾,既不想失去这个人,又不想放弃优渥的生活。于是,她想让冯允平做情人,

---

① 阎哲吾:《建设"中国人的戏剧"》,《中国话剧百年典藏(理论卷二)》,人民文学出版社 2017 年版,第 344 页。

并且在知道冯允平是革命党后一边威胁他,一边又帮他掩护。"剧本没有正面写地下斗争,似乎使人感到不满足,但就厅长太太的内心活动来说,还是写得相当充分"。①厅长夫人的形象可爱又可憎,她内心的矛盾冲突反映了面对解决精神满足和物质充盈的不协调境况时普遍的人性的软弱。

无论是革命时期,还是任何一个困苦的时期,国人生活的场域都充满精神负担和矛盾。特别是随着时代发展,社会的变化和人的觉醒,无力改变内心与外部环境的矛盾,新的精神冲突会愈加强烈。曹禺的《雷雨》中繁漪是一个受过教育的新女子,她在封建大家长制森严的周家压抑下变得阴郁,可悲又可恨。知识女性让她在恐怖的家庭中生发对自由、对炽热的爱的期盼,然而长久的压迫、乱伦的不道德、爱情的幻灭使繁漪心生怨恨,暴戾又荫翳。李健吾评论繁漪这一人物形象:"她是一只沉了的舟,然而在将沉之际,如若不能重新撑起来,她宁可人舟两覆,这是一个火山口,或者犹如作者所谓,她是那被象征着的天时,而热情是她的雷雨。……再没有什么比从爱到嫉妒到破坏更直更窄的路了,简直比上天堂的路还要直还要窄。"②繁漪反复威胁周萍要他小心,反复说暴风雨要来了,她的爱与恨在精神上的冲突是空前激烈的,最终走向无法调节的家庭悲剧和自我毁灭。《雷雨》能够常演不衰在一定程度正是因为它彻底曝光了人的精神和心理,这是无数国人在社会动荡、文化转型中困惑、挣扎、走向灭亡的经历。能够反映国人心理活动和精神冲突的话剧表现了国人精神世界里悲痛无力的煎熬和失控摧毁的救赎,具有鲜明的时代性和民族特色。

20世纪30、40年代中国话剧民族化话语建构通过补证剧论、回归本土和面向现实三个维度的共同实践对前期话剧民族化路径探索有所继承和突围,文化生活出版社的话剧出版活动,是话剧民族化理论在具体创作上的成功应用。新时代条件下,话剧民族化依然是话剧发展的重要内容,创作出当下国人喜爱并具有"中国味道"的话剧仍然是中国话剧的重要目标之一。因此,在一定意义上文化生活出版社的话剧出版场域呈现出的现代话剧民族化话语体系可能再次焕发生机和活力,对当下话剧理论和创作有所启发。

---

① 孙庆升:《中国现代戏剧思潮史》,北京大学出版社1994年版,第267页。
② 李健吾:《李健吾戏剧评论选》,中国戏剧出版社1982年版,第5页。

Research on the nationalization of modern drama in the field of Shanghai Culture and Life Publishing House

Abstract：Around 1930's, Chinese drama completed the difficult transformation from foreign art to native language. One of its important manifestations is the construction of nationalization. The contention of drama art theory represented by supplementary theory has enhanced the understanding of the construction of nationalization in the drama circle, and promoted the drama creation to carry out active exploration along the two paths of returning to the native land and facing the reality in the aspects of theme and artistic form. The Culture and Life Publishing House, founded in Shanghai in 1935, is of special significance to the growth and development of Chinese drama. It has formed an important publishing cultural force by cultivating and supporting young dramatists, advocating and leading the concept of drama art noumenon, and deepening and upgrading the literary creation of humanitarianism and realism drama. It is a model of nationalization experiment. Therefore, the publication of Shanghai Culture and Life Publishing House has not only built a direct platform for the nationalization of modern drama, but also created a space field that can not be ignored to investigate the development and change of Chinese drama.

Keywords：Culture and Life Publishing House; drama; nationalization; cultural field

作者简介：任贵菊，上海师范大学人文学院都市文化学专业博士生。

融合与疏离:全面抗战时期
中华基督教女青年会的本土化实践

金璐洁

摘　要:全面抗战爆发后,中华基督教女青年会遭遇到发展的困境,面临严峻挑战。为应对时局变化、破解困局,女青年会积极投身于抵御外辱、救亡图存的队伍,开展了本土化实践活动,包括动员妇女参与抗战、在各地开展了社会救济工作和社会服务工作。"融合"与"疏离"自始至终贯穿于中华基督教女青年会的本土化实践中,女青年会抗战的实践迎合了当时整个中国社会抗战氛围,获得社会的接纳和认可,加快了女青年会与中国社会和文化的融合,但也不可避免的导致了与基督教的"疏离"。

关键词:中华基督教女青年会　社会救济　社会改造　本土化实践

中华基督教女青年会(以下简称"女青年会")是基督教性质的社会服务团体,其宗旨是"本基督精神,促进妇女德、智、体、群四育之发展,俾有高尚健全之人格,团契之精神,服务社会造福人群"。①女青年会于 19 世纪末自西方舶来,在波云诡谲的中国局势下,女青年会为了在中国生存和发展,自主地开始了融入中国社会和文化的历程。学术界对于抗战前之女青年会研究已有较为丰硕的成果,惜乎目前国内学术界尚未关注到抗战期间女青年会的实践和转型问题。②全面抗战的爆发给女青年会带来了怎样的危机与嬗变? 抗战时期

---

① 此宗旨乃是 1928 年女青年会第二次全国大会后的宗旨,一直沿用至今。
② 目前学术界关于女青年会研究的主要学术成果有:Littell-Lamb Elizabeth, *Going Public：The YWCA*,*"New" Women and Social Feminism in Republic China*, Ph. dissertation, Carnegie (转下页)

民族主义思潮的挑战下女青年会如何调适以谋生存和成长？关于抗战时期的女青年会有许多问题值得深入研究和探讨，本文运用英文档案、文件报告、民国报刊等资料，以全面抗战时期基督教女青年会运动为研究对象，分析其在抗战时期的困境和挑战、调适与转型及其本土化的实践，进而探究在实践活动中基督教和民族主义之间的复杂关系。

一、困局与挑战：抗日战争对女青年会的冲击

中国全面抗战的爆发导致中国损失巨大，给基督教女青年会也带来了极大的破坏。全面抗战爆发前女青年会正处于蓬勃发展时期，据统计，1937 年女青年会已经正式成立有 19 个城市女青年会、80 个学校女青年会、80 多个少女华光团、2 个乡村女青年会及 5 个乡村服务区，此外在 7 个工业城市的女青年会中举办了劳工工作。[①]但在全面抗战爆发后女青年会各方面事业急转直下。最直接的冲击是建筑的破坏和财产的损失，1938 年 7 月"汉口女青年会，因此次武汉惨遭轰炸，死伤遍地，甚至有因无人救护而致命者"。[②]在抗战相持阶段，日军对西南腹地多次轰炸，重庆女青年会的损失严重，"日机两批共三十三架，内二十四架于二十六日午侵入渝市上空投弹……基督教女青年会均中弹几全毁"。[③]到 1940 年底，女青年会拥有的武昌协会和杭州协会的建筑物已被占领，在其他被占领的城市和农村协会的宿舍，以及女青年会拥有的广州的财产中，由于抢劫和破坏造成巨大损失。[④]在内地协会中，特别是重庆、西安、贵阳、成都和昆明，空袭还"造成了花费在防空洞或乡村中的不可估量的时间损失，破坏了计划的进行，造成不确定性，且不可避免地造成了'精神紧张'"。[⑤]

（接上页）Mellon University, 2002; Aihua Zhang, *Materializing a Gendered Modernity：The Beiping Young Women's Christian Association*(*1927—1937*), Ph. dissertation. Stony Brook University 2015；王丽：《人格·女性·新路径——中华基督教女青年会研究，1911—1937》，首都师范大学博士学位论文，2008 年；曲宁宁：《寻找意义：性别视角下的中华基督教女青年会研究（1890—1937）》，香港中文大学博士学位论文，2010 年；李向平、黄海波《从公益团体到宗教团体——20世纪 50 到 60 年代的上海基督教女青年会》，陶飞亚编《性别与历史：近代中国妇女与基督教》，上海人民出版社 2006 年等，不难发现，学术界关于女青年会的研究成果丰硕，但都未涉及抗战时期。

①　邓裕志：《中华基督教女青年会战时工作简述》，《妇女谈话会工作报告》，1939 年，第 28—31 页。

②　《各界救护》，《申报》汉口版，1938 年 7 月 20 日，第 2 版。

③　《日机昨又袭渝》，《申报》，1940 年 10 月 27 日，第 3 版。

④⑤　Lily K. Haass, *The Effect of the War on the Young Women's Christian Association*, The Chinese Recorder and Missionary Journal, Nov.1940, p.689.

战争导致了女青年会各项活动无法开展,全面抗战爆发前夕女青年会在全国已组建 19 个城市协会,全面抗战期间有 13 个市会被迫暂停(其中 11 个市会为战前组建,2 个市会是战争期间组建)。①北平、天津、烟台、上海、香港 5 个协会虽然被日本占领后能继续运转,"但由于形势的需要,他们的纲领和工作方法都有了变化,公开会议减少了,非正式团体和个人工作增加了。占领当局的正式调查问卷、不断的检查和非正式的讯问,使协会领导者难以心平气和,在某些情况下实际的恐吓造成了动乱"。②在沦陷区由于日伪政府的限制和严格的审查,"几乎不可能使用通常的宣传渠道——报纸、海报、新闻单、邮寄会议通知等,也不可能自由传递全国各地的工作报告,甚至总部和地方协会之间或各个地方协会之间不可能进行正常的通信"。③

全面抗战爆发后女青年会的人事方面也被迫调整,女青年会在建立之初受美国女青年会的帮助,人员基本上是由美国女青年会派遣,西籍干事占大多数。在 20 世纪 20、30 年代美欧的经济危机以及中国的非基督教运动后,西方干事逐步撤离,据统计,1923 年有 87 名来自其他国家的员工,占总干事人数的 63%,④在接下来 10 年的时间里,西籍干事减少到不足 20%,⑤西方干事的大量撤退在短时间内留下了巨大的空白,人才流失影响了事业的发展。全面抗战爆发加剧了人才匮乏的困境,大批西干事撤离中国,女青年会对有经验的专业人士之需求异常迫切,特别是在内地,因为"内地经过培训的工作人员几乎不存在,而员工从沿海转移到内地因为旅行的距离导致成本异常昂贵。几乎在所有地方协会中,人员需要都排在第一位"。⑥

财务的危机也是女青年会在全面抗战时期必须面对的挑战之一,"抗战以前,各地市会均能自给,但目下有几处市会因受战时影响,或在沦陷区内,需要津贴,去年协会津贴十三处市会,费用一万二千元,但因战事延长,需助更殷,故今年津贴费预算要一万八千元"。⑦战争带来的通货膨胀问题加剧了女青年会的经济紧张,"尽管一些当地协会在经费筹集运动中,取得了巨大的成功。但相比于通货膨胀总是滞后。每一场旅行、印刷等的成本不断变化,花费在调

---

① The YWCA of China(1933—1947),上海档案馆藏,女青年会档案,U121-0-18,第 37 页。
② The YWCA of China(1933—1947),上海档案馆藏,女青年会档案,U121-0-18,第 7 页。
③ The YWCA of China(1933—1947),上海档案馆藏,女青年会档案,U121-0-18,第 46 页。
④ 《中华基督教女青年会史》(1930 年),上海档案馆藏,女青年会档案,U121-0-14-3,第 7 页。
⑤⑥ The YWCA of China(1933—1947),上海档案馆藏,女青年会档案,U121-0-18,第 93 页。
⑦ 《会务简报》(1940—1941 年),上海档案馆藏,女青年会档案,U121-0-68,第 50 页。

整预算的时间过多,并且不利于长期的计划。在雇佣工人的高成本中,必须不断调整工资和补贴"。①以女青年会上海市会为例,1938 年上海女青年会经费筹集运动的目标为三万元,可满足上海女青年会的所有活动经费。②到 1944年,上海女青年会的经费筹集的目标达八百万之多。③《申报》载文感慨:"物价的高涨,影响了整个上海慈善性的或救济性的工作,女青年会自然也是不能例外的遭受了这经济艰难的厄运,她们事工的开支,每年在增加,而社会的一般经济能力,却似乎一年年在衰落。"④下表为中华基督教女青年会全国协会的财政状况统计:

中华基督教女青年会财政状况统计⑤(单位:元)

	1941 年预算	1946 年预算
总收入	147135	50475836
预算赤字	66551	305441857
总支出	213686	355916857

从统计的数据看出,全面抗战后期通货膨胀给女青年会带来的财政上的困难,由于战争期间的开销上升、汇率不稳、经济不可预测性等原因导致财政预算难以准确,加重了财政的困难,特别是在 1946 年,全年财政总支出比总收入高了六倍多,导致严重的财政赤字。经济的困难必然导致女青年会各项事业的发展受到限制。

二、从社会改造到社会救济:女青年会事工的调适与转变

面对全面抗战爆发后的困局,女青年会积极应对,进行了相应的调适。促使女青年会进一步与中国社会文化相融合,其本土化历程加快。

1933 年召开的中华基督教女青年会第三次全国代表大会,总题为"建造新社会",主要探讨女青年会运动之合时代性的动向,如民生问题,农村建设

①　The YWCA of China(1933—1947),上海档案馆藏,女青年会档案,U121-0-18,第 9 页。

②　《上海女青年会募捐大会开幕》,《新闻报》,1938 年 10 月 9 日,第 19 版。

③　《女青年会募捐》,《新闻报》,1944 年 10 月 10 日,第 3 版。

④　海燕:《女青年会募捐感言》,《申报》,1944 年 11 月 6 日,第 4 版。

⑤　The YWCA of China(1933—1947),上海档案馆藏,女青年会档案,U121-0-18,第 23 页。

等。①会上决议女青年会接下来的五年的计划是：

（一）为谋减轻大多数同胞的痛苦起见，女青年会在最近 5 年中：

甲、提倡购用国货，扶助国内工业的发展以减去失业的苦痛。

乙、提倡女子职业介绍所以救济失业妇女。

丙、改革浪费的、不生产的习惯及风俗，变为节俭的及生产的习俗。

（二）为谋求民生问题根本的解决起见，各地女青年会进行下列的工作：

甲、宣传并推行节育及优生运动。

乙、从事并加深社会教育工作。②

中华基督教女青年会的第三次全国代表大会决议看，女青年会之后的计划主要是致力于"社会改造"，吴耀宗在女青年第三次全国代表大会作了"基督教与社会改造"的演讲，提出社会出现了严重问题：政治不良，军人政客之争相夺利，侵占地盘，苛捐杂税层出不穷；豪强地主及资产阶级的剥削；帝国主义的经济侵略。所以需要做三方面的工作来改造社会：其一，意识的宣传，使大众知道现在社会的罪恶，新社会的要求；其二，试验的工作，如到农村中举办合作社，提倡新工业，甚至以小团契方式提倡劳动生活，以及新社会教育；其三，组织民众，军阀政客帝国主义都要阻止这种民众组织的发展，但要反对恶势力，要使民众团结起来。③可见部分的基督徒在民族主义运动的挑战下，不断进行自我调适，谋求社会改造并加强世俗服务。根据"社会改造"这一核心问题女青年会开展的世俗服务工作包括：在农村和工业领域进行深入的工作；加大成人教育建设的力度，为地方市会和社团的妇女提供更丰富的教育内容和教育价值；进一步深入社区发展少女品格塑造活动的计划。④然而这些工作在 1937 年的全面抗战爆发后突然中断了。

为适应变化的形势，1938 年女青年会全国总干事蔡葵和人事干事夏秀兰

① 《中华基督教女青年会三全大会记录》(1933 年)，上海档案馆藏，女青年会档案，U121-0-7，第 20 页。
② 《中华基督教女青年会三全大会记录》(1933 年)，上海档案馆藏，女青年会档案 U121-0-7，第 80—81 页。
③ 《中华基督教女青年会三全大会记录》(1933 年)，上海档案馆藏，女青年会档案，U121-0-7，第 112—116 页。
④ The YWCA of China(1933—1947)，上海档案馆藏，女青年会档案，U121-0-18，第 28 页。

(Lily K.Haass)访问武汉,确定了新的项目重点为卫生、大众教育、成人活动、旅馆、基督徒团契、人格塑造、救济工作八项。[①]此时救济工作已成为女青年会的重点工作之一。随着战争的进展,救济工作实际上成为了所有工作之首要。1938年在武汉召开的事工研究会,总干事蔡葵听取了内地女青年会的工作报告,"根据各部报告,现在女青年在内地工作,除有民众教育,就是流亡学生救济、伤兵服务、难民收容所等等工作"。[②]蔡葵也不得不指导各个市会按主次对工作进行选择,建议各地女青年会选择以下救济工作来开展:"一、该项工作繁重而非任何团体能单独担任者;二、该工作为社会人士所信仰而愿意将其交本会代为办理者;三、该项工作由吾等担任后,有特殊贡献者"。[③]实际上,战争中国家的失序、社会的混乱和救济工作的紧迫性,工作建议往往难以落实。

　　随着战争形势的发展,救济工作有增无减,根据1940年的报告,"由于战事的影响,社会上需要救济的人数大大的加增,各地市会都得集中力量,来应付这一严重问题,因而也影响到工作程序,例如天津女青年会夏秋两季的工作计划即完全集中在水灾救济上,学生救济工作也分布于全国各地"。[④]1946年蔡葵在北平市会的三十周年纪念中发言总结道:"女青年会的事业选择原则虽是重治本而不重治标,重教育而不重救济,但在贫困的中国,在巨大需要的催迫下,女青年会一层做了不少的服务与救济工作,尤其在过去的9年中,例如难民救济、伤兵服务、贫病借款、征属福利、学生救济、旅途妇女服务等等。在需要达到最高峰时,那些工作曾占据全部工作人员三分之二以上的时间的记录。"[⑤]虽然因各地的地域差异,女青年会市会的救济工作在实施中各有不同,但是无疑都极大的占据了干事的时间和精力,导致"社会改造"计划的实施被迫改变或延迟,实际上通过风俗习惯的改良、民众教育、工业合作社等温和的"社会改造"行动,虽然女青年会逐渐开始了本土化的融合,但若说通过"社会改造"实现"中华归主",恐怕女青年会难以实现希望愿景。

---

① The YWCA of China(1933—1947),上海档案馆藏,女青年会档案,U121-0-18,第29页。

②③ 《中华基督教女青年会市会会务讨论记录、会务近况》(1930—1940),上海档案馆藏,女青年会档案,U121-0-25,第96页。

④ 《中华基督教女青年会市会会务讨论记录、会务近况》(1930—1940),上海档案馆藏,女青年会档案,U121-0-25,第246页。

⑤ 蔡葵:《祝贺北平青年会30周年》,《北平基督教女青年会30周年纪念刊》,基督教女青年会,1946年,第3页。

三、抗战动员与社会救济:女青年会本土化实践的拓展

中华基督教女青年会作为宗教性质的社会服务团体,与基督教会实行政教分离、对中国政治运动持消极逃避的态度不同,女青年会一直以来与中国政治关系密切,热切关心国内政治与社会。九一八事变发生之后,女青年会全国协会发表告全国书,提出"拥护国府将沈案诉诸国联,请求世界公断之政策;主张非武力抵抗,以促日本觉悟;组织小团体,以研究中日问题"的主张。①1931年11月22日电告国际妇女团体:"目下形势严重,已达极点,我中国人民对于日方在国联提出之五项原则或折衷办法,表示一致反对。而关于中国以前被日方压迫签字之二十一条,亦绝对不能承认,况且在此种武力威胁之下,岂容直接交涉,除非日方践约撤兵,则中国断难接受其他调解条件。"②女青年会通过发动国内人民抵抗,争取国际同情以求得国际帮助等方式,应对步步逼近的战争。除此之外还进行抗战动员和社会救济活动,通过务实的行动救国。

抗战前期抗日动员是重要任务之一,"当时大部分国人没有意识到,战争的胜利和国家的未来都取决于人民。需要唤起更多妇女来理解国家的政治经济问题,并在战时巨大混乱中发挥自己的作用"。③女青年会积极承担了妇女动员的责任,女青年会多次以举办讲座、演讲等方式,动员女性加入抗日救亡。如1937年11月上海女青年会邀请胡子婴在女青年会演讲:"抗战时期妇女应做些什么?"④1938年郭沫若在汉口女青年会演讲"女子是人类'好的一半'",鼓励女性树立好的榜样,在战争时期"实行严肃的生活,竭力充实自己的学术,树立起健全的人格"。⑤

女青年会的社会救济活动在"九一八事变"后已经陆续开展,"自九一八沈案发生,接着沪战继起,各地女青年会立刻就从事紧急工作,如征集药品衣服捐款,对外宣传真相,组织后援救护团体,举办难民收容所救护队等等。后又由全国协会组织中日问题研究会,出版研究大纲,各地女青年会均纷纷采用"。⑥全面抗战爆发后上海女青年会的救护训练班开班,由红十字会的管祖

① 《女青年会全国协会告全国同工及会员书》,《野声》第2卷第2期,1931年10月,第26页。

② 《女青年会全国协会电告国际妇女团体》,《新闻报》,1931年11月22日,第13版。

③ Lily K. Haass, *New Trends in the Young Women's Christian Association*, The Chinese Recorder and Missionary Journal, Jan.1941, pp.27—28.

④ 《立报》,1937年11月5日,第3版。

⑤ 郭沫若:《女子是人类"好的一半"》,《弹花》第2期,1938年,第2页。

⑥ 蔡葵:《女青年会》,《中华基督教会年鉴》第12期,1934年,第179页。

华为教员,教授实地护病学。①其他地区地纷纷开设救护训练班,1938年7月在武汉遭到轰炸后,汉口女青年会也开设了两个救护训练班,均为每天授课两小时,共受训一个月便能毕业。②汉口女青年会毕业的学生有加入后方医院服务的,有组织救护队在本城中担负救护责任的。长沙第一次被空袭时最先赶到爆炸地点,担任救护工作的是女青年会的救护队。③

女青年会的社会救济除了救护训练班,还包括征募伤兵及难民需要的物品、服务伤兵、救济难民、救济流亡学生等。④女青年会本着博爱的精神,对于救济伤兵及难民发动了广大的征募运动,如伤兵内衣棉衣药品,医院的用品及难民需用的衣物等,都由各地市、乡、校女青年会分头征募。征募所得资金或交全国协会分送各民众及政府机关,或是直接交当地红十字会、难民收容所、伤兵医院等应用。服务伤兵也是其战时救济内容之一,各地女青年会发动了家庭妇女、学生及女工在伤兵医院内服务,替伤兵写信、替伤兵洗衣等工作。有的分会设立数处伤兵俱乐部,在伤兵中提倡正当娱乐,并施以教育,有的分会在伤兵转运的要地,联络其他机关,如学校或教会,设立重伤兵换药处。⑤

值得一提的是女青年会的救济妇孺难民工作,女青年会的难民营主要针对的是妇孺和失业女工。女青年会难民收容所的目的是:"要把每天无所事事的消费者,变为生产者,同时也要用集体生活来教育那些来自四乡的妇女,使她们能够接受公民常识,养成良好的生活技能和习惯。"⑥上海市会在1937年"开办难民收容所二所,一在本会会所,专收失业女工,一在西爱咸斯路中西女学第二小学,专收妇孺"。⑦到1938年1月已经收容200多个女孩和妇女,还有大约14个孩子。主要进行职业培训,从事有助于女孩自立的职业。⑧根据1939年的统计,上海市会收容过的难民累计达两千多人。⑨长沙市会在难民收容所之外还设立了难民妇女缝纫工厂、难民妇女纺织工厂、难民妇女制鞋工

① 《各界积极准备救护训练工作》,《申报》,1937年7月28日,第9版。

② 《各界救护》,《申报》汉口版,1938年7月20日,第2版。

③⑤ 邓裕志:《中华基督教女青年会战时工作简述》,《妇女谈话会工作报告》,1939年,第29页。

④ 邓裕志:《中华基督教女青年会战时工作简述》,《妇女谈话会工作报告》,1939年,第28—31页。

⑥ 《中华基督教女青年会市会会务讨论记录、会务近况》(1939年),上海档案馆藏,女青年会档案,U121-0-25-121,第51—52页。

⑦ 《上海女青年会之非常服务》,《上海青年战时服务工作特刊第三号》第30期,1937年9月30日,第25页。

⑧ YWCA Notes, The North-China Daily News(1864—1951),1938年1月25日,第6版。

⑨ 《上海女青年会史料》第一卷,上海女青年会档案室藏,7-1-2,第15页。

厂、难民妇女职业介绍。①女青年会发现解决问题的关键还在于难民自救，"十分严重的贫苦的救济在条件需要的时候是必须的，在目前的有限范围内，还必须找到帮助人们自救的方法"，②因此，女青年会组织职业培训的同时也开展职业介绍，甚至为难民公开征求雇主，"闻该会内所收容人数过多，势难继续收容，难民中除一部分已由会中设法介绍，觅得相当工作外，其余大部分难民，正由该会公开征求雇主云"。③女青年会为解决难民妇女就业的后顾之忧，还为难民儿童办了幼儿园。妇孺难民所的一位儿童叙述道："幸亏女青年会，办了一个收容所，我和妈妈、姐姐、妹妹四个人，便一同到这里，妈妈和姐姐，在里面做工作，我和小妹妹，一天到晚依旧念书。一天依旧三餐，真是我们难胞的乐园。"④

在全面抗战爆发以后，女青年会的女性动员和社会救济等中国化的实践活动，迎合了当时整个中国社会因抗战而日益激进的氛围，与全国性的爱国运动日益合流。但是导致女青年会的各种爱国救亡活动在全国的救亡活动中失去了该有的辨识度。抗战中女青年会也曾强调注意团体的独特性和基督教品格塑造的基本价值观，"吾等工作选择顾及会员之兴趣与彼等服务之能力，同时应当注意本会自身之目标性质、教育方法及建设方面之价值等等"。⑤但是到战后女青年会发现这种强调无济于事，"战争期间强调的服务可能掩盖了基督教女青年会区别于其他社会服务组织的更基本的价值观"。⑥

四、"上帝与祖国"：女青年本土化实践的影响分析

女青年会参与女性抗战动员和社会救济的过程中，获得了更多社会认可和社会支持。通过与中国社会文化相融合的方式女青年会的社会影响力得到提升，主要表现在女青年会市会的扩展和会员的大量增加。

在全面抗战期间女青年会内地协会飞速发展，在1937年整个西南地区只

① 《长沙基督教女青年会简章及章程、职员调查册、工作简报、会务简报》(1940年)，上海档案馆藏，女青年会档案，U121-0-68，第37页。
② JOHN. S.BAEE, *Christian activities in war-torn china*, The Chinese Recorder and Missionary Journal, Jun.1938, p.405.
③ 《女青年会为遭难妇孺介绍工作》，《时报》，1937年9月14日，第4版。
④ 陈金连、立高：《上海女青年会工作的点滴》，《上海妇女》第3卷第11期，1939年11月25日，第24页。
⑤ 《中华基督教女青年会市会会务讨论记录、会务近况》(1930—1940)，上海档案馆藏，女青年会档案，U121-0-25，第96页。
⑥ The YWCA of China(1933—1947)，上海档案馆藏，女青年会档案，U121-0-18，第29页。

有两个女青年会市会,即成都市会和重庆市会。到了 1941 年,市会已经增加至六个,继成渝之外,又增加了昆明、贵阳、西安、沅陵四个市会。此外还建立了两个乡村工作服务区,即四川潼南和温江。[①]全面抗战后增加的四个市会中,除了昆明市会在战争爆发前已经开始酝酿,其余三个均是战争的产物,因战争救济需求的出现而设立的,"西安女青年会起始于一个从太原流亡至陕西的干事所从事的军人服务工作……建立贵阳女青年会的需要始于一些大学、专门学院及医学院迁入……沅陵女青年会建立则始于长沙疏散人口,妇女救济工作之需要非常迫切"。[②]1941 年 6 月女青年会全国协会总部完全内迁至成都,为西南地区的市会工作指导提供更大的便利。"事实上,在中国未占领地区,到处开放的机会远非女青年会能满足,而协会必须提防比实际合理的速度前进得更快的冲动"。[③]《教务杂志》也注意到这一现象并实行报道:"女青年会成员已经显示出可喜的增长。大量移民到内地,导致许多新的城市和农村中心的扩张,已经在重庆、成都和昆明组织的基督教女青年会得到了广泛的扩展和加强。"[④]

女青年会在全面抗战时期的工作进展除了体现在内陆地区市会的增加,还体现于协会的会员人数的增长。由于战争时期的特殊情况,大部分人口不断迁移,所以抗战时期女青年会的会员人数难以准确统计。下表是战后女青年会各个协会会员人数统计:

女青年会各协会会员人数统计(单位:个)[⑤]

协会	会员人数
广州	3345
成都	635
重庆	167
杭州	432

---

① 《中华基督教女青年会市会会务讨论记录、会务近况》(1930—1940),上海档案馆藏,女青年会档案,U121-0-25,第 209 页。

② Ruth Packard, Glimpses of Y. W. C. A. Work in the Interior, The Chinese Recorder and Missionary Journal, Apr.1941, p.207.

③ The YWCA of China(1933—1947),上海档案馆藏,女青年会档案,U121-0-18,第 5 页。

④ Y. W. C. A. Continues to Grow, The Chinese Recorder and Missionary Journal, Feb.1941, p.107.

⑤ The YWCA of China(1933—1947),上海档案馆藏,女青年会档案,U121-0-18,第 6 页。

协会	会员人数
香港	1105
昆明	329
南京	1000
北平	1387
上海	5000
沈阳	95
西安	300
天津	918
济南	294
总计	15007

1934 年和 1935 年的统计报告指出,女青年会各市会的会员总数为 6316 人。①
抗战后女青年会的会员总人数已增长 1.3 倍。据统计,1940 年上海市会的会
员总数为 1882 人,②到抗战结束已有 5000 人之多;1940 年香港市会的会员人
数为 569 人,③到抗战结束会员人数达到 1105 人。上海和香港两个市会的人
数在成倍增长,内地的市会也发展迅速,在抗战结束后成都市会会员人数达
635 人,西安市会会员人数也有 300 人。

　　不可否认女青年会的救济工作为中国的抗战作出了积极的贡献,但若将
目光转向中国基督教界,就发现当全面抗战爆发后女青年会不得不以社会救
济工作等战时工作为其主要事业的时候,女青年会就陷入以功能主义来审视
基督教的境地,女青年会的信仰属性就日渐被忽视甚至消失。抗战时期女青
年会这一现象并非个案,有学者在研究中国基督教学生运动的过程中也发现
抗战时期的"学运"也出现类似的现象。④

---

① 《中华基督教女青年会全国协会民国二十三、二十四年事工报告》(1936 年),上海档案馆藏,女青
年会档案,U121-0-13-38,第 10 页。
② 《上海女青年会的小统计》,《上海女青年》第 1 期,1940 年 3 月 15 日,第 10—11 页。
③ 《图表:民主化的女青年会》,《基督教女青年会月刊》第 6 期,1940 年 6 月,第 23 页。
④ 李韦:《论抗战时期的中国基督教学生运动:以社会革命为中心》,《世界宗教研究》2019 年第
4 期。

女青年会在建立之初,深受基督教社会福音思潮的影响,其目的是吸引青年归主,"那时女青年会的宗旨,形式和方法都受了西国人极大的影响,因此宗教上的色彩当然是很浓厚的"。①但是在一系列本土化历程后,女青年会明显走向了世俗化,1933年王国秀在女青年会三全大会中总结道:"女青年会的事工已是日新月异,与早期的女青年会,已不可同日而语。最终一切事工的发展,诚然是以纯正的基督精神为宗旨,以基督教教义为根本,但是褊狭的宗教观念已无存在的余地。"②所以20世纪30年代后的女青年会逐渐处于尴尬的境地,邓裕志感慨道:"女青年会的工作在非基督徒看来,以为宗教色彩,太形浓厚,但在一般的基督徒看来,却又嫌太浅薄"。③在国家利益、民族矛盾、文化冲突、社会问题交织在一起的近代中国,基督教与民族主义之间的张力在女青年会中一直存在,在抗战爆发后这种张力愈发显现,从而导致女青年会的分化,这种分化体现在两个方面:

其一,女青年会成员中基督徒比例下降,甚至一部分成员转向激进的革命。根据1933年女青年会第三次全国代表大会修订的《中华基督教女青年会全国委员会章程》,市会成员中至少须有2/3为基督教教徒。④据资料统计,1937年女青年会约有50%的成员是基督徒。而到1942年女青年会成员中基督徒的比例明显下降,基督徒所占比例最大的市会只有不到1/3,还有两个市会的基督徒占比只有1/7。⑤由此可见,女青年会的事工转型过程中,原有的"塑造基督教品格"的目标被掩盖或被延迟。在全面抗战时期女青年会在爱国思想的熏陶下,参与抗战救国的基督徒很容易接受更为激进的世俗革命思想,1937年上海市会中包括总干事在内一共有十位干事,有三位干事转向共产主义革命,转为共产主义革命干事的人数占干事总人数的百分之三十。⑥世界基

---

① 《中华基督教女青年会史》(1930年),上海档案馆藏,女青年会档案,U121-0-14-3,第1页。

② 《中华基督教女青年会三全大会记录》(1933年),上海档案馆藏,女青年会档案,U121-0-7,第150页。

③ 中华基督教女青年会全国会务研究会编:《中华基督教女青年会全国会务研究会报告书》,上海:中华基督教女青年会全国协会编辑部,1930年9月,第26页。

④ 《中华基督教女青年会三全大会记录》(1934年),上海档案馆藏,女青年会档案,U121-0-7,第106页。

⑤ The YWCA of China(1933—1947),上海档案馆藏,女青年会档案,U121-0-18,第41页。

⑥ 根据目前笔者的研究能确定三位干事为党员,分别为:少女部干事王辛南1942年入党、学生部干事龚普生、劳工部干事张淑仪。其他干事由于资料的缺乏,抗战时期的思想动态尚难以确定。王辛南资料参见:上海档案馆:A22-2-1618-81,《在职干部理论学习教学辅导人员情况调查表》,第1页;龚普生资料参见:李同成、蔡再杜:《中国外交官在北美、大洋洲》,上海:上海人民出版社,2005年,第103页;张淑仪资料参见:沈颖:《妇幼干部张淑仪》,载《三河文史资料选辑》第2辑,1992年,第68页。

督教女青年会并非没有注意到这一点,所以在抗战结束后在杭州召开的世界女青年会代表大会扩大会议上,世界女青年会万恩斯女士(Miss van Asch van Wijck)强调了女青年会对于基督教的使命,认为世界基督教女青年会是建立在基督教信仰的基础上,强调女青年会要注意三点:"第一、我们要充实基督徒的生活,必须铲除宗教文盲;第二、必须分享我们的信仰,信仰是要向外溢的,它必须从生活中表现出来;第三、女青年会不是教会,但引领会员加入教会乃是它的目的"。①这是对于抗战期间中国女青年信仰属性被忽视趋势的提醒,但是这种声音很快被中国女青年会对于中国社会的责任的呼声所淹没。

其二,抗战时期的女青年会的宗教活动减少,或以宗教活动的名义进行爱国活动。全面抗战期间女青年会因为社会救济等工作的开展,宗教活动逐渐减少,上海市会的少女部干事王辛南②在访谈中提到她在组织华光团工作时出现的现象:"女青年会有'华光团'的联席会议,交流一些活动形式,解决一些活动的条件。至于各个团的活动开展则是依靠各校地下党和积极分子的力量。学生系统原来有'学生抗日协会'(简称'学协'),由于环境日益恶劣而转入地下。华光团也就成为各学校党员同志或者党的积极分子联系同学、教育同学的活动阵地。"③华光团是属于基督教团契活动,其基本目的乃是"介绍与培植基督化的性格,俾能产生许多甘心献身为社会服务,为人群造福的女子"。④但是显然华光团在抗战期间已成为地下党的活动阵地。王辛南提到的现象并非个例,因为上海女青年会大量活动中存在这一现象,导致上海市会的爱国活动引起了英租界当局的注意,甚至总干事谢祖仪曾被工部局传讯。⑤北平市会也在抗战中有类似的表现,"在抗战八年中一面运用消极的避免方法,不让敌人踏进大门,不向敌伪政权有关系者征募分文,又能以种种不受敌人注意的方法筹划经费,继续进行富有爱国意义的足以培养民气的事工,同时又敢以宽大安全的会所供给爱国妇女作集会叙谈的场所,这种伟大勇敢的作风,可

① 《女青》(1947年),上海档案馆藏,女青年会档案,U121-0-60-1,第11页。
② 王辛南,1937年毕业于沪江大学,1939年到女青年会担任学生部干事,后来任少女部干事,1942年加入中国共产党。
③ 方行、王辛南:《行南文存》,未刊稿,第444页。
④ 《华光团操作指南》(1933年),上海档案馆藏,女青年会档案,Q130-70-209,第3页。
⑤ 《上海女青年会史料汇编》,上海女青年会档案室藏,档案号:7-1-2,第113页。

歌可泣的积极爱国精神的表现,更是有口皆碑,尽人皆知的"。①全面抗战时期女青年会不仅仅是女性交流和活动的平台,帮助女性排解了战时的苦闷、无助甚至绝望的心情,也通过开展各种爱国活动,激发女性的爱国热情。

在中国国难深重的时期,基督教团体发展的过程中要使基督教和民族主义自洽,明显是难以实现的,于是乎在"上帝"和"祖国"之间如何选择和取舍?基督教团体的宗教属性和民族主义的现实诉求的相互龃龉,在这一时期得以显现。

五、结　语

女青年会作为西方舶来组织,由于其宗教观念、宗教实践以及一直标榜的"社会服务"观念和方式都与西方有密切关系,在非基督教运动中女青年会也成为抨击对象,被质疑和非难。在这样的背景下,女青年会为谋得生存和发展,开始了自觉的融入中国社会和文化的历程。全面抗战时期面对混乱的政治局势,基督教女青年会通过宣讲和动员、社会救济与社会服务、开展爱国活动等方式,积极投身于抵御外辱、救亡图存的队伍中,通过这种方式女青年会成功将自身熔铸进了中国的民族性之中,证明了自己是为民族效力的,女青年会就是中国的一分子,加强了其民族认同与社会融合,加快了其本土化的历程。女青年会在抗战期间发动女性参与战争,展现了女性的力量,带领妇女走向独立和觉醒,使女青年会获得的社会认可和赞赏,扩大了女青年会的社会影响力。但是在特定历史潮流的裹挟和推动下,女青年会的本色化历程充满着世俗的色彩。女青年会因迎合了当时整个中国社会因抗战而日益激进的氛围而获得快速发展,与全国性的爱国运动日益合流。但是合流于全国爱国运动又导致女青年会对"主"的疏离。女青年会在本土化实践中产生的问题,说明在中国国难日益深重的时期,基督教团体发展的过程中要使基督教和民族主义自洽是难以实现的。这进一步加速了女青年会的分化,甚至部分的成员受到更为激进的世俗革命思潮的影响走向了共产主义革命。可见基督教女青年会的转型中不得不以偏离"主"的形式与中国的社会和文化进行对话。

---

① 蔡葵:《祝贺北平青年会30周年》,《北平基督教女青年会30周年纪念刊》,基督教女青年会,1946年,第4页。

Integration and Alienation: The Localization Practice of China YWCA During the Anti-Japanese War

Abstract: After the outbreak of the all-round Anti-Japanese War, the YWCA of China encountered difficulties in development and faced severe challenges. In order to cope with the changes of the current situation and solve the difficulties, the YWCA actively participated in the team of resisting external humiliation and saving the nation from subjugation, and carried out local practical activities, including mobilizing women to participate in the Anti-Japanese War, carrying out social relief work and women's social service work in various places. "Integration" and "alienation" run through the Localization Practice of China YWCA from beginning to end. The practice of the Anti-Japanese War of the YWCA of China catered to the atmosphere of the Anti-Japanese War of the whole Chinese society at that time, obtained the social acceptance and recognition, accelerated the integration of the young women's association with Chinese society and culture, but also inevitably led to the "alienation" with Christianity.

Keywords: YWCA; Social Relief; Social transformation; Localization practice

作者简介:金璐洁,江西科技师范大学讲师,上海师范大学人文学院 2018 级近现代史博士生。

俞秀松早期革命思想形成的关键因素

——经亨颐与浙江一师

赵雪舟

　　摘　要:俞秀松作为共产党早期组织的发起者与青年团的创始人,其社会人格和革命思想的形成,与学生时代在浙江一师的学习经历有紧密联系。浙江一师是当时学生新文化运动的高地之一,而弥漫于浙江一师的新文化氛围同校长经亨颐的领导有着最直接的关系。本文试图通过对经亨颐"学生自治"教学理念贯彻下的浙江一师教学实践,以及围绕浙江一师发生的一系列学潮事件的描述,来说明浙江一师自由开放的风气如何推动和引导着青年学生俞秀松进行着他社会改造的思考和实践,分析俞秀松在这个阶段过程中革命思想的萌芽与特点,进而尝试梳理俞秀松革命思想萌芽阶段对其未来发展的影响。

　　关键词:俞秀松　经亨颐　浙江一师　革命思想

　　俞秀松是中国共产党和社会主义青年团重要的创始人,是党组织早期发展的领袖式人物,在中国共产党的组织建立、干部培养、国际地位的正式确立等方面,均有载入史册的卓越贡献。俞秀松革命道路的选择,同他早年的学习经历有重要关系。俞秀松学生时代在浙江省立第一师范学校度过,这是他革命思想得以形成的关键阶段。而这个阶段的俞秀松和其成长的环境的特殊性和重要性,一直以来并没有得到充分的研究和挖掘。

　　1915 年,16 岁的俞秀松从高级小学毕业后,因为家中经济困难,无法继续学业,所以在诸暨家中自学中文并在家里帮忙各类事务。①一年后的 1916 年,在父亲友人的帮助下,②考入杭州的浙江第一师范学校(后简称"浙江一师")学习。后来他从浙江一师主动退学,开始正式走上社会改造的实践道路。他这一具有人生转折意义的决定,与席卷全国的新文化运动大背景有关,也与本就走在文化、教育领域改革前沿的浙江一师同新文化运动的积极呼应之小背景有关。俞秀松本人也高度评价浙江一师带给他的影响,他说在浙江一师"念了四年半的书,那几年,特别是最后两年,对我的思想进步来说是极其重要的"。③

因此,浙江一师的学习经历,可以说是俞秀松一生中最重要的阶段:是他从少年到青年的成长转变期,是为以后学习吸收各种进步学说打下理论基础的知识积累期,也是他创办刊物进行初步革命实践,其社会人格和革命思想养成的关键时期。而且,在一师认识和共事的老师、同学,成为俞秀松日后革命道路上的宝贵资源与人际网络。出走浙江一师,俞秀松走上更加宏阔的革命先行者道路。而一师形成这样的环境,同时任校长经亨颐④的努力息息相关。

一、新文化传播前沿的浙江一师

俞秀松入学浙江省立第一师范学校之时,校长恰是留日师范学校学成归来的经亨颐,当时他担任浙江一师校长已有四年。经亨颐此前参加浙江一师教务长、浙江省教育厅工作,理论功底扎实、实际经验丰富,且对师资力量、生源质量亲自严格把关,在浙江一师营造了自由、开放的学风。俞秀松入校时的浙江一师,聚集了一批推广新文化运动、有社会影响力的老师,也培养了渴望进一步探索世界的青年学生群体,这对于要强好学、农村走出的俞秀松而言,是精神世界的重塑。五四运动期间学生群体的活跃,培养了以俞秀松为代表的进步学生的领导力、组织力;五四运动后很长一段时间浙江一师师生在中国社会各界产生了巨大影响力,学生中也涌现出大批近代著名的革命、教育、文艺界的著名人物,如施存统、宣中华、叶天底、柔石、汪寿华、梁柏台、傅彬然、徐志摩、郁达夫、丰子恺、周伯棣、冯雪峰等等,都体现出经亨颐治校的出色成果。

① 俞秀松:《自传》(1930 年 1 月 1 日),原文系俄文,存俄罗斯现代文献保管与研究中心,全宗号 495,目录号 225,卷宗号 3001。转引自:《俞秀松传》,浙江人民出版社 2019 年版,第 268 页。
②③ 俞秀松:《自传》(1930 年 1 月 1 日)。转引自:《俞秀松传》,第 229 页。
④ 经亨颐,字子渊,号石禅,晚号颐渊,浙江上虞人。

1. 经亨颐的个人影响力

浙江一师在新文化运动中留下浓墨重彩的一笔,并深深地影响了青年俞秀松,笔者认为主要有以下几点原因。

第一,经亨颐的先进教育理念和高效执行。

甲午战争之后,清政府开始鼓励和支持官派留学生赴日,日本成为青年海外就学的重要目的地,自费留学也成为热门。经亨颐自1903年2月赴日,先后在东京弘文学院(1903—1906)①和东京高等师范学校②(1906—1910)学习。在日本留学,经亨颐不仅接触到先进的教育理论和教育思想,也接触了一批日本著名的教育家、伦理学家,如嘉纳治五郎、吉田静致及川平治、小山左文二等,接受欧美新自由主义教育思想,成为其教育理念的关键基础。

经亨颐1908年曾休学一年,担任浙江官立两级师范学堂(浙江一师前身)教务长,1910年回国后复任教务长,后于1912年任校长、浙江省教育会副会长,1913年继沈钧儒之后任浙江一师校长、浙江省教育会会长。经亨颐有教务长的工作经验,又通过浙江一师积累大量的一线教育经历,实践自己的教育理念,从而使浙江一师也打上了经校长的风格。

1919年4月,经亨颐主持的浙江省教育会将《教育周刊》更名为《教育潮》,从此这本月刊成为传播和宣扬新文化运动的进步刊物。经亨颐1919年11月发表在该刊的《愿牺牲就是新思想》中写道:"今后的人生叫什么新生活,有四个要素:平等、自有、博爱、牺牲,"③可以说是对他持之以恒的办学和教育理念坚持态度的最好注脚。经亨颐在学校提倡"人格教育",鼓励学生发扬"自动、自有、自治、自律"的主动精神,鼓励学生办刊物报纸,赞许学生自治。④他也曾数次发文,表达自己对学生自治的支持,以及对学校教育和学生自治的思考,认为"这实在是教育界底幸福。"⑤此外,学校的各项事务,如招生事宜经亨

---

① 见沈殿成主编:《中国人留学日本百年史》,辽宁教育出版社,1997年,第44、112、117页。弘文学院是嘉纳治五郎专为中国留学生创立的学校,规模较大,鲁迅、黄兴、陈独秀等大批中国留学生入读过此校,嘉纳治五郎自1894年起也是东京高等师范学校校长。校名中"宏"和"弘"在书中都有使用,应是《中国人留学日本百年史》作者的笔误。

② 该校1872年创立时名为东京师范学校,1949年改名东京教育大学,1973年成立筑波大学。

③ 经亨颐:《愿牺牲就是新思想》,《教育潮》,杭州省教育会出版,1919年第1卷第5期,第57页。

④ 《浙江第一师范学校自治大纲》,《教育潮》,杭州省教育会出版,1920年第1卷第6期,第95页。《浙江省立第一师范学校学生自治会宣言书》,《教育潮》,杭州省教育会出版,1920年第1卷第6期,第96—98页。

⑤ 见经亨颐:《高师教育与学生自治》,《北京高师教育丛刊》1921年第2卷第2期,82—85页;《祝学校自立》,《北京高师教育丛刊》1922年第2卷第7期,14—22页。

颐也是亲力亲为,他认为:"招进来的新学生基本好不好,和学校的成绩好不好大有关系,第一师范以后的学生,个个是我亲手招进来的,招生人数与学额差不多要一与二十之比,无论何人送来的条子一概不理"①。由此也可知俞秀松当初考入一师的不易。经亨颐对师资力量的精心设计和投入,也是一师成为新文化运动阵地的重要原因,若有不称职的教师他会立刻"向监督要求解聘,"②学生因此非常肯定他作为校长的管理方式和治学态度。

经亨颐认为"牺牲"是最重要的,"不愿牺牲,万万不能平等,不愿牺牲,哪里可以自由,不愿牺牲,更说不到博爱",这种超越了奉献,直接以"牺牲"来图中国的国家独立与社会更新的激进观念,对一师虽处东南一隅而学生风潮领全国风骚的态势,有直接的思想推动力。此外,经亨颐也非常注重文化、教育上的推陈出新,博采众长,他认为:"新思想终是教育居多……讲新思想先要牺牲一个'派'字",不去管"什么东洋派西洋派国故派新学派师范派"。这也促使了浙江一师各种思想的百花齐放,从而给予了一师的学子们自由思考和选择的空间。③

第二,经亨颐聚集了一支支持新文化运动的师资力量。

在经亨颐的努力下,大批有识之士、文化精英在浙江一师当教员,"当时校内有力的国文教员称为四大金刚的陈、夏、刘、李,陈是陈望道,夏是夏丏尊,刘是刘大白,李是李次九……"④还有沈钧儒、李叔同、沈玄庐、叶圣陶、沈雁冰、鲁迅、姜丹书、单不庵、许寿裳、马叙伦、俞伯平等。据学生回忆,"办西泠印社的弘一法师李叔同教我们音乐和图画,陈望道教日文修辞,朱自清教社会学,夏丏尊教日文,⑤李次九教国文,潘端普教数学,袁新产教教育,书法由范耀雯教……"⑥这些都是各领域集一时人望、崇尚新学、思想解放、具有新视野的知识分子。一师高质量教师群体规模之宏大,在当时的地方学校中,可谓首屈一指。

此外,由于经亨颐的身先士卒,浙江一师的教学风气特别认真。当时一师

① 经亨颐:《杭州回忆》,《越风》1937年第2卷第1期,第29页。
② 经亨颐:《杭州回忆》,《越风》,第27—28页。
③ 经亨颐:《愿牺牲就是新思想》,《教育潮》,杭州省教育会出版,1919年第1卷第5期,第58—59页。
④ 经亨颐:《杭州回忆》,《越风》,第29页。
⑤ 周伯棣回忆夏丏尊教他的是国文:"夏教国文,对我有很好的影响。"
⑥ 赵并欢,中共浙江省委党史研究室编:《俞秀松百年诞辰纪念文集》,当代中国出版社1999年版,第13页。

的学生反映伦理课"关系户"的教员态度不端,而校内有的教员专业不对口,经亨颐不顾自己专业是理科,决心自己亲自上阵来示范和改革伦理课程的教学,他把自己老师的"书一起搬出来,温习了好几天,编了讲义",从此就当了七八年的伦理教员。①于是教师们向校长看齐,从校长至普通教员,均认真教学。此外经亨颐的"老同事如夏丏尊、李叔同、堵申甫、范允兹、胡公冕、姜敬庐等以一贯的精神,绝不计较劳苦……课外工作又很多,这是现在各役教员所少见的"。②这种真正从为国家培养栋梁之材为标的教育态度,促使教师们勇于担当、积极扶持学生的各类学术活动,比如,老师们也大力支持《教育潮》的创办,编辑一半以上都是浙江一师的教师,主编是沈仲九,编辑中有经亨颐(子渊)、夏铸(丏尊)、刘靖裔(大白)、袁易(心产)等。③

2. 俞秀松在一师的成长

因经亨颐严格的招生要求,浙江一师生源质量很高,因此在教员的教导之下,学生中涌现出大批近代的革命、教育、文艺界的著名人物,如施存统、宣中华、叶天底、柔石、汪寿华、梁柏台、金甲武、俞平伯、曹聚仁、傅彬然、徐志摩、郁达夫、丰子恺、潘天寿、冯雪峰、汪静之等。④教员努力、学生优秀、校风自由、学风严谨,使浙江一师成为教育领域新文化运动的前沿阵地之一。受此影响,青年学生俞秀松在浙江一师也开始了他突飞猛进的成长历程。

第一,浙一师的思想自由开阔了俞秀松的政治视野。

在浙一师,由于校长提倡的思想教育文化的自由,新文化、新思想影响下的学生们也因为"阶级"的差异,展现出思考形式的差异,从而产生思想上的差异,学生们以各种形式维护自己的阶级话语权,与不同的主张进行辩论和驳斥。俞秀松在这个过程中,与不同的思想进行抗争,坚定了自己的阶级立场。

这场思想对立,学生们将新文化所学与时政结合起来。俞秀松后来回忆:"当时我们中国发生了一场新文化运动,由于日本帝国主义侵犯我国,在人民中间,特别是在学生中间强烈不满的革命情绪日益高涨。我们学校里全体学生都参加了这场运动。但应当说,在学生运动中已经存在两种潮流,一种是右的——完全是沙文主义的运动,大部分中产阶级、资产阶级分子属于这一派。

---

① 经亨颐:《杭州回忆》,《越风》,第27—28页。
② 经亨颐:《杭州回忆》,《越风》,第29页。
③ 见本社编辑员姓名,《教育潮》,杭州省教育会出版,1919年第1卷第1期。
④ 《俞秀松传》编委会编:《俞秀松传》,浙江人民出版社2012年版,第24页。

另一派是左的,大部分穷人,小资产阶级属于这一社会运动。我属于后一种。当时就我的思想观点来说是反对资产阶级沙文运动的,认为他是为资产阶级,不是为穷苦的劳动人民的。"①

浙江一师的进步刊物流通程度很高,甚至自发成立了"全国书报贩卖部"、"学生贩卖(书刊)团"销售和传阅《教育潮》、《新青年》、《星期评论》、《湘江评论》等进步刊物,俞秀松的好友施存统"当时就是负责贩卖书报的"。②俞秀松在浙江一师有更多了解国内外消息、局势的途径,有机会接触各方的评论、文章、理论等。在浙江一师接受新文化启蒙的俞秀松,有了更多的思考素材和空间。

3. "拯救人类"价值观念的形成

俞秀松本人的出身、家庭的地位,应该说均处于社会的中下层,这可以说是他亲近社会革命的天然基因。祖父辈虽然有一些社会地位,家宅并不破败,但无奈人口众多,经济情况比较窘迫。俞秀松同学周伯棣直言其考一师的原因"是读师范少花钱——只出半饭钱",③俞秀松也表示他"每年在那里读书要交一笔数目不多的钱(将近四、五十元),但即使这样,对我家里来说已经是很困难了,这种社会地位确实使我产生了革命的情绪,对当时社会的制度有了敌对的看法。"④

这种要求改变身份、阶层的朴素向往,在一师的新文化氛围里,得到大范围的激发,上升到价值观念追求的层面。在浙江一师的学习和教员的带领下,俞秀松有机会接触到不少革命书籍,并第一次关注社会主义学说:"当时我对首次在中国书籍中作为一种群众性现象出现的社会主义学说很感兴趣。当然我还无法分清什么是共产主义,什么是无政府主义,什么是工联主义,什么是工会等,以及它们之间的不同。对我来说,这一切都是能拯救人类的好东西。"⑤

虽然当时的俞秀松,对于社会革命、对于自己信仰的认识是模糊不清的,

① 俞秀松:《自传》(1930年1月1日)。转引自:《俞秀松传》第229页。
② 陈望道口述,徐承武整理:《陈望道谈社会主义青年团早期情况》(1957年3月4日),中国社会科学院青少年研究所青运史研究室编:《青运史资料与研究》第1集,1982年,第137页。
③ 周伯棣:写于1966年《自传》,中共浙江省委党史研究室编:《俞秀松百年诞辰纪念文集》,当代中国出版社1999年版,第15页。
④ 俞秀松:《自传》(1930年1月1日)。转引自:《俞秀松传》,第229页。
⑤ 俞秀松:《自传》(1930年1月1日)。转引自:《俞秀松传》),第229—230页。

但是,他开始超越个人的感情诉求,上升到"拯救人类"这样一个宏大的命题,形成了之后影响他一生的价值观念基础。这个变化,集中体现在他在一师的最后一年——1919 年的学潮事件之中。

二、改造社会的最初实践

1. 五四运动的召唤

1919 年是俞秀松在浙江一师学习的第四年。是年 1 月 18 日起在巴黎召开的和平会议,作为战胜国等来的却是北洋政府外交失败的消息,从而导致国内各界爱国主义情绪高涨,其中尤以接受过新文化、新思想的学生群体为甚。5 月 4 日,北京学生群体率先组织起大规模的爱国示威游行,同时派出代表到各地学校进行联络。五四运动爆发。

6 日,消息传到杭州,杭州之江大学率先响应,并派代表到浙江一师、杭州一中、甲种工业学校、女子师范学校、法政学校等学校联络。10 日晚,各校学生代表齐聚设在浙江一师校园内的省教育会,这些学生代表包括浙江一师的俞秀松、施存统、宣中华、周伯棣、傅彬然,杭州一中的查猛济、阮毅成,甲种工业学校的汪馥泉、孙敬文、夏衍等。①俞秀松年龄不算大,资历不是最老,却是这次会议的主持人,可见其在学生中已经有相当的威望,这也是他首次以学生代表和运动领袖的身份,展现其领导能力。会议最终商定杭州学生运动的主要任务:成立杭州学生联合会,作为有组织的学生运动,将主要学生代表凝聚在一起;函请杭州总商会停售日货,寻求商界的外部支持;最重要的是,制定了阶段性的学生运动计划,首先声援北京、上海学生,于 5 月 12 日举行示威,其后自 5 月 29 日起全市罢课,检查日货。

其后,学生运动的开展完全按照会议计划执行。5 月 12 日上午八时,杭州 14 所学校三千余名学生在湖滨公园集聚后,在杭州城内列队游行,游行队伍最前列的正是作为游行领导者和组织者的俞秀松和宣中华;5 月底,杭州学生举行大罢课,"督军省长公署"虽承认学生是"爱国",但同时威胁各校校长"如不再率训诫,即行查明斥惩,倘有逾法行动,妨碍秩序,遵令依法逮治,不稍

① 见罗征敬:《共产主义的开拓者——纪念中国共产党和中国社会主义青年团的创建人之一俞秀松烈士》,《浙江省青年运动史研究参考资料》,共青团浙江省委青运史资料征集小组编印,1983 年 6 月,第 4 页;《俞秀松传》编委会编:《俞秀松传》,浙江人民出版社 2012 年版,第 27 页。

宽贷"，①采取多种措施遏制学生运动的继续蔓延，俞秀松等学生领袖"坚持在校斗争，并带领学生查、烧日本货"。②

学生运动期间，俞秀松也带领了一支由 20 个学生组成的宣讲团，在湖墅路至拱宸桥一带沿街演讲，向过往群众讲述五四运动爆发的起因，声援北京爱国学生，还在拱宸桥的日本药店门前宣扬打倒帝国主义、坚决不买卖东洋货物，他的演讲"情真意切、条理清晰，听众常常报以热烈的掌声"。③

俞秀松在杭州五四学生运动中的表现，展现了他的人员组织能力和行动落实能力，无论是作为一个独立的演讲者，还是作为学生群体的领导者、组织者，五四学生运动的种种经历，都给了学生俞秀松一次将脑中的知识、心中的理论运用到实践中的机会，也是他之后登上全国革命运动舞台的预演。也是在这次学生运动中，俞秀松结识了一批志同道合的好友，如施存统、傅彬然、周伯棣、叶天底、汪寿华、庄文恭等等，他们一起创办杂志、到北京参加工读团，最后一起聚集到了上海的渔阳里。

2. 从浙江一师风潮中看俞秀松革命思想和社会人格特点的初步形成

与一师政治开明自由风气相反的是，一师所在的浙江，当时的政治环境并不利于新文化的传播。谷剑尘④认为，"浙江虽是大省，但文化却比他处幼稚，什么都够不上。因为有许多专制魔王，在那里压迫着，文化不能运动，言论不能自由，所以无论什么，都衰弱得不得了。五四运动之后，有教育会出版的《教育潮》和《新潮》的刊发，狠沉寂的浙江，经此一来，总有点活动的气象"。⑤虽当时浙江一师的学生仅 480 多名，可每期校内销售的《新青年》、《星期评论》、《湘江评论》等杂志达 400 多份，⑥在省内一枝独秀，因此浙江一师是名副其实的

———————————

① 《浙学生亦决定罢课》，《申报》，1919 年 5 月 29 日，第 8 版。

② 罗征敬：《共产主义的开拓者——纪念中国共产党和中国社会主义青年团的创建人之一俞秀松烈士》，《浙江省青年运动史研究参考资料》，共青团浙江省委青运史资料征集小组编印，1983 年 6 月，第 4 页。

③ 《俞秀松传》编委会编：《俞秀松传》，第 30 页。

④ 谷剑尘（1897—1976），原名谷斯江，浙江上虞人，五四期间参加少年化装宣讲团。中国现代戏剧的先行者。1921 年与应云卫等创立中国早期的话剧团体——上海戏剧协社，曾编写中国最早的有台词的话剧剧本《孤军》，以后，创作的剧本颇多；于 20 年代中期涉足电影，主要从事电影剧本写作。由他编剧拍成影片的有《花国大总统》（1927）、《白玫瑰》（1929）、《英雄与美人》（1929）和《婚约》（1939）等，并一度出任明星影戏学校校长，为培养影坛新人尽过心力。为我国早期电影教育理论研究做出了较大贡献。

⑤ 谷剑尘：《浙江新潮》，《药风日刊》，1919 年 12 月 27 日第二版。

⑥ 《俞秀松传》编委会编：《俞秀松传》，第 42 页。

浙江新文化主阵地,但它却处在一个特别保守的大环境中。这就埋伏下一师在新文化运动中受重创倒下的伏笔,也是俞秀松毅然决然离开学校走向社会的原因。

1919年8月下旬是暑假结束临近开学之时,杭州一中的查猛济、阮毅成邀请在五四运动中结识的俞秀松、宣中华等20余位进步同学一起,以宣传反日爱国、传播新思想、批判旧思想为目的,筹备出版《浙江省立第一师范学校校友会十日刊》(一般被简称《双十》周刊)。浙江一师教员非常支持他们筹办的这份刊物,出版经费由陈望道、刘大白、夏丏尊、李次九和沈玄庐提供,其中陈望道和刘大白更是出席指导《双十》的出版。《双十》周刊的取名是为了纪念民主革命意义的辛亥革命,但是出版两期后,刊物领导人俞秀松与宣中华认为辛亥革命并不彻底,①尝试更多的宣传和交流无政府主义的一些思想,改组了《双十》周刊为《浙江新潮》。改组《浙江新潮》的创始人来自浙江一师、杭州一中、甲种工业学校、宗文中学的27名进步学生,俞秀松为主编。

在今人看来,《浙江新潮》是"浙江最早的一份受十月革命影响而宣传社会主义思潮的刊物"。②由俞秀松撰写的《浙江新潮》发刊词中,已经开始出现"改造社会"的想法,并思考由谁改造社会、如何改造社会③的社会改造具体路径和方法。

从发刊词上看,俞秀松当时反抗旧制度的政治诉求已然清晰,但思想旨归还不太明确。既有社会主义因素,而更多的是无政府主义色彩。

首先,俞秀松在发刊词中说:"本周刊第一种旨趣,就是'谋人类——指全体人类——生活的幸福和进化'",④这是青年俞秀松的政治诉求:世界大同。世界大同虽近于社会主义,但也可以认为是近代以来几乎所有政治派别的共同目标。但是,青年俞秀松明确提出了世界大同的前进之路,主要力量在于劳动者,处于社会最底层的工农阶级。这个无产阶级革命的立场,是非常鲜明的。

---

① 罗征敬:《共产主义的开拓者——纪念中国共产党和中国社会主义青年团的创建人之一俞秀松烈士》,《浙江省青年运动史研究参考资料》,共青团浙江省委青运史资料征集小组编印,1983年6月,第4页。

② 《俞秀松传》编委会编:《俞秀松传》,第43页。

③ 见俞秀松:《〈浙江新潮〉发刊词》,《浙江新潮》,1919年11月1日。转引自,中共浙江省委党史研究室编:《俞秀松百年诞辰纪念文集》,当代中国出版社1999年版,第192—196页。

④ 俞秀松:《〈浙江新潮〉发刊词》,《俞秀松百年诞辰纪念文集》,第193页。

其次,也要看到俞秀松的社会改造路径与理论底色,带有无政府主义和非暴力主义的浓厚色彩。

他这样写道:"我们不能得自由、互助、劳动的缘故,是不是有种种束缚、竞争、掠夺的有形(像一切制度)无形(像学说、习惯等)的东西,来妨碍我们很喜欢、很自然、很有用的生活吗?风俗、习惯、宗教、法律的主张,政治、经济的制度,家族、国家的组织,是不是束缚的、竞争的、掠夺的东西吗?我们要谋生活的幸福和进步,不可不破坏束缚的、竞争的、掠夺的东西,建设自由的、互助的、劳动的社会。这建设和破坏,就是改造社会。所以本周刊第二种旨趣,就是改造社会,也可以作为本周刊的目的。"①

这段话里,俞秀松很明确地反对一切的制度和组织,包括宗教和法律,文化与风俗,这是很明显的无政府主义。无政府主义的基本理念是认为包括国家在内的一切具有等级意义的权威集团或个人不仅没有必要存在,而且对人类潜能地最大发挥有着先天的危害性,相信人类在创造、合作和相互尊重等领域具备自行管理的能力。据此,俞秀松又提出改造社会的途径与方法:

"改造社会将由哪一种人担任呢?将用怎样的方法呢?我们以为改造的责任在于农工劳动者,改造的方法在于'自觉'和'联合'。原来凡是人类,都应该负改造的责任的,但是现在的人类,大约可分政治阶级、资本阶级、智识阶级、劳动阶级四种。政治阶级和资本阶级,就是束缚的、竞争的、掠夺的根本,正是自由、互助、劳动的大敌……我们以为改造的责任不能不由劳动者担任。凡智识阶级里面觉悟的人,应该打破'智识阶级'的观念,投身劳动界中,和劳动者联合一致。至于'自觉',是使人厌恶旧社会的生活,有新社会的希求。自觉的方法,不外学校、讲演、出版种种教育事业……联合的方法,在由小团体而成大团体。……自觉和联合是改造的唯一方法。所以本周刊的第三种旨趣,就是促进劳动者的自觉和联合,这也可看做本周刊的方针。"②

这一阶段青年俞秀松思想里改造社会的方法,只有"联合"和"自觉",这个自觉,却是由文化教育来执行,并没有暴力革命的打算,即所谓的"宣传主义"。这又和无产阶级革命理论相去甚远。所以,一师时期的俞秀松,接受了不少的西方社会理论,其中既有马克思主义的成分,更有巴枯宁主义的观念。夏衍回

① 俞秀松:《〈浙江新潮〉发刊词》,《俞秀松百年诞辰纪念文集》,第193页。
② 俞秀松:《〈浙江新潮〉发刊词》,《俞秀松百年诞辰纪念文集》,第194页。

忆:"在当时,中国共产党还没有成立,在知识界,无政府主义还有很大的影响,像我们这些人,也只不过是基于爱国热情,不满旧社会的黑暗,莽莽撞撞地在寻找革命的道路。所以在当时,对于这一篇分明是受了十月革命的影响而写成的发刊词,在我们同人之间,看法上也还并不是完全明确一致的。"①因此笔者认为,正是《浙江新潮》上刊文缺乏高屋建瓴的思想指导,从而导致了一师风潮的危机。

但是,总体上看,1919年作为高年级学长的俞秀松,与1915年新文化运动尚未展开时刚进入浙江一师的俞秀松,已经今非昔比,一师的打下了几年之后转变为一个意志坚定的社会主义运动领导者的思想基础。

因此,当1919年11月《浙江新潮》第2期发表了施存统的《非孝》以批判中国旧有的伦理观念,又恰逢同时期又有浙江一师师生公开拒绝参加祭祀孔子的"丁祭"活动,经亨颐也借口开会离开浙江,"第一师范就此招来了'非孔'的罪名",②一时间保守派对一师的口诛笔伐与政府的施压甚嚣尘上,浙江的印刷厂也纷纷拒绝印刷《浙江新潮》。此时的俞秀松逆流而上,他第一时间把第三期稿件带到上海,在《星期评论》社和沈玄庐、戴季陶、邵力子等人的帮助下印刷出来,随后带回杭州秘密散发,刊中增设《特别启示》:"读者诸君鉴:本刊一再受到官厅的压迫,但我们的精神和主张不变,将出版不定期刊物。本刊系少数学生组织,与各校广大师生无涉,特此声明。"③《浙江新潮》的这一行为激怒了浙江当局,浙江省督军卢永祥和省长齐耀珊联名密电北洋政府大总统和国务院,要求全国范围查禁《浙江新潮》,12月,北洋政府即通令各省"立予禁止印刷、邮寄《浙江新潮》"。④在政府严格控制和搜捕之下,俞秀松等人紧急脱出一师以策安全。但浙江省继续打压浙一师,1920年2月,省长齐耀珊趁寒假学生不在校期间,免去浙江一师校长经亨颐之职,并指明所有原任教员,都要经过新校长的重新聘任,从而引发浙江一师所有师生的强烈反弹,发起了被称为"一师风潮"(又被称为"留经运动"、"挽经护校")的运动。1920年3月24日,政府下"休业令"企图解散浙江一师;3月29日,齐耀珊又调遣500余名军警试图强行遣散在校师生。

---

① 夏衍:《当"五四"浪潮冲到浙江的时候》,《青年运动回忆录〈第二集〉》,中国青年出版社1979年版,第244页。
② 傅彬然:《五四前后》,《浙江一师风潮》,浙江大学出版社1990年版,第391页。
③④ 《俞秀松传》编委会编:《俞秀松传》,第49页。

在这黑云压城城欲摧的时刻,俞秀松继续逆流而上,已经在北京的俞秀松积极关注并表达了自己的期望:"学校万一被官厅解散,我们同学千万不要就此纷纷走散。学校里虽然不能进去住宿,我们的同学不妨你抱我、我抱你,宿在露天之下;学校里虽则不能进去听课,我们的同学不妨在宽空马路之中,聚立听讲。我们倒有这样的精神,官厅于我有何哉?"①"一师风潮"学生运动坚持了两个月之久,反动的省官府究竟没有能够解散这个新文化的堡垒,在4月以暨南大学教务长兼南京高等师范学校教员姜琦作为新校长上任而告一段落。

俞秀松在一师风潮的过程中得到了极大的历练。在风潮紧急时刻,俞秀松两次逆流而上,奋力搏击,都取得了正向效果,展现了在关键时刻敢于挺身而出、英勇无畏的社会人格特点,也增强了他这种敢于斗争不屈不挠的人格特质。这一特质,我们可以看到1921年在代表中国共产党出席共产国际第三次代表大会时,对共产国际同时邀请了中国大同党、中国社会党代表出席,而给中国共产党的领导地位、国际地位带来可能的重大危机的关头,力排众议当机立断,领衔对国际资格审查委员会提出异议,并进一步向共产国际远东书记处发出声明,最终为中共代表在共产国际大会取得唯一资格的正式地位的事件处理中,看到进一步的加强和展现。当然,笔者认为这也是导致他波澜壮阔的人生过早落幕的一个性格因素,这是后话,将来专文讨论。

3. 革命意识的觉醒

如上所述,在五四运动的实践中,俞秀松开始认识到阶级的对立性,不同的阶级是服务于自己阶级的,认为资产阶级并不为穷苦的劳动人民服务,当时的俞秀松,其改造社会的思想基础受到无政府主义的影响,也受到了十月革命的影响。

此外,俞秀松也逐渐开始思考将自己的身份和自己想要维护的阶级挂钩,即青年学生和劳动者身份的逐渐结合,他认为,因为劳动者没有文化的居多,直接靠文字无法引导他们的联合和觉醒,而青年学生则有改变这一情况的责任。因此俞秀松计划分三步达成目标:1.以学生的自觉和联合促进劳动界的自觉和联合;2.学生界和劳动界的联合;3.使学生偶读成为劳动者,谋劳动界的大联合;最后,"等到学生都投身劳动界,那么改造的目的就容易达到了"。②从

---

① 俞秀松:《给骆致襄的信》1920年3月,《俞秀松百年诞辰纪念文集》,第155页。
② 俞秀松:《〈浙江新潮〉发刊词》,《浙江新潮》,1919年11月1日。转引自中共浙江省委党史研究室编:《俞秀松百年诞辰纪念文集》,第194页。

俞秀松的表述可以发现，他用自己在五四新文化运动实践的经验，总结改造社会的方法，并以此指导自己未来的行为。

一师风潮后，俞秀松被迫返乡。在诸暨老家，俞秀松听闻王光祈在北京尝试改造中国社会的工学互助团，工读互助团半工半读的形式，成为了俞秀松等家境一般的进步学生被迫辍学后理想的选择。①这种形式后来在胡适看来，类似美国工读生，尽管有些不以为然，倒也出钱资助。

浙江一师的教师中，包括经亨颐在内的多名教师都被迫离开了学校，如陈望道、刘大白到了上海，夏丏尊去了湖南等。经亨颐认为一师风潮导致了共产党的发展："……都是因为第一师范风潮的失败以后愤而到上海才加入共产党的，岂不是当时官厅压迫的措施要负其责么"。②1920 年 6 月到 8 月，共产党早期组织在陈独秀主持下在上海法租界老渔阳里 2 号《新青年》编辑部正式成立，取名"中国共产党"，这是中国第一个共产党组织。在发起组的成员里，包括俞秀松、陈望道、施存统、沈雁冰都曾是一师的教员或者学生。

三、浙江一师对俞秀松革命思想影响的评价

在浙江一师的学习过程和革命探索，无疑是俞秀松革命思想形成轨迹中重要的一环。

首先，浙江一师为俞秀松提供了大量的理论选择。俞秀松自述"尊敬托尔斯泰和克鲁泡特金，受乌托邦学说的影响"，③一师教师陈望道则说"那时候，只问新旧、不管内容，无政府主义、马克思主义和其他一些国外来的思潮"④都在影响浙江一师的学子。

浙江一师开放、自由的学习环境，强大的师资力量，为俞秀松更好的接触新文化创造了可能。虽然俞秀松对新文化不是一窍不通，来自新式小学的学习经历给予俞秀松一定的判断能力，这也是俞秀松选择继续来到浙江一师学习的基础。但是无论是较为传统的家庭环境，或是新式小学，都没有办法提供成体系的新文化理论学习，仅仅是知识的灌输。如今对新文化的定义是明确

---

① 见王光祈：《工读互助团》，《少年中国》，1920 年，第 1 卷第 7 期，第 41—51 页。

② 经亨颐：《杭州回忆》，《越风》，第 29 页。

③ 俞秀松清党材料摘录，《俞秀松百年诞辰纪念文集》，第 237 页。

④ 陈望道：《党成立时期的一些情况》，《觉悟渔阳里——上海社会主义青年团创建史料选辑》(1919.5—1922.5)(下册)，上海人民出版社 2017 年版，第 1322 页。

的,而 1919 年的俞秀松,接收到思想或保守、或自由、或激进,受阶级的影响和不同学说的影响,社会上也产生了诸多辩论,甚至成立了无数党派。浙江一师初期的俞秀松无疑如同一块海绵,不断地被不同的思潮冲击,不停地吸收这些理论和思想。

其次,俞秀松产生了初步的革命想法。

由于国内外形势的变化,学生之间的革命情绪高涨,但是由于学生之间的差别,导致采取革命的形式也大相径庭。浙江一师开放的环境使得学生之间对于相关问题的讨论成为现实,学生间普遍的革命情绪也使得这种讨论成为一种潮流。俞秀松因其阶级身份和较为困难的家庭条件,选择了一条相对较左的路线,也使得俞秀松在老师的指点下有选择性地去阅读一些革命运动的书籍,产生了对"一种群众性现象的社会主义学说"的兴趣,但是对于具体什么"主义",如何去实践则是模糊的。[1]

再次,俞秀松学以致用,立足浙江一师,积极进行社会改造的实践。

俞秀松在浙江一师的社会改造实践包括和同学一起创办《浙江新潮》,作为领导人之一发起了杭州地区的五四学生运动。创办刊物,是俞秀松想通过文字将所思所想表达出来的直接表现。学生创办刊物的行为,也得到了浙江一师教师的鼓励和资金支持,使学生的想法得到落地施行。《浙江新潮》也导致了"非孝"风波的产生,改变了浙江一师大批学生和老师的命运,而"非孝"风波的发酵,也离不开校长经亨颐和老师的默许与支持。领导和指挥杭州学校的五四运动,则是俞秀松社会运动能力的体现。这种社会运动能力包含两方面内容,一是俞秀松对社会运动的天然热情。北京五四运动的爆发,俞秀松等部分学生是第一批积极响应的,他也随后主持了学生代表大会,并站在了学生队伍最前列。其次是俞秀松的组织能力。杭州学校的五四运动培养了一批有能力、有担当的学生领袖,俞秀松就是其中之一。

最后,俞秀松因为浙一师风潮转向工读互助团,开始探索社会主义实践。

俞秀松离开学校后,又踏上了前往北京参加工学互助团的旅程,这是俞秀松在结束五四运动后的第一个选择。北京的工读互助团有他浙江一师很多相熟的老师和同学,如施存统、周伯棣、傅彬然等,更是见到了很多新文化运动先锋,如陈独秀、胡适、李大钊等。互助团半工半读形式,同学之间一起生活、劳

---

[1] 俞秀松:《自传》(1930 年 1 月 1 日),转引自:《俞秀松传》,第 269 页。

动、娱乐的方式,不仅满足了他对获取知识的需求,也满足了青年知识分子对于理想社会的憧憬。但是工读互助团这种"小政府"完全依靠青年同学热情维持的模式,并没有支撑太久。没有顶层设计,导致本就怀着各种思想的青年学子在日常交流中冲突增加,"彼此精神渐渐隔阂,团体精神渐渐涣散";缺乏长久资金支持,导致学生生活无着,学生赚钱能力也差,各种打工途径如放电影、洗衣、印刷、教书、开食堂,都是不赚反赔,①不能维持生活;很多青年学子加入互助团的原因也是脱离社会实际的,他们想"(一)脱离家庭关系;(二)脱离婚姻关系;(三)脱离学校关系;(四)绝对实行共产;(五)男女共同生活;(六)暂时重工轻读"。②施存统最终认为,"一、要改造社会,须从根本上谋全体的改造,枝枝节节地一部分的改造,是不中用的。二、社会没有根本改造以前,不能试验新生活;不论工读互助团和新村",③俞秀松也认为这个想法"大旨和我没有不同",④只是更加强调了"感情不恰",也是"失败的一个大原因"。⑤

工读互助团的失败,引导俞秀松等人放弃了空想社会主义,通过去寻找更符合当时中国社会实际的方法——到工厂做工引导工人觉醒,建立马克思主义建立党、团组织,最终响应国共合作,投身国民革命。

作者简介:赵雪舟,上海师范大学人文学院中国史博士生。

---

① 施存统:《"工读互助团"底实验和教训》,《星期评论·劳动纪念号(上海 1919)》,1920 年第 48 期,G1—G4 页。
② 施存统:《"工读互助团"底实验和教训》,《星期评论·劳动纪念号(上海 1919)》,G1 页。
③ 施存统:《"工读互助团"底实验和教训》,《星期评论·劳动纪念号(上海 1919)》,G4 页。
④ 俞秀松:《"工读互助团"底实验和教训》附记,《星期评论·劳动纪念号(上海 1919)》,1920 年第 48 期,G4 页。
⑤ 俞秀松:《"工读互助团"底实验和教训》附记,《星期评论·劳动纪念号(上海 1919)》,G4 页。

《荒原》中的戏仿田园与城市危机^①

张姗姗

摘　要:《荒原》是艾略特城市诗歌的代表作,也采用了一些田园模式的人物、结构和场景等。有研究者据此将《荒原》定义为城市牧歌,将其置于英诗题材由乡村向城市转型的过程中。事实上,《荒原》是模仿18世纪城镇牧歌而作的戏仿田园诗,目的在于以田园的丰美反讽城市环境的脏污,批判工业主义文明带来的人与自然的异化,揭示潜在的城市发展危机。艾略特从古典主义田园诗中找到了与东方宗教和人类学神话相一致的顺应自然的原始智慧,并试图将顺应自然的田园主义生活方式作为挽救现代城市荒原的途径。

关键词:《荒原》　戏仿田园　城市危机　工业主义　顺应自然

长诗《荒原》是现代主义诗人 T.S.艾略特的代表作受波德莱尔等法国象征主义诗人所作的城市诗歌的影响,《荒原》再现了大都市伦敦的脏污景象。^②容易被忽视的是,诗歌中也运用了不少常见于乡村题材的田园诗歌中的人物和场景,如第一章开头对于四季变换的描写,第二章开头的葡萄藤和田园风景画等元素,第三章开头泰晤士河中的水泽仙女画面,以及第四章中田园挽歌式的场景想象等。艾略特对彼时在英国流行的浪漫主义风格的田园诗基本上持批

---

① 本文为国家社科基金一般项目"英国自然诗歌传统与当代生态诗歌的兴起研究"(16BWW039)的阶段性成果。

② 艾略特在《但丁对我的意义》一文中表明了波德莱尔对他的影响,指出"从波德莱尔那里,就像从拉弗格那里,我认识到我拥有的那种材料;新诗的源头可以在以往被认为不可能的、荒芜的、绝无诗意可言的事物里找到"。详见 T.S.艾略特:《批评批评家:艾略特文集·论文》,李赋宁、杨自伍等译,上海译文出版社2012年版,第153页。

判态度，①故而他在《荒原》中运用田园模式的用意值得探究。

　　不少评论者指出了田园诗歌传统对《荒原》创作的影响。批评家格雷戈里·杰伊和桑德拉·吉尔伯特等都认同，"《荒原》是对田园挽歌的现代主义改写"②，这一碎片化的现代田园挽歌表达了诗人对亡友让·维尔德纳的悼念，或进一步扩展为对经历一战创伤的西方社会的哀悼。这些评论者主要将《荒原》的田园挽歌模式与哀伤绝望的情绪联系起来。美国著名诗人、批评家威廉·罗根则提出，艾略特的很多早期作品，"连同《荒原》，都能被称作城市牧歌（urban eclogues），属于英国诗歌题材由乡村转向城市过程的一部分"。③罗根辨认出《荒原》中田园模式与城市题材的结合，指出了艾略特的早期诗歌在英国诗歌题材转型过程中的位置和作用。他虽未明确指出"城市牧歌"就是流行于18世纪初的"城镇牧歌"（town eclogues），但认为艾略特与乔纳森·斯威夫特一样都是"英国最伟大的滑稽诗人之一"，④指出了艾略特与18世纪诗人的联系，为本文进一步阐释《荒原》中戏仿田园的手法奠定了基础。

　　本文认同罗根将《荒原》称为城市牧歌的提法，明确指出《荒原》是模仿18世纪城镇牧歌而作的戏仿田园诗（mock-pastoral），并进一步提出，《荒原》之所以戏仿田园模式，⑤目的不仅是为了促使20世纪英国诗歌题材的转型，更是

---

① 艾略特的反浪漫主义思想师承欧文·白璧德。从18世纪末的华兹华斯到20世纪初的乔治诗人，艾略特对于他们创作的乡村题材的浪漫主义诗歌基本持批判态度。他批评浪漫主义诗歌情感泛滥、耽于沉思，粗糙且混乱等，借此宣扬其古典主义的文学立场。但需要区别的是，他所批判的并非是乡村题材，而是这些诗歌中的褊狭性和自我沉醉的姿态。18世纪中期以前的古典主义田园诗歌并不在他的批判范围之内。他曾称："我一直认为，17和18世纪的诗歌，即使是在许多不够灵巧的诗歌中，也带有一份雅致与庄严，但这些在浪漫主义诗人和他们的继承人创作的那些流行且做作的诗歌中却无迹可寻。"详见 T.S.Eliot, "Preface: Homage to John Dryden", in Anthony Cuda and Ronald Schuchard, eds., *The Complete Prose of T.S.Eliot: The Critical Edition. Volume 2: The Perfect Critic, 1919—1926*, John Hopkins University Press, 2014. p.546.

② Gregory S.Jay, "Discovering the Corpus", in Harold Bloom, ed., *Bloom's Modern Critical Interpretations: The Waste Land*, Updated Edition, Chelsea House Publishers, 2007. p.76.

③ William Logan, *Guilty Knowledge, Guilty Pleasure: The Dirty Art of Poetry*, Columbia University Press, 2014. p.71.

④ William Logan, *Guilty Knowledge, Guilty Pleasure: The Dirty Art of Poetry*, p.71.

⑤ 田园一词包含有复杂的含义。本文中使用的英国古典主义田园诗（classical pastoral poetry）主要指作为一种特定文类的英国田园诗，它流行于16到18世纪上半叶，有着固定的人物、场景、结构和情节等。而田园模式（pastoral mode）则从田园诗歌传统中衍生而来，持续广泛存在于西方文学中，它不受文类限制，指一系列与田园有关的手法、氛围和惯例等。常见的田园模式有描写乡村美景，展现乡村男女爱情，对比城乡生活等。戏仿田园诗则主要是指使用古典主义田园诗歌的模式来讽刺前文本或当下现实的讽刺诗。

通过戏仿田园景观和田园主义关于人地和谐的理念,批判现代城市和工业主
义文明带来的精神和物理层面的双重荒原。本文把对《荒原》的分析置入英国
城市诗歌和田园诗歌的文学传统之中,结合 20 世纪初英国的城乡关系和环境
史材料,借助生态批评理论,观照人与自然的隔绝对于现代社会带来的深刻
影响。

一、戏仿田园:模仿田园模式而作的城市讽刺诗

艾略特有句名言:"稚嫩的诗人依样画葫芦,伟大的诗人偷梁换柱"。①好
诗人可以把来自不同时代、不同语言和不同志趣的文本融合在诗歌里,形成协
调一致的情感。艾略特在《荒原》中便将戏仿、并置和用典等互文性手法包容
进来。戏仿(parody)是一种古老的修辞手法,以滑稽模仿的方式呈现出思想
与形式的不协调,颠覆、悬置或消解了前文本的严肃性。一般来讲,戏仿多暗
含诗人对前文本或讽刺,或玩笑,或批判的态度和意图,但琳达·哈琴指出,20
世纪作家和诗人所使用的戏仿,多是模仿的一种形式,并非意在讽刺前文本,
而是借以"讽刺挖苦当代的风俗和行为"。②哈琴和西蒙·邓提斯都认同,《荒
原》是"利用被戏仿文本的权威,确立自己的评价立场"。③

艾略特戏仿田园诗的做法是对 18 世纪上半叶的城镇牧歌的模仿。休·
肯纳通过研究《荒原》的手稿发现,艾略特一开始就打算写一首伦敦诗,更确切
地说,是"透过各种奥古斯都时期文学模式观察下的伦敦"。④艾略特颇为欣赏
这一时期的城市诗歌,称赞奥古斯都诗人的城市讽刺诗保留着玄学派诗人的
"机智(wit)",还称这些诗歌中的"城市性值得当代诗歌学习"。⑤18 世纪上半

① T.S.Eliot, "Philip Massinger", in Anthony Cuda and Ronald Schuchard, eds., *The Complete Prose of T.S.Eliot: The Critical Edition. Volume 2: The Perfect Critic, 1919—1926*, John Hopkins University Press, 2014. p.245.此处借用了殷企平的译法。

② Linda Hatcheon, *A Theory of Parody: The Teachings of Twentieth-Century Art Forms*, University of Illinois Press, 2000, p.11.

③ Simon Dentith, *Parody*, Routledge, 2000. p.18.文中邓提斯表达了对哈琴相关观点的认同。

④ Hugh Kenner, "The Urban Apocalypse", in A.Walton Litz, ed., *Eliot in His Time*, Princeton University Press, 1973. p.35.英国文学的奥古斯都时期通常是指德裔英王统治下的 18 世纪上半叶。

⑤ T.S.Eliot, "Introductory Essay *to London: A Poem and The Vanity of Human Wishes by Samuel Johnson*", in Jason Harding and Ronald Schuchard, eds., *The Complete Prose of T.S.Eliot: The Critical Edition. Volume 4: English Lion, 1930—1933*, John Hopkins University Press, 2015. pp.172—173.

叶,斯威夫特、亚历山大·蒲柏和约翰·盖伊等诗人试图借助戏仿农事诗(mock-georgic)、戏仿田园诗和戏仿史诗(mock-heroic)等形式,来书写全新的城市生活体验。①城镇牧歌便是戏仿田园诗的一种,这类诗歌套用古典主义田园诗歌中的人物、结构与情节等,用城市场景替代乡村场景,用城市恶棍和风骚女郎替换淳朴的乡村少男少女,使用更为粗鄙的语言,目的在于批判和讽刺城市社会的礼仪、道德和政治。艾略特的确在《荒原》等早期城市诗歌中运用了奥古斯都诗人的此类创作手法,正因如此,他被叶芝称作"是一位亚历山大·蒲柏",是"讽刺作家而不是诗人",并称"我后来在《荒原》中看见了蒲柏"。②虽然叶芝此言并非褒奖,但准确地概括了《荒原》与18世纪城市讽刺诗的相似性。

《荒原》手稿的第三章开头原本有大篇以弗莱斯喀女郎为主角的城市生活剪影。这部分诗的开头四句是:"感到太阳斜斜地升起的光线/和贼一般来临的白昼的规劝,/胳臂雪白的弗莱斯喀打哈欠眨眼睛,/从满是情爱和快意的强奸的梦中渐醒"。③这部分诗歌采用18世纪初流行的英雄双韵体,埃兹拉·庞德指出该部分是对蒲柏讽刺诗的戏仿,但无法超越蒲柏。④细读起来,这四句也十分神似盖伊的城市牧歌《奥拉明塔·一首城镇牧歌》的开头四句。当然盖伊原本就乐于模仿蒲柏,这与庞德的观点并不矛盾。盖伊这首城镇牧歌的前四句诗是:"现在福玻斯升起;带着他清晨的光束/将睡梦中的黛拉从她欢愉的梦中叫醒/她的愿望在幻想中得以满足/在睡梦中喜结连理"。⑤两个部分均表现了一位芳华已逝的女郎恋恋不舍地从充满爱欲的美梦中醒来的桥段,平铺直叙,并未过多渲染,通过戏仿田园诗中水泽仙女的纯真,讽刺城市女郎的矫揉造作。可见,罗根将《荒原》称为城市牧歌是有据可依的。

---

① Parody, mock, burlesque 都有滑稽模仿之意。滑稽讽刺作品(burlesque)通常被当作一种类属概念,戏仿(parody)是其中一种修辞手段,或属于滑稽讽刺作品的一种类型。mock 作为一种手段并不单独使用,戏仿史诗、戏仿田园诗等都属于通过运用戏仿这一修辞手段完成的滑稽模仿作品。

② W. B. Yeats, "Introduction", in W. B. Yeats, ed., *The Oxford Book of Modern Verse*, Oxford University Press, 1936. p. xxi.

③ [英]T. S. 艾略特:"《荒原》中删去的部分",《四个四重奏》,裘小龙译,漓江出版社1985年版,第261页。

④ T. S. Eliot, "Introduction," in Ezra Pound, *Ezra Pound: Selected Poems*, Faber and Faber, 1933. p. xxi.

⑤ 参照 Spenserians 网站收录的诗歌原文,由笔者所译。John Gay, "Araminta. A Town Eclogue." *Spenserians*. 5 July, 2020. http://spenserians.cath.vt.edu/TextRecord.php?&action=GET&textsid=33866.

与 18 世纪城镇牧歌相似,《荒原》模仿了古典主义田园诗歌的艺术手法。从结构来看,《荒原》全诗共五个章节,每个章节的开头分别描写了"春—夏—秋—冬—春"的场景,符合英国古典主义田园诗歌按照季节循环排列诗歌的一贯做法。正如威廉·斯潘诺斯所说,"可以说,《荒原》的每个章节代表,或者可能更准确地说,暗指四季之一或者代际循环中的一个阶段"。①另外,诗歌描写的是伦敦中下层各式人物的日常生活场景,混合使用了文学语言与地方方言,主要是伦敦东区的俗语。诗中出现了多个说话人或发声部,对话和独白交替使用,且带有一定的戏剧性元素。诗歌语调多变,时而庄严时而戏谑,从荒唐的小人物口中说出严肃复杂的道理。可见,与盖伊在《乞丐的喜剧》中"将田园的方法运用到新门监狱的故事中去"的做法类似,②《荒原》同样将田园的方法运用到伦敦故事中,是一首戏仿田园诗。只是《荒原》对古典主义田园诗的戏仿,与蒙太奇和拼贴等现代主义艺术手法相结合,呈现出碎片化的特征,并不那么显见。

《荒原》与 18 世纪城镇牧歌的相似之处还在于,它通过戏仿田园,讽刺和批判了城市社会的道德堕落。虽然艾略特坚称诗歌有自己的功能,不是哲学或神学的代用品,但他也承认"伟大的诗人,在写自己本人的过程中,也就写了他的时代"。③《荒原》继承了古典主义田园诗歌中古今对比和城乡对立的传统视角,以田园之镜反观城市社会。牧人的浪漫爱情是古典主义田园诗歌中的重要主题,年轻牧人的爱欲饱含真挚热烈的情感且在道德上是善的,而在《荒原》中,情侣之间只有机械的欲望发泄而毫无爱意。田园诗歌中纯洁羞怯的水泽仙女在现代伦敦与"城里老板们的后代"成了朋友,他们在夏夜的泰晤士河畔纵情狂欢,后各自潇洒离去,没有留下"夏夜的证据",也"没有留下地址"。④现代都市是以私利驱动的法理社会,取代了古典主义田园诗中牧人社区所代表的礼俗社会。诗歌中,在伦敦金融区的通勤时间,"一群人鱼贯地流过伦敦桥,人数是那么多,"但"人人的眼睛都盯住在自己的脚前"。⑤城市人与人的物

---

① William V. Spanos, "Repetition in The Waste Land: A Phenomenological De-struction", *Revisions of the Anglo-American Tradition*: *Part 2*. Vol.7, No.3(1979), p.244.虽然《荒原》并非每个章节只提及一个季节,但全诗在总体结构上大体存在四季循环的脉络。

② William Empson, *Some Versions of Pastoral*, Penguin Books, 1935. p.159.

③ [英]T.S.艾略特:《艾略特文学论文集》,百花洲文艺出版社 1994 年版,第 164 页。

④ [英]T.S.艾略特:《荒原》,赵萝蕤译,中国工人出版社 1995 年版,第 8 页。

⑤ [英]T.S.艾略特:《荒原》,赵萝蕤译,中国工人出版社 1995 年版,第 4 页。

理距离异常接近,但却只产生了聚合效应而并无社群精神,个体成为一座座唯我主义的孤岛。艾略特以田园之镜反观城市,以牧人和牧人社群之善,反讽城市人道德堕落,情感委顿,批判城市人与人之间的冷漠隔绝。

评论者普遍注意到了《荒原》中呈现出的现代西方人的精神迷失,从而将"荒原"之"荒"(waste)解读为精神上的空虚与绝望。那么,依照艾略特的客观对应物理论,精神之荒在诗歌中也有其客观对应物,即物理层面的荒原,主要表现为城市污浊不堪的物质环境。1901 年,英格兰和威尔士的城市人口已经占据两地总人口的 78.1%,[1]英国已经进入城市化发展后期的稳定阶段,城市已然成为多数英国人的栖居之所。工业化发展污染了城市环境,而城市中人与自然的异化又无时无刻不对人的身体和精神健康产生反作用,物质荒原与精神荒原之间不仅是客观对应或类比关系,还存在着现实层面的相互作用和转化。

艾略特为了凸显城市中人与自然的隔绝与异化,将田园主义(pastoralism)作为城市荒原的对比物。里奥·马克斯以"田园主义"指代人与地、自然与文化协同一致的理想状态,认为田园主义的"本质是一种对于牧人(或同类人物)所过的简单生活的复杂想象"。[2]在田园诗中,牧人满足于土地的恩赐,并无将土地和自然物占为己有的贪欲。自然得以保持其原始与丰饶,维持着自身系统的良性循环。《荒原》则以戏仿田园的方式,用荒原代替伊甸园,以草木凋零、垃圾遍地的城市用地代替牧人赞美的丰美富饶的草场,展现出工业化和城市化对于城市所在的物质环境的严重破坏。

二、田园不再:物理荒原背后的城市发展危机

艾略特在注释中指明,《荒原》的标题来自人类学著作《从仪式到传奇》中记录的圣杯传说,传说中渔王失去了生殖力,致使其所统治的土地和自然万物也失去了繁殖能力。可见,荒原原指失去养育万物能力的贫瘠土地。在诗歌的第一章,荒原意象出现之时便被描述为垃圾板结而成的"乱石块"(this stony rubbish)。[3]可见,这片荒原并非天然形成,而是人为造成的、垃圾遍布的废弃

---

[1] I.G.Simmons, *An Environmental History of Great Britain: From 10,000 Years Ago to the Present*, Edinburgh UP, 2001. p.172.

[2] Leo Marx, "Does Pastoralism Have a Future?", *Studies in the History of Art*. Vol.36, (1992). p.212.

[3] [英]T.S.艾略特:《荒原》,赵萝蕤译,中国工人出版社 1995 年版,第 2 页。

之地,主要指向城市,以及城市化和工业化发展造成的荒地。

艾略特利用田园模式中城乡在时间和空间上的对立,有意将优美的田园景观与卑污的城市景观相对比,凸显城市之丑恶。在《荒原》第三章开头,艾略特通过戏仿埃德蒙·斯宾塞在《贺新婚曲》中描绘的田园幻境,反衬工业化高峰期伦敦城市环境的脏污。斯宾塞在《贺新婚曲》中将泰晤士河岸描绘成阿卡迪亚,清洌的河水引得水泽仙女惠顾,艾略特两次直引了其中的叠句"可爱的泰晤士,轻轻地流,等我唱完了歌",在艾略特笔下,20 世纪初的泰晤士河河面上糊着一层"流油与焦油",漂浮着"巨木",以及"空瓶子,夹肉面包的薄纸/绸手绢,硬的纸皮匣子,香烟头"。① 这种古今并置的手法令读者直面这一事实,即泰晤士河已从养育万千生命的母亲河变成了毒害万千生物的臭水沟。盖伊·霍金斯提出,向自然中"倾倒废物表现出人对自然的蔑视。人类通过污染自然确立了对自然的掌控感,及与消极的、去神圣化的自然的分离"。② 人的肆意妄为使得自然失去了其原本的神圣性,但"人有能力用他们的废物破坏自然则使得他们道德败坏",结果是人与自然的两败俱伤。③

艾略特在《荒原》中专注于工业城市的污浊意象,突出工业城市的不宜居性。《荒原》中多次出现了"棕色浓雾"、"死水"、"老鼠"、"油污"等典型的工业城市意象,再现了彼时伦敦严重的空气、水和垃圾污染。20 世纪初,伦敦仍旧是一座大型的工业城市,1901 年,伦敦人口已超过 660 万,是当时世界上最大的城市,且仍在扩张。彼时雾都的空气污染问题依旧严峻,1918 年,"雾霾天气袭来,同时而至的流行性感冒病毒,导致了很高的死亡率"。④ 地下管网的城市污水未经处理便排入泰晤士河,"在两次世界大战期间,河流状况进一步恶化"。⑤ 伦敦的街道建筑呈现出普遍的黑化现象,垃圾污染的管理缺失同样造成了公共健康的隐患。可见,诗歌中的城市环境书写基本符合当时伦敦的环境史实。然而,艾略特却忽略了伦敦并不罕见的绿色景观。19 世纪中期开

---

① [英]T.S.艾略特:《荒原》,赵萝蕤译,中国工人出版社 1995 年版,第 8—12 页。
② Gay Hawkins, *The Ethics of Waste*: *How We Relate to Rubbish*, University of New South Wales Press, 2006. p.8.
③ Gay Hawkins, *The Ethics of Waste*: *How We Relate to Rubbish*, p.9.
④ [英]布雷恩·克拉普:《工业革命以来的英国环境史》,王黎译,中国环境科学出版社 2011 年版,第 37 页。
⑤ [英]布雷恩·克拉普:《工业革命以来的英国环境史》,王黎译,中国环境科学出版社 2011 年版,第 76 页。

始，伦敦市区便陆续兴建或改造公园、绿地和公共休闲场所，①到了 20 世纪初，这些绿色空间已成为伦敦居民生活中的一部分。艾略特对此似乎有意规避，正如雷蒙·威廉斯所说，艾略特将伦敦塑造为一处肮脏、隐秘、危险、恐怖的"行尸走肉之城"，这种 19 世纪以来观看城市的固定方式"与田园文学同样残酷，同样传统"。②艾略特对于伦敦景观的书写是有选择性的，延续了维多利亚时期城市诗人詹姆斯·汤姆逊和约翰·达维森等人诗歌中的控诉意味，意在通过再现工业城市的黑暗与脏污，批判英国的工业主义文明。

《荒原》之"荒"还呈现为"死去的土地""坏损的洞""空的水池""干的井""干旱的平原"等土地千疮百孔的模样，暗指城市扩张和城市内的工业资本力量对地质地貌的肆意破坏。1909 年《住房与城市规划法》通过后，英国政府主导下的城市化进程进一步加快。这一时期，城市内城的工人阶级改善房、中产阶级郊区住房，以及远郊的工厂区纷纷投入建设。1918—1940 年间，英国有 3.6 万公顷土地改变了利用方式，其中在英格兰和威尔士，"城市和工业用地占据了全部土地方式转变的 77％"。③城市扩张要求道路建设，再加上战争爆发，都加强了对于矿山资源的挖掘力度。在此过程中，英国大量的山峦被铲平，山窝被掏空，粗放开采产生了大量的矿坑、残渣和废矿。长期以来，"每年英国经济发展过程中所产生的垃圾总量大致接近国内各种开采发掘的新矿产资源的数量"。④采矿及其背后的城市化和工业化进程建立在无节制地消耗不可再生的自然资源的基础上，将人与自然的关系由依赖型转向经济型。

齐格蒙特·鲍曼曾对比耕种与采矿两种生产方式，提出农业从土地中择取的，总是设法返还，维持着土地的能量循环，而"采矿是破裂和间断性的象征。旧的不被破坏，新的便不会产生"。⑤城市的工商业发展正是有赖于这种喜新厌旧的模式，但这种机械文明显然是不可持续的，将危害人类所赖以生存的整个物质环境，最终导致城市人自身的生存危机。鲍曼的这一观点与艾略

---

① ［英］布雷恩·克拉普：《工业革命以来的英国环境史》，王黎译，中国环境科学出版社 2011 年版，第 113 页。

② Raymond Williams, *The Country and the City*, Oxford University Press, 1973, p.240.

③ I.G.Simmons, *An Environmental History of Great Britain: From 10,000 Years Ago to the Present*, p.207.

④ ［英］布雷恩·克拉普：《工业革命以来的英国环境史》，王黎译，中国环境科学出版社 2011 年版，第 152 页。

⑤ ［英］齐泽蒙特·鲍曼：《废弃的生命》，谷蕾等译，江苏人民出版社 2006 年版，第 15 页。

特对于工业主义的批判不谋而合。艾略特在长文《基督教社会的理念》中痛斥，"建立在追逐私利和破坏公共的基础上的社会组织，由于对工业主义不加管控，正在导致人性的扭曲和自然资源的枯竭"。①工业主义带来了自然资源的枯竭，人与自然的全面异化也将导致人与本真自我的隔绝，最终带来工业文明的衰落。《荒原》的最后一章已预言了这一结局。

《荒原》的第五章《雷霆的话》与前四章的现实关注不同，它"竭力去想象一个预见的前景"。②诗歌中呈现了城市文明崩塌的意象："山那边是哪一座城市/在紫色暮色中开裂、重建又爆炸/倾塌着的城楼/耶路撒冷雅典亚历山大/维也纳伦敦/并无实体的"。③这些欧洲文明的中心纷纷倒塌，呈现出肯纳所谓的"都市启示录（urban apocalypse）"景象，④艾略特藉此预言，伦敦所代表的现代工业文明也必将走向衰亡。不少研究者认同，艾略特对于城市文明的悲观态度与德国思想家奥斯瓦尔德·斯宾格勒的观点具有相似性，⑤甚至提出"某种程度上《荒原》是《西方的没落》的诗歌对等物"。⑥斯宾格勒坚称，城市从乡村中独立出来，当它发展到世界都市（cosmopolis）的规模，就会完全脱离与土地的联系，变成吸干乡村的巨型怪物，"最终将面临破产"。⑦二人都认同，大都市无节制地掠夺和消耗自然资源，最终会走向灭亡。不同的是，艾略特不管是在早期还是晚期，对于工业文明的批判都包含着精神或宗教维度。在他看来，城市的倾塌如同《圣经》中巴别塔的倾塌，象征着上帝对于人类狂妄自大的惩罚，因为"对待自然的错误态度暗含对待上帝的错误态度，结果只能是不可避

① T.S.Eliot, "The Idea of a Christian Society", in Iamn Javadi, Ronald Schuchard, & Jayme Stayer, eds., *The Complete Prose of T.S.Eliot: The Critical Edition. Volume 5: Tradition and Orthodoxy, 1934—1939*, John Hopkins University Press, 2017. pp.715—716.
② 张剑：《T.S.艾略特：诗歌和戏剧的解读》，外语教学与研究出版社 2006 年版，第 66 页。
③ ［英］T.S.艾略特：《荒原》，赵萝蕤译，中国工人出版社 1995 年版，第 16 页。
④ Hugh Kenner, "The Urban Apocalypse", p.46.
⑤ 例如，玛瑞安·托尔梅伦试图证明艾略特在写《荒原》之前已阅读《西方的没落》，或了解其大致思想。详见 Marianne Thormahlen, "The City in *The Waste land*", in Michael North ed., *The Waste Land: Authoritative Text, Contexts, Criticism.*, W.W.Norton, 2001. p.238.理查德·利罕认为，斯宾格勒的对工业城市主义的悲观态度和黑塞的新酒神精神（new Dionysianism）的影响同时存在于《荒原》之中。详见 Richard Lehan, *The City in Literature: An Intellectual and Cultural History*, University of California Press, 1998. pp.127—128。
⑥ Gorham Munson, "The Esotericism of T.S.Eliot", in Michael North, ed., *The Waste Land: Authoritative Text, Contexts, Criticism*, W.W.Norton, 2001. p.161.
⑦ ［德］奥斯瓦尔德·斯宾格勒：《西方的没落》，甘长银译，煤炭工业出版社 2016 年版，第 88 页。

免的毁灭"。①

事实上,艾略特鲜少提及斯宾格勒,却对同时代另一位德国思想家赫尔曼·黑塞推崇备至。艾略特在 1922 年 5 月《荒原》完稿前,曾去拜会黑塞,且在《荒原》的注释中提及了黑塞的著作《混乱中的一瞥》,并促成了该书的部分章节在英国多家杂志上发表。黑塞同样注意到了欧洲文明的衰落。不同于斯宾格勒的宿命论和悲观主义论调,黑塞在书中预言欧洲文明终将被东方文明取代:"一种原始的、亚洲的、神秘的理想已经开始吞食欧洲的灵魂。这就是我说的欧洲的陷落。这种陷落是重回自然母亲的家园,重回亚洲,回到本源"。②20 世纪初,欧洲各国由于开展工业革命实现了物质丰裕,亚洲多数国家和地区则仍旧是农业社会,保持着旧式的生物循环体系。黑塞将亚洲作为神秘的、原始的起源,认为欧洲文明的毁灭并非是线性的终结,而是回归原始和自然的转折点。黑塞显然从回归自然中找到了重获新生的希望,这一点引起了艾略特的共鸣。

三、回归田园:重返顺应自然的生活方式

在《荒原》中,艾略特并非只表达了对欧洲文明的绝望,也在摸索出路。瑞典批评家古斯塔夫·赫尔斯特特罗姆曾指出,在《荒原》中,"幻灭中生长出同情,从同情中又出现了越来越强的欲望——要从混乱的废墟中抢救出一些残存的东西,借此秩序和稳定性也许能得以恢复"。③悲悯之心,及对获得拯救和恢复秩序的期待,贯穿于艾略特思想的始终。与后期皈依英国国教的方式不同,在《荒原》中,艾略特试图从东方宗教和人类学神话中寻找摆脱欧洲现代生存危机的出路。在《荒原》的结尾处,在城市的断壁残垣里,"在幽黯的月光下,草儿在倒塌的/坟墓上歌唱",还有"一只公鸡站在屋脊上/咯咯喔喔咯咯喔喔"。④宏伟的塔楼倒塌后,牧人会重新将羊群赶来。这幅景象并非完全悲观,废墟中的野草恣意生长,公鸡的啼鸣也将驱散黑暗,人退自然则进,城市废墟

---

① T.S.Eliot, "The Idea of a Christian Society", p.716.

② Herman Hesse, "The Downfall of Europe", in Michael North, ed., *The Waste Land : Authoritative Text , Contexts , Criticism*, W.W.Norton, 2001. p.61.

③ [挪]古斯塔夫·赫尔斯特特罗姆:"附录:受奖演说",《四个四重奏》,裘小龙译,漓江出版社 1985 年版,第 288 页。

④ [英]T.S.艾略特:《荒原》,赵萝蕤译,中国工人出版社 1995 年版,第 17 页。

中的田园场景预示着自然之力的回归。

《荒原》中的田园要素往往与人类学传说和东方宗教中的自然意象相结合,诗人从自然的有机循环中看到了一种与现代机器文明相抗衡的原始力量。艾略特在《荒原》的注释中提及,诗中"特别引用"了《金枝》中有关阿提斯(Attis)、阿多尼斯(Adonis),和奥利西斯(Osiris)等植物神的神话,及其"有关繁殖的礼节"。①这些植物神所具有的死而复生的能力,象征着自然界的四季循环和万物的盛衰轮回,将神像浸入水中等生殖仪式表达的是对恢复自然活力和生殖力的渴求。原始社会的"植物崇拜、生殖仪式,及其交感巫术代表着人类文化与自然环境的和谐一致,表达了一种对于生命统一性的极端感知"。②

艾略特回归自然的渴望在他皈依英国国教后越来越明晰,最终表现为一种回归田园主义生活方式的态度。在他后期的三篇重要长文《拜异教之神》《基督教社会的理念》以及《关于文化定义的札记》中都将回归自给自足的乡村生活作为解决现代城市社会问题的出路。他明确提出,现代人的整个生活哲学出了问题,要解决这一问题,"有必要让更多人口,包括所有的阶级(如果存在阶级),定居到乡村,且依赖乡村生活"。③正如罗伯特·克罗福特所说,"诗人希望拯救城市,最终他呈现出的真正的拯救绿洲则是田园的一种类型"。④在第二章《弈棋》中,墙上"那古旧的壁炉架上展现着一幅/犹如开窗所见的田园景物(the sylvan scene)"。⑤艾略特在注释中指出此处"田园景物"一语引自约翰·弥尔顿《失乐园》的第四卷,此卷正是对于伊甸园的田园化描写。天然的乡村风光在城市中被固化为艺术商品,既表明城市人与自然的隔阂积重难返,又暗指他们依旧渴望回归乡村和自然。

艾略特所谓的重回乡村,绝非简单地生活在乡村,也并非为了表达一种怀

---

① [英]T.S.艾略特:《荒原》,赵萝蕤译,中国工人出版社1995年版,第19页。

② F.R.Lewis, "The Significance of the Modern Waste Land", in Michael North, ed., *The Waste Land : Authoritative Text , Contexts , Criticism*. W.W.Norton, 2001. p.174.

③ T.S.Eliot, "A Commentary(Oct. 1938)", in Iamn Javadi, Ronald Schuchard, and Jayme Stayer, eds., *The Complete Prose of T.S.Eliot : The Critical Edition. Volume 5 : Tradition and Orthodoxy, 1934—1939*, John Hopkins University Press, 2017. p.649.

④ Robert Crawford, *The Savage and the City in the Work of T.S.Eliot*, Clarendon Press, 1987, p.201.

⑤ [英]T.S.艾略特:《荒原》,赵萝蕤译,中国工人出版社1995年版,第4—5页。

旧情绪,而是真正希望更多人从事农业生产。艾略特怀念并希望"保留活着的
乡村(preserved *alive*)"。①艾略特所谓"活着的乡村"指向过去过着教区生活,
有着互助友爱精神的乡村,而非现代人前去野餐游玩的乡村。艾略特虽赞赏
国家信托组织(National Trust)对于历史遗迹和自然景观的保护,但认为他们
所保护的只是"死去的"建筑或风景,社会更加需要一个有活力的乡村,需要
"健康、稳定的农业,城市和乡村生活的恰当平衡"。②艾略特忧虑绝对的城市
化将吞食掉古老的乡村生活方式,动摇英国人的信仰根基,认为农耕生活才能
使人各得其所,恢复社会的安稳和秩序。在伦敦继续扩张、工业主义带来巨额
财富的时代,艾略特的观点显然逆时而动,他本人也"承认这种乡村理想的确
与二十世纪工业城市的图景相悖"。③但正如彼得·阿克罗伊德所说,他的这
一基督教社会的设想虽有些不切实际,但"也提出了一些具体主张,其中最引
人注目的,也许是关于需要同自然建立一种恰当的关系,以防止'对大地的掠
夺'的观点——这至少有一股预言的味道"。④

他将心中理想的乡村生活归结为一种"顺应自然的生活方式(a life in
conformity with nature)",即"顺应自然动因,而非符合人类道德意志的生活方
式"。⑤顺应自然动因,在已皈依英国国教的艾略特那里,暗含上帝的意志,他
强调这种"自然的生活应与超自然的生活协调一致"。⑥艾略特的自然观与华
兹华斯式的泛神论不同,他不再相信自然是神自身的显现,但他仍认为自然是
因为上帝的神力而存在,而且"如果这个'超自然的'东西被抹杀了,人和自然
之间的二元关系就立刻瓦解了"。⑦艾略特认可自然的物质性,认为人、自然与
超自然之间存在着本质差别,但并不认为人与自然之间存在认识和体验的隔
膜,相信神性的力量能够将人与自然协同起来。

---

① T.S.Eliot, "A Commentary(Oct.1934)", in Iamn Javadi, Ronald Schuchard, and Jayme Stayer, eds.,
   *The Complete Prose of T.S.Eliot: The Critical Edition. Volume 5: Tradition and Orthodoxy,
   1934—1939*, John Hopkins University Press, 2017. p.134.除了"活着的乡村",他还多次强调保存
   "活着的信仰",他将古老的乡村生活方式当作维护基督教信仰的保障。

② T.S.Eliot, "A Commentary(Oct.1934)", p.135.

③ [英]林德尔·戈登:《T.S.艾略特传:不完美的一生》,许小凡译,上海文艺出版社 2018 年版,第
   232 页。

④ [英]彼得·阿克罗伊德:《艾略特传》,刘长缨、张筱强译,国际文化出版公司 1989 年版,第 241 页。

⑤ T.S.Eliot, "The Idea of a Christian Society", p.715, p.699.

⑥ T.S.Eliot, "The Idea of a Christian Society", p.715.

⑦ [英]T.S.艾略特:《艾略特文学论文集》,百花洲文艺出版社 1994 年版,第 200 页。

　　艾略特提出的人与自然协调一致的理念带有清晰的、进步的环境意识。在《拜异教之神》中，艾略特指出，"最快乐的土地在我看来并不一定是土壤最肥沃或气候最适宜的地方，而是在一些地方，那里人与环境长期艰苦的相互适应磨砺出了彼此的最优品质"。①他心中最快乐的土地，绝非人单方面的，而是人和环境长久的相互融洽，双方发挥出最佳潜质的一种理想化的和谐状态。他设想的这种彼此满意而无需更多的快乐土地恰恰是古典主义田园诗歌颂的理想化田园生活，指向人与自然各得其所、持久共存。建立人与自然和谐关系的诉求包含着艾略特对物质环境的真切关爱，显现出一种"对环境负责和可持续发展的道德理念"。②就与自然建立恰当关系而言，艾略特的构想非但不反动，相反具有一定的进步意义。而这种诉求在《荒原》中已清晰可见，《雷霆的话》中表达了对雨的疯狂渴求，意味着现代人在城市毁灭的前夕，终于意识到只有依赖自然才能存活，这促使人对环境产生了全新的认识。诗歌的结尾，叙述者开始反思"我应否至少把我的田地收拾好？"，③表明现代人开始反思自己对待土地的方式，并表现出对赖以生存的外部环境的真切关注。

　　艾略特在《荒原》中不仅表达出重归自然循环的渴望，还试图提出现代人对待自然和他者的正确态度。在第三章《火诫》的末尾，艾略特引用了佛教经文中火焰的片段，将其与圣奥古斯丁的《忏悔录》中有关迦太基的典故并置，自称目的是"将东西两方苦行主义的代表并列，作为诗中此节的顶点"。④苦行往往要求禁欲，"熄灭欲火不仅带来释然与平静，还有对自我与其他存在物共存的一种完整、积极和开放式的认可，这一点在佛教信仰中是被普遍接受的"。⑤《荒原》的最后，雷霆和闪电传来了古印度宗教典籍《奥义书》中的三条箴言：舍己为人（datta）、同情（dayadhvam）、克制（damyata）。⑥三条箴言要求现代人节

① 　T. S. Eliot, "After Strange God", in Iamn Javadi, Ronald Schuchard, and Jayme Stayer, eds., *The Complete Prose of T. S. Eliot : The Critical Edition. Volume 5 : Tradition and Orthodoxy, 1934—1939*, John Hopkins University Press, 2017. p.18.

② 　Elizabeth Harris, "'The Earth-Haunted Mind': The Search for Reconnection with Nature, Place and the Environment in the Poetry of Edward Thomas, T. S. Eliot, Edith Sitwell and Charlotte Mew". Manchester Metropolitan University, 2013. p.111.

③ 　［英］T. S. 艾略特：《荒原》，赵萝蕤译，中国工人出版社 1995 年版，第 18 页。

④ 　［英］T. S. 艾略特：《荒原》，赵萝蕤译，中国工人出版社 1995 年版，第 30 页。

⑤ 　Etienne Terblanche, *T. S. Eliot, Poetry, and Earth : The Name of the Lotos Ros*, Lexington Books, 2016. p.54.

⑥ 　［英］T. S. 艾略特：《荒原》，赵萝蕤译，中国工人出版社 1995 年版，第 17—18 页。

制私欲,同情他人,舍己为人,唯有此才能同自然、同他人达成和解,最终获得诗歌结尾"出人意料的平安"(shantih)。①佛教的因缘互生理念和全息理论势必带来人对于自然界万物的谦卑和接纳。这种对自然谦卑的思想也是艾略特始终坚持的信念,他在《基督教社会的理念》中提出,"只有通过谦卑、仁爱和纯净——也许最主要的是谦卑——我们才可能获得上帝的恩典"。②按照艾略特的逻辑,若对待自然的错误态度暗含对待上帝的错误态度,那么对待上帝的谦卑势必包含对待自然的谦卑。

艾略特在工业化和城市化高峰期预言城市的必然衰落,呼唤重新回到乡村生活,这确实有悖于时代潮流,但他提倡让城市人过上顺应自然的生活,却并非痴人说梦。二战后,英国工业城市的不断衰退似乎印证了他的预言,绿色城市、海绵城市等新城市理念正是顺应自然之力,尝试以自然之力调解城市生态环境的开始。

在《荒原》中,艾略特通过戏仿田园,揭露了工业城市的环境危机,同时,戏仿田园也带有对于回归传统与自然的期待,这种期待在诗中提及的东方宗教和人类学传说中得到了印证。艾略特呼唤自然之力的回归,呼吁现代人回归顺应自然的生活方式,以使人与自然能够相得益彰,持久共存。拯救荒原的雨能否降临,《荒原》以此悬念结尾。同样,在现实中,城市文明能否永久可持续发展也是一个未知数,取决于每一位城市居民能否正确地对待我们所赖以生存的物质环境。

Mock-Pastoral and Urban Crisis in *The Waste Land*

Abstract:As a masterpiece of T.S.Eliot's urban poetry, *The Waste Land* uses some characters, structures and scenes commonly seen in the pastoral mode. A critic identified this poem as an urban eclogue in this regard, and put it into a process in which the subject of English poetry turned from countryside to city. As a matter of fact, *The Waste Land* is a mock-pastoral modelled on the town eclogues popular in the early 18th century, with the aim to ironize the filthiness of urban environment by comparison with the fertilities of the pastoral land, to criti-

---

① [英]T.S.艾略特:《荒原》,赵萝蕤译,中国工人出版社1995年版,第19页。
② T.S.Eliot, "The Idea of a Christian Society", p.735.

cize the alienation between man and nature caused by industrialism, and reldeal the latent urban development crisis. Eliot also borrows the ancient wisdom of conforming to nature from classical pastorals, which can also be found in the eastern religion and the anthropological myth, and attempts to put forward a life in conformity with nature as a way to heal the modern urban wasteland.

Keywords：*The Waste Land*；mock-pastoral；urban crisis；industrialism；in conformity with nature

作者简介：张姗姗，上海师范大学人文学院比较文学与世界文学专业博士生。

社区物业管理的本土困境及应对①

徐立娟

摘　要:国内社区物业管理经历了单位制时期的政府"全盘包揽"、经济体制改革初期的市场化运作及社会建设时期多元共治的发展阶段。社区物业管理兼具了市场性、社会性、行政性等多重属性,使得当前社区物业管理在"国家—市场—社会"的三维张力中出现了结构性困境。旨在运用基层党建力量、强化社区统合的"红色物业"有望成为物业管理本土困境的应对之道。

关键词:社区物业管理　本土困境　红色物业

2017 年中共中央、国务院出台的《关于加强和完善城乡社区治理的意见》将社区物业管理纳入基层社会治理的范畴,视其为亟待补齐的短板。当前我国社区物业管理工作中仍存在着物业费收缴困难、业委会组织涣散、物业纠纷频发等一系列问题。对于其中深层原因学界亦是众说纷纭,未能达成共识。有学者将社区物业管理的困境归因于"市场化之困";②有学者则认为当下的社区物业管理不仅是一个具有"市场"属性的经济行为,更是一个复杂的社会治理问题,社区物业管理困境有着深刻的制度、组织和体制原因;③另有学者认为社区物业管理的失序是"集体消费"组织和管理机制失

---

① 本文系国家社会科学基金一般项目"组织生态视域下的社区社会组织发展研究"(19BSH138)系列成果之一。

② 朱光喜、朱燕:《物业管理多样化及其纠纷解决》,《城市问题》2008 年第 8 期。

③ 陈鹏:《城市社区物业费困局及其对策思考》,《行政管理改革》2018 年第 6 期;曾燕南:《城市社区转型与居民区物业管理的困境——以哈尔滨市为例》,《华东理工大学学报(社会科学版)》2014 年第 5 期。

效或缺失所致。①可以看出,学界已经针对我国社区物业管理的现实困境进行了大量的研究,但前人研究对于中国历史背景和社会变迁的复杂性缺少足够的认识,更多的是站在当下,从一种静态的角度来探究社区物业管理问题的现实成因。有鉴于此,本文拟将我国社区物业管理的本土困境置于基层社会治理体制变迁的历史脉络中,以此揭示其背后的历史成因,进而寻求破解之道。

一、基层社会治理体系变迁中的物业管理

城市基层治理是国家治理体系的基础,在社会治理体制改革和国家治理能力现代化建设中发挥着重要作用。自 1949 年新中国成立以来,城市基层治理体制经历了从"单位制"到"街居制"再到"社区制"的变迁。伴随着基层社会治理体系的变迁,我国社区物业管理模式也在不断改变。

(一) 单位制:计划经济体制下的"准物业管理"

新中国成立后,城市居民开始被吸纳进单位体制之中。在当时的计划经济体制下,"国家—单位—个人"的三级基层管理结构初现雏形,以超大型国企为代表的"单位制"逐渐形成。如此结构下,国家的社会整合能力和社会动员能力明显增强,以单位为核心的居民社会保障与福利制度开始出现,形成了"单位办社会"的格局。②与此同时,这一时期对居民进行管理的"街居制"也逐渐形成。1954 年全国人民代表大会通过了《城市街道办事处组织条例》和《城市居民委员会组织条例》,形成了作为政府派出机构的街道办事处和作为居民自治组织的居民委员会相互衔接的城市管理格局。在当时大量社会人员被吸纳进"单位"之中,国家主要是通过"单位"这一组织形式来进行管理,只有少部分社会闲散人员、民政救济和社会优抚对象被纳入"街居"管理体系。因此,当时社会资源的再分配主要是由政府主导、单位执行,街道和居委会成为了附属性、剩余性、行政性的治理主体。质言之,在单位制时期"街居制"是单位制的一种必要补充。

在以"单位制"为主,"街居制"为辅的基层管理体系下,"全能"的单位逐渐取代了传统社区的功能,实现了地缘与业缘关系紧密结合,出现了生产与生活

---

① 李强、葛天任、肖林:《社区治理中的集体消费——以特大城市的三个基层社区为例》,《江淮论坛》2015 年第 4 期。

② 田毅鹏、胡水:《单位共同体变迁与基层社会治理体系的重建》,《社会建设》2015 年第 2 期。

高度合一的"单位大院"、"家属院",亦即所谓的"单位社区"。1956年中央政府提出对城市房屋私人占有制实施社会主义改造,1958年底城市私房改造基本结束,1964年政府正式宣布私人租赁性质的住房关系基本消失。自此,大部分城市居民住进了"单位社区"。在单位制时期,单位不仅是社会成员谋生的经济组织,更是社会成员获得社会保障、社会关怀的基本载体。虽然在当时的"单位社区"中,"物业管理"这一概念并没有诞生,但社区物业管理的主要功能被"全能主义"的单位所取代。当时的各个单位都针对保障性住房设有"社区科"负责基本住房的卫生清理和房屋修缮保障,非单位社区也是主要由街道的清洁卫生管理所负责。因此,在这一"单位办社会"的特殊背景下,单位社区中应属于物业服务范畴的清洁、绿化、维修、养护等功能被"单位"所覆盖,形成了一种同质性强、专业性低、服务自给的福利性"准物业管理",可以说,我国社区物业管理在萌芽期、未诞生时就带有了"行政性"色彩。

(二) 街居制:社会转型中"物业管理"概念的诞生

改革开放后,中国社会发生了剧烈的变迁,高度集中的计划经济体制被社会主义市场经济体制所取代,进而"单位制"逐渐土崩瓦解。在社会转型、单位制解体的背景下,许多原先"单位办社会"的职能开始向社区移交,城市街居体系又得到了恢复,并获得快速发展。1980年,全国人大常委会重新公布了《城市街道办事处条例》《居民委员会组织条例》,街道办事处、居民委员会的机构和职能得以恢复。1982年9月,民政部召开了城市基层政权管理体制改革座谈会,基层社区服务的职能回到了街居的层面。

在单位制解体的背景下,社区成为了对单位制最好的弥补和修复,但在很多情况下,"社区"并不能成为"单位"的完全替代,也不能承接单位的所有功能,社区物业管理即为最好的例证。①单位制解体后,政府对房屋建设、维护的直接管理开始转变为宏观、指导性的间接管理。在社区物业上,街道和社区居委会既没有充足的精力,也没有足够的经费来进行管理与服务。因此,由专业化、市场化的物业企业来管理社区物业,成为了当时的一种必然选择。1981年深圳市物业管理公司成立,试图以市场化运作模式,专业化服务方式对社区物业进行统一的服务管理,标志"物业管理"概念在我国的正

---

① 刘振、徐立娟:《基层社会治理实践中制度选择的"恰适性"逻辑》,《深圳大学学报(人文社会科学版)》2017年第5期。

式诞生。

1994 年《城市新建住宅小区管理办法》的颁布明确指出,"住宅小区应当逐步推行社会化、专业化的管理模式,由物业管理公司统一实施专业化管理",为我国社区物业管理的发展提供了政策性支持。1998 年国务院出台《关于进一步深化城镇住房制度改革,加快住房建设的通知》,决定停止住房实物分配,建立住房分配货币化、住房供给商品化、社会化的新体制。自此,我国从"单位分房时代"进入"个人购房时代"。国家住房制度的改革直接导致"单位"在社区物业管理领域的正式退场,由原来单位统包职工住房建设、分配、维修、管理一体化的福利体系已经不再。在新的专业化、市场化住房管理体制下,物业管理企业具有了更为广阔的发展与运作空间。

总体而言,在单位制解体以后,物业管理概念的诞生顺应了住房市场化的改革,填补了政府在住宅区服务上的空白。[1]但与此相伴的是,在市场化的逻辑下,作为企业的物业公司与社区业主纠纷不断,侵害业主权益的事件也是时有发生。基于"单位制"的路径依赖,加之社会领域发育的不充分,政府介入社区物业管理纠纷调解、权益维护、监督管理的诉求依然存在。

(三) 社区制:社区建设中物业管理的发展与完善

改革开放以后伴随着社会的转型和市场经济的发展,新的社会问题日渐增多,原先被动承接起基层管理任务的街居体系,已无力承担起社会整合的重任,因而,社区制浮出水面。[2]2000 年 11 月,国务院办公厅转发了《民政部关于在全国推进城市社区建设的意见》,社区建设的热潮在全国各大城市涌现。伴随社区建设的开展,社区物业管理的制度体系也得到了快速发展。2003 年国务院颁布了《物业管理条例》,提倡业主通过公开、公平、公正的市场竞争机制选择物业管理企业,推动物业管理走上了制度化运行的轨道。随后《前期物业管理招投标管理暂行办法》《物业服务收费管理办法》相继出台,其中涉及了物业服务计费方式和物业管理招投标的关键内容,明确了物业管理行业规范,推动了物业管理模式的升级和发展。

在我国社区建设的大潮中,社会力量也逐渐发育和成长起来。加之,市场经济的加速发展和住房商品化改革的进一步推进,社区中的产权意识和共同

---

[1] 张农科:《关于我国物业管理模式的反思与再造》,《城市问题》2012 年第 5 期。
[2] 何海兵:《我国城市基层社会管理体制的变迁:从单位制、街居制到社区制》,《管理世界》2003 年第 6 期。

利益诉求被激发出来,一个代表社区全体业主自身权益的社区自组织——社区业主委员会(下文简称"业委会")应运而生。①2007 年第十届全国人大五次会议通过的《物权法》明确规定了业主大会和业主委员会的组织准则、规程和职责,使业委会制度纳入了国家法制化渠道,使得物业管理行业有了基本的法律依据。业委会的出现改变了社区物业管理的结构,将社会的力量纳入其中,标志着城市社区自治机制的产生。我国城市社区逐渐形成了物业管理公司、业委会、居委会多元主体并存的社区物业管理格局,被称之为社区权力的"三驾马车"。②十八届三中全会之后,强调多元主体间合作的"社会治理"成为了基层社会体制改革的基本导向,对物业管理市场化进程和社会化转向产生了重要影响,③物业管理公司、业委会、居委会之间"国家—市场—社会"三足鼎立之势更为明显。④

二、三维张力:社区物业管理的本土特质与结构性困境

回眸我国社区物业管理的历史变迁,社区物业管理是我国市场经济发展和社会体制转型的必然产物,在几十年的历史变迁中形成了其独有的本土特质,亦产生了独特的结构性困境。我国社区物业管理经历了单位制时期的政府"全盘包揽";在改革开放后又走上了市场化的发展道路;社会建设时期,社会力量开始介入其中,形成了多元主体共治的格局。总体而言,中国物业管理呈现出"国家"到"国家—市场"再到"国家—市场—社会"多元互动的发展趋势。在这期间国家的力量从未退场,早在单位制的"准物业管理"时期,行政性就与物业管理相伴,后来无论是在"街居制"抑或是在"社区制"的基层管理体系中,国家的力量都依然以多种方式影响着社区物业管理格局。因此,我国社区物业管理是一个具有市场性、社会性、行政性等三种属性的混合体,形成了独具本土特质的多重组织面相。

首先,社区物业管理具有市场性。我国《物业管理条例》将物业管理界定为一种"业主通过选聘物业服务企业,由业主和物业服务企业按照物业服务合

---

① 孙荣、范志雯:《社区共治:合作主义视野下业主委员会的治理》,《中国行政管理》2007 年第 12 期。

② 李友梅:《城市基层社会的深层权力秩序》,《江苏社会科学》2003 年第 6 期。

③ 张振、杨建科、张记国:《业主委员会培育与社区多中心治理模式建构》,《中州学刊》2015 年第 9 期。

④ 闵学勤:《嵌入式治理:物业融入社区社会的可能及路径——以中国十城市调研为例》,《江苏行政学院学报》2019 年第 4 期。

同约定,对房屋及配套的设施设备和相关场地进行维修、养护、管理,维护相关区域内的环境卫生和秩序的活动"。可以看出,现行的社区物业管理是一种以业主和物业管理公司之间"契约"为核心开展的社区公共服务。社区物业管理服务提供的主体是按照公司法规定组建的物业管理公司,社区物业服务的对象是全体业主。作为一种独立的企业法人,物业公司必然遵循市场规则,参与市场竞争,其所从事的一切活动需要考虑经济收益、独立运营、自负盈亏,在等价有偿的基础上实现与业主间的公平交易。物业服务行业的市场化运作能既够满足社区居住环境的基本要求、解决社区中存在的基本问题,又能够适应当下居民生活质量需求的不断提高。故而,我国社区物业管理应符合市场经济的一般特点,遵循市场经济的普遍规律,具有典型的市场性特征。

其次,社区物业管理具有社会性。虽然社区物业管理具有市场的属性,但社区物业管理并非是一个纯粹市场化活动。相较一般消费品而言,社区物业管理亦有其特性所在。社区物业管理中包含了对住宅小区内的房屋建筑及其附属设施、绿化、卫生、交通、治安和环境等大量公共服务的内容,[①]物业公司提供的产品或服务是一种需要全体社区居民共同"买单"的集体消费。但与供水、供电、电话通信等一般公用服务不同的是物业服务企业也不能因个别业主的欠费、违规,即时针对性的终止服务;与餐饮、娱乐、旅游等纯商业化的第三产业服务不同的是,任何单一业主都不能对物业管理服务企业、服务项目、服务标准作出选择。质言之,在物业管理中供求双方都难以对服务过程加以控制。因此,代表全体业主利益的业委会在其中发挥了重要的作用。对此,不乏学者指出,社区物业管理是业主行使共同管理权利的一种体现,[②]作为一种居民自治组织业委会的产生,将导致一种社会基础结构关系的根本转型和一个"新公共空间"的产生,[③]甚至可以称之为是中国公民社会的先声。[④]因此,我国社区物业管理必然带有社会的属性。

最后,社区物业管理具有行政性。社区物业管理具有市场性和社会性的双重属性。但在中国特殊的历史背景下,为弥补二者的不足,作为国家基层社

① 文宇:《城市住宅小区物业管理的现状、问题及其解决对策》,《城市问题》2013 年第 9 期。

② 张金娟:《关于物业管理的几个基本问题》,《城市问题》2012 年第 10 期。

③ 张磊、刘丽敏:《物业运作:从国家中分离出来的新公共空间——国家权力过度化与社会权利不足之间的张力》,《社会》2005 年第 1 期。

④ 夏建中:《中国公民社会的先声——以业主委员会为例》,《文史哲》2003 年第 3 期。

会治理代理人的社区居委会也涉足其中。一方面,市场机制在处理具有"公共物品"特征的社区物业服务中存在先天不足,在应对"集体消费"时也往往会遇到瓶颈性难题,出现"市场失灵"的现象;另一方面,业主委员会这一新公共空间的出现,虽然为业主的社区参与和利益表达提供了平台,但由于自治意识的不足或自治手段的缺失仍存在诸多困境。当今中国仍然存在大量业主委员会缺位的居民住宅区,即使部分社区存有业主委员会,但业主参与不足,或过度参与以及派系斗争等现象依然不乏少见。正是市场的失灵和社会力量的不足,使政府的介入成为了必要。社区物业管理是我国基层社会治理的重要组成部分,其公共属性在一定程度上要求政府介入;但物业管理的市场化趋势又要求政府介入的适度。因此,为了保证国家权力的持续在场,早已脱离基层自治组织的法理属性,退变为"准政府"角色的居委会,①在其中发挥了重要的作用。具体而言,社区居委会除了要切实履行对物业管理行业的监管作用外,在必要的时候仍然需要直接承担或干预小区的物业管理活动。故而,社区居委会所附带的"行政性"特征,亦是我国社区物业管理的重要属性。

　　中国物业管理是一个"国家—市场—社会"混合运作的产物。与传统的单位福利型"准物业管理"模式相比,社会主义市场经济下社区物业管理具有明显的优势,但如此社区物业管理模式中仍存在结构性困境制约着社区物业管理的发展。居委会、业委会和物业公司三者在社区物业管理中的角色定位各有不同,其自身发展也均有不足之处:居委会与国家基层政权相联系,实质上属于一种科层结构的行政组织,②但其"居民自治组织"的法定身份,使其在社区物业管理中处于一种"有责无权"的状态,并不能独立地解决社区物业管理中存在的某些问题。业委会与房产所有权相联系,是一种居民自治组织。但"单位制"时期形成的思维惯习深深地植根于人们的情感和行为之中,③"有困难找政府"的意识依然存在于社区物业领域。故而,社区业主多处于一种"维权意识强、自治意识弱"的状态,当下多数业委会不懂得如何管理自身事务,更是不知如何以"合理"、"有效"的方式来维护自身的权益。物业公司与自由市

① 杨爱平、余雁鸿:《选择性应付:社区居委会行动逻辑的组织分析——以C市L社区为例》,《社会学研究》2012年第4期。
② 侯利文:《国家政权建设与居委会行政化的历史变迁——基于"国家与社会"视角的考察》,《浙江工商大学学报》2019年第1期。
③ 田毅鹏、王丽丽:《单位的"隐形在场"与基层社会治理——以"后单位社会"为背景》,《中国特色社会主义研究》2017年第2期。

场相联系,是一种线形结构的经济组织,但当下的物业管理公司多是将自身定位为一种管理者而非服务者的角色,故而会带来"主仆倒置"的问题。总之,居委会、业委会、物业公司三者之间虽相互衔接,却行为逻辑各异,故而其间难免存有张力,甚至会出现零和博弈的现象。正是社区物业管理"三驾马车"间的张力带来了物业管理的诸多难题。

三、走向"红色物业":社区物业发展困境的应对路径

我国社区物业管理经历了"国家—市场—社会"的辩证发展历程,处于转型期的中国城市社区面临着复杂多变的现实环境,单一地强调市场的逻辑难以补充单位制解体后社区物业管理功能的欠缺;一味地追求社区居民自治也并非是解决社区物业管理困境的有效路径;更是不能再次运用政府托底、政府全面介入的方式,回到"单位制"时代。那么,在社会转型的背景下,如何才能突破社区物业管理的本土困境? 笔者认为,以市场化和社会化为导向的物业管理,并不意味着要彻底排斥行政属性,但也不能过度强调公权力的介入。因而,兼具行政性功能和社会属性的社区党建是解决"市场失灵"和"自治危机"的有效途径。无论在任何国家,政党都具有连接(市民)社会与国家的功能,[1]对于中国来讲,中国共产党的组织体系更是成为了整合国家和社会的核心所在。[2]中国共产党是我国国家公权力的组成部分,能够提供正确的政治领导机制,并且其践行多年的"群众路线",也能够实现多元主体利益整合,做到基层社会的再组织化。具体而言,中国共产党具有政治引领、社会整合、组织动员等多重优势,可以打破社区物业管理中"国家—市场—社会"的结构性壁垒。因此,面对当下物业管理的困境,我们应该运用党建的力量,走出一条"红色物业"之路。

首先,要注重社区党组织的政治引领功能,以党建引导社区物业管理的发展方向。中国共产党是中国特色社会主义建设事业的领导核心。社区党组织同样也是一种政治力量,能够在基层社会治理中发挥重要的引领性作用。因而,社区党组织是社区物业管理体系中的一个核心主体。我们要以党的自身建设带动社区物业管理体系建设,积极探索社区党建引领社区物业管理健康、有序发展的有效途径,做到党建与社区发展相互促进,不断完善以社区党组织

---

① 景跃进:《将政党带进来——国家与社会关系范畴的反思与重构》,《探索与争鸣》2019 年第 8 期。
② 林尚立:《合理的定位:社区党建中的理论问题》,《探索与争鸣》2000 年第 11 期。

为核心的物业管理新格局。但是,这里需要强调的是,在社区物业管理格局中,党的领导更多是一种思想上的领导,而非行政上的管理和工作上的干预。社区党建既不能包揽一切,代替人民当家做主,更不应当成为国家机器本身而凌驾于一切之上。我们应采取"引导不强制、协商不命令"的方法,通过党建的力量来保证社区物业管理体制机制的生成、运行及其与社区治理体制关系的衔接与维护,从而使社区物业管理的功能有效发挥。

其次,要发挥社区党组织的社会整合功能,以党建理顺社区物业管理的主体间关系。当下的社区物业管理体系,已经形成了社区居委会、物业管理企业、业委会多元主体并存的治理格局,但多元主体间并无隶属关系,且行动逻辑各异,故而张力依然存在。社区党组织能够起到为社区物业管理奠定群众基础,为社区发展提供资源保障的作用。社区党组织凭借其作为执政党基层组织所具有的政治优势和现实权威,能够整合社区物业权力体系中各方利益主体,理顺其间关系,从而避免零和博弈现象的出现。因此,现代社区物业管理体制中,需要在建立起物业管理企业党支部、业委会党支部、两新组织党支部、社区院落党支部等细胞党组织的基础上,以社区党组织作为发起人、召集人,构建起"以社区党组织为核心,以居委会、业委会、物业管理公司为主体,以辖区单位、两新组织为助力,社区居民多元参与"的社区物业"治理"格局,真正做到权责分明、资源共享,重构社区物业管理主体间的共同体关系。

最后,要强化社区党组织的组织动员功能,以党建提高社区物业管理中的居民参与热情。社区党组织没有对应的行政层级,属于社会的范畴,因而能够植根于社区、嵌入于社会。①如此独特优势下,社区党组织能够充分夯实执政党的社会基础,担起提升居民社区参与积极性的主导性任务。因此,我们需要发挥社区党组织的战斗堡垒作用,以基层党组织的社会化优势和组织动员能力,激发党员群众的参与热情,通过有序地开展党的活动,广泛发动居民参与,妥善引导业委会和物业管理公司工作,形成良好的社区物业参与氛围。同时,我们需要抓住业主代表推荐、业委会中的党员比例和业委会主任人选等重要环节,注重让工作的每个环节都具有"党建"因子,从而助力党建的不断延伸、传递、渗透,使党的组织深深嵌入到社区物业管理领域,成为提升社区物业管

---

① 徐选国、黄立新:《基层党建的社会化逻辑——来自深圳市南山区 Z 街道的探索与启示》,《领导科学》2017 年第 20 期。

理社会化水平的重要载体。

在新时代背景下,基层社区党建是党组织适应并领导社会建设的有效经验,也是适应转型期社会结构性需要的努力方向。在社区物业管理领域,党建的"嵌入"既能够化解多元主体间的矛盾与张力,也能够有效整合社区物业领域的多方力量,提升其内在能力,故而是突破当下社区物业管理困境的有效选择。近年来,各省市都启动了"红色物业"工程,探索以党建为统领的社区物业管理新模式,着力把社区物业管理打造成党组织联系群众的重要平台,服务群众的重要领域,创新社会治理的重要载体。"红色物业"工程既能够促使物业服务功能的有效发挥,又能够起到政治引领作用,从这层意义上来讲,"红色物业"无疑是破解中国社区物业管理结构性困境的有效途径。但最后需要指出的是,本文仅是基于基层社会治理体制的变迁,论述了"红色物业"改革的必然性,这只是一次初步探索,还有很大的不足。我们仍需要对"红色物业"的理论基础和实践逻辑进行具体研究和深入剖析,对"红色物业"的现实经验进行及时总结和成效反思。

The Local Dilemma and Countermeasures of Community Property Management

Abstract: Domestic community property management has gone through the government's "wholesale" in the unit system period, the market-oriented operation in the early stage of economic system reform, and the development stage of multiple co-governance in the period of social construction. Community property management has multiple attributes such as market, social, administrative, etc., which makes the current community property management present a structural dilemma in the three-dimensional tension of "state-market-society". The "red property", which aims to use grassroots party building forces and strengthen community integration, is expected to become a response to the local dilemma of property management.

Keywords: community property management; local dilemma; red property

作者简介:徐立娟,华东理工大学社会与公共管理学院博士研究生。

基层枢纽型社会组织与社区协同治理①

张起帆　彭善民

摘　要:社区治理是国家治理现代化的应有之义,在社会治理中具有基础性地位。伴随社区社会组织的兴起,社区的协同治理成为社区治理的焦点。基层枢纽型社会组织既是社区社会组织的生产者和培育者,又是社区协同治理的重要推动者。基于枢纽型社会组织平台,基层政府、社区社会组织、市场组织、驻社区单位及居民自治团队等互动协作成为可能,推进了社区治理和社区服务多元供给体系的形塑。基层枢纽型社会组织之所以成为社区协同治理的重要机制,与基层枢纽型组织特定的合法性身份、合理性角色及合情性策略息息相关。

关键词:基层枢纽型社会组织　社区治理　协同治理

社会治理是国家治理的重要方面,党的十九届四中全会提出必须加强和创新社会治理,完善"党委领导、政府负责、民主协商、社会协同、公众参与、法治保障、科技支撑"的社会治理体系。在新时代打造共建共治共享的社会治理格局的背景下,基层的社区治理已是社会治理现代化不可或缺的内容,也是社会治理重心下移的重要方向。社区治理主要是指辖区范围内的基层政府、社会组织、居民群体及驻社区单位等多方主体根据正式的法规政策以及非正式的社区规范、公约、条约等,通过协商议事、沟通互动、联合行动等方式对有关社区公众利益的公共事务进行的服务与管理。作为一种复杂的、系统化的社

---

① 本文为国家社会科学基金一般项目"组织生态视域下的社区社会组织发展研究"(19BSH138)的阶段性成果。

会实践活动,社区治理须发挥多元主体、多方领域、多种资源的协同合作,才能
推动和实现社区的有效治理与善治。①合理有效的社区治理应该形成多元协
商的中心治理秩序和网络化治理体系,建构基于多元主体合作基础上的社区
治理模式。②如何建构多元协同的社区治理模式,学者们从不同角度进行了解
答,有学者从政府角度出发,认为在社区协同治理的新格局下须充分明确各方
责任,尤其是发挥基层党委的领导作用,建立责任网格。③有通过"三社联动"
的社区治理模式来强化多元主体之间的协同关系。④有从社区组织角度出发,
认为社区政府应该与各类社区组织的合作共建,发挥社区组织的作用。⑤也有
从社区居民自身出发的,认为需要提升社区居民参与社区治理的意识和能
力。⑥总体而言,既有研究明确了社区协同治理的重要性,但是在如何实现社
区治理的多元协同的举措方面,缺乏对基层枢纽型社会组织这一社区治理参
与载体的研究。枢纽型社会组织因其具有独特的枢纽作用,在参与社区治理
中充当了政府与社区、社会与社区、社区与居民协同治理的载体,能有效改变
以往社区治理主体单一化,具体如何通过基层枢纽型社会组织实现社区治理
的多元协同值得探究。基于此,本文以如何实现社区治理的多元协同为问题
导入,以协同治理理论为研究视域,以基层枢纽型社会组织为抓手,以大连市
X 街道的基层枢纽型社会组织 Y 的实践为案例,探视通过基层枢纽型社会组
织这一平台实现多元协同的社区治理的构建策略。

一、基层枢纽型社会组织意涵与社区协同治理逻辑

社会组织是基层社会治理的重要参与主体,由于外部体制管理的限制及
组织内部固有的发展局限,社会组织在提供服务、满足社会需求时存在偏差,
其作用效果难以保障。为增进社会组织与正式体制及服务行业的沟通,枢纽

① 王东、王木森:《多元协同与多维吸纳:社区治理动力生成及其机制构建》,《青海社会科学》2019 年
第 3 期。
② 刘艳霞、徐永祥:《城市社区治理参与主体的社会网特质研究——以北京市 Z 社区为例》,《华东理
工大学学报》(社会科学版)2019 年第 1 期。
③ 彭珊:《新时代的社区治理之路》,《人民论坛》2019 年第 27 期。
④ 姜振华:《社区协同治理视野中的"三社联动":生成路径与互构性关系——基于北京市将台地区
的探索》,《首都师范大学学报》(社会科学版)2019 年第 2 期。
⑤ 闫丽萍:《协作性公共管理范式下我国社区治理路径探析》,《东岳论丛》2018 年第 7 期。
⑥ 陈光普:《新型城镇化社区治理面临的结构性困境及其破解——上海市金山区实践探索带来的启
示》,《中州学刊》2019 年第 6 期。

型社会组织应运而生。"枢纽"一词原指门户开合之枢和提系器物之纽,引申意为事物联系的中心环节,后来运用于组织系统中,主要指能够在中间环节发挥桥梁纽带功能的社会组织。有关"枢纽型"社会组织的概念,至今还未有统一的清晰概念,2008 年北京市《关于加快推进社会组织改革与发展的意见》中首次提出枢纽型社会组织的概念,是指由各地社会管理机构认定的,对同类型、同性质、同领域的社会组织进行联系、管理、服务,并发挥政治引领、孵化指导、信息交流、能力提升等作用的综合性社会组织或联合性社会组织。之后,广东、上海等地也提出了建设枢纽型社会组织来推动社会治理、社会组织的发展。

　　枢纽型社会组织作为我国社会组织发展过程中的一个本土化创新概念,具备特有的枢纽功能与独特的治理能力,是社会治理方式转型时期的一项重要举措。[①]在国外没有政治性较强的"枢纽型"社会组织,但是有承担枢纽功能的"伞状组织"或其他一些非政府组织,国外学界对这一系列组织的研究兴起于 20 世纪 80 年代末,斯特穆勒(Stremlau)在 1987 年首次提出"协调机构"(NGO Coordinating Body)的概念,认为协调机构通常起源于微型非政府组织的小组会议,其目的是使其活动具有相应的协调性。[②]

　　国内对于枢纽型社会组织的研究主要集中于省市级枢纽型社会组织,认为枢纽型社会组织的功能特征主要体现在三个方面。首先,建设枢纽型社会组织可以推动社会管理体制的创新与发展,[③]有利于寻找到构建"国家—社会"新型关系的切入点,使社会由"被"管理走向"自我管理";[④]其次,对于政府而言,建设枢纽型社会组织可以促进政府职能的转变及公信力的提升,迎合了政府职能转变、转移的需要;[⑤]最后,对于社会组织而言,枢纽型社会组织能够培育、提升与发展各类社会组织,[⑥]并促使社会组织一定领域内的公共资源得

---

① 丁惠平:《支持型社会组织的分类与比较研究——从结构与行动的角度看》,《学术研究》2017 年第 2 期。

② Stremlau C.: NGO coordinating bodies in Africa, Asia, and Latin America[J]. *World* Development, 1987, 15(3):213—225.

③ 卢汉龙:《枢纽型社会组织的管理功能和治理作用》,《检察风云:社会治理理论专刊》2015 年第 3 期。

④ 汤丹阳、丁凯:《社会建设与社会进步的组织基础——关于枢纽型社会组织建设的对话》,《中国机构改革与管理》2013 年第 6 期。

⑤ 沈荣华、鹿斌:《制度建构:枢纽型社会组织的行动逻辑》,《中国行政管理》2014 年第 10 期。

⑥ 余永龙、刘耀东:《游走在政府与社会组织之间——枢纽型社会组织发展研究》,《探索》2014 年第 2 期。

到集中共享。①基层枢纽型社会组织主要是指由政府相关机构认定的县级及以下具有枢纽性功能的各类社会组织，包括县级及乡、镇、街道级的枢纽型社会团体和社会服务机构。基层枢纽型社会组织不直接向社会提供公共服务，而是作为一个协同治理的平台，将基层政府、社会、市场、社区居民多元主体及公共资源统筹起来，使之各负其责、各显其能并产生联动，间接地向社会提供更合理、专业的服务。

协同治理(collaborative governance)是在治理理论基础上衍生出来的，可以说是治理理论的"升级版"，协同治理是多个复杂变量相互作用的模式过程。克里斯·安塞尔(Chris Ansell)和艾里森·加什(Alison Gash)定义协同治理是一种治理的安排，是指政府、公共机构以及居民等多个利益相关方共同参与一个集体决策过程，该过程是正式的、审慎的、以共识为导向的，旨在制定或执行公共政策或管理公共项目。这个定义强调了协同治理六个重要的标准：第一，协同治理的过程是由公共机构发起的。第二，治理参与主体的多元性。第三，参与者直接参与决策，不仅仅是充当"咨询"的公共机构。第四，集体参与决策，动态协商治理。第五，协同治理目标导向的公共性。第六，行动规则是由公共政策和公共管理的制定与执行。②在协同治理中其主体是多元化的，主要包括三大方面：国家与社会、政府与非政府行为体以及公共机构与私人机构。其运作的方向也不是传统的自上而下，而是上下双向互动的治理过程。③在对协同治理进行本土化的实践时，国内学者普遍侧重于强调政府社会治理模式的变革、多元主体的治理参与、政府与社会平等合作关系的必要性，认为协同治理是政府、社会组织与公民在合作的基础上形成的一种协同性的社会行动。在治理过程中，政府与社会也不再是依附生存关系而是平等对话关系。④在法治、自治和德治三者相结合基层社会治理体系中，党中央提出基层的社区治理主要由五大主体代表构成，包括基层党组织代表、基层政府部门代表、基层社会力量代表（包括市场企业代表、社区组织代表）和社区居民代表。社区协同

① 彭善民：《枢纽型社会组织建设与社会自主管理创新》，《江苏行政学院学报》2012年第1期。
② Ansell C., Gash A.: Collaborative Governance in Theory and Practice[J]. *Journal of Public Administration Research & Theory*, 2008, 18(4):544—545.
③ 俞可平：《治理和善治引论》，《马克思主义与现实》1999年第5期。
④ 陈成文、赵杏梓：《社会治理：一个概念的社会学考评及其意义治理》，《湖南师范大学社会科学学报》2014年第5期。

治理的基本逻辑是多方在平等、尊重基础上的合作互动。

二、基层枢纽型社会组织参与社区协同治理的实践机制

理论上,枢纽型社会组织的建设与发展为我国践行社会协同治理提供了新的平台和工具,实践中,基层枢纽型社会组织又是怎样推动社区协同治理,促成有机契合、多维互动的社区共治体系?本文采用个案研究的分析方法,对基层枢纽型社会组织 Y 参与社区治理的现状进行描述性和解释性研究。Y 组织坐落于大连市 G 区 X 街道,X 街道位于 G 区中部,是一个典型的老旧城区,面积 4.8 平方公里,人口 3.5 万户、8.9 万人,老年人口基数大。在建设基层枢纽型社会组织 Y 之前,X 街道在社区管理上仍沿用传统的管理模式,即街道政府作为单一的管理者,对作为被管理者的社区成员进行统筹安排。在传统的管理模式中,除基层政府外其他的参与力量都较为薄弱,单一的政府主体导致了社区治理偏重于行政化,治理主体的有限性也造成了社会服务供应的低效化和形式的僵化,不能满足新时期社区发展的需要,基层枢纽型社会组织 Y 也是在传统社区管理模式失效的背景下逐步产生,其参与和推动社区协同治理的路径及功能主要体现在以下几方面。

(一) 激活与协同:增进基层政府社区治理功能的发挥

基层枢纽型社会组织 Y 是基层政府根据自下而上的民生需求来主导建立的,即政府以辖区内居民的问题与需求为导向,按照本区域内居民生活轨迹与社区资源分布整合社会公共服务,进而建立起以枢纽社会组织为纽带的社区治理协同机制,解决社区治理主体的单一化和社区服务的供需不对接等问题。协同治理理论认为,参与治理的多元主体的力量并不是均衡的,并且各主体间存在着合作、协调、竞争、冲突、博弈等关系,只有通过发挥核心主体的主导作用,才能实现力量的有机整合,实现从无序走向有序,产生整体大于部分的合力。[①]X 街道的基层政府与 Y 组织形成了指导与服务、沟通与协调的良性互动关系,即二者之间建立了契约化的委托关系,基层政府把辖区内的社会民生服务模块委托给枢纽组织承担管理,激发了 Y 组织的内生活力和发展动力。作为受委托方枢纽型社会组织在服务提供中具有相对的独立性和一定的

---

① 王东、王木森:《多元协同与多维吸纳:社区治理动力生成及其机制构建》,《青海社会科学》2019 年第 3 期。

自主权,创建了"民情通·即时办"街社公共服务体系向社会提供更合理、专业的服务。Y组织通过"居民连心卡"、"民情日记"、"楼栋公告板"、"社区居民服务手册"、为民服务热线、微信公共平台等载体及时发现社区需求,并将汇总上来的居民需求分拨转办到街道政府的各个分管部门,使得科室工作人员对基层居民需求有更为客观的认识和把握,方便了科室工作更为科学地落到实处。作为委托方的基层政府在提供相应的服务经费、政策支持的同时,也具备有核定监管委托项目、评估服务绩效成果等权利。基层街道政府根据Y组织间接服务的运作方式,提出了以党的建设为引领,以"创新益民服务+互联网"为主体,以"创新社会治理+互联网"和"创新社会服务+互联网"为两翼的民生服务新理念,提高了全街公共行政服务的实效性和群众满意度。伴随枢纽型社会组织具体操作性服务功能的发挥,强化了基层政府在社区建设、社区发展方向、政策设计、保障措施、资源共享与协调共治等方面的宏观统筹规划功能,促进了基层政府由全能型政府向服务型政府转变。基层枢纽型社会组织既是政府职能转移的产物,也是政府职能转移的重要承接者,在政府体制改革过程中扮演着帮助政府实现创新社会治理和宏观社会政策具体化实践的国家经纪机构的角色。[1]

(二) 赋权与合作:促进社会组织社区治理的实践参与

Y组织是社会组织培育与发展中的增权赋能者与资源共享者,社会组织具有民间性、非营利性、自愿性、自治性、公益性等方面的特性,发挥社会组织在服务领域灵敏、灵活、灵巧的特点优势,能够有效的弥补社区自治的不足与市场化的失灵,满足社区居民个体化、系统化和多样化的服务需求。Y组织通过开展人员专业培训、社会组织孵化、联动机制建设、引领社会服务等内外机制实现能力建设的提升,增强了社会组织的潜能和自主能力,促进了社会组织在社区治理中的实践参与。具体而言,Y组织为社会组织的培育、发展搭建了专业平台、工作平台上和人才平台。在专业平台上,Y组织通过社区治理项目引进了一批具有代表性的专业性社会组织,将其作为第三方专业化技术支撑来承接项目,Y组织作为项目监测评估者,以项目化运作方式开展社区居民自治,并借此培育和孵化本辖区内社会组织的发展。Y组织创建了"优定制"社会组织服务体系,通过系统规划提供专业化服务体系、社会组织培育计划和社区治理项目,实现各类社会组织资源的融合共享,通过指导社区社会组织规范地进行资金使用和活动开展,引导优秀社区社会组织完善自身发展规划和品牌塑造。在工作平台上,Y组织整合了街道以及社区服务站配备的项目办公设备和服务场所,给社会组织提供了更多的活动领域和空间,可以培育孵化更多的草根社会组织,提升了社会自组织能力。Y组织建立"爱心汇"公益创投服务体系,通过街道政府引导社会公益资金购买社会组织服务的方式,全方位满足街区群众各类公益需求。基层枢纽型社会组织与其他社区社会组织初步形成社区社会服务的循环体系,在人力资源上,建立起街道工作人员、社区工作者、社区志愿者和居民领袖相互沟通协作机制,形成社区行政力量、专业力量、社会力量和居民力量有机结合的多元共治平台。

(三) 引导与互惠:激发市场主体社区治理的有序参与

市场主体提供的生活服务具有便捷性、精准性、专业性、标准性等特点,依靠市场的力量为居民提供便民服务,可以发挥市场在社区生活资源配置方面的合理性作用,但是当市场原则与社区公共服务的原则发生冲突的时候,市场模式的不足就充分的暴露出来,存在市场失灵现象。如何对提供社区服务的市场主体进行有效引导与管理,确立市场主体社区治理的参与机制,对弥补市场化的局限与不足来确保达到互惠双赢的目标具有重要意义。Y组织通过公益服务体系与市场竞争机制为社区居民筛选了一批优质的服务商,确立了市场主体在社区治理中的参与机制。其一,Y组织建立了"益邻里"社区便民利民服务体系将就近的市场化服务资源引进到社区。社区便民服务体系以社区居民居住地为圆心,依托建成使用的互联网综合服务平台及微信公众服务平台等互联网手段,实现"线上+线下"双订单模式。Y组织推广实施爱心加盟商制度,为弱势群体及其他社区居民分类提供服务;其二,Y组织的"暖阳情"综合为老服务体系引进了智能化居家养老服务模式和社区居家养老模式。为老服务体系形成了呼叫受理、呼叫联动、服务追踪及服务质量监管、评估为一体的智能化居家养老服务模式;其三,Y组织引入第三方运营管理模式对社区便民利民服务体系内的市场主体实施规范化管理。第三方运营平台属于商业机构,而Y组织属于公益服务的社会组织,因此在市场管理方面的方法经验比较欠缺,对社区便民利民服务体系内的商户缺乏科学有效的管理制度、考核与监督体系。Y组织对第三方运营平台进行监管,具体的商户管理委托给第三方来统筹，建立了科学灵活的准入及退出机制，对商户的实际运营效果以及资源的使用效率进行了有效的管理与监督。

三、基层枢纽型社会组织促进社区协同治理的功能分析

总体而言，基层枢纽型社会组织将"互联网＋"与社区治理跨界融合，充分发挥互联网的集成作用，构建了政府、社会、市场三方联动、上下对接的为民服务枢纽体，也增加了协同互动的有效性、及时性与前沿性。多元主体的职能定位和目标定位分别是基层政府融合、集约，推动公共服务扁平化，在行政事务领域中用制度化方式通过"民情通·即时办"街社公共服务体系为居民提供行政服务和公共服务，即政府所行使的行政职能。与制度化服务相应，社区居民的需求会刺激社会分工并内生出非规模化的便民服务体系，这些体系融合于街道的社会组织、志愿者之内，多数带有明显的自治性色彩，在其发展过程中街道和Y组织给予规范化的指导和帮助，为居民提供的专业服务和志愿服务也日渐成熟、完善。市场具有灵活性、弹性的特点，Y组织通过引导规范其提供的生活服务，弥补了市场服务的局限。一定程度上，基层枢纽型社会组织是作为协同治理的创新机制出现的，枢纽型社会组织为何能促进社区协同治理，成为协同治理的重要机制，个中原因分析可归结为以下三方面。

（一）合法性身份

Y组织作为枢纽型组织被赋予一定的合法身份，组织的合法性主要从规制合法性、规范合法性及认知合法性三个维度进行分析。首先，组织的规制合法性来源于政府机关、专业机构、审批单位等的角色规定、规则设计、监督授权和奖惩措施。角色规定是由一定的时间阶段、目标任务以及组织承担的使命等多方面因素共同决定的。枢纽型社会组织既具有非营利性、非政府性、志愿性以及参与性等社会组织的一般特性，[1]又具有枢纽的特性，崔玉开认为枢纽型社会组织"首先是具有官方背景的合法性，其次是在特定领域的排他性，然后是对各种资源的整合性，最后是服务领域的代表性"。[2]在社区治理的实践过程中，政府给予了基层枢纽型社会组织政策的支持、身份的认同、行动的赋权，使得Y组织在参与社区协同治理中政社关系清晰，较好地体现其作为枢

① 莱斯特·萨拉蒙：《全球公民社会：非营利部门国际指数》，北京大学出版社2007年版，第1—2页。
② 崔玉开：《"枢纽型"社会组织：背景、概念与意义》，《甘肃理论学刊》2010年第5期。

纽型组织的特色。并且基层枢纽型社会组织与基层政府的科室之间存在联动性,建立了健全的反馈机制,这使得组织本身在分拨转办上处于主动状态,一些社区的问题能得到及时妥善的解决;其次,组织的规范合法性是建立在遵从社会价值观、组织目标规范及组织行为准则的基础上。枢纽型社会组织自身具有准确的宗旨和完善的制度体系,其通过有原则的参与社区治理,调动了多元化的主体协商共治以解决社区问题、规范社区秩序、促进社区和谐,其组织行为是符合了广为接受的社会价值观和道德规范。在宏观根本制度上,枢纽型社会组织在坚持党委领导不动摇的前提下,准确把握自身的角色定位与核心动力,明确发展方向和为民服务的宗旨,整体上形成全面地框架体系;在中观的基本制度上,枢纽型社会组织各个体系和分系统都建立了完备的制度;在微观的具体规章制度上,组织呈现出各部门、各成员的具体行为模式、办事程序和行动准则;最后,组织的认知合法性在于唤起并保持公众对组织自身的社会认同与支持。基层枢纽型社会组织在调动社区公众全面参与社区治理活动的同时将信息公开化、透明化,包括组织资金的使用情况、服务项目的进展状况、人员分工负责内容等,激发社会监督的潜力,强化了社会监督的意识,完善枢纽组织的外部监督体系,进而增强了社会公众对组织的信任与理解。

(二) 合理性角色

组织的合理性存在表现在组织内部运行要素的科学配置、组织功能有效发挥及组织方式的优化创新。在组织架构上,Y组织内部逐渐形成持续性、系统化、制度化的管理机制,优化了组织内部结构、人员分工和工作规范。Y组织建立了内部的自律自查制度,包括组织内部的监事会制度、法人代表。组织内部进行了合理划分权责,高效合作、科学分工避免工作过程中出现"踢皮球"现象。另外,Y组织确立了枢纽组织自身的工作规范和运行机制,建立了具体可行的绩效考核制度和激励制度,将组织工作团队及其成员、相关人员参与工作的积极性、落实程度、具体成效等作为考核的内容之一,对于优秀工作团队、个人进行激励和表彰;在组织功能发挥上,Y组织实现了社区治理服务模式的一个创新,形成以需求为导向及项目为载体的服务供给模式。随着组织机构日趋专业化的发展,人们个性化需求的增多及社区治理的复杂化的加深,多元主体之间对协作的需求也随之增加。协同的目的是为了共同达到无法单独完成的预期效果,通过枢纽组织的协同,合作伙伴可以形成共同的目标和实现该目标的共同行动。这种共同的行动包括了各个主体对社区需求、社会服务和社区治理难题理解,以及各主体所选择的社区服务活动或干预措施的类别和规模。通过这一个新型的社区治理服务模式,Y组织能够协同社会多方力量提供专业服务,满足社区居民的个别化和系统化服务需求;在协同的方式上,Y组织整合了多元主体参与社区治理,运用"互联网+"手段灵活统筹资源,成为基层社区治理的重要枢纽平台。社会治理进入"互联网+"时代,传统社区治理已不能满足智慧社区治理的需求,Y组织创新运用了"互联网+"的模式推动了社区益民服务的智慧化,推动社区治理充分发挥互联网"线上+线下"的多元互动优势,积极采取了"虚拟+实体"资源优化整合、"新兴+传统"服务伴生融合、"创新+创业"模式演进聚合等举措,社区居民提供方便、快捷、多元的掌上综合性服务。

(三) 合情性策略

基层枢纽型社会组织在社区治理中发挥独特的情感治理的优势。基层枢纽型社会组织参与社区治理践行了"以人为本"的治理理念。社区居民既是参与社区治理的主体又是社区治理的服务对象,社区任何活动的开展都是围绕当地居民展开的。Y组织以辖区基层治理问题和居民服务需求为根本出发点和落脚点,以人民群众的新需求为导向切实回应了社区居民的需求、矛盾和问题,居民调动和需求回应都直接关系到社区未来的发展走向;基层枢纽型社会组织的治理措施彰显了社区情感的价值关怀。Y组织在引进外部的建设发展经验的同时,开发了辖区内社区居民的治理潜能,根据所在地居民的需求和特点来激发他们的参与热情,实现了社区居民从被动参加者到主动参与者再到行动者的角色转变,让居民自己发现社区需求、自己迸发解决需求的灵感,主动实施将灵感变成现实的行动,提升了居民的参与感与获得感,增强群体认同和群体归属感,从而能够带动有公共理念的社区领袖、社区老党员发挥引领作用和模范作用。Y组织对社区居委会的成员、社区领袖等进行了大量的专题式培训,将平台式管理、助人自助、协同治理等理念和知识进行了充分的传递,以此建立和扩大居民的自发参与来激发社区活动的形成;基层枢纽型组织关注社区中青年群体文化,唤醒了中青年群体的社区情感,促进社区发展的整体活力和创新潜力。老年群体是当前社区服务活动参与的主要力量,社区中青年群体对社区活动的误解和自身角色限制导致了他们对社区治理参与率低,中青年群体作为社区的新生力量,Y组织有意识地引导他们参与社区治理和建设中,创新了宣传方式,扩大了宣传范围,做到既能改变中青年群体对社区治理的认识局限又能改观多数公众对中青年群体的刻板印象,扩大了辖区内社区服务受众群体,建立了居民的反哺和激励机制。

Primary-Level Pivotal Social Organization and
Community Collaborative Governance

Abstract：Community governance is the due meaning of the modernization of national governance and has a fundamental position in social governance. With the rise of community social organizations, collaborative governance of communities has become the focus of community governance. Primary-level pivotal social organizations are not only the producer and nurturer of community social organizations, but also the important promoter of community collaborative governance. Based on the hub social organization platform, interaction and cooperation among grassroots governments, community social organizations, market organizations, resident units and residents' autonomous teams have become possible, which has promoted the shaping of a diversified supply system of community governance and community services. The reason why the primary-level pivotal social organization has become an important mechanism for community collaborative governance is closely related to its own specific legal identity, reasonable role and reasonable strategy.

Keywords：Primary-level pivotal social organization；Community governance；Collaborative governance

作者简介:张起帆,上海大学社会学院博士研究生;彭善民,上海大学社会学院社会工作学系教授。

艺术中的都市文化

先锋艺术七元一体史观的逻辑基础

罗 乐

摘 要:查常平的先锋艺术思想史写作,突破了传统艺术史研究的圈限,从人文学的角度展开了艺术史的语言史、时间史、自我史、自然史、社会史、文化史、灵性史七重维度。本文侧重于展开七元一体史观的艺术史、人文学两个向度的逻辑基础,并指出:以世界图景逻辑为基础的七元一体史观,发展了其艺术史学向度的同时,把艺术史学的重心切入到艺术中之人的研究上来。从人的感性经验性、先验性、受造性等角度重新发现了艺术世界中人的生命情感表达。

关键词:七元一体史观 世界图景逻辑 新艺术史 人文学 查常平

如何写当下的艺术史? 从古代艺术到现代主义,史学者都可以从艺术作品中看到每一个时期艺术风格的演变。然而,这种清晰的艺术线索在后现代主义时期发生了巨大变化:后现代话语阵营的解构力量打破了一元的、恒定的艺术风格状况,艺术家以自身独特的艺术语言为目标,摒弃群体性创作风格的出现,从而导致了后现代主义艺术风格的差异性与多样性。这种纷繁复杂的艺术现状也是当下艺术史书写的难点,因为我们无法用单一的书写方式对它们进行整体的概括。

这个问题被汉斯·贝尔廷比喻为绘画和外框的关系。在面对丰富、多元的艺术作品时,"在一定历史时间中产生的,遵照某种关系产生的连贯叙事的艺术史"①已经不能简单概括它了,更不应该用"削足适履"方式强行将当下多

---

① 汉斯·贝尔廷:《现代主义之后的艺术史》,洪天富译,南京大学出版社 2014 年版,前言第 3 页。

元的艺术现场植入到旧有的、一元的、线性的艺术史中。因此,该如何对当下艺术现状进行有效的整理、批评和书写呢?

在查常平的七元一体史观①中,构筑了一个由七个世界因子:语言、时间、自我、自然、社会、历史和上帝(或终极存在)的史学研究范式。它们彼此的互文关系以"人"为圆心展开,形成了人与语言的关系(人言关系)、人与时间的关系(人时关系)、人与自身的关系(人我关系)、人与物质自然体、自然生命体、肉体生命体的关系(人物关系)、人与他人的关系(人人关系)、人与历史的关系(人史关系)、人与上帝的关系(人神关系)的关系链条,它们支撑着他的世界图景逻辑理论,并形成了世界关系美学。②当研究的主体切换为中国先锋艺术时,他的研究就以七元的世界关系美学为切口,展开了以语言、时间、自我、自然、社会、历史和上帝七重维度为研究路径的当代艺术批评。七元一体史观在中国先锋艺术批评方面具有优越性,其原因在于,一方面,当代艺术批评进入多元研究范式的时代。当代艺术实践的多元性、跨学科性,导致传统艺术史学研究已经无法应对当下复杂的艺术状况。因此,如何找到一条适合研究当代艺术的路径,是研究者们不断讨论、争论的命题。基于人文批评展开的七元一体史观,整全地揽括了先锋艺术的创作思想和表达向度,更加突出艺术与人之间的有机关系。

另一方面,查常平认为,艺术研究的重点应该聚焦到人的研究上,聚焦在人作为有意识的存在如何建构自身、表达自身、超越自身之上,"把艺术当作人的一种精神现象,强调艺术在形成个体生命的精神结构、精神动力与精神超越中的独特表现性作用。"③这种作用是一种充满灵性、崇高的能量。艺术在其中是一个载体,是一个将人性、人道与世界联系起来的重要通道。

---

① 七元一体史观,指查常平从语言史、时间史、自我史、自然史、社会史、文化史、灵性史七个维度依次剖析中国先锋艺术的思想史研究方法论。其具体内容的展开,见笔者:《当代中国先锋艺术范畴体系的建构——评〈中国先锋艺术思想史第一卷世界关系美学〉》,《艺术设计研究》2019 年第 1 期,北京服装学院学报艺术版,第 117—119 页。

② 世界关系美学,是查常平把自己提出的世界图景逻辑理论应用于先锋艺术考察的结果,属于一种艺术批评理论。他将此命名为"世界图景逻辑批评"。它"实质上属于一种本真意义上的'人文批评',侧重于先锋艺术的人本诠释;'世界关系美学'侧重理论言述的逻辑性。或者,可以将我的批评观总结为:人文批评的本体论、世界关系美学的基础论、感性文化批评的方法论。"参见查常平:《中国先锋艺术思想史第一卷世界关系美学》,上海三联书店 2017 年版,前言。同时参见施诚刚:《从学术著述到艺术批评:浅析世界关系美学理论的起源》,《艺术广角》2019 年第 6 期,沈阳,第 81—85 页。

③ 查常平:《当代艺术的人文批评》,江苏凤凰美术出版社 2019 年版,第 10 页。

那么，七元一体史观的思考逻辑立足于何处呢？作为一种先锋艺术研究方法论，它是从何处吸收养分，并建立自身的意义根基的呢？下文中，我们从七元一体史观的艺术史学逻辑基础和人文学逻辑基础进行分析。

一、艺术史学的基础

一般而言，传统艺术史学研究存在两种主要路径：一是内部的艺术史研究，其对象主要从艺术品本身的图像形式、风格样式、视觉特点、考古鉴定、作品修复来进行考察；二为外部的美术史，主要是以艺术作品为圆心，围绕展开关于人物传记、图像、文化、视觉心理分析等方面的内容。对于艺术史研究者而言，两种路径的差异并不是那么明晰，主要是对研究者研究的侧重点进行归类。传统美术史学的研究框架，由数名重要的史学家支撑着：文艺复兴时期瓦萨里的人物传记式"美术史"；艺术史之父温克尔曼确定了古代艺术史的规制和评判标准；布克哈特的"根据任务"①的美术史，指明艺术必然是对自身传统、问题、时代命题的解决；施洛赛尔建立了艺术编史学、史源学；瓦尔堡、潘诺夫斯基从图像学的角度重新释读艺术作品；贡布里希用艺术心理学的方式研究艺术史等。这些史学家最重要的贡献在于：一方面，它们体现了艺术史的"真实"。对于他们来说，艺术史最大的意义在于赞美天才的艺术家及伟大的艺术作品；另一方面，在对艺术历史的体察中，建立种种范式和规则。这些规则极大地影响了后世学者对艺术作品的理解。

然而，20世纪70年代，西方艺术史学中出现了"新艺术史"的思潮。客观地说，"新"的提出，必然意味着"旧"的终结和替代。这个"新""旧"交替的契机源于艺术认知的变化。后现代主义艺术破除了传统艺术表达的范式，以现成品为代表，把传统艺术的精英性、叙事性、原时原真性一一瓦解。艺术的破框，直接影响了美国哲学家丹托艺术终结论的提出。在黑格尔"终结论"的基础上，丹托指出了传统艺术创作范式的终结，一套新的艺术认知、创作、机制系统的由此诞生。艺术与艺术史之间的直接关系导致艺术发生改变的同时，艺术研究也要发生变化。传统史学大师建立的规则和范式已经无法解释新的艺术实践。正如汉斯·贝尔廷所说的："'艺术史'是对'艺术'的描述"，②两者密切

---

① 范景中主编：《美术史的形状》，傅新生、李本正译，中国美术学院出版社2003年版，第162页。

② 汉斯·贝尔廷：《现代主义之后的艺术史》，洪天富译，南京大学出版社2014年版，第3页。

的关系意味着新艺术创作范式的到来,则其认知系统、释读理论也要随之而变;另一个原因,来自于艺术史学系统。艺术史学在经历了数百年的书写、数十年的教学实践之后,出现了瓶颈。有学者认为"传统的艺术史不假思索地、被动地将某种事实(或被建构的事实)视为历史的真相。"①传统艺术史家把握着制定艺术史走向的特权,把艺术史的解说引入到一种固定的模板套路之中。这个套路,并不是客观存在的,而是史学家研究范式的延续或重构。

汉斯·贝尔廷看到了艺术史学的危机,认为传统的艺术史学导致艺术被限定在了自律的历史之中,"艺术史的终结"无法避免。然而,值得注意的是,终结的是以历史时间、视觉风格、形式描述为准则的艺术史,是"一种唯一的和固定的关于艺术事件观念的可能的终结"②而不是艺术史本身的终结。对于艺术史本身来说,迫不及待地需要注入文学、地理学、符号学、社会学、宗教学、人文学等新养分。

那么,"新艺术史"与"旧艺术史"之间有何差异呢? 有学者这样概括"新艺术史"研究模式,主要分为:a.后形式主义,以形式、符号分析和图像学分析为主;b.艺术新情境主义,以西方马克思主义、女性主义、文化后殖民为主;c.新艺术心理学与视知觉,以凝视、接受美学为主;d.新诠释学,以结构主义与后结构主义为主。③在"新艺术史"范畴之内,传统艺术史的边界被打开,多种学科补充、支撑着"新艺术史"的研究。当然,随着"新艺术史"的边界不断外延,研究模式的分类并不能完全概括它与其他学科之间的杂糅、模糊关系。可以说,"新艺术史"把自身设置为一个综合性载体,为艺术研究打开了更为广阔的阐释空间。相较于"新艺术史"的吸纳性,传统艺术史在审美和艺术认知领域形成了一种无形的权利和枷锁。这样的价值取向在进入后现代主义之后,人们开始怀着一种否定的观点,希望艺术史研究走下神坛,走向大众、日常世界,走向自我开放的状态。因此,美国艺术世界出现了一些抛弃艺术史、抵抗艺术体制的艺术作品,如波普艺术在"百货公司与博物馆之间达到平衡"④的商业艺术实践及大地艺术对画廊、博物馆的远离等。对于艺术史研究者来说,这些新

① 曹意强、迈克尔·波德罗等著:《艺术史的视野》,中国美术学院出版社 2016 年版,第 371 页。
② 汉斯·贝尔廷:《现代主义之后的艺术史》,洪天富译,南京大学出版社 2014 年版,第 267 页。
③ 曹意强、迈克尔·波德罗等著:《艺术史的视野》,中国美术学院出版社 2016 年版,第 373 页。
④ 本雅明·布洛赫:《新前卫与文化工业》,何卫华等译,江苏凤凰美术出版社 2014 年版,第 320 页。

的艺术现象已经无法适用于传统艺术史书写。同样,这些艺术作品的成功,反向地挑衅、攻击了传统艺术史书写范式。

另外,"新艺术史"的研究有一种"后历史性"的特点。在传统艺术史中,历史性一直是其研究的重要基点,但是,正是由于它对历史选择性的记录,而忽视了艺术到底要什么。传统美术史中树立的众多"旗帜"里,大部分都依托时间线性的研究线索,如风格史、形式分析、艺术意志等研究模式。这些经典的研究模式恰恰成为"新艺术史"必然翻越、规避的准则。因此,"新艺术史"更多地以同时代的艺术现场为研究对象。另外,传统艺术史对历史性的强调与其对艺术的认知有极大的关系,他们认为"历史是体现在事件中的一种意义。"[1]"新艺术史"则把艺术的意义归结为其观念性、批判性和问题意识,具有思想厚度、问题深度。因此,"新艺术史"在对艺术的认知方面拒绝了历史性。"新艺术史"对历史性的拒绝,同样体现在对一些艺术作品的分析上。汉斯·贝尔廷指出,在后现代主义艺术中,艺术作品出现了一种"后艺术史"的状态。通过挪用,艺术家实现了时间的跨越和非逻辑性,并完全没有"历史的负担"。[2]"新艺术史"家很难把当代艺术作品归纳到传统艺术史的时间观中,这同样触发了"新艺术史"走向现在进行时的研究格局。

"新艺术史"的研究范式并非适合于任何时代,它与全球化政治新秩序的开启有密切关联,旨在将不同国家、地区差异性的艺术展现在世人面前。后现代主义时期,欧洲艺术史的主要叙事线索面临瓦解,世界上出现了多种不同的艺术史。比如,美国在1945年之后改写了欧洲艺术史,将自己作为一个后现代主义艺术的重要坐标来书写。另外,一些少数派,如女性艺术发起了对传统艺术史的指责,认为这些艺术史都忽视了女性在历史上的重要作用,呼吁补充、或改写艺术史。由此,地域美术史重写的呼声开始出现,贝尔廷认为这一切都促进了传统艺术史的解体。

面对传统艺术史的困境及"新艺术史"的挑战,查常平提出了七元一体史观的研究方法论。从人文学的角度,切入到当代中国先锋艺术研究之中。他在人文批评的长期实践中,通过人与世界关系因子之间七个向度的关系整合、凝聚为具有超越性、整体性意义的世界图景逻辑,并以此为基础,列出艺术史

---

[1]　汉斯·贝尔廷:《现代主义之后的艺术史》,洪天富译,南京大学出版社2014年版,第238页。
[2]　同上,第5页。

学研究的语言、时间、自我、自然、社会、文化、灵性七重维度。它们的存在以一种递进的关系展开,"从艺术作品图式引申出意义的本源性,呈现意义间的内在关联的逻辑性,从自然媒材、历史文化、社会精神、心理意识、人文超越、艺术语言诸层面展开作品意义的深度性原则"。①这种感性文化批评的方法论,后来逐渐逻辑严密地演变为以人为核心的世界图景逻辑理论,形成于 2007 年论者在香港中国神学研究院访学期间。其思想框架的线索,可以追溯到《日本历史的逻辑》(1995)对人文思想的体悟,经过《历史与逻辑——作为逻辑历史学的宗教哲学》、《人文学的文化逻辑——形上、艺术、宗教、美学之比较》(2007)两部论著对人文思想的根基的反复修正和探讨,进而在《新约的世界图景逻辑》(第一卷,引论)中得以定型。

正如汉斯·贝尔廷所说:"毕竟或因此不再有一种以唯一的对艺术事件的描述承担自己的主题的艺术史,而产生一种在多个'艺术史'之间进行选择的可能性,这些艺术史从不同的方面接近同一个素材。"②查常平的目的在于对中国先锋艺术中思想观念进行捕捉和深挖。在《中国先锋艺术思想史第一卷世界关系美学》中,作者把世界图景逻辑理论细化为以人为基点的七元维度的艺术史学研究:作为语言史的艺术史,列举了以艺术表现语言、媒介语言为特征的艺术家作品;作为时间史的艺术史,分析了以时间为表达对象的艺术作品;作为自我史的艺术史,分析以艺术家个体自我表达为核心的艺术作品;作为自然史的艺术史,列举了以人作为自然生命与世界的共生关系的作品;作为社会史的艺术史,主要研究以人与人、政治、社会之间关系的作品;作为文化史的艺术史,主要讨论以人与精神文化相关的艺术作品;作为灵性史的艺术史,讨论对思想上具有终极关怀的艺术作品。每一个向度的史学研究,把相应的艺术作品揽括进来,史学理论与艺术实践相互印证,为中国先锋艺术研究展开了人文思想的新维度。

二、人文学的哲学基础

查常平的人文学概念的基础是人的主体生命意识。相较人文科学、人文主义中关于人的研究概念,人文学探究所有由人生成的相关的人文现象。人

---

① 查常平:《中国先锋艺术思想史第一卷世界关系美学》,上海三联书店 2017 年版,前言。
② 汉斯·贝尔廷:《现代主义之后的艺术史》,洪天富译,南京大学出版社 2014 年版,第 225 页。

文科学指向了一种对人的研究的理性思考维度。这种理性把人的研究仅仅限于可实证的人的物理性和肉身性上，忽视了人的情感和意志的存在；人文主义在反抗中世纪经院哲学的背景下，一定程度上反映了人的文化、理智的成就，却压制了上帝与人之间的密切关系，淡化了对人的"终极关切"①的思考，把人的一切行为、思考归结于人自身的努力。查常平的人文学，既摒弃科学在人的研究中的"神化"地位，又质疑人文主义对宗教性的隐蔽，"以生成性价值逻辑主体即人的意识生命体、精神生命体和文化生命体为对象"，②通过"人的存在对人的全部存在的言说，并且以培养人的整全的人性为目的"。③它展开的是关于人的人文现象研究。

这种以人文学为研究视域展开的世界图景逻辑、七元一体史观，都是以人与世界的整全维度进行思考。从它们之间的关系来看，七元一体史观的构建源自论者的世界图景逻辑。世界图景逻辑代表着查常平对上帝、人、自然万物之间关系的看法。在其以往的文章中，笔者发现论者对于世界的认知具体体现在语言、时间、自我、自然、社会、历史和上帝（或终极存在）七个因子之中。人连接着七个世界因子，也是此在的存在。因此，此在即包括人本身，也包括人与世界因子之间关系的存在。由于人的关系性，此在的存在具有关系性、生成性。这个生成性，一方面体现在人的世界是不断变化着的，另一方面体现于人的变化。七个世界生成因子与人的相互作用、相互关联，形成了具有认知逻辑观照的七重关系。它们共同建构了查常平的世界图景逻辑理论，并且把它运用于人文批评实践中。

七元一体史观继承和生发于世界图景逻辑理论。可以说，世界图景逻辑作为查常平的人文学理论的核心，为其研究艺术史提供了思考的前设和参照。七元一体史观正是他破解中国先锋艺术思想维度的重要利器。那么，要对七元一体史观的逻辑基础进行分析，首先必须从他的人文学理论逻辑基础切入。在他的文章《人文批评的逻辑前设——世界图景逻辑批评的基础》④中，我们可以找到三个重要的逻辑基础，即经验论、先验论以及创造论。三者铺设了其人文批评的思考基点，同时，为七元一体史观奠定了坚实的思想源点。

---

① 查常平：《人文学的文化逻辑——形上、艺术、宗教、美学之比较》，巴蜀书社 2007 年版，第 7 页。
② 同上，第 10 页。
③ 同上，第 3 页。
④ 查常平：《当代艺术的人文批评》，江苏凤凰美术出版社 2019 年版，第 32—49 页。

（1）经验论的思考维度

在经验论者的认知中，经验是观念的主要来源，是发现真理的机缘。①经验论的证明为七元一体史观提供了感知介入的基础。在人与七个世界生成因子互动所构成的理论框架中，存在着不同的关系层次。这些层次，不仅体现在认识的来源是否是形上或者终极存在，也体现在个人感官、认知经验之中。因此，这种关系承认了人的存在的经验性与形上、神性的因果关系，也论证了它们之间存在的统一性和关系性。

经验论回应了"七元一体"中人的作用是什么的问题。从七元一体史观的起源来看，这是一个由人经过长期研究、分析凝练出来的理论成果，是从人的角度发展出来的理论；从其关系逻辑上说，人是七个世界因子的串联者、关系的生发者，了解人在其中的作用对于理解七元一体史观有着极其重要的意义。在世界图景逻辑中，语言、时间、自我、自然、社会、历史和上帝必然由人的感知和表达作为载体、中介，才能成立。如果没有人的参与、感知和表达，这一切将没有研究基础和意义；从其研究对象上说，七元一体史观的主要对象为中国先锋艺术，艺术创作是人类重要的思想成果，因此，史观研究的根本是对人的研究。正如贡布里希在《艺术的故事》中，开篇第一句话指明了并没有所谓的艺术史，实际上史学研究的是一个个艺术家个体，艺术史的研究最终是对艺术创作者的研究；从接受者的角度来看，它也是为人类知识系统做出的研究成果，最终的接受者、审阅者也是人本身。

那么，人如何实现经验的输出？近代哲学把人类获得知识的来源分为经验主义和理性主义两大系统，两者的争议围绕着人类知识何处而来的难题。有人说知识来源于天赋，有人则说来源于知性、论证。经验论给出了一种知识来源的可能，即通过直观感觉。

最初，经验被亚里士多德认为是一种区别于动物的记忆，由不断积累的、具有逻辑性的感觉印象、记忆而产生。相较于后来的经验论者，亚里士多德的经验观近似于科学知识产生的初级阶段，具有有限的知识性和概念性。但是，它来自于感官，却与感官意识差异巨大。世界图景逻辑批评理论中的经验论，更加接近以洛克、康德为代表的以感官知觉作为经验意指的观点。

洛克肯定了经验的产生来自感觉、反省两个方面。其中，感觉被认为是观

---

① 赵敦华：《西方哲学简史》，北京大学出版社 2017 年版，第 245 页。

念的外在来源,通过外物对人的感官、知觉的刺激,得到颜色、声音、气味、触觉等各种感觉观念;反省则是观念的内在来源,心灵本身对外来刺激做出的反应。康德在洛克的基础上,明确指出了我们的大部分知识都是从经验开始的。他提出经验性和经验之间的关系问题,改装了近代哲学中经验论以感觉、知觉为主导的观点。他指出:"我们的知识产生自心灵的两个基本来源,其中第一个是接受表象的能力,第二个是通过这些表象认识一个对象的能力;通过前者,一个对象被给予我们,通过后者,该对象在与那个表象的关系中被思维……我们的本性导致直观永远只能是感性的,也就是说,只包含我们被对象刺激的方式。与此相反,对感性直观的对象进行思维的能力是知性。"①由此可以看到,在康德那里,感觉必须通过"知性"的思维能力进行规制和锤炼才能获得知识。但是,两者实践过程的价值是等同的。

在查常平的批评实践中,经验论为他提供了一个有效的思考基础,他肯定了"人总是活在经验之中"。②人的主体感官和知觉都在一定理性思维过程中进行提炼,最终成为知识。因此,人的观念产生和获得真理的方式必然依靠经验。人通过语言功能、时间感知、自我反思、身体知觉等方式开始对接世界。在论证中,他非常明晰地清理了人是如何获得经验的。首先,"当我这样言述的时候……我已然存在于和语言的关系之中……人是一个语言生命体。"③查常平指出,通过人的语言,实践了语言的句法、结构经验,获得了人言关系维度的认知;在艺术研究方面,通过艺术家个体的艺术语言、绘画语言,触及艺术语言表达的维度。艺术史学某种程度上是艺术语言、视觉语言、图像语言的研究。

其次,"当我这样言述的时候……我和时间发生了关系,已然存在于和时间的关系之中……人是一个时间生命体。"④人无法与时间相隔离,人永远存在于物理时间维度中。艺术研究的人时关系,除了体现在艺术历史研究维度上(这一点在传统艺术史研究中非常常见,本文不再赘述),同样体现在先锋艺术实践中那些表达时间、体现时间的艺术作品中。这类作品为艺术史的书写,揭开了作为艺术观念的时间的表达系统,这也是艺术家对个体生命时间的

① 康德:《康德著作全集:第3卷纯粹理性批判》,李秋零译,中国人民大学出版社2004年版,第69—70页。
②③ 查常平:《当代艺术的人文批评》,江苏凤凰美术出版社2019年版,第32页。
④ 同上,第33页。

思考。

在世界图景逻辑批评理论中,"我"的维度可以从两个方面来看:一方面是个体对自我的表达,另一方面是人思考、反思的起点。"人我关系,是人在存在中遭遇的最有内在性的关系。"①洛克的双重经验说中,反省是"我"心灵自发的一种活动,是一种主动的行为。先锋艺术实践中,人与自我的关系实际上建立在反思、反问、反应的维度上,论者把这类艺术现象进行归类分析,体现了艺术家对自身的不断深挖和辩证的能力。

在贝克莱的经验观中,存在就是被感知,尽管这个观点受到了其他经验论学者的质疑,但是,客观地说,贝克莱的观点证实了人的体验和感知的重要性。查常平认为,人的感官性为人的认知开启了"实体性的关系",因为人无法摆脱身体中生理性、生物性、肌体性、自然性的体验。人物关系意味着"人是一个物质自然体、自然生命体、肉体生命体"。②在这个关系维度中,不但体现了人与身体、肉体的关系,同样凸显了人与其他物质之间的关系。因此,他在梳理这类艺术作品时,呈现了先锋艺术实践中无法脱离人的感官、物质诉求的本质。

同样,人在进行表达时,并非是自言自语,而是一个向外输出信息的过程,而接受者证明了"他者"的存在意义。任何艺术作品都有一个接受群体的预设,正如人的存在都是在一个群体生存的模式。因此,人人关系,也是人与人、与群体、与社会之间的关系。在这层关系中,人只有在自我辨认、反观的过程中,了解自身与他者之间差异的边界,而这个差异正是很多艺术家主要表达的对象。在先锋艺术中,人人关系维度展现了艺术家与群体之间身份认同、阶级、种族、性别等问题。这些问题最终指向了人与人之间无法调和的差异。

另外,查常平认为,人的文化价值体现在对人类思想历史是否占有一席之地上,同样,艺术史的意义在于,在漫长的艺术创作历程中,艺术作品是否依照相应的系统和逻辑行进下去。人史关系中,艺术家的艺术实践即遵循着历史的规律又表达、呼应着历史的步伐。因此,人史关系体现了人在历史中的状态以及历史触发人的反思。

最后,人作为感觉知觉的发出者,作为七个世界因子的关系联结者,必须对自身经验的来源进行询问。这是自我认知的重要途径。然而,在对自身进行观照时,人发现自身感知的局限性。于是,人向周围的世界、向之上的生命

---

① ②　查常平:《当代艺术的人文批评》,江苏凤凰美术出版社 2019 年版,第 33 页。

体寻找绝对性的答案。这个之上的生命体,即所有问题、思考的终极存在。那么,人是如何通过感受,了解到绝对性存在的呢? 首先,从经验论的角度来谈,感觉总是在谈"自我的感觉"。这种"自我"是一种有限的感知,我们在谈经验、谈观念,都是从一个片面的个体的角度进行分析,并非是无限的、绝对的、普遍意义的感知;其次,如果没有个体的感官知觉,万物依然存在,时间、自然、空间、动物等都会存在。因此,人处在与这些事物相互关系的维度之中,"人生来就在关系中,他无法在关系之外来讨论任何对象,更不可能在关系之外来讨论任何关系本身。"①在认定了这一点之后,在世界关系之上必然有一个超然于关系的"他者"存在。而这个他者,在基督教看来就是制定这个关系链条的上帝;最后,世界关系因子之间有着秩序性、规律性的存在关系。这种秩序是人和万物共同依赖、遵从的,并非由某种个体心灵、意识产生的,而是由一个超越"我"的造物者设定着万物的秩序。因此,人与上帝的关系,呈现了经验论中关于感官知觉来源、感知对象的来源、关系互动的来源的终极问题。

(2)先验论的思考维度

先验论源自康德对经验论和唯理论的结合。康德把其定义为:"我把一切与其说是关注于对象,不如说是一般地关注于我们有关对象的、就其应当为先天可能的而言的认识方式的知识,称之为先验的。"②在康德那里,一切先天的知识,都被认定为先验,同时,"一切先验的东西都是先天的",③先验天生就存在于个体的认知中,具有普遍必然性。他通过感性直观的先验感性论、先验知性论、先验理性论三个向度对先验性的体现进行分化。其中,直观性,是康德先验论的重要起点,他从三个方面启发了查常平。④

一方面对人的思考。论者对先验性的认知,从根本上体现在对人的先验性方面。从人文批评哲学来源与人文批评的世界图景逻辑切入,查常平竭力回答什么是人的问题。本着"以人性教化为内在目的的精神态度与方法",⑤其人文批评的独特之处在于倡导人的多元生命价值,针对的是科学中把人作

① 查常平:《当代艺术的人文批评》,江苏凤凰美术出版社 2019 年版,第 36 页。
② 康德:《纯粹理性批判》,邓晓芒译,人民出版社 2004 年版,第 19 页。
③ 赵敦华:《西方哲学简史》,北京大学出版社 2017 年版,第 304 页。
④ 查常平:《历史与逻辑——作为逻辑历史学的宗教哲学》关于"逻辑直观"的讨论,巴蜀书社 2007 年版,第 19—22 页。
⑤ 高尔泰:《查常平的人文言说——〈人文学的文化逻辑〉读后感》,《艺术探索》2008 年第 22 卷,第 144 页。

为一种物质体、肌体之类单向度规定,而忽视人的生命情感、生命意志的作用。

在《人文批评的逻辑前设——世界图景逻辑批评的基础》一文中:"关系之对象的绝对相关与绝对差别"①是关系存在的前设,也是人拥有独特存在性的源点。"人"与"人类"并不是一个等同的概念。"人类"的概念从横向来看,首先指代了一个宏观的概念:在世间万物中,区别于其他物种的类别。从历时来看,人类指涉了从古到今所有符合该物种特征的生物。其次,"人类"更是一种符号,代表了一个庞大的群体。这个群体,摒弃了具体性、指涉性、辨识性的测度,是概念化的存在。而人文批评的图景逻辑通过对"人的本质的'关系本体论'"②的设定,将"人"的概念引向世界关系的集合者,而关系中的人,才是具有位格的、具体的个人。此时的"人"承认了人与我、与时空、与此在、与上帝之间的密切关系。"人"有着有限的生命时间和恒定的存在时空,并非历史中的某个"我",而是此时、此地的个人存在。因此,个人的特殊存在以及这个特殊体与外在的关系,是人文批评图景逻辑存在的基点,也是七元一体史观的起点,是一切关系生发的动力源泉。人文批评的哲学来源,就是人与上帝、与世界的存在关系。关系中的人,并非是关于"人类"的泛指,也不是抽象化的"人"的符号,而是世界生成因子关系交织之处,也是关系的生发处的一个具体化的人。

第二,对七元一体史观中时空观念的思考。康德对时空的讨论基于把个体作为一个接受者直观地与时间、空间串联在一起来考虑。他认为时空观念的产生先于经验、不依赖于感觉,是人类生存的先决因素。同时,时空必然与个体经验联系在一起,因为,基于生活经验的观察、分析,人可以确定处于时空之中。也就是说,可以假定没有人类的时空,但是不能说没有时空的人类。

在七元一体史观中,体现了人与时空关系之间的直接联系。③在作为时间史的艺术史中,体现了个体与时间关系的接受关系与共生关系,论者列举了大量的艺术案例,凸显了以时间为表达对象的艺术系统与创作策略。

空间的先验性体现在把空间列为感性直观之物,康德为此给出了三个理由:一是空间直观地体现了我们与一切外部因素之间的位置关系,而且这种位

① 查常平:《当代艺术的人文批评》,江苏凤凰美术出版社2019年版,第38页。
② 同上,第40页。
③ 查常平:《历史与逻辑——作为逻辑历史学的宗教哲学》关于"时间历史论"的讨论,巴蜀书社2007年版,第135—136页。

置关系是先决性的;二是人无法脱离空间而存在,但是,空间可以独立于人而存在。空间是不受人意识为转移的对象;三是空间包围着我们,是一个没有边界的整体,是无限的,我们无法在性质上分割空间。在世界图景逻辑批评理论中,出现了两个维度的空间:一层是直观感知的空间,以人物关系中的自然空间、人人关系中的社会空间为对象。其中,人物关系讨论的是人与自然相处、共在的关系。在对中国先锋艺术的研究中,作为自然史的艺术史,列举了以人作为自然生命与世界的共生关系的作品;而人人关系中的社会空间,讨论的是人与他人构筑的社会关系。在中国先锋艺术史的书写中,论者提出了作为社会史的艺术史,从中分析了表现人与人之间社会关系的作品。

另一层面是泛化的空间观。20 世纪 70 年代,西方掀起了一股"空间转向"的理论风潮。在列斐伏尔的"空间三元辩证法"之下,空间得到了解放。空间被视为一种可以想象、生产、延展的对象,空间的认定可以不断地编织、想象、创造出来,意识、片段、话语都可以生产出它自己的空间。在中国先锋艺术史中,查常平设定了七个向度的史学观照的同时,开辟了七种维度的空间:语言史的言说空间、时间史的讨论空间、自我史的分析空间、自然史的延展空间、社会史的研究空间、文化史的分解空间、灵性史的阐释空间。这些空间的存在,设定了研究框架。而这些空间的合理性,来源于空间本身的先天直观性。"它们仍然属于我们内心的接受性的条件,内心只有在它们之下才能感受到对象的表象,所以这些表象任何时候也必定会影响对象的概念。"①

第三,艺术先验论的诞生。在先验论的哲学系统中,德勒兹把先验观与美学认知结合在一起。他认为艺术创作就是先验感性实践的对象。艺术是一种思想观念的表达方式,通过艺术家个体的精神感知、思维创造而成立,它表达的是一种先验性的感性认知力量。查常平在艺术的感性意识基础上提出了艺术先验论。他在《人文学的文化逻辑——形上、艺术、宗教、美学之比较》一书中,对先验艺术论进行了详细的分析,相较于德勒兹、朗西埃的艺术先验性思考,他的先验艺术理论体现在个体精神的彼岸化方面,定义艺术是人的"彼岸生命情感的感觉性象征语言形式。"②

那么,论者如何对其进行论述呢? 对于艺术本身而言,主要分为艺术的形

---

① 康德:《纯粹理性批判》,邓晓芒译,人民出版社 2004 年版,第 69 页。
② 查常平:《人文学的文化逻辑——形上、艺术、宗教、美学之比较》,巴蜀书社 2007 年版,第 163 页。

式语言、艺术图像、艺术家案例三个向度。

首先，艺术形式语言的先验性，来自于感觉性象征语言的表达。艺术的形式语言体现了个体在表达观念意义时所依托的载体。载体与艺术观念之间有着亲密的关系。可以说，观者获得一件艺术作品的经验意义极大地受到了艺术形式语言的影响。查常平认为，艺术先验性体现在艺术形式语言的先验性，而形式语言借助象征性设定艺术与非艺术的界限。正如形式语言是艺术作品观念意义的形式、技巧的显现，艺术语言的先验性来自于创作者、创作的意图具有一种彼岸化的生命情感诉求，是"以感觉性象征语言承受普遍自我的方式"。[①]为什么运用象征性而不是其他的传达方式？ 在世界图景逻辑批评理论中，查常平指出艺术语言的象征性聚焦在个体创作时受到一种无限的情感动力的驱使。这种表达的意向，来自个体先天的感觉，并非一种直觉或者推理。通过有限的视觉语言、形式表达，延展出具有无限性且不可见的意义。

其次，艺术对象的先验性，源于创作者表达彼岸化生命情感的诉求。艺术对象，指用象征性的艺术语言所表达的人的生命情感。它源自个体在创作过程中，为了实现自身彼岸化情感表达的意愿，在现实世界中寻找、甄选可以代替创作者观念意义的图像、物品。查常平提到了"人的生命情感的流走性"，[②]与审美现象学中的意向性有一定相似之处，都是情感内化为某种驱动力，让情感、感性意识、审美经验发生了转移和流动的力量。艺术对象也是艺术表达的内容，随着创作者情感的波动，形成链接生命、精神、情感与艺术形式之间的重要图像载体。与艺术语言相似的是，艺术对象对创作意图的传输都是通过象征性来实现的，即通过具体的某种图像、形态表达出无限的生命情感。

最后，艺术使命的先验性，生发于创作者的灵性感知和表达意愿。查常平认为，艺术使命是个体产生艺术创作冲动的源起，是艺术创作者作为一个有限的人，对彼岸生命体的敬仰所发出的一次次触碰。对于艺术创作者而言，其有限的生命试图表达无限的生命夙愿本身就是一种升华体验。这一切的实现，源于个体的感觉性，是"把生命情感组织成形式的能力"。[③]艺术使命的先验性就是把生命情感组织成形式的冲动力。这种动力是先天的、不可论证和辨析的，它关乎生命的原动力，是人类精神生命意义的价值体现。

① 查常平：《人文学的文化逻辑——形上、艺术、宗教、美学之比较》，巴蜀书社 2007 年版，第 156 页。
② 同上，第 160 页。
③ 同上，第 161 页。

（3）创造论的思考维度

相较于广为人知的宇宙大爆炸起源论，约翰·雷在《造物中展现神的智慧》中提出了两种假说，一种是亚里士多德提出的世界"自在"说。这种提法，包含了某种理性主义成分，但是其"自在"性仅仅限于某种特定物质，而不是所有事物都如此。这个结论无疑陷入了更多的谜题之中。第二种假说来自孟德斯鸠提出的原子组成说。原子之间的游离与随机组合形成的复合物，构筑了世界。然而，随机性和偶然性的原子组合，并不能在"意料之外"产生多种生命体，更何况产生了像查常平所描述的人作为语言生命体、时间生命体、意识生命体、肉体生命体、精神生命体、文化生命体、灵性生命体等的复合性存在者。[①]在很多西方学者那里，孟德斯鸠的学说被质疑和否认。他们认为自然中体现了神的存在，正如，圣歌中唱到："这一切都是您用智慧造成。"[②]显然，在自然实证科学那里，忽视了一切关于终极成因的考虑和思索，自然世界中那些被认定具有机械力作用的现象，很多则背离了机械定律和实证科学的认知范畴。因此，我们的世界正是通过某种神秘的能量，一种智慧的指引，使得这些事物能够合理地、具有秩序地进行。这种终极的创造力量是终极存在的神性力量。这种关于终极因的学说，查常平认为需要建立在"基督教的创造论"的基础上，特别是聚焦在人的认知上。

西方人文思想对人，"人观"、"位格人"的看法的差别，在于是否基于一个整全的观念、历史、意识之中来思考人。人在本能上只是一个生物性的概念，没有上升为"位格人"，更不可能具有人观的思考维度。位格人的存在，涵盖了人的生物性（肉体）、心智性（自我）、社会性（他者）、潜能性（多维度、时间等）、历史性（历史）几个方面，并非是一个单一的指代。而基督教对位格人的设定为："作为上帝形象的人"与他的关系性奠定了人的位格性。其中，基督教创造论中人性概念的基础为：人是具有上帝的形象与样式的、有灵的存在者。只有确定了这一点，才能对人性的概念进行重新认知。作为上帝的形象的人具有肉身性和理性，其中，身体与理性（灵魂）并不能单独存在，两者只有合一为整体才能形成完整的人性。同时，上帝处在所有关系的起点，人处于上帝的关系

---

① 查常平：《当代艺术的人文批评》，南京：江苏凤凰美术出版社 2019 年版，第 32—36 页。他还有关于人作为主体生命、个体生命、我体生命的论述，氏著：《人文学的文化逻辑——形上、艺术、宗教、美学之比较》，巴蜀书社 2007 年版，第 52—69 页。

② 约翰·雷：《造物中展现的神的智慧》，熊姣译，商务印书馆 2013 年版，第 22 页。

之中,同时获得了上帝与创造物的各种关系。人的位格性就体现在继承和获得上帝的三位一体的关系性上。

那么,是不是所有人都具有位格人的潜能呢? 在上帝创造人这一物种时,人就有能力在一定时间里发展、获得各种关系。在基督教的传统中,每一个人都处在与上帝缔结的各种关系之中,在上帝造物之时就已经预设了人与世界的关系的产生和发展。因此,人一定存在于关系之中,这是一个绝对性的命题。

在终极意义上,上帝与人的关系体现在三个方面:首先是神人关系。相较于七元一体史观中的最后一个关系——人神关系而言,神人关系凸显的是神学的视域,两者的关系决定着世界上一切的关系,是人的所有关系的基础。而人神关系表现的是人文批评的前设,从有限性的人展开的关系架构。另外,在基督教神学思想中,神人关系的实现依靠的是上帝的启示、上帝的话语,人的存在依赖着上帝的话语,人掌握语言的能力也是上帝赋予人类位格性的能力。

其次是人与人的关系。人是受造物之一,人的局限性决定了人被赋予了人人共存的能力。"上帝亦意愿人与人之间在一种'伙伴关系'与'团契'氛围中共处,因为人类的和睦的生活正反映上帝自己的三一团契生命。"①在世界关系美学理论中,人我关系、人人关系、人史关系、人物关系都直接与他有关。在人我关系中,人正是在与他者的相遇之后确定的自我,人我关系体现的正是大我与小我之间的关系;人人关系就是人与社会、群体之间的关系;人史关系指涉的是人与过去时间中人类的遗产和传统发生关系;人与自然的关系体现了上帝与自然受造物之间的关系。从受造性来说,人是上帝用泥土塑造的形象,人与自然有着同源关系,同时,人又是上帝形象的赋予者,人的身上体现了上帝与自然世界之间的关系。从使命性来说,上帝给予人类的任务便是治理、保护自然;从圣经上来看,人与自然同属于上帝创造的对象,两者具有亲密的关系。在人物关系上,人与万物、身体之间的关系,体现了受造物之间平等、互爱的关系。

查常平的七元一体史观从世界图景逻辑而来,语言、时间、自我、自然、社会、历史和上帝七个世界因子是一个整全关系中的分子,它们以人为中心展开

① 许志伟:《基督教神学思想导论》,中国社会科学出版社 2001 年版,第 128 页。

七重关系网。这个过程中,人"始终是绝对有限的存在者","处于一个核心参照点的地位"。①

世界图景逻辑与七元一体史观都从人的视域出发,展开先锋艺术的人文批评的实践。基督教创造论,确定了人继承了上帝与其他受造物之间的关系。人身处在上帝造就的身体中感知世界,只有通过不断的自我追问和思索,才能确定自身在语言、时间、自我、自然、社会(他人)、历史、终极存在中的价值归属。在世界图景逻辑理论中,将人神关系放在七种关系的最后,其原因在于:在个体的生存现状中,随着心灵世界的逐渐升华,人在突破俗世关系的囿限之后,以虔诚的姿态来到上帝面前。这是一个自我超越、由现实经验走向灵性世界的过程。因此,七元一体史观的基点是从七元向度展现艺术个体对彼岸化人生形象的诉求。

结　语

查常平的七元一体史观,从人文学的视域出发,主要对中国先锋艺术进行观照,②并从七重艺术史向度,对众多艺术案例进行了整全的诠释。笔者在对七元一体史观的逻辑基础进行分析时发现,以世界图景逻辑为基础的七元一体史观,发展了世界图景逻辑的艺术史学研究向度的同时,把艺术史学的重心切入到人的研究之上。从人的感性经验性、先验性、位格性等角度重新发现了艺术世界中人的情感表达,进而为当代先锋艺术思想史研究提供了新的认知角度,为艺术个案研究延展了新的阐释空间。

The Logical Basis of The Historical View of
The Seven Forming Factors of Art History in
Pioneering Contemporary Chinese Art

Abstract：Zha Changping's Pioneering Contemporary Chinese Art thought history writing breaks through the limitation of traditional art history research. From the perspective of hu-

---

① 查常平:《当代艺术的人文批评》,江苏凤凰美术出版社 2019 年版,第 16 页。
② 他也讨论了不少欧美、日本的先锋艺术现象。氏著:《中国先锋艺术思想史第二卷混现代》,上海三联书店 2017 年版。

manities, this writing paradigm unfolds seven forming factors: language history, temporal history, history of self, natural history, social history, cultural history, and devotional history. This paper focuses on the logic basis of the historical view of the seven forming factors of art history and humanities. This paper pointed out that the concept of the seven forming factors of art history based on world-picture logic has developed the dimension of art history, and at the same time, it has put the focus of art history on the study of human in art. It also points out that this historical view rediscovered the expression of human life emotion in the art world from the perspectives of human perceptual experience, transcendentality and created.

Keywords: the seven forming factors of art history; world-picture logic; new art history; humanities; Zha Changping

作者简介：罗乐，四川美术学院造型艺术学院油画系讲师，美术学博士，主要研究方向为当代绘画理论、当代艺术创作方法论研究。

虫国隐语
——苍鑫新作的艺术转向与人文母题

吴　莹

摘　要：中国当代先锋艺术家苍鑫在其庚子年二十二幅宣纸设色的新作中构筑出一座庞大的虫国。与艺术家以往绘画作品、雕塑艺术以及行为现场所呈现的对人物、人神、天人等关系的积极思索、强烈沟通与激情表达不同，新作以微观的虫世界表现意识内化与解蔽的阶段结果。"虫"在人类传统认知和神话经验中常扮演有害之物、原始的死亡等角色，却也充当信使和先行者，以隐语的方式警示人类其所存在的世界和环境随时可能发生的异变，教诲人类在觉察之余更要居安思危，防微杜渐，在恒常中管理异变。眼下全球肆虐的疫情打击人类骄奢放逸的主宰者心态，艺术世界里，人被带到真理的切近之处，与虫比邻，却依然无法洞悉"虫"的全部奥妙。新作揭示着苍鑫本人"内化与解蔽"的艺术转向及其一以贯之的"恒常与异变"的人文母题。

关键词：虫　隐语　苍鑫　艺术转向

一、内化与解蔽：苍鑫新作的艺术转向

先锋艺术家苍鑫二十年的神秘体验和艺术经验于其个展"恒常与异变"中再度被带到人们近前，除了稍早完成也更为人知的《交流》系列（1999—2006）和《天人合一》系列（2003—2007），全展中心位置则留给了艺术家庚子年间问世的新作——第二单元"灵物"向第四单元"密码"过渡中的二十二幅宣纸设色作品。纵观苍鑫迄今为止的全部创作，无论技法表达还是画面内容，新作无疑传达着艺术家对于传统风格的大胆突破和意识交流的重新求索：浓郁的黑金

颜彩掩盖住经纸泛黄的本色,在黑之沉抑和金之狂欢的冲击与交感中,一座看不见的古老城池正盈盈向来者祛魅。若定睛细瞧,王国里尽是末日世界的流动图景:病毒体结置网罟,静待猎物自投罗网;折叠空间一端倏忽钻出高维生物的脑袋,却在探身垂问的瞬时消失得无影无踪;灵知派信奉的圣牲衔尾蛇正进行着无尽的自我吞食;迷宫通道的深处,群虫攀附神秘几何,恣意游冶横行;阴影巨物汲取着生命之树的不竭能量,数不清的诡异眼球炽日般凌空高悬——这是祖先们殷切注视来者的目光,只是注视着,而不发一言,艺术世界与现实世界在目光交错刹那短暂合体,却又在意味不明的凝视和无从言说的话语中分崩离析。

艺术家一反往常直接以身体去触碰天地人神的沟通方式,逐渐减少自我形象的出现,将更多主动权还给这片加密了的灵物—密码地带,对于参观者和鉴赏者而言,艺术的隐匿,或说艺术"隐语式"的呈现并非有意疏远与观众的距离,反而在制造距离的过程中强化审美张力和审美趣味,欣赏者不断递进的窥视欲和阐释欲向作品中静默的隐语宣战,却在他们扬声自旌,宣称自己的知识或经验对作品中某一语言符号的能指了如指掌时,冷不防被躲在暗处的所指突袭。当然,即便是博古通今的批评家们或拥有相似宗教体验的信众们也无法阐明任一作品语言的全部意义世界,总有难以言明的庞大部分埋在诸种可被言说的冰山一角之下,它们不主动彰显面目,更多时候等待着在碎片化时间中的与人重逢,若无人问津,那么隐语将自行消解。作品表达与审美鉴赏的对决向来难分胜负,比起艺术战场上的较量结果,更重要的是存在者如何抓住艺术隐语反击的瞬间——一种相对运动过程中的靠近式远离,一种难以觉察的低姿态挑衅。可以说,如果将艺术作品看作一件无生命无意识的孤立实存,那么访客们的参与则开启了运动轨迹:当他们驻足、凝视作品、关联经验、试图言说时,隐语正在朝他们靠近;如果访客们愿意进一步解释形象或符码在他们经验中生成的意义,隐语又随之脱落一层神秘外衣。然而,鉴赏活动并非全知全能的还原,甚至在浅尝辄止之后会随即落入自以为是的假象,于是在目光收回、运动断裂的一刹那,向着真理敞开的隐语旋即"收和颜而静志兮,申礼防以自持"。[①]在这一往复回环中,艺术家巧妙地退居于暗处,观看作品与访客们的自主游戏。

---

①　萧统编:《文选》,李善注,上海古籍出版社 1986 年版,第 898 页。

　　苍鑫新作中的人文转向和上述可能带来的艺术参与活动并非空穴来风，并非与前作毫无关涉。事实上，无论是沿着他艺术创作的线性时间，还是以"恒常与异变"展览的单元顺序为红线按图索骥，不难发现艺术行径中一道高度清晰且循序渐进的表达脉络：巫术——宗教——科学。

　　较早创作的《交流》系列 2-4（1999—2004）、《身份互换》系列（2002—2006）、《冰火》系列（2003）和《天人合一》系列中，艺术家将自身与天地万物的灵性交感通过行为现场与摄影进行刻录，以个人身体为媒介，高度参与自然进程中重复却不尽相同的瞬时。他坚信万物有灵，认为主动接触便可与天地人神直接交流，谛听自然神力的感召与历史现场的诉说。即使艺术家不一定自诩祭司、神王，如同原始人希望通过交感巫术控制自然以保佑丰产生殖那样，服务现实世界或现代社会的功利目的，然就其仪式性、特殊性、美化了的表达手段而言，这一时期的作品属于艺术的巫术表达。在展览中同时铸成迎接访客的第一重山门——"交流"单元。

　　2010 年到 2019 年间的作品，较之前十年艺术家奔放不羁的艺术演绎则出现了向内收缩的趋势。这种"内化"的转向，不仅是艺术家本人的思想接受古老宗教思维影响的直接结果，更体现在艺术呈现的内容和形式上，将不可观的宗教能量、语义甚至是细如毫发的人类思维进化过程转变为可视图像。2010 年的《奇花异草》系列和《灵光》系列似乎尚处于巫术和宗教的接轨时期，艺术家以雕塑这一"古典型"艺术形式，具象化观念世界中的神奇物种，但它们仍能轻易追溯到现实世界中的自然存在物；而在稍后的布面丙烯作品《暗意识》系列三（2012）以及布面油画作品《当事物显露真相之时也是精神迷茫之处》（2014）中，苍鑫以绘画的形式，组图、变焦等方式使得艺术创作重获生命力；板上宣纸作品《生成的神圣几何》系列（2014）回归意识原型——"曼荼罗"几何，从共存于多种宗教潜意识、古老智慧与超凡体验中的"回光与中心"关系①审视现代精神问题，几乎同一时间，《潜结构》系列作品问世，作者利用视觉错位和扁平图案的立面架构营造出深邃的人体一隅——细胞和病毒，这似

---

① 　参见卫礼贤、荣格：《金花的秘密》，邓小松译，黄山书社 2011 年版，第 38—46 页。曼荼罗表示有魔力的圆圈，金华是一个曼荼罗，要么被画成一个几何图形，要么被描绘成一个长在植株上的花蕾。易之卦画、道之太极、密宗之坛城、印度宗教之四隅方位神无一不是曼荼罗，这个象征不仅出现在整个东方而且在西方也屡见不鲜，中世纪初期出现了大量基督教曼荼罗，大部分曼荼罗中心是基督，四位福音传教士或者他们的标志位于四方，罗德西亚（今津巴布韦）被称为"太阳轮"的旧石器时代产物。

乎是他首次探索皮囊之下的世界,也为庚子年的艺术创作施以敏锐的预见性;时间逐步来到近前,2019 年完成的宣纸设色作品中直接出现了密宗、拜火教、犹太教、基督教等宗教的原初图式或象征,如光、火、蛇、苦修、仪轨等。

此般巫术与宗教混合的艺术表达在 2020 年得到延续,并且指向更微观、科学却也更隐蔽的世界——虫国。《圣符》系列 07(2019)的画面核心,降灵会成员们手掌一致伸向的地方,俨然是只无蔽的虫体,却似乎成为唯一的光能来源;展览第二单元"灵物"中率先亮相的新作《意识物化的推演模型》系列(2020)以及《量子松果体》(2020),同样设置了"虫"的在场,暗示着这些高维的生灵所处的思维上部与大脑松果体乃是意识核心位置,或者说,"虫"是意识所达的终焉,也是意识始动的起点,象征早已显示端倪却很晚才被追寻的世界真理。悬挂在"灵物"单元通往"异变"单元的下行阶梯转角处,作品《额外维度的灵体 II》(2019)塑造出一具人首虫身的怪奇形象,邀请来者步入前方晦暗的高维秘境:这里没有大脑的科学图示,没有图腾生物,没有宗教仪轨,只有清晰而冷酷的虫。现在,没有什么能代替"虫"成为此阶段艺术的全部、一切的本源,它们或如火苗般腾出迷宫,或盘绕衔尾、自我吞食,或与神圣几何共舞,成群结队地游走于管道空间。艺术解蔽了意识运动的真相,却在解蔽的一刹那又转动起"异变"的齿轮。展览的第四单元"密码"直指现实世界中正在发生着的细胞感染、病毒肆虐,疫情必然成为庚子年留给全人类历史的伤痛事件,殊不知,来自虫国的隐语早已向人类进行了告诫。

苍鑫 2020 年新作揭示了艺术家思维不断内化、不断解蔽自然与意识真相的经年努力,但当观者们直面"虫国",直面画面深处的隐语,在可被预见的艺术交流的相对运动中,如何缓解表达再度出现断裂,笔者以一套"W-H-W"模型,继续追问:"虫"象征什么?"虫"如何言说,甚至发出警告?艺术家对意识内化、思维解蔽的阶段结果为何会是"虫"?

二、人文之虫:生死隐语与异变信使

汉字"虫"在历史演进中逐渐分化出"虺"和"蠱"两类明晰的生物形象,"虺"即毒蛇,"蛇"从"虫"旁,《说文》曰:"它,虫也。从虫而长,象冤屈垂尾形。上古草居患它,故相问无它乎。"[①]故而"蛇"全字的图像含义与"虫"密不可

---

① 许慎撰:《说文解字》,陈昌治刻本,中华书局 1963 年版,第 285 页。

分;而"蟲"单从字形上看无疑是成群出没的昆虫。毒蛇和昆虫除了同样令人厌恶的天然习性和对人类生存生命可能产生的威胁之外,在先民认知与书写中,早已共享着古老的"虫"部首或"虫"原型,甚至一些原始部族的首领和巫师,他们因治虫有功而被认为有统领全虫的威力,譬如九州之主"禹"和古蜀国王"蚕丛",皆为头戴冠冕、仪仗加身、开阖天地的"虫"王形象。

对中国古人而言,"虫"意蕴悠远且溢满乡愁。五月斯螽轻微颤动身躯,六月莎鸡悄然伸展双翅,七月动身的蟋蟀十月抵达床下,与人为邻。《毛诗正义》曰:"此三物之如此,著将寒有渐非卒来也。"①原来,古人业已察觉温度冷暖、时令轮转的微毫卒显于虫。从中,审美的人体验着一场由切近之处向远方延展的审美渐进过程:首先"虫变"投入视觉,"虫鸣"被捕入听觉,顷刻人能体察寒暑,最后领会到季节兴替的内在规律。《文心雕龙·物色》则从自然发生论的角度进行正序推演:"春秋代序,阴阳惨舒,物色之动,心亦摇焉。盖阳气萌而玄驹步,阴律凝而丹鸟羞,微虫犹或入感,四时之动物深矣。"玄驹即蚂蚁,丹鸟即螳螂,即便是微细的生灵,都受到二仪四季气息流变的深刻触动,况且是人呢?"岁有其物,物有其容;情以物迁,辞以情发。一叶且或迎意,虫声有足引心。"②景物难以守成,流变无常,带来人心随之摇曳,思绪万端,情景交融之中,所成诗文也充斥着此般互动的审美感受。在苍鑫2020年新作中,"灵蛇"和"昆虫"共同主宰"虫国",它们私语着死亡的征兆,暗示危机必然到来。

"虫"意指现实中恼人、有害的生物,象征一类不好的事物。即便"虫"离群索居,不直接危害人类生存,只是在人工作时冷不丁地爬上电脑闪烁蓝光的显示屏,伪装成一两点顿号给思维悄悄打个拐,此举虽无意,也还是会为这一过失招致一记耳光,又或是在餐厅后厨盛放蔬菜瓜果的置物架上招摇而过,又或是潜伏于水草丰美的公园湖畔,嗡嗡盘桓在行人脑袋上方。路灯玻璃遮罩周围、夏日黄昏的蚊帐内外、盆栽中含苞待放的花蕊上,虫频繁现身。当然,倘若虫群集体迁移,往往会摧折草木庄稼,致使年成荒乱;而藏身于房屋阴暗湿冷角落里的虫,它们缓慢啃噬梁柱,营筑巢穴,成倍繁殖,甚至携带病菌满屋游走——这并非是现代社会独有的景观,古希腊工艺、神话和诗歌中的"刻瑞斯",其部分便被抽象成了"附在人身上的小害虫"。悲剧作家欧里庇得斯在

---

① 阮元校刻:《十三经注疏》,中华书局2009年版,第834页。
② 周振甫:《文心雕龙今译》,中华书局1986年版,第409页。

《请愿的妇女》中写道："愿疾病——可恶的一群——不要降临在我们头上，愿他们不要伤害我们的市民。"赫丽生对此阐释为："这段祈祷中的'可恶的一群'并不仅仅是'诗意'的形象，而是真实地反映出了在原始人心目中，他们是有害的生物。人们在提到这些像小昆虫一样的疾病时，大多数情况下自然而然地将他们看作复数。"①"刻瑞斯"的部分原型显然是某种传染性病菌，古希腊人缺乏科学手段，无从观测病菌微观的裂变，甚至不能意识到，瘟疫的始作俑者是无形但能自由飞行的病毒。于是在他们的观念中，便是细小而成群的"虫"精灵被放出潘多拉的魔盒，带来了城邦的灾难。

　　"虫国"的微观架构详细展开在《量子虫》（2020）、《矢量生命体》（2020）、《维度原生物》（2020）三幅作品中，这里的世界幽深、晦暗、冷酷、可怖、沉郁，单向通道直望不到尽头，空间布局简单而乏味，主宰们的外表粗陋，一如现实中人们避之若浼、意外瞥见都会冷颤连连的蟑螂之属。艺术家经年累月的思维考古最终出土了这样一座迷窟。试想，哪怕这儿能有一处值得惊赞的大师手笔，一种比人类更庞大高级的灵物，一抹暌违已久的灵晕之光，乘兴而来的观众们也不会感到如此费解，甚至恐惧。事实上，对于意识发端、历史真相、生命起源的追寻，从来都在祛魅神话层叠的面纱，剥离人文的美化——三代时期奉为佳话的禅让制背后不乏权力集成的暴力褫夺，云雾缭绕的希腊神殿赫然立在巨大而阴森的泰坦尸骸之上，活埋、食人、自焚、献祭、屠杀多是部落必要而寻常的风俗，"死亡"才是统摄全部关切的恒常。国王抓住酒神的伴护西勒诺斯，一再逼问：对人来说，什么是最好最妙的东西？这精灵在缄默的终点发出刺耳的笑声，说道："可怜的浮生呵，无常与苦难之子，你为什么逼我说出你最好不要听到的话呢？那最好的东西是你根本得不到的，这就是不要降生，不要存在，成为虚无。不过对你还有次好的东西——立刻就死。"②西勒诺斯的嘲弄并非针对人类耽于享乐、不知大限的盲目，而是嘲弄人无论如何也要踏上"死亡"的阴郁路程，成为虚无本身，还在为其纺织精巧的"寿衣"。"虫国"无疑是死的国度，或者说，意识若想扫清前置的障碍，参透自身的隐语，则需要超越肉身，实现由生向死的跳跃。"虫"在这里，成为了原始死亡的语义、化身，它们从原初、高维的世界而来，赶在浩劫降临之前，以隐语的方式向人类

---

① 赫丽生：《古希腊宗教研究导论》，谢世坚译，广西师范大学出版社 2006 年版，第 152—153 页。
② 尼采：《悲剧的诞生》，周国平译，生活·读书·新知三联书店 1986 年版，第 11 页。

传达警告。

虫是别处到此地来的报信人，也是异变的先行者。赫丽生在对花月节崇拜对象"刻瑞斯"的研究中，结合人类学知识和文献文本，解读考古发现的古希腊器具和壁画图像，得出："最奇特、最原始的是，我们被告知，刻律刻斯本身不仅仅含有报信人、使节（他们都是赫尔墨斯的后代）的意思，'他们还把那些给野生无花果授粉的昆虫称为刻律刻斯'。这些确实是细菌，但它们带来的是生命而不是死亡。"①此外，在灵知派的两个与蛇联系紧密的分支奥菲特派与纳塞尼派中，蛇主要是以"天启之中介"、"至高神明的信使"等形象出现的。②苍鑫作品《圣符》系列13（2019）中，艺术家刻画了一个本人和神巫重叠的艺术形象，画面中他舒展双臂、双手紧紧地攫取着诺斯底圣物——灵蛇，似乎把至高神的象征牢牢禁锢在掌心，而他的躯干上，镌刻着无数信众背影的集体影像，人群所向之处直指巫师的头脑内部，从作品中不难看出艺术家以人体为壁划分出的一组平行时空，内部属于普罗大众的信仰空间。他们存在于神巫的身体里，从诞生起便默然持守信念开启单向度的跋涉，渐入时空交接之所；外部则属于寂感之体的能量空间，"巫师"扼住"长虫"，抓住须臾的时间，并由此获得宇宙虚静、万物自在的奥义。新作《魔法动物》（2020）和《语义新能》（2020）则进一步暗示了灵蛇乃是异变肇端之现象、突破维度迷宫的钥匙。灵蛇、或者说"虫国来客"公然挑战正统教义中的仙境乐土，将伊甸园解释为邪恶创世神"德谬客"（Demiurge）尽力伪装出来的物质世界，原先引诱亚当夏娃堕落凡间的蛇摇身一变，成为"'宇宙原初母亲'苏菲亚（Sophia）派来唤醒人类的灵性中介，在蛇的劝导下吞食禁果的亚当夏娃获得了德谬客极力藏匿的知识，开始厌弃和背离邪恶的物质世界，'诺斯'或灵性在他们心中缓慢苏醒——蛇是大地上一切精神力量的先驱，传播灵性火种的普罗米修斯，自天而降的潜在拯救者。"③结合灵知派的阐释和艺术家创作，"虫"那令人绝望的恒常语义更迭出一层背反之律："虫"固然象征着某个现实阶段的结束、生命在此世悲情的句号——死亡，却也同时充当着另一形态的开启、彼世界的发端，如同衔尾蛇不断制造毁灭与新生的冲动所揭示的那样。新作中的"虫"决不止于纯粹骇人的意象，倘若能察觉细如毫发的异变警示，并适时作出改变，便有可能来到"死

① 赫丽生：《古希腊宗教研究导论》，谢世坚译，广西师范大学出版社2006年版，第192页。
② 包慧怡：《缮写室》，华东师范大学出版社2018年版，第143—144页。
③ 同上，第145页。

亡"隐秘的反面——这里并不实指现实病痛的绝对安全出口,也不旨在预言翻转后的世界图景的诸样形式,而在于祛魅消极的虚无,与不可逆的"必然发生"达成和解。

虫从灾害或死亡原初象征的逐渐演化为行于危机肇端的先锋,这一过程本身即被包括在自然图像于人类知觉的几变之中。中国古代传统精神和审美思维中有着类似浑融莫辨的经验,除了充当生死与异变的象征,更多了一层实际的行动倾向。古人以下对上进行讽谏时,直言者鲜有,大多会借隐语装点话术,为思想穿衣。隐语即使不落言筌,聪明的倾听对象也能即刻透过谐趣,领悟到说话人的用意,并在行为上作出相应调整。淳于髡、伍举以"国中有大鸟"警醒不泯国事的齐威楚庄,门客以"海大鱼"劝阻靖郭君停止在薛邑的筑城工事,《谐讔》称:"讔者,隐也;遁辞以隐意,谲譬以指事也。"①要求言辞所指隐蔽,但兴象通俗易懂。"隐语之用,被于纪传。大者兴治济身,其次弼违晓惑。盖意生于权谲,而事出于机急,与夫谐辞,可相表里者也。"②隐语作用可在于及时提点迷失的心智,转变行为发展方向,使之趋利避害,大则可以保证国家长治久安,小则可使个体身心畅达。《周易》第十八卦"蛊"较为传神地反映出"虫"从"祸乱"意向"拯弊治乱"行动的积极过度。《说文》释"蛊"为"腹中虫也",虫长期藏身于人体、器具或自然物内部,必然导致后者原生环境异变,故引申为虫害、虫灾等义;《序卦传》曰:"蛊者事也",如若人知虫而不干预,任混乱肆意壮大,则更为祸害,故而务必行"治"之道。《正义》曰:"蛊者,惑也,物既惑乱,终致损坏,当须有事也,有为治理也。""蛊"卦要义在于祸端发生之时的快速觉察与有序治理。"蛊"卦,上艮下巽,卦辞为:"元亨,利涉大川;先甲三日,后甲三日。"③虫害明明会致乱,何以亨通无阻? 其实,这便是古代臣子对君上用隐的巧妙之处,《毛诗序》称:"主文而谲谏,言之者无罪,闻之者足以戒。"④所谓"主文谲谏"就是说要委婉地表达劝诫,先预设使君上满意的结果,再反推治乱的过程,尤其使为政者高度关注"甲日"前后,"甲"乃天干之首,寓意"终而复始",既是虫害的开始,也是治理的发端。根据程颐的解释,"先甲,谓先于此,究其所以然也",要求在治理开始前的一段时间细致观察征兆,记录

---

①② 周振甫:《文心雕龙今译》,中华书局 1986 年版,第 134 页。

③ 黄寿祺、张善文:《周易译注》,上海古籍出版社 2001 年版,第 159 页。

④ 朱熹集撰:《诗集传》,赵长征点校,中华书局 2017 年版,第 14 页。

种种异动前因和变化过程,对症下药,拟定治乱方案;"后甲,谓后于此,虑其所将然也。"①要求君主在治理开始至结束后皆不可姑息放纵,需要时刻防微杜渐,警惕被抑止的弊乱死灰复燃,同时要济民育德,广开教化,将治"虫"的历史教训和经验纳入民族集体记忆,为后代避祸。"蛊"卦初六到上九的六级爻位则更为细致地劝告君王如何进退,在不同时间去匡正父辈和母辈所留的"蛊",分别应采取怎样的态度和措施,以及各自可能的结果。

综上可知,"蟲"在《易传》的隐语中大致有五层由表及里的递进含义:虫害、积蓄成灾、弊乱、拯弊治乱、济民育德。苏轼释"蛊"曰:"器久不用而虫生之,谓之'蟲';人久宴溺而疾生之,谓之'蟲';天下久安无为而弊生之,谓之'蟲'。""蟲之灾非一日之故也,必世而后见,故爻皆以'父子'言之。"②"虫群"所在的通道被艺术家承认为不可知的高维空间,毋宁说在人类习以为常的目盲之处,"虫"如量子、微尘般生长,势必在以"虫害"面貌示人之前,迈过无数朝生夕死的个体生命与轮转不息的群体时间。"蛊"卦极言"恒久"与"几变"对立统一的辩证关系,这种世代性的关系至今都反映在恒新恒异的历史事件中,牵绊着人类命运的共同走向。

艺术家苍鑫援"虫"入画,赋予浅显自然之"象"以深度的思维透析和辩证,并将其关联到复杂的世界图景以及眼下危机四伏的疫情环境中,最终形成经验世界外、平行宇宙中的"虫国"。艺术家二十年来从对外部天地的直接叩问转向人体内部、思维深处的艺术探索,最终离析出庚子年新作中"虫国"的真实样貌,这一艺术转向带来的不仅是对"恒常与异变"母题的反省与实践,更是其对人类命运的无限抽思。

Hidden speak of worms' realm: Artistic introversion and humanistic motif of Cang Xin's New Works

Abstract: Cang Xin, Chinese contemporary avant-garde artist, has built a huge worms' realm in his 22 new works that were created in 2020. Distinguished from his active thinking, strong desire of communication and passionate expression of the relationships between humans

---

① 程颢、程颐:《二程集》,王孝鱼点校,中华书局2004年版,第789页。
② 苏轼:《苏轼文集编年笺注》,李之亮笺注,巴蜀书社2011年版,第151页。

and material nature, humans and god, heavens and humans which were represented in his previous paintings, sculptures and performances, the new works create the image of microscopic worms' realm as a part of the result for consciousness' internalizing and demasking. From the perspective of traditional cognition and mythological experience, worms often symbolize some harmful things and primitive deaths, but they are also supposed to be hidden messengers and pioneers, warning human beings of potential changes among the world or environment in which they exist, raising their awareness of dangers and guarding them into managing variation in constancy. The current epidemic hits humans' increasing arrogance and extravagance. Similarly in the art world, visitors are brought close to the truth of worms, but they still cannot understand all the mysteries of worms. The new works reveal Cang Xin's artistic introversion, internalizing and demasking, as well as his consistent humanistic motif, constancy and variation.

Keywords：Worms; hidden speak; Cang Xin; artistic introversion

作者简介：吴莹，四川大学道教与宗教文化研究所 2019 级美学专业研究生。

中国 90 年代影像艺术中的都市空间①

芮兰馨

摘　要：影像媒介是 90 年代中国当代艺术的"新生"力量，而此时正是中国经济体制改革下的剧烈变动时期。都市空间中的物质景观快速更迭，伴随现代性发展形成的消费社会亦改变着人们的生活与精神面貌，许多艺术家开始积极用影像记录变动中的都市空间与文化。90 年代影像艺术对都市空间题材的聚焦，首先体现在对视觉语言的多元尝试，例如拼贴影像、影像装置、行为影像等形式。而比媒介形式更为重要的是，在激烈的社会转型期下，艺术家主动深入挖掘充满变动的都市空间内部，由都市空间"可见"的物质景观，深入"不可见"的文化社会场域，从而产生独特的观察与思考，形成了关于 90 年代中国都市的重要记忆书写脉络。

关键词：中国 90 年代　影像艺术　都市空间　记忆书写

中国 90 年代市场经济体制转型下，社会面貌显现出快速且剧烈的变化，在视觉表征的意义上，这种变化以都市景观的大规模更迭显现出来。在这个过程中，承载着过去的历史文化记忆符号逐渐消逝，社会特质也逐渐向消费社会形成的同质化方向发展。库哈斯（Rem Koolhaas）曾以"大跃进"状态形容现代化下亚洲的都市运动，它被描述为一种具有"断裂"特征的状态，"现代化的巨大漩涡摧毁了所有亚洲的现状并且创造了新的都市物质……在都市被极端

---

①　本文为 2020 年四川美术学院博士重大课题培育项目《城市文化空间生成与实验艺术介入机制研究》（20BSPY005）。

神化的时候,都市状况最不为人所了解,没有完整的理论框架来描述、阐释和理解它的革新与重定义的促进力,这个领域充满了不可描述的'事件',或者作为都市记忆的综合景象的造物。"①在现代化加剧的进程中,由微观经验形成的个体记忆,对于重构 90 年代时空下的都市景观与社会文化显得尤为重要。

一、中国 90 年代影像艺术的媒介探索

中国 90 年代的影像艺术创作对于都市空间题材的强烈偏好,生发于这个特定时期的社会状况,同时也与中国当代艺术的发展脉络相关。艺术史学家巫鸿将中国 90 年代的艺术状况定义为一个"巨变时期",这个时期西方当代艺术的形式语言开始广泛影响中国艺术家们,除了艺术媒介的选择逐渐丰富,艺术家所关注的重点也从形而上哲思转向对具体社会议题的思考,"与这种对主题的搜寻有关,同时又受到都市迅速转变的刺激,越来越多的独立摄影人也把镜头转向了都市的空间和人群。吸引他们的是变幻不定的街道景观、传统建筑拆迁的废墟、西方文化和商业经济的侵入、都市新型居民的身份与职业。"②

都市空间景观作为人们居住与日常活动的空间,形成了其特有的"历史性",而这种历史性的延续则是依靠集体记忆达成的。"都市本身就是市民们的集体记忆,而且都市和记忆一样,与物体和场所相联,这种场所和市民之间的关系于是成为都市中建筑和环境的主导形象。"③作为集体记忆的承载物,都市空间中的物质性景观作为连接"过去"与"未来"的中介而存在。集体记忆本能够与具体的都市场所联结,从而使得居住者在都市空间中获得特定的意义感,但在 90 年代的高速拆建中,发生了由景观断裂到记忆断裂的状况。艾莱达・阿斯曼(Aleida Assmann)在其文化记忆研究中提及"回忆之地"的概念,"'回忆之地'是一个失去的或被破坏的生活关联崩裂的碎块。因为随着一个地方被放弃或被破坏,它的历史并没有过去,它仍保存着物质上的残留物。④这些残留物会由此成为文化记忆的关联点,它们需要用一种方式讲述,即使物质性消失,但借助回忆的媒介能够使记忆被重新激活。于是,影像在此

---

① 蒋原伦、史健:《溢出的都市》,广西师范大学出版社 2004 年版,第 39 页。
② 巫鸿:《聚焦:摄影在中国》,中国民族摄影艺术出版社 2017 年版,第 301 页。
③ 阿尔多・罗西:《都市建筑学》,黄士钧译,中国建筑工业出版社 2006 年版,第 130 页。
④ 阿莱达・阿斯曼:《回忆空间:文化记忆的形式和变迁》,潘璐译,北京大学出版社 2016 年版,第 357 页。

时的任务则是通过纪录和实验的方式实现对都市景观的记忆书写,这种书写并非只是以"档案"的记录方式将都市空间客观"再现",而是创作者与都市内部有机结合,并重构他们主观认知的都市空间。"我们今天看到的这些图像,貌似客观,其实都已经注入了相当的主观意识。我们甚至可以这么认为,这是摄影者的都市想象。当都市原有景观已经消失,这些图像成为我们了解和重构都市景观的依据。"①

关于 20 世纪末中国都市现代性状况的讨论,在陈南希(Nancy N.Chen)所编著的文献集《中国都市》(CHINA URBAN)中,十三位人类学家从不同视角对 20 世纪 90 年代中国都市状况进行论述,在面对不断变动的社会景观时,针对空间和社会的不稳定性,建立基于日常生活的观察视野变得尤其急迫,②这种深入考察都市内部变动的研究意义,在视觉艺术中以图像表征的问题呈现出来。居伊·德波(Guy Debord)认为景观社会表现为一切都变为了纯粹的表征,"整个社会生活显示为一种巨大的景观的积聚。"③大众媒介建构的图像景观中,形成了不用触及真实世界便可被图像把握的平面空间。在 90 年代以高楼大厦、商业蓬勃等画面的都市景观图像中,简单的媒介图像成为了表征意义上的现实。影像艺术如何刺破这种以图像表征显现出来的都市空间,则是艺术家们共同面临的难题。

作为对图像表征的回应,90 年代中国影像艺术对都市主题的探索,突破了对图像表征的"再现",除了表现作为物质景观的都市场景,此时的影像实践也以身体行动等方式,探讨都市空间中物质性与精神性相互交织的状态。这与中国 90 年代影像艺术的发展有密不可分的关系,它的推动力则是艺术家对创作自觉意识的加深,年轻艺术家希望找到一种新的艺术媒介,这种艺术媒介不会被西方画廊商业化,他们的世界也与官方艺术形成强烈对比。该媒介不仅允许了个性化的感受和语言,而且易于使用,传播和沟通。④在 90 年代之前,中国的影像创作大都还是与其"纪实性"紧密关联,但 90 年代所迅速萌发的实验艺术思潮,推进了影像与艺术语言的结合,90 年代初期的中国影像艺

① 王笛:《图像与想象:都市历史的视觉重构》,《学术月刊》2013 年第 4 期,第 138 页。

② Nancy N.Chen, *China Urban: Ethnographies of Contemporary Culture*, Duke University Press, 2001, p.2.她为圣克鲁斯加利福尼亚大学(UCSC)人类学系教授,研究领域为医学人类学、视觉人类学。

③ 居伊·德波:《景观社会》,张新木译,南京大学出版社 2017 年版,第 3 页。

④ Pi Li, "Chinese Contemporary Video Art", *Third Text*, Vol.23, No.3(Jun, 2009), pp.303—307.

术逐渐形成了"实验"与"观念"的风格,"那些艺术家们摒弃拘泥形式或新闻摄影风格的'报道'摄影,而走上一条能独立、直接的创新之路"。①在经历了市场经济改革后,作为动态影像的录像艺术在 90 年代出现,集中于北京、上海、杭州和广州的艺术家的独立艺术实践,且内容大都是对社会文化现实所进行的回应,而录像作品数量的增加,一方面是展览逐渐增多的艺术生态,另一方面则是数码摄像机和个人电脑越来越容易获得的结果,这种变化使人们有更多的机会使用录音和编辑设备。②90 年代影像艺术在自身媒介性上的拓展与探索,使得艺术家们从不同视角切入中国都市空间题材。

二、拼贴:都市的蒙太奇景观

现代性冲击下,都市景观的错综复杂已不仅仅局限于物质层面,而是渗透在社会文化空间的方方面面。传统影像的单一观看视角已无法对剧烈现代化中的都市空间进行深度呈现,90 年代的摄影艺术出现了图像并置拼贴的方式表现都市空间。米歇尔(W.J.T.Mitchell)将档案视觉图集与蒙太奇视觉形式联系起来,档案式的图像拼贴提供了一个"集体情绪的图像"。米歇尔论及当多个图像的展示转变为统一的艺术构成时,因为它同时聚集的多种情绪状态,当这种图像展现在多重阵列中的时候便构成了空间性。"共时性的群组相关联的暂时性与无常,与意义深远的组合相关联的关系的偶然性;以及一种助记的/记忆的(mnemonic)功能,它意味着始终存在的阐释的可能性和一种全面阅读的可能性。"③这种蒙太奇图像在记忆书写中显得尤其重要,我们很难通过独立的单张影像形成对某一时期的认知,当一张张独立的图像被视作视觉整体时,便形成了图像间的关联性,在这种关联中存在互为激发和叙述的关系。

摄影的"档案式"记录形式与摄影现代主义的兴起之间拥有紧密的联系,④作为现代社会文明发展中最为显著的物质载体,建筑在生产和消失的过程中创造着关于社会与人的记忆,摄影对建筑的记录则显现出"档案"与"重

① 朱其:《陌生人的眼睛:中国前卫摄影回顾》,《现代艺术》2002 年第 2 期,第 37 页。
② 参见 Katherine Grube, "Image and Phenomena: the development of video art in china 1988 to 1996", https://aaa.org.hk/en/resources/papers-presentations/image-and-phenomena-the-development-of-video-art-in-china-1988-to-1998, 2020 年 12 月 17 日检阅。
③ W.J.T.米歇尔、戴陆:《理性、疯癫与蒙太奇》,《美术研究》2017 年第 1 期,第 28 页。
④ Zhen Zhang, *DV-Made China: Digital Subjects and Social Transformations After Independent Film*, University of Hawaii Press, 2015, p.199.

构"的双重特征。罗永进的《北京莲花小区》(1998)和《东方广场》(1998)对中国都市高楼建筑的景观进行了视觉上的"解构"。罗永进选取市场经济改革中最具代表性的两大都市进行拍摄,作为中国文化与商业的发展中心,其迅速拔地而起的高楼是 90 年代象征经济腾飞最直观和冲击的符号。罗永进将宏大视角下的高楼景观影像进行分割和重组。这种将多视角影像拼接在一起的方式,被他称为"马赛克手法",他认为一张照片不足以表达都市大规模的场景,"马赛克手法"可以得到具备整体感又不失去细节的新形象。一方面,拼贴的形式代表着艺术家主动观看的媒介语言;另一方面,这种被切割的建筑影像,象征着他面对迅速崛起的都市景观时所产生的内心状态,"上海这个都市,它的那些建筑特征,最强烈的一个印象,它既是现实的,又是梦幻的、支离破碎的。这就是我对它的感受,我把它拍下来给观众看,这已经变成了我自己的东西了。"①拼贴形式解构了单一观看视角中的平滑和舒适,但这种蒙太奇式的影像形式却更接近剧烈现代性下的日常,一种共时性的、碎片化的视觉体验。

个体与都市空间的联结存在两个层面:首先是个体对都市面貌的观看,它基于视觉经验展开;另外则是个体对都市空间的参与,它依托的是身体与都市的联结关系。90 年代的影像艺术家除了在某一固定视角对都市空间进行影像记录,还拓展了创作中身体与都市空间的交互形式,在这种更深层的动态关系中,去呈现从视觉蔓延到感知的变化。

80 年代中期中国摄影界出现了"纪实转向",而后纪实摄影与观念艺术又形成合流,出现"新纪实题材"。影像艺术家们开始找寻自己独特的创作视角,"每位艺术家的个性和贡献往往与他或她所发掘的特殊题材息息相关。"②莫毅在 80 年代末对摄影与观念的结合进行探索,与主流的纪实摄影拉开距离,并以此确认了观念艺术的创作方式。最初莫毅关注的就是都市空间及其相关的视觉符号,他在 80 年代后期拍摄了《一米,我身后的风景》(1988)、《我虚幻的都市》(1987)等都市为主题的系列作品,用充满攻击性和强烈视觉冲击的影像,叙述着他在时代变革中的感受与情绪。莫毅在其作品《有红色的风景》(1997)中,使用廉价相机记录自己穿行于都市间的影像,不同于将镜头对准庞大的都市建筑,莫毅将自己的影像置于都市空间之中。莫毅用覆盖着红色膜

---

① 罗永进,吴亮:《我更适合我一个人能够完成的工作》,《上海文化》2012 年第 6 期,第 121 页。

② 巫鸿:《聚焦:摄影在中国》,中国民族摄影艺术出版社 2017 年版,第 295 页。

纸的闪光灯对前景进行曝光,他自己的形象便被这种强烈的红色所投射出来,与街道和陌生人群构成的冷色调背景形成了鲜明对比,色调对比的强化是莫毅将个人情绪视觉抽象化的表达。他将这些刻意制造的粗糙质感和模糊的影像进行拼贴,用小尺寸相纸将其打印再组成并置构图。在这个系列中,莫毅以带有强烈个人感知的方式去呈现自身与都市空间的疏离关系。

如果说都市空间的繁荣与建设奇观是中国 90 年代的显性特征,那么在这个景观之下发酵的商业形态则是其时代特征的内核,两种不同时代的印记在 90 年代发生了交错与重叠。"在中国从计划到市场的过程中,空间本身已经被商品化。资本主义实践产生了特定的空间,然而,这些空间中已经铭刻了社会主义时代的记忆和实践,这些记忆和实践继续影响着新的空间。"[1]在《有红色的风景·电线杆》(1997)中,他将以自身出场的红色影像替换成了灯柱,柱身上密密麻麻粘贴着当时随处可见的小广告单张,它们象征着这个商业市场骤然热烈的时代。静止的灯柱影像代替了人物在都市中的穿行活动,背后隐藏的则是摄影师作为观看主体,在街道间穿梭的状态,最后同样以并置拼贴的形式呈现出来。在影像的拼贴下,红色人像与物象形成了抽象的蒙太奇图景,艺术家要凸显的并非是具象的人或物的细节与状态,而是他如同一个"局外人"般面对都市时的主观感知与经验。在抽象化的影像中,人与物的具体形态被抹平,创作者内心的微妙情绪被放大。

洪浩的《清明上河图》(1999)借用了中国古代传统图像中构建的视觉范式,将其拍摄的都市照片拼贴成传统的长卷形式。原作张泽端的《清明上河图》中,呈现了宏大官方视角下的市井景象,以全景景观的形式展现当时生活与文化的繁盛场景。洪浩对作品名进行挪用,但内容指向相反的涵义。他流动于都市中,将镜头对准最为普通寻常的街景和建筑,拍摄下这些日常画面再将它们拼贴成组,这种呈现方式体现了古代全景式观看到当代散点式观看的变化。作品将观看置于传统画卷式的平行视觉中,但解构了古代传统图像政治的内蕴。这种视觉形式使得都市影像的呈现变得随意而游动,仿佛是拍摄者的一段漫无目的的都市旅程。

这种在影像艺术中常被使用的拼贴方式,不仅是艺术形式语言的显现,更

---

[1]　Nancy N. Chen, *China Urban: Ethnographies of Contemporary Culture*, Duke University Press, 2001, p.16.

是记忆书写的蒙太奇。乔治·迪迪·于贝尔曼（Georges Didi-Huberman）认为阿比·瓦尔堡（Aby Warbur）的《记忆女神图集》（Atlas Mnémosyne）中的图像并置是一种"蒙太奇认知"，"图像被视作一种能动地筛选历史的工具，既是对记忆的唤起，也是对叙事危机的回应，透过叠置的图像使得图像的历史内在性呈现出来。从而，不同新概念以及新的思考社会和文化时间性的方式融合在一起。"①在这些中国 90 年代都市空间的蒙太奇影像中，一方面体现了影像艺术家对影像语言的自发探索，另一方面则显现出景观剧变下，个体面对都市空间变迁的复杂感知。

三、街景：漫游者的观看影像

本雅明（Walter Benjamin）的著作《驼背小人：1900 年前后柏林的童年》以挖掘童年记忆的方式，延续了他在巴黎拱廊街论述中关于现代性问题的思考，其中充斥着许多依托都市空间中对物质性进行描述的记忆叙事，"我们逗留在旧西区，它的街道比后来人们更偏爱的那些大街要单调和简朴。挑楼和柱子已经看不太清了，楼墙后面也已经透出了灯光。"②本雅明藉由关于物质空间的回忆思考现代性问题，在柏林迅猛的都市化过程中，通过对记忆中的物品、街道、地标等物质性存在的唤起，呈现了碎片式的、感知中的回忆空间。

当代都市以复杂的网状街道钩织出大众生活的多样态，此时都市空间的观看体验已因此特质发生了变化，呈现出以符号表征为主导的模式。其中原因是消费社会逐渐形成的过程中，都市成为了由符号表征构建的空间场所，"都市人日常生活的交往大都是非人格化的，是符号之间的交往。"③在象征着经济腾飞和商业崛起的大厦与广告渐渐占据都市空间时，符号成为了比真实更为真实的"拟像"。④由此，缓慢而深入地观看已经不再适用于都市空间，"迅速略过"成为了日常的观看体验，这种现代性速度下的新的观看方式，是快速

---

① 乔治·迪迪-于贝尔曼：《记忆的灼痛》，何倩、曹姗姗、钱文逸译，中国民族摄影艺术出版社 2015 年版，第 10 页。

② 瓦尔特·本雅明：《驼背小人：一九〇〇年前后柏林的童年》，徐小青译，上海文艺出版社 2003 年版，第 99 页。

③ 许纪霖：《回归公共空间》，江苏人民出版社 2006 年版，第 153 页。

④ "拟像理论"是鲍德里亚（Jean Baudrillard）最重要的理论之一，他认为正是传媒的推波助澜加速了从现代生产领域向后现代拟像（Simulacra）社会的堕落，而当代社会则是由大众媒介营造的一个仿真社会。

地对空间进行视觉占有的形式,对生活细节、都市空间、消费商品的琐碎的观看过程拼贴出漫游者视觉占有都市以此建构其主体性的真实意图。"①

另外一方面,90 年代已逐渐流行的大众传播媒介也体现了这种观看转向的发生。"现代社会就是一个以都市文化为核心的'媒介社会',日本传媒学者佐藤卓己甚至认为都市本身就是大众传播媒介。"②大众传媒的"影像再现"形成了统摄都市空间景观的"媒介速度",报刊、杂志和宣传片中的都市景观,构成了宏观视角下的都市状态。这种意义的观看对空间产生了一种"占有性","波德莱尔式的都市漫游者(flaneur)被网络漫游者取代,眼睛接管了身体,'观看'接管了'行走',都市的新陈代谢与图像的繁殖流转日渐融汇为一个不可分解的过程。"③而本雅明所呈现的记忆方式提供了一种"漫游者"视角,它强调个体对空间的深入不能只依赖视觉的掠过,更需要通过身体感知进行参与,"坐飞机的人只看到道路如何在地面景象中延伸,如何随着周围地形的伸展而伸展,而只有走在这条路上的人才能感觉到道路所拥有的掌控力。"④

莫毅对 90 年代中国社会的捕捉,以他在都市街道中的漫游者状态展开。在《街道的表情》(1988—1990)中莫毅选取了一种非惯常的拍摄方式,他将相机固定在身上于街道中穿行,在不经意和不进行主观选择的情况下按下快门,影像似乎只是他所跻身街道无意中产生的游离表情。莫毅用这种客观抽离的视角,以影像仅作为承载"客观真实"的媒介,使都市面孔自身随机显现出来。这与莫毅对变幻中都市的观察与思考有关,他在 1990 年撰写的《用照相机做实验的报告》文章中提到,自己在 80 年代末展出的摄影作品《都市人》被观众认为"过于消极",而 90 年代前后中国的主流话语是集体热烈和积极的情绪,于是他决定使自己的观看与镜头分离,再去呈现这些时代表情。"《街道的表情》无意间记录了中国人在历史上一个重要时刻的集体心理,那是改革开放初期,邓小平的改革政策刚刚开始将市场经济引入中国,他将人们脸上那种不悦和怀疑的表情归咎于那时的社会状况。"⑤莫毅将作品的随机性和客观性突出到最大限度,创作者的目光与影像剥离开来,以都市穿行者的姿态呈现着街道

---

①　严亚、董小玉、谢峰:《从漫游者到媒介漫游者——都市的观看之道》,《都市规划》2014 年第 4 期,第 81 页。

②　同上,第 82 页。

③　周诗岩:《都市魅惑与媒介幽灵:视觉文化研究当务之急》,《建筑与文化》2011 年第 1 期,第 12 页。

④　瓦尔特·本雅明:《单行道》,王才勇译,译林出版社 2012 年版,第 12 页。

⑤　巫鸿:《聚焦:摄影在中国》,中国民族摄影艺术出版社 2017 年版,第 304 页。

的表情与情绪。

莫毅在之后的作品中延续了对"观看者"目光的解构,并使用了更激进的拍摄方法,更主观地表达自己对都市的感受。"将图像当作历史资料来使用时,应该意识到,无论是绘画的图像还是拍摄的照片,所记录的并不是社会现实,而是对社会的理解,因为摄影者把注意力集中在他们认为具有典型性的特点上。"①在《我是一只狗》(1995)的拍摄中,莫毅将相机绑在一个架子的底部,提着架子行走在都市的街头。这种方法延续了《街道的表情》的拍摄方式,不通过眼睛取景,而是用线来随机控制快门。这些影像呈现出的都是几乎接近地面视角的碎片影像,隐喻着如同流浪于街道的动物视角,制造了埋藏在繁华都市下的另一层景观:人们匆匆踏过的脚步、飞速转动的车轮、停驻在路边的影子……如果说在拍摄《街道的表情》时,莫毅还在用一种接近客观纪实的方式呈现都市,那么到了《我是一只狗》的创作时期,他强化了情感与观念性的结合,这种选择与其身处都市的个人记忆有很大关系,"在1996年的一份手稿中,他讲述了那年早些时候在上海的经历:'像是一条野狗,我在都市的高楼下穿越街道。如果你看入它的眼睛,看到的会是渴望、恐惧和疑惑。'"②

李巨川在《在武汉画一条30分钟长的直线》(1998)中以身体"度量"了都市街区空间与身体行动的结构性关系。他将一台小型摄像机固定于胸前,镜头对准脚下的地面,用30分钟完成了在武汉闹市街区中的直线行走。中国90年代的都市规划沿用了西方的都市规划体系,具有同一化形式的建造方式,闹市中的广场、人行道、居民楼之间存在一种由政治与经济权力构建的标准化尺度,"一旦走进城市之中,行走它不再是楼顶的俯瞰,也就无法脱离开城市的种种生活和限制。"③录像所追踪的30分钟行走痕迹以看似毫无意义的重复行为,构建了身体与街道形成的特定关系。大卫·哈维将"身体"置于"全球化"的空间背景下进行探讨,认为没有对全球化的理解,当代的"身体"就无法在理论与经验中被认知,没有"身体"可以存在于社会过程之外。④李巨川将"身体行动"放置于都市空间中,通过录像呈现的整个过程使都市规划的平面性被打破,并由此指向了这种日常背后高度统一的空间政治形态。影像将李巨川对

① 王笛:《图像与想象:都市历史的视觉重构》,《学术月刊》2013年第4期,第137页。
② 巫鸿:《聚焦:摄影在中国》,中国民族摄影艺术出版社2017年版,第309页。
③ 练玉春:《城市实践:俯瞰还是行走》,《都市文化研究》2008年第5辑,第79页。
④ David Harvey, *Space of Hope*, Edinburgh University Press, 2000, p.99.

这个迅速发展的时代的观察装载其中。作品以"身体行动"去度量和探讨都市中隐含的意识形态,从而将个体经验与集体经验交织在了一起。

都市空间中最凸显的特质之一是速度感,90年代的经济与商业迅速发展,人们变得匆忙的脚步与街道上增多的汽车,无不指向着指涉现代性的速度。朱加将对速度的直观体验注入到作品中,他并没有以惯常的定点拍摄方式去凸显都市的速度感,而是藉由录像机能够随意变动的视角来体现。在作品《永远》(1994)中他将一架小型摄像机固定在三轮车车轮的齿轮上,然后骑着三轮车在北京街头穿行,于是摄像机跟随朱加的骑行路线记录了沿途的街道场景。"快速的视觉占有深刻揭示出视觉范式从内容主导型向形式主导型的图像符号的转变过程:从看什么转向怎么看。"[1]在这个过程中,摄像机作为客观记录的媒介代替了人的目光,由于摄像机跟随车轮一起非匀速转动,旋转的不同频率使拍摄下来的影像显现出不同动态,在高速旋转时甚至会出现完全模糊的图像。在作品中,清晰的图像和明确的表达被放弃,重点是艺术家如何表现都市的实验性探索,朱加将自己与北京的交互关系放置在了这段360度的旋转街头中。

90年代后期,中国影像艺术家对影像的装置性呈现已趋于成熟,许多艺术家已不满足于仅用平面媒介去呈现影像作品。杨振中的录像装置作品《上海的脸》中,他在摄像机前挂着一个小面具,在上海人流最拥挤的南京路和西藏路路口的环形天桥上,绕行拍摄。投影录像透过水投射到天花板上的投影屏上,声音信号通过电子转换器震动玻璃缸中的水。[2]影像的投射随着水的波动和折射产生变形,水作为中间媒介影响了图像的显示。虽然作品也是围绕现实景象展开,但选择了更为隐喻的媒介形式进行视觉语言的"转译"。《上海的脸》以上海街景为创作主体,通过影像展示的变化,使观者的目光并不只局限在具象图像之中,而是制造出明确的主题与并不明确的视觉之间所形成的张力。

结　语

伴随事物在时代发展中的迅速更迭与重建,产生的是记忆书写的迫切性。

---

[1]　严亚、董小玉、谢峰:《从漫游者到媒介漫游者——都市的观看之道》,《都市规划》2014年第4期,第80页。

[2]　https://videobureau.org/artist/yang-zhenzhong/video/758,2020年12月17日检阅。

阿莱德·阿斯曼(Aleida Assmann)认为集体中无疑有记忆,但记忆不可能从集体中创造,因为集体记忆中不存在有机的地盘,而是社会所使用的符号和象征等。①影像艺术家们用个体视角记录着中国90年代的都市空间,从"物质空间"到"文化空间"进行探索与挖掘,以个体表达的路径拾捡这段剧变时期下的记忆碎片。

镜头作为对客体的呈现,成为了一个迫近的"他者",将充斥着变化与断裂形态的90年代都市景观"投射"出来,使艺术家的主体经验融入影像,形成对这个时期的记录与见证。阿甘本(Giorgio Agamben)将影像比作希腊神话女神"宁芙"(Nymph),认为人们要通往过去之门就需要与封存了过去的"宁芙"结合,并认为当代需要一种"记忆技术"去面对已经消逝的过去,"我们投射到过去的光,都在现在的边界上被折射回来。"②影像作为拥有潜能的"记忆技术",其媒介性拥有能够重构记忆的特质。与官方历史叙事、大众媒体展示等路径相比较,艺术语言使得观者对影像拥有开放性的理解空间,影像艺术因其多元的表现与呈现方式,会对观者的视觉和感知产生激发,形成基于共情与想象的情感张力。关于集体记忆中代表着经济腾飞和商业蓬勃的90年代,不再只局限于大众媒介的"档案式"记录,影像艺术展现了丰富而多层次的社会空间,并重构属于艺术家个体的时代记忆,以此抵御宏大叙事对记忆的统摄。

这些有关中国90年代都市空间的影像之中,蕴含着本雅明笔下"新天使"(Angelus Novus)③的现代性意象。在历史图景下,充斥着代表过去的废墟场景,也同时存在着象征进步历史的狂风,而作为连接二者的"天使的凝视"则指向着当下,在本雅明的历史救赎观里,意义则诞生于这样的"凝视"之中。于是,对于"遗忘"的抵御并非仅仅将过去作为"客体"进行保存,而是在当下的经验中将其"再现实化"。影像艺术通过"凝视"现实景观,并将其通过感性形式进行转化,形成了关于90年代都市空间独特的记忆场域。

---

① 阿莱德·阿斯曼:《记忆中的历史:从个人经历到公共演示》,南京大学出版社2017年版,第4页。

② 吉奥乔·阿甘本:《幼年与历史:经验的毁灭》,河南大学出版社2011年版,第13页。

③ 参见本雅明对保罗·克利《新天使》的论述:"他的脸转向过去。在我们感受到历史连续性的地方,他看到的是一场彻底的灾难。这场灾难不断把新的废墟堆到旧的废墟上,然后把这一切抛在他的脚下。"

Urban Space in Chinese Image Art of the 1990s

Abstract：The medium of video is a "new" force in Chinese contemporary art in the 1990s. When China's economic reform underwent drastic changes，the material landscape in the urban space was changing rapidly. With the development of modernity，the consumer society was also changing people's lives and spiritual outlook. Many artists started actively using videos to record changes in urban space and culture. In the 1990s，the focus of video art on urban space themes firstly manifested in diverse visual forms，such as college，video installation，and performance video. Compared with the visual forms，it is more important that in the midst of the intense social transformation，artists took the initiatives to dig deeper into the changes of urban space. From the "visible" material landscape of the urban space to the "invisible" cultural and social fields，artists created a unique "urban space and culture". Therefore their observations and reflections have formed an important memory-writing vein about urban China in the 1990s.

Keywords：China of the 1990s；Image Art；urban space；Memory Writing

作者简介：芮兰馨，四川大学艺术学博士，中山大学传播与设计学院博士后。

城市空间视域下的生态艺术实践

杨方伟

摘 要:城市空间既是物理的空间"容器",又是包涵历史、人文的精神场所。从城市的空间视角出发,能够看到生态艺术的当代实践是如何为现代性城市的文化空间建构提供融合的动力,是如何成为新文化生成的催化剂。城市文化的发展建构与生态艺术的实践紧密相关。生态艺术的理念在于将环境、社会和人看作是一个有机整体,在各种社会关系的互动过程中体现出生命的含义和文化的自主意识。本文在空间理论的视角下着重研究了生态艺术在都市场域的市井街区空间、社区空间中产生的影响与介入机理,讨论生态艺术的实践路径与城市文化空间营造的关系。

关键词:生态艺术 城市空间 空间疗愈 社群连接

当代艺术范畴的"生态艺术"实践不是简单的环境保护主义,讨论自然与非自然的关系,而是从社会意识、文化观念层面重新构建个体的主体间性,社群与环境的关系。在 20 世纪 80 年代以后,前卫艺术从单一的反叛策略的框架中延伸出了具有生态意识的社会实践。当代艺术的前卫实践,清晰地展现出个体与社会、自然、文化相互联系的特质。自现代艺术发轫以来,艺术家持续进行着各种关于艺术本体的形式、媒介、观念探索。什么是艺术的定义不断被突破,博伊斯"社会雕塑"的观念开启了艺术从形式、媒介、视觉的观念范式转向了社会性关系的建构。博伊斯 1982 年卡塞尔文献展上的作品《7000 棵橡树》正是对构建全新"共同体"的实践与想象。观众认领并栽种的橡树,并不具有视觉形式上的意义,而是对于某种经由艺术家提出的社会理想的实践。

"7000 棵橡树"是一种泛指,其真实的指涉在于,以艺术为契机产生的社会关系。法国艺术理论家尼古拉·布里沃(Nicolas Bourriaud)提出的"关系美学"理论及其所影响的艺术实践,承接了博伊斯"社会雕塑"的观念,并且不断回应自然生态恶化、社会文化冲突等问题。1990 年代以后,在更宽泛的社会语境中,"关系美学"可以看作是生态意识在艺术实践中的延伸。生态艺术实践与文化生成具有某种同构关系,二者的运作机理都是以社会的外在环境和人的生活经验为前提。所以,当我们讨论城市文化的时候必然绕不开生态艺术在其中产生的作用,以及生态艺术通过视觉化、符号化赋予城市空间精神内涵的方式。

一、城市空间

城市是历史的产物,也是空间和时间的产物。城市中不断涌入的人口、商品、资源让城市空间充满活力与多样性,构成了"因人而异"的城市文化。城市文化是超越物质性的存在,具有某种精神属性,与此同时又需要以城市建筑、街区、景观作为承载自身的容器。帕克(Robert E.Park)在《城市》一开篇就指出"城市还是一个意识的领域、一个习惯和传统的集合、一个有组织性的态度和感受的集合……"①从这个意义上说,城市文化不仅具有结构状态的空间性,也具有社会学层面的文化意义。刘易斯·芒福德关于城市空间的理论进一步延续了帕克的观点,认为城市的出现是人类文明的独特现象,城市化的生存空间是历史的积淀。刘易斯·芒福德指出:"城市是一种象征形式,象征人类社会中种种关系的总和:它既是神圣的精神世界,又是世俗的物质世界;它既是法庭的所在,又是研求知识的团体所在。"②与此同时"城市不仅包含了各种重要的社会功能,这些功能还在寻求自身的表达,要求表现的路径。"③这种表现路径既是建筑与城市规划物质层面的,也是精神思想、文化习俗层面的。城市储存的巨大信息、时间的积累,通过符号形式的表征,赋予城市生活艺术性的品格。城市文化空间的生成不仅仅建立在物理空间的建造,也需要依靠

---

① Robert E.Park, "Suggestions for the Investigation of Human Behavior in the Urban Environment", in *The City*, The University of Chicago Press, Chicago, 1925, p.1.

② 刘易斯·芒福德:《城市文化》,宋俊岭译,中国建筑工业出版社 2009 年版,第 1 页。

③ 唐纳德·L.米勒:《刘易斯·芒福德著作精粹》,宋俊岭、宋一然译,中国建筑工业出版社 2010 年版,第 210 页。

人在社会关系中的互动形成普遍认同的价值感知。

亨利·列斐伏尔的空间理论与刘易斯·芒福德的城市观念有着内在的联系。列斐伏尔认为空间不只是一个容器,空间是和生命紧密相连的意识形态,是经验性的、是身体性的、是社会性的。①他进一步提出"都市社会的实践,就是要像人类占有时间和空间一样,争取一种高级形式的自由……新的社会运动可否在这个层面上被构想出来"。②所谓"高级形式的自由"在生态艺术实践的过程中表现为从关注人类生存的自然环境,到关注"人类在社会环境下所形成的在空间和时间上的联系。"③通过生态艺术的连接作用,推动并实现人际关系的积极互动,圈层壁垒的消除以及由社群共识构建起超越物理空间的生态群落。

生态艺术的都市实践,可以看作是对空间理论所提问题的有效回应。正如英国文化理论学者迈尔斯在《生态美学——气候变化时期的艺术、文学与建筑》中谈到,生态美学在 21 世纪转向的内在逻辑:"面对气候变化所带来的灾难性后果,艺术、文学与建筑能够发挥的作用,超越传统审美范畴诸如美、崇高等……"④生态艺术的当代实践,顺应着美学思潮的转向,也采取了跨学科的立场,将艺术的感性经验融入到了社会学的话语场域。城市生态学相关理论认为城市是"文明人的自然栖息地……城市遵循自身的法则,因此,人们不能随心所欲地改变它的物质结构和道德秩序"。⑤与此同时唐·马丁代尔指出了城市生态学的理论难题在于"大多城市生态学研究致力于确立自然区、居住区和其他区等不同区域的特点,而对产出这些特点的社会生活关注太少。"⑥2000 年以来生态艺术的城市实践,正是基于城市生态所具有空间、时间、社会、精神的维度而展开的。生态艺术所表现出的不仅是对城市环境保护的关注,而且进一步讨论,城市相互依存的生态圈所构成的状态。生态艺术构建的

① 亨利·列斐伏尔:《空间与政治》,李春译,上海人民出版社 2015 年版,第 37 页。

② 亨利·列斐伏尔:《空间与政治》,李春译,上海人民出版社 2015 年版,第 7—8 页。

③ 唐·马丁代尔:《城市理论》,王鸣彦译,《都市文化研究:城市史与城市社会学》第 8 辑,上海三联书店 2013 年版,第 64 页。

④ 转引自程相占:《生态美学的八种立场及其生态实在论的整合》,《社会科学辑刊》2019 年第 1 期,第 189 页。

⑤ Robert E.Park, "Suggestions for the Investigation of Human Behavior in the Urban Environment", in *The City*, The University of Chicago Press, Chicago, 1925, p.4.

⑥ 唐·马丁代尔:《城市理论》,王鸣彦译,《都市文化研究》第 8 辑,上海三联书店 2013 年版,第 68 页。

城市文化空间就是这些不同维度上的连接点,可以将历史的记忆、现实的语境、个体的经验连接起来,整合成某种可被感知、分享、阅读的文本空间。生态艺术的实践路径强调依据地方的在地性特质,通过艺术的方式作为某种契机,实现在地性特质的视觉转化、人际互动、社群连接,通过社群连接超越日常生产的效率体系,融通固有社会分工,阶层分化所带来的隔阂。

在这个过程中,生态艺术作为一种特殊的行动方式,介入到都市空间,通过视觉形式、文本符号的编码、解码,促进不同的空间、社群彼此间的连接与共享。正如曼纽尔·卡斯特尔对空间与社会关系的阐释:"空间总是一个特殊的历史情境(conjuncture);以及社会形式,该形式的意义来自空间所表达出来的社会过程。"[1]为了更好讨论生态艺术介入到都市空间的机理与作用,我们可以建立两种不同的空间模型来分析讨论生态艺术的影响和作用。这两种空间模型分别是市井街区空间、社区的共生空间。

二、市井空间的生态艺术疗愈

市井街区空间具有某种历时性的特质,市井的概念原本就包含着由历史习俗、生活沉淀下来的传统。可以说市井空间就是承载着地方记忆的城市空间。威尔科克斯(Delos F. Wilcox)在对城市的分析中提出:"街道代表城市最大的实质性问题……街道是自由城市的象征,在其中,所有人都会合作起来以确保所有人都有机会。"[2]尤其是处于急速城市化进程中的中国城市,市井街区更具有现代社会的独特性。在现代性的市井街区空间中,普遍具有流动性和临时性的时间特质,街头的店面、招贴、流行元素、来往的人群构成了流动的符号景观,随着潮流偶然相遇又转瞬即逝,体现着最为当下的状态。市井街区空间处于一种持续演变状态之中,历史痕迹与潮流文化不断叠加,曾经的生活处所在城市化扩张的趋势下呈现出复杂的空间样态。与新兴的城市商业中心相比,这些市井空间不再提供强有力的产能和制造"生产—消费"的循环,甚至显得衰老、落寞。但是,这些空间依然承载着城市的历史,依然连接着过去的记忆、生存的痕迹。我们如何来看待趋于平淡、日常化的市井空间,其实是如何看待城市自身的历史与共同记忆的问题。

---

① 曼纽尔·卡斯特尔:《关于城市问题探索性论纲》,牛俊伟译,《都市文化研究:城市史与城市社会学》第 8 辑,上海三联书店 2013 年版,第 42 页。

② Delos F. Wilcox, *The American City: A Problem in Democracy*, Macmillan, New York, 1904, p.28.

生态艺术提供了一种修复性实践方案,用艺术化的方式来弥合市井空间与城市化扩张的裂痕,我们可以将这种方式称为"空间疗愈"。中国从 1990 年代末开始大规模城市扩容和产业转型,在原中心城市区域空置了大量的废弃厂房、仓库,其建筑本身具有工业时代的历史记忆和工业化的空间质感,通过置入艺术化的改造方案,不少厂区被改造成连接历史记忆与时尚生活的文创园区。甚至一些原有老城区的街道,也采用类似的方式打造成文化创意街区,通过注入创意文化元素,既保留了原有街区的风貌特质,又增强街区与外界的连接性。这样的艺术性修复方案不仅有效的保留了城市空间的原生价值,并且增加了城市历史、记忆的丰富度,尤其是在现代性建筑景观同质化的趋势下,"空间疗愈"不仅用艺术的方式修复市井街区,同时保留了历史风貌,在精神层面体现出城市的"地方意识"。

大规模的空间改造很大程度是在政府主导下进行的,而生态艺术的疗愈功能体现在艺术家或民间机构在地性的艺术介入。通过在地性的实践,将艺术作为一种"连接剂",增强在地空间与现代人文的联系。其中特别有意思的一个艺术项目,是成都的"公司"艺术小组。他们在老城街区开了一个甜品店,并且将店面一分为二,划出 4 个平方米命名为"肆空间",作为常设艺术展示、驻留空间。"肆空间"在这种市井空间的存在是一种生长性的介入,空间的运作、艺术项目的开展主要依靠甜品店的经营收入来维持,艺术空间可以纯粹的专注展览的学术性和品质。每次艺术展览活动都会吸引不少附近观众,从而与周围环境保持既独立,又紧密的关系。

"肆空间"的独立性,在于它的运营维系并不依赖艺术项目产生的商业回报,与周围商家住户比邻而居,但不落俗套,甚至在市井街区空间里,这样的空间显得有点突兀。因为当地居民原有的生活节律就是围绕着基本生活需求来展开,潮流、文化、艺术似乎是遥远的想象,"肆空间"推出的展览对当地居民来说是一个突然出现的外生变量,街坊们既诧异又好奇,就好像看着板结的墙上出现了一条裂缝,裂缝里隐隐约约还闪现一些光芒。

"肆空间"非盈利性的艺术展示和街区商业店面的经营功能也形成强烈反差,专业性的展览常常与嘈杂的环境形成奇怪的对照。前卫艺术的实践一直有着某种大众化、日常化的趋势,而美术馆、画廊体制往往让前卫艺术固守在精英圈层,所谓观众的互动、参与被局限在白盒子空间内,缺乏了真实世界的日常状态呈现出的依然是审美趣味的暧昧。"肆空间"在街区介入性生长却有某种直接的力量,既不依赖权威机构的加持,也不用顾忌商业上的回报。每一场展示既是一次精心筹划的艺术呈现,同时也是融入街区日常的存在。而这种存在一旦被嵌入时间的缝隙,它的触角会与周遭的环境发生牵连,一个渐渐老去的市井街道上又被注入某种活力。这种活力不仅源自于空间中不断导入的艺术、文化气息,更重要在于提醒周遭:这里依然有新的可能性在生长,这里依然值得期待。

"公司"艺术小组以"肆"空间为连接点,邀请艺术家与街道上的商户一起参与实施"庆云街"艺术节计划。因为艺术的介入构建起艺术家与商户的"临时关系",艺术家与商户沟通、协作,设法让普通人参与到作品的创作、实施、展现,从而构成了这条街道上的"另类生活事件"。艺术家杨然在街边实施的"食不言"参与式影像作品,邀请附近观众一起共进晚餐,但是需要遵守相互不能说话的"游戏规则"。在一旁的镜头捕捉下参与者从尴尬的状态逐渐变得轻松随意的进餐过程。身体的姿势,目光的接触,成了去除身份、语言之后的个人表演,由于语言的限制反而让参与者的感知更敏感,体会到日常状态之外人与人之间微妙的身体联系。在这个片刻的事件中,庆云街上的商家、店户从机械的经营劳作中暂时解脱出来,让勉强维持的老城街道出现了一种文化生态上的变量。

查尔斯·瓦尔德海姆在《景观都市主义》一书中讲到"景观设计学科作为一种修复性实践所发挥的作用,像是一种治疗工业时代创伤的膏药"。[1]"疗愈性"在生态艺术实践中被认为是艺术介入社会中的一种价值定位,尤其是在复杂的城市空间生态中,对于一些没落的、衰退的空间的修复和疗愈,往往比单向的城市发展更重要。通过对周围环境影响的案例,我们能够体会到艺术介入市井空间所产生的"疗愈"机理。生态艺术的介入性不诉之于视觉化的景观呈现,而是真实、持久地融合到现实场域中,以一种直接的方式提示着某种价值的存在。市井街区的社会形式和文化属性,植根于城市结构中各要素(生产、消费、交换、行政、象征)构成的"社会形态的文化系统"。[2]不同于社会生产所追求的效率原则,文化生态发展所遵循的逻辑不是更新、更快,而是文化生态系统拥有的"自愈性",在遭受冲击的情况下,能否通过社会自身的文化实践

---

[1]　查尔斯·瓦尔德海姆:《都市景观主义:从起源到演变》,陈崇贤、夏宇译,江苏凤凰科学技术出版社 2018 年版,第 30—31 页。

[2]　曼纽尔·卡斯特尔:《关于城市问题探索性论纲》,牛俊伟译,《都市文化研究:城市史与城市社会学》第 8 辑,上海三联书店 2013 年版,第 42—43 页。

进行自我修复和疗愈。"空间疗愈"本质上是生态关系的构建,生态艺术在市井街区空间实践的价值正是在于,通过艺术家参与性作品和街区公共艺术的介入,转化在地性人文资源,不断修复"生产—消费"循环下产生的精神透支与街区的文化没落。在市井街区空间中,生态艺术构建起的文化生态,让历史的沉积物与对未来的期待再次回到公众意识之中,从而在市井街区中形成自我认同,激发社群的自主意识。

三、社区空间的"共学圈"建构

社区空间与市井街区不同,是更加宽泛的区域空间,区域内是相互依存的生活资源、人际关系构成的共生性的生存状态。埃比尼泽·霍华德"田园城市"的构想中,将社区空间比喻为不同的比邻单元,邻里单元既自成一体,又都有开放的通道,能够连接更上一级的单元。①按照埃比尼泽·霍华德的观念,邻里单元构成了一种稳定的社区层级结构,在社区内人们的基本生活需求、教育培训、文化娱乐都被整合其中。

然而,这种观念对应的是人口结构相对稳定的"田园"社区,这种社区可以理解成一个有物理边界的区域,而在高流动性的现代城市生活状况下,生活在社区中的人口所形成的社群并没有一个清晰的物理边界。社群空间是一个交往结构,而非城市规划的建筑空间结构,所以是否能够被看作一个社群关键在于社群间彼此的认同和某种共性特质。尤其在今天中国高密度人口的城市中,社群结构中的复杂性远远超过霍华德理想化的构想。

从社群边界的角度看,边界的形成本质上是由于不同经济状况、价值观念形成的人际区隔。因此,人际区隔实际上也是生存状况所导致社会意识结构化的问题,而且不同社群缺乏有效连接的方式,人际间的区隔就难以消除,就如同我们熟悉"社交分层"的现象。从马克思·韦伯到路易斯·沃斯关于城市文化研究中都谈道:由于人口规模的增大"城市生活方式显著特征表现为:血缘关系纽带弱化,家庭的社会意义衰落,邻里关系消失,社会团结的传统基础破坏殆尽……城市社会分解为一系列脆弱的片段化关系"。②而中国由于其家庭传统伦理文化,即便在新兴的城市社区的社群结构依然以家庭为生活的核

① 埃比尼泽·霍华德:《明日的田园城市》,金经元译,商务印书馆2017年版,第13—16页。
② 路易斯·沃斯:《作为一种生活方式的都市生活》,赵宝海、魏霞译,《都市文化研究:作为一种生活方式的都市生活》第3辑,上海三联书店2007年版,第15—16页。

心单位。所以,社群关系更像一种"根茎"结构,以家庭为单位相互连接成大小规模不等的群体。这种连接并不依靠血缘亲情或是社会分工,而是彼此间通过某种"中间介质"产生的互动、交往所构建的共识。

蔡元培先生之所以提出"以美育代宗教"的观念,并且这个观念一直延续到今天,原因就在于艺术是除宗教以外最接近精神世界的人类活动,是可以超越物理空间凝聚共识的"中间介质"。所以,艺术对于文化认同、社群共识有着天然的影响力。但事实上作为传统视觉审美对象的艺术和抱持前卫精英立场的艺术,并不能产生有效的社群连接性。而生态艺术与前者的区别就在于,生态艺术社区实践的诉求就是创造某种公共话题或者活动,吸纳不同的社群关注或参与。在众多社群关系的切入点中,教育无疑是具有最大公约数的话题,生态艺术与教育的结合能够从一个点上对社群产生更直接和宽泛的影响。

台湾学者林志铭在《蓝海:公共美学》一书中提出了通过公共艺术建构"共学圈"的观念,[①]其核心就是通过区域内艺术实践、教育养成融通社群边界,用社会美育的方式凝聚不同的圈层。"共学"并不是对于某种知识技能的学习,而是围绕着艺术、审美、教育开展系列活动,从而产生认知经验的改变。生态艺术在社区空间中实践的意义正是在于能够对这种认知经验的形成起到促进作用。

生态艺术在社区中"共学圈"的构建,往往需要通过像美术馆这样的文化平台来提供持续性和知识性的支持。成都"A4"美术馆从 2014 年开始每年举办一届的"iSTART"儿童艺术节,就是生态艺术与社区美术馆结合,以艺术项目作为连接点构建社群"共学圈"的案例。"iSTART"儿童艺术节不仅仅做视觉化的呈现,而是从底层架构就设置了一种立体化、多维度的共创模式。运用公共艺术的公共性将社会教育资源、社区教育资源以及公共艺术资源导入美术馆场域,通过艺术家和参与者讨论、交流,寻找共同关注的环境问题、家庭问题、社会问题,进一步以问题作为导向搭建项目式的创作情境。

"iSTART"儿童艺术节在参与者、艺术家、社群关系间搭建了有效的共创模式,首先从展览的参与者来看,以儿童为主体的展览不同于职业的艺术家专业圈层的展览,每一位参与创作、展览小朋友的背后都与其家庭成员紧密联系,若干不同身份、职业、年龄的家庭成员都会以亲子关系的纽带共同融入其

---

① 林志铭:《蓝海:公共美学》,暖暖书屋文化事业股份有限公司 2017 年版,第 272 页。

中。由单个的家庭又能辐射到更广泛的社会圈层,所以每年的"iSTART"儿童艺术节都有数以万计的观众前往参观。从社群边界融通的角度看,关于儿童的艺术教育是非常有效的连接点,通过展览产生社群连接的渗透性远远超出了一般艺术项目产生的作用。

其次,整个"iSTART"儿童艺术节的展览作品采用联动艺术家、艺术机构力量参与共创的模式。艺术家参与到项目中来,不仅仅体现个人的专业能力,更是将当代艺术视觉转化的方法论带入其中。这样不仅保证了整体展览的视觉品质,而且对于参与创作的亲子家庭会是一个专业学习的体验。由艺术家和参与者构建的生态艺术项目在"iSTART"儿童艺术节扮演着重要的角色。这样的项目不同于传统展览模式下单一绘画媒介的表达,而在创作的前期阶段就要进行大量的课题调研,过程中还需要进入某种情境和参与者展开讨论。最后的视觉呈现阶段不同专业背景的艺术家会将自己关于空间、关于材料、关于影像技术的知识告诉小朋友,由小朋友或亲子家庭来实施制作作品。

生态艺术项目通常会抛出一些关于环境、社会、家庭、成长、角色的话题,比如如何用艺术化的方式处理废弃物的"旧物变奏曲"项目,需要参与的亲子家庭共同讨论各自家庭中产生旧物的原因和处理旧物的办法。在艺术家的引导下对各自家庭中的旧物进行区分,从中寻找出具有可塑性的物品,在项目工作坊中亲子家庭与艺术家一起对这些物料进行视觉转换,创作出具有生态意识和环保主题的作品。聚焦家庭议题的"问题花园",以文本对话的方式在艺术家构建的空间场域中展开,并且观众可以通过留言,讲述自己和家庭亲子间的问题和关系。"问题花园"项目中的每一条文本信息都有其真实的语境,文本与文本又形成一种间接对话的关系,也许自己的问题能够在别人的叙述中找到答案。类似的生态艺术项目都架设了各种对于问题讨论的情景,问题讨论和作品创作可以视为一个主动学习的过程,也是将生态艺术创作在教育情境中展开的过程,并且通过充满互动性的参与过程让作品真正可以通过亲子关系、家庭关系进而连接到更广泛的社群,甚至形成社会性的话题。这种连接和传递的信息,就是一个关于生态艺术知识、意识不断扩散并产生连接效用的过程。"共学圈"的概念在这个意义上得到了最为有效的体现。

在社区内对于"共学圈"的建构和维系是一个长期的过程,尤其是不能停留在展览产生的视觉效应上,因为生态艺术的社群连接需要经历从视觉性到参与性再到认知改变的深化过程。只有当视觉观念变为一种可被讨论的话语,这个观念才具备了传播性的条件,最后形成一种关于生活、情感、生态的可感可知的知识,对于传播链条上的社群共识的建构才具有真正的价值和意义。所以,"iSTART"儿童艺术节围绕着每年的主题和视觉呈现部分,持续性的开展的工作坊、讲座、教育论坛。通过不断的知识生产动员社会资源共同搭建更为广泛的艺术教育网络。

在"iSTART"儿童艺术节实践经验下能够看到生态艺术与社区美育结合的可能性。社区美术馆作为社区中的文化空间,同时为生态艺术的实践提供了开放的平台,将参与性的艺术项目嫁接到教育活动之中。生态艺术的社区实践,通常借助美术馆空间来与公众产生有效连接,这也是美术馆由"殿堂"不断走向社区的内在驱动力,社区美术馆是城市空间中重要的文化"枢纽",是超越社会生产之外的精神场所,同时也是聚合社会文化资源的场域,通过视觉性的传播产生文化影响向外辐射,从而增强区域内社群生态的文化认同感。"A4"美术馆通过"iSTART"儿童艺术节所搭建的平台像是社区文化生态系统上的"枢纽",将外在的文化资源导入美术馆空间,进行视觉性、知识性的转换,并不断通过知识生产、传播,向外输出丰富的文化资讯,向内构建社群间的文化共识。

结 语

通过对城市空间模型与生态艺术介入机理的分析,不难看到生态艺术在城市场域中的实践如同一种感性的介质,注入城市结构化、秩序化的空间中。城市空间中的历史性、现实性以及个体生存状态,在生态艺术的介入下得以相互连接、相互敞开。正如列斐伏尔的空间理论所指出,城市空间是历史的、经验的,是处于演化和不断建构过程中的社会关系重组。所以生态艺术与空间的关系也是一种充满开放性、互动性的对话关系。

在若干的案例里,我们可以看到,城市空间中共同体边界,通过艺术作用不断扩展,与自然空间、社会文化空间发生交融。生态艺术的实践路径在于通过艺术化的视觉转换,将生存空间中的问题、处境以及社会现实编码为可被普遍感知、体验的视觉符号,从而引起更广泛的讨论和关注。生态艺术的理念在于将环境、社会和人看作是一个有机整体,在各种社会关系的互动过程中体现出生命的含义和文化的自主意识。艺术的介入将个体的经验、社群的共识以及环境因素转化成符号性、象征性的文化空间,从而构成相互连接的有机整体。生态艺术的实践正是基于社会关系的整体性,促进个体与社群的交融,生成能够超越地域空间、圈层隔阂、文化习俗的生活理想甚至是价值观念。

Ecological Art Practice from the Perspective of Urban Space

Abstract: Urban space is not only a physical space "container", but also a spiritual place containing history and humanity. From the perspective of urban space, we can see how the contemporary practice of ecological art provides fusion power for the construction of cultural space in modern cities, and how it becomes a catalyst for the generation of new culture. The development and construction of urban culture is closely related to the practice of ecological art. The concept of ecological art is to regard the environment, society and people as an organic whole, which reflects the meaning of life and cultural autonomy in the interaction of various social relations. From the perspective of space theory, this paper focuses on the influence and intervention mechanism of ecological art in the city block space, community space of the metropolitan area, and discusses the relationship between the practice path of ecological art and the construction of urban cultural space.

Keywords: Ecological art; City space; Spacial healing; Community connection

作者简介:杨方伟,四川美术学院艺术教育学院综合艺术系讲师。

光启评论

混现代的表层与深层涵义
——兼评王建疆先生的"别现代理论"

查常平

摘　要：中国当代艺术文化中的"混现代"现象，具有表层与深层的涵义。其表层涵义意味着它是集前现代性、现代性、后现代性、另现代性的混杂融合，其深层涵义意味着种种关系的混杂。笔者利用自己创建的"世界关系美学"理论，分析以上海双年展为代表的混现代社会出现的混乱的审美世界图景，批判性地反思了中国社会的现代性转型所遭遇的时代困境。由于王建疆先生以"别现代"来称谓这种"混现代"的表层涵义，文章进而评述了他的"别现代理论"的优劣。

关键词：混现代　世界关系美学　别现代理论

　　在实然的意义上，今天以中国当代艺术为表象的汉语文化，究竟具有什么样的本质规定性呢？显而易见，它是一种不同于以西方现代资本主义为代表的线性现代性为特征的规定性，而是一种混杂的乃至叠加的"混现代性"。所谓"线性现代性"，指西方无论是社会还是其文化，都经历了一个从前现代、现代、后现代到"另现代"的历程，而且基本上呈现出"线性"演变的特征。①它是

---

① "'另现代'是在全球化的时代对现代性的重新定义，强调个人在时间、空间与媒介中的文化漫游经验和多种可能性。所以，这种区别于现代性的世界图景逻辑重构行动，需要从政治、经济、文化等多向关系的角度来理解。如果说20世纪的现代主义主要是一种西方文化现象，如果说后现代主义产生于多元文化主义与身份的观念，那么，'另现代性'，就是不同文化与地理方位的主体之间互相协商的结果，表现为一种全球文化语言的方式。'它去除一个中心，只能是多语的。另现代性，以文化转译为特征。群岛与其类似的岛屿、星座与星群，代表着另现代的功能模式。'（转下页）

"一部断代史",一部在前现代、现代、后现代与"另现代"之间彼此具有明确界线的历史。①对此,笔者从如下关于后现代主义的概述中可见一斑:后现代主义,"旨在批判和超越现代资本主义的'现代性',即资本主义社会内部占统治地位的思想、文化及其所继承的历史传统;提倡一种不断更新、永不满足、不止于形式和不追求结果的自我突破的创造精神;为彻底重建人类现有文化,探索尽可能多元的创新道路。显然,后现代主义并非单纯是一种'无中心'的、'游牧式'的语言论述;它是但也并非单纯是一种文化诉求,更不是体系化的理论知识;而是超越传统语言论述和反传统理论知识的文化革新实践活动。"②这里,后现代主义内含的"后现代性"与传统的"现代性"之间的关系,是超越者与被超越者的关系。前者在超越后者的过程中把后者相对化,进而把自己绝对化了。后现代主义者的理想社会中,"再也不存在以人为中心的'自然/社会'的二元对立世界,同样也不存在人类生活世界中的'道德/非道德'、'真理/谬误'和'美/丑'的对立生活模式"。③

一、混现代的表层涵义

和这种线性现代性的发展路径相反,笔者将中国当代艺术文化的实然特征命名为"混现代"。"中国当代艺术,目前继续陷于'混现代',即前现代、现代、后现代、另现代彼此混淆的创作漩涡,在整体上产生了一种'混现代'的艺术文化景观。当然,'混现代',并不是一种'现代性'的现象而是一种现代中国社会转型中的特定文化现象。因为,它本身没有自己的规定性。其'混合性',源于这个时期的'现代性'的未充分展开,源于其在制度层面的前现代综合症与拖累症,源于生活在其中的国人甚至包括部分知识分子对于'现代性'的普世性的怀疑,进而产生出某种地方现代性(local-modernity)的乌托邦幻想。不

(接上页)其中,艺术家只是一个频繁参与交流的旅行者。他们以符号与图式呈现着当代人流动的、变幻的生存经验。一种在空间与时间中由线组成的旅行图式(journey-form),一种物质化的轨道而非目的地,一种'长亭更短亭'、处处是归程的过程,一种漫游的而非固定时空的表达,布里沃将这些看成是'另现代'艺术创作的标志。"参见查常平:《中国先锋艺术思想史第二卷混现代》,上海三联书店2017年版,第337页。

① 王建疆:《别现代:空间遭遇与时代跨越》,中国社会科学出版社2017年版,第4页。
② 高宣扬:《后现代论》,中国人民大学出版社2005年版,第96页。作者还分别从历史、社会、文化诸范畴讨论了"后现代"如何从"现代"中诞生出来。见该书第19—63页。
③ 高宣扬:《后现代论》,中国人民大学出版社2005年版,第97页。

过，我们也可以看到'混现代'文化的某种显著标志，一种物质主义与肉身主义互相礼赞的景观。"①这是笔者2010年最初论述"混现代"这个概念的文字，更是一种关于混现代的表层涵义的描述。

在长时段的意义上，中国当代艺术的发生，"以华夏族群五千年来的社会转型为宏观的历史背景。这种社会转型，在普遍的社会史意义上意味着从前现代向现代的转型，在特定的短时段意义上意味着该族群正在经历的'混现代(mixed-modern)'的洗礼、挣扎，即遭遇将前现代性、现代性、后现代性、另现代性混合起来的一个'混现代'的历史时代。正是因为这样，我们才能理解为什么中国的先锋艺术图景呈现出前所未有的多样性、丰富性，其在否定的意义上则是一种混乱的杂多样态……在目前的'混现代'时期，华夏族群的时代主题，依然是如何实现从前现代进入现代的难题，依然是如何从西方的后现代、另现代文化中回溯其现代性的难题。"②相反，早在20世纪60年代，西方社会就完成了从现代社会向后现代社会的转型，到21世纪初开始从后现代社会向"另现代社会"转型。现代社会以文化自由化、经济市场化（工业化的完成）、政治民主化为标志，后现代社会以城市化、消费化、信息化为标志，另现代社会以人类化、个人化、精神化为标志。

在中时段的意义上，这种社会文化的转型，开始于三个庚子年前的1840年。当时，中国清朝政府和英国发生鸦片战争，随后签订《南京条约》，上海等五处口岸被迫开放自由贸易。这意味着封闭多年的完全前现代的中国向世界被动打开了大门；1900年，清朝政府和八国联军因义和团运动交战后签订《辛丑条约》，"门户"继续被动开放。这同时是中国在前现代与现代之间徘徊犹疑的时期；再到1960年，发生三年灾害，中国随后陷入文革动乱深渊，直到1978年实施改革开放的国策，结束了往日被动开放的命运。改革开放，属于在短时段意义上的历史事件。然而，此时的西方资本主义国家，已经进入了后现代社会，出现了都市文化研究、消费主义、新媒体研究的社会思潮。到21世纪，伴随全球化的发展，部分学者提出西方世界正在开始一个被称为"另现代"的全新时期。全球化研究、新新人类、生态艺术随之成为显学。所有这些，都强烈地影响着中国这样的后发国家的发展。正是在这种背景下，四十多年来，中国

---

① 拙作:《"混现代"的艺术文化景观》,《中国百老汇　上层》2010年第12期,北京,第60—65页。后来收入笔者的《中国先锋艺术思想史第二卷混现代》,上海三联书店2017年版,第412—415页。

② 拙作:《中国先锋艺术思想史第一卷世界关系美学》,上海三联书店2017年版,第20页。

社会文化中的前现代性、现代性、后现代性、另现代性的各种因素,才混淆、混杂、混乱、混装、混搭、混沌乃至"混混"地交织、叠加、融合在一起,剧烈地形成了一幅真正充满超级魔幻的"混现代"现实图景。这也是国人从被动到主动地融入世界,参与和建构全球化的过程。不过,通过2020年新冠病毒的全球性流行,笔者深信:以当代艺术为表征的中国文化的转型,必然建立在中国社会的整体转型的基础上。如何从一个混现代社会进入现代社会,这就是中国人正在面临的时代难题。

21世纪以来,生活在中国当代的不少艺术家的作品、艺术展览,大都呈现出上述混现代的表层涵义的特征。笔者以此对它们展开诠释,最终按照这样的观念编辑出版了《中国先锋艺术思想史第二卷混现代》。[①]

二、混现代的深层涵义

人的生活世界是由七重关系生成的,人对于每重关系的理解都是对于其生活世界的一个向度的认识,人以每重关系为视点互动地诠释其他六重关系进而生成人的、多向度的世界图景逻辑。这就是笔者关于世界关系美学的基本规定。其对应的方法论为:整全的理解、分层的阐述、互动的诠释。笔者曾经把世界关系美学之论题总结为:"个人(作为个体生命的人)和世界的七个生成因子形成人言关系(=人—言关系=个人与语言的关系)、人时关系(=人—时关系=个人与时间的关系)、人我关系(=人—我关系=个人与自身的关系)、人物关系(=人—物关系=个人与物质自然的关系、人与自然生命的关系、人与肉体生命的关系)、人人关系(=人—人关系=个人与他人的关系)、人史关系(=人—史关系=个人与历史的关系)、人神关系(=人—神关系=个人

---

① 2012年,笔者撰写了《混现代中人的迷失追寻:金江波 焦兴涛》《混现代中人的异化偶像》《"混现代"的异乡——评刘芯涛》。参见拙作:《中国先锋艺术思想史第一卷世界关系美学》,上海三联书店2017年版,第269—290页。最初分别发表于《中国百老汇 上层》2012年第10、8期,第85—87、82—85页;《人文艺术》第11辑,贵州人民出版社2012年版,第19—23页。2013年,笔者还撰写了《混现代中公共艺术界的正义秩序》《"混现代":"时代肖像:当代艺术三十年"展中的时代肖像》两文。参见拙作:《中国先锋艺术思想史第二卷混现代》,上海三联书店2017年版,第418—439页。最初发表于《中国百老汇 上层》2014年第1—2期、第68—73页,2013年第11期、第68—73页。目前见到的直接回应文章,有夏可君:《"混现代"的艺术文化景观:查常平的中国当代艺术批评观》,《人文艺术》第17辑,上海三联书店2018年版,第169—173页;罗乐:《世界关系美学视野下的"混现代"谜题——评〈中国先锋艺术思想史第二卷混现代〉》,《人文艺术》第17辑,上海三联书店2018年版,第174—185页。

与上帝的关系）。这些关系的互动进而生成为世界图景逻辑。当把这种世界图景逻辑应用到当代艺术的批评中，我们就会发现当代艺术对人实际上表现出了独特的语言性、时间性、个人性、自然性、社会性、历史性、神圣性诸方面的呈现。其结果生成为真正的世界关系美学，就是以世界关系图景为对象的感性学。"①在《中国先锋艺术思想史第一卷世界关系美学》中，笔者以中国先锋艺术为研究个案，对之加以整全的理解与分层的阐述。至于"互动的诠释"之方法论，即以每重关系为基点诠释其他六重关系，这贯穿在部分文章的写作中。

迄今为止，历届上海双年展的主题与作品，其实都是"混现代"之表层与深层涵义的恰当例证。第一届上海双年展的主题为"开放的空间"（1996），内容却并无"开放性"，限定于具象、表现、抽象风格的油画艺术样式；第二届的"融合与拓展"（1998）作品，展示的是作为中国传统文化象征形式的水墨艺术的最新状态；第三届所谓的"海上·上海——一种特殊的现代性"（2000），继续沿着艺术媒介的策展思路，将作品选择扩展到油画、国画、版画、雕塑、摄影、装置艺术、录像艺术、媒体艺术和建筑等。这三届，都是围绕传统的艺术媒介打转，单就主题而言和双年展本有的先锋性的批判精神毫无关系。在根本上，它们遵循的是前现代的、顺从性的、反批判的思维逻辑。

第五届的"影像生存"（2004），其主题英文为 Techniques of the Visible，关注艺术与制像技术的关系，展现影像的历史与影像对人类生存状况的影响。作为一种艺术媒介，影像是后现代社会的产物。策展人的问题意识，还停留在西方社会20世纪70、80年代；第六届的"超设计"（2006），倡导艺术家以"设计作为材料"的观念艺术创作，探究设计与个人生活、社会理想和历史计划之间的关系。这在某种意义上源于现代社会主体自觉的哲学思想。

第四届的"都市营造"（2002），关注中国在都市化进程中遭遇的乡村与都市、传统与现代、本土与全球、保护与发展等难题；第七届的"快城快客"（2008），复制第四届的策展理念，更是为了响应2010年上海世博会的宣传口号"城市，让生活更美好"，双年展的文化先锋性几乎丧失殆尽；第九届的"重新发电"（2012）主题，源自上海双年展的迁址、上海当代艺术博物馆的创建、世博

① 拙作著：《中国先锋艺术思想史第一卷世界关系美学》，上海三联书店2017年版，第52页。See also Zha Changping, The History of Ideas in Pioneering Contemporary Chinese Art—Art History Writing and Relational Aesthetics, *Contemporary Chinese Thought*, 47：4(2016)，291.

会"城市未来馆"的改造项目,反思现代工业遗址在城市生态的构建中的再生利用,由此延伸出共同体中成员的共生关系意识。不过,大部分世博会遗址迅速被更换为城市房地产开发项目,就是对于这三届双年展关于城市化反思的最佳反讽。因为,中国遭遇的后现代社会的城市化是在前现代的制度现实中进行的。而且,一个所谓国际性的双年展,在十年时间里要么停留于关注展览本身,要么以上海这个城市所发生的事件为主题关怀。其视野的狭隘可见一斑,在观念上基本上和21世纪另现代的全球化思潮无关。

第八届的"巡回排演"(2010),企图定义巡游与回归、排布与推演这些观念,依然停留在展览的策划和展开过程中,似乎是在艺术语言方面的推进。其实,这难道不是每个策展人需要具备的基本功吗?何况,从展出的作品看,中国大部分艺术家的作品,大多停留在展览形式的思考层面。双年展的社会批判性进一步萎缩。

第十届的"社会工厂"(2014),一会儿强调艺术家的知识生产,一会儿强调当代艺术的社会关系生产,其主题含混不清;第十一届的"何不再问?正辩、反辩、故事"(2016),再问人人关系的多元集体生活中"代际之间、行动的形式之间、知识体系之间、故事叙述的方式之间""我们是什么和我们能成为什么之间"的可能性,①似乎是上届策展观念的延续。

至于第十二届的"禹步 Proregress"(2018)主题,按照主策展人夸特莫克·梅迪纳(Cuauhtémoc Medina)的阐释:"得与失、开放与恐惧、加速与反馈的不断混合,不仅印证着我们这个前行与回望并峙的时代,其深层的悖论色彩更是赋予了这个时代特殊的感性。在此语境下我们看到,当代文化已然成为了一个被过剩与无力、僭越与压抑、社会行动和虚无主义印证并折射的现场。而当代艺术,则是由社会不同力量碎片制作而成的奇物,它是当下矛盾性的见证,它将不同纬度的纷争、焦虑映射并转化成为主体经验的方法,帮助身处矛盾之中的当代主体适应当代生活里相悖而行的各种力量。本届上海双年展提供了一个深度挖掘当代艺术社会角色的构架。"②其目的,是要提升观众对当下政治、文化、经济无常状态的感知力,以便拒绝任何理想主义的叙事模式。它侧重于矛盾中的人与自我的关系,同时又偏向当代艺术社会角色的探究。不过,

① http://www.shanghaibiennale.org/cn/exhibition/year_topic/92.html,2020年9月5日检阅。
② http://www.shanghaibiennale.org/cn/exhibition/year_topic/104.html,2020年9月5日检阅。

没有理想的思维向度,何来对于观众感知力的提升?

对于即将开幕的第十三届的主题"水体"(2020)而言,策展人安德烈斯·雅克表示:"从细胞到人,到人与人的连接;从管道到腮室,到实验室,到气候变化,本届双年展的灵感来自于这些跨种群的联盟。从一次呼吸到一个生态系统的构成,我们是如此地相互连接,相互依赖,相互牵动。面对全人类共同经历的挑战,本届上海双年展将通过挖掘多样的流通和交融形态,证明人与人的关联和不可分隔。"①这再次回到了第十、十一届中人人关系的相关性的策展观念。但是,在人作为个体生命的存在尚未完全确立的中国混现代社会,人与人究竟如何相关呢? 这恐怕是外籍策展人很难有的问题意识。

如果以世界关系美学的视角审视这个所谓国际性的上海双年展,其主题二十四年来勉强涉及到人与语言(第一、二、三、五、六、八届)、人与自我(第十二届)、人与社会(第四、七、九、十、十一、十三届)的关系,至于人与时空、人与自然、人与历史、人与神圣这些关系,基本上无明确的涉及与回应。而且,每届双年展中的不少作品,其对于关系之观念的表达都处于混乱、混杂、混沌的审美状态。这正是对于中国社会文化之混现代特征的注释,同时也揭示出混现代的深层涵义即人所处的世界关系图景逻辑的混淆,更是源于历届上海双年展的策展人对应然的世界关系图景逻辑的整体上的无明。

究其根本原因,这乃是中国社会自 20 世纪以来一直主要被物质主义与肉身主义的观念体系统治的结果。②按照这样的思维逻辑,"人们对于由人时关系中的时间、人言关系中的语言、人我关系中的自我、人物关系(含个人与物质自然、个人与自然生命、个人与肉体生命诸关系)中的自然、人人关系中的社会、人史关系中的历史、人神关系中的上帝(即超越者)所构成的世界图景的丰富理解,被还原为一种物质性的单一存在的样式——时间仅仅是物质存在的一种形式,但究竟它是什么形式没有人知道;语言只是人的物理声音,人竭力不要去追问其背后的意义;自我堕落为动物般的肉体生命而丧失了对于存在的追问能力;自然只是满足人的需要的工具而不再作为被管理的对象;社会成为人们肉身娱乐的场所;历史中凡是同人的文化生命相关的内容被有意地加

---

① http://www.shanghaibiennale.org/cn/page/detail/308cw.html,2020 年 9 月 5 日检阅。

② 参见查常平:《物欲与灵魂:对中国物质主义的神学思考》,王忠欣主编:《基督教与中国》第 5 辑,北美华人基督教学会 2007 年,第 181—195 页。

以遗忘；超越的上帝对象化为某个偶像化的群体、强迫人们为其献礼。对于生存于这种世界图景中的人，仅仅被当作动物般的肉体生命来对待，动物的生存权被曲解为人权的内容。于是，任何关于人的意识生命、精神生命、文化生命的追求，任何关于人的形上的、艺术的、宗教的超越性言说，都被认定为某种'非人的'现象来加以否定与拒绝。"①人被简化、还原为一种物质性的、肉体生命的生存者。然而，按照笔者对于世界关系美学的阐释，这其实仅仅是人的存在的一个维度，一个通过其身体与物质、植物、动物的世界发生关系所生成的维度。人还有更多的维度，他通过自己的精神与他人发生关系，通过他的文化与历史发生关系，通过他的灵性与上帝（或终极存在）发生关系，同时通过自己的意识与自我发生关系。所有这些，都奠基于人与语言的关系、人与时空的关系。因此，人是一个语言生命体、时空生命体、意识生命体、肉体生命体、精神生命体、文化生命体与灵性生命体。②

　　再论"混现代"的表层涵义，王建疆先生以"别现代"来命名。"别现代是对现代、前现代、后现代杂糅状态的概括，而别现代主义却是对现代性的批判，是对别现代的超越。别现代是现实，别现代主义却是价值倾向。别现代主义与别现代之别就是别中之别，是超越与被超越之别。正是这种别中之别和超越之别，构成了别现代理论的既告别虚妄不实的现代性又期许和建构别样的真实的现代性的有机整体。告别虚妄不实的现代性，是对现代性和人类共同价值的认可；构建别样的现代性，又是与西方现代性的同中有异，从而构成中国现代性的特点。"③诚然，在笔者看来，王建疆的"时间的空间化理论"，很好地解释了形成"混现代"或"别现代"的现实。"别现代中现代、前现代、后现代既和谐共谋又内在分裂的结构功能和矛盾运动，以及主导性力量的出现，构成了别现代的阶段性特征，这就是和谐共谋期、对立冲突期、和谐与冲突交织期、自我更新超越期。"④他的这种"别现代时期的四阶段论"，预设了别现代主义如

① 参见拙作：《中国先锋艺术思想史第二卷混现代》，上海三联书店 2017 年版，第 415 页。
② 参见笔者的《人文批评的逻辑前设——世界图景逻辑批评的基础》，收入拙作：《当代艺术的人文批评》，江苏凤凰美术出版社 2019 年，第 32—49 页。See also Zha Changping, The Logical Framework for Humanist Criticism: The Foundations of the World-Picture Logic Mode of Critique, *Contemporary Chinese Thought*，51:1(2020)，11—23.
③ 王建疆：《别现代：空间遭遇与时代跨越》，中国社会科学出版社 2017 年版，第 6 页。
④ 王建疆、阿列西·艾尔雅维茨等：《别现代：话语创新与国际学术对话》，中国社会科学出版社 2018 年版，第 159 页。

何否定别现代进入现代性阶段的可能性。①但是,这种"否定"最终如何进入"自我更新超越期"呢？他提出"跨越式停顿"的发展理论。其可能性之一在于:"随着国民现代性意识的觉醒,包括民主意识、法制意识和逐渐积累起来的多方面的自信,导致别现代社会的主导者们的跨越式停顿,即终止前现代的制度、思想、行为方式,从而导致社会的自我更新和自我超越,超越别现代时期,进入真正意义上的现代社会。"②他把自己的预言的实现寄托于"别现代社会的主导者们"身上,这在政治观上不过是一种浪漫主义的想象！

而且,以别现代主义超越中国现在的"别现代"的现实的这种答案,王建疆发现早已存在于现实的"核心价值观"中,只是需要本真地"兑现"而已！ 如果是这样,他岂不是在提取现实中的"一部分"作为"别现代主义"来超越另一部分的"别现代"的现实吗？ 如果中国未来的历史发展是从"一部分"现实中挣脱出来进入"另一部分"的现实,那么,哪里存在真正纵向超越的可能性？ 难怪他说:"别现代主义就是自我更新主义,是自我调节主义,是自我超越主义,是实事求是的兑现主义"。③

正是在这点上,笔者认为:别现代理论,并没有为中国社会与文化如何摆脱"混现代"或"别现代"进入真正的"现代社会"给出答案,其根本原因在于:它未曾自觉到"混现代"的深层涵义,未曾深究其中所内含的中国社会与文化究竟需要一种什么样的本真现代性的难题！

2020 年 9 月 15 日第一稿,9 月 18 日定稿

The Surface and Deep Significances of the Mixed-modern
—Remarks on Wang Jianjiang's Bie-modern Theory

Abstract：The concept of the Mixed-modern in the contemporary Chinese art and culture is characteristic of the surface and deep significances. Its surface significance means the mingling of pre-modernity, modernity, post-modernity, alter-modernity, while the deep significance means the confusion of all kinds of relationships described in world relational Aesthet-

---

① 参见王建疆:《别现代:空间遭遇与时代跨越》,中国社会科学出版社 2017 年版,第 14—15 页。

② 王建疆:《别现代:空间遭遇与时代跨越》,中国社会科学出版社 2017 年版,第 112 页。

③ 王建疆:《别现代:空间遭遇与时代跨越》,中国社会科学出版社 2017 年版,第 113 页。

ics. By the theory of the world relational Aesthetics suggested by the author，this paper analyses the disordered aesthetic world-picture appeared in the Chinese mixed-modern society which is exampled by Shanghai Biennials，and criticizes the perplexes of Chinese society's transformation era into modern one. Because the surface significance of the mixed-modern is named as the Bie-modern by Wang Jianjiang，it also reviews the advantages and disadvantages of his Bie-modern theory.

Keywords：Mixed-modern；world relational Aesthetics；the Bie-modern theory

作者简介：查常平，四川大学道教与宗教文化研究所基督教研究中心教授，《人文艺术》主编。

"人文批评"的三点理论特征

施诚刚

摘 要:人文批评,是查常平先生提出的一种当代艺术批评理论。这一理论贯穿了他的艺术批评活动。在介绍了当代艺术批评所面临的危机后,通过探讨人文批评的理论溯源、批评实践、价值指向三个方面,本文证明了人文批评具有内容创新、线索清晰、立场坚定的理论特征,并认为它具有引导中国当代艺术批评走出目前困境的可能。

关键词:人文批评 理论特征 艺术批评危机 当代艺术

中国当代艺术批评仍处于危机当中。首先,中国当代艺术批评自诞生起就有隐患未除。多数艺术批评过分依赖西方理论,不少批评家对理论的实际了解程度却不够。①同时,因为植根于西方艺术批评理论,不少艺术批评在分析中国传统艺术形式时,往往显得力不从心或是得出风马牛不相及的结论。其次,艺术批评逐渐趋于学术性,但艺术批评家的艺术敏锐性和审美判断力在不断被消解,乃至出现了读者看不懂艺术批评、艺术家不认同艺术批评、艺术批评家自说自话的状况。再者,有些艺术批评家在商业浪潮的冲击下失去了职业操守,做艺术批评成为了走穴赚钱之途径,艺术批评出现了"媚俗媚外媚己"②的现象。甚至有一种观点认为,中国当代艺术批评实际上已无力承担

---

① 参见匡景鹏、凌华铮:《当代艺术的批评理论危机与重建》,《艺术生活—福州大学厦门工艺美术学院学报》2013年第1期,第14—15页。

② 参见魏百慧:《当代艺术批评问题研究——现当代艺术媚俗媚外媚己现状分析》,《新视觉艺术》2012年第4期,第86—88页。

"助产士"的责任去帮助艺术家挖掘艺术内涵,也无法发挥"牛虻"的功能去督促艺术家创新艺术形式。

总体上,因为中国当代艺术批评的危机,艺术场正逐步演变为"名利场"。①学者余虹同样认为"当代文艺愈来愈彻底地融入大众文化工业,成为日常消费的一部分,其精神性品质几乎消失殆尽。"②因此,现在的艺术界,毫无疑问需要一套内容创新、线索清晰、立场坚定的艺术批评理论来引导中国当代艺术批评走出当前的困境。③而且,也唯有这样一种理论具备实现中国当代艺术批评独立的可能。

在笔者看来,人文学者查常平先生近年提出的"人文批评"正符合这一要求。"所谓人文批评,就是要把这种世界图景逻辑具体地实践于当代艺术的评论中,以当代艺术为媒介展开其中所内含的关于人的语言性、时间性、自我性、自然性、社会性、历史性、神圣性的独特言述。"④

若要考察人文批评能否担起指引中国当代艺术批评走出困境的重任,其核心在于论证它是否兼具内容创新、线索清晰、立场坚定的特质。所以,必须对其进行细致的梳理后才能做出有根据的判断。接下来,笔者将通过探讨人文批评的理论溯源、批评实践、价值指向依次证明上述三点特征。

一、理论溯源:内容创新

人文批评的理论创立与查常平的艺术思想演进是同步的。

1987 年,查常平从自己对艺术的体验和思考中梳理出关于艺术本质的 8 个命题,写成了《艺术的本质论纲》一文。⑤其中,有两个观点值得关注:1.艺术是人的创造,艺术把人同动物相区别,创造人的主体性精神。2.艺术创造人的情感,因而艺术的功能是改变人的情感从而改变自然、社会。这两点奠定了

① 参见鲁虹:《当代艺术与名利场逻辑》,《美术观察》2002 年第 8 期,第 9—10 页。
② 余虹:《艺术与精神》,社会科学文献出版社 2000 年版,序言第 1 页。
③ "内容创新"指该艺术批评理论不拒绝参考西方批评理论作为思想资源,但绝不依赖于西方批评理论,同时有自己原创的艺术批评观点。"线索清晰"指该艺术批评理论解析内容所指明确,可以呈现出一条批评线索被读者和艺术家把握,而且无论面对东方艺术或是西方艺术都不会失效。"立场坚定"指该艺术批评理论本身有坚定的价值指向,守护人文精神,不会因为利益而放弃操守。
④ 查常平:《当代艺术的人文批评》,江苏凤凰美术出版社 2019 年版,第 32 页。世界图景逻辑的内涵,见后面第三部分的论述。
⑤ 参见查常平:《当代艺术的人文追思(1997—2007)》下卷,广西师范大学出版社 2008 年版,第 544—560 页。

"人文批评"之人文性的起点。接着,他通过书写《人文学的文化逻辑——形上、艺术、宗教、美学之比较》一书,联系形上、宗教、美学对艺术进行了系统的对比思考。他着重从人的精神样式角度去探讨艺术、形上、宗教三者的联系与区别。①查常平把艺术、形上、宗教归因于人作为一个灵性生命体通过自身的情感、理智、意志对人神相遇这一事实的不同维度解读。他强调艺术的文化性价值是通过批判人类生活世界的实然之在维度得以体现,艺术因而具有揭示社会问题、促进时代发展的功用。②所以,在他看来,当代艺术与现代艺术的区别在于:"它不仅带给人审美的安慰,而且更多地把人的难题以及由此延伸出的各种自然的、心理的、社会的、历史的、时间的、语言的、神圣的问题摆在人的面前。"③

查常平以这一观念审视中国当代艺术批评,发现目前普遍缺乏深度的学理追思,在当代艺术界也正有一种敌视艺术与其他人文社会科学发生关联的情绪在蔓延。④而且中国当代艺术批评理论,除人文批评外,只有四种批评路径。逐一考察后,他认为这四种路径都蕴含着一定的缺陷或是面临不同的危机。更重要的是,它们虽然也有把艺术当作人文的、文化的、精神的现象来讨论,但并不是自觉地以之为特征。由此,人文批评确立了理论自身对艺术的分层诠释和价值指向,并在目的上区别于其他四种批评路径,它追求一种有深度的人文追思,而不仅仅是单纯的艺术考察。⑤

随着世界图景逻辑理论的成熟,查常平认为中国当代艺术批评的四种进路可以对应为世界图景逻辑中的四重向度:社会学批评侧重于探讨艺术中的人人关系;历史批评侧重于探讨艺术所透露出的人史关系;文化批评以人我关系为研究对象;图像学批评把人言关系当作自己的问题域。⑥通过比较分析,

---

① "艺术、形上、宗教处于一种并列关系。具体言之,作为人的文化意识心理结构的一部分,艺术是人的彼岸化的生命情感的象征性形式,形上是人的彼岸化的生命理智的观念性思想,宗教是人的彼岸化的生命意志的指使性信仰。它们是人的灵性生命与终极生命相遇的产物,最终企图从人的角度确立人神关系之轴心。"参见查常平:《人文学的文化逻辑——形上、艺术、宗教、美学之比较》,巴蜀书社 2007 年版,第 41 页。

② "作为文化现象的艺术,其存在的价值在于它并非是任何时代的政治、经济之问题的反应或记录。它是对人类从权力时代、资本时代最终走向文化时代的召唤,其先锋性意味着对前两者的先知式批判。"参见查常平:《当代艺术的人文批评》,江苏凤凰美术出版社 2019 年版,第 92 页。

③ 查常平:《当代艺术的人文批评》,江苏凤凰美术出版社 2019 年版,第 279—280 页。

④ 参见查常平:《当代艺术的人文批评》,江苏凤凰美术出版社 2019 年版,第 2—3 页。

⑤ 同上书,第 8—14 页。

⑥ 同上书,第 17—18 页。

他发现中国当代艺术批评领域仍存在着尚未有人开垦的荒地,"中国当代艺术批评中最缺乏从人时关系审视艺术现象的时间学批评,缺乏源于人物关系的科学批评以及源于人神关系的神学批评。"①由此,他确立了人文批评的批评特色:注意从人时关系、人物关系、人神关系角度补充中国当代艺术批评。②同时,他也对人文批评理论如何获取思想资源及其部分使命进行了相关思考。③

再结合世界关系美学理论深思,查常平在《人文批评的实践焦点:事件美学》一文中阐明了人文批评的思路:人文批评将艺术看作一种焦点事件,将其分解到七个不断生成的互动过程中进行美学阐释,以突出事件中蕴含的思想性内容。④他还在该文结尾处把人文批评的理论基点做了简要陈述,"正如关系美学的存在论基础必然植根于关系神学一样,事件美学依然植根于事件神学……"⑤

为了深度发掘理论基点这一问题,查常平又撰写了《人文批评的逻辑前设——世界图景逻辑批评的基础》。该文以"何为'人'?"为线索,通过经验论、先验论、创造论的递进推理,说明了关系神学的内容,确立了人文批评的逻辑前设。其中,他还指出了人文批评与世界图景逻辑的关系。⑥

通过对人文批评的学理追思,我们可以总结出这样一条思想发展脉络。在查常平眼中,艺术、宗教、形上三者都在概念上与终极实在相关,所以是神圣的;神圣的艺术通过批判现实社会以促进人类进步、推动时代前进;在艺术的批判功能下,中国当代艺术(至少在一定程度上)应从多个维度描述"人"之问题,吁请大众对"人"再思考;但目前中国当代艺术批评理论中,主流的四种路径都有一定的缺陷与局限,无法实现深度的人文追思,呈现当代艺术的人文性,因此人文批评将之作为自己的目标追求;进一步结合世界图景逻辑理论,人文批评确立了理论自身的批评特色、思想资源来源、部分使命;再根据世界关系美学理论,人文批评还具体地梳理出批评思路以及理论前提。

总之,通过理论溯源,我们可以确认人文批评的思想资源来源广泛,它并

---

① 查常平:《当代艺术的人文批评》,江苏凤凰美术出版社 2019 年版,第 18 页。
② 参见查常平:《中国先锋艺术思想史第一卷　世界关系美学》,上海三联书店 2017 年版,第四章、第六章、第九章。
③ 参见查常平:《当代艺术的人文批评》,江苏凤凰美术出版社 2019 年版,第 15—26 页。
④ 同上书,第 27—31 页。
⑤ 查常平:《当代艺术的人文批评》,江苏凤凰美术出版社 2019 年版,第 31 页。
⑥ 参见查常平:《当代艺术的人文批评》,江苏凤凰美术出版社 2019 年版,第 32—49 页。

不拒绝西方人文经典,但也不将之作为唯一的标准。①同时,人文批评是查常平提出的原创性理论,此理论实现了对尼古拉·布里沃提出的"关系美学"之超越。②因此,人文批评理论具有内容创新的理论特征。

二、批评实践:线索清晰

理论溯源只是身为学者的概念推演、思想递进,我们不否认理论中包含了对现实的思考,但促使理论真正成型、成熟必然离不开批评实践。在批评实践中,人文批评逐渐超出了作为一种艺术批评理论的范畴,其批评对象范围在不断扩大,呈现出一条清晰的批评线索。该线索为:艺术作品意涵—艺术学理的概念阐释—艺术现实的现象透析—社会的种种弊病—中国文化传统、汉语思想局限所造成的问题反思—实然与应然之思。③

人文批评首先应用于艺术作品内涵发掘,其写法多是从艺术家成熟的标志"原初图式"入手,展开人文思想性内容的探讨。④但是,不局限于作品意涵,人文批评进一步探讨了艺术的学理问题,例如:艺术作品的思想性、艺术作品的思想性与艺术家的内在转化能力的关系、现代美术的矛盾特质对人的反思作用、当代艺术的客观表达与主观呈现、当代艺术的历史性、合法性、现代性等各种属性何以成立。⑤

由对艺术学理的概念阐释,人文批评过渡到艺术现实的现象透析。它看到了当代艺术界的诸多问题,其批评对象扩展至整个艺术界。针对当代艺术界的种种乱象,自20世纪90年代起,查常平就呼吁当代艺术界建立一套整全的正义秩序。⑥在此愿景上,人文批评对当代艺术界的各类角色、每一过程都

---

① 人文批评的思想资源包括对七个向度的人文经典进行发掘,不论东方西方,不论古代现代。参见查常平:《当代艺术的人文批评》,江苏凤凰美术出版社2019年版,第19—26页。

② 人文批评的基础论是世界关系美学理论。关于世界关系美学理论对"关系美学"的超越,参见施诚刚:《从学术著述到艺术批评:浅析世界关系美学理论的起源》,《艺术广角》2019年第6期,第81—85页。

③ 参见查常平:《中国先锋艺术思想史第二卷 混现代》,上海三联书店2017年版。

④ 人文批评对艺术作品的具体阐释,散见在《当代艺术的人文追思》《中国先锋艺术思想史第一卷 世界关系美学》《中国先锋艺术思想史第二卷 混现代》《当代艺术的人文批评》《人文艺术》等专著、刊物、文章中。

⑤ 参见查常平:《当代艺术的人文批评》,江苏凤凰美术出版社2019年版,第27—31页、第95—103页、第104—115页。

⑥ 同上书,第70—71页。

有所关注、反思,并为当代艺术界的良性发展提出了细致的建议。在人文批评的视野中,首先,当代艺术参与者必须有知识人立场;其次,当代艺术界应该建立一套完整的正义秩序,使艺术界的各种角色回到其名副其实的定义中。这一定位系统,大致可罗列如下:作为艺术家,应当以创作呈现当代文化问题的作品为己任;作为策展人,应当从当代艺术界的整体视野与展览空间的布展设计推荐艺术家的最新创作于艺术界、知识界、甚至文化界;作为批评家,应当从专业的学术立场讨论当代艺术的现象包括创作、展览、传播、接受等,并通过艺术批评活动形成系统的批评理论、明确的批评观念、坚定的学术立场;作为经纪人,需要研究与培育当代艺术的真实爱好者人群及其市场走向;作为收藏家,需要从人类文化发展的历史走向的高度为人类保存一个时代的艺术文献;作为传播人,需要在关注当代艺术的新闻性写作与学术性写作之间加以甄别、编辑,为不同层次的公众提供专业讨论当代艺术的文字与图像。①罗杰·弗莱认为,在艺术研究这样一个如此容易产生主观扭曲的领域,科学的规范具有无比的重要性。②实际上,不只是艺术研究需要规范,艺术界整体也需要一定的秩序。所以,人文批评的一大贡献正是提出了"当代艺术的正义秩序"这至关重要的倡议。

人文批评也未忽视细节问题。它关注"艺术活动家"这样一类只在中国当代艺术界出现的特殊人群,还指出了一本好的艺术刊物与一名优秀的编辑对推动当代艺术发展的重要性。③最后,查常平以一句话一针见血地指出了中国当代艺术界种种乱象的主要原因:"中国的当代艺术综合了西方的现代与后现代的文化理念,在艺术体制上至今还处于一种前现代的处境,至今我们几乎没有独立的策展、批评、发表制度,几乎没有民间的独立基金会来支持当代艺术的发展。"④

由艺术的乱象追问至社会的弊病,人文批评的批评对象跃升到社会层面。人文批评认为,中国当代艺术在体制上处于"前现代"的根本原因是中国社会在现实上处于"混现代"处境。这一点至关重要。目前中国当代艺术批评中,现代、后现代、前卫、新前卫的批评理论对当代艺术逐渐失效,正是因为它们没有真正认清并把握"混现代"这一概念。人文批评从当代中国社会的本体性特

---

① 参见查常平:《当代艺术的人文批评》,江苏凤凰美术出版社 2019 年版,第 62—94 页。
② 罗杰·弗莱:《弗莱艺术批评文选》,沈语冰译,江苏凤凰美术出版社 2013 年版,第 208 页。
③ 参见查常平:《当代艺术的人文批评》,江苏凤凰美术出版社 2019 年版,第 71—74 页。
④ 查常平:《当代艺术的人文批评》,江苏凤凰美术出版社 2019 年版,第 128 页。

征"混现代"出发,于此之上构建了一套指向明确的社会批评体系。在人文批评的社会批评中,社会底层的悲切苦难、部分"上流者"的鄙陋奢靡以及社会体制的缺陷问题是其主题关注。从人文批评的视角看,中国当代社会的问题在于,在玛门(金钱)崇拜的影响下,人的尊严逐渐丧失,越发沦为浅薄的肉体感官动物,精神性的需求被不断漠视乃至主动淡化,灵性生命早已枯萎干涸,于是社会的道德底线不断被突破。但人绝不能随波逐流地生活,它呼吁公民意识的觉醒。"大多数人喜爱的艺术,不一定就有公共性。在人还没有超越自然人成为社会公民之前,所谓'公共艺术'的问题,不过是一个学术名词而已。"①在根本上,人文批评把人理解为不止是一个意识性的存在者,而且是一个精神性的、文化性的存在者。

　　人文批评的社会关注,只是对人类群落在一定时间内的聚集样态的考察。回望历史,人文批评指向了对中国文化传统、汉语思想局限所造成的弊端反思,一种更新旧国民、塑造新国民的强烈愿望弥漫笔端。②对于中国文化传统的问题,刘小枫在《拯救与逍遥》一书中也有论述。他认为,中西方之间最为根本性的精神品质差异就是拯救与逍遥。中国最高的精神境界是庄子的逍遥游,而西方是以耶稣基督亲临苦难的人间,以上帝之爱牺牲自己拯救人类,使人类与上帝重新和好为最高的境界。这两种精神品质的差异,衍生出"乐感文化"与"罪感文化"、超脱与救赎的精神冲突。对于汉语思想局限的问题,从《礼记》可见一斑。中国文化古典之一《礼记》曾数次强调人的天赋美好:"人者,天地之心也,五行之端也。""人者,其天地之德,阴阳之交,鬼神之会,五行之秀气也。"但是,它却从未明言人之美好禀赋的来源、依据。人文批评认为,由于中国传统中的肉身乐感文化根深蒂固并且汉语思想界始终缺乏对神力拯救的确信,中国当代现实才会出现种种思想问题和社会问题,通过把神圣信仰的优点部分引入中国文化,实现传统的更新,才可能突破中华数千年的历史循环怪圈,才可能实现中国真正的文化现代转型。这种把神圣维度引入世俗,进行人性改造的观点,并非孤例,何光沪先生也有过类似发言。③

①　查常平:《当代艺术的人文批评》,江苏凤凰美术出版社 2019 年版,第 269 页。
②　人文批评对中国文化传统、汉语思想局限的具体批判,多数内容集中《中国先锋艺术思想史第二卷　混现代》。也散见在《当代艺术的人文追思》《中国先锋艺术思想史第一卷　世界关系美学》《当代艺术的人文批评》《人文艺术》等专著、刊物、文章中。
③　参见何光沪:《天人之际》,中国社会科学出版社 2003 年版,第 99—100 页。

考虑到当代汉语学术界普遍对当代艺术的漠然与失声以及中国社会文化上的现代性转型的困难,人文批评显然需要更大的影响力与受众群体。于是,查常平主持开展了多次艺术界与学术界的对谈,①主编了作为汉语学界唯一的当代艺术与人文思想论丛《人文艺术》。在每一期《人文艺术》的副标题上,我们能发现人文批评在不同艺术主题的应用,比如"灵性的飘零""生态与人文""人文何在"等。总体上,《人文艺术》定位为"人文学中的艺术",它试图打通汉语学术界与当代艺术界的隔离,在宪法承诺的言论自由前提下,给予民间思想传播以合法空间。在这种抱负的指引下,《人文艺术》设立了五个栏目:《艺术研究》《艺术历程》《文化评论》《形上言述》《学典汉译》。从二十年来发表的论文看,除了对不同媒介表达的艺术个案的深度研究外,其范围涵盖宗教、神学、哲学、美学、语言学、历史学等人文学的全部领域,其问题涉及生态、后现代、后殖民、公共性、女性主义、消费主义、历史逻辑、世界图景等。②

这一论丛可以称为人文批评理念的实际产物。从实际效果上看,它是人文批评影响力增大的标志,也是人文批评批评对象扩大化的成果,更体现出了人文批评的最终指向:实然与应然之思。正如其所述,"它(《人文艺术》)旨在以论文方式多元地展现我们所生活的世界图景逻辑的实然与应然两个向度,在世界文化图景中诠释当代艺术,在人文性与神圣性的向度中探究艺术,在超越性与内在性的向度中更新汉语思想,在学术追思中实践中国当代艺术的人文价值关怀,在精神层面达成学术界和艺术界的交通,最终以更新吾民之灵、魂、体为标杆。"③王林先生曾感叹"我始终认为对当代艺术的热爱只能是对它的反省和批判",④而人文批评以严谨且完善的批评实践表达了该理论的提出者对当代艺术深沉的爱。

总之,从批评实践看,人文批评提供了可被人把捉的清晰线索。同时,不论对东方还是西方艺术,人文批评都是适用的,因为它所关注的是外在的艺术图式和内中的人文思想这类共通之质。所以,人文批评理论具有线索清晰的理论特征。

---

① 参见查常平:《当代艺术的人文批评》,江苏凤凰美术出版社 2019 年版,第 160—246 页。
② 查常平:《当代艺术的人文批评》,江苏凤凰美术出版社 2019 年版,第 74 页。
③ 同上书,第 26 页。
④ 王林:《西南艺术札记》,广东美术馆编:《从西南出发——西南当代艺术批评文集 1985—2007》,岭南美术出版社 2007 年版,第 35 页。

三、价值指向：立场坚定

高名潞先生认为："中国当代艺术中充满神话和泡沫，其中一个原因就是道德力量的贫乏。"①鉴于此点，人文批评确立了"人文关切"为价值指向。人文批评从艺术解析出发，呼唤对人性真善美的回归、强调对人性假恶丑的批判。人文关切作为价值指向在人文批评的概念上就有所暗示。人文批评的定义处处围绕"人"展开，人文批评从过程上讲，它是把世界图景逻辑具体实践于当代艺术的评论中，以当代艺术为媒介展开其中所内含的关于人的语言性、时间性、自我性、自然性、社会性、历史性、神圣性的独特言述；从目的上讲，"它是借助分析艺术现象确立世界关系图景的实然状态与应然状态，进而使人反思人的生活，以便最终更新人的生命。"②同时，人文关切在人文批评的理论目标方面得到了凸显。在个体层面，人文批评承担着个体生命的塑造与启蒙的责任；在社会层面，人文批评呼唤达成个人之间的共在关系，指向社会族群精神生命的差异性、多元性铸就；在历史层面，人文批评呼唤达成个人在历史中的同在，将当代艺术作品纳入人类的精神史范畴来审视、诠释。③也就是说，人文批评在指向个体的同时指向人类整体，其所反对的是将人类部分化。④在根本上，人文关切是希望人们在"人类"这一概念下相处，消弭彼此对抗的政治立场、民族立场，突破亚人类价值观，塑造一个和谐的世界。因此，人文关切实际上还包含了一个主题："重新定义人与世界的关系"。

这一主题跟查常平的学术思想紧密相关。首先，他从认识论角度归纳出的世界图景逻辑不可不谈。⑤他把人对世界的认识形式看成是一种通过七个向度展开的互动交流，这就是世界图景逻辑。它最终回答如下的七个问题：

① 高名潞：《大毛物语——西南艺术中的毛旭辉现象》，广东美术馆编：《从西南出发——西南当代艺术批评文集 1985—2007》，岭南美术出版社 2007 年版，第 133 页。

② 查常平：《中国先锋艺术思想史第一卷　世界关系美学》，上海三联书店 2017 年版，第 54 页。

③ 参见查常平：《当代艺术的人文批评》，江苏凤凰美术出版社 2019 年版，第 10—11 页。

④ "我认为人文批评应该建立在一个广义的人文学的基础上。人文学本身是一种精神指向，这个指向一方面是对一个具体的个体的艺术家的研究，发现这种个体的艺术家的不可代替性，它也呼吁艺术家创造不可代替的作品；另一方面它需要一种对个人作为人类的一员的关怀，不是停留在一种民族主义或国家主义的层面，或一些中间的亚人类价值观如所谓的东西方问题、本土化与国际化之类的概念层面。"同上书，第 168 页。

⑤ 关于"世界图景逻辑"，参见施诚刚：《从学术著述到艺术批评：浅析世界关系美学理论的起源》，《艺术广角》2019 年第 6 期，第 81—85 页。

"人言关系(＝人—言关系＝个人与语言的关系)、人时关系(＝人—时关系＝个人与时间的关系)、人我关系(＝人—我关系＝个人与自身的关系)、人物关系(＝人—物关系＝个人与物质自然的关系、人与自然生命的关系、人与肉体生命的关系)、人人关系(＝人—人关系＝个人与他人的关系)、人史关系(＝人—史关系＝个人与历史的关系)、人神关系(＝人—神关系＝个人与上帝的关系)"。①世界图景逻辑的成立为人文关切的实现提供了具体的入手途径,所以,人文批评正是通过挖掘七个向度的思想性内容,促使人反思实然世界,朝向应然世界,体现人文关切。其次,查常平始终认为学者承担着某种社会启蒙的责任,这一责任正是学术的价值所在。学者所做的,不仅仅是为人类知识增量的文字工作,更是为人类世界提供照亮生命的理想之光的精神耕耘。他们从世界的浅层经验现象中提炼深度理论根据,推动人类世界朝向更完善的方向前进。何光沪先生也认为:"学术与天下的合理关系只能是:既受益于天下,便当回馈天下;而不论直接还是间接,长期还是短期,以不计利害追求真理的精神,去反思历史文化并批判社会文化,以促其改良,乃是适当的回馈方式。"②查常平的学术志向为人文关切的出现做出了解释,因为人文关切正是他一直坚持的学术理想之体现。所以,上述两点解释了人文批评在批评实践上,其批评对象范围为何是逐步扩大的。唯有在这种递增的批评活动中,人与世界的关系才会逐步被重新反思、定义。总之,"人与世界的关系"一直是贯穿他的学术思想的线索。毕竟,在人和世界的关系上,世界是人的延伸。世界与人的关系是如此密切,以至于德国哲学家海德格尔干脆将人的"实存"(Sein)与"世界"(Welt)连写成一个词"在世的存在"(Sein-in-der-Welt)。

人文批评的价值指向,决定了它与目前四种中国当代艺术批评路径的本质区别,"任何所谓对艺术市场的社会学分析、图像式洞见、科学式的观察,都不能取代对艺术本身的人文性反思,不能取代对艺术家作品展开心理的、历史的、语言的、时间的乃至神学的考察。"③毕竟,在人文批评看来,艺术首先是一种人的精神样式而不是人的物理活动,其次属于人文而非科学的现象,最后才是当代社会生活的组成部分。正是出于这种对人的多维度观照,人文批评对其他艺术批评进路的态度是包容并吸收,而非反对或拒斥。"质言之,在人文

---

① 查常平:《新约的世界图景逻辑(第一卷)引论 新约的历史逻辑》,上海三联书店 2011 年版,第 7 页。
② 何光沪:《天人之际》,中国社会科学出版社 2003 年版,第 5 页。
③ 查常平:《当代艺术的人文批评》,江苏凤凰美术出版社 2019 年版,第 273 页。

批评家的视野中,任何关于当代艺术的图像学讨论、文献史梳理、文化理论建构、社会学阐释,都是为了使个人成为更有人格独立的存在、使社会成为人性更加丰富的空间、使历史成为更加人道十足的场所。"①

总之,人文批评把"人文关切"作为价值指向,从而使艺术由个人之事转变为人类之事,因为它探索了"人应该在世界中如何存在"这一问题,它为人类设立了一个高远的目标;使艺术批评由艺术研究转变为人文研究,因为它重申了"艺术与人类是紧密相关的"这一事实,它为艺术提供了一种本质的理解。正如何桂彦所说的那样,"只有那些参与到分析、归纳、呈现,以及构筑当代艺术自身的人文价值的批评才能称作是当代艺术批评"。②人文批评理论正是以此作为目标,守护人文精神,不屈从于金钱的诱惑。所以,人文批评理论具有立场坚定的理论特征。

综合上述讨论,我们可以确认虽然当代艺术批评目前危机重重,但人文批评显然具有内容创新、线索清晰、立场坚定三点理论特征,因此人文批评具有引导中国当代艺术批评走出困境的可能。

Three Theoretical Characteristics of "Humanistic Criticism"

Abstract：Humanistic criticism is a kind of contemporary art criticism theory put forward by Mr. Zha Changping. This theory runs through his art criticism activities. After introducing the crisis faced by contemporary art criticism, this paper argues that humanistic criticism has the theoretical characteristics of innovative content, clear clues and firm stand by discussing the theoretical origin, critical practice and value orientation of humanistic criticism. It also believes that it has the possibility to guide Chinese contemporary art criticism out of the current predicament.

Keywords：Humanistic criticism; theoretical characteristics; art criticism crisis; contemporary art

作者简介：施诚刚,四川大学道教与宗教文化研究所博士研究生。

---

① 查常平：《当代艺术的人文批评》,江苏凤凰美术出版社 2019 年版,第 14 页。
② 何桂彦：《什么是当代艺术批评》,《美术观察》2010 年第 5 期,第 21 页。

人文批评的存在性根基

——从存在、语言到言说的形上考察

毕聪聪

　　摘　要:语言是人存在的基本样态之一,言说则是人以语言的方式于此世中行动。因此,言说在实在论和存在论的层面规定着人存活、生活、存在的结构。在这个意义上,不同的言说行动所呈现的,正是人在不同范畴内的行动。具体言之,人在生命范畴以呐喊的言语保存自身,在生活范畴以嬉戏的言语畅意遨游,在存在论范畴以沉默的言语追寻真理和神圣。它们分别对应着人的叙述、喟叹和批评。这样,批评在根本上就是人文性的,且这人文性根植于人的存在之中。人在存在论中以批评的方式言说,始终指向超越之言说对象,并于此世造就了属人的形上、艺术、宗教等精神样态和精神实体。人的言说和人的所说相遇之处,就是人文批评的存在之处,即人文批评的存在性结构。

　　关键词:人文　批评　语言　言说　存在性

　　批评是人类精神反身性言说的样式,人文批评则是人以自身的存在结构参与到一切与人相关的关系世界所采取的言说行动。汉语语境中的"人文化成",表明的正是人在此世的一般性行动。在物性、人性、神性的方面,"文"指的正是人的居间性,人在天地的界限之间活动;而在言说范畴及言说类型方面,它意味着"古朴今丽",即"反庸俗"的"文"代表一种区别于"存活"的"生活"和"存在"的结构。所以,"人文"是属人的修饰,它指称着人的全部存在和全部活动。在其中,人处于世界关系图景①的中心,且关系—事件—言②具有根本的同一性。这样,人文批评,就是人于存在论范畴中的反身性言说,它在历史中表达为前现代的民族叙事、现代的理智思辨和后现代的解构传统。于是,人文批评就具有了言说层面的优先性。

具体言之,按照世界关系美学的说法,人文批评本质上是人在世界图景逻辑③中的关系性言说,也是逻辑历史学④中所谓的人的价值性言说。因此,人文学界尤其是批评界所称的"后批评状况(post-critical)"或"批评失语",⑤就可以理解为人的言说能力的退化和消弭,它根植于人类精神活力的丧失以及人存在本位的偏移。这样,人文批评的复兴,⑥也正是人从他者中重新发现了自我。所以,严格地来说,人文批评在广义上就是人与他者⑦相遇时发生的精神性反身言说,在狭义上则是批评者(家)从人的存在结构出发对诸言说对象进行的精神性反身言说。不同的言说对象决定了人文批评的不同内容,不同的言说方式则决定了言说者的不同出发角度。

按照查常平的说法,当代艺术的人文批评,"首先认为艺术是一种人文现象,只有在与其他人文学科如哲学、宗教、语言学、历史学、神学等的关联中,批评家才能为艺术家的创作展开历史性的诊释定位。其次,它把艺术当作一种文化现象,艺术创作虽然离不开物质性的媒材和语言实验,但是,艺术家的最终目的,不是要彰显媒材的物理性能,而是为了揭示作品和当代人的存在相关联的文化心理世界。这种心理世界虽然可能有其社会性的内涵,但人文批评的核心使命,并非要从作品中透视其所在时代、社会的权力结构、权利转移、法权承诺,而是更多侧重于个人生命情感伦理的敞现。再次,它把艺术当作人的一种精神现象,强调艺术在形成个体生命的精神结构、精神动力与精神超越中的独特表现性作用。在这个意义上,艺术是在人承受神圣之灵在之后对人的

---

① ③ 查常平:《中国先锋艺术思想史第一卷 世界关系美学》,上海三联书店 2017 年版,第 50 页。

② 在世界关系美学看来,一切审美活动和人的关系事件的发生在本质上是同一的,它们都是神言之下的普遍被言说者、被造者。

④ 查常平:《历史与逻辑——作为逻辑历史学的宗教哲学》,巴蜀书社 2007 年版。

⑤ 即批评家和批评话语的双重沉默。在后现代的语境下,"后批评状况"或"批评失语"只是"评论的普遍危机(crise générale du commentaire)"的表现之一,它体现了语言本身的真实。见罗兰·巴特:《批评与真实》,温晋仪译,上海人民出版社 2016 年版,第 33 页。

⑥ 与文艺复兴、宗教改革、启蒙运动不同,人的再次复兴并不是依靠对诸神圣的叛离,而是敞开自身,并拥抱诸神圣。

⑦ 包括他物、他人与他神。

精神性存在的守护"。①同艺术一样,真正的哲学(或形而上学)、宗教,其实都是在人承受神圣之灵后呈现出来的精神样式;哲学家、宗教徒、艺术家,只是以个体生命的方式呈现这种精神样式的人。他们是普遍精神的分有者,是承受了"绝对精神"之有限存在者。因此,在一定程度上,批评家应当属于真正的哲学家、宗教徒、艺术家的近亲。人文批评以艺术中的人我关系的考察为出发点,把人理解为不只是一个意识性的存在者,而且是一个精神性的、文化性的存在者。它在捍卫人的神圣尊严的同时,升起对于神圣者临在的盼望,批判并且拒绝任何把人异化为物、把人异化为神、使人丧失个人性而沦为"无我"之他者、让人从历史生者中被遗忘的艺术现象。它在世界图景中守护人作为人相对于自然的主体生命、相对于社会的个体生命、相对于自身的我体生命的存在。②

这样,当代艺术的人文批评就建立起来了,它旨在构建一种以人的精神性反身言说为核心的艺术批评。这种批评范式,既关注古典艺术的现代言说,也关注先锋性质的精神创造;既沿袭了崇高与美的神圣范畴,也发掘着杜尚以来现成品艺术解放艺术本身的内涵。这一切都建立在人的存在之上。所以,从哲学人类学的角度解读人文批评的存在性根基,既是人文批评的内在逻辑,也是人文批评的自身任务。人文批评的人文性,就在自我与他者相遇的言说之中。

一、存在论之外的存在性

人与他者的相遇具有存在论之外的意义。即使相遇的原初事件呈现为"言",③但"言"始终具有言说者、言说过程和言说对象之外的特性。也就是说,从形上的角度看,"言"既是一切关系事件发生基础,也是关系性自身的显明,但关系性本身,却自始至终指向与他者相关的奥秘。按照逻辑历史学的说法,这"言"既属于人言价值逻辑,也属于神言恩典逻辑。④人言价值逻辑体现原初"言"事件的停留,神言恩典逻辑则表现原初"言"事件的始终远离和相异。

---

① 查常平:《当代艺术的人文批评》,江苏凤凰美术出版社 2019 年版,第 18 页。
② 查常平:《人文学的文化逻辑——形上、艺术、宗教、美学之比较》,巴蜀书社 2007 年版,第 18—100 页。
③ 注视(看)不是事件,因为它作为一种开放性,只是事件的纯形式。
④ 查常平:《历史与逻辑——作为逻辑历史学的宗教哲学》,巴蜀书社 2007 年版。

所以,在原初"言"事件的发生刹那,人与诸神圣的双重开放造就了人与他者的最终相遇。因此,当人以言的方式规定他者并被他者规定时,人才总能呈现出存在的特性。①是存在赋予了言事件性,且言显明了事件的存在性。这样,人们每次论及(言谈)存在或存在者时,都是人的再次自我阐明。②

然而,实际上,并非所有有关存在的言说都是存在性的。从存在主义到泛存在主义③的演变,表明的正是存在主义的非存在性。不同学派的学者及其他将存在主义生活化的人,在套用、挪用存在主义的术语时,忽视个体性的感受和理解,并强行将之归为存在的话语,带来的正是存在者的非存在性。非存在性通过语言占据了存在性的位置,就是作为人存在基本样式的语言的缺失。于是,存在论范畴中就多了一种在存在性和非存在性共同影响之下形成的伪存在性,这就是伪装成言说存在性的言说的非存在性。所以,在艺术、形上、宗教之类的人文现象中,出席永远不等于在场,因为这一事件的发生,欠缺了真正的存在性。存在性通常是自我显明的,在存在论中,它就是存在者、此在和存在共有的一致的存在性。

通过对存在论的界定,海德格尔(Martin Heidegger)发展了一种言说中的存在性,即在存在论范畴内中被言说,且与存在者和存在根本区分开来的、独属此在的存在性。这种存在性与人的领会的结构性共在,因此也称为言说存在性。④言说存在性与存在者的实际存在、存在本身的自我存在分属三种不同性质的实体,并于形态学和类型学方面区别开来,最终呈现为三种类型的存在性。实际存在性、言说存在性和本体存在性,在形态学上可被区分为他在的、自在的与自为的存在性;在类型学上则可被概括为固造的、持存的、更新的⑤

---

① 正如有对象的纯粹事件形式(如注视),无对象的纯粹事件内容也无法达成存在的规定性。后者至多只能构成物的意象。

② "言"事件(word-happening)与言谈事件(speech-event)需要区别,"言"事件是"言谈"的根基。海德格尔区别言(sagen、Sage,也译为"道说")与言谈(sprechen、Sprache,也译为"说话"),指明了"言"事件的存在特性。言意味着显明,使显现,使看和听。(»Sagan« heßit: zeigen, erseheinen-, sehen- und hören-lassen.) Martin Heidegger, *Unterwegs zur Sprache*, Frankfurt am Main: Verlag Vittorio Klostermann, 1986, p.241.

③ 泛存在主义惯于将存在主义泛化为概念上的存在者、再次忽视存在本身。

④ "此在是这样一种存在者:它在其存在中有所领会地对这一存在有所作为。这一点提示出了形式上的生存概念。"见海德格尔:《存在与时间》,陈嘉映等译,生活·读书·新知三联书店 1987 年版,第 65 页。这里"有所领会地有所作为",就是以言说的方式在此世中行动。

⑤ 与他者相遇,发生质的提升。如文化生命的更新,就是民族文化精神的飞跃。

存在性。这样,存在论中"存在性"的概念就不再仅是由言而来的言说存在性的产物,而是分别寓于人的"存活""生活"和"存在"中的意指实在。由此,存在性成就了自身。

存在性的完成在与他者的相遇中实现,这里的存在性既包括言说存在性,也包括实际存在性和本体存在性。因为他者并不只是相对于人的他者,更是他者与他者之间的遥远的他者。人与他者的相遇产生了言说存在性,他者之间的相遇则产生了实际存在性,至于他者自身,更蕴含着人难以得知的本体他性。所以,存在性在他者的参与中完成了对自身的规范:他者在广延中造就了形态学的存在性,在时间中造就了存在性的类型学。人文批评是属人的存在性的批评,所以它也就可以分为形态学的人文批评和类型学的人文批评。①前者遵循关系—事件—言同一逻辑,后者以差异—现象—分化衍生逻辑②为核心。也就是说,以存在性为根基的人文批评,不仅在言说和话语的层面呈现着存在性的类型,而且在内容的阐述方面贯穿着存在性的存在逻辑。具体言之,在人的精神性领会中,艺术、形上、宗教处于一种存在性的并列关系。作为人的文化意识心理结构的一部分,艺术是人的彼岸化的生命情感的象征性形式,形上是人的彼岸化的生命理智的观念性思想,宗教是人的彼岸化的生命意志的指使性信仰。③它们共同构成了生命的存在性言说整体,并呈现出一致的言说存在性。

当然,这并不是说,存在性和人文批评的形态学和类型学表达享有同样的概念和术语,因为在言说的层面,二者并不属于同一类型体系。例如,在存在性的形态学中,存在性凭他者的呈现(或发生)方式被分为他在的、自在的与自为的存在性,④而人文批评则相应地被总体称作主体的批评。人文批评的存在特性决定了批评的自为性,但它仍旧可被分为主体批评、对象批评与交互批评等。同样地,在存在性的类型学中,存在性可因其内容呈现模式被分为固造的、持存的、更新的存在性,对应的人文批评则被称作共时性批评和历时性批评,在这之下又可以分为历史批评、社会批评等等。所以,存在性和人文批评

---

① 人之存在的基本样式包括时空性、关系性、语言性等。因此根据时间与空间、发生和情境的张力关系,可将人文批评区分为形态学的人文批评和类型学的人文批评。

② 在世界关系美学的体系里,一切有无都是终极信仰按自己的意志,以一定的次序和规则造的,这个次序就是根于差别性的分化衍生逻辑。

③ 查常平:《当代艺术的人文批评》,江苏凤凰美术出版社 2019 年版,第 52 页。

④ 他者总是主动发现、主动言说而不是被发现、被言说的,除非被言说也出于恩典的奥秘。

的形态学和类型学在存在论的范畴保有一致性,这一致性通过语言贯通了存在性和言说性。

二、从存在性到语言和言说

哲学从现代发展到后现代的过程,是言说空间极大扩展的过程。其中,语言学转向扮演了主导者的角色。此转向不仅代表着人文科学和社会科学研究重点的转移,同样预示着人类理性精神对此世、存在等存在论结构的进一步发现。所以,仅将语言学转向称为认识论的新突破是不恰当的,毕竟语言学本位意味着的不是如何认识世界,而是人如何处在世界中。在这个意义上,人重新发现了自身:人是以语言存在的人,而语言则是人存在的基本样态之一。罗兰·巴特(Roland Barthes)在发展符号学和解释学的过程中确证了这一论断,他宣称"语言而不是符号,成就了人的存在性"。①这样,本体化的语言就是人的存在性的结构功能,语言、理解和书写三者则共同构建起了人存在的意义体系。②由此,意义体系的构建过程便是言说,它的实际存在形式则是话语。③也就是说,此在凭借意义抵挡虚无的侵蚀,意义的本质则是言说存在性。言说存在性在实有类型上分为形上、艺术和宗教,三种不同的精神和身体样态,共同追寻着人与他者的相遇。这样,存在性于人之中,就表达为语言。人的言说,则是此世的生活之实际。

在上文中我们提及,存在赋予了"言"事件性,且"言"显明了事件的存在性。这里我们将继续阐明存在性如何达致语言的本体性。根据海德格尔的说法,语言是人的实际存在样态,因为人的存在总是领会的存在,且人一旦逃离语言,就是走入了令人目眩的非存在的领域。海德格尔将人的存在限定在对时间的领会和诉说中,指的也是人实际被存在本身规定。④所以,在海氏的存

① 巴特:《流行体系:符号学与服饰符码》,敖军译,上海人民出版社 2000 年版,前言第 1—4 页。
② 此处的语言、理解和书写,指的不是语言学或符号学中的三种人类行为,而是在分别指称作为言说根基的言说的结构性、反身性和表达性。在实有世界中,它们才是由人身体施行的具体的行动。
③ 在形上范畴,注视是他者的开放,倾听是主体的敞开,唯有对话是主体与他者的真正相遇。因此,言说和话语,分别承载着对话的事件性和符号性。查常平将言说与倾听、书写与阅读、话语与本文视作互相对应的范畴(参见《人文学的文化逻辑——形上、艺术、宗教、美学之比较》,巴蜀书社 2007 年版,第 74—78 页),实际上是在符号的层面具体阐述人的存在与人的言语的关系。这两种不同的范畴划分,值得注意。
④ 在查常平看来,人的存在性乃是以人为焦点的人言关系、人时关系、人我关系、人物关系、人人关系、人史关系、人神关系之七重关系所生成的。其外化形式即人作为个体生命的世界图景逻辑。

在论中,语言是此在存在的必然性。但是,人的实际存在样态并不能对人做出本体性的规定,正如通过现象学悬置得来的现象本身并不能作为规定性一样。加布里埃尔·马塞尔(Gabriel Marcel)视语言的实在为存在(being)而非拥有(having),[1]意在指明的就是语言在实存之外还有应然的逻辑。所以,语言作为人的实际存在样态给出的只是呈现的必然,它只意味着人的存在性表达为语言,而我们需要的则是从存在性到语言的必然逻辑。[2]这样,此在的存在性就需要经历严格规范和自我证明的过程,因为它实际上不是言说存在性的等同,而是存在性自身发展的逻辑。萨特(Jean-Paul Sartre)在《存在和虚无》中做了类似的尝试——他试图通过虚无概念描述存在性的转化,却因为言说的限制,被人诟病在以言说存在性描述本体存在性。但实际上,萨特为存在性的转化提供一种可能,即存在本身通过关系化的呈现,达至了存在性的显明。自为存在是自在存在的关系逻辑。[3]在哲学人类学中,这关系可以是欠缺,也可以是满溢。存在是其所不是,意味的正是自为存在的自我规定。所以,将欠缺作为此在存在性的前提,是从人出发的存在性规定;而将满溢作为此在存在性的前提,则是从神圣出发的存在性规定。这样一来,将危机或盼望[4]视为人的生存情绪和生命情感所指,体现出的正是由欠缺规定的存在性;将恩典视作诸神圣的圣言,显明的则是属于满溢的存在性。而无论是欠缺还是满溢的关系,在人之中,它们总以语言的样式发生。前者是人言对他者的规定,后者则是他者通过人言对人进行规定。人若失了语言,就取消了对事件的开放性;人若失了言说,就丧失了存在的参与。于是,任何反语言的尝试都是反存在的尝试,而任何反言说的尝试都是对此世生活的逃离(如批评的失语)。这样,语言就显明了事件的存在性。

　　除此之外,需要注意的是,尽管我们宣称意义体系的构建过程就是言说,它的实际存在形式是话语,但意义体系并不等同于语词的所指的集合,也不是符号之间的综合判断问题。这里的意义既不属于狭义的符号学,也不属于狭义的语言学,它是言说存在性的功能问题。符号学和语言学通常将意义视为

---

① Gabriel Marcel, *Being and Having*, translated by Katharine Farrer, Westminster, UK: Dacre Press, 1949, pp.154—175.

② 人的总体生存样态是无处可归的回归,其中包括语言、悖论和追寻等基本生存样态。有关言语的悖论性,参见毕聪聪等:《20 世纪法国主体哲学研究》,四川大学出版社 2019 年,第 28—32 页。

③ 萨特:《存在与虚无》,陈宣良等译,生活·读书·新知三联书店 2014 年版,第 25 页。

④ 见 Jurgen Moltmann, *Ethics of Hope*, Minneapolis: Fortress Press, 2012。

所指链的不断连接,并认为在符号和语言之外没有意义。①此时的意义是后天的功能,它丧失了先天同构的含义。但在哲学人类学中,意义并非被构建的语法和语义体系,它是人规定自身并叙述自身的精神的作为。德勒兹(Gilles Deleuze)认为,言语活动的这一极限,就是哑口无言的物—视野。物是言语活动的极限,正如符号是物的语言。当语言边在自身中旋转边掏空自己时,语言才最终完成了自身的使命,符号指出了物,无数多次实现了言语活动的力量,因为"词语破碎之处,无物存在"。②所以,严格意义上,意义体系是流逝着的形上、艺术和宗教的所指,它通过符号和语词不断指向他性的神圣和实在。于是,美学(艺术)符号与美学(艺术)语言的区分就是先天性的,其差异不是媒材与媒介之间的材料与形式之间的关系。批评符号和批评语言的区分,也不再是符码和功能的问题,而是实际存在性与言说存在性之间的差别问题。所以,言说区别于符号与语言,三者分别表现出言说存在性的事件性、客体性③和本体性。具有不同结构规定的语言,则因其呈现功能的不同,被分为呐喊的语言、嬉戏的语言和沉默的语言三种,它们分别对应着人的叙述、喟叹和批评。④这样,在以他者为对象的对话关系中,言说本体的批评就成为最具存在性的、人文性的话语。

三、从言说到批评

人所居的此世,既是人存活的世界,也是人生活和存在的世界。所以,人的言说同世界的结构一样,具有多样和差别的特性。人在此世的叙述、喟叹和批评,⑤正是人在世界中的不同作为。但是,人并不像世界本身一样能够自在地保持自身的多样性,人的自为和有限决定了人的言说的有限性。所以,在人

① 按照卡西尔(Ernst Cassirer)和朗格(Susanne K. Langer)的观点,语言是一种符号。按照弗雷格(Friedrich Frege)和罗素(Bertrand Russell)等人的观点,符号是语言中的一部分,它因具有抽象性和能准确表达意义成为语言分析的工具。这两种基本观点,都视意义为符号的功能。

② 德勒兹:《批评与临床》,刘云虹等译,南京大学出版社2012年版,第213页。

③ 符号客观上承载着语言,表达着言说事件。

④ 以语言的呈现功能作为区分标准的理由是,在语言转变为话语的过程中,不同的呈现方式,尤其带来不同的话语(当然也包括其他因素)。在这个意义上,呈现功能的不同属于语言结构的不同。语言的呈现,于言说者和言说事件的角度,有不同的划分。于前者,语言可因言说者表达姿态的不同被分为呐喊的语言、嬉戏的语言和沉默的语言;于后者,语言可因自身的呈现类型被分为叙述、喟叹和批评。这两种划分互相对应。

⑤ 从影视学的角度,也可以将其描述为戏剧、幕后和批评。

与他者的关系中,人既可能过于强调自身的主体性,又容易走进客体性的漩涡,从而流露自大或自卑的情绪。而代表主体间性的交往的、对话的话语,人往往难以企及。因此,人的言说必须谋求自身的修正和界定,这就是作为批评的言说和话语。批评使得人在与他者的相遇和对话中,保证自身的持存;在世界的诸多事件之中,构建起语言事件的存在体系。这样,人在存在中言说自身和他者,并于话语的解构及重构中获得存在性的事件,就是批评。

所以,在根本上,批评事件带有明显的非目的性反身特征,即批评事件以自我贯穿、自我重塑的方式,不断确立自身的边界,确立自身的根基。批评的非对象性,是批评得以进行的基础,它是批评的内在动力。康德视判断力为先天的立法能力,并认为"自然的合目的性是一个特殊的先天概念,它只在反思性的判断力中有其根源",①显明的正是批评的非对象性。因此,作为批评对象的被言说者,在现象学的层面就是意向的中介和对象,而意向活动绝不停留在意向对象之中。所以,批评事件指向的始终是自身的不固定的体系,即既有话语体系的解构和分离,又有话语体。在这个意义上,批评首先是一种话语的解构,其次是话语意义的再次凝聚;人文批评则是人类精神文化样态向着非精神性的解构并再次向着新的精神性的凝聚。精神性的每一次更新,都是话语与他者相遇的结果,其中蕴含着超越性的神圣和真理的印记。因此,将批评的本质视作解释和释疑并不恰当,批评事件在本质上是非重复的反身话语。人文批评按照定义而言,目的只能是通过非重复的反身活动,不断解构并重建人的总体精神性。在这个意义上,批评就是价值逻辑的核心,它在历史逻辑中不断照面神言逻辑。由此,批评成为了言说行动的核心,它表达着话语的本体存在性。

具体而言,从发生学上来看,批评的形态学表现为批评的前理解、批评的在场与批评的更新。其中,批评的前理解与伽达默尔所说的意见和解释的前见(Vorurteil)②类似,但批评的前见更倾向于理性精神自有的固执的规范性。

---

① 既然有关一个客体的概念就其同时包含有该客体的现实性的根据而言,就叫作目的,而一物与诸物的那种只有按照目的才有可能的性状的协和一致,就叫作该物的形式的合目的性;那么,判断力的原则就自然界从属于一般经验性规律的那些物的形式而言,就叫作自然界的多样性中的自然的合目的性。这就是说,自然界通过这个概念被设想成好像有一个知性含有它那些经验性规律的多样统一性的根据似的。康德:《判断力批判》,邓晓芒译,人民出版社2002年版,第15页。

② Hans-Georg Gadamer, *Hermeneutik I: Wahrheit und Methode-Grundzuge einer philosophischen Hermeneutik*, Tübingen: J.C.B.Mohr, 1990.

现代哲学、艺术和宗教对后现代哲学、艺术和宗教的敌视，①就是意义体系意识形态化之下的结果。此外，批评的在场指的是真正的批评的话语的发声，而非看似批评话语的参与。批评总是带有差异且反身的，所以任何曲意奉承或重复自身的话语，在一定程度上都不是批评的话语。因此，人文批评中对某一作品或流派的极度推崇和夸大，都失去了批评的内涵属性。留下的只是"批评"的音响形象，而不是存在性的话语。最后，批评的更新是指批评行动以存在性为根基对自身的不断解构与重构，它表现为不断寻求真理和神圣的生命冲力和精神意向性。也就是说，以存在性为根基的批评话语并非如某些艺术批评家所说，如同后现代怪象一样杂乱无矩，仅剩下破碎不堪的胡言乱语。②后现代的话语加剧了解构的进程，但它仍旧指向超越性的真意。利奥塔（Jean-Francois Lyotard）、哈桑（Ihab Hassan）、德勒兹对当代话语的解读，并非意在破坏既存的语言秩序，而是希望通过此种方式，再次拉近自身与他者之间的距离。③列维纳斯（Emmanuel Lévinas）的话语实践，就是寻求他者的典型案例。他不再需要概念的解构与重写，反而寻求经验中他者的神秘。④所以，批评的更新就是话语之中与神圣他者的相遇，就是与他者之间的深刻联系。人与他者的联系体现在话语批评中，就是世界图景逻辑的批评。这里需要注意的是，因为人的绝对有限性，言说存在性更多地表现为无明确指向的对神圣他者的追求，而不是对某种具体事物的崇拜。艺术家对原初图形的崇拜以及信徒对偶像的崇拜都丧失了批评的含义。所以，话语更新的指向是对神圣的追求，而不是把自身视作特定宗教的神学教义。这样，批评的形态学在话语中就完成了本体性的开放与回归。

从批评的类型学上看，批评可依照不同的标准分为不同类型。比如按照批评的时间性，批评话语可分为共时性的批评、历时性的批评；按照批评对象

---

① 现代类型的哲学、艺术和宗教和后现代类型的哲学、艺术和宗教在同一时段可共存，二者呈互相反对的姿态。其中，现代类型的哲学、艺术和宗教更加具有建构性的特征，后现代类型的哲学、艺术和宗教则体现一种解构性。

② Bollock 意为无意义（nonsense）。"Art Bollock". Ipod.org.uk. 1990-05-05. Archived from the original on January 31，2015.

③ 更多后现代思想家，参见伊哈布·哈桑：《后现代转向》，刘象愚译，上海人民出版社 2015 年版，第174—175 页。

④ 列维纳斯建立了独特的犹太解经体系，并以一种反同一、反整体甚至悖论（书写不可书写之物）的方式进行写作。因此列维纳斯的作品通常被认为是难以理解的。参见 Emmanuel Lévinas, Otherwise than Being or Beyond Essence, Alphonso Lingis trans., The Hauge：Martinus Nijhoff, 1981.

的不同,批评又可以分为文学批评、艺术批评、历史批评等。对中国当代艺术批评而言,批评又可以根据进路(视角)的不同,大致被归纳为五种路径:社会学批评、历史批评、文化批评、图像学批评、人文批评。①五种不同路径形成五种侧重不同的批评话语,且最终指向批评的反身性。所以,实际上,批评按照自身的根本规定性,即言说存在性,可以被分为两类:精神性批评和技术性批评。精神性批评是主体间的、对话式的、交往理性蕴藏其中的存在性批评,人文批评就属于精神性的批评;技术性批评则属于主体的、命令式的、工具理性的批评,它的目的是彰显话语的技术性,从而达致某种特定的目的(如企图指导艺术家的创作之类)。当然,这并不是说,技术性批评具有价值上的弊端,因此应该被放弃。恰恰相反,技术性批评不仅不能被放弃,反而要被大量使用。因为若人放弃了一切技术性的话语,那么图像学分析、艺术史写作的缺失无疑会对美学的发展造成无可弥补的损失,批评的话语也就失去了既存的根基。所以,海德格尔区分操持和操劳的目的恰是为了以操持保有操劳的存在性,②阿伦特(Hannah Arendt)对劳动(labor)、工作(work)和行动(action)的阐明所表现的也是人类社会中的人应有的存在方式。③因此,批评的类型学,反对的不是技术性,而是技术性排挤精神性。所以,批评言说的话语样式应该是多元且差异的,它反对无限的重复、拟象④和类比。精神性批评话语经由他者进行了自身的规定,其核心正是人文精神的实质,话语存在性。人文精神是话语存在性的此世音响,人文批评由此成为先表达存在再叙述存活、生活的话语。

四、人文批评

当我们在汉语语境中谈及人文批评时,首先要区分的是作为中国当代艺术批评范式的人文批评和二十世纪英美文学界发起的人文主义批评运动(也称自由人文主义)。前者主要以 20 世纪 90 年代高全喜的《转身的忧叹》,余虹对尚杨、丁方等的深度个案阐释,岛子对于观念摄影的研究,夏可君的评论写

---

① 查常平:《当代艺术的人文批评》,江苏凤凰美术出版社 2019 年版,第 8—10 页。
② 海德格尔:《存在与时间》,陈嘉映等译,生活·读书·新知三联书店 2012 年版,第 67 页。
③ 汉娜·阿伦特:《人的境况》,王寅丽译,上海人民出版社 2005 年版,第 304 页。
④ 让·鲍德里亚(Jean Baudrillard)提出了拟象理论(simulacra,又译类像),包括仿造(counterfeit)、生产(production)和仿真(simulation)。Jean Baudrillard, *Simulacra and Simulation*, Ann Arbor: University of Michigan Press, 1994.

作和查常平的写作与主编的《人文艺术》论丛为代表，①专注于当代艺术的人文问题。而后者则指由阿诺德（Matthew Arnold）和利维斯（Frank Raymond Leavis）等英国批评家在 19 世纪末至 20 世纪初发起的一场文学运动。这些批评家希望通过文学批评的方式在社会中发展出超然的人文主义。具体而言，作为中国当代艺术批评范式的人文批评视艺术为具体的人文现象、文化现象和精神现象，因此艺术只有在与其他人文学科如哲学、宗教、语言学、历史学、神学等的关联中，②才能确证自身的人文性，成就一种实存的文化意义体系，拥抱一种超越性。相对地，作为文学批评运动的人文主义，则致力于在普遍人性观假定的基础上，衍生一类与文学研究有关的观念、原则和实践方法，并以此为基础，重塑社会的精神性。它实际上是以言说存在性类比实际存在性。所以，这两种狭义上的人文批评，是分别以当代艺术和二十世纪文学为媒介的人文批评，他们都旨在恢复一种人文话语。

与上述两种狭义的人文批评相对应的，是广义的人文批评。这种人文批评，泛指一切以人文主义为核心的批评话语。也就是说，任何形态和类型的人类话语，只要其满足了存在性批评事件的发生，即以自我贯穿、自我重塑的方式，不断消解自身的边界，确立自身的根基，它就是批评的话语。所以，从苏格拉底的教导和孔子的训诫，到阿奎那的人学诠释及宋明理学的人学批评，再到理查德·罗蒂（Richard Rorty）的后人文批评，全都属于人文批评。这里的人文，包含了人道、人本、人文等人学概念和思潮的全部历史内涵。因此，广义的人文批评，实际指称着一切解构人并在与他者的相遇中，重构人性或主体性的话语。在这个意义上，广义的人文批评甚至可以扩大到全部的人类话语中去，只要它们保有自身的存在性根基。实际上，这些话语确实构成了多样的精神—文化实体。按照查常平的说法，"美学是人的生命意志以直觉性指使语言在此岸自我实践人类之原初超越的学问形态，宗教是人的生命意志以顿悟性指使语言在彼岸为人生生起原初信仰的精神样式。伦理是人的生命情感以感受性象征语言在此岸社会为人生建立原初人格之学问形态，艺术是人的生命情感以感觉性象征语言在彼岸为人生展示原初形式的精神样式。科学是人的

---

① 查常平：《当代艺术的人文批评》，江苏凤凰美术出版社 2019 年版，第 9—10 页。

② 人文学意味着通过人的存在对人的全部存在的言说，并且以培养人的整全的人性为目的。见查常平：《人文学的文化逻辑——形上、艺术、宗教、美学之比较》，巴蜀书社 2007 年版，第 1—9 页。

生命理智以对应性(或称为知觉性)符号语言在此岸自然为人类发现原初概念
之学问形态,形上是人的生命理智以感应性符号语言在彼岸为人生思出原初
观念的精神样式"。①这些人的话语,都以人的言说存在性为根基,且追寻着本
体的实在性。所以,人文批评凭着自身的精神性区别于技术批评与批评技术,
并在精神性的话语中存留超越性和神圣性。

　　因此,人文批评的发生通常出现在对文学、艺术的言说中,因为二者始终
关注文字和图像的话语。与之相较的形上和宗教,则追求话语之外的真理性
和神圣性。所以,任何世代②的文化和艺术,都离不开对该世代的批评。如同
"本事批评"③一样,批评表现出此世代的事件性和时间性。人文批评,既包括
一般的社会历史批判,也包括对艺术本身之类的文化精神批判,还包括对于人
的生存状态的心理意识批判。④在纯形式的层面,批评事件的发生,遵循伦理
原则、真理原则、美学原则⑤的轨迹。波德莱尔(Charles Pierre Baudelaire)对现
代艺术批评的最大意义,是他确立了现代艺术批评的基本原则,即将艺术真正
地置于真理与道德之间,突出表现艺术的道德性和人文性。波德莱尔不仅试
图通过艺术批评重述人—人关系,而且希望在某种程度上恢复人—言关系的
存在性。⑥同样的话语我们可以在罗斯金(John Ruskin)那里找到。罗斯金认
为,"艺术不是品味的问题,而是整个人的参与";"最伟大的艺术家和艺术学院
都相信,传授至关重要之真理是他们的责任,这些真理不仅涉及视见之事实,
而且关乎宗教和日常行为"。⑦所以,人文批评在实践话语的层面就是人文精
神的践行,它甚至超越了故有的言说体系。这样,人文批评的目的就在彰显人

---

① 查常平:《当代艺术的人文批评》,江苏凤凰美术出版社 2019 年版,第 52 页。

② 与"时代(era)"相比,"世代(generation)"一词具有更丰富的内涵。"世代"概念既体现了时间性,又
　包含了空间性,同时强调了人对时间的参与。因此,"世代"更适合描述人之时间,而不是纯粹的
　物理时空。圣经中区分的"这世代"与"那世代"(以上帝的创造开始的这世代与以耶稣的降生同
　时开始的那世代),正是不同身份的基督徒(罪人和义人)对不同时间的参与。

③ 本事就是寓于意义的源发事件,它是诗性的历史实存。本事批评就是对源发的诗性实存所作的
　理性观照。殷学明:"本事批评:中国古文论历史哲学批评范式探究",中南大学学报(社会科学
　版)2008 年第 6 期,第 836—840 页。

④ 查常平:《当代艺术的人文批评》,江苏凤凰美术出版社 2019 年版,第 69 页。

⑤ 美学原则是艺术批评的核心,艺术批评是美学原则的媒介。

⑥ 波德莱尔的著作《巴黎的忧郁》(Le Spleen de Paris)呈现的正是社会性的美学。见波德莱尔:《巴
　黎的忧郁》,钱春绮译,人民文学出版社 2004 年版。

⑦ Kenneth Clark, "A Note on Ruskin's Writings on Art and Architecture", in idem, Ruskin Today
　(John Murray, 1964) (reissued as Selected Writings, Penguin, 1991), pp.133—134.

的存在性。

<h2 style="text-align:center">五、结　论</h2>

正如上文所述,广义的人文批评是以人文精神和存在性为核心的批评,狭义的人文批评是中国当代艺术批评使用的范式和话语之一,二者在话语核心方面具有深刻的一致性。查常平写道:由于世界图景逻辑理论中的七重关系都是以人为焦点,表现为人言关系、人时关系、人我关系、人物关系、人人关系、人史关系、人神关系,所以,"世界图景逻辑批评",实质上属于一种本真意义上的"人文批评",侧重于先锋艺术的人本诠释;"世界关系美学"侧重理论言述的逻辑性。①他把自己的批评话语,概括为人文批评的本体论、世界关系美学的基础论、感性文化批评的方法论。它们都根植于人的存在性。我们也可以以此审视当代艺术批评。这样,在当代艺术批评中,尼古拉·布里沃(Nicolas Bourriaud)的"关系美学"、克莱尔·毕晓普(Claire Bishop)的"歧感美学"以及格兰特·凯斯特(Grant H.Kester)的"对话美学"都应当受到重视,因为它们共同阐述着言说存在性之外的存在性。

The Existential Foundation of Humanistic Criticism
—From Existence, Language to Speech

Abstract: Language is one of the basic styles of human existence, and speech is human action in this world in the way of language. Therefore, speech defines the structure of human survival, life and existence at the level of realism and ontology. In this sense, what different speeches present are the actions of people in different categories. To be specific, in the category of survival, man preserves himself with the language of shouting; in the category of life, he wades with the language of play; in the category of ontology, man pursues truth and holiness with the language of silence. And these different languages correspond to narration, complaint and criticism respectively. In this way, criticism is fundamentally humanistic, and this humanity is rooted in human existence. In the ontology, man speaks in a critical way, always pointing to the transcendent object of speech, and has created the spiritual forms and spiritual entities of

---

① 查常平:《中国先锋艺术思想史第一卷　世界关系美学》,上海三联书店 2017 年版,前言第 3 页。

human being, such as form, art and religion in this world. Where the spoken meet the speech of human, where humanistic criticism exist. That's the existential structure of humanistic criticism.

Keywords：humanity; criticism; language; speech; existence

作者简介：毕聪聪，四川大学道教与宗教文化研究所博士研究生。

上海城市精神对高等教育思想的影响

——《杨德广八十评述评论》评析①

李文靖 王 伟

摘 要:在上海的近代化进程中,逐步塑造了"海纳百川、追求卓越、开明睿智、大气谦和"的上海城市精神。从《杨德广八十评述评论》一书来看,上海城市精神对高等教育思想的影响主要体现在开放、创新、包容、关爱四个方面。上海城市精神是一种海派文化,生活在这个文化环境的师生的思维方式会受到浸润与影响。杨德广高等教育思想由于杨德广的个人风格而提出,又由于广大师生受到上海城市精神的熏陶而加以配合与落实,杨德广的孕育高等教育思想"曲高和不寡"。该书充分体现了上海城市精神为高等教育思想提供了良好的氛围与空间,杨德广高等教育思想的提出、落实,深深打上了上海城市精神的烙印。

关键词:上海城市精神 杨德广 《杨德广八十评述评论》 高等教育思想

罗志敏、张兴编的《杨德广八十评述评论》2020 年 8 月由上海大学出版社出版。这部著作共分为三个篇章,第一篇"业绩事迹大数据"专门记录杨先生在科学研究、高校管理、教书育人、社会慈善等方面所做出的突出贡献;第二篇"媒体报道和评述"收录了 16 篇文章,它们是从 50 多篇社会媒体专门对他事迹的报道文章遴选出来的;第三篇"业界与同行评论"则是选取了我国教育界的一些专家教授等撰写的文章以评论杨先生为人为学为官为主题,该

---

① 本文为 2016 年度国家社会科学基金资助项目《红色基因传承与社会主义核心价值观培育研究》(16XKS023)项目研究阶段性成果。

书作者评价杨德广是"一位性格直爽、直言不讳、观点鲜明、敢想敢说敢做的大学校长"。[①]杨德广"无为何入世,入世有所为"的人生信条贯穿于杨德广高等教育思想中,在这部著作中有充分的论述。杨剑龙教授在杨德广教授从教 55 周年暨高等教育行为研究论坛上说:"从《杨德广八十评述评论》一书来看,杨德广高等教育思想具有'开放、创新、包容'的上海城市品格。杨德广在高等教育方面善于思考,勇于创新。"[②]这一论述为评析《杨德广八十评述评论》一书提供了新视角。

上海城市精神渗透于高等教育思想的各个方面。务实创新是上海先民的生存之道,谦和包容是上海先民的处世原则。吴越文化蕴含的开放与包容风格奠定了上海海派文化的基石。在江南文化基础上,上海居民学习借鉴近代欧美文明,博采众长,融会贯通。在上海的发展过程中,逐步形成了"海纳百川、追求卓越、开明睿智、大气谦和"[③]的上海城市精神。从《杨德广八十评述评论》一书来看,上海城市精神对高等教育思想的影响主要体现在开放、创新、包容、关爱四个方面。上海文化是一种海派文化,生活在这个文化环境的主客体双方的生活方式、思维方式都会受到浸润与影响,杨德广的一些教育理念,由于认识的主体与客体之间的良性互动而得以实施。杨德广高等教育思想由于杨德广的个人风格而提出,又由于广大师生受到上海城市精神的熏陶而加以配合与落实,杨德广高等教育思想"曲高和不寡"。该书充分体现了以上海城市精神为核心的海派文化为高等教育思想的孕育提供了良好的氛围与空间,杨德广高等教育思想的提出、落实,深深打上了上海城市精神的烙印。

一、上海城市精神的开放特征对高等教育思想的影响

熊月之认为,"上海城市精神特质中有很多闪光点,比如海纳百川、务实创新、追求卓越等等"。[④]近代上海好似一个袖珍型的地球村,移民很多,各地文化蜂拥而至,互相交流,互相融合,形成了开放的海派文化。从《杨德广八十评述评论》一书来看,上海城市精神的开放特征对杨德广高等教育思想的影响深

---

① 罗志敏、张兴:《杨德广八十评述评论》,上海大学出版社 2020 年版,第 32 页。
② 会务组编:《杨德广教授从教 55 周年暨高等教育行为研究会议论文集》,中国高教学会高等教育学专业委员会、上海市高等教育学会、上海师范大学教育学院,2020 年 11 月。
③ 姜浩峰:《海派文化与上海城市精神》,《新民周刊》2017 年第 11 期。
④ 李婷:《从历史文脉中洞见上海城市精神——对话上海社科院研究员熊月之》,《文汇报》,2015 年 12 月 8 日。

远。上海是一个开放的城市,在对外合作办学方面,有得天独厚的优势。早在
1996 年,"杨德广就提出提高教育经费不能全部靠国家增加财政拨款,要坚持
多渠道筹措经费,努力形成良性循环的教育投入机制。他倡导通过开展对外
交流与合作,与企业合作办学等方式,发展教育产业,走多元集资之路。在他
的带领下,中美合作犹他科技学院建立,上海师大也随之进入新的发展时
期"。①全国政协委员胡卫在杨德广教授从教 55 周年暨高等教育行为研究论
坛上说:"杨校长喜欢读书,结合中国高等教育发展的实际进行思考,提出的理
论有二个特点:一是从事行动研究实事求是,不是人云亦云,更不是空话大话
假话;二是杨德广是研究员,比较早地思考民办教育问题、国际合作化办学问
题。"②浙江大学教授张应强在杨德广教授从教 55 周年暨高等教育行为研究
论坛上说:"杨德广高等教育改革的风格是知行合一,曾经提出,高等教育的发
展要与社会主义市场经济体制相适应,要充分利用好国际、国内两种资源,开
展合作办学。"③杨德广长期工作在上海,以开放创新著称的海派文化影响了
杨德广的思维方式,该书作者认为,他在高等教育领域的一些新观点超越了时
代。上海海纳百川的文化氛围影响了一代又一代的上海民众,开放的理念深
入民心,杨德广关于高等教育的新观点在北方一些高校争议较大,在上海逐渐
被师生认可,甚至遇到知音。上海海纳百川的开放氛围为杨德广高等教育思
想提供了一个较好的平台。

二、上海城市精神的创新特征对高等教育思想的影响

周光凡认为,"开埠以后,上海迎来大批移民,城市精神充满商业冒险的气
息,并迸发出海纳百川的气势"。④上海逐步迈向现代化大都市,对中华民族优
秀文化进行创造性转化,吸纳了儒家文化经世致用的观念,发展了魏源"师夷
长技以制夷"的思想,创新性发展中国传统文化,体现了唯新是从的文化风格。
上海城市正经历着我国历史上最为广泛而深刻的社会变革,这种前无古人的
伟大实践,给高等教育理论创新提供了强大动力和广阔空间。杨德广在高等

---

① 罗志敏、张兴:《杨德广八十评述评论》,上海大学出版社 2020 年版,第 180 页。
②③ 会务组编:《杨德广教授从教 55 周年暨高等教育行为研究会议论文集》,中国高教学会高等教育
学专业委员会、上海市高等教育学会、上海师范大学教育学院,2020 年 11 月。
④ 周光凡:《上海市社会科学界第五届学术年会文集(哲学·历史·人文学科卷)》,2007 年度上海社
会科学界联合会会议论文集。

教育领域思考新问题,大胆进行各种改革与探索,不断推进实践基础上的高等教育理论创新。该书评价杨德广"是我国著名的高等教育研究专家,是一位很开明、敢于担当、很有开拓精神和能力的高教管理者"。[①]瞿振元认为:"杨德广思想敏锐、思想解放。"[②]杨德广退休后,曾受邀担任上海震旦职业学院院长。为了把一所民办高职院校办出自己的特色,杨德广较早使用大数据手段开展调查研究,因为"大数据可用来评估大学生的核心素养,通过动态、系统、全面的数据网络,将抽象、复杂的素养数据化,从而监测和评估学生核心素养的发展变化情况"。[③]杨德广调查发现,职业院校的学生缺乏以应用能力为基础的核心素养,因此,杨德广创新教学模式,把教育的重心落在实践教学上,课程顺序是从实践到理论。我国高等教育学泰斗潘懋元先生评价杨德广"思想解放,常以批判性思维在高等教育理论研究中提出许多超前的创新见解"。[④]杨德广根据时代变化和高等教育实践发展,进行了高等教育理论创新。该书评价,杨德广是大胆鼓励高校办学体制转制的倡导者之一,"首次提出并系统论证高校'计划外管理'论"。[⑤]1980 年,杨德广通过调研发现,我国高校管理体制长期实行计划管理既有优点,也有不足,大学缺乏办学自主权,杨德广教授在《人民日报》撰文,认为要解决国家和地方计划管理存在的问题,有必要在一定条件推行"合同管理制",[⑥]该书分析了这种理论的可行性,"学校按期提供各种专门人才和科研成果,合作方提供经费、外汇、基金、设备等条件",[⑦]充分挖掘高等学校的自身潜力,提高高等院校办学的积极性。区域文化特征不一样,区域高校的师生思维方式大不相同,对高等教育改革思想的提出与落实都会产生影响。教育改革观念,如果没有师生配合,只能是昙花一现,甚至被视为笑料。从《杨德广八十评述评论》一书来看,杨德广高等教育思想的一个显著特征就是行为研究,幸运的是,杨德广的教育改革想法在上海高校得到了广泛的支持,逐步完善而转化为高等教育思想。上海城市精神孕育的创新气氛为杨德广高等教育思想的推行提供了良好的空间。

---

① 罗志敏、张兴:《杨德广八十评述评论》,上海大学出版社 2020 年版,第 239 页。

② 罗志敏、张兴:《杨德广八十评述评论》,上海大学出版社 2020 年版,第 141 页。

③ 谭海萍、李子建、邱德峰:《大数据时代高等教育学生学习与核心素养:展望与挑战》,江西师范大学学报 2019 年第 4 期。

④ 罗志敏、张兴:《杨德广八十评述评论》,上海大学出版社 2020 年版,第 142 页。

⑤⑦ 罗志敏、张兴:《杨德广八十评述评论》,上海大学出版社 2020 年版,第 241 页。

⑥ 杨德广:《高等学校应实行计划管理与合同管理相结合》,《人民日报》,1980 年 8 月 23 日。

三、上海城市精神的包容特征对高等教育思想的影响

鸦片战争后,上海移民居多,来自于五湖四海,英雄不问出处,相互包容,务实合作,实现共赢。上海逐渐呈现出多元包容的风格,使得上海在中国近代化过程中脱颖而出。从《杨德广八十评述评论》一书来看,上海城市精神的多元包容特征对杨德广高等教育思想影响表现在两个方面。一是在高校管理中实行民主集中制,民主决策,善于处理不同意见。上海市政协原副主席王荣华在杨德广教授从教 55 周年暨高等教育行为研究论坛说:"杨德广刚到上海师范大学任校长,推行了一系列改革措施,对认准了的事情,亲力亲为。当年提议办奉贤校区,师大领导班子内部有不同意见,杨德广作风民主,逐个沟通解释,达成了一致意见。"①为了从根本上解决教职工住房困难,"在学校党政领导班子的支持下,杨德广提出取消福利分房,多渠道集资购买,这一政策出台后,立即遭到一部分教职工的反对,尤其是等候多年、近期可以享受福利分房的教职工,反对声更为强烈。杨校长不厌其烦地做说服工作,宣传市政府 1 比1 的配套政策,终于得到大多数教职工的理解和支持"。②二是善于对待持不同学术观点的学者,为学者施展才能提供良好的空间。2009 年上半年,上海师范大学萧功秦教授在人文学院研究生公选课上回忆:"有极左学者告状,说我与主流声音不一致,杨校长登门拜访,告诉我学术上要百家争鸣,百花齐放,学术问题不能政治化,握着我的手亲切地告诉我,在学问上你是个智者,守住了政策的底线。我听后,一股暖流涌上心头,杨校长对待学者,没有架子,真诚谦和。"文化是一种表述方式、认知方式,上海城市精神蕴含的多元包容风格影响了上海高校师生的心理意识和交往方式。该书叙述的许多事例表明,杨德广平易近人,管理民主,杨德广对于高校管理的改革建议,得到了师生的良好回应,在融洽气氛中互动。上海海派文化的包容风格能够让双方在面对不同意见时,相互包容,相互理解,推动关于高校管理的改革思想落到实处,取得良好的效果。

四、上海城市精神的关爱特征对高等教育思想的影响

十九世纪四五十年代以来,中外文化在上海交流频繁,古今文化交融汇

① 会务组编:《杨德广教授从教 55 周年暨高等教育行为研究会议论文集》,中国高教学会高等教育学专业委员会、上海市高等教育学会、上海师范大学教育学院,2020 年 11 月。
② 罗志敏、张兴:《杨德广八十评述评论》,上海大学出版社 2020 年版,第 215 页。

合。上海民众对西方文明进行学习借鉴,上海居民继承了中华传统文化所蕴含的善良品质,对移民持欢迎、友善、关爱态度,吸引了广大移民,各地的文明成果融会贯通,促进了上海的发展,关爱成为上海城市精神的显著特征。该书评价杨德广为"一位心怀大爱、帮困济贫的慈善之星"①。在上海生活多年,杨德广脑海中一直镌刻着"关爱"两字。大学期间,杨德广常常将自己的饭票偷偷塞在其他同学的枕头下,或者悄悄为回家的同学晒被子、打热水。兰州大学教授邬大光在杨德广教授从教 55 周年暨高等教育行为研究论坛说:"没有爱就没有教育。1987 年,我在厦门大学读书,经常往来于沈阳与厦门,途中经过上海,受到杨德广老校长无微不至的关爱,这种爱,埋藏于心间,传承到我的学生当中。"②南通大学教授成长春在这次论坛上,回忆了 1985 年在华东师范大学参加学习班的情景,感到"杨德广爱国、爱教、爱生三位一体,以教为家,杨德广爱护学生,给学生的是满满的爱,曾经四次在杨校长家做客,得到的关爱,难以忘记,杨德广是学生的人生导师,以高尚的为学之道感染学生"。③厦门大学教授别敦荣在此次论坛上说:"在自己遇到困难想辞去厦门大学教育学院院长时向杨德广教授请教,杨德广表示,为了中国的高等教育事业发展,坚持向前不退却。杨校长的勉励给予我强大的精神力量,他言传身教,对后辈时时关爱。"④受上海城市精神的熏陶,杨德广的人生故事诠释了关爱的含义,让"关爱"精神融入学生内心世界,让爱与关怀温暖着身边的每个人。上海海派文化影响了上海高校师生的价值观念。从《杨德广八十评述评论》一书的叙述来看,杨德广对广大师生展现出浓浓爱意,以崇高的人格魅力感染师生,用高尚的精神塑造学生,让关爱在一代代师生中相互传递。

小　结

《杨德广八十评述评论》一书材料丰富,行文质朴流畅,说理深入透彻。该书全面地诠释了杨德广高等教育思想的内涵与特征,这对于上海海派文化视域下高等教育思想的研究而言是一部难得的精品力作。上海海纳百川,海派文化的多元、开放、包容,为上海高等教育发展提供了良好的文化氛围。"城市一旦形成深层的文化,形成市民的集体性格,这个城市便有了灵性,有了魅力,也就有了城市精神。城市文化会通过对个人思想和情趣的净化、对心理及行

① 罗志敏、张兴:《杨德广八十评述评论》,上海大学出版社 2020 年版,第 227 页。
②③④ 会务组编:《杨德广教授从教 55 周年暨高等教育行为研究会议论文集》,中国高教学会高等教育学专业委员会、上海市高等教育学会、上海师范大学教育学院,2020 年 11 月。

为的渗透影响市民整体的素质"。①上海城市精神是海派文化的核心,影响了高等教育领域师生的思维方式,为新的高等教育思想的提出与实施提供了良好的环境。主体的选择受客观历史条件的制约,高等教育思想实践的路径、机制、方法都与当时的社会历史条件有密切关系。社会历史背景与现实基础既为高等教育思想的落实创造条件,也构成了客观制约因素。从该书的叙述可以看出,杨德广的一些高等教育改革理念,起初会引起争议,但是争议被控制在一定范围内。这就说明上海城市精神的多元性、包容性让争议的双方有相互理解的空间,在这个文化环境下,杨德广的一些高等教育改革思想被逐步认可与接收。例如,杨德广在高等教育方面有不拘一格降人才的思想,戴厚英老师由于英语不好,多年没有被评上教授,杨德广表示,"戴是特殊人才,特事特办嘛! 多数人表示理解"。②经学校学术会议民主表决,戴厚英最终被评为教授。这样的事情在内地省份的一些高校,难以解决。没有这样的文化氛围,没有这样的多元、包容、谦和的思维,改革寸步难行。"时势创造英雄",这个时势就包括文化氛围。该书多次提到了杨德广具有"思想解放、行动大胆、平易近人"的品格,也分析了在高等教育领域杨德广提出的许多新观点,推行的新措施。这些新措施的落实,与生活于此的广大师生的理解、认同、支持密切相连,与"海纳百川、追求卓越、开明睿智、大气谦和"的上海城市精神的影响密不可分。从该书叙述的杨德广高等教育思想的提出与实施,可以看出,杨德广受海派文化的影响,思维敏锐,提出的高等教育观点在上海高校内有知音,有"粉丝",他的高等教育思想,最初在上海周边地区的高校得到的支持最多,得益于扎根于广大师生心中的上海城市精神的深刻影响。

The influence of Shanghai city spirit on higher education thought
—Comments on Yang Deguang's Eighty Reviews

Abstract: In the process of Shanghai's modernization, Shanghai's urban spirit of "all rivers run into sea, pursuing excellence, being enlightened, wise and modest" has been gradually shaped. From the book Review of Yang Deguang Eighty, the influence of Shanghai urban

---

①   杨剑龙:《都市文化》,上海人民出版社 2014 年版,第 18 页。

②   罗志敏、张兴:《杨德广八十评述评论》,上海大学出版社 2020 年版,第 125 页。

spirit on higher education thought is mainly reflected in four aspects: openness, innovation, tolerance and care. Shanghai urban spirit is a kind of Shanghai culture, and the thinking mode of teachers and students living in this cultural environment will be infiltrated and influenced. Yang Deguang's higher education thought was put forward because of Yang Deguang's personal style, because the teachers and students were influenced by Shanghai's urban spirit, and they cooperated and implemented it. Yang Deguang's higher education thought was "high and generous". This book fully embodies the spirit of Shanghai city and provides a good atmosphere and space for the breeding of higher education thought. The proposal and implementation of Yang Deguang's higher education thought is deeply branded with the spirit of Shanghai city.

Keywords: Shanghai city spirit; Yang; Deguang; Yang Deguang 80 Review Review; higher education thought.

　　作者简介:李文靖,上海师范大学人文学院中国近现代史专业 2018 级博士生;王伟,南阳理工学院马克思主义学院副教授,上海师范大学博士,研究方向为中国高等教育史。

自由与规训:疫情下再读谢德庆作品《一年行为表演 1980—1981》①

刘 畅

摘 要:在全球疫情蔓延的背景下,阻隔病毒、发展经济与人类自由之间的矛盾似乎越加难以调和。关于这一问题的讨论,美籍华裔行为艺术家谢德庆早在 1980—1981 年就试图呈现于其作品《一年行为表演 1980—1981》中。虽然这件作品并没有讨论病毒,但它将肉体的惰性本质与资本运转效率之间的冲突抛向世人。当肉体在既有生产力,又可以被驯服的状态下,成为了经济和政治领域一种有用的力量。为了实现利润增长和最大限度利用稍纵即逝的时间,在"理性"的规划下,时间渗透进肉体。基于此,谢德庆使用打卡机来操控与训练自己的身体,展现肉体与机械之间难以弥合的裂隙,将观众带入材质的、血肉的、弹性的,终有一死的有限生命中。

关键词:时间 "规训" 行为艺术 生存境况

在全球疫情蔓延的背景下,隔离除了防止病毒传播和人际交往,同时也严重阻碍经济发展与文化交流。资本运转与经济发展的基本规律是一个不断加速发展的过程。这个过程既是要求产品生产加速,也要求人的消费欲求加速。谢德庆早在 1978 年于纽约创作的《一年行为表演 1980—1981》已把肉体的惰性本质与资本运转效率之间的冲突抛向世人。在进入全球疫情蔓延的背景下再读这件行为作品,更加凸显其作品所讨论的主题——身体自由与资本运转的悖论。

---

① 本文为重庆市社会科学规划博士项目研究阶段性成果(2020BS80)。

　　《一年行为表演 1980—1981》即被简称为"打卡"的行为作品。根据谢德庆于 1980 年 4 月发布的作品声明,描述作品实施的过程为"我,山姆·谢,计划实施一件一年行为表演作品。我将每小时在我工作室的打卡机上打卡一次,持续一年。我将在每一次打卡后离开打卡机所在的房间。这件行为表演作品将开始于 1980 年 4 月 11 日下午 7:00,持续至 1981 年 4 月 11 日下午 6:00。"①实施地点为纽约市哈德逊大街 111 号 2 楼,即谢德庆当时的工作室。

　　为了实施《一年行为表演 1980—1981》,谢德庆在工作室的墙上安装了一台日本生产的 AMAON 牌打卡机。这种打卡机是当时广泛使用于工厂、公司考勤记录的普通打卡机。谢德庆在这一年的行为艺术实施期间,除了在白天和晚上每小时打卡一次外,还剃光头发并任其自由地生长,从而提示一年时间流逝的过程。

　　谢德庆准备了 366 张打卡机所用的卡片、照相机和摄影机为这件作品做记录。他计划每天使用一张卡片,每张卡片可容纳 24 次打卡记录。此外,谢德庆和纽约艺术家组织基金会主任大卫·米尔恩(David Milne)在每一张卡片上签名,并详细标注打卡时间、卡片序号,以及打卡机所在地址。见证人大卫·米尔恩还为《一年行为表演 1980—1981》出具了两份公证书。一份公证书是在作品开始时,特别声明可供使用的卡片数量是 366 张。另一份公证是在作品结束后,证明 366 张卡片的真实性与作品进行期间制作的影片未经任何剪辑。

　　谢德庆将摄像机所记录的《一年行为表演 1980—1981》实施过程中 8760 次打卡事件压缩为六分零四秒的短片,并请米尔恩先生证实这部影片的真实性。当观众观看这个短片时通常会留下这样的印象:在屏幕所显示的画面上是粗糙与闪烁的"静态与运动悖论的混合"。②打卡机和卡片盒旁的谢德庆穿着同一件带编号的制服,上半身与头部不停地颤动。画面构图、周围陈设以及谢德庆站立的位置都保持不变,只有头发随着每一次颤动生长,以及打卡机上的指针转动了一圈又一圈。

　　每小时打卡一次使得卡片在打卡机里,至上而下地记录直线式的时间运动,而每一次肉身的谬误又使得时间弯曲,同时卡片在日复一日的变动中上上

---

① 笔者根据谢德庆发布的《一年行为表演 1980—1981》英文声明译,文字排列格式未遵照声明原排版。

② [英]亚德里安·希斯菲尔德、谢德庆:《现在之外:谢德庆生命作品》,龚卓军译,台北市立美术馆、典藏艺术家庭股份有限公司,2011 年,第 33 页。

下下,形成循环时间。吊诡的画面展示时间在谢德庆奔腾着的身体上流过,以及时间对被记录的肖像所构成的一连串损毁。这里的时间,不是每一次定格的瞬间性时间,也不是已经成为过去的现实中存在的物理时间,而是一种处于现场时间与记录时间之间的压缩。

一、肉体的本性与处境

对于谢德庆而言,维系生命就是以四肢肌肉的磨损来换取心脏跳动与血液循环。食物的热量与基本营养素为这一切提供可能,而人存在于社会中只能通过劳动来换取食物。人在消耗食物的过程中维系着生命过程,但是生命的耗损与死亡又与食物在人为世界的短暂停留和消亡如此之像。谢德庆在磨损与维系生命的辩证关系中,深刻地体会到无论是过去、现在,还是未来都凝滞于他所存在的现实处境之中。基于此种对存在的认识,谢德庆在《一年行为表演 1980—1981》中从时间的角度考察了肉体的本性。

谢德庆在《一年行为表演 1980—1981》期间共打卡 8760 次,共错失 133次。其中,因为睡眠漏打 94 次,迟到 29 次,提前打卡 10 次。失误最多的是1980 年的 12 月,因睡眠漏打 22 次,此时正处于纽约的寒冬季节。

谢德庆在执行行为艺术期间一直保持严谨的态度与强大的意志力,然而肉体在缺乏睡眠、疲惫、寒冬和机械化的时间刻度面前,依然暴露出它的有限性。作为血肉之躯的身体,它首先是时间中的消耗物,从出生到死亡必将经历一个从生长到衰老直至消亡的过程。其次,在这个过程中它还是需求与欲望之源,情绪变化与新陈代谢之所,病毒和细菌侵害的目标。最后,在以资本运转为基础的社会环境中,肉体既是从事生产的劳动力来源,又是其消费劝诱的对象。基于肉体所具有的这些特征可以看出其本质是有用的,但又是有限的。

福柯在知识权力中考察了肉体被"规训"的历史,他发现由前现代到现代时期对犯罪的惩罚机制历经了一个被认为是"'人性胜利'的进程"。① 在这个进程中,惩罚由公共景观转向一个隐蔽的程序,从人们的日常感性领域进入抽象意识的领域,从以示众为目的的肉刑转向以再造主体为目的的"规训"。进入 19 世纪,随着上帝与王权的双元消散,世界大战带来经济和政治全面重组。

① [法]米歇尔·福柯:《规训与惩罚》,刘北成、杨远婴译,生活·读书·新知三联书店 2012 年版,第 8 页。

在理性科学日益强大的现代时期，"人"的概念在语言学、生物学、经济学等经验科学和人类学中被现代知识的话语所建构。

人体"作为繁殖生命的基础"，①它被理解为"生育，出生率和死亡率，健康，人口的寿命和质量"②等量化的结构。这些直接指向通过医疗、营养、生产的知识对生命加以积极的调节、干预和管理。身体状况成为知识和技术管理对象的同时，其需求和欲望也成为一种被精心培养和加以引导的政治对象。肉体在既有生产力，又可以被驯服的状态下，成为经济和政治领域一种有用的力量。为驾驭与使用这种力量，肉体成为被控制和干预的对象，并给它打上印记，训练它、折磨它，使它能不断地适应权力提出的要求，强迫它完成某种任务、仪式和发出特定的信号。

肉体作为劳动力和被驯服的对象时，权力通过严格的纪律对时间和空间实施控制，从而执行隐匿的"规训"，使身体发挥某一特长或技能来适应经济的发展。在生产领域中，通过合理安置空间中的肉体，组织分布权力中心点可以有效地规避懒惰行为和提高生产效率。这种安置肉体的技术不是一种占有方式，而是调度、计谋、策略、技术和运作的关系网络。同时，这种技术也被应用于医院、学校、军营等其他社会功能性场所和公共空间中。

在时间上，是以精确到分钟为单位的时间作息表来规定身体的活动方式。例如，划分起床、劳动、进餐、学习、工作、祷告等活动的准确时间。权力以匿名的方式实施对人的统治，每个个体都通过维系生命的职业训练被编码为现代纪律社会的缩影。在此意义上，严格的纪律作为对身体"规训"的主要手段细密而微地渗透于日常生活中。

在日常生活中，对身体的"规训"也通过窥视的形象出现。窥视已不再是单一的技术和机构所操控的，而是由无数匿名的个体和各种技术链接起来的无穷多的数据所汇集的景观。当大数据将个体的身份、背景、行为、习惯以及偏好综合分析和善加利用时，信息以个人好恶被精确推送，把所有异质物排除在目光之外。

今天的生活在某个不可见的层面上已经完全被暴露在窥视之中。在称之为秩序、安全和稳定的概念庇护下，我们处于无处不在地合理的窥视中。公共领域的一切窥视成为每个个体的义务和被让渡的一部分自由，公共空间和私人领域的界限一度成为滑动的边界。在无限监视的社会中，公共空间的隐私

---

① ②　汪民安：《文化研究关键词》，江苏人民出版社 2007 年版，第 298 页。

期待成为既被侵犯，又还可以容忍的别别扭扭。

打卡机作为对"规训"与窥视身体的匿名权力的隐喻，谢德庆选择它来操控与训练自己的身体，展现其身体的肉身性，将观众带入材质的、血肉的、弹性的，终有一死的有限中。在这个高度受限的、规约化的、重复的时间里，谢德庆的睡眠、交流、外出、游荡、思考、发呆，总之所有移动和互动的身体都被一小时时限所打断和惊扰。肉体属性在不可避免的差错中，将一切规约的、理性的、严格限制的框架曲解、转译和错位。

二、资本运转的逻辑

劳动和消费是周而复始的资本得以运转的两个阶段，而人的活动使消费和劳动成为可能。随着全球疫情的蔓延，关于人们应该待在家里自行隔离，还是回到工作岗位上创造价值，或应该进入公共场所充当一名消费者的争论已经超越了病理学范畴，而广泛扩散于人的自由问题，以及种族、国家、经济和政治等领域的问题。在如此背景下，经济体对资本增值的欲求与肉体耗损性之间的冲突从未这样赤裸裸的展露出来。

谢德庆的行为艺术将身体与打卡机作为其创作的主要媒材，将两者在长达一年时间的碰撞中呈现其矛盾本质。他用机械与技术理性对时间的切割质疑了现代社会资本力量所规约的时间。在资本化的时间中，规约与加速是其运动的特质，也正是基于这一特质，谢德庆对时间延展的考量才得以成为现象学上凝思的对象。时钟时间本身就是度量化与操控性的编制结果。在工业化的进程中，时钟将社会时间纳入确切的、普遍的、均质化的尺度下。

资本作为原动力的进一步社会演进是通过严格区分劳动时间与休闲时间来不断地压缩和操控生产性时间和消费性时间，并且这种理性化的滚动一再加速。这直接导致现代社会的每一个人都很忙，并且越来越忙。人们的确很忙，比以前任何一个时代的人都要忙，忙于从一个时间现场赶往另一个时间现场。人们忙于躲避浪费时间和浪费价值。正如玛丽·安·朵儿（Mary Ann Doane）在她对时间性和早期电影研究中所指出的，现代性中"坚决的线性、效率与经济"作用于"人类身体劳动"[1]时，力求规避浪费掉的时间与因此而浪费

---

[1] Mary Ann Doane, *The Emergence of Cinematic Time: Modernity, Contingency, The Archive*, Harvard University Press, 2002, p.162.

掉的价值。

马克思在《资本论》中,早已提出时间对于资本流通和价值增值的重要作用。事实上,在晚期资本主义文化发展的逻辑中,时间即商品。基于这一点,时间必然不能逃脱被极限榨取其潜能的命运。让·弗朗索瓦·利奥塔在《时间,今天》中指出,"货币不是存储和可提取的时间以外的任何东西……'真实的时间'只是以货币的形式来实现的存储的时间中的时刻。"①这一对被规约化的资本时间的质疑,似乎对于 1970 年置身于纽约的人们是显而易见,因为这即是社会的现状。琐碎、单一、重复、操劳构成这个时代人们生存的基本经验,同时也是谢德庆的生活经验。

在这个时间的漩涡中,其特点是从农耕时代四季循环的时间观切换为一个不断加速的直线式运动的资本化时间观。二战后,世界范围内再一次完成资源重组。劳动力、生产资料和市场依然是资本主义国家争相抢夺的对象。在显性的现实空间中,战争武器、太空探索、日常生产、通信装置、虚拟世界等科技得到长足的发展,并从根本上改变人类的生活方式与思考方式。在以商品生产为主导的背景下,新一代产品永远优胜于老一代,因而新一代产品替代老一代产品构成了社会发展的基本形式。其结果是导致人类时间观的改变,以商品生产为主导的线性时间观取代了以四季交替为主导的循环时间观。

在此时间观中,我们身处于一个允许我们去追求感官刺激、历险和获取权力的环境中。在这个环境中,我们既被允许去改变自己和世界,又被这个环境所威胁。因为,它将摧毁我们所知的和拥有的一切。今天,我们对环境和经验的所知,已经跨越了"一切地理的和民族的、阶级的和国籍的、宗教的和意识形态的界限:在这个意义上,可以说现代性把全人类都统一到了一起。"②同时,在这个全人类的统一中又产生了不可弥合的裂痕。因为"它将我们所有的人都倒进了一个不断崩溃与更新、斗争与冲突、模棱两可与痛苦的大漩涡。"③用马克思的话来说,就是"一切坚固的东西都烟消云散了"。④

启蒙现代性在走向理性光明的同时,也将工具理性注入人类生活。资本主义在西方高度发展的同时,也带来商品拜物教对人的异化。梅洛-庞蒂认为正是"理性"技术消解了"肉体"感知,从而使"科学"的障眼法蒙蔽了"真实"的

---

① [法]让·弗朗索瓦·利奥塔:《非人:时间漫谈》,罗国祥译,商务印书馆 2001 年版,第 73 页。
②③④ [美]马歇尔·伯曼:《一切坚固的东西都烟消云散了:现代性体验》,徐大建、张辑译,商务印书馆 2003 年版,第 15 页。

心灵。如果说梅洛-庞蒂所强调的肉身感知是通往真实空间的方法,那么利奥塔的崇高则体现了显性空间的本质。而无法显示的东西来自观念,来自人的思维与人对生命的感悟。本雅明饱含着对现代性批判的精神,揭露现代生活中,技术文明对人的物化与现代性对传统空间的破坏,同时也肯定了机械复制带来消费性的民主空间。

三、时间的"理性"与"规训"的肉体

时间表是对时间的惰性规划,而纪律是对时间的积极执行。谢德庆在这一年中通过严格的自制时间表竭力浪费的便是不可浪费的时间。浪费时间既是一种不道德的行为,又是一种经济欺诈。时间表的目的,便是要消除这种危机和禁止游惰的言行。纪律为遵循时间表和时间表的权威提供了保障,它在理论上提出不断强化使用时间的方法,或者说是榨取时间的方法。这是一个涉及如何提取时间中更有用的时段,又在时段中获取更有效的肉体力量的技术问题。

精确的时间单位使人们可以通过监视和部署时间片段的内在因素来规划时间。[①]这就意味着人们应该竭力强化每一个时间片段的使用,似乎每一个短暂时刻都是用之不竭的。人们似乎可以通过一个严密细致的安排,逼近最高速度和最大效率的理想极限。这种新的技术用于调节社会个体的时间,以及控制肉体和时间的关系,以此保证社会时间的不断积累。为了实现利润的增长和最大限度利用稍纵即逝的时间,时间在"理性"的规划下,从以下四个方面渗透进肉体。

首先,在时间的演进中,科技理性是把握节奏和规律活动的时间专家。时间的概念在不断地分解和细化,人类对时间表述日趋精准,从早期生活中的日出日落、晨曦黄昏的含混时间带转变为将一小时进行四分之一划分,再到分、秒的精密时间计算。在小学的上课铃声响起时,一切课外的、室外的休息活动立即被禁止,学生们雷厉风行地返回自己的座位并进入待课状态。在单位、公司、工厂的管理条例中明确规定,对迟到五分钟的员工将给予某种惩罚。

其次,除了给时间以精准的测定,还设法确保充分地利用时间和提高时间

---

① [法]米歇尔·福柯:《规训与惩罚》,刘北成、杨远婴译,生活·读书·新知三联书店 2012 年版,第 175 页。

使用的质量。这种方法首先表现为区分工作时间和休息时间,并规定在工作时间中,不得用手势或言语引逗工友,不得玩耍、吃东西、睡觉等。在工作餐期间,不得以任何借口将酒带入工厂或在车间饮酒,不能讲故事或进行其他使工友分心的活动。这些规定使时间得以纪律化,并实现精准、专注和有条不紊,从而保证支付费用的时间必须得到精打细算、毫无缺损地使用。

再次,通过时间与分解的姿势和动作进行紧密配合来保证时间的使用效率。在军营中,训练有素的士兵步伐被分解为,跨出一步的距离是从一个脚跟到另一个脚跟,每一步的时间间隔是一秒,以及昂首挺胸、保持平衡、大腿紧绷,脚尖稍稍向外并不敲击地面等。教室里刚刚开始学习写字的学生,动作被拆分为身体笔直、侧身前倾、左右腿自然弯曲平行安放,肘部放在桌上并不阻挡视线,身体与桌子保持一拳的距离,右臂与身体保持三指的距离等。通过对肢体运动增加一系列的约束,来分解动作和姿势达到精确的程度,从而使肉体适应时间的要求。每一个动作都被分解为四肢、肌肉和关节的位置,以及运行的方向、力度、时间,以及连贯性,通过这些精心设计的力量,时间便渗透进了肉体中。

最后,"规训"也限定了肉体与器具之间的关系。肉体通过对分解的动作和姿势进行重复的操练,使肉体对动作的执行进行工具符码化的记忆。在其过程中,权力介入对肉体与操作器具之间的每一个动作的强制性规定,使肉体与武器、肉体与工具、肉体与机械啮合。权力所推行的规则,制定了运作结构和生产环节,从而造就一个肉体与机械的复合体。只有当各种运行的姿势与操作对象保持最佳配合时,才能为效率和速度创造条件。无论是工厂的流水线,还是装配车间,一个训练有素的身体就是没有任何闲置无用的动作和身体部位。全身的部位都被调动起来支持身体与机械的完全啮合,以此正确地使用身体,从而达到正确的使用时间。因此,一个被"规训"的身体即是实现效率的前提。

这种对时间的理想规划通过对精力和能力的打破与重组渗透进肉体,给每一个人规定时间标准。这些标准被用来促进学习、提升业务能力、培养做事的敏捷度等。通过时间规划的技术和应用,催生出一个新的客体对象,即"力的载体,时间的载体"。[1]这个新的客体对象可以接纳特定的秩序和步骤,并配合其操作。肉体成为权力机制的新客体对象时,同时它也被呈献给新的知识

---

[1] [法]米歇尔·福柯:《规训与惩罚》,刘北成、杨远婴译,生活·读书·新知三联书店2012年版,第175页。

形式。这个新的知识形式是关于肉体实践的,而不是关于理论的;是关于权力支配和"规训"的,而不是关于动物精神的;是关于受到训练的,而不是关于理性机器运作的。

谢德庆在《一年行为表演 1980—1981》中始终穿着一种类似囚服、警服,或是工装的服装。这种制服再配以规范化和仪式性的站姿,向观众呈现出了一个操练有素的肉体,而不是一个物理学意义上的肉体;一个被权力操纵的肉体,而不是洋溢着感性情绪的肉体;是一个自律和他律中的肉体,而不是松弛的肉体。[①]谢德庆用这些时间中的文化符号提示出一个"规训"机制下的主体,这里关注的并不是镇压和某个单一事件,而是"规训"和编制化的秩序贯穿于整个社会后折射出来的景观。在这里私密时间和公共时间之间的界限消失了,谢德庆让渡出他的全部个人时间,让肉体从无限的时间点到姿态、行动都委身于机械。

权力对肉体的"规训",一方面通过上述隔离的空间与在空间中安置肉体的技术来实现,另一方面,通过沿用古老的时间表和对动作的时间性规定来完成。谢德庆用具有制度、考核、规划等象征意义的打卡机为自己制作了一天打卡二十四次的作息时间表。在一整年的时间中,谢德庆的身体通过规定的节奏、预排的活动和重复的周期屈从顺服于机械的严格模式。这种严格的模式是一种普遍适用于社会各个领域中管理时间的方法。

操练不仅是强加给肉体的任务,还是具有重复性和差异性的操作。通过观察肉体趋向极限地执行这些任务,权力机制便可以评价人执行任务的状况,并做出等级区分。以此,权力还可以连续地和强制地导向个体结构的发展方向,并进行观察和资格评定,从而使权力有可能控制时间,并在每一时刻进行具体的控制和有规律的干预、区分、矫正、惩罚,或是消除,进一步根据个人在执行任务中所达到的水平来使用和安置个人,以此有效地积累、调度、整合时间。分散的时间被积聚起来,从而产生收益,并使可能溜走的时间得到严格控制。权力被明确地浸入时间,并保证了对时间的充分使用。

在这个严格的"规训"机制中,对于操练的评定有着自己的历史,它源起于宗教,其发展遵循线性式循序渐进的结构,表现为军营、公司、工厂和大学实践

---

① 〔法〕米歇尔·福柯:《规训与惩罚》,刘北成、杨远婴译,生活·读书·新知三联书店 2012 年版,第175 页。

中的加入仪式、预备仪式、表彰、演练或考核。各领域的标准制定遵循着逐年递增的难度直到任务最终完成,标准的制定从一个尽善尽美的楷模变成了要求达到尽善尽美的权威主义。整个社会在对个体"规训"的连接和编排中形成个体之间的、或集体之间的持久竞争。同时"规训"通过更经济地利用人生的时间,积累时间,安排时间来行使统治的权力。由此"规训"机制成为一种有关肉体和时间的政治技术。①

福柯认为"这些规训方法揭示了一种被连续整合的线性时间。"②从宏观上来看,线性时间持有进化的性质,朝向一个稳定的终点前行。行政和经济控制技术揭示了累积社会时间的进步意义。历史的演进依然深入人心,编年史和谱系学、王朝统治者和功绩伟人的"历史记忆"似乎长期以来记录了权力运作的目的和意图。从微观上来看,"规训"技术揭示了一个个人意义上优化演进的过程,是个人在职业训练中的脱胎换骨。

社会进步和个人优化是一种通过分割、序化、整合的时间管理新方法。谢德庆在宏观权力和微观权力支配下所造就的时间分裂、连续、累积等多向度整合中,浪费最不可浪费的时间。他偏偏利用这一必须排除的道德缺陷作为他的生产成果,来回指于理性权威和资本逻辑。他辛勤劳作却毫无产出,他的行为缺乏功能和实用性,他用肉身注释出一个空洞的行为,为等待而存在于等待之中,这就是谢德庆回敬给"规训"与经济秩序的顺服姿态。

四、冲突的显现

谢德庆用一年之中 1.52% 的打卡错失率,向我们呈现一个理想和理性规划下的肉体极限与缺陷。在这个肉体屈从于打卡机的复合客体中,一系列自然要求和功能限制,在谢德庆最真诚与严谨的执行态度中被暴露了出来。例如,时钟与意志力都无法改变沉睡状态中的身体,这使他漏打卡 94 次,也是在《一年行为表演 1980—1981》执行期间最高的错失率。从数据中可以看出,一方面 1.52% 的打卡错失率展示出一个自律的和一个拥有强大意志力身体。另一方面,1.52% 保持了极低的错失率,但依然暴露出肉体与技术理性之间无法弥合的裂隙。

---

① [法]米歇尔·福柯:《规训与惩罚》,刘北成、杨远婴译,生活·读书·新知三联书店 2012 年版,第 28 页。
② 同上书,第 180 页。

肉体在强迫执行它所抗拒的操练中显示了其基本属性,并本能地排斥不相容的因素。在各领域,我们可以随处看到由过度人工化的动作所致的拘谨姿态、僵硬的肌肉和血液不畅。这些违背了自然意图和人体构造、持续和重复的动作随处制造劳损的肌肉和发炎的关节。

从必不可少的求生性劳动来看,对疫情中的人们而言是将身体暴露于病毒中,对体力劳动者而言是对肢体的过度磨损,对文字工作者而言是视网膜的提前老化和眼球晶体浑浊。从置身消费社会方面来看,无处不在的屏幕与滚动播出的画面刺激着人们的欲望。观看的欲求越来越强烈,往往在深夜人们依旧拖着疲惫的身体游走于荧屏中。各种各样的新奇物刺激着我们的视觉,身体的欲望也日趋强烈与繁多。于是,身体来回穿梭于工作与消费之间。

"在这里我看到了矛盾之处:因为作为一个社会,世界必须有某种体制,而我的自由又应该是完全的。"①萨特认为自由应该是彻底而完整的,但世上除了"我"还有很多其他的"我"。这些无数的"我"组成了人类社会,分工协作、从事不同的劳动。社会中无数的"我"又是其他任何一个"我"的他者,"我"与"他人"之间的"相安无事"依赖于社会体制。法律在最基本层面上约束"我"的行为以保证他人的权利,工作使"我"获得最基本的维持生命的材料。但这些维持社会秩序的形式,都是以让渡"我"的自由作为先决条件。因此,"我"的自由是不彻底和不完整的。

谢德庆在谈及自己的作品时也说到,这些作品的产生与自身的生存条件和生活经验之间具有莫大的关系"作为艺术家,这些要素驱使我以内省的方式面对自己的问题与生命的本质。"②作为非法移民身份在纽约生活和早期作为底层劳工争取生存条件的现实境遇,让谢德庆逐渐体会到从另一种角度来看生命的过程,即用肉体和四肢的劳损来换取心脏的跳动和意识的持续存在。

"生命"这个词一旦和世界发生关联,便表示生命已被开始和终结这两个事件所限制。生命的出现和消失为它在世界上划分出一段时间间隔。因此,生命与其他有机体一起遵循自然循环运动的同时,它又严格遵循一种线形运动。人作为个体生命的独特之处在于,人以生和死这两个事件搭建起社会性的框架,在这个可视的框架范围内又充满各种事件,正是这些事件构成生活。

① [法]让-保罗·萨特:《他人就是地狱》,关群德等译,天津人民出版社 2007 年版,第 36—37 页。
② [英]亚德里安·希斯菲尔德、谢德庆:《现在之外:谢德庆生命作品》,龚卓军译,台北市立美术馆、典藏艺术家庭股份有限公司 2011 年版,第 332 页。

　　海德格尔将这种日常生活与事物之间的种种日常关系称之为"操心"。"操心"虽然是作为一个哲学概念进行使用和诠释,但是这一概念不但不排斥这些日常意蕴,还将其一般的日常意义纳入考察范围。"操心"与人的行为之间有不可分隔的关系,无论是为人处事和反躬自省,或者人对自己利益、痛苦和失望的关注,再或者为爱恨和罪过而自省时,这些心理活动不但表明这个人的存在,而且加强了这种"存在"。

　　当海德格尔说"操心之为时间性"①时,便明确地指出时间的悠然乍现为操心的结构构造提供了可能性。这种被限定的时间,也是此在和存在的基础。人作为时间中的存在者,还具有存在者的状态,他得生活在世界上,为饮食和男女之事操劳,即"为它自身运用它自己。"②人处在一个有系统性实践意义的日常世界中,从事日常生活和生产活动。在这一活动场景中,人为自己的生存而消耗自己。

　　在谢德庆看来,为维持呼吸而消耗体力,这种消耗同时也消耗了他自身的时间和生命。正是基于这一现实的认知,谢德庆萌发出浪费时间的概念。无论是《一年行为表演1980—1981》在打卡器上,还的其他的行为艺术作品,谢德庆的行动都通过不同的方式呈现出耗损、浪费时间的过程。如果说耗损和浪费还有一种随波逐流、不得已或者半无意识的状态,那么谢德庆依照自己所说的,以一种艺术家内省的方式和主动选择的、计划性的方式,将含有被动含义的耗损已转化为主动的抹杀时间。

结　语

　　时间流逝,浪费被理解为一个相对概念,因为谢德庆以一种质疑现代性的辩证眼光给予重新打量。这种眼光的基本性质来源于萨义德所说的边缘知识分子的气质。在逃离身份伤害的流亡经历中,使谢德庆始终处于边缘者和局外人的处境,正是因为这种处境使得他具有与主流权势不相妥协的谔谔之气,再加上放逐的经历使他从不以一种固定眼光去看待和思考事物。

　　谢德庆这件行为艺术虽然创作于1980—1981年间,但在全球疫情蔓延的境况下再读《一年行为表演1980—1981》仍然发人深思。他将身体作为自由的

---

① 　[德]马丁·海德格尔:《存在与时间》,陈嘉映、王庆节译,生活·读书·新知三联书店2014年版,第377页。
② 　同上书,第379页。

符号,把打卡机视为实现效率的途径,以身体屈从于机械的方式展现出一个被效率剥夺自由的身体。在身体的绝对自由与高度效率之间只有"让渡"的关系而不可兼得。在疫情之下生命何从,是否依然存在"让渡"?

自然的力道迫使所有生命卷入时间的循环运动。也许,自然的循环既不似被现实所理解的生,也不似被理解的死。人的生死不仅仅是一个自然事件,还与人进入这个世界相关。一个独一无二和无法替代的个体,出现了又离开,这个事件基于一个已知的相对稳固和具有持存性的世界。这世界并不处于经常变动的状态,才为生与死的概念提供可能。在某个人来到之前,世界已然在那里;或者,在某个人消失之后,世界依然在那里。

Freedom and Discipline: Rereading Tehching Hsieh's *One Year Performance 1980—1981* under the COVID-19

Abstract: Under the background of COVID-19, the contradiction between blocking virus, developing economy and human freedom seems to be more difficult to reconcile. Discussion on this issue, as early as 1980—1981, Tehching Hsieh, a Chinese American performance artist, tried to present it in his *One Year Performance 1980—1981*. Although this work does not discuss the virus, it puts the conflict between the inert nature of the body and the efficiency of capital operation to us. When body can be both productive and tamed, it becomes a useful force in the economic and political fields. In order to achieve profit growth and maximize use of the fleeting time, the time penetrates into body under the "Rationalism" planning. Based on this, Tehching Hsieh used the punched card machine to control and train his body, showing the gap between the body and the machine which is difficult to bridge. He brings the audience into the limited life which is material, flesh and blood, elastic, and eventually death.

Keywords: Time; Discipline; Performance Art; Life Condition

作者简介:刘畅,四川美术学院艺术教育学院讲师。

神圣性的呼唤

——评查常平的《中国先锋艺术思想史》

熊径知

摘　要:查常平的两卷本《中国先锋艺术思想史》,是汉语学界对于中国当代艺术的首次整全性展现。首先,作者将世界图景逻辑的认知框架在中国先锋艺术的视域中确立为"世界关系美学";其次,作者基于时代精神的立场来对中国艺术的当代处境进行了分析。而他的真正目的,恰恰是通过对于中国当代艺术史的梳理和批判来实现对于整个中国社会文化的透析和批判,凸显出神圣精神在个体与社会中的普遍匮乏,并最终呈现出作者对于中国文化有朝一日能够迎来其灵性时代降临的深刻愿景。

关键词:神圣性　先锋艺术　关系美学　灵性

两卷本《中国先锋艺术思想史》是查常平近年来的最新力作。第一卷名为《世界关系美学》,从关系美学的角度对中国先锋艺术史进行梳理;第二卷名为《混现代》,从时代精神的角度对中国先锋艺术史进行总结。在一百多万字的点评和大量翔实的艺术作品范例中,历时二十多年的中国先锋艺术不仅首次以一个整全的面貌得以呈现,作者也同时透过对这段历史的书写对中国当代文化作了一次全面的透析。然而,他的目的并不仅仅在于描绘一段艺术史或思想史,在这厚厚两卷本的字里行间,有着一种他所期盼着的、更为深刻与宏大的目标待以实现。

一、"世界关系美学"视域内的中国先锋艺术思想史

这两卷本的主题叫做"中国先锋艺术思想史",用查常平自己的话来说,这段思想史乃是"探明人如何通过呈现艺术观念获得自由的历史……是关于艺术的历史意识的进深表达"。[1]换言之,在他看来,在历年中国先锋艺术作品纷繁复杂的形态背后,有着一条不断发展着的思想脉络,而这个思想脉络实际上就是诸先锋艺术家集体意识的发展脉络,更确切地讲,就是属于当代中国先锋艺术自己的精神脉络。

按照结构主义的方法,查常平首先把中国先锋艺术思想史放在世界关系美学的命题下考察。在他看来,包含中国先锋艺术在内的当代艺术对人表现出了独特的语言性、时间性、个人性、自然性、社会性、历史性和神圣性七个方面的呈现,其结果生成为真正的世界关系美学,也就是以世界关系图景为对象的感性学。[2]在这种关系美学中,基本构成要素就包括语言、时间、自我个体(主体)、自然、社会、历史和上帝七种,从本质上讲,艺术史就是一段语言史、时间史、自我史、自然史、社会史、文化史和灵性史的综合体;艺术世界图景的生成,就是依据这七种要素,以主体为中心,向着其他要素(连同自身)所衍生出的多重关系的相互架构来实现的,也就是查常平所谓的"人言向度"、"人时向度""人我向度""人物向度""人人向度""人史向度""人神向度"七大关系。首先,艺术家以文本化的方式呈现自己的艺术语言,构成了图景中的"人言向度"第二,艺术家在作品中对于时间之流的思考和呈现,构成了图景中的"人时向度";第三,艺术家在作品中进行"我性"的植入,在创作中与自我的对话,构成了图景中的"人我向度";第四,艺术家在创作中对物(包括作为肉身的人)进行利用与改造,并在作品中创造出一种"人化的自然",构成了图景中的"人物向度";第五,艺术家在作品中对于个体与他者、个体与社会之间多重关系和处境的反思与呈现,构成了图景中的"人人向度";第六,艺术家在创作中呈现出历史的片断,并由此映射出人史之间的对立、并立与合一的多重关系时,就构成了图景中的"人史向度";最后,艺术家在作品中对于纯粹精神性的寻求,对于超越者或终极实在的追思,构成了图景中的"人神向度"。在逻辑上,每一对关

---

① 查常平:《中国先锋艺术思想史第一卷世界关系美学》,上海三联书店 2017 年版,第 3 页。

② 同上书,第 52 页。

系都构成对立、并立与合一三种关系。值得注意的是,最后这一种向度乃是最重要的,它不仅贯穿于其他每一种向度中而且还构成了对于其他诸向度的终极实底,甚至可以说,查常平在第一卷中对于前面六种向度的描绘和阐释,都是为了烘托和凸显出最后这一种向度。那么,作者为何要煞费苦心将人神向度作为当代中国先锋艺术的核心来进行塑造呢?

　　在作者看来,个体的生存离不开对于超越者的信仰,他的生存活动不能没有对于世界之上的终极实在的追寻。人与神发生联系,在世界图景中出现人神向度,就意味着人的存在始终同一位超越性的存在者相关,唯有在这种关系中,人才能够在与自己绝对差别的对象中真正地确定自己的生命,使自己成为独立的主体生命、个体生命与我体生命的存在者。①而在中国的传统文化乃至当代文化中,所缺乏的恰好就是这种人神向度——由于缺乏对于终极实在者的认识,无论是普通人还是艺术家都纷纷以异在者——物质、肉身、自我——来替代神的存在,并以同这些异在者所建立的关系向度来替代人神向度。这样,在当代中国的世界图景中,其他六种向度也因为这种终极向度的缺失而失去了坚实的基底,而无法以自己的应然状态呈现,从而成为了所谓的"无时、无诗、无物、无传统、无他人、无灵性"的"封闭的自我所形成的文化特征",人和艺术都沦为了"被奴役的世界之物",个体和艺术家都只有"以扭曲的、荒谬的人生形象为荣"。②因此,查常平断言当代中国先锋艺术思想史只能称之为"精神史"而非"灵性史",前者指的是"探究艺术家的作品中其个人的精神如何超越他的自我意识与社会中的他人、历史中的他者往来的过程",③后者指的是"讨论艺术家的作品中其个人的灵性如何与在上的神圣之灵相交通的过程"。④只有当艺术家与他者的往来"最终触及人的灵性生命的来源即永恒的终极生命甚至被更新的时候,他在作品中所表达的精神史也就转换为了灵性史"。⑤

　　那么,对于长期缺乏终极者信仰的中国文化社会来说,中国的艺术观念和美学观念可以说是"无神"的,那么,查常平如何能够断言中国艺术思想史应该由"精神史"向"灵性史"转化呢?

---

① 查常平:《中国先锋艺术思想史第一卷世界关系美学》,上海三联书店 2017 年版,第 377—388 页。
② 同上书,第 379 页。
③④⑤ 同上书,第 31 页。

二、"神圣性"：世界关系美学的终极依托

实际上，查常平所反复提到的这个"超越者""终极实在"，就是西方哲学中的"神圣性"。鲁道夫·奥托曾在其著名的《论神圣》一书中提出，所谓"神圣性"乃是宗教领域中一个特有的解释与评价范畴，它是那活跃在一切宗教核心之中的东西，是那使宗教成其为宗教的力量。在宗教中，"神圣性"实际上就是神的本质，同时也是"世俗"一词的对应概念，希伯来语的 qadosh，希腊语中的 hagios，拉丁语中的 sanctus 或 sacer 都是对于这一概念的表达。①在奥托看来，"神圣性"的最本质特征乃是在于它是无法为理性所认识和把握的，换言之，人们对它的"知"实际上是一种在宗教体验或审美体验的范畴中的"领悟"，亦即那"只能在心中被激起、被唤醒"②的不可言说者。康德也同样指出，我们对于"神圣性"的知觉、亦即所谓的"神圣感"乃是属于一种纯粹先验的范畴，亦即这种体验不是从日常经验中"总结"出来的，而是先天地、普遍地存在于每个人的心灵之中的。因此，我们无法用理性的、逻辑的方式去"分析"审美体验，后者乃是作为一种"理性的他者"而存在的。同理，如果艺术家想要按照一定的规则来进行艺术创作就是不可行的，因为艺术自身的规则不是从现实之中引渡过来的，而是源于一种自然在主体之中先行提供的规则，而只有"天才"才能创造出真正出色的艺术作品——"天才"（Genie）一词源于拉丁文 genuis（守护神），后者乃是一种"特有的、与生俱来的保护和引领一个人的那种精神，那些独创的理念就起源于它的灵感"。③换言之，尽管我们可以学习艺术创作，但却无法通过学习而成为"天才"，因为那是源自某种属神的恩赐。

因此，无论是艺术家还是艺术作品，在其应然状态下都是应当同"神圣性"相联系起来的。更进一步地说，正是"神圣性"使得作品能够成其为作品——一旦前者进入后者之在，作品先前的世俗状态就被扬弃了，并进入了一种神圣的状态。这种状态主要包括时间和空间两个方面。从空间的方面来说，透过"神圣性"的浇灌，作品能够从惯常的"物"的状态中破巢而出，蜕变为一种"神显"（hierophany）或曰显圣的在场；从时间方面来说，当观众进入到该作品的敞开之中，也就是所谓的审美体验之中时，世俗时间的"均质性"就被暂时地中断

---

① 鲁道夫·奥托：《论神圣》，成穷，周邦宪译，四川人民出版社 1995 年版，第 6—7 页。
② 同上书，第 9 页。
③ 康德：《判断力批判》，邓晓芒译，人民出版社 2008 年版，第 151—152 页。

了,观众与作品共同进入了一种非时间性的"神显的时间",在其中,"绝对的、超自然的、超人类的、超历史的存在"①向观众揭示了出来。

这样看来,艺术作品的应然之在状态,就是在与"神圣性"的关系中揭示出来的。这正是黑格尔所指出的那样,美的艺术必须要具有独立性和自由性才能成其为真正的艺术,而艺术的最高职责就是成为认识和表现神圣性、人类的最深刻的旨趣以及心灵的最深广的真理的一种方式和手段。②但神性本身是作为统一性和普遍性的存在,它是思的对象而非感官的对象。但具有了规定性的神性就是可以用具体形象所表现出来的神性,也就是在活动中依附于身体的精神,它能够给予人类的心胸产生共鸣,这就是理想的艺术作品。③这样,从应然状态而言,"艺术家乃是神的宗匠"。④因此,"神圣性"必须要处于艺术的核心位置,才能够实现后者的这种应然性。

同样地,在上述的意义上我们也可以看到,在世界关系美学的其他六重关系中(人言、人时、人我、人物、人人、人史)中,实际上也以"神圣性"的存在为其终极依托。前面曾提到,在世界关系图景中所展开的七重向度,都无不是以主体为中心而建构的。在查常平看来,在此基础上形成的"世界图景逻辑批评"实质上是一种本真意义上的"人文批评",亦即侧重于先锋艺术的人本诠释。那么,什么才是所谓"本真意义上的人文批评"呢? 评论者郝青松指出,这种"本真"的实质就是一种神本意义上的"人文批评"。"查常平批评观中的'人文批评的本体论、世界关系美学的基础论'之本体论和基础论,都是神本而非人本"。⑤这一点也正是他的《中国先锋艺术思想史》在汉语艺术批评界的一个独特之处。海德格尔曾言明,当我们去思考存在者时,也就是在思考存在的根据,也就是存在如何在最本质的意义上显示自身。因此,"只有当根据被表象为第一根据之际,思想的事情,即作为根据的存在,才彻底地被思考"。⑥这个所谓的"第一根据",就只能是(形而上学意义上的)上帝,因为只有上帝才能构

① 伊利亚德:《神圣的存在——比较宗教的范型》,晏可佳等译,广西师范大学出版社 2008 年版,第 366 页。
② 黑格尔:《美学》(第一卷),朱光潜译,商务印书馆 2010 年版,第 10 页。
③ 同上书,第 225 页。
④ 黑格尔:《精神哲学》,杨祖陶译,人民出版社 2012 年版,第 374 页。
⑤ 郝青松:"整全世界观与当代艺术史写作——查常平'中国先锋艺术思想史'写作的意义",载于查常平主编,《人文艺术》(第 17 辑),上海三联书店 2018 年版,第 166 页。
⑥ 海德格尔:《海德格尔与神学》,孙周兴等译,道风书社 1998 年版,第 49 页。

成终极的逻各斯、终极的基础和实体。同理,世界关系图景中的所有要素都必须以作为神圣的上帝为其终极依据,世界关系图景中的各种关系都必须以人神关系为其终极向度,才能够呈现出图景的应然之貌,在此基础上展开的艺术批评才能成其为一种"本真意义上的人文批评"。

三、当代中国艺术史:缺乏灵性的"混现代"

查常平两卷本的着眼点都是属于当代艺术的中国先锋艺术,那么,什么才算得上是"当代艺术"? 在他看来,当代艺术就是具有"现代性"特征的艺术作品。那么,什么又是"现代性"呢? 卡林内斯库指出,我们对"现代性"一词的理解应该在"作为西方文明史一个阶段的现代性"和"作为美学概念的现代性"两种意义上进行,前者主要指的是一种对于科学、理性和实用主义的崇拜倾向,而后者则是"先锋派"的现代性,亦即一种激进的反资产阶级倾向,"它厌恶中产阶级的价值标准,并通过极其多样的手段来表达这种厌恶,从反叛、无政府、天启主义直到自我流放"。①这种"作为美学概念的现代性"在艺术实践中通常表现为转瞬即逝、变化不止的审美意识,表现为对于传统的粗暴拒绝,"艺术想象力开始以探索和测绘'未然'之域为尚"。②那些在艺术、政治等领域的现代性实践者则往往以"先锋派"自称。一言以蔽之,现代性的概念"既包含对过去的激进批评,也包含对变化和未来价值的无限推崇"。③这里的"过去"主要指的是十八世纪启蒙运动之前的时期,即所谓的"传统",亦称为"前现代",它的社会主流文化体现为以基督教信仰为基底的神圣文化,现代文化则是对于这种神圣文化的一种世俗化革新。如果说"前现代"是作为"现代"的"过去",那么后现代(Post-modernity)则可以看作是对"现代"的某种突破和发展,这个"后"(post)即"超越"之意,后现代的社会文化表现为对于现代性话语的某种超越,用利奥塔的话来讲,就是对于"那些指向总体知识的关于人类自由与进步的总体性的现代'元叙事'"④的突破,在不断涌现的新的语言规则前,"现代性的宏大叙事(我愿意称它们为现代版的'认识论神正论')在我们面前土崩瓦

---

① 卡林内斯库:《现代性的五副面孔——现代性主义、先锋派、颓废、媚俗艺术、后现代主义》,顾爱彬等译,商务印书馆 2002 年版,第 48 页。
② 同上书,第 11 页。
③ 同上书,第 103 页。
④ 大卫·库尔珀:《纯粹现代性批判——黑格尔、海德格尔及其以后》,臧佩洪译,商务印书馆 2006 年版,第 390 页。

解,并让位于大量异质的、局部的'小史'"。①在艺术实践上,后现代的代表性艺术家们,包括乔伊斯、勋伯格、塞尚等人对艺术作了重新的定义,"他们开始了新的语言游戏,并因此见证了那种超越任何语言游戏而在欲望中显示其自身的东西"。②换言之,现代是对于传统——前现代的扬弃和反叛。后现代则是对于现代的再扬弃和再突破。

除了上面所阐述的"前现代"、"现代"与"后现代"这些经典西学概念外,查常平还特意引入了"另现代"这一概念,它是"在全球化时代对现代性的重新定义,强调个人在时间、空间与媒介中的文化漫游经验和多种可能性"。③这个概念实际上是作为"后现代"的他者而出现的,后者强调多元化,而前者则强调"不同文化与地理方位的主体之间互相协商的结果,表现为一种全球文化语言的方式"。④

在此基础上查常平指出,符合"现代性"的艺术作品就可以被列入到中国当代艺术的范畴。他进一步解释道,"当代艺术"不仅仅是关于"当下"这物理时间范畴内的艺术,而且是一种"精神活动的产物……一种当代文化现象……同当代人的生存状况相关的艺术"。⑤发端于 20 世纪 90 年代的"先锋艺术"就是中国当代艺术的一部分。然而,中国先锋艺术的特殊性就在于它具有对于现代性的追求,且具有一种在现代性中的超现代性的性质,但又不完全属于后现代的范畴。⑥因此查常平大胆断言,包括先锋艺术在内的当代中国艺术实际上是处于一种"混现代"的状况之中。所谓"混现代"就是一种"前现代"、"现代"、"后现代"和"另现代"的混合物。那么,他的理由何在呢?

对于西方而言,艺术早已在实践和理论上从传统经由现代过渡到了后现代。从现状来看,中国当代艺术既没有摆脱"前现代"的阴影,又有着现代性的特征,同时还具有某种对于后现代的向往和追求。首先,从"前现代"而言,很多中国当代艺术作品缺乏一种个体性,它们"对个体生命情感没有关怀……没有呈现出独特的艺术语言象征图式"。⑦因此,这些作品与其说是艺术品,不如

---

① 卡林内斯库:《现代性的五副面孔——现代性主义、先锋派、颓废、媚俗艺术、后现代主义》,第 295 页。

② 大卫·库尔珀:《纯粹现代性批判——黑格尔、海德格尔及其以后》,第 391 页。

③④ 查常平:《中国先锋艺术思想史第二卷混现代》,上海三联书店 2017 年版,第 337 页。

⑤ 查常平:《中国先锋艺术思想史第一卷世界关系美学》,第 44 页。

⑥ 同上书,第 47 页。

⑦ 查常平:《中国先锋艺术思想史第二卷混现代》,第 10 页。

说是普通的人造物。其次,从"现代性"而言,一部分中国当代艺术作品又与古典艺术或传统艺术有着根本的区别,即蕴含着一种"对现代人的碎片式的、断裂的生命体验的否定性反应"①的情感。同时,它们还具有一种不可复制性和不可替代性,这是属于艺术家自己的"图像依据,一种差异又相关的、连续的原初艺术观念语言图式"。②最后,从"后现代"来看,中国当代艺术的后现代性尚处于萌芽阶段,艺术家们多以装置艺术和行为艺术作品、跨媒介艺术为向后现代阶段转型的尝试,不过这种意识和实验已经为中国当代艺术描上了一层后现代的色彩。

因此,查常平对于当代中国艺术的定位,就是一种"混现代"的处境,即"前现代、现代、后现代、另现代彼此混淆的创造旋涡",③它是"现代中国社会转型中的特定文化现象",它的混合性"源于这个时期的'现代性'的未充分展开,源于其在制度层面的前现代综合征与拖累症,源于生活在其中的国人甚至包括部分知识分子对于'现代性'的普世性的怀疑,进而产生出某种地方现代性的乌托邦幻想"。④在这种处境中,第一卷中所提到的七种关系向度都失去了其应然的状态:时间仅仅是物质存在的一种形式,语言只是人的物理声音、自我堕落为动物般的肉体生命,自然只是满足人需要的工具,社会成为人们肉身娱乐的场所,历史中的文化生命之在被遗忘,上帝则被对象化为某个偶像化的群体。与此同时,人与其他要素的关系所本应构成的世界图景的丰富理解,也被还原为了一种物质性的单一存在样式。⑤更为重要的是,当个体同其他世界因子的公义关系被异化之后,其自身的生存境况和此在状态也遭到了彻底的扭曲与异化,也就是人的神化、物化、唯我化、唯社会化、唯时间化、唯历史化和唯语言化。⑥而究其根本原因,恰恰正是"神圣性"的消隐,是神圣精神在当代中国艺术史乃至整个中国文化史中的缺席缺失。这正是查常平所指出的,在先锋艺术观中,艺术必须要承认人存在的精神性,因为艺术应当是人的彼岸化的生命情感的象征性形式,一旦实现了这种应然状态,参与其中的主体就能够走

---

① 查常平:《中国先锋艺术思想史第二卷混现代》,第65页。
② 同上书,第66页。
③ 同上书,第412页。
④ 同上书,第413页。
⑤ 同上书,第415页。
⑥ 查常平:《圣经的和平观的前设:自我与上帝的公义关系——人的堕落与复和》,《国学与西学》2014年第7期,第69—80页。

出和超越自身,塑造其精神生命并进入人类的普遍自我的文化生命存在中,甚至可能使人通过神圣的超越之在颠覆性地重塑自我,在终极的意义上奠定人的生命之根。①换言之,就是个体透过艺术与神圣性相遇,从而使后者的神圣之灵对自我的灵魂实现完全的更新,并由此在属灵的层面上去理解和关照其与他者的关系,从而使上述的七重向度都得以实现其应然状态,并最终实现整个世界关系图景的理想性。然而,在"混现代"的实然处境中,这种应然状态显然是难以实现的。

评 价

荷尔德林曾发出过这样的追问:在一个贫乏的时代里,诗人何为? 在海德格尔看来,这是源于上帝在时代精神中的缺场,源于神性在欧洲文化中的逐渐消隐。在这种处境下,哲学与诗歌的世界就失去了它们传统的根基,而不得不陷入"深渊"(Abgrund)的长久黑暗之中。从 19 世纪到 20 世纪的近两百年间,西方曾经历了这种"诸神的黄昏"的阵痛,然而在当下,"已经完成了从基督教时代向后基督教时代的转向……其社会生活中的情感伦理、政治伦理、经济伦理,无不建立在基督教神学伦理的基础上"。②而在当下的中国,我们所经历着的则是一段更为黑暗与贫乏的精神时代,也就是查常平所谓的"混现代"。因此,他对于中国先锋艺术思想史的塑造与写作,并不是对当代中国艺术史或艺术思想史作一段单纯的梳理和总结,他更深层的目的,乃是在于发出与荷尔德林一样的追问:在当下这种"混现代"的状况里,诗人何为? 思想家何为? 社会中的每个个体何为? 他的这两卷本《中国先锋艺术思想史》实际上就是一种吁请,吁请包括当代艺术在内的中国文化有朝一日能够迎来"神圣性"的归位,吁请"神圣性"的荣光能够照彻中国文化的每一个方面,从而最终实现整个民族与社会在灵性上的全面更新。然而,这个理想的时代何时才会到来呢? 从查常平的字里行间看来,尽管他对于当下的情形是悲观的,但他依然在岛子等艺术家那里看到了未来的曙光。作者相信,中国的艺术思想史有朝一日能够从"精神史"转变为"灵性史",我们身处的时代也将从"混现代"迈向一个全新的时代,一个在人的意识生命中承载更多精神生命、文化生命以及灵性生命的时

① 查常平:《中国先锋艺术思想史第一卷世界关系美学》,第 31—32 页。

② 同上书,第 34 页。

代。密涅瓦的猫头鹰只会在黄昏起飞,而中国文化的灵性时代,也终将有一天会到来。

The Calling of Numinousm: Remarks on Zha Changping' *History of Ideas in Pioneering Contemporary Chinese Art*

Abstract: The two-volume monograph *A History of Ideas in Pioneering Contemporary Chinese Art* presents a panoramic picture(renders an in-depth presentation) of contemporary Chinese art over the past two decades by Changping Zha, a prominent artistic critic in China. The cognitive framework of the world-picture logic is first daringly defined as part of the "World Relational Aesthetics" in the perspective of pioneering Chinese art, which is followed by a meticulous analysis of the state of contemporary Chinese art on the basis of the zeitgeist. By examining and evaluating the history of its pioneering art, the author portrays a vivid picture of the Chinese society today, i.e., a "mixed-modern" society which generally lacks the divine spirit. Based on this judgment, the author makes a final appeal for the coming of "The Numinous" so as to achieve a fundamental renewal of the entire zeitgeist as well as individual spirits.

Keywords: numinousm; pioneering art; relational aesthetic; spiritual

作者简介:熊径知,武汉大学哲学院博士后,成都信息工程大学马克思主义学院讲师,香港中文大学崇基神学院荣誉副研究员。

图书在版编目(CIP)数据

城墙内外的历史与现实/苏智良,陈恒主编.—上
海:上海三联书店,2021.7
(都市文化研究)
ISBN 978 - 7 - 5426 - 7432 - 6

Ⅰ.①城…　Ⅱ.①苏…　②陈…　Ⅲ.①城市史-文集
Ⅳ.①C912.81 - 53

中国版本图书馆 CIP 数据核字(2021)第 089552 号

城墙内外的历史与现实

主　　编 / 苏智良　陈　恒

责任编辑 / 殷亚平
装帧设计 / 徐　徐
监　　制 / 姚　军
责任校对 / 王凌霄

出版发行 / 上海三联书店
　　　　(200030)中国上海市漕溪北路 331 号 A 座 6 楼
邮购电话 / 021 - 22895540
印　　刷 / 上海惠敦印务科技有限公司

版　　次 / 2021 年 7 月第 1 版
印　　次 / 2021 年 7 月第 1 次印刷
开　　本 / 710×1000　1/16
字　　数 / 550 千字
印　　张 / 29.75
书　　号 / ISBN 978 - 7 - 5426 - 7432 - 6/C · 614
定　　价 / 98.00 元

敬启读者,如发现本书有印装质量问题,请与印刷厂联系 021 - 63779028